भारतीय अंग्रेजी साहित्य का इतिहास

गोपाल शर्मा

डायमंड बुक्स
www.diamondbooks.in

प्रकाशक : डायमंड पॉकेट बुक्स (प्रा.) लि.
X-30 ओखला इंडस्ट्रियल एरिया, फेज-II
नई दिल्ली - 110020
फोन : 011- 40712200
ई-मेल : wecare@diamondbooks.in
वेबसाइट : www.diamondbooks.in
संस्करण : 2026

Bhartiya Angreji Sahitya Ka Itihas
by : *Gopal Sharma*

भूमिका

भारतीय साहित्य के व्यापक अध्ययन में संविधान सम्मत भाषाओं का साहित्य ही नहीं आता, भारतीय अंग्रेजी साहित्य भी अब इसकी परिधि में है। महात्मा गांधी जी की जन्मशताब्दी के अवसर पर 1970 ई. में वैज्ञानिक तथा तकनीकी शब्दावली आयोग, शिक्षा तथा युवक सेवा मंत्रालय, भारत सरकार ने 'भारतीय साहित्य रत्नमाला' नामक महाग्रंथ प्रकाशित किया था। इसमें भारत की 16 भाषाओं का परिचय और ऐतिहासिक समीक्षा प्रस्तुत की गयी थी। अकारादि क्रम में होने के कारण अंग्रेजी साहित्य का खंड सर्वप्रथम था। भारतीय अंग्रेजी साहित्य का परिचय इस साहित्य के आचार्य प्रोफेसर के. आर. श्रीनिवास अय्यंगार ने लिखा था। अंग्रेजी से हिन्दी में अनुवाद हिन्दी के कवि और साहित्यकार श्री बालकृष्ण राव ने किया था।

अंग्रेजी में भारतीय लेखन लगभग 200 वर्ष से हो रहा है , फिर भी इसका प्रचार हिन्दी भाषा के माध्यम से बहुत कम हुआ है। हमारे देश के अनेक महापुरुषों ने यह देख लिया था कि यदि भारत को आधुनिक सभ्यता के केंद्र तक पहुंचाना है तो अंग्रेजी का ज्ञान अपरिहार्य है। भारत के स्वतन्त्रता आंदोलन में हिन्दी के साथ ही अंग्रेजी की भी महत्वपूर्ण भूमिका रही। रवीन्द्र नाथ ठाकुर ने अपनी काव्यकृति 'गीतांजलि' का स्वयं अंग्रेजी में अनुवाद किया और उन्हे साहित्य का नोबल पुरस्कार मिला। तब से लेकर अब तक इस दिशा में बहुत लेखन हुआ है। विश्व में भारतीय अंग्रेजी लेखन की पहचान है। विश्वविद्यालयों में इसे पढ़ाया जाता है। शोध हो रहें हैं। तुलनात्मक साहित्य अध्ययन को नई दिशा मिली है। फिर भी हिन्दी में मूल रूप से लिखा गया कोई इतिहासपरक ग्रंथ अभी तक अंग्रेजी में नहीं था। प्रो. नामवर सिंह से मैंने इसकी चर्चा कई बार की कि हिन्दी और भारतीय अंग्रेजी साहित्य का तुलनात्मक अध्ययन हो।

इस अभाव की पूर्ति प्रो.गोपाल शर्मा द्वारा कई वर्षों के सतत प्रयत्नो द्वारा अब हुई है। हैदराबाद के दैनिक समाचारपत्र 'स्वतंत्र वार्ता' में भारतीय अंग्रेजी लेखन (Indian Writing in English)पर इन्होने कई वर्षों तक स्तम्भ लेखन किया था। मैंने वे सब फीचर तो नहीं पढे किन्तु जो भी मैंने पढ़ा वह इनकी विद्वत्ता का परिचायक था। मेरे सुझाव पर शर्मा जी ने भारतीय अंग्रेजी साहित्य पर हिन्दी में एक ऐतिहासिक समीक्षा ग्रंथ लिखने का निश्चय किया।

मेरे सुझावों का भी आपने भरपूर स्वागत किया और उनके आधार पर अपने लेखन में कई उभरते साहित्यकारों का समावेश किया। किसी भी साहित्य का इतिहास कभी भी 'पूर्ण' नहीं हो सकता। फिर भी हिन्दी में भारतीय अंग्रेजी पर शायद ही कभी कोई इस प्रकार का लेखन निकट भविष्य में कर सकेगा। इसलिए इस पुस्तक का हिन्दी संसार में स्वागत होना चाहिए। मेरा अब यह सुझाव भी है कि पुस्तक का अंग्रेजी में अनुवाद किया जाए। मेरी अनंत शुभकामनाएं !

मीनाक्षी मुखर्जी

हिन्दी दिवस , सितम्बर 14, 2009

हैदराबाद

Meenakshi Mukherjee <meenakmuk@yahoo.co.in>

दो शब्द

"हमारी सभी भाषाओं में विद्यमान सृजनधर्मिता अंतत: भारतीय चिंतन-धारा और जीवन-चेतना का स्वरूप निर्धारित करती है। यह वस्तुत: एक सामूहिक चेतना है, जिसका प्रभाव हमारे व्यक्तित्व के साथ ही भाषाओं के विकास पर भी पड़ता है। यह मानना नितांत संगत है कि सांस्कृतिक भारत और भारतीय भाषाओं का विकास भारत के सभी नागरिकों और उनकी भाषाओं के बीच संबंधों के निर्माण पर निर्भर है। इस दृष्टि से सभी भारतीय भाषाओं को परस्पर निकट आना चाहिए और उनमें विद्यमान रचनात्मकता के विविध रूप राष्ट्रीय एवं अंतरराष्ट्रीय स्तर पर अध्येताओं को सुलभ होने चाहिए।" प्रो. देवराज का यह अनुभूत वक्तव्य इस पुस्तक के लेखन के महत्वाकांक्षी लक्ष्य का सम्यक परिचय दे सकता है।

भारतीय अंग्रेजी साहित्य के लगभग 200 वर्षों के इतिहास को हिन्दी भाषा के माध्यम से प्रस्तुत करने का यह प्रयास अब पूर्ण हुआ। इन पंक्तियों को आप पहले पढ़ेंगे जबकि मैंने इन्हे सबसे अंत में लिखा है। प्रस्तुत अध्ययन में हिन्दी साहित्य के इतिहास लेखन की परिपाटी का पालन करना संभव न था । काल विभाजन भी संभव नहीं माना जाता । इसलिए मुख्य बल भारतीय अंग्रेजी साहित्य के प्रमुख हस्ताक्षरों के कृतित्व पर है। परतंत्र भारत की शिक्षित जनता के कुछ लोगों ने अंग्रेजी में लिखना आरंभ किया और स्वतन्त्रता से पूर्व ही साम्राज्यवादी ताकतों को ही नहीं अंग्रेजी भाषा के पाठकों को भी अपने लेखन से प्रभावित किया। यह लेखन पुरस्कृत, सम्मानित और चर्चित हुआ किन्तु हिन्दी जगत ने इसकी ओर कम ध्यान दिया या बस उपहास किया । रवींद्र नाथ टैगोर से लेकर अमिताव घोष तक के लेखन से परिचित न होना विडंबना ही कही जाएगी। तुलनात्मक साहित्य के अध्येता के लिए यह अनभिज्ञता ठीक नहीं रही। हिन्दी में कोई पुस्तक न होने के कारण भी इस क्षेत्र में रिक्तता रही। यथा संभव इतिहास क्रम से लिखी इस पुस्तक से इस अभाव की पूर्ति होगी।

लेखन सम्पन्न होने पर अतीत की ओर दृष्टिपात करना आवश्यक है। यह अनुष्ठान दो दशकों में सम्पन्न हुआ। हैदराबाद के प्रतिष्ठित समाचार पत्र 'स्वतंत्र वार्ता' के संपादक डॉ राधे श्याम शुक्ल जी के कहने पर भारतीय अंग्रेजी लेखन पर एक साप्ताहिक स्तम्भ लेखन 2003 में

प्रारम्भ हुआ और मेरे 2006 में विदेश प्रस्थान तक चलता रहा। उस समय प्रो. दिलीप सिंह, प्रो. ऋषभ देव शर्मा, डॉ. कविता वाच्कनवी, और मैं दक्षिण की हिन्दी पत्रकारिता में छाए हुए थे। कुछ करने का जुनून था। कविता प्रधान मासिक पत्रिका 'गोलकोंडा दर्पण' का प्रकाशन हुआ। इसके लिए भी हम सबने निरंतर लिखा। अन्य अनेक वरिष्ठ विद्वानों के साथ ही प्रो देवराज और प्रो मीनाक्षी मुखर्जी ने भी भारतीय अंग्रेजी लेखन पर हिन्दी में किए जा रहे मेरे कार्य की सराहना की। पुस्तकाकार ग्रंथ लिखने की सलाह दी। किन्तु प्रो. देवराज द्वारा संपादित सभी भारतीय भाषाओं के इतिहास के वृहद ग्रंथ की योजना में देरी हुई। और इस पुस्तक की भूमिका लिखने के चंद दिनों पश्चात ही भारतीय अंग्रेजी समीक्षा के क्षेत्र में ख्यातिप्राप्त डॉ मीनाक्षी मुखर्जी का आकस्मिक निधन हो गया। इस पुस्तक का प्रकाशन अवरुद्ध हो गया। मैं मूलतः अंग्रेजी भाषा शिक्षण और भाषा विज्ञान का शिक्षक रहा हूँ। अंग्रेजी में छपता-छपाता रहा। हनुमान की तरह इस पुस्तक को भूल गया। बुद्धू के लौटकर घर आते ही इस पुस्तक के प्रकाशन की दौड़ धूप की किन्तु युग बदल गया था । न पाठक रहे और प्रकाशक तो पहले भी ऐसे ही थे। पहली पीढ़ी के बाद आगामी पीढ़ी के अध्येता, प्राध्यापक, शोधार्थी और सचेत पाठक इस पुस्तक को पढ़कर अवश्य कहेंगे- इसका प्रकाशन बहुत पहले हो जाना चाहिए था।

इतिहास लेखन के बड़े खतरे हैं । समकालीन लेखन के उर्वर प्रदेश में कितना ही सावधानी से विचरण करो कोई न कोई उल्लेख-योग्य नाम छूट ही जाएगा। मैंने कोई विवेचन डरते डरते तो नहीं किया किन्तु साहित्य को उप- साहित्य से अलग करके रखा अवश्य है। तथाकथित बेस्ट सेलर के युग में सावधानी रखना जरूरी भी है। आज के चुनौती भरे वातावरण में इस पुस्तक का प्रकाशन एक ऐतिहासिक घटना से कम नहीं। प्रकाशक महोदय का आभार ।

गोपाल शर्मा

6-3-120/23 एन. पी. ए. कॉलोनी

शिवरामपल्ली , हैदराबाद -52

अनुक्रमणिका

खंड एक

खंड दो : विस्तार

खंड एक

1

अंग्रेजी से भारतीय अंग्रेजी तक

अंग्रेजी भारत में अंग्रेजी सत्ता के साथ आई। भारतीय अंग्रेजी का उद्भव एवं विकास इसलिए अंग्रेजी के उद्भव और विकास से जुड़ा है। अंग्रेजों की अंग्रेजी से पहले यदि उनका रोचक इतिहास देखें तो ज्ञात होगा कि ईसा की छठी शताब्दी में 'आंग्ली' शब्द का प्रयोग होने लगा था।केंट के राजा एथलीबर्ट को रेक्स एंग्लोरम कहा जाता था और सातवीं शताब्दी में देश के लिए आंगलिया और भाषा के लिए आंग्ली शब्द का चलन हो गया था। प्राचीन काल से एंग्लि शब्द चला ही आ रहा था। ENGLISC स्पेलिंग मे SC यहाँ 'श' की ध्वनि देती थी।पाँचवी शताब्दी में Engla londe शब्द से देश का नाम ENGLALAND (Land of the Angles) बनता चला गया और सन 1000 तक ENGLAND रूढ़ हो गया। सेंट ग्रेगोरी ने देवदूतों के समान शुभ्र वर्ण के युवकों को रोम के बाजार में गुलामों की तरह बिकते देखा था। (देखें बेडे, बुक 2 अध्याय 3)। उनकी भाषा का लेटिन जैसी वर्चस्वशाली भाषा के समक्ष कोई महत्व न था। अंग्रेजी भाषा का धीरे धीरे विकास हुआ। सेल्टिक , लेटिन, जर्मन आदि भाषाओं के शब्दों को इसमें भरा जाने लगा। लिपि का आधार प्राचीन रूनिक वर्णभाषा थी। संत अगस्तीन वहाँ ईसाइयत लाए। कुछ लेखन हुआ, पर यह फुटकर लेखन था। प्राचीन मानक अंग्रेजी में 24 वर्ण थे । मिडिल इंग्लिश का विकास बारहवीं शताब्दी में तब हुआ जब इंग्लिश व जर्मन लोगों ने वैवाहिक संबंध स्थापित करके एक साथ रहना प्रारंभ किया। फ्रेंच का भी प्रभाव पड़ा क्योंकि तब फ्रेंच का वर्चस्व इंग्लैंड में वैसा ही था जैसा हमारे यहाँ आजकल अंग्रेजी का है। चर्च की भाषा लेटिन थी। पहले अंग्रेजी में प्रत्ययों की भरमार थी, धीरे- धीरे उपसर्ग भी आए। उनका प्रभाव नियमित होने लगा। शब्दों का वाक्य में स्थान निर्धारित हुआ। अंग्रेजी के प्रथम उल्लेखनीय कवि चासर 1343-1400) ने 'द कैंटरबरी टेल्स' में अंग्रेजी को नई चाल में ढाला। चौदहवीं शताब्दी तक मानक अंग्रेजी का स्वरूप बना और चासर से लेकर जोनसन (1709-

84) तक अंग्रेजी का आधुनिक रूप प्रस्तुत हो गया। तभी तो शेक्सपियर (1564-1616) की भाषा समझने में कठिनाई होती है पर जेन आस्टिन (1775-1817) के उपन्यास आज भी पूर्ण पठनीय हैं। हाँ, यह अवश्य है कि किंग जेम्स की बाइबिल और शेक्सपीयर के नाटकों ने अंग्रेजी को परिमार्जित किया। जॉन वाकर ने 1774 में 'उच्चारण कोश' का विचार दिया। नियमाधारित व्याकरण बने। वेबस्टर का शब्दकोश 1828 में आया। समय के साथ अनेक परिवर्तन हुए। आज लंदन में ही अनेक प्रकार की अंग्रेजी दिखाई देगी। बहुभाषी विश्व में वर्ल्ड एंग्लिशेस का विचार अधिक सामयिक है और अंग्रेजी का आर. पी. मानक स्वरूप ही नहीं बल्कि देश देशान्तर स्वरूप भी भिन्न-भिन्न हैं।

विश्वभाषा अंग्रेजी वह अंग्रेजी है जो सोलहवी शताब्दी से महत्वाकांक्षी ब्रिटिश उपनिवेशी नागरिकों द्वारा अनेक देशों की धरती पर प्रतिरोपित की गई। तब अंग्रेजी भाषी केवल लंदन के आसपास रहते थे और उनकी संख्या लाखों में थी, करोड़ों में नहीं। महारानी एलिजाबेथ प्रथम (1533-1603) से एलिजाबेथ द्वितीय (1926-) शासन काल तक आते-आते अंग्रेजी भाषा भाषी करोड़ों से अरबों तक पहुंच गए। इनमें से अधिकांश वहाँ रहते हैं जहाँ अंग्रेजी द्वितीय या विदेशी भाषा है। भारत में अंग्रेजी विदेशी भाषा थी पर अब स्वदेशी है। सन् 1607 के लगभग अमेरिका में अंग्रेजों का पहला स्थायी आवास बना, कनाडा में वे इससे पूर्व ही जा पहुंचे थे।सत्रहवी शताब्दी में वे पश्चिमी अफ्रीका , एशिया, आस्ट्रेलिया, न्यूजीलैंड, दक्षिण अफ्रीका तक जाने लगे। भारतीय उपमहाद्वीप में अंग्रेजी शासन से अंग्रेजी बढ़ी। आज भारत में अंग्रेजों के जानकार संख्या की दृष्टि से सर्वाधिक हैं। इसके कारणों के पीछे भारत में अंग्रेजी राज्य की दो सौ वर्ष की गाथा है। आज भारतीय अंग्रेजी भी है और उसका अपना साहित्य भी। सलमान रुशदी ने तो यह गर्वोक्ति भी की है –

The prose writing created in this period by Indian writers working in English is proving to be a stronger and more important body of work than most of what has been produced in the 18 recognized languages of India (1997).

यहाँ तक आने और ऐसे कथन कहने-सुनने की व्यापक पृष्ठभूमि को प्रोफेसर विनय धारवाडकर ने अपने शोध पत्र 'द हिस्टोरिकल फोरमेशन ऑफ इंडियन-इंग्लिश लिटरेचर' (2003) में विस्तारपूर्वक व्यक्त किया है। "हाथ कंगन को आरसी क्या, पढ़े-लिखे को फारसी क्या ? देखो भई किस्मत के खेल, पढ़े फारसी बेचें तेल।" ये दो कहावतें भारत में विदेशी भाषा का भारतीयकरण होने की प्रणाली पर भी टिप्पणी करती हैं। मुगलकाल में 'फारसी' विद्वत्ता का पर्याय थी किन्तु 'अंग्रेज राज' में फारसी का स्थान 'अंग्रेजी' को मिला। भारतीय इतिहास के रोचक आख्यानों में अंग्रेजी का अंग्रेजों द्वारा परोक्ष व प्रत्यक्ष रूप से प्रतिष्ठापन भी है।

अंग्रेजों को मुगलों ने सल्तनत बख्श दी। इस इतिहास में सन् 1800 को प्रस्थान बिंदु मानकर यदि भारतीय अंग्रेजी लेखन के उद्भव व विकास की चर्चा की जाए तो ठीक रहेगा। यह तिथि इसलिए महत्वपूर्ण हैं क्योंकि तब यह तय सा हो चला था कि अंग्रेजी भाषी अंग्रेज ही भारत में जमें रह सकेंगे और डच, फ्रेंच, पुर्तगाली या तो चले जाएंगे या सिमट जाएंगे। प्लासी (1757) और बक्सर (1764) के युद्ध जीत लिए गए थे। दीन मुहम्मद (1759-1857) ने विलायत की धरती पर अपना यात्रा वृतान्त लिखकर प्रसिद्धि पा ली थी। एक ओर अंग्रेज सिपाही भारत के नक्शे पर अपने निशान लगा रहे थे, दूसरी ओर उनके इतिहासकार, लेखक व साहित्यकार भारतीय भाषाओं की ओर दृष्टिपात कर रहे थे। तुलनात्मक भाषा विज्ञान, अनुवाद, दर्शन, धर्म और अध्यात्म आदि विषयों के प्रति सर चार्ल्स विल्किंस, हलहेड, सर विलियम जोंस, जान गिलक्राइस्ट, हेनरी कोल-ब्रूक आदि को भारतीय विद्या विशेषज्ञ मानकर 'प्राच्य विद्या विशारद' कहा जाने लगा था।

सर्वप्रथम भारतीयों को अंग्रेजी भाषा सिखाने का कोई विचार अंग्रेजों के मन में न था। भारतीय भाषाओं को सीखने की आवश्यकता उन्हें अधिक थी, हमें उनकी भाषा सीखने का उतना चाव न था जितना कभी अरबी-फारसी का रहा था। पर अंग्रेजों ने भारतीय भाषाओं के व्याकरण लिखे, संस्कृत की श्रेष्ठता का लोहा माना। ऐसे विद्वानों के कारण सन् 1800 तक अंग्रेजी में भारतीय मनीषा पर प्रचुर मात्रा में लेखन और अनुवाद हो चुका था। चार्ल्स वुड ने 1854 में अपने शिक्षा विवरण में कहा था - यह न हमारी इच्छा है और न ही उद्देश्य कि अंग्रेजी देशी भाषाओं का स्थान ले। आम जनता अपने जीवन की परिस्थितियों के कारण उच्च शिक्षा नहीं पा सकती, उनसे अंग्रेजी सीखने की आशा करना व्यर्थ है।

व्याकरण, अनुवाद, दर्शन और साहित्य का अंग्रेजी में उल्था होना जारी रहा पर शासकों के एक वर्ग को धीरे धीरे यह भी आभास होने लगा कि भारतीय भाषाओं के स्थान पर भारतीयों को अंग्रेजी का ज्ञान कराना बेहतर रहेगा। कम से कम पचास वर्षों तक लंदन से लेकर कलकत्ता तक यही विचार-विमर्श होता रहा कि 'नेटिवों' को अंग्रेजी शिक्षा दी जाए या नहीं। उन्होंने अमेरिका में स्कूल, कालिज खोलकर नुकसान उठाया था और वे इसलिए अपनी गलती यहाँ दोहराना न चाहते थे। पर भारत में राजा राम मोहन राय सरीखे लोग अंग्रेजी शिक्षा के पक्ष में दिखाई देते थे। सर चार्ल्स ग्रांट (1746-1823) ने 1792 में एक आलेख 'आबजरवेशन ऑन द स्टेट आफ सोसाइटी अमंग द एशियाटिक सब्जेक्टस ऑफ ग्रेट ब्रिटेन' में ईसाई मिशनों की स्थापना की वकालत की, उसने इसे 1797 और फिर 1813 में कंपनी के सामने प्रस्तुत किया। सन् 1813 में ब्रिटेन की संसद ने इसका संज्ञान लिया और बाद में ईस्ट इंडिया कंपनी कालेज की स्थापना में सहायता मिली। सरकार ने एक लाख रुपए भारतीय शिक्षा पर खर्च करना मंजूर किया। कुछ स्कूल, कालेज, पाठशाला और मदरसे खुले। अंग्रेजी शिक्षा को भारतीयों के लिए

सुनिश्चित करने के पक्ष-विपक्ष में हुई अनेक वर्षों की जद्दोजहद को तब विराम मिल गया जब थॉमस बेबिंगटन मैकाले (1800-1859) ने शिक्षा पर अपने विचार रखे। उन्होने 'मिनिट ऑन एजुकेशन' (1835) के द्वारा लार्ड विलियम बैंटिक (1774-1839) गवर्नर की सहायता करने का उपक्रम किया था। यह जानना यहाँ आवश्यक है कि मैकाले एक प्रसिद्ध राजनीतिज्ञ, कवि व इतिहासकार था। प्रसिद्ध दंड विधान ग्रंथ 'दि इंडियन पीनल कोड' की पांडुलिपि इसी ने तैयार की। अंग्रेजों को भारत की सरकारी भाषा तथा शिक्षा का माध्यम और यूरोपीय साहित्य, दर्शन तथा विज्ञान को भारतीय शिक्षा का लक्ष्य बनाने में मैकाले की भूमिका महत्वपूर्ण रही। मैकाले का मानना था कि उन्हें ऐसे प्रयत्न करने चाहिए जिससे एक ऐसा वर्ग तैयार हो सके जो उनके द्वारा शासित लाखों लोगों और उनके बीच संबंध स्थापित कर सके। "वी मस्ट एट प्रजेंट डू अवर बैस्ट टु फ़ोर्म ए क्लास हू में बी इंटरप्रेटर्स बिटवीन अस ऐंड मिलियंस हूम वी गवर्न; ऐ क्लास ऑफ पर्सनस इंडियन इन ब्लड ऐंड कलर बट इंग्लिश इन टेस्ट, इन ओपेनियन, इन मोरल्स ऐंड इन इंटलेक्ट।" सीधी सी बात है कि मैकाले अंग्रेजी शिक्षा के द्वारा एक ऐसा भारतीय वर्ग तैयार करना चाहता था जो रंग रूप से भारतीय होकर भी विचार से अंग्रेजीमय हो।

कलकत्ता का 'भद्रालोक' ऐसे भी बना। कलकत्ता के हिंदू कालेज में पढ़ने वाले युवकों में से बहुत से ऐसे ही अंग्रेजी रंग में रंगने वाले बने। परिणाम यह हुआ कि बंगाल के घरों में अंग्रेजी का प्रवेश होता चला गया। लाल बिहारी डे ने कलकत्ता में 1839 से पूर्व की अंग्रेजी शिक्षा का विवरण प्रस्तुत करते हुए बताया है कि तब अंग्रेजी शब्दों को बंगला लिपि में लिखा जाता था। मैकाले के प्रयासों से यह सिलसिला बदला, कुछ युवक अंग्रेजी में निष्णात हो गए। यहाँ तक कि साहित्यिक अभिरूचि संपन्न विद्वानों ने अंग्रेजी में सृजनात्मक लेखन करके अपनी धाक जमाने का उपक्रम प्रारंभ कर दिया। कृष्णमोहन बनर्जी ने अठारह वर्ष की अल्पायु में 'द पर्सिक्यूटिड' नाटक सन् 1831 में लिखा। कैलाश चंद्र दत्त, हेनरी डेरेजियो आदि की रचनाएं भी आई। यहाँ यह जोड़ देना ठीक रहेगा कि अंग्रेजी के लिए अंग्रेजों व मिशनरी प्रयासों के फलस्वरूप जो नई पीढ़ी आई वह एक बारीगी पूरी तरह से पश्चिम के अंधानुकरण पर उतर आई थी। 'बाबू' कहे जाने वाले ये लोग अंग्रेजी वेश, तौर-तरीकों एवं लहजों की नकल कर रहे थे। बंबई, कलकत्ता और मद्रास में अंग्रेजी फैली और परोक्ष रूप से मिशनरियों की गतिविधियां भी बढ़ने लगीं। कहते हैं रवीन्द्र नाथ ठाकुर के पिता महर्षि देवेन्द्रनाथ घर-घर जाकर माता-पिता से अनुरोध करते थे कि वे अपने बच्चों को मिशन स्कूल में न भेजें। सुरेन्द्र नाथ बनर्जी के माना कि अंग्रेजी शिक्षा के प्रारंभिक फल पूर्णत: अंग्रेजों के पक्ष में थे। हमारे पुरखे पश्चिम की सभ्यता व संस्कृति में कोई कमी या दोष न देख पाए। वे इसकी नवीनता और अपूर्वता के प्रति आसक्त थे। "अवर फादर्स, द फ़र्स्ट फ्रूट्स ऑफ इंग्लिश एजुकेशन, वर वायोलेंटली प्रो-ब्रिटिश। दे कुड सी नो फ़्ला इन द सिविलाइजेशन और कल्चर आफ द वैस्ट। दे वर चार्मड बाइ द नोवल्टी ऐंड इट्स स्ट्रेंजनैस।"

राजा राम मोहन राय तक ने भारतीय परंपराओं व प्रथाओं पर प्रश्न चिन्ह लगाए और अंग्रेजी का पक्ष लिया। ब्रह्म समाज से लेकर आर्य समाज तक के सुधारवादी आन्दोलनों के बावजूद अंग्रेजी का जादू सर चढ़कर बोला। रामकृष्ण परमहंस के पट्ट शिष्य स्वामी विवेकानंद ने भी वेदांत प्रसार के लिए अंग्रेजी को माध्यम बनाया। राजा राममोहन राय ने अपनी आत्मकथा समेत कई रचनाएं अंग्रेजी में लिखीं। सावित्री बाई फुले ने 1854 में 'मदर इंग्लिश' नाम से एक कविता लिखी. कविता में उनके विचार थे:

पेशवा का शासन चला गया है
अंग्रेज़ी माँ आ गई है।
हमारे ऐसे निराशाजनक समय में
माँ अंग्रेज़ी आओ !
यह तुम्हारा वक़्त है !
यह गरीबों के लिए हर तरह से अच्छा है !
माँ, अंग्रेज़ी के द्वार पर मनु की मौत
ज्ञान ही गरीबों के लिए आसरा है!
इससे माँ जैसा रिश्ता है।

यहाँ तक उल्लेख करना आवश्यक है कि दीन मोहम्मद के यात्रा वृत्तांत, राजा राममोहन राय की आत्मकथा, स्वामी विवेकानंद की कविताएँ और कृष्ण मोहन बनर्जी के नाटक आदि मैकाले की दखल से पहले की रचनाएं हैं। आस्ट्रेलियाई अंग्रेजी में चार्ल्स रोक्रोफ्ट की कहानियाँ 1800 में, कनाडा की अंग्रेजी में टी.वी. हैली बर्टन की 'द क्लोक मेकर' 1830 में तथा न्यूजीलैंड की अंग्रेजी में रचनाएं सैमुअल बटलर तथा एफ.ई. मेनिंग के द्वारा 1863 में पहले पहल आई। किंतु भारतीय अंग्रेजी में साहित्य लेखन अपेक्षाकृत पहले शुरू हुआ। अफ्रीकी अंग्रेजी आदि तो बाद की बातें हैं। कहा जा सकता है कि ब्रिटेन और अमेरिका को छोड़कर बाहरी जगत में अंग्रेजी साहित्य रचने वाले देशों में भारत का स्थान प्रथम है।हमारे देश में अंग्रेजी शिक्षा की सफलता को देखकर उपनिवेशवादी ब्रिटेन ने अंग्रेजी की पौध को अन्य देशों में रोंपा।

सन् 1913 में रवीन्द्रनाथ ठाकुर को उनकी स्वयं अनूदित कृति 'गीतांजलि' के लिए नोबल पुरस्कार मिला। आज तक न जाने कितने बूकर आदि पुरस्कार इस साहित्य को मिले हैं। इसके पाठक विश्वभर में हैं। प्रवासी भारतीयों के लेखन को मिला लें तो इसके लेखक व पाठक दोनों ही विश्व में सर्वत्र फैले हैं। सलमान रूश्दी और अन्य समकालीन साहित्यकारों ने एक नए युग का सूत्रपात कर दिया है। आज भारतीय अंग्रेजी साहित्य का पठन-पाठन, शोध एवं समीक्षा प्रायः सभी विद्यालयों एवं विश्वविद्यालयों में तीव्रगति से अग्रसर है।

2

भारतीय अंग्रेजी का स्वरूप और नामकरण

यहाँ हमारा उद्देश्य भारतीय अंग्रेजी साहित्य की रूपरेखा को दृष्टिगत रखते हुए, भारतीय बहुभाषिकता-द्विभाषिकता की स्थिति में अंग्रेजी की भारतीय किस्म के अद्यतन रूप का साक्षात्कार करना है। यह स्पष्ट हो जाना चाहिए कि अन्य/अतिरिक्त भाषा के रूप में अंग्रेजी और तत्पश्चात भारतीय अंग्रेजी के तीन चरण हैं। पहला है-मिशनरी चरण, इसमें ईसाई मिशनरियों ने भारतीय उपमहाद्वीप को अंग्रेजी गद्य देकर उसका गद्यीकरण (Proselytize) किया। दूसरा चरण है - अंग्रेजी की स्थानीय मांग, ऐसी परिस्थिति पैदा की गई कि देश के संभ्रांत लोग जैसे राम मोहन राय (1782-1833)और राजुनाथ हरी नवलकर (1772-1833) आदि ने कंपनी सरकार को अंग्रेजी शिक्षा लागू करने के लिए बाध्य किया। संस्कृत या अरबी के स्थान पर अंग्रेजी ज्ञान की महत्ता समझ राजाराम मोहन राय ने 11 दिसंबर 1823 को लॉर्ड ऐमहर्स्ट (1773-1857) को इसके लिए एक पत्र लिखा। पूर्व/पश्चिम का विवाद प्रारंभ हुआ। तीसरे चरण में - लगभग 1765 से प्रारंभ होकर मैकाले की 1835 वाली मिनिट तक दो खेमे बनाए गए। एक समूह था, हेनरी ट्रोब प्रिंसेप (1792-1878) आदि का और एक था चार्ल्स ग्रांट (1746-1823), लॉर्ड मोइरा (1754-1826) और मैकाले (1800-1859) का।

2 फरवरी 1835 को मैकाले ने अपने उद्देश्य व मंशा को प्रकट कर दिया, "हम एक ऐसा वर्ग बनाए जो हमारे और करोड़ों शासित लोगों के बीच दुभाषिए का कार्य करे, यह वर्ग ऐसे लोगों का होगा जो रक्त एवं रंग में भारतीय होंगे पर उनके शौक, विचार, उनका नैतिक आचरण और बुद्धि सब अंग्रेजी होंगे।" सात मार्च अट्ठारह सौ पैंतीस के दिन लॉर्ड विलियम बेन्टिक (1774-1839) ने इस पर सहमति की मोहर लगा दी। भारत के लिए 'भाषा नीति' का नया युग और अध्याय प्रारंभ हुआ। आज भी मतैक्य नहीं है कि यह अंग्रेजी थोपना सही था या नहीं। महान समाज भाषा विज्ञानी जे.आर फर्थ (1890-1960) ने भारतीयों पर विदेशी भाषा थोपने

का विरोध किया था। वे भारत को 'ध्वनिविज्ञान का जन्मदाता' मानते थे और भारतीय शिक्षा सेवा में कार्य करते समय उन्होने भारतवासियों के लिए उनकी अपनी भाषा के महत्व को समझ लिया था।

A western scholar must de-Europeanize himself, and, in view of the most universal use of English, an Englishman must de-Anglicize himself as well. (Firth 1956:96)

किंतु तब से लेकर इस शताब्दी तक (देखें डॉ मनमोहन सिंह का ऑक्सफोर्ड भाषण – ऑफ ऑल द लिगेसी ऑफ द राज, नन इज़ मोर इंपोर्टेंट दैन दि इंग्लिश लैंगुएज - 8 जुलाई 2005) इसके गुण गाने वाले मैकाले के स्वर में स्वर मिलाकर कहते हैं – इसने तो क्रांति ही कर दी।

'भारतीय अंग्रेजी' शब्द युग्म में 'भारतीय' शब्द उस भाषा वैज्ञानिक प्रक्रिया की ओर इशारा करता है जिससे हिंदी दक्खिनी हिंदी, हैदराबादी हिंदी मानक हिंदी आदि बन जाती है। भारतीय अंग्रेजी में कुछ भाषिक तत्त्व ऐसे हैं जो मानक अंग्रेजी से भिन्न हैं और यह भिन्नता उच्चारण, शब्द प्रयोग और अर्थ तीनों स्तरों पर है। उदाहरण के लिए भारतीय अंग्रेजी में कई अंग्रेजी ध्वनियों का उच्चारण, प्रीपोन जैसे शब्द प्रयोग और सेकुलरिज़्म का अर्थ इसी परिवर्तन या विचलन के सूचक हैं। इन वैविध्यपूर्ण विचलनों को इंडियनिज़्म कहा जाता है। मातृभाषाओं की विभिन्नता एवं उनके भाषिक प्रभाव के साथ ही भारतीय सांस्कृतिक सामाजिक संदर्भों की समझ और पहचान इस 'भारतीय' अंग्रेजी को समझने में सहायक होगी।

हिंदी की अनेक बोलियाँ हैं ;तेईस मान्यता प्राप्त और 47 अन्य (देखें विमलेश कांति वर्मा, पृ. 375)। अंग्रेजी की भी अनेक हैं। वैविध्य संस्कृति का ही नहीं भाषा का भी गुण होता है। हिंदी के समान भारतीय अंग्रेजी में भी वैविध्य है। क्षेत्र, समूह व स्तर के आधार पर इसका अंकन हो सकता है। क्षेत्र के आधार पर मद्रासी अंग्रेजी, बिहारी अंग्रेजी, तमिल अंग्रेजी, और पंजाबी अंग्रेजी जैसे नाम सुनाई देते हैं। समूह के आधार पर 'एंग्लो इंडियन अंग्रेजी' बन गई है। स्तर के आधार पर बाबू अंग्रेजी, बटलर अंग्रेजी, किचन अंग्रेजी जैसे कई नाम हैं। एक तरफ यहाँ शिक्षित एवं संभ्रांत लोगों द्वारा प्रयुक्त मानक स्तर की अंग्रेजी है दूसरी तरफ टूटी-फूटी किचन अंग्रेजी। बी.बी. काचरू ने कहा है कि भारत में अंग्रेजियों की एक श्रृंखला (a cline of Englishes) मिलती है। 'भारतीय अंग्रेजी' इसीलिए प्रारंभ में कोई विशेषता दिखाने वाले प्रकार का नाम न था और लोग 'अमेरिकी अंग्रेजी' और 'ब्रिटिश अंग्रेजी' को अब भी सम्मान देते हैं पर अब 'भारतीय अंग्रेजी' के प्रति निरादर भाव नहीं है।

भारतीय अंग्रेजी साहित्य में वे सब लक्षण मिलेंगे जो उसके लेखकों की अपनी भाषा के प्रभाव से अनायास ही आ जाते हैं। इन्हें मानक अंग्रेजी से विचलन के स्थान पर अपनी भाषिक विशेषता की तरह देखा जाना चाहिए। उदाहरण के लिए मुल्क राज आनंद -मातृभाषा पंजाबी,

राजाराव -मातृभाषा कन्नड, आर.के नारायण -मातृभाषा तमिल इन तीन उपन्यासकारों का भाषा प्रयोग सूक्ष्मता से देखने से भिन्न दिखाई पड़ेगा। यह स्वतंत्रता उन्होने ले ली है। उदाहरण के लिए हिंदी का शब्द हैं- सुनना/देखना,- मैं सुन रहा हूँ। मैं देख रहा हूँ। पर अंग्रेजी में होगा –I hear. I see. जब यह भारतीय अंग्रेजी में I am hearing. I am seeing. हो जाता है तभी भारतीय उसे ठीक ठाक ग्रहण कर पाता है। ('I am loving it' से बनाकर एक अमेरिकी विज्ञापन ने इस पर जैसे मुहर ही लगा दी हो) 'खाते-खाते , 'चलते चलते' आदि शब्द युग्मों का प्रयोग भी उसी तरह भारतीय अंग्रेजी का लेखक करता है। 'अहिंसा' 'सत्याग्रह' 'कजिन-ब्रदर' आदि शब्द प्रयोग भारतीय 'अंग्रेजी साहित्य' के सूचक हैं एवं इन्हीं से भारतीय साहित्य के इस मुखर सदस्य 'भारतीय अंग्रेजी साहित्य' का लेखन जुड़ता है। इसकी स्वीकृति देकर ही भारतीय अंग्रेजी के आचार्य रामचन्द्र शुक्ल प्रोफेसर आयंगार (1962:3) ने कहा था कि भारतीय अंग्रेजी लेखक भारत की विभिन्न स्वर लहरियों में से एक है। यह एक नई स्वरलहरी है किन्तु उतनी ही भारतीय है जितनी दूसरी हैं। इंडियन राइटिंग इन इंग्लिश इज बट वन ऑफ द वोएसीज इन व्हिच इंडिया स्पीक्स। इट इज ए न्यू वॉयस, नो डाउट, बट इट इज एज मच इंडियन एज अदर्स।

पूर्व प्रधानमंत्री डॉ मनमोहन सिंह ने 8 जुलाई 2005 को ऑक्सफोर्ड विश्वविद्यालय द्वारा प्रदत्त मानद उपाधि स्वीकारते समय अपने भाषण में जो कहा था वह भारतीय अंग्रेजी व साहित्य का सरल शब्दों में परिचय ही है इसलिए यहाँ उद्धृत करने के सर्वथा योग्य भी -

Of all the legacies of the Raj, none is more important than the English language and the modern school system. People here may not recognize the language we speak, but let me assure you that it is English! The indigenizing English, as so many people have done in so many nations across the world; we have made the language our own. Our choice of prepositions may not always be the Queen's English; we might occasionally split the infinitive and we may drop an article here and add an extra one there. I am sure everyone will agree, however, that English has been enriched by Indian creativity as well, as we have given you R.K.Narayan and Salman Rushdie. Today English in India is seen as just another Indian Language.

नामकरण

अंग्रेजी साहित्य में भारत के प्रति विलक्षण रहस्यमयी देश होने के वर्णन बहुत पहले से ही मिलने लगे थे। शेक्सपीयर के समकालीन क्रिस्टफर मारलोव (1564-1593) की रचना 'डॉ फास्टस' में ये पंक्तियाँ हैं-

I'll have them fly to India for gold.
Ransack the ocean for orient pearl.

अर्थात् भारत सोने की चिड़िया तब भी था जब अंग्रेज यहाँ न आए थे। उनके आने के बाद तो इसका दोहन शुरू हुआ। अंग्रेजों के भारत आने के फलस्वरूप और अंग्रेजी के प्रसार के बाद भारतीयों ने भी अंग्रेजी में लेखन शुरू किया और यह सिलसिला आज भी जारी है

पहले भारत को लोग संस्कृत साहित्य के लिए जानते थे । अंग्रेजों के संपर्क से अंग्रेजी सीखकर अंग्रेजी में लिखने वाले लगभग 100 वर्षों तक ऐसा करते चले गए। इस लेखन का भारतीय अंग्रेजी के रूप में नामकरण बहुत बाद में हुआ। स्वतंत्रता के बाद इस लेखन को 'साहित्य' कहने वाले विद्वानों और आलोचकों के एक वर्ग ने इसे विभिन्न नामों से अभिहित किया।उन्होने देखा कि यह लेखन बहुत हद तक, साहित्य की ही तरह, विविध पाठक वर्ग की अपेक्षाओं को एक साथ ही पूरा कर रहा है। यह 'साहित्य' अंग्रेजी में हो रहे अन्य लेखन से अलग सी पहचान बना चुका है। इसने समाज के एक बड़े वर्ग और अंग्रेजी पढे-लिखे वर्ग को प्रभावित किया है।

भारतीय अंग्रेजी साहित्य के इतिहास पर आज कई प्रामाणिक ग्रंथ मौजूद हैं ।'इंडियन राइटिंग इन इंग्लिश' (1962) के.आर.श्री निवास आयंगार; 'ए हिस्ट्री ऑफ इंडियन लिटरेचर इन इंग्लिश'(1982)-एम. के. नाईक; 'इंडियन लिटरेचर इन इंग्लिश' (2003) अरविंद कृष्ण महरोत्रा (संपादक) आदि। ग्रंथ बहुत से हैं, कुछ के नाम संदर्भ सूची में हैं। श्रीनिवास आयंगार को आप भारतीय अंग्रेजी के आचार्य रामचंद्र शुक्ल कह सकते हैं। बीसवीं शताब्दी के प्रारंभ में कैंब्रिज विश्वविद्यालय के एक छात्र ई.एफ. ओटन को एंग्लो-इंडियन साहित्य पर एक आलेख प्रस्तुत करने के लिए पुरस्कृत (ली बास एससे प्राइज़) किया गया था । इस आलेख का शीर्षक था – A Sketch of Anglo Indian Literature (1907), इस सर्वेक्षणात्मक निबंध में भारत के एंग्लो इंडियनों द्वारा लिखित सामग्री को आधार बनाया गया था। इसमें जोन्स और लेडन से लेकर सर एडविन आर्नोल्ड, किपलिंग आदि की चर्चा है। यह निबंध बाद में 'केंब्रिज हिस्ट्री ऑफ इंग्लिश लिटरेचर' का अंग बना। और इसकी यह आशा भी फलीभूत हुई कि धीरे धीरे यह लेखन फले फूलेगा। प्रो.वी. शेषाद्रि ने 'एंग्लो इंडियन पोइट्री' (1915) पर एक भाषण उस्मानिया विश्वविद्यालय में दिया। प्रो. भूपाल सिंह ने ऐसा ही एक संभाषण 'एंग्लोइंडियन कथा साहित्य' (1934) पर दिया। जार्ज सिंपसन (1946) ने भी अपने साहित्येतिहास में 'एंग्लो इंडियन लिटरेचर' का उल्लेख किया। वस्तुतः 'द केंब्रिज हिस्ट्री ऑफ इंग्लिश लिटरेचर' (1916) के अध्याय दस खंड 14 में ए. डब्ल्यू. वार्ड और ए. आर. वाल्टर ने 'एंग्लो इंडियन लिटरेचर' का उल्लेख किया और इसे 'द टेरिटोरियल इंग्लिश लिटरेचर ऑफ ब्रिटिश

इंडिया' कहा जिसमें भारतीय स्थानीय जीवन के विविध रंग समाहित थे। इसमे ग्रंथ सूची (पृ. 574-80) भी थी जिसमें अनूदित ग्रंथों को भी शामिल किया गया था।किन्तु इस लेखन में लेखक अंग्रेज़ हैं, भारतीयों को प्रायः इस विवेचन से बाहर रखा गया। 'द लिटरेचर ऑफ ब्रिटिश इंडिया' या 'ब्रिटिश भारत का साहित्य' जो भारत से संपर्क में आने वाले ब्रिटिश लोगों के द्वारा लिखा गया, वह यहाँ हमारे जानने का विषय नहीं। इसको वे जाने । इसको अब छोड़ देने का कारण यह भी है क्योंकि दो समृद्ध संस्कृतियों के प्रभाव से 'एंग्लो –इंडियन' रचनाकार जैसे जोन्स, लेडेन, सर अल्फ्रेड लियाल और सर एडविन अर्नोल्ड आदि ने प्रारम्भ तो अच्छा किया किन्तु इसका उल्लेखनीय विकास लेखकों में व्याप्त जातीय श्रेष्ठता की अतिरंजनापूर्ण भावना के कारण अवरुद्ध होता चला गया। संभवतः ई . एफ . औटेन ने इसीलिए इन लेखकों को 'निरर्थकता और उद्देश्यहीनता की चट्टानों और जंगलों में' खो जाने की नियति लेकर पैदा होने वाला माना है। फॉर्स्टर का 'पैसेज टू इंडिया' जैसी उच्च कोटि की कृति हो, या निकल्स की ' वरडिक्ट ऑफ इंडिया' जैसी निकृष्ट , ये पुस्तकें संयोग मात्र हैं। 1947 के पश्चात ' एंग्लो-इंडियन' लेखन का अवसान होता चला गया। इसके विपरीत 'इंडो- एंग्लियन' साहित्यकारों (टैगोर, मन मोहन घोष , श्री अरविंद) को जार्ज सिम्पसन ने अंग्रेजी साहित्य के 'संक्षिप्त कैम्ब्रिज इतिहास' में स्थान दिया और अन्यत्र भी चर्चा की। 1886 में कलकत्ता से प्रकाशित 'इंडो- एंग्लियन साहित्य' पुस्तक से लेकर यह नाम स्वतन्त्रता की बाद तक कई वर्ष चला।

के.आर. आयंगार ने 'एंग्लो इंडियन' नाम को थोड़ा बदलकर 'इंडो-एंग्लियन' तब किया जब उन्होंने 1943 में 'इंडो-एंग्लिअन लिटरेचर' ग्रंथ का लेखन किया। इसी वर्ष उन्होंने लंदन से प्रकाशित अपनी पुस्तक 'लिटरेचर ऐंड ओथरशिप इन इंडिया' में भी इसी शब्द युग्म का प्रयोग किया। पर मुद्रक ने इसे गलती से 'इंडो ऐंगलिकन' छाप दिया और यही शब्द चल पड़ा। आयंगार ने 1943 से 1962 तक भारतीय अंग्रेजी लेखन को स्थापित करने के क्षेत्र में भगीरथ प्रयास किए। न जाने कितने व्याख्यान, शोध-पत्र और आलोचनात्मक आलेख लिखे। 1959 में 'द स्टडी ऑफ इंडियन राइटिंग इन इंग्लिश' और उसके बाद 1962 में 'इंडियन राइटिंग इन इंग्लिश' का प्रकाशन हुआ। डोरोथी एम. स्पेंसर की कृति 'इंडियन फिक्शन इन इंग्लिशः एन एनोटेटिड बिब्लिओग्राफी' (1960) भी उल्लेखनीय कृति है, पर इतिहास नहीं। सन् 60 के दशक में विनायक कृष्ण गोकाक, सी.पॉल वरगीस , सी.डी. नरसिम्हा, टी. डब्ल्यू. क्लार्क, जान वी अलफोंसो करकला ने इस क्षेत्र में कार्य किया और 'इंडियन राइटिंग इन इंग्लिश' नाम चल निकला। यह ठीक रहा क्योंकि 'एंग्लो-इंडियन और 'इंडो-एंग्लिअन' में नस्लवाद की बू आ सकती है। फिर अन्य देशों के अंग्रेजी साहित्य -अमेरिकी, दक्षिण अफ्रीकी,आस्ट्रेलियाई की पहचान उनके देश के नाम के साथ जुड़कर अलग होते देख भारत का अंग्रेजी साहित्य क्यों न अलग पहचान की दरकार करता?

जैसे भारत में बंगला, हिंदी, मराठी, तमिल, तेलुगु और गुजराती आदि अनेक भारतीय भाषाओं के साहित्य की अलग-अलग पहचान है उसी प्रकार भारतीय अंग्रेजी भी 'भारतीय'

अस्मिता, परंपरा और संस्कृति की संवाहिका बनकर अपनी अलग पहचान बना रही है। हम कहते हैं कि 'हिंद देश के निवासी सभी जन एक हैं, रंगरूप वेशभूषा चाहे अनेक हैं'। इसमें कोई संदेह नहीं कि अंग्रेजी में लिखा यह साहित्य सोलह आने भारतीय है। 'ऑफ कोर्स, इट इज इंडियन लिटरेचर' आयंगार (1957)। सुजित मुकर्जी (1981)के सहमति सूचक शब्द हैं -'भारतीय साहित्येतिहास का कोई लेखक अब से इंडो-इंग्लिएन लेखकों को नजर अंदाज नहीं कर सकता' (नो हिस्टोरियन ऑफ मोडर्न इंडियन लिटरेचर कैन हियरआफ्टर एक्सक्लूड इंडो एंग्लिएन राइटर्स फ्रोम हिज परव्यू)। श्री निवास आयंगार की पी. ई . एन. द्वारा प्रकाशित 'इंडो एंग्लिअन साहित्य'(1943) ग्रंथ की भूमिका में डॉ सी आर रेड्डी ने लिखा है-

इंडो एंग्लिअन साहित्य भारतीय साहित्य से मूलतः भिन्न नहीं है । वह उसका अंग है और उसके उल्लेखनीय गौरव का आधुनिक पहलू है जो कि उसे भी वेदों से प्राप्त हुआ है। उसका सौम्य प्रकाश सामने और इतिहास की ऊंची नीची अवस्थाओं में से कभी कम और कभी अधिक चमक के साथ फैलता आता रहा है; टैगोर , इकबाल और अरविंद घोष के आधुनिक समय तक यह प्रकाश चला आ रहा है । वह फैलता ही जाता है और हमारो मानव जाति की विस्तृत होती जाने वाली भवितव्यता का वह संकेत है।

भारतीय अंग्रेजी लेखन को साहित्य मानकर साहित्य अकादमी ने प्रारंभ से ही इसके लेखकों को समान रूप से पुरस्कृत किया। भारतीय ज्ञानपीठ ने भारतीय अंग्रेजी के उपन्यासकार अमिताव घोष को ज्ञानपीठ (2018) से पुरस्कृत करके इस पर मुहर ही लगा दी है। अब भारतीय अंग्रेजी साहित्य के साथ पुराने हास्यास्पद विशेषण प्रायः नहीं लगाए जाते। विश्व भाषा अंग्रेजी का साहित्य भिन्न-भिन्न देशों में वहाँ की संस्कृति, भाषा और व्यवहार के प्रभावित होकर लिखा जा रहा है। भारतीयों द्वारा लिखा गया अंग्रेजी साहित्य इस दृष्टि से भारतीय है और अंग्रेजी साहित्य का अंग भी। उपरोक्त नामकरण और दृष्टि के आधार पर 1962 से 1971 तक अनेक आलोचकों व समीक्षकों ने विभिन्न साहित्यिक विधाओं पर केन्द्रित शोध ग्रंथ लिखे। उदाहरणार्थ जॉन बी अलफासों करकला की पुस्तक 'इंडो-इंग्लिश लिटरेचर इन द नाइनटींथ सेंचुरी' (1970) एक महत्वपूर्ण ग्रंथ है। मीनाक्षी मुखर्जी की कृति 'द ट्वाइस बोर्न फिक्शन' (1971) और एम . के. नाईक के ग्रंथ 'ए हिस्ट्री ऑफ इंडियन इंग्लिश लिटरेचर' (1982)के बीच सैकड़ों शोध ग्रंथ आए।एस. राममूर्ति की कृति 'राइज आफ दि इंडियन नॉवेल इन इंग्लिश' (1987) भी आयंगार की शैली अपनाते हुए उपन्यासकारों के व्यक्तित्व व कृतित्व को प्रस्तुत करती है। शुभेन्दु कुमार मुंड ने 'द इंडियन नॉवेल इन इंग्लिश' (1997) ने भी इतिहासपरक विंहगावलोकन प्रस्तुत किया। उन्होंने अपने शोध पत्र 'हिस्टीरियोग्राफी ऑफ इंडियन राइटिंग इन इंग्लिश' (2000) में के. आर.श्री निवास आयंगार को श्रद्धांजलि देते हुए लिखा है कि दो सौ वर्षों के भारतीय अंग्रेजी लेखन के इतिहास में यह स्पष्ट दृष्टिगोचर हो जाता है कि साहित्य ने अपनी एक पहचान बना ली है।

Indian Writing in English, with its eventful life of about two hundred years has already acquired an individual character of its own in the multi-cultutal Indian scene while distinguishing itself from the literatures written in English in other countries. Its early years were modest and hesitant; the adolescence arrogant, but its ascendance to youth has been confident and dignified.

Dr Subhendu Mund- Historigraphy of Indian Writing in English. Literit. 26. 1-2 June –Dec 2000, 47-57.

समग्रतः कहा जा सकता है कि 1883 में कलकत्ता के कुछ छात्रों ने 'इंडो-एंग्लिअन' शीर्षक से अपनी कुछ रचनाओं का प्रकाशन कर नामकरण की जिस चेष्टा का प्रारंभ किया था, उसकी पूर्णता अब हो गई लगती है। अब इसका एक नाम भी है और पहचान भी। 'इंडियन लिटरेचर इन इंग्लिश' इस साहित्य को कहना सर्वथा उचित है क्योंकि 'इंडियन राइटिंग इन इंग्लिश' से साहित्य के स्थान पर फुटकल लेखन का बोध हो सकता है। यह भी नहीं भूलना चाहिए कि 'निज भाषा उन्नति सब उन्नति का मूल' है किन्तु इस 'निजता' पर अधिकार एक ही भाषा का रहे यह आवश्यक नहीं। भारतीयों ने लगभग दो सौ वर्षों के कठिन परिश्रम से अंग्रेजी को साधा है। कोई साहित्यकार अंग्रेजी में मामूली रचना क्यों करना चाहेगा यदि वह अपनी भाषा में श्रेष्ठ रचना कर सकता है? जिन साहित्यकारों को यह जँचा कि वे अपनी भाषा के स्थान पर अंग्रेजी में श्रेष्ठतर सृजनात्मक लेखन कर सकते हैं, वे इस ओर प्रवृत्त होते हैं। उपन्यासकार जोसफ कोनराड (1857-1924) पोलिश भाषी थे, उन्होंने अपने गद्यलेखन और उपन्यास लेखन से अंग्रेजी साहित्य को समृद्ध किया। 36 वर्ष की उम्र में नेवी छोड़कर लिखना शुरू किया और वे कहा करते थे, "यदि मैं अंग्रेजी में न लिखता तो मैं कभी लिखता ही नहीं।"भारतीय अंग्रेजी साहित्य लेखक भी कुछ ऐसे ही हैं। इसलिए स्मरण रहे कि हम इस लेखन में और इस साहित्योतिहास में ऐसे स्वनाम धन्य साहित्यकारों की चर्चा एवं उल्लेख करेंगे जिन्होंने इस दो सौ वर्षों के दाय को संभालते हुए उसके कोश में अभिवृद्धि की है।

अन्य भाषा कोई विरासत में मिली पूँजी नहीं होती, इसे सश्रम कमाना पड़ता है। 'साहित्य' संज्ञा से विभूषित किए जाने वाला लेखन सस्ते मनोरंजन के लिए लिखा गया 'फास्ट फूड' का भोज्य पदार्थ नहीं अपितु सबकी सहज संवेदना की अभिव्यक्ति करके उसे देश और समाज की परंपरा से जोड़ने वाला लेखन है। वह साहित्यकार है जो अपने लोक, समाज और जनता की चित्तवृत्तियों का उदघाटन तभी करता है जब पहले उससे साक्षात्कार कर लेता है। तभी उसकी पहचान बनती है, जब वह अपनी समेकित दृष्टि से 'समय' को पहचान लेता है।

भारतीय अंग्रेजी के नामकरण की चर्चा को एक बिंदु पर पहुंचाने के लिए इन पाँचों-छहों नामों - एंग्लो-इंडियन लिटरेचर, इंडो एंग्लियन लिटरेचर, इंडो इंग्लिश लिटरेचर, इंडियन राइटिंग इन इंग्लिश, इंडियन इंग्लिश राइटिंग, इंडियन इंग्लिश लिटरेचर में से एक का चयन करते हुए यह

कहना पड़ेगा कि चाहे बकौल शेक्सपीयर नाम में कुछ न धरा हो फिर भी इनमें से हर नाम का एक इतिहास है तथा दृष्टि भी है। काल विभाजन की तरह यहाँ भी मतैक्य नहीं है।

यह लेखन शुक्ल जी से प्रेरित होता तो कवि-वृत्त संग्रह को लेकर मैं भी इतिहास बना लेता। उनके पीछे शिवसिंह सेंगर का 'वृत्त संग्रह' था, ग्रियर्सन का 'बड़ा कवि-वृत्त संग्रह' था और मिश्र बंधुओं का 'बड़ा भारी कवि-वृत्त संग्रह' था। मेरे पीछे आयंगार, नाइक और महरोत्रा का लेखन अवश्य है किन्तु मैं अपने, शुक्ल एवं कृष्ण, दोनों पक्षों में कभी संतुलन न कर पाया। शुक्ल जी ने अपने इतिहास को 'छात्रों के उपयोग के लिए' कुछ नोट्स के रूप में लिखा, हजारी प्रसाद द्विवेदी ने 'हिंदी साहित्य की भूमिका' (1940) को भी इसी लक्ष्य की पूर्ति के लिए लिखा। मुझसे भी हिंदी विषय में अपना भविष्य बनाने वाले विद्यार्थियों के लिए विद्वानों विशेष रूप से प्रोफेसर देवराज जी और प्रोफेसर ऋषभ देव शर्मा ने लिखवाया। पर न तो मैं शुक्ल जी सा काल विभाजन कर सका और न ही द्विवेदी जी जैसा विवेचन। शुक्लजी ने अपने इतिहास में इतिहास-दर्शन का आख्यान प्रारम्भ में ही कर दिया था, "आदि से अंत तक इन्ही चित्तवृत्तियों की परंपरा को परखते हुए साहित्य परंपरा के साथ उनका सामंजस्य दिखाना ही 'साहित्य का इतिहास' कहलाता है।"वैसे ही आयंगार महोदय ने – It is a strange country - कहकर 'द इंडियन कोंट्रीब्यूशन टू इंग्लिश लिटरेचर' (1945)नामक वह कथा 348 पृष्ठों में कही है और 'इंडियन राइटिंग इन इंग्लिश (1962) में उनके व्याख्यान हैं ही । एम.के. नाइक ने अपने इतिहास के प्रारंभ में भारतीय अंग्रेजी साहित्य को परिभाषित करते हुए कह दिया है कि यह मूल रूप से इन लेखकों द्वारा लिखा गया है जो जन्म, विरासत और राष्ट्रीयता से भारतीय हैं-Indian English literature may be defined as "literature written originally in English by authors Indian by birth, ancestry or nationality 1982: 2.

इसी अंतर और बिखराव को महरोत्रा ने भी अपने संपादित इतिहास में अंकित किया है। इसलिए भारतीय अंग्रेजी के नामकरण की समस्या 1943 से बरकरार है जब प्रो. के. आर. श्री निवास आयंगार ने भारतीय अंग्रेजी साहित्य लेखन की अपनी पी.ई.एन. पुस्तिका में नैराश्यपूर्ण शब्दों में लिखा था –

I think we are in rat's alley where the dead men lost their bones, we have no directories, no bibliographies, no-authoritative who's who, and there is no comprehensive survey of Indo-Anglian literature.

आज जब हम इक्कीसवीं शताब्दी के भी दो दशक पार कर चुके हैं तो स्थिति इतनी खराब नहीं है । अब हमारे पास गूगल है , इंटरनेट है और पुस्तकों का भंडार है। इंडियन इंग्लिश लिटरेचर (IIL) नाम चल निकला है।

3

भारतीय अंग्रेजी और साहित्य की दुर्व्याख्या

प्रारंभ से ही भारतीय अंग्रेजी साहित्य को दुतरफा आलोचना का शिकार होना पड़ा है। अंग्रेजी मातृभाषी यह तर्क देते हैं कि भारतीय अंग्रेजी साहित्य गुणवत्ता की दृष्टि से अंग्रेजी साहित्य के बराबर नहीं हो सकता। भारतीय साहित्यकार इसे 'परजीवी' कहकर दुत्कारते हैं। मेनका और विश्वामित्र के संपर्क से शकुन्तला का जन्म अवश्य हुआ मगर माता-पिता में कोई भी कन्या को स्वीकार करना नहीं चाहता था। पर सभी जानते हैं कि शकुन्तला ने 'भरत' को जन्म दिया और भरत के नाम पर इंडिया को भारत भी कहते हैं। गोर्डन बोटमले (Gordon Bottomley) ने भारतीय अंग्रेजी साहित्य को 'मैथ्यू आर्नोल्ड इन ए सारी' (साड़ी में मैथ्यू आर्नोल्ड) कहकर फटकारा और शाम लाल ने इसे 'स्कर्ट में शकुन्तला' कहकर परिहास किया। बंकिम चंद्र ने रोमेश चंद्र दत्त को बंगला की बजाय अंग्रेजी में लिखने के लिए दुत्कारा था 'तुम्हें अंग्रेजी में लिखने से कोई पहचान नहीं मिलने वाली'। भालचंद्र नेमडे की तर्ज पर कई विरोधी स्वर आज तक उभरते रहे हैं। सलमान रूश्दी आदि अतिवादी भी हैं जो भारतीय अंग्रेजी लेखन को रेखांकित करने के लिए भारत की सभी भाषाओं के साहित्य को खारिज करते हैं- इंडो-एंग्लियन लिटरेचर रीप्रैजेन्ट्स द मोस्ट वैल्यूबल कोंट्रिब्यूशन इंडिया हैज यट मेड टू द वर्ल्ड ऑफ बुक्स। इस दृष्टिकोण के विरोध में अमित चौधरी ने एक बार यह प्रश्न उठाया था कि क्या अंग्रेजी में लिखने वाले ही कुछ लोग भारतीय लेखन का प्रतिनिधित्व करेंगे? - कैन इट बी टू दैट इंडियन राइटिंग, दैट ऐंडलैसली रिच, कोंपलैक्स एंड प्रोबलेमेटिक एन्टिटी इज टू बी रिप्रेजेंटिड बाई ए हैंडफुल राइटर्स हू राइट इन इंग्लिश?

डॉ रामविलास शर्मा ने अंग्रेजों को साम्राज्यवादी व्यवस्था में जातीय उत्पीडन का साधन बताया किन्तु सुनीति कुमार चटर्जी ने हिंदी लादने से बेहतर अंग्रेजी लादने को माना। अनेक भारतीय भाषाई साहित्यकारों ने अंग्रेजी के उत्थान में भारतीय भाषाओं का पतन देखा। यह

सिलसिला थमा नहीं है। फर्क बस इतना है कि पहले राममनोहर लोहिया के 'अंग्रेजी हटाओ' के प्रति आकर्षण था मगर आज मुलायम सिंह यादव की भी कोई नहीं सुनता।

हिंदी के अनेक साहित्यकारों ने अंग्रेजी के महत्व को स्वीकार किया। शुक्लजी ने अंग्रेजी आख्यायिकाओं के अनुवाद किए। 'परीक्षा-गुरु' को 'देवरानी-जेठानी की कहानी' के मुकाबले उपन्यास माना क्योंकि यह अंग्रेजी-ढंग का था। 'अज्ञेय' एम.ए. अंग्रेजी का प्रथम वर्ष ही पूर्ण कर पाए थे, किन्तु कई अन्य हिन्दी साहित्यकार अंग्रेजी दा थे। भारतेन्दु अंग्रेजी में लेखन करते थे। प्रेमचंद अपनी कथा और कहानियों के प्लॉट अंग्रेजी में लिखकर उसे विस्तार देते थे और यह समझ गए थे कि 'पुराने समय में आर्य और अनार्य का भेद था, आज अंग्रेजी दां और गैर अंग्रेजीदाँ का भेद है (राम विलास शर्मा द्वारा उद्धृत, 1978, पृ.350)। प्रताप नारायण मिश्र ने रानी विक्टोरिया की प्रशंसा की- 'पूरी अमी की कटोरिया सी चिरंजीवी रहो विक्टोरिया रानी'।खड़ी बोली के प्रथम आधुनिक कवि श्रीधर पाठक (गोल्डस्मिथ की कविता 'हरमिट' के अनुवादक) पर यह आरोप लगाया गया कि वे ब्रिटिश शासन के संकेत पर परंपरागत ब्रजभाषा को छोड़कर नयी शासकीय भाषा खड़ी बोली को कविता के लिए अपनाते हैं (हिन्दोस्थान, 30 मार्च,1888)। भारतेन्दु ने अंग्रेजी में 'भीतर तत्व न झूठी तेजी' कहकर फटकारा, पर आचार्य महावीर प्रसाद द्विवेदी ने संतुलन का परिचय देते हुए कहा था-

अंग्रेजी का ग्रंथ समूह बहुत भारी है।
अति विस्तृत जलधि समान देहधारी है।।

इसी प्रकार की भावना रवीन्द्रनाथ ठाकुर ने 'गीतांजलि' के प्रारंभ में व्यक्त की। "द वैस्ट हैज टुजे ओपिंड इट्स डोर, देअर आर ट्रेजर्स फोर अस टू टेक। वि विल टेक ऐंड आलसो गिव फोर द ओपिन सोर्स ऑफ इंडियाज इम्मेंस ह्यूमनिटी।" यह स्वीकार करने में कोई हिचक नहीं होनी चाहिए कि उपनिवेशी अंग्रेजी शिक्षा ने भारतीय भाषाओं के साहित्य को सुदृढ़ करने में योगदान दिया। सबसे पहला लाभ यह हुआ कि 'साहित्य' और 'काव्य' को पर्यायवाची मानने वाली भारतीय साहित्य-मनीषी गद्य-गरिमा से युक्त हो गए। यह भी उल्लेखनीय है कि 1840 से पत्रकारिता का उद्भव कई भारतीय भाषाओं में हुआ। 'दिग्दर्शक' और 'प्रभाकर' मराठी में, 'वर्तमान तरंगिणी' तेलुगु में , 'तत्वबोधिनी पत्रिका' बंगाली में और 'खैर ख्वाह-ए-हिंद' उर्दू में निकले। इन पत्रों से जुड़े संपादक अंग्रेजी को अनभिज्ञ न थे, कई तो निष्णात थे। समाज सुधार और आपसी विचार-विन्यास के लिए कविता की अपेक्षा गद्य बेहतर माध्यम था। शिशिर कुमार दास (ए हिस्ट्री ऑफ इंडियन लिटरेचर)ने पाश्चात्य प्रभाव और और भारतीय प्रतिक्रिया की विस्तारपूर्वक चर्चा की है और रंगलाल बनर्जी लिखित 'पद्मिनी उपाख्यान' (1858) की भूमिका तथा उनके समकालीन माइकेल मधुसूदन दत्त की काव्य प्रतिभा को अंग्रेजी काव्य

परिपाटी व छंदशास्त्र की देन माना है।

लॉर्ड कर्जन ने किसी ओर संदर्भ में कहा था कि वे पूर्व की धरती पर पश्चिम के विज्ञान और पौध लगा रहे हैं - वी आर ट्राइंग टू ग्राफ्रट द साइंस ऑफ द वेस्ट ओन एन ईस्टर्न स्टेम। उनका यह कथन संपूर्ण भारतीय साहित्य पर भी चरितार्थ होता है। भारतीय उपन्यास पर अंग्रेजी और बंगला के प्रभाव से हिंदी में नई रवानी आई। अंग्रेजी ढंग का मौलिक उपन्यास पहले पहल हिंदी में लाला श्रीनिवासदास का 'परीक्षागुरु' ही निकला था (आचार्य शुक्ल, हिं.सा.का. इति. पृ. 244)। यह अवस्था भारत की प्रायः सभी भाषाओं में थी। चंदू मेनन की रचना 'इंदुलेखा' (1889) एक अन्य उदाहरण है। एजरा पाउंड ने शायद इसीलिए बहुत बाद में कहा था-मेक इट न्यू। संक्षेप में कह सकते हैं कि भारतीय लेखकों ने अंग्रेजी में प्रभाव से गद्य, यथार्थवादी उपन्यास, अतुकांत कविता आदि से साक्षात्कार किया और उसे नया बनाया।

हिंदी और अंग्रेजी के परस्पर प्रभाव एवं संबंध के विषय में दो भिन्न तथ्य सामने आते हैं। स्वतंत्रता संग्राम में जनसामान्य की भागेदारी के लिए हिंदी/हिंदुस्तानी की दरकार थी। गांधीजी प्रारंभ से ही अंग्रेजी शिक्षा के पक्ष में न थे। "टू गिव मिलियंन ए नोलेज ऑफ इंग्लिश इज टू एनस्लेव दैम। द फाउंडेशन दैट मैकाले लेड ऑफ एजुकेशन हैज ऐनस्लेव्ड अस। ए यूनिवर्सल लैंग्युएज फोर इंडिया शुड वी हिंदी (द हिंद स्वराज ,1910)। यह सर्वविदित है कि भारतीय स्वाधीनता संग्राम में हिंदी साथ-साथ थी, यह भी जानने योग्य है कि गांधी,नेहरू और अन्य नेताओं का अंग्रेजी लेखन,आत्मकथा तथा गांधी विचार दर्शन पर आधारित उपन्यास व गद्य साहित्य का भारतीय साहित्य में अप्रतिम स्थान है। एक उदाहरण ही लें, गांधी के लेखन से प्रभावित होकर मुल्क राज आनंद ने अंग्रेजी में 'अनटचेबल' (1935) उपन्यास लिखा। गांधी जी को दिखाया और पूछा कि क्या वे अंग्रेजी में लिखना जारी रखें। गांधीजी ने सहजभाव से उत्तर दिया कि लेखन का उद्देश्य विचार संप्रेषण है, जिस भाषा में अभिव्यक्ति सहज हो, ठीक है। "द परपज ऑफ राइटिंग इज़ टू कम्यूनिकेट, इजन्ट इट? इफ सो, से योर से इन एनी लेंगुएज दैट कम्स टू हैंड।" गांधी की हिंदी भक्ति और अंग्रेजी में लिखने की सलाह के बीच कोई विरोधभास न था। गांधी से बड़ा और कौन होगा? नेहरू जी भी हिंदी-हिंदुस्तानी के पक्षधर थे किन्तु अंग्रेजी को विश्व वातायन मानते थे। हिंदी थोपने के सख्त खिलाफ थे, पर उन्होंने ही इसे 'राजभाषा' बनवाया था।

ऐसी अवस्था में अंग्रेजी में भारतीय साहित्य की प्रस्तुति को ऐतिहासिक भूल या अपवाद कहना ठीक न होगा। अंग्रेजी में लिखा गया भारतीय साहित्य कई बार कुछ भाषा-साहित्यकारों, द्वारा शत्रुतापूर्ण दृष्टि से और अवहेलनापूर्वक देखा जाता है। इसका कारण यह प्रतीत होता है कि समाज के जिस तबके को यह इंगित करता है उसमें 'लोक' और 'जनता' की उपस्थिति दिखाई नहीं देती। महानगरों और शिक्षित वर्ग को यह लेखन अधिक आकर्षित करता है। इस

तर्क के विरोध में यह कहना होगा कि भारतीय स्वभाव से बहुभाषी होते है। अंग्रेजी यहाँ किसी की झूले पालने की भाषा नहीं, यह दूसरी-तीसरी भाषा है। रवीन्द्रनाथ श्रीवस्तव के शब्दों में, "सदियों से भारतीय-व्यक्ति का भाषाई व्यक्तित्व बहुभाषिक रहा है। उसका व्यक्तित्व कम से कम तीन प्रयोजनपरक भाषाओं के ताने-बाने से निर्मित रहा है"(भाषाई अस्थिता और हिंदी, पृ. 104)। उदाहरण के लिए महात्मा गांधी की मातृभाषा गुजराती थी, जनता से संपर्क के लिए हिंदी और बौद्धिक चेतना व अभिव्यक्ति की भाषा अंग्रेजी रही। अतः भारतीय अंग्रेजी का लेखक भी बहुभाषी होता है, कई अवसरों पर वह स्वयं अनुवादक होता है जैसे रवीन्द्रनाथ टैगोर और गिरीश करनाड। ममता कालिया, अरूण कोलाटकर और ए.के. रामानुजन द्विभाषी साहित्यकार हैं - अपनी मातृभाषा के भी और अंग्रेजी में भी। ये लेखक 'खंड -व्यक्तित्व'(स्पिलिट परसनेलिटी) युक्त नहीं है बल्कि स्वभावतः द्विभाषी हैं और जैसा कंठपुर (1938) उपन्यास के प्राक्कथन में उपन्यासकार राजा राव ने कहा था कि हम सभी स्वभावतः द्विभाषी हैं -वी आर ऑल इन्स्टिंकटिव्ली बाइलिंगुअल- इसलिए अरुंधति राय का उपन्यास 'द गॉड ऑफ स्माल थिंग्स' (1997), कन्नड उपन्यासकार यू. आर.अनंतमूर्ति के कहने और मानने से भी निर्यात के लिए लिखा उपन्यास मात्र नहीं हो सकता । यदि भारतीय अंग्रेजी लेखन 'राइटिंग फॉर एक्सपोर्ट' होता तो चेतन भगत का अस्तित्व ही न होता। आलोचना की अति के लिए सलमान रूश्दी और अमित चौधरी के मतभेद को 'द विंटेज बुक ऑफ इंडियन राइटिंग और 'द पिकाडोर बुक ऑफ मोडर्न इंडियन लिटरेचर' की प्रस्तावना में देखा जा सकता है।

4

भारतीय अंग्रेजी साहित्य के इतिहास का उपक्रम

द्विभाषी साहित्यकार अरविंद कृष्ण महरोत्रा ने भारतीय अंग्रेजी का इतिहास (2003) में इस साहित्य के विकास के संबंध में कहा है कि यह एक ऐसा साहित्य है जिसके रचनाकार शायद ही कभी एक दूसरे की उपस्थिति को अंगीकार करते हैं। 'हिंदी साहित्य और संवेदना का विकास' (1986)में आचार्य राम स्वरूप चतुर्वेदी 'अंतर्विरोधों को समोने की शक्ति' को भारतीयता का आधार मानते हैं,और वे हिंदी भाषा की प्रकृति को इस चरित्र से जुड़ी पाते हैं। हिंदी में आधुनिक काल के आरंभिक चरणों के अधिकांश लेखक और खड़ीबोली क्षेत्रों के हैं। खड़ी बोली के अपने ही घर के सारे लेखक कहाँ चले गए? सामाजिक संस्कृति हिंदी भाषा की प्रकृति ही नहीं है, वह अंग्रेजी में भी है। वैविध्य और समरसता का आधार यहाँ भी है, वहाँ भी।

अंग्रेजों के शासन के केन्द्र में मुख्य रूप से बंगाल पहले आया। ईस्ट इंडिया कंपनी ने वहीं पहले पैर पसारे। इसलिए पहले-पहल वहीं अंग्रेजी लेखन प्रारंभ हुआ। राजा राम मोहन राय ने वहीं से अंग्रेजी का पक्ष लिया। तोरू दत्त ने वहीं से काव्य रचना प्रारंभ की। पर कोई सिलसिला बनता नहीं दीखता। दीन मुहम्मद की यात्रा पुस्तक का आयंगार के इतिहास में उल्लेख तक नहीं है। एक पत्रकार ने तभी चुटकी ली थी कि 'भारतीय अंग्रेजी' पत्रिकाओं में अनिश्चित जीवन जीती है और पुस्तक में मर जाती है। (दि इंडो-एंग्लियन लीड्स ए प्रिकेरियस लाइफ इन मेग्जीनस एंड डाइज इन ए बुक- आयंगार पृ.16)। इस कथन में कुछ सच्चाई अवश्य है क्योंकि कुछेक नामचीन लेखकों की रचनाओं को छोड़कर हमें भारतीय अंग्रेजी साहित्य का सिलसिलेवार इतिहास बनाने के लिए प्रचुर सामग्री एवं दिशा नहीं मिल पाती। पी. लाल ने 'राइटर्स वर्कशॉप' के प्रकाशन से अनेक उदीयमान रचनाकारों को मौका दिया। और भी कई देशी-विदेशी प्रकाशक हैं। आयंगार ने 1928 में कावेरीपट्टनम सिद्धान्त वेंकटरमानी(1891-1952) की कृति 'द नेक्सट रंग' (The Next Rung) पढ़कर 'टाइम्स ऑफ सीलोन' में इसकी समीक्षा की और भारतीय

अंग्रेजी लेखन का ऐतिहासिक विकास खोजकर एक ढांचा तैयार करना चाहा। 'दि इंडियन कोंट्रिब्यूशन टू इंग्लिश लिटरेचर' ग्रंथ भी 1945 में प्रकाशित हुआ। प्रो.वी.ए.भूषण और जॉन गास्वर्थ ने इस ग्रंथ को देखकर सरोजिनी नायडू के सौजन्य से भारतीय अंग्रेजी काव्य की खोज प्रारंभ की। रॉयल एशियाटिक सोसायटी में यह प्रस्ताव प्रस्तुत किया गया कि भारतीय अंग्रेजी साहित्य के अध्ययन हेतु कवयित्री तोरूदत्त के नाम से एक 'पीठ' कलकत्ता विश्वविद्यालय में स्थापित की जाए। स्वतंत्रता के पश्चात विश्वविद्यालयों के अंग्रेजी विभागों ने धीरे-धीरे भारतीय अंग्रेजी की ओर ध्यान देना शुरू किया। आयंगार महोदय ने 19 जनवरी 1959 से इस साहित्य के ऐतिहासिक अध्ययन हेतु लीड्स विश्वविद्यालय में एक व्याख्यान मात्रा प्रस्तुत की। यह ग्रंथ 'इंडियन राइटिंग इन इंग्लिश' शीर्षक से 1973 में प्रकाशित हुआ। इसमें 850 पृष्ठ हैं। संविधान ने अंग्रेजी को भारतीय भाषाओं की आठवीं अनुसूची में नहीं रखा, पर साहित्य अकादमी ने इसे मान्यता दी। 'इंडियन लिटरेचर' पत्रिका चलाई। आज भारत में प्रायः सभी विश्वविद्यालयों में इस विषय की मान्यता है। शोध कार्य बहुतायत से हो रहे हैं।

फिर भी क्या साहित्य है और क्या नहीं इस पर वाद-विवाद और संवाद होते रहते हैं। के. आर. श्रीनिवास आयंगार (1908-1999) वाइस चांसलर आंध्र विश्वविद्यालय के कार्य को यदि आकर ग्रंथों की श्रेणी में रखा जाए और उनकी 1943-45 में प्रकाशित पुस्तक 'दि इंडियन कोंट्रिब्यूशन टू इंग्लिश लिटरेचर' के प्राक्कथन को देखा जाए तो उन्होंने भारतीय अंग्रेजी साहित्य में कवि, लेखक, उपन्यासकार आदि के साथ ही पत्रकार, इतिहासकार और दार्शनिकों इत्यादि से लेखन को भी शामिल करने का सुझाव दिया है। 'अनुप्रयुक्त साहित्य' (Applied Literature) को भी वे अध्ययन की वस्तु मानते हैं।और स्पष्ट कर देते हैं -To distinguish between Englishmen who write on Indian themes and Indians who use English as the medium of artistic expression- जो अंग्रेज़ भारतीय कथानकों पर लिखते हैं और जो भारतीय अंग्रेजी को सृजनात्मक लेखन के प्रयोग में लाते हैं वे भिन्न हैं।

किसी साहित्य का कोई इतिहास, कोई सर्वे कभी पूर्ण नहीं हो सकता कुछ न कुछ छूट जाता है, छोड़ दिया जाता है। (No survey of a living literature can give entire satisfaction to everybody. Readers ever come across unaccountable omissions and even more unaccountable inclusions(Iyangar, Preface- page iii) पृष्ठ संख्या की सीमा भी रहती ही है। इसलिए कई बार ऐसे साहित्यकारों का नामोल्लेख मात्र ही हो सकेगा जिनके लिए पृष्ठ दर पृष्ठ लेखन भी कम होगा। कोशिश की गयी है कि प्रस्तुतीकरण में नामोल्लेखों के कारण नीरसता न आने पाए और पठनीयता बनी रहे। उद्देश्य है कि पाठक के मन पर भारतीय अंग्रेजी साहित्य की एक छाप बने, एक खाका खिंचे और उत्सुकता बढ़े। साहित्य अकादमी भारतीय अंग्रेजी साहित्य की श्रेष्ठ कृतियों का हिंदी अनुवाद प्रतिवर्ष उपलब्ध

कराती है। यहाँ उल्लिखित कई कृतियाँ हिंदी में भी मिलेंगी। इनको हिंदी से पाठक चाव से पढ़ सकते हैं। तुलनात्मक साहित्य की दिशा में कार्य होने की संभावना इससे बढ़ेगी।

कुछ पाठक कई बार अन्यमनस्क होकर प्रश्न उठाने से भी न चूकेंगे। उदाहरण के लिए अमुक को क्यों स्थान दिया और अमुक को क्यों नहीं? प्रवासी भारतीय को न रखो, ये बाद में पाकिस्तान चला गया, इसने विदेशी नागरिकता ले ली। ये तो भारतीय विषयों पर लिखने वाला अंग्रेज है। इन्होंने अंग्रेजी में कहाँ लिखा? ये अनुवाद है। रवीन्द्रनाथ ठाकुर ने बंगाली- बंगला में लिखा पर उनकी अनूदित कृति 'गीतांजलि' को 1913 में साहित्य का नोबेल पुरस्कार मिला। बाइबिल भी अनुवाद ही है किन्तु इसका प्रभाव समस्त अंग्रेजी साहित्य पर पड़ा। महात्मा गांधी और नेहरू नेता पहले हैं किन्तु उनका लेखन भारतीय अंग्रेजी गद्य का नमूना है। गांधी की आत्मकथा मूल गुजराती है या अनुवाद है?

भारतीय अंग्रेजी साहित्य के इतिहास के निर्माण में किन राजनीतिक, सामाजिक, सांस्कृतिक एवं आर्थिक तत्त्वों का योगदान है उनको रेखांकित करना भी आवश्यक होगा। भारतीय मूल के बिहार निवासी दीन मुहम्मद ने दो खंडो में आयरलैंड की धरती पर 1794 में पहली अंग्रेजी पुस्तक प्रकाशित की 'दी ट्रेवल्स ऑफ दीन महोमट, ए नेटिव ऑफ पटना इन बंगाल, कंपनी, रिट सेवएल पार्टस ऑफ इंडिया, व्हाइल इन द सर्विस ऑफ दी ओनरेबल दी ईस्ट इंडिया कंपनी, रिटन बाई हिम सेल्फ इन ए सीरीज ऑफ लैटर्स टू ए फ्रेंड।' वे भारतीय अंग्रेजी के पहले महत्वपूर्ण साहित्यकार माने जा सकते हैं।

भारत में अंग्रेजों का आना ईस्ट इंडिया कंपनी के आगमन से दो दशक पूर्व ही हो चुका था। 'क्रिस्चियन पुराण' लिखने वाले मराठी-कोंकनी भाषाविद् अंग्रेज फादर स्टीफेंस ने यह ऐतिहासिक कार्य किया था। अकबर के दरबार में राल्फ फिट्ज़ आदि अंग्रेज व्यापारी 1581-84 के बीच आए और इनके ऐतिहासिक लेखन से एक ओर भारत के बारे में ब्रिटिश साहित्य और दूसरी ओर भारतीय अंग्रेजी साहित्य की नींव पड़ी। 1580 के लगभग जब स्टिफेंस व फिट्ज़ आदि भारत आए और 1780 के लगभग जब दीन मुहम्मद इंग्लैंड गए,इसके पश्चात के दो सौ वर्षों के इतिहास में इतना कुछ हो गया कि भारत की फौज का एक अदना सा सिपाही अंग्रेजी में यात्रा वृत्तांत लिख सका।

एम.के. नाईक (Madhukar Krishna Naik 1926-)भारतीय अंग्रेजी समीक्षा के पुरोधाओं में से एक हैं। 1986 में प्रकाशित साहित्य अकादमी के लिए भारतीय अंग्रेजी पर लिखी पुस्तक में यह स्पष्ट है कि भारतीय अंग्रेजी में लेखन ब्रिटेन और भारत के बीच संपर्क का परिणाम रहा-

Indian Writing in English began as an interesting by- product of an eventful encounter in the late eighteenth century between a vigorous and enterprising Britain and a stagnant and chaotic India." (p.1)

भाषा विज्ञान की दृष्टि से होम (1988) और रोमेन (1988) ने उपनिवेशवादी संपर्क स्थितियों पर विचार किया है। मैरी लुईस प्राट की पुस्तक 'इन इंपीरियल आइजः ट्रेवल राइटिंग ऐंड ट्रांसकल्चरेशन'(1998) में भी इस पर उपयोगी चर्चा है। प्राट का मानना है यूरोपीय साम्राज्यवाद ऐसे 'संपर्क स्थल' (कोंटेक्ट जोन) बनाता रहा है जहाँ विभिन्न संस्कृतियाँ मिलती हैं और एक दूसरे को प्रभावित करते हुए सामाजिक स्थल का निर्माण करती हैं - यूरोपियन इंपीरियलिज्म क्रिएट्स कोंटक्ट जोन्स दैट आर सोशल स्पेसिज व्हेअर डिफ्रेंट कल्चर्स मीट, क्लैश ऐंड ग्रैपल विद ईच अदर, ओपन इन हाइली एसिमेट्रिकल रिलेशंस ऑफ डोमिनेशन एंड सबोरडिनेशन।

भारतीय अंग्रेजी साहित्य के प्रारंभ हेतु परिस्थिति निर्माण के इन दो सौ वर्षों में साम्राज्यवादी-उपनिवेशवादी शासक व स्वभावतः बहुभाषी भारतीयों के मध्य हुए संपर्क और संपर्क स्थलों की पहचान करना श्रेयस्कर होगा।

1. रोजगार-जोन- संपर्क का पहला स्थान व स्थल रोजगार या वृत्ति है। कंपनी सरकार का अधिकांश कार्य ब्रोकरों और बिचोलियों से चलता था। सन् 1660 से हजारों शिक्षित भारतीयों ने ब्रिटिश फैक्ट्रियों में कार्य करना शुरू किया। अनुवाद करना , रिकार्ड रखना, सुपरवाइजरी करना, मोलभाव करना, खरीद फरोख्त करना आदि 'दुभाषियों' का काम था। दुभाषी या द्विभाषी का काम मुगलकाल से चला आता था। पहले अरबी और फारसी रही, फिर पुर्तगाली, डच, फ्रेंच और अंग्रेजी आई। भाषा सीखने-सिखाने के स्कूल न थे। रिश्तेदार और अन्यों से सीखना पड़ता था। बिलियम बोल्ट ने कहा है कि दुभाषिये या बनिये कंपनी सरकार की महत्वपूर्ण कड़ी थे। इनमें मामूली कारिंदों से लेकर धनी मानी लोग जैसे गोकुल घोषाल, चंटू बाबू आदि कलकत्ता के प्रभावशाली लोगों में गिने जाते थे। वारेन हेस्टिंग्स, कार्नवालिस, वेलेजली आदि गवर्नर जनरलों के कार्यकाल से ही दुभाषियों का दबदबा बना। इन बिचोलियों ने भी भारत में भ्रष्टाचार का सूत्रपात्र किया। इनके अतिरिक्त रोजगार के लिए सिपाहीगिरी उत्तम व्यवसाय रहा। कुछ अंग्रेजों ने राजाओं के यहाँ स्वयं भी नौकरी की। बाद में स्कूलों के खुलने पर 1818-35 के दौरान अंग्रेजी शिक्षा से भी अंग्रेजी बढ़ी। दीन मुहम्मद, सी.वी. बोरिहा और राममोहन राय का लेखन इसी संपर्क जोन की देन है।

2. विवाह और पारिवारिक जोन- अंग्रेज भारत में प्रायः अकेले आते थे और महिलाएँ न के बराबर ही होती थी। चर्च के आदेशानुसार ईसाई अंग्रेज़ किसी अन्य धर्मावलम्बी से विवाह न कर सकते थे इसलिए कुछ अन्य यूरोपीय औरतों से विवाह करते थे। कुछ अंग्रेज़ भारतीय स्त्रियों से विवाह कर लेते थे पर वे उन्हें पहले ईसाई बना लेते थे। कई मामलों में बिना विवाह ही 'रखैल' रख ली जाती थी। सी.ए. बेले के अनुसार 1788 में 11000 ऐसे मिले-जुले परिवार थे। ऐसे संपर्कों से उत्पन्न संतान को 'ईसाई' माना जाता था। इन लोगों की मातृभाषा भारतीय भाषा होती थी पर पितृभाषा अंग्रेजी। अंग्रेजियत इन पर सवार रहती थी। कुछ भारतीयों ने भी

विदेशी स्त्रियों से विवाह किया मगर अपवाद स्वरूप ही। दीन मुहम्मद ने 1786 में जेन डाली से विवाह किया था। हेनरी डेरोजियो भारतीय अंग्रेजी साहित्य के प्रथम कवि हैं। वे अंग्रेज माता और लूसो-भारतीय पिता की संतान थे। माइकेल मधुसूदन दत्त ने पहले स्काटलैंड की महिला से विवाह किया और फिर एक फ्रांसीसी महिला से। इनके लेखन में दोनों का प्रभाव है। इस जोन से स्वतंत्रता के बाद भी अनेक साहित्यकार आए जैसे अनीता देसाई, डोम मोरेस, अउब्री मेनन, रस्किन बोंड, यूनिस डीसूजा, मिलार्नी सिलगारडो, चारमाइने डीसूजा, संतन रोड्रीग्ज और राउल डीगामा रोस आदि।

3. धर्म परिवर्तन जोन - इस जोन में भारतीय धर्मांतरण के साथ ही ईसाई धर्म का व्यापक प्रभाव भी परिगणित होगा। सोलहवीं शताब्दी से ही मिशनरियों ने धर्म परिवर्तन का कार्य आरंभ कर दिया था। इनके प्रयास सदा प्रेमपूर्ण ही नहीं होते थे, ये जबरन व हिंसात्मक भी हो जाते थे। इसीलिए 1813 में इन पर कुछ रोक भी लगानी पड़ी थी। ये लोग ब्रिटिश सीमा के बाहर से आकर धर्म प्रचार करने लगे। श्रीरामपुर का ब्रिटिश मिशन इसके लिए कुख्यात है। ईसाईयत को स्वीकार करने से अंग्रेजी और अंग्रेजी तौर-तरीकों का प्रभाव पड़ता था। लगभग सत्तर लाख परिवारों पर इसका प्रत्यक्ष व परोक्ष प्रभाव पड़ा। उन्नीसवीं शताब्दी के अनेक साहित्यकार इसी जोन से आए हैं। गोविन चंद दत्त, उनके भाई गिरीश चंद दत्त, तोरू दत्त और आरूदत्त से लेकर पंडित रमाबाई तक ऐसे साहित्यकारों की एक लंबी सूची है। जयंत महापात्र और देबा पटनायक को भी गत शताब्दी को इस जोन के प्रभाव से युक्त भारतीय साहित्यकार माना जाएगा।

क्रिश्चियन मिशनरी स्कूलों से भारती मुखर्जी, आदिल जस्सावाला, शशी थरूर, एलन सीले, मुकुल केशवन, मकरंद परांजपे आदि आए।

4. मित्रता एवं सामाजिक संबंध जोन - अठ्ठारहवी शताब्दी के उत्तरार्ध में आपसी सद्भाव से मित्रता एवं सामाजिक सौजन्य बढ़ा और कुछ संस्थाओं एवं परिवारों के माध्यम से भारतीय अंग्रेजों के संपर्क में आए। दुभाषिए मालिक-नौकर का संबंध रखते थे पर धीरे धीरे भारतीयों की अंग्रेजों से परस्पर मित्रता बनी। अनेक विदेशी भारत के प्रति सद्भाव भी रखते थे। बीसवीं शताब्दी में रवीन्द्र नाथ ठाकुर, मोहन दास करम चंद गांधी, जवाहर लाल नेहरू, ई.एम. फोर्सटर, सी.एफ. एन्ड्रज आदि इसी जोन से आए।

उपरोक्त विवरण से स्पष्ट होता है कि अंग्रेजी भाषा के प्रचार-प्रसार व इसके माध्यम से साहित्य सृजन की प्रेरणा भारतीयों को इन विभिन्न जोनों के माध्यम से मिली। इन चारों जोनों का संतुलित व संघटित प्रयास रहा - प्रत्यक्ष भी और परोक्ष भी। लोग पास आते गए और अंग्रेजी का ज्ञान बढ़ता गया। इन प्राथमिक संपर्क जोनों के प्रभाव से ऐसी परिस्थितियाँ उत्पन्न हुई कि अठारवीं शताब्दी के मोड पर आते-आते भारतीय अंग्रेजी साहित्य के प्रथम हस्ताक्षरों का आगमन सुनिश्चित हो गया।

5

काल विभाजन और उसका आधार

भारतीय साहित्य का इतिहास लिखना ही हो तो अंग्रेजी में भारतवासियों ने जो कुछ लिखा है , उसका इतिहास लिखा जा सकता है। - इस कथन के द्वारा राम विलास शर्मा ने भारतीय साहित्य के इतिहास की समस्याएँ (1986:12) पुस्तक में विचार किया है। भारत में आधुनिक साहित्य का निर्माण अंग्रेजों और अंग्रेजी के आगमन के बाद हुआ। भारतीय साहित्य का इतिहास जो भी लिखेगा,उसे विभिन्न भाषाओं के साहित्य के आपसी सम्बन्धों पर ध्यान देना होगा। यदि उसे किसी एक भाषा का साहित्य लिखना हो तो भी अन्य भाषाओं के साहित्य से उसके सम्बन्धों पर ध्यान देना होगा । वास्तविकता यह है कि भारत की किसी भी भाषा के साहित्य का इतिहास सही ढंग से अखिल भारतीय परिप्रेक्ष्य में ही लिखा जा सकता है- राम विलास शर्मा ने उक्त पुस्तक (पृष्ठ 8) में इस संबंध और समस्या पर विचार किया है।

राम स्वरूप चतुर्वेदी ने 'हिन्दी साहित्य और संवेदना का विकास ' (1986) में हिन्दी साहित्य के काल विभाजन के लिए शुक्ल जी के विभाजन को ही मंजूर किया है। यहाँ भी पूर्व विद्वानों का अनुसरण किया जाएगा। हिन्दी में आचार्य राम चंद्र शुक्ल के काल विभाजन - आदि काल(वीर-गाथा काल), पूर्व मध्यकाल (भक्ति-काल), उत्तर मध्यकाल (रीति काल) और आधुनिक काल (गद्य काल) – में साहित्यिक गति को इंगित किया गया है। उनका इतिहास लगभग 650 पृष्ठों का है।

के. आर. श्रीनिवास आय्यंगार ने भारतीय स्वतन्त्रता संग्राम की पृष्ठभूमि में भारतीय अंग्रेजी साहित्य के इतिहास का कालविभाजन निम्नवत किया है-

1820-1870 The beginnings- The Age of the Great pioneers

आरंभ – महान अग्रदूतों का युग

1870-1900 - Reawakening of self – The Age of religicus and Literary Awakening

आत्मा का पुनर्जागरण –धार्मिक और साहित्यिक जागृति का युग

1900- 1920 The Era of Political Awekening –

The Age of 'Bandematram' and 'Home Rule'

राजनैतिक जागृति का युग- 'बंदे मातरम' और होम रूल का युग

1900- 1947 The Era of Gandhian Revolution- The Modern 'Heroic Age'

गांधी वादी क्रांति का युग- आधुनिक वीरता का युग

1947- The Era of Independence

स्वतन्त्रता का युग

साहित्य अकादमी के लिए भारतीय अंग्रेजी पर लिखी और 1986 में प्रकाशित पुस्तक में नाईक का भारतीय अंग्रेजी साहित्य का काल –विभाजन सबसे सरल प्रतीत होता है ।नाईक के भारतीय अंग्रेजी के काल विभाजन में -प्रारंभ से 1857 तक, 1857 से 1920 तक, 1920 से 1947 और 1947 से आज तक भारत के राजनीतिक इतिहास की प्रतिच्छाया है। नाइक ने अपने इतिहास में 'अनुवाद' को स्थान नहीं दिया। उन्होंने आयंगार की तरह साहित्यकारों को केन्द्र में न रखकर प्रवृत्तियों को ध्यान में रखते हुए विधापरक इतिहास लिखा-गद्य, पद्य, नाटक आदि। उन्होंने संदर्भ ग्रंथ सूची भी इसी तरह से बनाई। उनका काल विभाजन निम्नवत है।

1. **The Pagoda Tree-From beginnings to 1857**
2. **The Winds of Change- 1857-1920**
3. **The Gandhian Whirlwind: 1920-1947**
4. **The Ashoka Piller : Indepndence and After**

किसी साहित्य के इतिहास में मुख्य बल इतिवृत्त पर होता है। यह भी दिखाया जाता है कि एक युग दूसरे युग से कतिपय भिन्न होता है। हिंदी साहित्य के इतिहास में आचार्य रामचंद्र शुक्ल के काल विभाजन को आधार माना जाता है। उनके इतिहास ग्रंथ में अनुक्रमणिका को निकाल देने पर कुल 630 पृष्ठ हैं पर प्रत्येक काल के लिए नियत पृष्ठों का अनुपात असमान है।अपभ्रंश काल:20 पृष्ठ, वीरगाथा-काल:27 पृष्ठ, भक्ति-काल: 150 पृष्ठ, रीति-काल:150 पृष्ठ, आधुनिक काल:280 पृष्ठ = योग:627 पृष्ठ।आरंभ के 3 पृष्ठों में 'काल-विभाग' तथा आदि काल का सामान्य परिचय है। कहने का अर्थ यह है कि युग विभाजन अपनी अपनी तरह से किया जाता रहा है। यथा अंग्रेजी में विक्टोरिया युग है और मिल्टन युग भी।हिन्दी में भारतेन्दु युग भी है और द्विवेदी युग भी।काल विभाजन की ऐसी कोशिश भारतीय अंग्रेजी साहित्येतिहास लेखकों ने नहीं की है। गांधी प्रभावित साहित्यकार हैं किन्तु गांधी युग नहीं। गुजराती में ऐसा है। हुमायूँ कबीर

(1898-1969) ने मरेट मेमोरियल लेक्चर (1960) में भारतीय - ब्रिटिश सम्बन्धों के प्रारंभिक काल को निर्मल युग और सन् सत्तावन के पश्चात के काल को ज्ञान या अनुभव युग कहा था और प्रथम युग के प्रवक्ता माइकेल मधुसूदन दत्त तथा द्वितीय युग के प्रवक्ता के रूप में सुरेन्द्र नाथ बैनर्जी को रखा था। ऐसे ही कई संकेत हमारे काम आते हैं।

आयंगार ने भी कोई खाका प्रस्तुत नहीं किया और महरोत्रा ने लिखा कि भारतीय अंग्रेजी लेखन की एक उल्लेखनीय विशेषता यह है कि न तो यहाँ कोई स्कूल या मंडल हुआ, न साहित्यिक आन्दोलन और न ही क्षेत्रीय समूह। इसका इतिहास छिन्न-भिन्न है, क्रमागत नहीं और न ही किसी देश विशेष की सीमा में आबद्ध ही है। यह अनेक लेखकों से बना है, जो यहाँ वहाँ पाए जाते हैं। उनको न उनके पूर्व से समझा जा सकता है न वे अपने पीछे कोई शिष्य मंडली छोड़ जाते हैं।

A striking feature of Indian literature in English is that there have been no schools, literary or even regional groups within it. Its history is scattered, discontinuous, and transnational. It is made up of individual writers who appear to be sui-genris. They are explained neither by what went before them nor by what came after. (p. 25-26)

दूसरी ओर कई आधुनिक साहित्यकार अपने पूर्ववर्ती साहित्यकारों के प्रभाव को स्वीकार करते हैं और एक अनवरत चली आ रही परंपरा की ओर इंगित करते हैं। विश्वविख्यात उपन्यासकार सलमान रूश्दी ने एक बार कहा था कि एलन सीले का 'टॅटरनामा' उपन्यास उनके पूर्ववर्ती देसानी के लिखे उपन्यासों का अध्ययन किए बिना नहीं समझा जा सकता। और उन्होंने भी इस परंपरा से बहुत कुछ सीखा है। इसी तरह कई परवर्ती उपन्यासकार सलमान रूश्दी की कृति 'मिडनाइट्स चिल्डरन' को आकर ग्रंथ की तरह देखते हैं।

कुछ सालों पूर्व दिल्ली के सेंट स्टीफन कॉलेज में पढ़े युवकों को एक 'स्कूल' के रूप में देखते हुए 'द फिकशन ऑफ सेंट स्टीफेंस' (2000) नामक संपादित पुस्तक अवश्य आई किन्तु प्रमुख आलोचकों एवं पाठकों ने इसे गंभीरता से नहीं लिया। वृन्दा बोस ने इस पुस्तक में महिला रचनाकारों की अनुपस्थिति को रेखांकित किया। इस कॉलेज में पढे रुकुन अडवाणी, शशि थरूर , अमिताव घोष, मुकुल केशवन, उपमन्यु चटर्ज़ी आदि ने अपनी महत्वपूर्ण उपस्थिति अवश्य दर्ज कराई है किन्तु कुछ लोग इसे अभिजात वर्ग का छिछोरापन से अधिक नहीं मानते (देखें – बुकलेस इन बगदाद – 2005 , शशि थरूर) । हरीश त्रिवेदी ने ऐसे अभिजात लेखकों को मेन-स्ट्रीम या समाज की मुख्य धारा से कटा हुआ करार दिया है। जो भी है , यहाँ के कई लेखक नाम और रुतबे में कुछ हैं अवश्य ।

इन प्रमुख आधारों पर भारतीय अंग्रेजी के साहित्य का काल विभाजन यहाँ किया गया है।इस विभाजन का आधार तत्कालीन लेखन में पाई जाने वाली प्रवृत्तियाँ हैं। उपनिवेशी एवं

उत्तर उपनिवेशी मान्यताओं को ध्यान में रखते हुए यहाँ इन चार कालों का प्रस्ताव किया जा रहा है। काल विभाजन में भारतीय प्रवृत्ति परक परंपरा का ध्यान रखा गया है। शुक्ल जी ने अपने इतिहास में जनता की चित्तवृत्ति में परिवर्तन को आधार बनाया था। आचार्य राम स्वरूप चतुर्वेदी ने इसी को माना। चार कालों में बांटने की पंरपरा रही है, हाँ नामकरण प्रवृत्ति के आधर पर बदलते रहे हैं। कालों की घटती-बढ़ती अवधि और विवेचन का विस्तार-संकुचन जिस गति से हिंदी में हुआ है और आधुनिक युग को भारतेन्दु, द्विवेदी, छायावाद, प्रगति, प्रयोग और नयी कविता आदि नाम दिए गए हैं, वह यहाँ न हो सकेगा। कई विद्वान इस विभाजन को उपनिवेशवादी दृष्टि से भी देखकर विभाजित करना चाहेंगे।किन्तु यह भी मुमकिन नहीं।

1. आदान काल - 1800 से 1900 तक का समय या काल खंड इसमें समाहित किया जा सकता है। स्पष्ट है कि प्लासी का युद्ध 1750 में लड़ा गया पर ईस्ट इंडिया कंपनी 1600 ई. से यहाँ काबिज थी। सर विलियम जोन्स ने रायल एशियाटिक सोसायटी में अपना ऐतिहासिक वक्तव्य 1785 में दिया। दीन मोहम्मद ने आपकी यात्रा पुस्तक विलायत की धरती पर प्रकाशित कर दी थी। उपनिवेशवादी विचारधारा के प्रमुख तत्व और इसका जन्म हो गया था। दबाव, जबर्दस्ती और साम-दाम दंड भेद जैसी नीतियों के फलस्वरूप एक ओर तो शासन की जड़ें जम रही थीं दूसरी ओर अंग्रेजी शिक्षा में पक्ष-विपक्ष की चर्चा एक नई दिशा ले रही थी। राजा राम मोहन राय का जन्म 1772 में हुआ था और उन्हें भारतीय अंग्रेजी लेखन के आगमन का आभास माना जा सकता है। हेनरी डेरोजियो, माइकेल मधु सूदन दत्त और तारूदत्त तथा उनका परिवार, नेहरूजी मालवारी और गोवर्धनराम त्रिपाठी, लाल बिहारी डे और कृपाबाई सत्तीनंदन आदि साहित्यकार इस युग के प्रतिनिधि हैं। काव्य रचना में हमें पश्चिम का अनुगमन अध्कि दिखाई देता है। यह अनुगमन इतना अध्कि था कि सरोजिनी नायडू को इससे सावधान रहने की सलाह दे दी गई थी। गद्य में अनुगमन शैली का प्रभाव अधिक था किन्तु स्वतंत्रता आंदोलन (1857) के पश्चात् स्वर की मुखरता स्पष्ट दिखाई देने लगी थी। अपनी संस्कृति की महत्ता को रेखांकित करने की प्रवृत्ति, अंग्रेज गुणानुवाद गायन, स्वतंत्रता की चाह, और अंग्रेजी ज्ञान का आदान आदि इस काल की प्रमुख प्रवृत्तियाँ हैं।

2. प्रस्तावकाल (1900-1950) रवीन्द्र नाथ ठाकुर को साहित्य का नोबेल पुरस्कार 1913 में मिला। टैगोर की रचनाएँ इस काल की प्रारंभिक उपलब्धि हैं । श्री अरबिंद, सरोजिनी नायडू, महात्मा गांधी, जवाहर लाल नेहरू, मुल्कराज आनंद, आर.के. नारायण, राजाराव, राधाकृष्णन, नीरद सी चोधरी आदि इस काल के प्रमुख साहित्यकार हैं। पत्रकारिता का भी इस समय खासा प्रभाव रहा। गांधी दर्शन से प्रभावित लेखन भी रहा। आनंद कुमार स्वामी, कोरनेलिया सोराबजी आदि भी इस युग की देन हैं। भारतीय दृष्टि पर आधारित लेखन, स्वतंत्रता की कथाएं, विभिन्न विधाओं में लेखन, लेखकों का आत्मविश्वास आदि इस काल की प्रमुख प्रवृत्तियाँ हैं। गुणवत्ता व प्रमाण की दृष्टि से इस काल को स्वर्णयुग कहा जा सकता है।

3. प्रत्युत्तर काल (1950-1940) इस काल खंड में स्वतंत्रता के पश्चात अंग्रेजी शिक्षा के और अधिक प्रसार से लेखन में चहुंमुखी विकास हुआ। भारत का संविधन आत्मार्पित हुआ। कथाकार त्रिमूर्ति आनंद, नारायण व राव खूब लिख रहे थे। नए कथाकार मनोहर मलगांवकर, खुशवंत सिंह, रस्किन बॉन्ड, अरूण जोशी, अनंत नारायण, नयनतारा सहगल, कमला मार्कडेय, अनीता देसाई, रूथ पवार झाबावाला के साथ ही सलमान रूश्दी का लेखन आया। जीव पटेल, के की दारूवाला, जयंत महापात्र, निसिम इजेकियल, अरूण कोलाटकर, दिलीप चित्रे, ए.के. रामानुजन आदि ने काव्य रचना प्रस्तुत की। इस काल में मानों उपनिवेशवादी मान्यता के आधार पर उन्हीं की भाषा में उन्हें खरी-खरी सुनाई जा रही थी। (देखें 'दि एंम्पायार राइट्स बैक' 1989बिल एशक्रोफ्रट और अन्य सं.)

4. प्रमाण काल (1990-) प्रत्युत्तर काल का विकास ही आधुनिक काल से चला आ रहा है। 1981 में 'मिडनाइट्स चिल्डरन' को बूकर मिला और अरुंधति राय तथा कई अन्यों को भी प्रगति मिली । गद्य व गल्प की प्रधानता रही। कोई माने या माने चेतन भगत से लेकर अनेक नए लेखकों ने इस युग को चिकनी जिल्द उपन्यासकारों के रचना कौशल से परिचित कराया है। अंग्रेजी साहित्य के समान ही भारतीय अंग्रेजी साहित्य की प्रतिष्ठा ही 'प्रमाण' है। पहली बार ज्ञानपीठ पुरस्कार 2018 किसी भारतीय अंग्रेज़ी के लेखक को दिया गया। यह दूसरी भारतीय भाषाओं के लेखकों को मिलता रहा था मगर अंग्रेज़ी के लेखकों को कभी नहीं मिला था। बूकरों की तो बरसात ही होती रही है।

1943 में आयंगार महोदय ने भारतीय अंग्रेजी साहित्य के इतिहास लेखन की आधारशिला रख दी थी। इससे पूर्व का लेखन उतना व्यवस्थित न था, फिर भी आधारभूत सामग्री उन्हे मिली । देश में भारत की 16 भाषाओं की बात होने लगी। संविधान में हिन्दी के साथ अंग्रेजी को भी सहयोगी का दर्जा मिला। अंग्रेजी में हो रहे सृजनात्मक लेखन को भारतीय साहित्य में शुमार किया जाने लगा। यह एक रोचक तथ्य है कि 'आज का भारतीय साहित्य' (1958) में अंग्रेजी का विवेचन सबसे अंत में है, किन्तु गांधी जी की जन्म शताब्दी (1969) पर संपादित ग्रंथ 'भारतीय साहित्य रत्न माला' में अकारादि क्रम से अंग्रेजी सर्वप्रथम है किन्तु दोनों में आयंगार के ही अंग्रेजी से अनूदित आलेख हैं।

कविता हो या नाटक, उपन्यास या कहानी, इतिहास या जीवनी , दार्शनिक्र या राजनीतिक ग्रंथ, वक्तृव्य कला या पत्रकारिता – अंग्रेजी में भारतीयों का लेखन कहीं भी समाप्ति की स्थिति में नहीं दिखाई देता । निस्संदेह इंडो- एंग्लियन साहित्य अपनी निजी दृष्टि और स्वर के साथ , अन्य समसामयिक भारतीय साहित्यों की भांति , विकसित होता रहेगा । वह क्रमशः शक्ति ग्रहण करता जाएगा और हमारे नए राष्ट्र और नव जीवन के –वस्तुतः आधुनिक राष्ट्र और प्रगति शील जीवन के निर्माण में सहायक होगा । यही नहीं, वह राष्ट्रीय पुनर्जागरण और अंतर्राष्ट्रीय शांति सद्भाव के कार्य में भी प्रतिश्रुत होगा। - के. आर. श्रीनिवास आयंगार- आज का भारतीय साहित्य, पृष्ठ 402, 1958)

6

भारतीय अंग्रेजी में काव्य

हिंदी साहित्य की चर्चा के प्रारंभ में प्रथमतः काव्य आता है, भारतीय अंग्रेजी साहित्य के प्रथम लेखक, दीन मुहम्मद गद्यकार हैं। हिंदी साहित्य के आंरभ की पहचान करके राहुल सांकृत्यायन ने 760 से 1300 ई. को सिद्ध-सामंत युग कहा और इस काल की प्रतिनिधि रचनाओं का संकलन 'हिंदी काव्य धारा' शीर्षक से प्रस्तुत किया। उन्हें सिद्ध,नाथ, रासो, जैन आदि परंपराओं के कवि अगल-बगल मिल गए। पर भारतीय अंग्रेजी साहित्य के साथ यह सुभीता न हो सकेगा। दीन मुहम्मद की चर्चा गद्य खंड में करेंगे। और 'महाजनो येन गतः स पंथा' को मानकर वह रास्ता पकड़ेंगे जिस पर के. आर. श्रीनिवास आयंगार और एम. के. नाइक जैसे प्रतिष्ठित समालोचक गए हैं। सामान्यतः राजाराम मोहन राय को आधुनिकता, आधुनिक भारतीय साहित्य एवं भारतीय अंग्रेजी साहित्य का पुरोधा माना गया है। इन्हें आयंगार महोदय 'अंग्रेजी गद्य का प्रथम भारतीय ज्ञाता' मानते हैं। इनकी चर्चा भी यहाँ नहीं की जा सकती। एन. वेंकटराव ने 1963 में कावाली वेंकट बोरिहा (1776-1803) और उनके भाई कावाली वेंटक रामास्वामी को क्रमशः 'गद्य' और 'पद्य' के प्रथम हस्ताक्षरों के रूप में प्रस्तुत किया था। कावाली बंधुओं के अतिरिक्त भी डेरेजियो, काशी प्रसाद घोष, हसन अली, पी. राजगोपाल, मोहनलाल आदि अनेक कवि हैं जिन्होंने मैकाले के भारत आगमन से पूर्व ही अंग्रेजी शिक्षा प्राप्त करके काव्य लेखन प्रारंभ कर दिया था। यहाँ कुछ प्रतिनिधि कवियों का सोदाहरण परिचय दिया जाएगा। स्थानाभाव के कारण कभी देवनागरी और कभी रोमन लिपि में उद्धरण दिए जा रहे हैं, अनुवाद प्रायः नहीं। पाठक से यह अपेक्षा है कि वह मूल का पाठ भी यदा-कदा किया करे।

कावाली वेंकट रामास्वामी ने एशियाटिक रिसर्च, लंदन के लिए 1904 में दो रचनाएं प्रस्तुत की। एक अरशनिपाल वेंकटाध्वरिन द्वारा 17वीं शताब्दी में लिखित संस्कृत कविता 'विश्वगुणदर्शन' का अंग्रेजी में अनुवाद जो 1825 में प्रकाशित हो सका। दूसरा ग्रंथ था तेलुगु,

तमिल, मराठी और संस्कृत के सौ कवियों का जीवन चरित्र- बायोग्राफीक्ल स्केचिज ऑफ द दक्किन पोइट्स (1829) । अंग्रेजी जीवनीकार सेमुअल जॉनसन(1779-1891) की कृति 'लाइव्ज ऑफ द इंग्लिश पोइट्स' की तर्ज पर लिखी यह भारतीय अंग्रेजी साहित्य की प्रथम जीवनी थी।

हेनरी लुइस विवियन डेरेजियो (1809-1831) हैं तो भारतीय अंग्रेजी साहित्य के 'भारतेंदु' किन्तु इनका काल पद्माकर (1753-1833) के समकालीन पड़ता है। साम्य-वैषम्य में न जाते हुए यह बता दें कि डेरेजियो अठारह वर्ष की आयु में हिंदू कॉलेज में अंग्रेजी साहित्य के शिक्षक बने और इनकी युवावस्था में मृत्यु तथा अद्वितीय काव्य प्रतिभा को देखकर मि. आउटन ने इनकी तुलना जॉन कीट्स से की थी। डेरेजिओ वस्तुतः मूर, स्कॉट , बायरन. शैली और कीट्स से प्रभावित थे और 'सोनेट' छंद में लिखा करते थे। गीत और सोनेटों के अतिरिक्त डेरेजिओ ने 'द फकीर ऑफ जांघिरा' खंड काव्य की रचना भी की।इसने नलिनी नामक विधवा और उसके पूर्व प्रेमी की प्रणय गाथा है। इनकी एक कविता 'द हार्प ऑफ इंडिया' में देशभक्ति की भावना है-

Thy music once was sweet — who hears it now?
Why doth the breeze sigh over thee in vain?
Silence hath bound thee with her fatal chain;
Neglected, mute, and desolate art thou,
Like ruined monument on desert plain

बहरामजी मेरवांजी मालबारी (1853-1912) का जिक्र गद्य और गल्प के संदर्भ में यथास्थान होगा। यहाँ उनके कवि रूप का परिचय है। 1877 में प्रकाशित मालबारी का कविता संग्रह 'दी इंडियन म्यूज इन इंग्लिश गार्ब' विक्टोरियन कवि टेनिसन को भी पसंद आया था। इस संग्रह की भूमिका में कवि सीधे अंग्रेजों को संबोधित करता है और बता देता है कि ग्यारह वर्ष में इंग्लिश सीखकर जब वह कवि बन सकता है तो कोई भी भारतीय अंग्रेजी में निष्णात हो सकता है। फारसी और संस्कृत का पठन पाठन अब आनंद और यश के लिए रहेगा, अंग्रेजी का उपयोग धन कमाने के लिए होगा।

It is English that is becoming the current language of India – the soft insinuating English –rich in her son and her science and her philosophy – the mother and the moulder of the divinest human thought!(Dec 15, 1876)

अनुकरणात्मक कविता के रूप में लिखी ये दो दर्जन के लगभग कवितायें सुख देती हैं । केम्पबेल की कविता 'Men of England' की तर्ज पर 'Men of India' है। इन कविताओं को पढ़कर इस संग्रह के नाम की सार्थकता का बोध होता है – 'अंग्रेजी परिधान में भारतीय कविता-कामिनी'।

काशी प्रसाद घोष (1809-1873) की कृति 'द शायर हैंड अदर पोइम्स' (1830) को कविता के क्षेत्र में इसलिए ऐतिहासिक स्थान प्राप्त है क्योंकि यह पहला काव्य संग्रह है। घोष बाबू कवि तो थे ही साहित्यकार और पत्रकार भी थे। इनकी कविता में अनुकरण की मात्रा अधिक है और बात-बात पर भाषणबाजी तथा नीतिशिक्षा भी हैं। काव्य प्रतिभा की यत्र- तत्र उपलब्ध है । हिन्दू विधवा का चित्रण देखें।

Is this the all, or should it be
The all that here to thee is left?
And must the world remain to thee
A scene of every charm bereft?

काशी प्रसाद घोष ने अंग्रेजी के कविलियर कवियों की शैली में प्रेम कवितायें लिखीं और निओ-क्लासिकल कवियों की नीतिपरकता को भी अपनाया और जब वे अपने 'शायर' को लेकर आए तब वे स्वच्छंदतावादी रोमांटिक कवियों के समान बिंदास हो गए। भारतीयता को लेकर और हिन्दू रीति रिवाजों –त्योहारों के आधार पर 'द बोटमैन'स सॉन्ग ऑफ इंडिया' लिखकर अपनी बहुज्ञता का परिचय देते हैं।

माइकेल मधुसूदन दत्त (1824-1873) मैकाले के आगमन के पश्चात के कवि हैं और पहले दो कवियों से आगे भी हैं। बंगाल में इनकी कृति 'मेघनाथ वध'(1861) आज भी चर्चा में रहती है क्योंकि पुनर्जागरण का भारतीय साहित्य में पहला प्रतिफलन इसी कृति के माध्यम से हुआ। हिन्दी में इसकी पहली महत्वपूर्ण अभिव्यक्ति भारतेन्दु (1850-1885) में होती दिखाई देती है। दत्त ने अंग्रेजी कविता, गद्य-नाटक सभी विधाओं में लिखा। डेरेजिओ की तरह खंड काव्य 'द केप्टिव लेडी' (1849) लिखा और अंग्रेजी रोमांटिक कवियों विशेषकर बायरन से प्रभावित रहे। ये भी अकाल मृत्यु को प्राप्त हुए। बंगला भाषी समाज के लिए ये 'कवियों के कवि' हैं और श्री अरविंद ने इनको श्रद्धांजलि देते हुए ठीक ही कहा था कि देवता ने स्वयं इनको लेखन का वरदान दिया था – गॉड हिमसेल्फ टुक अप दाइ पैन एंड रोट।

भारतीय अंग्रेजी कविता के प्रारंभिक काल के तीन प्रतिनिधि कवियों पर दृष्टिपात करने से तत्कालीन काव्यधारा की कुछ प्रवृत्तियों का पता चलता है। मूल अंग्रेजी साहित्य के प्रमुख रोमांटिक कवियों का इन कविताओं पर अतिशय प्रभाव है। लगता है वही इंजन इनकी गाडी को भी खींच रहा है। हाँ उनके चयनित विषय भारतीय थे। सतीप्रथा, विधवा विवाह आदि सामाजिक प्रश्नों के साथ ही स्वाधीनता के लिए निद्रा से जागने को भी कहा गया था। ये सब कवि किसी न किसी रूप में कलकत्ता के हिंदू कालेज से जुड़े थे। डेरेजिओ ने पहली बार अंग्रेजी कविता के माध्यम से भारत को 'मदर' कहा, माइकेल मधुसूदन दत्त ने चंदबरदाई के पृथ्वीराजरासो की तर्ज पर 'पृथ्वीराज' कविता लिखी । 'रजिया-सुल्तान' पर नाटक लिखा।

माइकेल मधुसूदन दत्त अपने जीवन काल में भिन्न-भिन्न समयावधियों में चारों संपर्क-जोनों का प्रतिनिधित्व करके उस आयाम को स्थापित करने वाले बने जो बाद में अनेक लेखकों के लिए वर्षों तक मार्गदर्शन करता रहा। इस कवियों ने छंद शास्त्र एवं विदेशी भाषा जरूर विदेशी ली किन्तु मुख्यतः भारतीय कथानकों, दंतकथाओं, इतिहास, पुराण और अन्य साहित्यिक आकर ग्रंथों को आधार बनाया। अंग्रेजी रचना शिल्प को यथासंभव अनुकूलित किया और संस्कृत तथा बंगला के वाक्य विन्यास तथा प्रतीकों से अनुप्राणित करने की चेष्टा की। यह वह समय था जब सही अर्थों में साहित्यिक अंग्रेजी का भारतीयकरण करने के प्रयास हुए और अंग्रेजी को अनुवाद के माध्यम की तरह से प्रयोग में लाया गया। अनुवाद भावों व विचारों का अवश्य हुआ पर यह भी सुनिश्चित किया गया कि वह अनुवाद न लगकर मूल का भ्रम दे। साहित्यकारों ने खुद के व्यक्तित्व में चाहे कितनी भी विलायतीपन की चिप्पी चिपका ली हो किन्तु उनका ध्येय स्पष्ट था। मधुसूदन दत्त ने भारतीयों को अपनी अंग्रेजी कविताओं से चमत्कृत किया और इंग्लैंड और फ्रांस में विक्टर ह्यूगो तथा लॉर्ड टेनीसन पर बंगला भाषा में चतुर्दशपदी सोनेट लिखकर भेजी। भारतीय अंग्रेजी लेखन और भारतीय साहित्य में प्रायः प्रारंभ से ही लिपि को छोड़कर सब कुछ भारतीयता से अनुप्राणित रहा है। भाव भी भारतीय हैं और भंगिमा भी।

भारतीय अंग्रेजी कविता प्रारंभ में स्वच्छंतावादी अंग्रेजी कविता(रोमांटिक पोइट्री) से प्रभावित थी। । उन्नीसवीं शताब्दी के उत्तरार्ध में नए कवि आए पर यह सिलसिला ही चला ;हिंदू कॉलेज के स्थान पर अब 'दत्त परिवार' का योगदान रहा। माइकेल मधुसूदन दत्त की 'एंग्लो-सेक्सन' के प्रति भक्ति व आसक्ति और परवान चढ़ी। 1870 में दत्त फैमली एलबम (1870)का प्रकाशन एक महत्वपूर्ण घटना है। नीलमणि दत्त के पुत्र रसोमय दत्त थे जिनके पुत्र और कलत्रों आदि ने इस एलबम को निकाला। गोविन (1828-84), हर (1831-1901) और गिरिश (1833-92) और उनके चचेरे भाई शशि चंद्र दत्त (1824-86) ने ईसाई धर्म कबूला पर परिवार की स्त्रियाँ टस से मस न हुई। इसलिए धर्म एवं संस्कार काफी कुछ वही रहे। शशि चंद्र दत्त ने प्रथमतः 'मिसलेनियस वर्सिज' (1848) का प्रकाशन किया और उनके भाई ईशान चंद्र दत्त ने कुछ कविताएं 'एस्सेज ऐंड पोएम्स' (1872) प्रकाशित की। शशिचंद्र दत्त ने स्ट्रे लीव्ज़ और एस्सेज, पोइम्स ऐंड टेल्स (1864) और 'ए विजन ऑफ सुमेरू एंड अदर पोइम्स' (1778) का प्रकाशन किया। 'दत्त फैमिली एलबम' में तरह-तरह की कविताओं का गुलदस्ता है, जर्मन व फ्रेंच कविता के अनुवाद हैं। यह पुस्तक तत्कालीन समाज का दर्पण है। हर चंद्र दत्त की कविता 'इंडिया' का एक अंश प्रस्तुत है।

O Yes- I love thee with a boundless love
Land of my birth and while I lisp thy name
Once in my soul an arena of pure flame

Which none can quench nor ought on earth move.

दत्त परिवार की अगली पीढ़ी में रोमेश चंद्र दत्त (1848-1909) और उनकी चचेरी बहिन तोरू दत्त (1856-77) को भी काव्य प्रतिभा दिखाने का अवसर दिया । रोमेश चंद्र दत्त ने रामायण और महाभारत के अनुवाद किए जिन्हे देख मैक्समूलर ने कवि को 'अवर आर्यन ब्रदर' की संज्ञा दी। तोरू दत्त ने पहली बार व्यक्तिगत अनुभव को सांस्कृतिक आयाम देते हुए कुछ ऐसे गीत भारतीय अंग्रेजी साहित्य में प्रस्तुत किए कि उनका नाम अमर हो गया। मरणोपरांत प्रकाशित काव्य संग्रह 'एंसिएंट बैलेड्स ऐंड लेजेंड्स ऑफ हिन्दुस्तान' (1882) को सच्चे गीति काव्य और अभूतपूर्व गीति-कथाओं की श्रेणी में रखा जाता है। इक्कीस वर्ष की अल्पायु में ही देह त्यागने वाली तारूदत्त की कविताओं में रोमांटिक चंचलता के साथ विक्टोरियन गंभीरता का अद्भुत समावेश है। भारतीयता की अनुगूंज सुनने के लिए इनकी कविताओं ने शीर्षक ही काफी हैं -सावित्री, सीता, सिंधु, प्रहलाद...। वर्जिल के एक वाक्यांश के द्वारा उनकी कविता की प्रशंसा की जा सकती है- वस्तुओं में आंसुओं का संस्पर्श! तोरु दत्त की 'सीता' और 'अवर केसुरीना ट्री' जैसी प्रसिद्ध कविताओं में उनके व्यक्तिगत दुखों के कवित्वपूर्ण चित्रण हैं।

It is an old story, and the lay which has evoked Sita
From the past is by a mother sung.

बहुत, बहुत पुरानी कहानी है यह / दुखी सीता का
बीते हुए युग से जिसने आह्वान किया/ वह गीत/ गाया एक माता ने

तोरूदत्त का योगदान इसलिए भी उल्लेखनीय है क्योंकि उन्होंने अपने पूर्व के सभी कवियों से अलग अलंकृत और परिष्कृत भाषा का प्रयोग किया और पुरानी भारतीय कथाओं को प्रस्तुत करते हुए नवीनता का परिचय दिया। 'हमारा कैसुरीना का पेड़' की अंतिम पंक्तियों का हिन्दी में अनुवाद प्रस्तुत है-

जिनकी भयानक शाखाओं के नीचे /काँपते खड़े थे विवर्ण
भाय, थरथराती हुई आशा, और मृत्यु, कंकाल
और वह छाया जिसका नाम है काल-
और वह कविता भले ही अशक्त हो
जो चाहती है तेरी सुंदरता को रूपायित करना,
फिर भी प्रेम रक्षा करे तेरी
नाश के शाप से।

तोरु दत्त के बाद भारतीय अंग्रेजी की सबसे बड़ी कवयित्री सरोजिनी नायडू हैं। सरोजिनी नायडू (1879-1949) का कविता संग्रह 'द गोल्डन थ्रेशोल्ड'(1905) में प्रकाशित हुआ।एडमंड गौस से बचपन में हुई भेंट ने उनकी काव्य प्रतिभा को भारत की आत्मा की अभिव्यक्ति की,

भारत की सहज भावना का सीधा सच्चा और गंभीर विश्लेषण करने की , पुरातन धार्मिक सिद्धांतों की और इन गुप्त उद्भावनाओं की ओर प्रेरित किया जो पूर्व की आत्मा को उस समय उदद्वेलित कर रही थी जब पश्चिम को इसका ज्ञान भी न था कि उसकी आत्मा भी है। सरोजिनी ने गांधीजी के प्रभाव में स्वतन्त्रता आंदोलन में भाग लिया और कविता छोड़ दी।

जब घृणा का आतंक और नाद समाप्त होगा
और जीवन शांति की धुरी पर एक नए रूप में चल पड़ेगा,
और तुम्हारा प्यार यादगार भरे धन्यवाद देगा,
उन कॉमरेड को जो बहादुरी से संघर्ष करते रहे,
मेरे शहीद बेटों के खून को याद रखना!

ये पंक्तियाँ सरोजिनी नायडू की एक कविता 'द गिफ्ट ऑफ इंडिया'से हैं, जो उन्होंने अपनी मातृभूमि को सम्बोधित करते हुए लिखी थी।इनके भाई हरीन्द्र नाथ चट्टोपाध्याय ने भी अंग्रेजी कवि के रूप में अपनी पहचान बनाई।

स्वामी विवेकानंद और रवीन्द्र नाथ भी उस समय काव्य रचनाएं कर रहे थे।हिन्दी में छायावाद की पृष्ठभूमि बनाने में टैगोर की कृति 'गीतांजलि' का योगदान है। गीतांजलि में जैसा प्रकृति चित्रण, मानवीय प्रेम और अध्यात्म का प्रवाह है वैसा ही काव्यात्मक वातावरण 'छायावाद'का भी माना जाता रहा है। स्वामी विवेकानन्द के लेखन से भी हिन्दी के कवियों को प्रेरणा मिली ।

मन मोहन घोष का संग्रह 'लव सोंग्स ऐंड एलिजीज' (1898) और श्री अरविंदों का 'सोंग्स टू मयर्तिला '(1895) भी तभी आए। दूसरे कई अन्य कवि जैसे मालबारी, जे.एम.टैगोर, ए. एम. कुंटे, ब्रजेन्द्र नाथ सील और डी. एल. राय भी सक्रिय थे। इन कवियों में से अधिकांश के समक्ष अंग्रेजी के रोमांटिक कवियों, मुख्य रूप से शैली, कीट्स और वर्डसवर्थ तथा विक्टोरियन कवि ग्रे और गोल्ड स्मिथ का प्रभाव था। यही नहीं ड्रायडन और पोप का भी अनुकरण था । कारण यह है कि प्रायः कविगण विलायत प्रवास के दौरान या तदुपरांत काव्य रचना करते थे। किंतु बाद में भारतीय कथानकों में प्रयोग से तथा डब्ल्यू बी.येस्ट्स आदि कवियों और आलोचकों के प्रभाव से कविता में नई स्फूर्ति आनी प्रारंभ हुई। कहना न होगा कि भारतीय अंग्रेजी कविता के लिए यह समय स्वर्णयुग के समान रहा। वी. के. गोकाक के शब्दों में,"the last quarter of the nineteenth century is , on the whole, the golden period of indo-anglish poetry." p. 621.

भारतीय अंग्रेजी कविता के ऊषाकाल में अनुकरण की मात्रा का प्रबल होना स्वाभाविक था और यदि कुछ आलोचक इसे 'नथिंग मोर दैन एक वैगन हिच्ड़ टू दी इंजन दी इंग्लिश पोइट्री' कहते हैं तो बुरा नहीं मानना चाहिए। क्रांति हुई अवश्य थी किन्तु बदलाव में समय लगा। बाद में

अंग्रेजी रोमांटिक कविता से उत्पन्न होने के कारण उसका प्रमुख पड़ना स्वाभाविक था। बाद में अंग्रेजी रोमांटिक कविता भी विक्टोरियन बनी, भारतीय कवि ने भी नकल की। ऐसे प्रभाव भी हुए। आधुनिकता वहाँ आई तो भारतीय कवि भी आधुनिक हो गए। यह भारतीय अंग्रेजी कविता के इतिहास का सच अवश्य है किन्तु अधूरा सच है। अन्य भाषा के रूप में अंग्रेजी को अपनाने वाला कवि ऐसे प्रभाव को परे न रख सकता था। अमेरिकी और आस्ट्रेलियाई कविता के प्रारंभ में भी ऐसा हुआ। भारत में एक बात और हुई और वह थी पूर्व व पश्चिम का मिलन। भारत में तब राजनीतिक चेतना नई करवट ले रही थी। अंग्रेजी यहाँ आ रही थी पर हिंदी समेत कई भाषाएं भी नई चाल में ढल रहीं थीं। कविता के क्षेत्र में खड़ी बोली का पर्दापण हुआ ओर अन्य आधुनिक काव्य रूपों को अंगीकार किया गया। फर्क इतना था कि हिंदी में अनुकरण दाल में नमक के बराबर था, भारतीय अंग्रेजी में खीर में शक्कर की तरह। इन कवियों के पास मॉडल थे ही अंग्रेजी। फिर भी माइकेल मधुसूदन दत्त बायरन और स्कॉट के अनुकरण की तर्ज पर 'द केप्टिव लेडी' रोमांस भी लिखते हैं और मुक्त छंद का प्रयोग करते हुए अपनी मातृभाषा में – मेघनाद वध भी । तत्कालीन कोई भी खंड काव्य उठा लें। भाषा अंग्रेजी रही, अनुकरण भी पाश्चात्य कवियों का हुआ किन्तु विषय रहे पूर्वी। पश्चिम का अंधानुकरण नहीं बस अनुकरण ही रहा। देशभक्ति, प्रेम, करूणा, दंत कथाएं, पुराण, आकर ग्रंथ यही सब कुछ तो है। स्वामी विवेकानंद ने 'काली द मदर' जैसी कविताओं में आध्यात्मिक तत्व और जोडा।इसी परिपाटी पर रवीन्द्रनाथ टैगोर व श्री अरविंद भी चले।

'गीतांजलि' मूलतः बंगला में लिखा काव्य संग्रह है और अनुवाद स्वयं रवीन्द्रनाथ ठाकुर का है। 1913 में इस अनुवाद को साहित्य का नोबेल पुरस्कार मिला और तब तक भारतीय अंग्रेजी कवि का कायाकल्प हो गया था। पर शायद 'दी चाइल्ड' ही उनकी मूलतः अंग्रेजी में लिखी अकेली रचना है।महात्मा गांधी के प्रभाव से एक ही रात में लिखी इस कविता की तुलना मुक्तिबोध की 'अंधेरे में' से आज तक क्यों नहीं हुई? इस कविता में उस मनुष्यता का बड़ा ही मार्मिक वर्णन है जो अंधेरे में फंसी है और आत्मोद्धार की कुंजी उसे एक नव जात शिशु में दिखाई देती है जो एक न एक दिन उनके लिए उजाला ला देगा।

इस कविता के एक अंश का हिन्दी अनुवाद प्रस्तुत है-

शंकाग्रस्त हो हमने उसे अस्वीकृत किया / क्रुद्ध होकर उसकी हत्या की
अब हम अपनाएँगे उसे प्यार से
क्योंकि वह मृत्यु में हम सबका जीवन जी रहा है
वह हमारा महान शिकार ।
और वे सब खड़े होकर स्वर में स्वर मिलाकर गाते हैं:
शिकार की जय हो , जय हो।

भारतीय अंग्रेजी कविता की पहचान और चरित्र उभरने लगा था। इन कवियों ने यह स्पष्ट कर दिया कि यह जो उनकी कविता है वह सही अर्थों में धर्मनिरपेक्ष है। मातृभूमि के प्रति अगाध प्रेम की अभिव्यक्ति उनका ध्येय है। उन्होंने बता दिया कि आध्यात्मिकता उनकी रग-रग में दौड़ती है। उन्होंने यह भी स्पष्ट किया कि जननी-जन्मभूमि के प्रति उनका प्रेम बैठे ठाले का प्रेम नहीं बल्कि स्वतंत्रता के लिए मर मिटने की चाह की अभिव्यक्ति है। उसने काव्य रूपों के लिए भले ही पश्चिम का मुख देखा किन्तु कथारूपों एवं कथानकों के लिए भारतीय सांस्कृतिक धरोहरों व साहित्य को ही उपजीव्य बनाया। इससे पूर्व-पश्चिम के विचार विश्वासों का अभूतपूर्व संगम हुआ और आधुनिक जगत के लिए एक नए युग का सूत्रपात हुआ। इस काल में भारतीय अंग्रेजी कवि ने लगभग वही किया जो हिंदी के कवि नई धारा के द्वितीय/तृतीय उत्थान के समय कर रहे थे। निराला जी आदि 'नई रंगत' के कवि कहलाए। श्री अरविंद और टैगोर में जो अध्यात्म के स्वर के साथ मानवतावाद मानवीयता का स्वर दिखाई देता है और पृष्ठभूमि में धर्म तथा आस्था की झलक ही दिखाई देती है, वह इस युग की उपलब्धि है। स्मरण रहे कि भारतीयता से ओतप्रोत कविता का प्रारंभ ईसाई धर्म में सद्य-दीक्षित कवियों ने किया। भयमुक्त विचारधारा और अपने समाज की कुरीतियों की आलोचना करते हुए रचना करना उनका ध्येय था और कविता उनका साधन । बीसवीं शताब्दी से पूर्व ही स्वतंत्रता के लिए प्रयास प्रारंभ हो गए थे। शताब्दी के प्रथम दशक में बंग-भंग आदि के कारण आग में घी पड़ा और श्री अरविंद ने स्वदेशी आन्दोलन का सूत्रपात किया।

भारत के महान दार्शनिक कवि श्री अरविंद अपने बड़े भाई कवि मन मोहन घोष की तरह विदेश में शिक्षित होकर भारतीयता के रंग में रंगे। वे बहुसर्जक रचनाकार थे और साहित्य की प्रत्येक विधा में रचना करते रहे। उनकी सबसे महान उपलब्धि 'सावित्री' नामक महाकाव्य है जो अंग्रेजी के अतुकांत छन्द में चौबीस हजार पंक्तियों का महाकाव्य है।

'लड़कर लेंगे हिंदुस्तान' कहकर हिंसक तरीकों से आजादी के प्रयत्न किए गए, सफलता न मिली और महात्मा गांधी के अहिंसक विचारों की ओर सबकी दृष्टि गई। विचारों के इस झंझावात का प्रभाव भारतीय भाषाओं पर भी पड़ा। गद्य के क्षेत्र में क्रांति हुई। महावीर प्रसाद द्विवेदी की 'सरस्वती' से पूर्व ही 'हिंदी नई चाल में ढ़ली, सन् 1873 ई.'में 'हरिश्चंद्री हिंदी' के आर्विभाव के साथ ही नए-नए लेखक तैयार होने लगे। प्राचीन और नवीन का सुंदर सामंजस्य भारतेंदु में ही न था इनके परवर्ती कवियों में भी था और यही भारतीय अंग्रेजों के कवियों में भी था। वे अंग्रेजी से कश्मीर से लेकर कन्याकुमारी तक पहुंचना चाहते थे, विनायक कृष्ण गोकाक ने 'द गोल्डन ट्रेजरी ऑफ इंडियन-एंग्लियन पोइट्री':1828-1965' (1970) के परिचय में इसी तथ्य को रेखांकित करते हुए कहा है।

Indo-Anglian poetry, like the rest of modern Indian poetry, is Indian first and everything afterwards. It has voiced the aspirations, the joys and sorrows of the Indian people. It has been sensitive to the changes in the national climate and striven increasingly to express the soul of India, the personality which distinguishes her from other nations. At the same time, its constant adventure is to delineate the essential humanity and universality which make the whole world her kith and kin. (Ibid, 26)

स्वतंत्रता से पूर्व के आदान एवं प्रस्ताव काल की अनगिनत काव्य प्रतिभाओं की ओर दृष्टिपात करने से स्पष्ट हो जाता है कि कई यदि शौकिया कवि थे तो कुछ अनुवादक। फिर भी बहुत से सच्चे हीरे-मोती भी थे। इन कवियों की दृष्टि एकाग्र थी और यह हमें उनकी कविता के कुछ प्रमुख विषयों से ज्ञात हो जाता है। प्रकृति, प्रेम, मानवता और भारतीय संस्कृति की महत्ता आदि कुछ महत्वपूर्ण विषय हैं।

भारतीय अंग्रेजी साहित्य की कविता में प्रकृति चित्रण में भारतीय परिवेश और ताजगी है। तोरू दत्त की 'द लोट्स' और 'अवर केसुराना ट्री', 'एम. एस. इश्वरन की 'द नीम इज ए लेडी', आर.आर. श्रेष्ठ की 'कोकोनट पाम', गिरीश चंद्र दत्त की 'कंचनजंघा', टैगोर की 'ब्रीजी अप्रैल', सरोजिनी नायडू की 'इकास्टेसी' और ब्रजेन्द्रनाथ सील की 'द क्वेस्ट ऑफ दि एजिज' प्रकृति का मनोरम चित्रण करने के लिए ख्यात हुई। यहाँ प्रकृति चित्रण मात्र दृश्यावलि चित्रण तक सीमित नहीं अपितु उसे रहस्यमयता और अलौकिकता भी प्रदान की गई है।

'प्रेम' को केन्द्र में रखते हुए मनमोहन घोष की 'द गार्डन पैशन', एम.एन. दत्त की 'द केप्टिव लेडी' और श्री.के. चेत्तर की 'बिलव्ड' आदि हैं। इसी प्रकार 'मनुष्य और मानवता' की कविताएँ हैं जैसे शशिचंद्र दत्त की 'लैंड ऑफ माई फादर्स', आनंद आचार्य की 'ए टीयर', वी. एम. भूषण की 'अगस्त 1942' और हरचंद्र दत्त की 'ओ यस! आइ लव दी विद ए बाउंडलेस लव'। श्री अरविंद की 'मनुष्य' केन्द्रित कविताएं अबूझ सा रहस्य लिए होती हैं। भारतीय मिथक पर आधरित कविताएँ टी.पी. कैलाशम् 'कृष्णा' और आर.सी.दत्त की 'बुद्धाज़ डैथ' और तोरू दत्त की लक्ष्मण, प्रहलाद, आदि तथा वी. राजन की 'दयमंती' 'धर्म' और अन्य कविताएं उल्लेखनीय हैं। कुछ कविताएं पाश्चात्य मिथकों पर भी आधारित है जैसे एम. एम. दत्त की एक कविता 'शैतान' पर है। श्री अरविंद ने 'इलियड' में ट्रोजन युद्ध का वर्णन किया है। शिवाजी और गुरूनानक पर भी लिखा गया और गांधी पर भी। स्वामी विवेकानंद, श्री राम शर्मा, श्री अरविंद ,टैगोर, के. डी. सेठना आदि की कविताओं में रहस्यवाद, अध्यात्म एवं दर्शन की त्रिवेणी है।

तुलनात्मक साहित्य के अध्येताओं के लिए यह क्षेत्र अभी तक लगभग अछूता ही है। हिंदी व अन्य भारतीय भाषाओं के कवियों का तुलनात्मक अध्ययन अपेक्षित है। उदाहरण के लिए श्री अरविंद की रचनाओं का निराला, पंत आदि पर प्रभाव के अंकन के साथ उनका तुलनात्मक अध्ययन भी हो। भारतीय अंग्रेजी के कवियों ने अंग्रेजी कविता के मुख्य छन्दों को

अपनाया और उनका भारतीयकरण किया। 'गद्य काव्य' का प्रचलन हुअ। भारतीय अंग्रेजी कविता केक प्रथम चरण के समस्त कवियों का नाम परिगणन पद्धति से उल्लेख करना भी यहाँ संभव नहीं। बहुत सा लेखन अनुपलब्ध है और साहित्येतिहास लेखक प्रायः प्रमुख कवियों पर ही बल देते हैं। इस लेखन में चेष्टा अवश्य की गई है एक कि एक खाका तैयार किया जा सके। कितनी सपफलता मिली है यह कहना कठिन होगा। (भारत भूषण अग्रवाल (1919-1975) के शोध प्रबंध 'हिंदी उपन्यास पर पाश्चात्य प्रभाव' (1971) और जय देव की पुस्तक 'द कल्चर ऑफ पेश्टिच' (1993) को देखें) स्वतंत्रता पूर्व के दशक से ही भारतीय अंग्रेजी कविता के क्षेत्र में उपनिवेशवादी मानसिकता के विरोध में स्वर उठने प्रारंभ हो गए थे। रोमांटिक एवं उसके बाद की विक्टोरियन कविता के आधार पर हुई काव्य रचनाओं के स्थान पर कविता में एक नवीन जुझारूपन आ गया था। परंपरा और संस्कृति की ओर इंगित करती कविताओं के स्थान पर नई परिपाटी प्रारंभ होने लगी थी। कविगण प्रायः वही थे जो अंग्रेजी को द्वितीय भाषा के रूप में पढ़-पढ़ा रहे थे और कुछ पत्रकारिता के क्षेत्र से भी थे। यह भी यहाँ उल्लेखनीय है कि परंपरागत क्षेत्रों से हटकर भी कई कवि आए जैसे केकी एन. दारूवाला पुलिस के अफसर थे, जीव पटेल मेडिकल के डॉक्टर और जयंत महापात्र भौतिकी के अध्यापक। कई जैसे निसिम इजेकियल और डोम मोरेस के लिए यह प्रथम भाषा थी और कई जैसे अरूण कोलाकटकर तथा दिलीप चित्रे द्विभाषी कवि थे। परिस्थितियाँ ऐसी बनीं कि अंग्रेजी में काव्य लेखन उनके लिए स्वाभाविक हो गया। कई कवियों ने , जैसे पी. लाल, और अरविंद कृष्ण महरोत्रा ने अनुवाद का मार्ग अपनाया और अंग्रेजी हिंदी तथा हिंदी/अंग्रेजी अनुवाद के माध्यम से रचनाएँ दी।ए. के. रामानुजन और आर पार्थसारथी जैसे कवियों ने केवल काव्य अनुवाद को ही प्राथमिकता देने का जैसे मन बनाया हुआ था। स्वतंत्रता से पूर्व काव्य ग्रंथों के प्रकाशन के लिए प्रायः विदेशी प्रकाशकों का मुँह देखना पड़ता था। स्वतंत्रता के पश्चात स्थानीय प्रकाशकों का ध्यान भी इधर गया। सन् 1950 से 'दि इल्लस्ट्रेटिड वीकली ऑफ इंडिया' ने कविताएं प्रकाशित करनी शुरू की। 1958 में पी. लाल ने कलकत्ता में 'राइटर्स वर्कशॉप' की स्थापना की। छोटे और मझोले प्रकाशक यथा 'क्लियरिंग हाउस', 'न्यू ग्राउंड' और 'प्रक्सिस' तथा 1970 के दशक से ऑक्सफोर्ड यूनिवर्सिटी प्रेस तथा अर्नोल्ड हैनीमेन और 1980 से वाइकिंग, रूपा तथा दिशा ने काव्य संग्रह प्रकाशित किए। स्वतंत्रता के पश्चात प्रकाशित कुछ प्रमुख काव्य संग्रह हैं – 'मोडर्न इंडियन पोइट्री इन इंग्लिश' (संपादक. पी. लाल, 1969), 'इंडियन पोइट्री इन इंग्लिश'(सं. प्रितिश नंदी, 1972), 'द गोल्डन ट्रेजरी ऑफ इंडो-एंग्लिस पोइट्री' (सं. वी. के. गोकाक, 1970), 'द कंटप्रेरी इंडियन पोइट्री इन इंग्लिश : एन एसेसमेंट ऐंड सेलेक्शन', (1972),'टैन ट्वेंटियथ सेंचुरी इंडियन पोइट्स' (संपादक आर.पार्थसारथी, 1976), 'टू डिकेड्स ऑफ इंडियन पोइट्री' (1960-80) (सं. केकी. एन.दारूवाला)। संप्रति अनुवाद और मौलिक काव्य लेखन दोनों प्रचुरता से हो रहे हैं तथा ब्लॉग -आदि के माध्यम से भी कविगण काव्य रचनायें प्रस्तुत कर रहे हैं।

सन् 1940 तक भारतीय अंग्रेजी कविता मूलता रोमांटिक थी और कई बार विक्टोरियन मूल्यों का पिष्टपेषण भी प्रमुखता से होता था। निसिम इजेकियल (1924 - 2004) ने पूर्व के सभी बंधनों को तोड़ते हुए काव्य जगत में पदार्पण किया और आम आदमी को केन्द्र में रखते हुए काव्य रचना की। आलोचक राजीव एस.पटके ने उन्हें 'पोयट -ल्यूरेट ऑफ द ओर्डिनरी' कहते हुए यह भी कहा है कि वे शहरी जीवन को कविता में उतारने वाले प्रमुख कवि हैं। यूँ तो इनकी हास्य व्यंग्य प्रधान कविताएँ 'वैरी इंडियन पोइम्स इन इंडियन इंग्लिश' पाठ्यपुस्तकों में निर्धारित हुई है पर इनकी बम्बई को केन्द्र में रखकर लिखी गई कविताएँ हिंदी के कवि 'धूमिल' का स्मरण कराती हैं। इसके विपरीत डोम मोरेस (1938 -2004) ने अपने शहर मुंबई के स्थान पर विश्व नागरिक बनकर और इंग्लैंड को घर बनाकर कविता-यात्रा की। 'ए बिगनिंग' (1957) से लेकर 'सेरिनंडिम' (1990) तक वे लिखते रहे किन्तु स्थान तभी बना जब वे भारत लौटे। कमला दास (1934 -2009) का व्यक्तित्व एवं द्विभाषी कृतित्व दोनों बेजोड हैं। इनकी आत्मकथा 'माई स्टोरी' (1975) ने काफी विवाद उपस्थित किया। स्त्री एवं पत्नी होने के बहुमुखी दायित्व को निभाने के मार्ग में आई अनेक बाधाओं को अभिव्यक्ति देती इनकी कविताएं सीधे असर करती हैं। महादेवी वर्मा ने श्रृंखला की कड़ियों में जो दर्द बांटा है वही कमलादास की कविता का आधार है। 'ऐ विडोज लेमंट' में स्त्री की पीडा की मार्मिक अभिव्यक्ति है, तो 'द लुकिंग ग्लास' अश्लीलता को छूती है-

Getting a man to love you is easy
only be honest about your wants as
Woman. Stand nude before the glass with him
So that he sees himself the stronger one
And believes it so, and you so much more
Softer, younger, lovelier.

भारतीय अंग्रेजी कविता में ऐसी बेबाक बयानी फिर से देखने में न आई। और भी कई आधुनिक प्रयोग हुए। शिव के. कुमार (1921 – 2017) और प्रितिश नंदी (1951 -) ने काव्य रचनाएं दी। किन्तु नंदी के लेखन केन्द्र में आजकल कविता कम दिखाई देती है। अरूण कोलाटकर और अरविंद कृष्ण महरोत्रा को इनसे कहीं आधुनिक माना जाएगा। मूलतः मराठी भाषी अरूण कोलाटकर (1932 – 2004) की कृति जेजुरी (1976) को आप मुक्तिबोध की रचना 'अंधेरे में' के साथ मिलकर देख सकते हैं –

What is god/and what is stone/
The dividing line/if it exists/is very thin/ at jejuri/
And every other stone/is god or his cousin.

मिथक और दार्शनिक मीमांसा का अद्भुत सम्मिलन इन काव्य पंक्तियों में है। 'जेजुरी' मानो दर्पण हैं जैसा चाहे, देख लें। अरूण कोलाटकर के मित्र दिलीप चित्रे (1938-2009) ने भी मराठी-अंग्रेजी में काव्य रचनाएं दी। एम्बुलेंस राइड (1972) और ट्रेवलिंग इन ए केज (1991) इनके प्रमुख काव्य संग्रह हैं। अरविंद कृष्ण महरोत्रा (1957) ने भारत माता-ए प्रेयर (1966) से महत्वपूर्ण लेखन प्रारंभ किया और आधा दर्जन के लगभग काव्य संग्रह दिए। 'दि ऑक्सफोर्ड अन्थोलोजी ऑफ ट्वेलव मोर्डन इंग्लिश पोइट्स' (1992) में सम्मिलित कविताओं में मेहरोत्रा की अनेक परिपक्व रचनाएं हैं।

आधुनिक युग के अनेक रचनाकारों ने प्रायः शिक्षित संभ्रान्त एवं पश्चिम युग बोध से प्रभावित पाठकों को ध्यान में रखकर कविताई की। भारतीय मानस को वे छूकर निकल जाती हैं, वहाँ घर कर नहीं पातीं। अपने देश की धड़कन और इसकी ऊहापोह को चिन्हित करने का कार्य आपातकाल के बाद हुआ। अस्सी के दशक में कई कवियों ने इस अन्यमनस्कता को शब्द दिए। केकी एन दारूवाला के दर्जन भर काव्य संग्रह प्रमाण हैं। दारूवाला (1937) ने अपनी कविता को जनता की वाणी बनाकर प्रस्तुत किया-

Your words will have to reach across to them
Like a tide of black oxen crossing a ford.

दारूवाला की तरह पारसी पृष्ठभूमि के एक अन्य कवि जीव पटेल (1940-) पेशे से पेंटर हैं और 'पोइम्स' (1966), 'हाउ डू यू विद्स्टेंड बोडी' (1976), 'मिरईड मिररिंग' (1991) कविता संग्रहों के साथ ही पारसी जीवन और कथानकों पर दो नाटक लिखकर प्रसिद्ध हुए। जीव पटेल का मानना है कि कविता एक प्रकार का उत्तर दायित्व है –The poetry can not believe there could be living without query or burden. के.डी. करक (1938-) की विचारशील कविता की इतनी चर्चा नहीं हुई जितनी आदिल जस्सावाला (1940 -) की हुई जबकि इनकी रचनाएं करक से कम हैं। दो काव्य संग्रह 'लैंड्स ऐंड' (1962) और 'मिसिंग परसन' (1976) उल्लेखनीय हैं।2014 में इनके काव्य संग्रह 'ट्राइंग टु से गुड बाई' पर साहित्य अकादमी पुरस्कार मिला। जस्सावाला की कविता का मुख्य सरोकार स्वयं के अस्तित्व की खोज प्रतीत होता है। 'Turning Seventy' कविता का अंश देखें।

Breathe easy in the garden and be glad.
Be a strange sight.
From this day on
Your roses will stay fully open.

जयन्त महापात्र (1928) भी स्वतंत्रता के पश्चात सत्तर के दशक में उभरे कवि हैं। उडिया भाषा से अनुवाद व चंद्रभागा (1979-85) नामक पत्रिका का संपादन भी महापात्र ने किया। लगभग दर्जन भर कविता-संग्रह प्रकाशित हुए और इनकी कविता की प्रमुख विशेषता है पूर्वी

भारत की तमाम प्राकृतिक संपदा एवं मंदिरों, खंडहरों, भिक्षुकों, पंडितों राजनेताओं और पर्यावरण को काव्य रूप में ढालते हुए नए उपमानों ,रूपकों की प्रस्तुति 'क्लोज द स्काई टैन बाई टैन' (1971) से लेकर 'रिलेशनशिप' (1980)जिस पर उन्हे साहित्य अकादमी पुरस्कार (1981) मिला और 'टेंपिल' (1989) इनकी लंबी कविताएं हैं जो मुक्तिबोध से तुलनीय हैं-

I am that stranger now
my mirror holds to me;
the moment's silence
hardly moves across the glass.
I pity myself in another's guise.

आर. पार्थासारथी (1934-) संपादक भी हैं और कवि भी। इनका प्रमुख काव्य संग्रह हैं - रफ पैसेज (1977, 1980) में इनके जीवनभर की प्रमुख रचनाएं हैं। इंग्लैंड से वापस आने की घटना का बयान करती कविता 'होम कमिंग' में कवि ने अपनी मनस्थिति बयान की है - 'आई हैव एक्सचेंड द वर्ल्ड फोर ए टेबल ऐंड चेयर, आई शुडन्ट कंप्लेन'। वस्तुतः पार्थासारथी की कविताओं में 'शिकवे-शिकायत' का स्वर प्रमुख है।

The dominance of English in India made us exiles in our own homeland, and no Indian writer of the last 150 years has escaped the bewitchment of English. Modern Indian literature is unthinkable without the English language. It is within the framework of exile that Rough Passage should be read. Exile, I repeat, is not a prison house: it is in exile that a writer is most at home.

अस्सी के दशक के साथ आए कवियों में विक्रम सेठ (1952-) के प्रथम काव्य संग्रह मैपिंग (1981) के बाद 'द गोल्डन गेट' (1986) और काव्य-कथा 'ए सूटेबल बॉय' (1993) काफी प्रसिद्ध हुए। सेठ अपनी बेबाक बयानी एवं नई काव्यात्मक शैली के कारण भी काफी चर्चा में आए हैं। लंबी कवितायें इनका क्षेत्र हैं इसलिए वर्ड्सवर्थ की कविताओं की बहुतायत के समान इनके काव्य में कई बार बोझिलता आ जाती है पर कथा प्रवाह हमें बांधे रखता है।

I love you more than I can say.
Try as I do, it hasn't gone away.
I hoped it would once, and I hope so still.
Someday, I'm sure, it will.
No glimpse, no news, no name will stir me then.
But when? But when?

कवयित्री कमलादास के समकालीन और इनके पश्चात भी कई आईं किन्तु कमलादास की बेबाक बयानी के सामने उनकी शालीनता भी आगे आई। गौरी देशपांडे और चारमयने डी'सूजा की कवितायें स्त्री सशक्तीकरण के उल्लेखनीय प्रयत्न हैं। उदाहरणार्थ डी'सूजा की 'ए स्पॅलिंग गाइड टू वूमैन' (1990) में व्यंग्योक्ति है-

Today /I was God

I let a human / Exercise his free will

And say "no" to me. (God for a day)

यूनिस डी'सूजा और इम्तियाज धारकर का उल्लेख करते हुए उनकी गोवा जन जीवन की पृष्ठभूमि में लिखित कविताओं के कई उदाहरण यह स्पष्ट करते हैं कि स्त्री किस प्रकार इस पुरूष वर्चस्ववादी समाज में स्वयं के लिए सहारे एवं आश्रय ढूँढ़ लेती हैं। यूनिस डी'सूजा अपनी एक कविता में लंपट पतियों की पत्नियों को सलाह देती है कि वे बिल्लियाँ पालें क्योंकि वे एकाकी-जीना मरना सिखा देंगी- The state of perpetual sacrifice / in those great green eyes will teach you/to die alone. इसी तरह इम्तियाज धारकर मुस्लिम समाज की पर्दा प्रथा को एक नए रूपाकार में प्रस्तुत करती हैं और 'पोस्टकार्ड्स फ्रोम गॉड' (1999) में विश्वास, भक्ति एवं सामर्थ को शब्दबद्ध करती हैं।

नई कविता हिंदी में एक नए युग का सूत्रपात करती है। नई कविता प्रायः सभी भाषाई समाजों में आधुनिक भाव बोध के लिए होती है। वस्तुतः हर कवि आधुनिक होता है, कोई कवि जानबूझकर 'प्राचीन' या 'गत' कविता नहीं लिखता। वे अतीत का गौरवगान भी करते हैं तो भी नवीनता का आग्रह नहीं छोड़ते । परंपरा को लेकर चलते हुए भी समकालीन भारतीय अंग्रेजी कविता आधुनिक युग बोध को लेकर चलती है। अनेक प्रतिष्ठित भारतीय कवि यथा बालमणि अम्मा, के.एम. पणिक्कर , उमाशंकर जोशी, वी.के. गोकाक, बी.एस. माधरेकर,श्रीनिवास रोयाप्रोल, बुद्धदेव बोस, जीवानंद दास, ए.श्री निवास राघवन, प्रभजित कौर,सुधिन्द्र नाथ दत्त, 'अज्ञेय', 'दिनकर', 'भारती' और रघुबीर सहाय आदि कई भाषाओं में लिखते रहे हैं। ए.वी. राजशेखर राव द्वारा संपादित कृति 'मोडर्न इंडियन पोइट्री' में सत्तर कवि हैं और इनमें से 25 से अधिक कवियों ने अपनी कविताओं का स्वयं अनुवाद किया है। भारत में 'नई कविता' की अंग्रेजी परंपरा का सूत्रपात कब हुआ? प्रो. आयंगार के अनुसार 1937 में शाहिद सहरावर्दी की कृति 'एस्सेज इन वर्स' में गहन दार्शनिक अनुभव के साथ-साथ भविष्योन्मुखता भी थी और यहीं से संभवतः नवीनता का सूत्रपात हुआ होगा। होपकिंस, येट्स, ओड़न, डायलन थॉमस , एलन टेट और वालेस स्टीवंस आदि ने नए भारतीय कवियों को छंदमुक्त कविता करना सिखाया और यह भी बताया कि उन्हें अपनी सर्जनात्मकता को गंभीरता से लेना होगा।

अंग्रेजी भाषा के भारतीय कवियों के प्रति संदेह की दृष्टि रही है और यह कहा जाता रहा है कि भारतीय परंपरा एवं दृष्टि की संपूर्ण अभिव्यक्ति अंग्रेजी कविता में नहीं हो सकती। उदाहरण

के लिए कुछ समय पूर्व बुद्ध देव बोस ने 'एनसाइक्लोपीडिया ऑफ इंग्लिश एंड अमेरिकन पोइट्रि एंड पोएट्स' में प्रकाशित एक आलेख में लिखा था – "Indo-Anglian poetry is a blind alley, lined with curio shops leading nowhere.''इसके प्रत्युत्तर में पी. लाल ने इस प्रश्न पर तत्कालीन साहित्यकारों के साथ काफी विचार विमर्श किया। छह सौ पृष्ठों की पुस्तक 'मोर्डन इंडियन पोइट्री इन इंग्लिशः एन एंथोलाजी ऐंड क्रेडो' (1969) का प्रकाशन हुआ। पचहत्तर कवियों को प्रश्नावली भेजी गई- क्या वास्तविक भारतीय कविता अंग्रेजी में लिखी जा सकती है?' यह कविता भारतीय है?' प्रत्युत्तर में पक्ष-विपक्ष दोनों तरफ कविगण रहे। इस संग्रह में कवि लगभग 132 हैं और यह भी संपादक की मान्यता रही कि केवल अंग्रेजी में ही वास्तविक भारतीय कविता लिखी जा सकती है(Only in English can real Indian poetry be written- P. Lal) क्योंकि अन्य कविता में बंगालीपन, गुजरातीपन व हिंदीपन आदि होगा, भारतीयपन नहीं। यह तर्क-वितर्क अभी तक थमा नहीं है। कई इसे Inglish कहते हैं और कई Hinglish। भारतीय अंग्रेजी के आलोचक कहते नहीं थकते कि श्री अरविंद हमारे मिल्टन हैं। तोरू दत्त, सरोजिनी नायडू, मनमोहन घोष और हरीन्द्रनाथ चट्टोपाध्याय हमारे रोमांटिक कवि। ये हमें प्रेरणा देते हैं। कविगण हैं कि लिखे जा रहे हैं। पत्र-पत्रिकाओं के पन्नों से आगे बढ़कर अब वे साइबर स्पेस में जा पहुंचे हैं। हजारों की संख्या में कवि हैं। दस-बीस पृष्ठों में इन सबका नामोल्लेख भी नहीं हो सकेगा। छपास युक्त व छपास मुक्त कवि भी हैं। कमलादास ने ठीक ही कहा था – "मैं समझती हूँ कि जब किसी कवि की रचना प्रकाशित होती है तो कम से कम दूसरे कवि उसे चाव से पढ़ते हैं।" कवि के पहले पाठक- कविगण होते हैं। आलोचक और सहृदय आलोचक कविता पर टीका करते ही हैं। भारतीय अंग्रेजी कविता का एक पाठक वर्ग विश्वविद्यालयों में भी उभरा है। एस. सी. सेन गुप्ता, सी. नारायण मेनन, राजन, के. बी. वैद्य, एम. के. नाइक आदि ने ब्रिटिश व अमेरिकी अंग्रेजी के कवियों पर लिखा पर बाद में मैसूर, कर्नाटक, उस्मानिया, धारवाड आदि विश्वविद्यालयों ने भारतीय अंग्रेजी कविता पर शोध कार्य कराया गया । श्री अरविंद की कृति 'सावित्री' पर ब्रिटेन में पी.एच. डी. मिली।भारतीय अंग्रेजी कविता के आधुनिक आलोचक स्वतंत्रता के पश्चात के कवियों व उनकी कविता का कालखंडों में न बांटकर कवियों के मूल पेशे, उनकी जाति-वंश या अन्य तरह से बांटकर अध्ययन करते हैं। प्रो. ए. एन. द्विवेदी 'अकादमिकों' के समूह- शिव के. कुमार, जयंत महापात्र, ए.के. महरोत्रा, ओ.पी. भटनागर, निरंजन मोहंती, सलीम पीरादीना, सैयद अमानुद्दीन और स्वयं ए.एन. द्विवेदी को एक साथ रखकर अध्यापकीय झलक इनकी कविता में देखते हैं तथा व्यंग्य परिहास कटूक्ति और मितकथन को इनकी विशेषता बताते हैं। सैयद अमानुद्दीन की निम्नलिखित पंक्तियों से बात स्पष्ट हो जाएगी-

Love me for what I am
I love you what you are
Let's create a culture of you and me.

इसी प्रकार कुछ कवियों को पत्रकारिता क्षेत्र से आया मान लिया जाता है जैसे केशव मलिक, रक्षत पुरी और ए. जे. थॉमस। केशव मलिक की कविता को अंग्रेजी साहित्येतिहास लेखक डेविड डेचिज ने 'उल्लेखनीय उपलब्धि' माना है। किन्तु यह विभाजन सही प्रतीत नहीं होता। उदाहरण के लिए ए. जे. थॉमस दो दशक तक साहित्य अकादमी की पत्रिका 'इंडियन लिटरेचर' के संपादक रहने के बाद पत्रकारिता से अध्यापन में आ गए थे। वे लीबिया में पढ़ाते थे इसलिए क्या उन्हें अब अप्रवासी कवि कहा जाए? और उनके वापिस आने के बाद फिर से उसी पत्रिका का सम्पादन करने पर ? इस प्रकार के उथले विभाजनों यथा दारूवाला को पारसी कहना आदि की अपनी सीमा है। पर यह भारतीय अंग्रेजी साहित्य की सीमा नहीं।

समकालीन अंग्रेजी कविता और कवियों की संख्या अनगिनत है। स्मिता अग्रवाल, मकरंद परांजपे, अरुंधति सुब्रमनियम, अंजू मखीजा, के. श्रीलता, रंजीत होशकोटे, सुदीप सेन, जीत थामिल, मनिराव, जेरी पिंटो, मीना कंडासामी, गोपी कोट्टर, कुमार लव आदि न जाने कितने हस्ताक्षर हैं। 'द हार्पर कोलिंस बुक ऑफ इंग्लिश पोइट्री' (2012) में 85 कवि हैं। सुदीप सेन के संपादकत्व में प्रकाशित इस कृति के अतिरिक्त जीत थायिल की पुस्तक '60 इंडियन पोइट्स' (पेंगुइन, 2008) भी उल्लेखनीय हैं। आलोचकों ने समकालीन भारतीय अंग्रेजी कविता को प्रयोग चरण कहा है। डॉ सुनीता राणा (2012) ने संपूर्ण भारतीय अंग्रेजी कविता को तीन चरणों में बांटकर देखने की अनुशंसा की है।

प्राथमिक कवि (1850-1900)- हेनरी डेरोजिओ, माइकेल मधुसूदन दत्त और तोरू दत्त आदि जिन्होंने भारतीय ध्वनि व छवियों को अंग्रेजी में उतारा।

समावेशी फेज या चरण (एसिमिलेशन फेज)- जिसमें देश प्रेम की धारा और स्वतंत्रता की चाह बहती थी।

प्रयोग फेज (एक्सपेरिमेंटल फेज)- स्वतंत्रता के पश्चात शुरू हुआ और आज भी चल रहा है। स्वातंत्रोत्तर कवियों ने नई चुनौतियाँ दीं और नए अर्थ की कविता की। कमलादास (1934-2009) जब कविता के माध्यम से 'मासिक धर्म के गर्म गुनगुने रक्त प्रवाह' और होशांग मर्चेंट जब 'समलिंगी – समलैंगिक' कविता संग्रह लाए 'याराना: गे राइटिंग फ्रोम इंडिया' (1999) तो जोर का झटका धीरे से लगा और खूब रहा। मेनका शिवदासानी के द्वारा संपादित 'कंटम्पेरेरी इंडियन पोइट्री' (2014) में अनामिका की काव्य पंक्ति 'लाइक एन अभंग, अनफ़ीनिशड' की तरह यह काव्य यात्रा भी मुक्तिबोध की कविता की तरह कभी खत्म नहीं होती यह 'अविरल काव्य यात्री' है। शालिनी की कविता 'वुमेन लव' में लेस्बियन की मार है। इसी तरह एक अन्य क्षेत्र के कवि पर्यावरण चेतना को विषय बना रहे हैं। उत्तर-पूर्व भारत के लोग अपनी कविताओं के द्वारा पर्यावरण कविता का सौंदर्य शास्त्र रचने की ओर अग्रसर हैं पर अभी लोगों का उनकी ओर ध्यान कम जाता है। आओ, तेमसूला, सोंग्स फ्रोम हिअर ऐंड देअर (2003) में मोनालिसा

छंगकोजा, ममंग साइ, भूपति दास, अंजुम हसन, मोना जोता, खंफयम स्मे, युमलान ताना, महेश्वर नेगो आदि की कविताएं हैं और इनसे सदाबहार प्रकृति, पहाडों के निश्छल सौंदर्य और पृथ्वी माता की निरंकुश दौहन की पीडा जैसे विषयों पर आधारित कविता की बानगी मिलती है। ये भी प्रकृति के सुकुमार कवि हैं मगर अज्ञात। इसी प्रकार उडीसा ने निरंजन मोहंती ("कृष्णाः ए लोंग पोइम :2003), चारूशील सिंह (द क्रिएशन कॉकटेल ;1997), आई. के. शर्मा (माई लेडी ब्रूम 2004), पशुपति नाथ झा (मदर ऐंड अदर पोइम्स 2005), कुलभूषण कुशल (सोंग्स ऑफ साइलेंस, 2008), डी. सी. चंबियल (ब्रोकिन इमेजिन, 1983), छोटेलाल खत्री(कारगिल, 2006) आदि की कविताओं में हमें उसी की पदचाप मिलती है जो रामानुजन , शिव के. कुमार और जयंत महापात्र में है। छोटी-छोटी नामालूम सी पत्रिकाओं, अखबारों के कोनों, पुस्तकों व प्रतिष्ठित संकलनों में हजारों कवि छपते हैं। 'इल्लस्ट्रेटिड वीकली ऑफ इंडिया' से लेकर 'इंडियन लिटरेचर' तक में प्रकाशित कवियों के नामोल्लेख मात्र से पुस्तक बन जाए । चित्रा बनर्जी दिवकरुणी, रीतिका वजीरनी, देव जानी चटर्जी, सुमा जोसन, जे. एस. आनंद, रूथ वनिता, विजय विशाल, जस प्रीत मंदर, लीला गांधी, जेरी पिंटो, स्मिता अग्रवाल, शान्ता आचार्य, मेनका शिवदासानी आदि कुछ ही नाम मैं गिना सका हूँ। अन्य कविगण क्षमा करें।

भारतीय अंग्रेजी कविता 1827 के हेनरी डेरेजिओ के काव्य खंड से अब लगभग 200 वर्ष दूर आ गई है। दो सौ वर्ष कहना आपको यदि अच्छा न लगे तो कोई बात नहीं क्योंकि कई आलोचक इस कविता की प्रतिष्ठा के प्रारम्भ को स्वतंत्रता के आसपास मानते हैं। इस तरह यह समय लगभग 100 वर्ष का बैठेगा। श्री अरविंद, रवीन्द्रनाथ और सरोजिनी नायडू आदि के चाहने वाले क्या करें ? क्या उनका योगदान नगण्य है? ठीक है स्वतंत्रता से पूर्व की कविता रोमांटिक, या स्वच्छंद थी पर इसी कारण इसे कविता न मानना ठीक न होगा। यह शब्द न तो अंग्रेजी साहित्य में त्याज्य है और न ही हिंदी में। छायावाद के बिना कविता? रोमांटिक युग के अभाव में अंग्रेजी काव्य? इसलिए इस काल की कविता को हम दो प्रकार से देखें - एक तो यह पश्चिम को देखने का उपक्रम था, दूसरे पश्चिम को भारत के अतीत को दिखाने का उपक्रम था। इसलिए 1820 से लेकर आज तक यह आदान-प्रदान चला आता है।

भारतीय अंग्रेजी कविता पर अनेक आलोचनात्मक अध्ययन आए हैं और मुल्कराज आनंद की कृति 'द गोल्डन ब्रैथः स्टडीज इन फाइव पोइट्स ऑफ न्यू इंडिया' (1933), लोतिका बसु की पुस्तक 'इंडियन राइटर्स ऑफ इंग्लिश वर्स' (1933), वी. के. गोकाक की 'स्टडीज इन इंडो एंग्लियन पोइट्री' (1972) तथा एम.के. नाइक द्वारा संपादित 'पर्सपेक्टिवस ऑन इंडियन पोइट्री इन इंगलिश' (1984) से लेकर बी. के. दास की 'इंडियन इंग्लिश पोइट्री: बिफोर ऐंड आफ्रटर इंडिपेंडेंस' (2003), राजीव एस. पटके की 'पोस्ट कोलोनियल पोइट्री इन इंडिया' (2007), तक अनेक ग्रंथों में तथा शोधपत्रों में विवेचनात्मक अध्ययन की प्रचुर सामग्री उपलब्ध है। गूगल गुरु के द्वारा साहित्य का खंडावलोकन भी संभव है और शोधार्थियों को इसका पूर्ण सदुपयोग

करना सीख लेना चाहिए।गद्यकारों से विपरीत, अंग्रेजी में लिखने वाले भारतीय कवि, जिसे कैथलीन रेने ने 'भारत के तबले की थाप' कहा है, सामान्यतः उस लय को पकड़ने में असफल रहे हैं। यहाँ तक कि सावधानी पूर्वक लिखी गई 'लघु गुरु चरण युक्त काव्य पंक्तियाँ' चाहे विक्रम सेठ ने लिखी हों और चाहे निसिम इजेकियल ने, वे भी उस लय को प्रस्तुत नहीं कर पाती क्योंकि ये 'आयंबिक' छंद भारत में नही जनमा इसलिए भारतीय वाणी से इसका तादात्म्य नहीं हो सकता। केकी दारूवाला और अरूण कोलाटकर जैसे महारथी वहाँ तक बस पहुंच ही पाते हैं पर और भी बहुत पास जाने की आवश्यकता रही है। भारतीय भाषाओं की अपनी लय और अपना छंद शास्त्र है। 'द गार्डियन' (6 दिसंबर 2008) में समकालीन भारतीय कवियों पर लिखते हुए विलियम रैडिस कहते हैं कि मैं भारत के अंग्रेजी कवि से कहना चाहूंगा कि वे अपनी आंखें बड़ी करके उन लोरियों एवं गीतों का स्मरण करें जो उन्होंने माता और दादी-नानी की गोद में सुने थें। और फिर देखें कि कैसा संगीत उत्पन्न होता है। तभी भविष्य के काव्य संकलनों में प्राचीन भारत की अमूल्य धरोहर का ही अंकन नहीं होगा बल्कि उस ऊर्जस्वी भारत का भी चित्रण हो सकेगा जो आई.टी, बॉलीवुड, क्रिकेट और चंद्र मिशन आदि से सुसज्जित है।

एक बात और है और इस 'और' में बड़ी बात है। भारतीय अंग्रेजी कवि अकेलेपन की बीमारी से ग्रस्त लगता है। हिंदी में कवियों के मंडल होते हैं, दिनकर जी और मैथिलीशरण गुप्त राष्ट्र कवि कहे जाते हैं। हरेक के अपने विरुद हैं पर अंग्रेजी में पाठकों के कवियों पर टूट-टूटकर पड़ना, उनके 'फैन' हो जाना नहीं होता। बेचारे निसिम इजेकियल को जीवन के अंतिम वर्षों में 'एलजिमर रोग' ने घेर लिया था। वे मुंबई के मामूली फ्लैट में रहते रहे। डाम मारेस से बोतल का साथ पकड़ा उनके लिए लिखना भी मुश्किल था। दिलीप चित्रे सुबह-सवेरे लिखते थे - हर सुबह बेमजा बदजायका – 'एवरी मोर्निंग टेस्ट लैस, कलरलैस, ओडरलैस'। अरूण कोलाटकर फ्लोरा फाउंटेन के एक कैफे में समय बिताया करते थे और कमलादास ने धर्म परिवर्तन करके ही चैन की सांस ली। ब्रूस किंग की भारतीय अंग्रेजी कवियों पर किताब पढ़ने पर कवियों के व्यक्तिगत जीवन में व्याप्त नैराश्य से जी कांप जाता है। इधर हमारे सूर्यकांत 'निराला' को देखें- कबीर से फक्कड पर कोई निराशा नहीं। कवयित्रियाँ 'काम' पर लिखती हैं और नाकाम काम की चर्चा बहुतायत से करती हैं किन्तु महादेवी वर्मा सी वेदना वे ला नहीं पाती। मछली की तड़प है पर मीरा सी तडपन व टूक नहीं। विदेश जा बसे प्रवासी कवि भारत के प्रति बैठे ठाले का मोह दिखाते हैं। धोबी की तरह कपड़ा साफ किए जाते हैं पर दाग है कि जाता ही नहीं। शुक्ल पक्ष को छोड़ कृष्ण पक्ष की चर्चा में मन रमाने वाले प्रवासी कवि भी भारत की सच्ची ताल को पकड़ नहीं पाते। आशा की जानी चाहिए कि गद्यकारों व कथाकारों की तरह भारतीय अंग्रेजी के कवियों के दिन भी उबरेंगे और हम अनेक रवीन्द्र नाथ ठाकुर और अरविंद देख सकेंगे। 'कविर्मनीषी परिभू स्वयंभू' की बात करने वाला भारतीय दर्शन और उसे घुट्टी में पीने वाला कवि भारतीय आत्मा को स्वर अवश्य देगा, भाषा तो माध्यम भर है।

7

गद्य गरिमा की भागीरथी

प्रायः कविता को मानवता की मातृभाषा कहा जाता है और गद्य को बोलचाल तक सीमित रखते हुए इसके लेखन, विकास को लिपि और छापेखाने के उद्भव व आगमन के साथ जोड़ा जाता है। भारत में अंग्रेजी बनी-बनाई मिली और यहाँ गद्य आया भी बहुत पहले। संपर्क से अंग्रेजी सीखकर उसका प्रयोग अनुवाद, पत्रकारिता, पत्रलेखन, प्रतिवेदन लेखन, विधि न्याय, राजनीतिक और सामाजिक सुधार आदि क्षेत्रों में प्रारंभ हुआ। शिक्षा में अंग्रेजी माध्यम आया तथा संस्कृत, अरबी और फारसी का वर्चस्व कम हुआ। राजा राम मोहन राय से लेकर केशव चंद्र सेन , द्वारकानाथ ठाकुर, ईश्वर चंद्र विद्या सागर, बंकिम चंद्र, राजनारायण बोस, नबगोपाल मित्रा ने अंग्रेजी को अपनाया और लिखा। नेताओं यथा सुरेन्द्र नाथ बैनर्जी, दादाभाई नौरोजी, डब्ल्यू. सी. बनर्जी, सर सैयद अहमद खाँ, बदरूद्दीन तैयब जी, फिरोज शाह मेहता, नारायण चंदावरकर, माधव गोविंद रानाडे, लाल मोहन घोष, के. टी. तेलंग, वी. कृष्णास्वामी अय्यर , गोपाल कृष्ण गोखले, बाल गंगाधर तिलक, बिपिन चंद्र पाल, लाला लाजपतराय राय, वी.डी. सावरकर आदि नेता अंग्रेजी में निष्णात थे। इन्होंने अपने लेखन द्वारा भारतीय अंग्रेजी गद्य को स्थापित करने में योगदान दिया।

राजा राम मोहन राय (1772-1833) को यदि हम भारत भूमि पर अंग्रेजी गद्य साहित्य के प्रथम हस्ताक्षर के रूप में देखें तो ठीक रहेगा क्योंकि इन्होंने बाईस वर्ष की आयु में अंग्रेजी सीखी और शीघ्र ही अपना लोहा मनवाया। फारसी और अरबी के ही नहीं ये हिंदी के भी उद्भट ज्ञाता थे। संस्कृत और बंगला इन्हें बपौती में मिली। इसीलिए संस्कृत पुराणों व उपनिषदों का अंग्रेजी में अनुवाद करके इन्होंने पाश्चात्य जगत को भारतीय दृष्टि से परिचित कराया। अंग्रेजी शिक्षा को भारतीयों के लिए अपरिहार्य माना। इनका मानना था कि संस्कृत के गहन गवाक्षों से शास्त्रों को अनुवाद द्वारा ही बाहर निकालना होगा। राममोहन राय के प्रारंभिक अंग्रेजी लेखन में 'भागलपुर

लैटर्स' (1809) आते हैं। तत्पश्चात अनुवाद और फिर 'ए डिफेंस ऑफ हिंदू थिइज्म' (1817), एवं 'ए सेकेंड डिफेंस ऑफ द मोनोथिइस्ट्रिकल सिस्टम आफ द वेदाज' (1817), 'ट्रांसलेशन ऑफ एन एबरिजमेंट ऑफ द वेदांत' (1819) आदि हैं। राम मोहन द्वारा लिखित पत्रों की भाषा की सहजता एवं रवानी तथा आत्मविश्वास देखते ही बनता है। पत्र लेखन में इनकी तुलना भारतेन्दु के अंग्रेजी पत्रों से की जानी चाहिए।

पत्र-लेखक एक और भी हुए। इनके भारतीय अंग्रेजी लेखन का पता कुछ ही वर्षों पूर्व लगा। भारतीय मूल के किसी लेखक द्वारा अंग्रेजी में लिखे गए ये पत्र यात्रा- वृतान्त भी हैं - द ट्रेवल्स ऑफ दीन मुहम्मद, ए नेटिव ऑफ पटना इन बंगाल, थ्रू सेवरल पार्टस ऑफ इंडिया, व्हाइल इन द सर्विस ऑफ द ओनरबल दि ईस्ट इंडिया कंपनी, रिटन वाई हिम सैल्फ, इन ए सीरिज ऑफ लैटर्स टू ए फैंड (1794) । इन पत्रों के लेखक दीन मुहम्मद (1759-1851) ने भारतीय जीवन और जीवन दृष्टि का परिचय देने के लिए ये पत्र लिखे। इसी प्रकार काव्ली वेंकट बोरिआ (1778-1803) ने अंग्रेजी सरकार की नौकरी करते हुए अंग्रेजी सीखकर तमिलनाडु के आंध्र क्षेत्र में ऐसा कार्य किया कि वे भी इस तिकड़ी में आज शामिल हैं। इन्होंने अन्य भारतीयों से पूछकर 'एकाउन्ट्स ऑफ द जैन्स' (1803) की रचना की। बहुभाषाविद् बोरिआ ने अपने बड़े भाई कावली वेंकट रामास्वामी के समान काव्य रचना न की किन्तु यह कहा कि विदेशी भाषा सीखकर उसमें सृजनात्मक लेखन करना भारतीयों के लिए सहज है। इस प्रकार दीन मुहम्मद, कावली वेंकट बोरिआ और राजा राम मोहन राय भारतीय अंग्रेजी साहित्य में गद्य लेखन के प्रथम तीन उल्लेखनीय हस्ताक्षर हैं जिन्होंने स्वाध्याय से अंग्रेजी सीखकर इसे सर्जनात्मकता के लिए अपनाया।

1857 के स्वतंत्रता आन्दोलन के पश्चात अनेक देशभक्तों ने अंग्रेजी गद्य को राष्ट्रीय अभिव्यक्ति का माध्यम बनाना प्रारंभ किया। उद्देश्य था 'अपनी भावना को अंग्रेज शासकों तक पहुँचाना'। बाल गंगाधर तिलक प्रकांड विद्वान थे और उन्होने 'मराठा' नामक अंग्रेजी समाचार पत्र के द्वारा अंग्रेजी गद्य की भी सेवा की। बेहराम जी एम. मालबरी (1853-1912) और गोवर्धन राम एम. त्रिपाठी (1855-1907) इनमें प्रमुख हैं। दोनों समकालीन व गुजराती भाषी थे। मालबरी ने सामाजिक पुनरूत्थान के लिए पत्रकारिता को अपनाया और 'नोट्स ओन द इनफेंट मैरिज ऐंड एनफोर्सड विडोहुड' (1884) लिखा तथा सरकार को विधवाओं के हित में और जबरन विधवा और बाल विवाह के खिलाफ 'दि एज ऑफ कंसेंट एक्ट' (1892) लाने को मजबूर किया। इंडियन नेशनल कॉग्रेस के जन्म से पूर्व ही उन्होंने आजाद भारत का नारा दे दिया था। (ए फ्री इंडिया इज द गोल टुवर्डस व्हिच दि आई ऑफ दि इंडियन पैट्रियट हैज बीन स्ट्रग्लिंग)। 'इंडियन स्पेक्टेटर' के माध्यम से उन्होंने गांधीजी से पूर्व के गुजरात में अपने लेखन से लोगों का ध्यान आकृष्ट किया। मालबरी के लेखन में व्यंग्य, परिहास का प्रयोग क्रोध एवं दुख प्रकट करते

हुए सहानुभूति प्राप्त करने की खातिर होता है। स्वयं पारसी होते हुए उन्होंने हिंदू विधवाओं के अधिकारों के लिए लड़ा और लिखा। 'आई एम द विडो' कहकर उन्होंने स्वयं को उनके स्थान पर रखा। 'वॉयस ऑफ इंडिया' और 'ईस्ट ऐंड वैस्ट' के माध्यम से भी मालबरी ने लिखा जिसे बाद में दादा भाई नौरोजी तक ने सराहा। गोवर्धन राम त्रिपाठी को गुजराती पाठक 'सरस्वती चंद्र' उपन्यास के लेखक के रूप में जानते हैं। 'सरस्वती चंद्र' की भूमिकाएं प्रायः अंग्रेजी में होती थीं। कई अध्यायों के नाम अंग्रेजी में थे। इसके कई पात्र भावनाओं में बहकर अंग्रेजी में बोलने लगते हैं। इनके जीवन का उद्देश्य जीवन का उत्सर्ग था। वे अपने देश का पुनरुत्थान करना चाहते थे। इसलिए अपनी 'स्क्रेप-बुक' में दिल की बात लिख दिया करते थे। तीन खंडों में प्रकाशित 'स्क्रेप-बुक' के बारे में उन्होंने लिखा है- माई बुक इज नोट ओनली लोयल, बट माई इनर मोस्ट सोल फील्स दैट इट इज रिटिन फोर ऐंड मस्ट टेंड टू द वेलफेयर आफ बोथ द रूलर्स ऐंड द रूल्ड'। 'क्लासिकल पोइट्स आफ गुजरात ऐंड दियर इंफ्लुएंस ओन सोसाइटी ऐंड मोरल्स' (1892, 1894) इनका भाषण बाद में लिखित रूप में आया और प्रसिद्ध हुआ। 'ईस्ट ऐंड वैस्ट' पत्र में प्रकाशित इनके लेख भी गद्य के प्रारंभिक नमूने हैं।

महात्मा गांधी(1869-1958) और जवाहर लाल नेहरू (1889-1964) को यह श्रेय जाता है कि उन्होंने तमाम विरोधो के बावजूद प्रत्यक्ष एवं परोक्ष रूप से अंग्रेजी को भारतीय भाषा के रूप में देखें जाने के विचार को सहमति दी। अंग्रेजों के द्वारा अंग्रेजी का प्रयोग साम्राज्य खड़ा करने के लिए किया गया था। इन्होंने अंग्रेजी का प्रयोग इस साम्राज्य को ध्वंस करने के लिए किया। गांधी जी के जन्मकाल 1869 से लेकर नेहरू जी के मृत्यु वर्ष 1964 तक लगभग सौ वर्षों का समय भारतीय अंग्रेजी के विकास व उत्कर्ष का समय है। प्रार्थनापत्रों की भाषा से संविधान की भाषा अंग्रेजी बनी। इन दोनों के लेखन से लगभग 150 खंडों/पुस्तकों की सामग्री बनती है। गांधी जी ने अंग्रेजी गिर-पड़कर सीखी। वे अपनी सीमा जानते थे। 'हिंद स्वराज' (1909) को गांधीजी ने स्वयं अंग्रेजी में 'इंडियन होम रूल' (1910) के नाम से अनूदित किया था । गांधी जी ने भारतीय अंग्रेजी में 'सत्याग्रह, खादी, स्वदेशी और अहिंसा आदि शब्दों का प्रयोग करके इसके शब्द भंडार में अभिवृद्धि की। हिंद स्वराज से लेकर 'सत्याग्रह इन साउथ अफ्रीका' तक का गांधी जी का लेखन पत्रकारिता के रूप में आया। बाद में गांधीजी ने अपने लेखन की झलक आत्मकथा 'माई एक्पेरिमेंट विद ट्रुथ' में भी दी। गांधी जी का अंग्रेजी के प्रति विचार और हिंदी के प्रति उनका प्रेम दोनों अपनी जगह हैं। हत्या से दो सप्ताह पूर्व गांधी जी ने अपनी अंग्रेजी के बारे में लिखा था कि लोग उनकी अंग्रेजी के कायल हैं किन्तु इसमें सरलता ही प्रमुख गुण है। (इंग्लिश ऐंड इंडियन स्कालर्स ऑफ इंग्लिश बिलीव देयर इज समथिंग स्पेशल इन माई इंग्लिश)। शब्दों का संतुलित प्रयोग, नए पद विन्यास, और धूम-धड़ाकेदार भाषा से बचाव इनकी अंग्रेजी गद्य की विशेषताएँ हैं। गांधीजी की विनोद प्रियता और भारतीय परिवेश में भारतीय शब्दों की चाह

भी इनकी रचनाओं में स्पष्ट दिखाई देती है। (रसिकलाल हीरालाल मोहनदास करमचंद गांधी हैड ए गोट इन हिज कीपिंग/द गोट वुड नोट बी मिल्कड्। ऐंड गांधी वुड नोट स्टोप हिज वीपिंग)। कोष्ठक में दिया गया गांधी जी द्वारा लिखित गद्य गीत सब कुछ कह देता है।

नेहरूजी को अंग्रेजी दाय में मिली। उनके लिए यह पितृभाषावत थी। बचपन में ही इन्होंने अनेक अंग्रेजी लेखकों को पढ़ लिया था। 1930 के दशक में नेहरू ने अपने लेखन को मजबूती से प्रस्तुत किया। 1920-30 के दशक में एम.एन.राय ने 'इंडिया इन ट्रांसिजन' (1922), कृष्ण मेनन ने 'कंडीशन ऑफ इंडिया' (1933), आर. पाम. दत्त ने 'इंडिया टुडे' (1940) तथा जे. थाम्पसन ने 'द रीकन्सट्रक्शन ऑफ इंडिया' (1930) की रचना की। ऐसे प्रबुद्ध लेखन के प्रभाव में नेहरू जी ने भी अनेक लेखों, निबंधों और विवेचनों के माध्यम से राजनीतिक, सांस्कृतिक और साहित्यिक विषयों पर लेखन किया। उपरोक्त तर्ज पर नेहरू ने 'विद इंडिया'(1932)। लिखा। पत्र लेखन के क्षेत्र में इनकी बेजोड़ कृति 'ग्लिंप्सिज ऑफ द वर्ल्ड हिस्ट्री' है। इनकी आत्मकथा तथा 'डिस्कवरी ऑफ इंडिया' के माध्यम से नेहरू जी ने गल्प तकनीक में सहजता का परिचय दिया। 'ग्लिंप्सिज ऑफ वर्ल्ड हिस्ट्री' (1934) में नेहरू जी ने अपनी पुत्री इंदिरा को अनेक पत्र लिखे। इसका हिंदी में अनुवाद मुंशी प्रेमचंद ने किया था।तात्कालिक आवश्यकता की पूर्ति करती यह कृति गद्य की दृष्टि से उतनी विशेष नहीं जितनी नेहरू जी की आत्मकथा- 'इन ऐंड ऑफ प्रिजनः एन ओटोबायोग्राफिकल नरेटिव विद् म्यूजिंग्स ऑन रिसेंट ईवेंन्ट्स इन इंडिया' (1936)। इस पुस्तक की प्रशंसा में तब 'द न्यू स्टेट्स मैन' ने लिखा था-द मोस्ट वाइटल कंट्रीब्यूशन दैट हैव ऐनी इंडियन हैज यट मेड टू पोलिटिकल लिटरेचर। 608 पृष्ठ के इस विशाल ग्रंथ में नेहरू के संतुलित और परिपक्व लेखन की झांकी मिलती है। आत्मकथा में नेहरू की कहानी के साथ ही तत्कालीन जीवन, समाज और राजनीतिक आन्दोलन की चर्चा भी गुंथी है। नेहरू ने बाद में 'द मोर्डन रिव्यू' में चाणक्य छद्मनाम से लिखा और पाश्चात्य सनाज की कट्टरता और बर्बरता पर प्रहार किए। साथ ही आत्मालोचन और आत्मानुशासन की चेष्टा भी की। आत्मकथा में शैली प्रवाहपूर्ण, भाषा संयत व गंभीर तथा नई उद्भावनाओं का प्रयोग देखते ही बनता है। भारत माता का शब्दांकन करते हुए नेहरू जी ने लिखा-इंडिया बिकम्स भारत माता, मदर इंडिया, ए ब्यूटीफुल लेडी वैरी ओल्ड बट ऐवर यूथफुल इन एप्पीएरेंस, सैड आइड ऐंड फॉरलोर्न'। ऐसे परिष्कृत लेखन ने नेहरू जी को अंतरराष्ट्रीय लेखक के रूप में ख्याति दिखाई। नेहरू जी मिथकीय पुरूष बने। 'द डिस्कवरी ऑफ इंडिया' (1946) में नेहरू जी का बौद्धिक स्वरूप व परिपक्वता दृष्टिगोचर होती है। जीवन व समाज पर अतीत का योगदान और उसका पुनरावलोकन गौरवगान तक सीमित नहीं होता यह स्थापना इस पुस्तक की है।

नेहरू व गांधी का महत्व इस इतिहास में अंग्रेजी के स्थान व हिंदी के साथ उसके सह अस्तित्व के प्रश्न को लेकर भी हैं। नेहरूजी इसे 'विंडो ऑफ द वर्ल्ड' कहते रहे, गांधी जी भी

इसे पश्चिम से संबंध के लिए जरूरी मानते थे पर वे अंग्रेजी के शासन को स्वीकार न करते थे। गांधी की हिंदुस्तानी और नेहरू की हिंदी के स्वप्न भंग हुए और लगा कि हिंदी/अंग्रेजी सम्बन्धों के अतिरिक्त भी भारत की अन्यान्य भाषाओं के अस्तित्व के प्रश्न हैं। नेहरू के लिए अंग्रेजी का विश्व में महत्व व स्थान इस कारण भी था क्योंकि वह सभी भाषाओं से नए शब्द लेने में संकोच न करती थी, यही वे हिंदी से भी अपेक्षा करते थे। गांधी और नेहरू के अंग्रेजी भाषा प्रयोग व लेखन ने भावी लेखकों का मार्ग प्रशस्त किया और यह सुनिश्चित करने में मदद की कि किस प्रकार वे विजेता की भाषा में उन्हें खरा-सा जवाब दे सकें।

यहाँ 'गांधी साहित्य' के भारतीय अंग्रेजी साहित्य पर प्रभाव पर भी ध्यान देना होगा। गांधी चाहे कोई क्रमबद्ध चिंतक व दार्शनिक न थे फिर भी उनका प्रभा मंडल विस्तृत था। वे 'महात्मा' माने गए। थोरू एवं तोलेस्तोय के समान वे कला को जन कल्याण का माध्यम मानते थे। गांधी दर्शन से प्रभावित साहित्य भारतीय अंग्रेजी में भी प्रचुर मात्रा में है। हिंदी और अन्य भारतीय भाषाओं से तुलनात्मक अध्ययन अपेक्षित है। गांधी के अनेक जीवन चरित लेखक है। डी.जी. तेंदुलकर, पी.ए. वाडिया, प्यारेलाल, हिरेन मुकर्जी, इ.एम.एस. नंबूदरीपाद,डी.एफ.कर्क, जे.एम. कुमार अप्पा, एन.के.बोस, आचार्य कृपलानी, के.जी. मशरूवाला और आर.आर. दिनकर आदि का लेखन अंग्रेजी गद्य साहित्य की निधियाँ हैं। 'गांधी -मार्ग' पत्रिका के प्रकाशनों को भी इसी दृष्टि से देखा जा सकता है। गांधी जन्म शताब्दी वर्ष- 1969 के समय व उसके बाद निरंतर इस क्षेत्रा में लेखन हो रहा है। 'गांधी -मत' वस्तुतः भारतीय ही नहीं विश्व साहित्य की भी अप्रतिम निधि है।

सर्वपल्ली राधाकृष्णन, रघुनाथन और नीरद सी. चौधरी को भी भारतीय अंग्रेजी गद्य के क्षेत्र में उल्लेखनीय माना जाता है। पूर्व राष्ट्रपति डॉ.राधाकृष्णन (1888-1975) ने भारतीय दर्शन को विश्व पाठकों के लिए सरल व सुलभ बनाया। 'द हिंदू व्यू ऑफ लाइफ' (1927) और 'एन आइडिएलिस्ट व्यू आफ लाइफ (1932) के द्वारा अन्य मतावलंबियों को भारतीय जीवन-दर्शन दिखाया। दर्शन जैसे अगम विषय को सुगम अंग्रेजी में प्रस्तुत किया।

महात्मा गांधी के प्रभाव से एवं स्वतंत्रता आन्दोलन के चलते भारतीय अंग्रेजी साहित्यकारों के लिए यह लगभग असंभव ही था कि वे भारत की आलोचना करें या ब्रिटिश उपनिवेशी शासन का गुणानुवाद गायन करें। अंग्रेजी भाषा और अंग्रेजी साजो सामान तक के प्रति त्याज्य-भाव प्रबल थे। स्वतंत्रता के पश्चात् नीरद सी चौधरी (1897-1999) ने 'एन ओटोबायोग्राफी आफ एन अननोन इंडियन'(1951) से लेकर 'दाई हैंड, ग्रेट एनार्क' (1993)तक चुन-चुनकर भारतीय समाज के प्रत्येक विचार व व्यवहार की आलोचना की। मेक्समूलर (1984) और रोबर्ट क्लाइव (1975) जैसी जीवनियों में भी भारतीय मनीषा को दुत्कारा। उनका मत था कि जो भी भारत में अच्छा है वह ब्रिटिश उपनिवेश और पाश्चात्यीकरण की देन है। इनके मत को स्वीकार

करने और आगे बढ़ाने का कार्य बी.एस. नायपाल ने भी किया। नायपाल के गद्य के नमूने 'एन एरिया आफ डार्कनेस' (1964), 'इंडिया: ए वुंडिड सिविलाइजेशन' (1977) और 'इंडियाः ए मिलियन म्यूटनीज़ नाउ' (1990) में देखे जा सकते हैं। इनके गद्य लेखन में पत्रकारिता जैसा हल्कापन अवश्य कहीं कहीं है किन्तु व्यंग्य की धार और ठेठ अंग्रेजी की ठसक के कारण पाठक कायल होकर रह जाते हैं।

कोर्नेलिया सोराबजी (1866-1954) को भी गद्यकारों में शामिल करना उचित होगा। वे स्त्री सशक्तीकरण की प्रारंभिक भारतीय वाणी हैं। इनकी पुस्तक 'लव एंड लाइफ बिहाइंड द पर्दा' (1901) में ग्यारह कथाओं के माध्यम से स्त्री की व्यथा का वर्णन है। सोराबजी में हम ऐसी लेखिका को देखते हैं जो दो संस्कृतियों, दो समाजों और दो परिवारों में रहकर उन दोनों को संजोकर रखने का मर्म सिखाती हैं । इंडिया कालिंग (1934) में उन्होंने यही लिखा है।

गांधी , नेहरू, राधाकृष्णन, चौधरी को बीसवीं शताब्दी के पूर्वार्ध उसी प्रकार देखा जाता है जैसे उन्नीसवीं शताब्दी के उत्तरार्ध से प्रारंभ करके हम मालबारी, त्रिपाठी और सोराबजी को देखते हैं। इन लेखकों ने भारतीय अंग्रेजी गद्य साहित्य को एक मजबूत पीठिका प्रदान की। इन्होंने भारत में अंग्रेजी भाषा और साहित्य की अध्ययन-अध्यापन, पठन-पाठन को उत्तरोतर जीवंत बनाया। गांधी , नेहरु, राधाकृष्णन के लेखन से यह ज्ञात होता है कि बौद्धिक पक्ष को धार देने के लिए अंग्रेजी माध्यम हो सकता है। बहुभाषी भारत में पारस्परिक बौद्धिक संवाद के लिए उन्होंने अंग्रेजी को अपनाया, ठीक वैसे ही जैसे संपर्क भाषा के रूप में हिंदी को अपनाया गया था।

कला मर्मज्ञ आनंद कुमार स्वामी (1877-1947) को प्रायः भारतीय अंग्रेजी साहित्य विकास लेख भूल जाते हैं किन्तु इनका गद्य लेखन सैकड़ों पुस्तकों, हजारों पत्रों, हजारों भाषणों में बिखरा पड़ा है, ठीक वैसे ही जैसा स्वामी विवेकानंद का है। कुमार स्वामी की कला समीक्षा साहित्यिक पाठों पर अधिक आधारित है और कला-वस्तुओं या कला-कृतियों पर कम। कुमार स्वामी को पढ़े बिना भारतीय कला-सौंदर्यशास्त्र और दर्शन को ठीक से समझना कठिन होगा। गद्यकार और कला समीक्षक के रूप में भारतीय अंग्रेजी साहित्य के ये प्रमुख रत्न हैं।

वेद मेहता (1934-) ने दृष्टिहीन होने के बावजूद कथा ही नहीं जीवनी, आत्मकथा, इतिहास, धर्म शाला दर्शन और यात्रा वृतांत आदि बीस ग्रंथ लिखे(I didn't want to be a blind writer, I wanted to be a writer who is blind.)। इनकी आत्मकथा 'फेस टू फेस : एन ऑटोबायोग्राफी' (1957) और उसके पश्चात् 'दाद्याजी' (1972) और 'मामाजी' (1979) और 'वेदी' (1982) आदि रचनाएं इस तथ्य का खंडन करती हैं कि अंग्रेजी सीखने वाला अपने नाते-रिश्तेदारों की शब्दावली भूलने लग जाता है। ए. के. रामानुजन को अधिक ख्याति कवि व काव्यानुवादक के रूप में मिली किन्तु लोक साहित्य और अन्य निबंध यथा 'कलेक्टिड एस्सेज' (1999)से इनके गद्यकार रूप की झलक मिलती है। कमलादास की आत्मकथा 'माई स्टोरी'

(1976) अपनी बेबाक बयानी, के लिए खूब चर्चित हुई। सस्थी ब्रत (1939) की आत्मकथा 'माई गॉड डाइड यंग' (1968) भी उल्लेखनीय है। आर.सी. सिन्हा 'दि इंडियन ऑटोबायोग्राफ़ीज़ इन इंग्लिश' (2013) में यह स्वीकार करते हैं कि धन गोपाल मुखर्जी से लेकर बी.सी. पाल, पुरोहित स्वामी, सीता नाथतत्वभूषण, योगानंद और साधू सतीन्थ तक ने अपनी-अपनी आत्मकथाओं में लक्ष्य पाठक अंग्रेजों को मानकर ऐसे वर्णन अधिक किए जो भारतीय पाठकों के लिए सामान्य से कम हैं। काशीप्रसाद घोष व अमीय नाथ बोस के आत्मकथात्मक पत्रों में भी इसी श्रेणी में रखा जा सकता है। यह भी उल्लेखनीय है कि प्रारंभ के राजा राम मोहन राय अपनी आत्मकथा में 'काम' पक्ष की तो बात ही क्या विवाहित जीवन की चर्चा भी नहीं करते किन्तु सस्थी ब्रत तथा डोम मारेस और कमला दास तक आते आते जीवनीकार व आत्मकथाकार बंधन मुक्त हो गए। शोभा डे (1948 -) का समस्त लेखन ही आत्मकथात्मक व बेबाक प्रतीत होता है। 'सेलेक्टिव मेमरी स्टोरीज़ ऑफ माई लाईफ' (1998) में स्त्रीवादी लेखन की झलक भी देखी जा सकती है। पंकज मिश्र (1969-) का गद्यकार रूप 'ऑन रीडिंस एडमंड विल्सन इन बनारस' में झलकता है। पंकज मिश्र के प्रथम उपन्यास 'द रोमांटिक्स' और निर्मल वर्मा के 'अंतिम अरण्य' दोनों 2000 में प्रकाशित हुए । इनके तुलनात्मक अध्ययन से राजेन्द्र यादव ने यह निष्कर्ष निकाला था कि दोनों अंतराष्ट्रीय प्रकार के बौद्धिक अभिजात्य और स्थानीय हिंदू-मानसिकता से ग्रस्त हैं किन्तु यह किसी ने रेखांकित नहीं किया कि पंकज मिश्र ने निर्मल वर्मा को अपना साहित्यिक मॉडल माना है। ऐसे गहन तुलनात्मक अध्ययन की आवश्यकता है। अंग्रेजी ही नहीं समस्त भारतीय भाषाओं के कथा जगत पर नजर रखने वाली आलोचक मीनाक्षी मुकर्जी ने यह सुझाव दिया था कि पंकज मिश्र जैसे भारतीय अंग्रेजी के गद्यकारों से हिंदी व अन्य भारतीय भाषाओं के लेखन की तुलना करना आपसी सौहार्द के लिए आवश्यक है।

गद्यकारों में इतिहासकार भी हैं जैसे आर.सी.दत्त, जाधव नाथ सरकार, आर.सी.मजूमदार, खुशवंत सिंह, और अरूण शौरी आदि। जीवनी लेखक श्रीनिवास शास्त्री (गोखले के जीवनी लेखक), के.पी. कृपलानी (टैगोर और गांधी के जीवनी लेखक), पी.कोदंड राव (शास्त्री के जीवनी लेखक)आदि प्रमुख हैं । गांधी, नेहरू, सुभाषचंद्र, नयनतारा सहगल, आदि आत्मकथाकार हैं। पत्र लेखकों में इन्दिरा जी को लिखे गए जवाहर लाल नेहरू के पत्र सबसे पहले ध्यान में आते हैं।निबंधकारों में नागेश विश्वनाथ, एस. वी. वाई आर.बंगारस्वामी, के ईश्वर दत्त, एम. कृष्णा, आदि हैं। उपन्यासकार आर.के.नारायण को भी इस कोटि में रखा जाना चाहिए। उनके निबंध पुस्तकाकार में उपलब्ध हैं ; जैसे 'नेकस्ट संडे', 'रिलेक्टेंट गुरू', 'ए राइटर्स नाइटमेयर' और 'ए स्टोरी टैलर्स वर्ल्ड'। इन निबंधों में हास्य व्यंग्य का पुट रहा है। के. आर. श्रीनिवास आंयगार और एम.के.नाइक, सी.डी. नरसिंमय्या को भी गद्यकार निबंधकार की श्रेणी में रखा जा सकता है। इसी प्रकार टी.एन. शेषन, नानी पालकीवाला और अन्य न्यायाधीश तथा एडवोकेट न्यायिक

विषयों पर लिख रहे हैं। सुभाष कश्यप सरीखे संविधान वेत्ताओं का लेखन भी गद्य गरिमा को बढाता है। पंकज मिश्र ने 2014 का 'विंढम-कैपबेल पुरस्कार' गद्यकार के रूप में प्राप्त करके सभी को प्रभावित किया था। इनकी रचना - 'बटर चिकन इन लुधियाना-ट्रेवल्स इन स्माल टाउन इंडिया' (1995)एक यात्रा वृत्तांत है।अमित चौधरी (1962-)ने संस्मरणात्मक्र लेखन 'मेमरीज गोल्ड: राइटिंग्स ऑन कोलकाता' (2008) का संपादन किया है। फ्रैंक मोरेस (1907-1975) नेहरू के जीवनी लेखक थे। 'दि इंडियन एक्सप्रेस' तथा 'द टाइम्स ऑफ इंडिया' के संपादक एवं कवि डॉम मारेस के पिता फ्रैंक मोरेस ने दर्जनों पुस्तकें लिखकर भारतीय पत्रकारिता जगत में नाम कमाया।

सुनील खिलनानी, रुकून अडवानी, लीला गांधी समकालीन लेखकों में ख्याति प्राप्त हैं। सुनील खिलनानी की पुस्तक 'द आइडिया ऑफ इंडिया' को 2010 का बर्लिन पुरस्कार मिला। रुकुन अडवानी का प्रसिद्ध निबंध 'नोवेलिस्ट इन रेज़िडेन्स'(1998), सेंट स्टीफेंस कॉलेज और ऑक्सफोर्ड /केंब्रिज से अतिशय प्रभावित माना है। यदि हिंदी साहित्य के इतिहास में बनारस-इलाहाबाद-दिल्ली या नागरी प्रचारिणी सभा, सरस्वती के योगदान अथवा भारतेन्दु मंडल आदि की चर्चा होती है, तो ऐसे ही इन संस्थाओं से जुड़े कथाकारों को रुकुन अडवानी ने 'द घोष जेनरेशन' कहा है। 'द स्टेफनियन स्कूल ऑफ लिटरेचर' के पक्ष-विपक्ष में बोलनेवाले हैं पर इसमें संदेह नहीं कि भारतीय अंग्रेजी लेखन के इतिहास में इनका योगदान स्मरणीय है। विक्रम सेठ, अमिताव घोष और अरुंधति राय उपन्यासकार के साथ ही गद्यकार भी हैं।

प्रख्यात आलोचक मीनाक्षी मुखर्जी (1937-2008)ने भारतीय अंग्रेजी लेखन को 'द्विजत्व' 'ट्वाइस-बोर्न'की संज्ञा दी थी। और यह है भी। यह भी कहना होगा कि भारतीय अंग्रेजी लेखक कभी भी अपनी जड़ों को नहीं भूलता। सलमान रूश्दी के शब्दों में –

As an individual Hindi-Urdu, the Hindustani of North India, remains an essential aspect of my sense of self as a writer, I have been partly fromed by the presence, in my head, of that other music, the rhythms, patterns and habits, of thought and metaphor of my Indian tongues…there is no need to be, should not be, an adversarial relationship between English language literature and the other literatures of India. We drink from the same well, India, the inexhaustible horn of plenty, nourishes us all. (The Vintage…1997)

8

उपन्यास लेखन का वर्चस्व

भारतीय भाषाओं के साहित्य में कथा साहित्य लेखन आधुनिक युग की देन है यह अवश्य है कि 'कथा' कहने की एक परंपरा संस्कृत साहित्य में थी और दंडी की रचना 'दश कुमार चरित' (छठी शताब्दी) सुबंधु की 'वासवदत्ता' (सातवीं शताब्दी) और बाणभट्ट की 'कादंबरी' (सातवीं शताब्दी) हमारी उपन्यास जैसी बहुमूल्य रचनाएं हैं। संस्कृत आलोचना में कथा और आख्यायिका का भेद किया गया है। कल्पना का पुट प्रायः इन रचनाओं में अधिक था और शायद यही कारण है कि भारतीय अंग्रेजी साहित्य के कथा-क्रम में जो प्रारंभिक रचनाएं आईं उनमें कल्पना की प्रधानता थी। यथार्थ और कल्पना का ऐसा अद्भुत संगम कैलाश चंद्र दत्त की रचना 'ए जनरल ऑफ 48 अवर्स ऑफ दि ईयर 1945' में है जो कलकत्ता लिटरेरी गजट के 6 जून 1835 अंक में प्रकाशित हुई थी। इसमें एक ऐसी काल्पनिक कथा का वर्णन है कि सन् 1945 में ब्रिटिश शासन से मुक्ति हेतु क्रांति हुई और वह असफल रही। इसी तर्ज पर शशि चंद्र दत्त ने 'रिपब्लिक ऑफ उडीसा;अनाल्स फ्रोम द पेजिज ऑफ ट्वंटिएथ सेंचुरी' (1845) में बीसवीं शताब्दी के दूसरे दशक में हुए आन्दोलन में अंग्रेजों की पराजय दिखाकर उडीसा की स्वतंत्रता की कल्पना की। इन्हें राजनीतिक उपन्यास कहना भूल होगी क्योंकि इनमें स्वतंत्रता की चाह और उसके लिए प्रयत्न कहने भर को ही थे। ठीक-ठिकाने का अंग्रेजी ढंग का उपन्यास बंकिम चंद्र चटर्जी का 'राजमोहन'स वाइफ'(1864)है जिसमें सामाजिक उद्धार को आधार बनाया गया। प्रेमचंद के 'सेवा सदन', 'निर्मला' बाद की बाते हैं। स्त्री रक्षा, कृषक दुर्दशा और जमींदारी प्रथा जैसे विषय उपन्यासकारों को काम के लगे और शिवान्तिबाई एम. निकंबे ने 'रतनबाई: ए स्कैच ऑफ ए बोंबे हाईकास्ट हिंदू यंग वाइफ' (1895) उपन्यास में स्त्री शिक्षा को स्त्री रक्षा के लिए अनिवार्य बताया। आर.सी.दत्त ने 'द लेक ऑफ पाम्सः ए स्टोरी ऑफ इंडियन डोमेस्टिक लाइफ' (1902) में विधवा विवाह का प्रश्न उठाया गया और लाल बिहारी डे के

'गोविंद सामंता' ने किसान की व्यथा को रेखांकित किया। इस उपन्यास के आमुख में लेखक ने पारंपरिक संस्कृत साहित्य की परिपाटी से हटकर किसान गाथा लिखने का कारण समय की मांग माना है। सरदार जोगेन्द्र सिंह ने 'नसरीन' (1911) में उत्तर भारत के अभिजात वर्ग की हताशा का वर्णन किया और शरत कुमार घोष ने 'द प्रिंस ऑफ डेस्टिनी' (1909) में राजपूत राजकुमार कृष्ण को चित्रित किया। बी. आर. राजम अय्यर का अधूरा उपन्यास 'ट्रू ग्रेटनेस ऑफ वासुदेव शास्त्री' (1896-98) भारतीय धर्म और संस्कृति का आख्यान है। ए. माधवय्या का 'थिल्लै गोविंदन' (1916) दक्षिण भारतीय जीवन की परंपरा व पाश्चात्य प्रभाव का आकलन है।

कई उपन्यासकारों ने ऐतिहासिक उपन्यास लिखे। प्रायः पाठकों के मनोरंजार्थ लिखे उपन्यासों में लेखक स्वान्तःसुखाय और आत्मकथात्मक लेखन ही किया करते थे। उदाहरण के लिए कृपाबाई सत्तीनंदन के उपन्यास 'कमला'/'सगुना' आदि में बहुत कुछ आत्मकथात्मक है और तोरूदत्त के 'बियानका' (1876) में भी। इन सब प्रारंभिक उपन्यासों में कथात्मक शैली एवं बयान बोलचाल भरा होता था। भारतीय शब्दों से कोई परहेज नहीं होता था। यह भी उल्लेखनीय है कि सौ वर्षों से अंग्रेजी लेखन करते रहने वाले भारतीयों ने बीसवीं शताब्दी के प्रथम दशक तक कोई अमिट उपन्यास नहीं दिया था।

प्रारंभिक भारतीय अंग्रेजी उपन्यासकार किसी भी अवस्था में अनुकरणकर्ता नहीं कहे जा सकते बल्कि वे इस विधा में प्रयोगशील रहे तथा एक विदेशी विद्या और विदेशी भाषा के द्वारा अपने देश की सामाजिक-सांस्कृतिक जीवन शैली व परिस्थितियों का चित्रण कर रहे थे और जो मुख्यतः भारतीय थीं। प्रारंभिक काल में यथार्थ को कल्पना से जोड़कर जोड़कर देखा गया और इसी कारण से आप इसे भारत की अपनी संस्कृत परंपरा से जोड़कर भी देख सकते हैं। यह इस बात से भी सिद्ध होता है कि हिंदी के प्रारंभिक गद्यकारों ने जिन उपन्यासों का अंग्रेजी से अनुवाद किया, वे इसी प्रकार के थे। बाल्टर स्कॉट , बी. ल्यूटन और जी. डब्ल्यू. एम रेनॉल्ड आदि के अतिनाटकीयता से भरे अनुवाद जब बीसवीं शताब्दी में भारतीयों के सामने आए तो उन्होंने उन्हें हाथों हाथ लिया। इसी कारण बंकिमचंद्र चटर्जी के उपन्यास राजमोहन'स वाइफ में अतिरंजना, रूमानियत तथा अतिनाटकीयता उस प्रभाव से आई प्रतीत होती है। यही नहीं भारतीय उपन्यासकार भी सीधे पाठक से बात कर रहे होते थे। 'राजमोहन'स वाइफ की एक पंक्ति देखें - अब पाठक हमारे साथ तालाब की ओर प्रस्थान करेंगे।....पाठकों को यह बताने की आवश्यकता नहीं कि इस विषय पर बहुत रूचिकर संवाद हुआ क्योंकि उसे इसका पहले से ही ज्ञान है। द रीडर विल नाउ फोलो अस टू द पूल.....द रीडर नीड नोट बी इनफोर्मड दैट विद मच ऑफ द सब्जेक्ट ऑफ दिस इंट्रेस्टिंग डायलोग, ही इज ऑलरेडि अक्वेंटिड। हाँ यह बात है, और जैसा इस उपन्यास के उदाहरणों से भी स्पष्ट है कि भारतीय अंग्रेजी उपन्यास लेखक ने भारतीयपन रखने के लिए संवादों व वर्णन में भारतीय शब्दों का प्रयोग करने से बचने की चेष्टा

न की। साडी,धोती, पान, आंचल, नथ, महल, सुपारी, कचहरी आदि शब्द इस उपन्यास में हैं, किन्तु जैसा बाद में राजा राव व मुल्कराज आनंद ने किया वैसा प्रयोग प्रारंभिक उपन्यासकारों ने भाषा को लेकर नहीं किया। उन्होंने न गालियों, मुहावरों और लोकोक्तियों को अंग्रेजी चाल में ढाला और न ही इसे शैलीगत विशेषता के रूप में उपयोग किया। सन् 1930 तक भारतीय अंग्रेजी साहित्य लगभग एक शताब्दी जी चुका था किन्तु उपरोक्त वर्णित उपन्यासकारों की कतिपय फुटकर रचनाओं को कालजयी नहीं कहा जा सकता। हाँ, इनका ऐतिहासिक महत्व अवश्य है। अंग्रेजी ढंग की आवृत्ति, अनुकरण के प्रति आसक्ति, अतिनाटकीयता पूर्ण संवाद, रूमानियत का आग्रह, अतिरंजनापूर्ण वर्णन, भारतीय शब्दों का छुटपुट प्रयोग और उपन्यास के उपसंहार में 'सुखद अंत' की चेष्टा आदि इस समय में उपन्यासों की मुख्य प्रवृत्तियाँ कही जा सकती हैं। यह भी कह सकते हैं कि ये उपन्यासकार पहले अंग्रेजी 'रंग-ढंग' को साथ लेना चाहते थे और बाद में उसे भारतीय बाना पहनाने की सोच रहे थे। गांधी जी के आगमन और गांधी युग (1920-47) के दौरान सामाजिक, सांस्कृतिक, राजनीतिक एवं आर्थिक क्षेत्र में जो बहुआयामी परिवर्तन हुए, उनका भारतीय अंग्रेजी उपन्यास में परिलक्षित होना अभी बाकी था।

उन्नीसवीं शताब्दी के अवसान व बीसवीं शताब्दी के प्रथम दो दशकों में भारतीय अंग्रेजी लेखकों ने पिछले लगभग एक सौ बरस के आपसी संपर्क के फलस्वरूप हुए राजनीतिक, आर्थिक, सामाजिक और धार्मिक परिवर्तनों को आत्मसात कर लिया था। एक ओर तो उनमें अतीत के प्रति प्रेम था दूसरी ओर अपनी रूढ़ियों के प्रति सुधारवादी दृष्टि। बड़े शहरों में संभ्रान्त परिवार अंग्रेजी माध्यम और शिक्षा को अपनाने लगे थे। इंजिनियर, डॉक्टर, प्रोफेसर, वकील आदि बनने की नई लालसा जागी थी। बाइसिकल, कार, टेलीग्राम, ट्रेन , फोटोग्राफ, टाइपराइटर, अखबार, किताबें और न जाने क्या नए उत्पादन उनके जीवन में आ गए थे। 1925 तक गांधी का प्रभाव भी परिलक्षित होने लगा था। साथ ही लेनिन-मार्क्स आदि के विचारों ने भी बुद्धिजीवी वर्ग का ध्यान आकृष्ट किया था। भारतीय अंग्रेजी साहित्यकार के लिए यह नई दृष्टि और नया युग परिवर्तन था। कल कारखानों के मशीनी प्रभाव ने नए साहित्यकार को काव्य रचना की पुरानी मूल परिपाटी से हटाकर गद्य और गल्प की ओर उन्मुख किया। इस काल के प्रमुख कथाकारों में आर. के. नारायण, मुल्क राज आनंद, राजाराव और जी.वी. देसानी हैं। इन कथाकारों ने गद्य, निबंध, कहानी, उपन्यास और जीवनी व आत्मकथात्मक लेखन के क्षेत्र में कदम बढ़ाया। जहाँ उन्नीसवीं शताब्दी का कवि स्वच्छंतावादी - सौंदर्यवादी धरातल पर वायवी जगत का बखान अधिक करता था, नए युग के कथाकार ने समकालीन जीवन की दैनिक ऊहापोह को शब्दबद्ध किया। इसीलिए तत्कालीन रचनाकारों ने जिस यथार्थवादी साहित्य की रचना करने की शुरूआत की वह स्वतंत्रता के बाद भी केवल जादुई-यथार्थवाद में परिवर्तित हो सकी। इसके साथ ही सामाजिक व मनोवैज्ञानिक यथार्थवाद भी आ जुड़े। मार्क्सवादी, यथार्थवादी व

मानवतावादियों का हृदय परिवर्तन वाला गांधीवादी प्रेमचंदी यथार्थवाद जैसा हिंदी में है वैसा भारतीय अंग्रेजी के कथा साहित्य के मूर्धन्य त्रिमूर्ति - राव, आनंद और नारायण में भी है।

बीसवीं शताब्दी के भारतीय अंग्रेजी लेखकों ने अपनी रचनाओं के माध्यम से उपनिवेशी यथार्थ की दृष्टि से भारतीयता की व्यापकता को प्रमाणित करने की चेष्टा की थी और काव्य की अनेक विधाओं यथा गीत, नाट्य, काव्य-नाटिका और कथा-काव्य के माध्यम से भारतीय दंतकथाओं को प्रस्तुत करते हुए उसके महत्व व मूल्य को रेखांकित किया था। कविता की भाषा अवश्य अंग्रेजी थी पर कच्चा माल व संदर्भ-प्रसंग प्रायः भारतीय लोक से उठाए होते थे। भारत गांवों में बसता है। प्रेमचंद का 'गोदान' 'कृषक जीवन का महाकाव्य' है आदि हिंदी में कहा जाता है। आचार्य राम स्वरूप चतुर्वेदी जिस 'मरजाद' और 'परिवार' को हिंदी साहित्य और संवेदना के विकास की धुरी मानते हैं वही भारतीय अंग्रेजी कथा साहित्य के भी उद्भव व विकास में सहयोग करने वाली अमिट शक्ति दिखार्द देती है। 1920-30 के दशक में हिंदी व अन्य भारतीय भाषाओं की तरह ही अंग्रेजी में लिख रहा भारतीय कथाकार 'गांव', 'परिवार' को ही केन्द्र में रखकर चला इसलिए उसने कथा भाषा के रूप में गद्य को अपनाया क्योंकि यथार्थ का अंकन गद्य में अपेक्षाकृत सहज रहता है। आर.के. नारायण (1906-2001) की मातृभाषा तमिल थी - वे रहते थे कन्नड प्रदेश में और लिखते थे अंग्रेजी में। इनके उपन्यास 'द गाइड' (1958) को साहित्य अकादमी पुरस्कार प्राप्त हुआ, फिल्म बनी और आज तक चर्चा में है। नारायण के योगदान को समेटा नहीं जा सकता। इन्होंने अपने छह दशक से अधिक के लेखनकाल में 'स्वामी एंड फ्रेंड्स'(1935) से लेकर 'द वर्ल्ड ऑफ नागराज' (1990) तक पंद्रह उपन्यास और अनगिनत कहानियाँ दीं। अंग्रेजी साहित्य में व्यंग्यार्थ के चित्रण हेतु 'कॉमेडी ऑफ मेनर्स' की तकनीक का भारतीयकरण करके नारायण ने एक नई संभावना दिखाई। थॉमस हार्डी के 'वेसेक्स' उपन्यासों की तरह नारायण ने 'मालगुडी' नामक एक ग्रामीण क्षेत्र की कल्पना की। सीमित शब्द भंडार व मूलतः अभिधात्मक लेखन के बावजूद और भाषाई उठा पटक दिखाए बगैर नारायण ने जीवन की लय और ताल को ऐसा दिखाया कि विलियम वाल्श सरीखे आलोचक कहते हैं – 'नेटिव ऑफ बिइंग ह्यूमन'। चार्ली चैपलिन सरीखी हास्य की चाशनी, व्यंग्य की चरपराहट और करूणा की गमन से नारायण ने एक नए कथा संसार की सृष्टि की। नारायण के भाषा स्तर को सरल रखा पर भारतीय मौखिक कथा-कहन प्रणाली के आधर पर ऐसा लिखा मानो 'कह रहे हों'। मराठी उपन्यासकार व्यंकटेश मदगुलकर ने एक बार जिस 'सीमाहीन ग्राम' की परिकल्पना की थी उसी को मालगुडी के नाम से प्रस्तुत करते हुए नारायण ने प्रायः कहानियाँ, उपन्यास आत्मकथा, जीवनी, निबंध आदि लिखे। इनके पात्र परंपरा और आधुनिकता के प्रश्नों से जूझते हैं और गांव से शहर की ओर जा रही मान्यताओं से सशंकित रहते हैं। इसी ऊहापोह में हास्य, करूणा और दया आदि भाव जागते हैं। कुछ रचनाओं में नारायण ने

गांधी को साकार व मिथक के रूप में भी प्रयोग किया है। 'वेंटिंग फॉर द महात्मा' ऐसी ही रचना है।आंचलिकता के अनेक हिन्दी उपन्यासों से तुलनात्मक शोध अपेक्षित है।

बीसवीं शताब्दी के प्रारंभिक दशकों में राष्ट्रीयता का एक नया दौर प्रारंभ हुआ था। 'राष्ट्रवाद' की ओर कथाकारों का ध्यान भी गया। भारतीयता के साथ भारतीय राष्ट्र की संज्ञा भी महत्वपूर्ण थी। इस राष्ट्रवाद को रेखांकित करने का श्रेय गांधीजी को जाता है। वे भविष्योन्मुख होकर 'भारत राष्ट्र' को देख रहे थे। यह राष्ट्रवाद आर्य समाज, हिंदू महासभा या परवर्ती राष्ट्रीय स्वयं सेवक संघवाला 'हिंदू राष्ट्र' या हिंदुत्व/आर्यत्व वाला राष्ट्र न था। गांधीजी 'अखंड भारत' और 'समेकित राष्ट्र' का गंगा-जमुनी संस्कृतियुक्त राष्ट्र देख रहे थे जिसमें सभी धर्मों व संप्रदायों को स्थान था। दलित,हरिजनों की अनदेखी न की जानी थी। ऐसे गांधीवादी राष्ट्रवाद का प्रभाव भी भारतीय अंग्रेजी उपन्यास पर पड़ा। ऐसे ग्रामीण समाज की परिकल्पना को राजाराव ने अपने उपन्यास 'कंठपुर' (1938) में साकार किया। राजा राव (1908-2006) ने माइकेल मधुसूदन दत्त के समान भारतीयता को कथावस्तु तक ही सीमित न रखा बल्कि उसे लेखन शैली का अभिन्न अंग बनाने का सफल प्रयास भी किया। इसी कारण इस उपन्यास की एक पेजी भूमिका भारतीय अंग्रेजी साहित्य एवं उसकी उपादेयता तथा आवश्यकता को रेखांकित करने का ऐतिहासिक उपक्रम है। उपन्यास में कथा का तानाबाना इसी बात पर निर्भर है कि किस प्रकार तत्कालीन ग्रामीण समाज में गांधीजी व उनके मूल्यों का प्रत्यक्ष व परोक्ष प्रभाव पड़ रहा था और आबाल, वृद्ध ,नारी सभी अहिंसा के इस नए हथियार से साम्राज्यवादी शासक को शिकस्त देना चाहते थे। यदि सरकार के बस में दमन की ताकत थी तो जनता के पास आत्मबल की। एक बूढ़ी विधवा ब्राह्मणी को सूत्रधार बनाकर उसके मुख से समस्त कथा कहलाकर राजाराव ने भारतीय और मुख्य रूप से दक्षिण भारतीय 'स्थल पुराण' पद्यति को नई शैली व भंगिमा प्रदान की। अंग्रेजी लेखक जेम्स जायस की अनुभूत 'स्ट्रीम ऑफ कोंससियसनेस' पद्यति को भी मॉडल मानकर कथाकार ने एक उच्चकोटि का प्रयोग किया। कन्नड भाषा की रवानी और ताजगी इनकी अंग्रेजी में ऐसी घुल मिल गई है कि अंग्रेजी गद्य का एक नमूना ही समझा जाए। इसी परंपरा को थोडे बहुत फेर बदलकर जी. वी. देसानी से लेकर सलमान रुश्दी तक ने अपनाया। जी. वी. देसानी के उपन्यास 'ऑल अबाउट एच. हट्टर' (1948) में भी भाषा की वही छेड़छाड़ दिखाई देती है। वस्तुतः भाषा से जो छेड़छाड़ की प्रवृत्ति जी.वी. देसानी जैसे भारतीय अंग्रेजी कथाकारों ने प्रारंभ की और भारतीय अंग्रेजी साहित्य को एक नई व अनोखी साहित्यिकता दी उसके कारण भी भारतीय जीवन दृष्टि को एक तथाकथित विदेशी भाषा में प्रस्तुत करके वाहवाही लूटने का उपक्रम प्रारंभ हुआ। भारतीय लेखन ने अंग्रेजी को रंदे से ऐसा घिसा कि उसकी काया ही पलट दी गई। 'कंठपुर' उपन्यास में वे लक्षण कथाकार ने स्वयं ही रेखांकित करके दिखाए थे। बाद के आलोचकों ने उनकी राह थामी।

राव और नारायण के साथ प्रस्थान-त्रयी बनाने वाले मुल्क राज आनंद में नए समीक्षकों की रचना को प्राथमिकता देने के सभी उपादान मिल जाएंगे। मुल्कराज आनंद (1905-2004) का लेखन और जीवन एक दूसरे से इस प्रकार संपृक्त है कि उनके कई उपन्यासों को आत्मकथात्मक कहा जाता है। आनंद के प्रथम उल्लेखनीय उपन्यास 'अनटचेबल' (1935) को गांधीजी ने सराहा था। इसके पश्चात आनंद ने 'कुली' (1936) आदि के माध्यम से भारत के आम और हाशिए पर गए आदमी का चित्रात्मक वर्णन किया। प्रेमचंद के अस्त होने के समय उदय हुए मानवीय यथार्थ के सफल चितेरे मुल्कराज आनंद का तुलनात्मक अध्ययन अपेक्षित है। दोनों में गांधी है तो किस स्तर पर? 'सेवन समर्स' (1957) आदि उपन्यासों में हम आनंद के आत्मकथात्मक लेखन को देख सकते हैं। आलोचकों ने आनंद को भारतीय अंग्रेजी का चार्ल्स डिकेंस कहा है क्योंकि वे जीवन की विविधताओं और विषमताओं को प्रस्तुत करते हैं। एक बड़े लेखक की पहचान भी यही होती है कि वह अपने युग की रचना भी करता चलता रहे। स्मरण रहे आनंद,राव और नारायण तीनों में 'गांधी' हैं मगर तीनों के गांधी भिन्न-भिन्न हैं। यह भी शोध के लिए एक रोचक विषय होगा।

भारतीय अंग्रेजी कथा लेखन में सन् 1930 से 1950 का समय बहुत उर्वर है। कई ऐसे उपन्यासकार भी हैं जो स्वतंत्रता के बाद देश छोड़ गए। अहमद अली (1910-1994) पाकिस्तान चले गए, जी. बी. देसानी (1909-2000) द्वितीय विश्वयुद्ध के बाद भारत आए। भवानी भट्टाचार्य (1906-88), के. नागराजन (1893-1986),के. एस. वेंकटारमनी (1891-1951), ओब्री मेनन (1912-1989) आदि को भी अंग्रेजी लेखन के लिए पहचाना जाता है। अहमद अली के उपन्यास 'ट्वाइलाइट इन दिल्ली' (1940) में बीसवीं शताब्दी के प्रथम बीस वर्षों की दिल्ली का वर्णन आपको प्रेमचंद की रचना 'जुलूस' और चंद्रधर शर्मा 'गुलेरी' की रचना 'उसने कहा था' की याद दिला देगी। भवानी भट्टाचार्य ने अपने प्रथम उपन्यास 'सो मैनी हंगर्स' (1947) में गांधीजी की अहिंसा और स्वाधीनता आन्दोलन पृष्ठभूमि में रखते हुए यही कहा, "एक व्यक्ति के जीवन में जो कुछ होता है वह महत्वपूर्ण नहीं। महत्वपूर्ण तो वह है जो समग्र जनता के जीवन में होता है।" भट्टाचार्य की भाषा सरल और प्रवाहमयी है और पठनीयता की दृष्टि से उनका कोई सानी नहीं। लेखक की संवेदनशीलता, दलितों-गरीबों एंव शोषितों के प्रति अतीव सहानुभुति, इतिहास का पुनराख्यान और आदर्शोन्मुख यथार्थवाद मानवतावाद जहाँ उनकी विशेषताएँ हैं वहीं उन्हें 'वाद' विशेष का हामी भी कहा जाता है। एक अन्य उपन्यासकार मनोहर मलगांवकर के उपन्यास 'ए बेंड इन द गैंगेज' (1964) को हिन्दी पत्रिका 'धर्मयुग' ने 'इंडो-एंग्लियन कचरा' कहकर खूब कोसा था। ये लेखक भारत की अभद्र तस्वीर दिखाकर डॉलर कमा रहे हैं जैसे आक्षेप लगाकर इनके महत्व को अनदेखा करने की सब कोशिशें बेकार रहीं। मलगांवकर के पहले उपन्यास 'डिस्टेंट ड्रम' (1960) को

आंयगार ने 'विशिष्ट गुणों वाला असाधरण उपन्यास' कहा।मीनाक्षी मुखर्जी ने अपनी आलोचना पुस्तक 'द ट्वाइस बोर्न फिक्शन' में इनकी चतुराई और चुस्ती की बड़ाई की है। समर्थ भाषा, सजग व सतर्क नाटकीयतापूर्ण संवाद तथा स्वाभाविक चरित्र-चित्रण की बदौलत मलगांवकर ने उपन्यासकारों की भीड़ में अपना कोना सुरक्षित कर लिया है।

भारतीय अंग्रेजी कथाकारों के प्रसंग में एक मनोरंजक तथ्य यह भी है कि कभी-कभी लेखक को अपने नाम की वजह से ही प्रसिद्धि मिल गई है जैसे खुशवंत सिंह के मामले में हुआ और कभी उसका नाम ही जी का जंजाल बन गया जैसा 'द सैटानिक वर्सिज' के लेखक सलमान रुश्दी के साथ हुआ। दिलीप राय का दार्शनिक उपन्यास 'दि अपवर्ड स्पाईरल' (1949), जिन्नत फतेह अली का सामाजिक उपन्यास 'जोहरा' (1951), एम. वी. राय शर्मा का रूमानी उपन्यास 'द स्ट्रीम' (1956), कृष्ण स्वामी का दुष्चरित्रा पति के सुधार पर लिखा उपन्यास 'कल्याणीज हजबैंड' (1957), कॉलेज जीवन पर लिखा गया पी. एम. नित्यानंद का उपन्यास 'द लोंग लोंग डेज' (1960), ताप्ती मुखर्जी का एक अंधी लड़की के प्रति प्रेम प्रदर्शित करने वाला उपन्यास 'मर्डर नीड्स ए स्टेयर केस' और आध्यात्मिक उत्थान के लिए सांसारिक बाधाओं से जूझते नायक का चित्रण करता राममूर्ति का उपन्यास 'दि फ्रेग्रेंट वैली' आदि कुछ उदाहरण हैं जो स्वतंत्रता के साथ-साथ ही प्रकाशित हुए और अपने वैविध्य के कारण चर्चित हुए। प्रसिद्ध उपन्यासकार ए. माध्वैया के पुत्र एम. अनंत नारायण ने केवल एक उपन्यास लिखा – 'द सिल्वर पिलग्रिमेज' (1961)। जॉन अपडाइक नामक अमेरिकी उपन्यासकार ने अनंत नारायण के नाम से प्रकाशित होनेवाले उनके उपन्यास की काव्यात्मक समीक्षा की - आई मिस्ड हिज बुक, बट आइ रीड हिज नेम'।

साहित्य के नोबेल पुरस्कार से सम्मानित वी.एस. नायपॉल (1932 -2018) एवं संभावित नोबल पुरस्कृत सलमान रुश्दी(1947-) दो ऐसे उपन्यासकार हैं जिन्हें भारतीय अंग्रेजी उपन्यास साहित्य में प्रमुख स्थान दिया जाता है। दोनों का भारतीयता से बादरायण संबंध है। नायपॉल के तीन पत्रकारितानुमा यात्रा वृत्तान्त 'एन एरिया ऑफ डार्कनेस' (1964), 'इंडिया ए वुंडिड सिविलाइजेशन' (1977) एवं 'इंडिया: ए मिलियन म्यूटनीज नाउ' (1990) में ऐतिहासिक और स्वातंत्रोत्तर भारत की चर्चा है और स्वर है 'आत्मग्लानि' भरा। नीरद सी चौधरी की तरह ये भी भारत को दुत्कारते प्रतीत होते हैं। इनके उपन्यासों में 'भारत' एक स्मृति के रूप में आता है और 'द मिस्टिक मैसर' (1957) से लेकर इन्होने इतनी पुस्तकें लिखी हैं कि नामोल्लेख मात्र से पृष्ठ भर जाए। सलमान रुश्दी ने अपने उपन्यास 'मिड्नाइट्स चिल्डरन' (1980) से 'बुकर' प्रतिष्ठा ही नहीं पाई, चर्चा के केन्द्र में रहने का श्रेय भी प्राप्त किया। इनकी कृतियों को संसार के कई देशों में प्रतिबंधित किया गया। जान के लाले पड़े। इनके लेखन ने यह दिखा दिया कि कैसे सही अर्थों में 'आधुनिक', 'उत्तर आधुनिक' और 'उत्तर उपनिवेशवादी' एक़ साथ हो सकते हैं। उपन्यास

का 'रुश्दी युग' वस्तुतः 1980-2001 का है। अनीता देसाई (1937-) और उनकी पुत्री किरण देसाई (1971-) ने अपने लेखन में अकेलेपन की समस्या को उठाया है। 'बाई-बाई ब्लैक बर्ड' (1969) 'क्राई द पीकोक' (1963), 'इन कस्टडी' (1984) और 'जर्नी टू इथाचा' (1993) आदि उपन्यासों में अनीता देसाई ने शहरी जीवन को प्रस्तुत किया है। साहित्य अकादमी से पुरस्कृत उपन्यास 'फायर ऑन द माउन्टेन' में वे वृद्धावस्था की विडंबना के साथ ही माता, संतान और संतान की संतान के बीच के सम्बन्धों के बीच आए ठहराव का बयान करती हैं। किरण देसाई के उपन्यास के 'दि इनहेरीटेंस ऑफ लोस' (2006) को बुकर पुरस्कार मिला और इस तरह से अपनी मां अनीता देसाई से बाजी मारकर ले गईं। भागदौड़ भरी जिंदगी में आम आदमी की व्यथा को कुछ क्रोध भरी मुद्रा में बयान करके उन्होंने सबको मोह लिया।

ईव्ज़ वीकली (दिसंबर 1973) के अंक में अनेक प्रमुख उपन्यासकारों पर फीचर प्रकाशित किए गए थे किन्तु मुख पृष्ठ पर चित्र था नयनतारा सहगल का। कमला मार्कंडेय (1924-2004) रूथ प्रवार झाबावाला (1927-2013) और नयनतारा सहगल (1927-) ने भी कथालेखन में झंडे गाडे हैं। कमला मार्कंडेय ने 'नेक्टर इन ए सीव' (1964), 'ए हैंडफुल ऑफ राइस' (1967) आदि दस से अधिक उपन्यासों में संस्मरण, पत्रकारिता एवं आत्मकथात्मक शैली में स्वामियों, भिखारियों, कलाकारों, किसानों, मजदूरों, वेश्याओं, अबलाओं आदि के चित्र उकेरे हैं। इसी प्रकार रूथ प्रवार झाबावाला ने 'हीट एंड डस्ट' पर बूकर लेकर अपनी प्रतिष्ठा बढ़ाई और भारतीयों के जीवन की विसंगतियों तथा असमंजस और संघर्ष को प्रस्तुत किया। इनके उपन्यासों में भारतीयता से प्रभावित अनेक पाश्चात्य पात्र भी होते हैं। हॉलीवुड की कई फिल्मों ने इनके उपन्यासों को फिल्मीकृत किया गया है। नयनतारा सहगल, नेहरुजी की बहन विजय लक्ष्मी पंडित की तीन पुत्रियों में से मंझली हैं और उनकी अभिजात वर्गीय चेतना की झलक उनके उपन्यासों 'ए टाइम टू बी हैप्पी' (1957) से लेकर 'रिलेशनशिप' (1994) तक में मिलती है। आयंगार ने इनकी राजनीतिक चेतना और अंग्रेजी पर अधिकार को इनकी उपन्यास कला से श्रेष्ठ माना है। आलिया हुसैन ने 'सन लाइट ऑन ए ब्रोकन कॉलम' (1961) में वहीं कुछ चित्रित किया है जो अमृता प्रीतम और साहिर लुधियानवी के बीच हुआ और 'सलाम नमस्ते' (2005) फिल्म में दिखाया गया। शशि देशपांडे ने भी स्त्री सशक्तीकरण को आधार बनाकर अनेक सशक्त उपन्यास दिए। मूलतः कन्नड-भाषी बहुभाषी शशि देशपांडे ने भारतीय अंग्रेजी साहित्यकार की विडंबना को पकड़ते हुए कहा है कि उनके पात्र हिन्दुस्तानी होते हुए भी अंग्रेजी बोलते हैं इसलिए उनकी भाषिक सामर्थ्य पर प्रश्नचिन्ह लगता है। इसलिए कथाकारों को अंग्रेजी भाषा में अभिव्यक्ति करने के साथ-साथ भारतीय भाषाओं की विविधता को भी अभिव्यक्त करते चलना होता है। इसका उदाहरण अरविंद अडिगा के लेखन से भी मिलता है। इनकी बूकर सम्मानित कृति 'द व्हाइट टाइगर' (2008)को 'द हिंदू' के समीक्षक ने 'कुंठित मानवीयता' (सिनिकल

एन्थ्रोपोलोजी) कहकर संबोधित किया था। इस उपन्यास की शैली पर बहुत कुछ बेढब बनारसी की कृति 'लफ्टंट पिगसन की डायरी' का प्रभाव है और तुलनात्मक साहित्य के अध्येता के लिए यह शोध का विषय हो जाता है।

रोहिंतन मिस्त्री(1952 -) के उपन्यास 'सच ए लॉन्ग जर्नी', 'फैमली मैटर्स', 'ए फाइन बैलेंस', किरण देसाई (1972 -)की बूकर पुरस्कृत 'द इन्हेरिटेन्स ऑफ लोस' (2006), झुंपा लहरी (1967 -) के उपन्यास 'द नेमसेक' (2003) और 'द लो लैंड' (2013), विक्रम चंद्रा (1961 -) के उपन्यास 'रैड अर्थ ऐंड पोरिंग रेन' (1996), अमिताव घोष (1956-) के उपन्यास 'द ग्लास पैलेस' (2000)और 'सी ऑफ पोपिज (2008) की चर्चा है । अमिताव घोष की उपन्यास त्रयी को गिरिराज किशोर के हिन्दी उपन्यास 'पहला गिरमिटिया' से तुलनीय मानना होगा। अरुंधति राय (1961-) 'द गॉड ऑफ स्माल थिंग्स' (1997) - बूकर पुरस्कृत, विक्रम सेठ (1952-) 'ए सूटेबल ब्वाय' (1993), उपमन्यु चटर्जी (1959-) 'इंग्लिश अगस्त-ऐन इंडियन स्टोरी' (1988), शशि थरूर (1956-) 'द ग्रेट इंडियन नॉवेल' (1989), चित्रा बैनर्जी दिवाकरूनी (1956-) 'सिस्टर ऑफ माई हार्ट', निशा डी कुन्हा (1939-) – 'द ओल्ड साइप्रस' और अन्य उल्लेखनीय हैं। नए उभरते कथाकारों में अमिश त्रिपाठी 'द इम्मोर्टल्स ऑफ मेलूहा', अश्विन संघी 'द कृष्णा की', कृष्णा उदयशंकर 'गोविंदा', आनंद नीलकांतन 'असुरा:द स्टोरी ऑफ रावण ऐंड हिज पीपल', अरुण रामन 'द शैडो थ्रोन', चेतन भगत और रवीन्द्र सिंह आदि आदि प्रमुख हैं। चेतन भगत की देखा-देखी सैंकड़ों युवा रचनाकार नित्य प्रति लिख रहे हैं। शोभा डे के 'सोसिएलेट ईवनिंग' (1989) से लेकर पंकज मिश्रा के उपन्यासों के कद्रदान भी कम नहीं।

भारतविद् एक आलोचक डेविड मैककट्चिअन (1930-1972) ने प्रश्न किया था कि क्या एक समुचित भारतीय उपन्यास संभव भी है? वेदर ए ट्रूली इंडियन नॉवेल इज़ एट ऑल पोसिबल ? और के. एस. राममूर्ति ने पूछा था - क्या अंग्रेजी भारतीय उपन्यास का भविष्य है? इज दि इंडियन नॉवेल ऑफ इंग्लिश हैव ए फ्यूचर? उन्हें अब तक इस प्रश्न का सकारात्मक उत्तर मिल गया होगा।

'हाँ' संभव है, 'हाँ' में भूत, वर्तमान और भविष्य भी है।अमिताव घोष को भारतीय ज्ञानपीठ पुरस्कार-2018 मिलने से अब इस प्रकार के सभी प्रश्न बेमानी हैं।

परन्तु एक अन्य प्रश्न ज्यों का त्यों है कि भारतीय कथाकार अंग्रेजी में लिखे ही क्यों? सन 60 व 70 के दशक में तो यह प्रश्न समस्त अंग्रेजी साहित्य पर ही था। पी. लाल ने एक प्रश्नावली भेजकर कवियों से उत्तर मंगवाए और उन्हें 'मोडर्न इंग्लिश पोइट्री इन इंग्लिशः एन अन्थोलोजी ए क्रेडो' (1969) में प्रकाशित किया। बुद्ध देव बोस ने अपनी प्रबुद्ध टिप्पणी 'इंडियन पोइट्री इन इंग्लिश' पर लिखी और 'द कंसाइज इनसाइकलोपीडिया ऑफ इंग्लिश ऐंड अमेरिकन पोइट्स ऐंड पोइट्री' (1963) में प्रकाशित की। ऐसी कोई प्रश्नावली कथाकारों को भेजी गई हो सुनने में नहीं आया। हाँ राजाराव की कृति 'कंठपुर' की प्रस्तावना, मुल्क राज आनंद का प्रपत्र 'द चेंजलिंग'(1972)

और मीनाक्षी मुखर्जी की पुस्तक 'द ट्वाइस बोर्न फिक्शन(1971) का अध्याय 'द प्रोबलम ऑफ स्टाइल' कथा, भाषा, शिल्प, शैली के ऐसे विचार विनिमयों के कुछ उदाहरण अवश्य हैं। इन कथाकारों के लिए प्रामाणिकता की समस्या 'द प्रोबलम ऑफ ओथोंटिसिटी' सर्वोपरि रही है क्योंकि वे पराई भाषा में अपने लोगों के लिए और अपने लोगों की कथा लिखते हैं। इसीलिए भारतीय शब्दबंध - कोई है? नहीं, अच्छा, हाँ - का प्रयोग, मुहावरों व लोकोक्तियों - में भी 'हैव ए हंड्रेड मेल ईश्यूज', 'भगवान करे शतपूती हो', और शाब्दिक अनुवाद व वाक्य प्रयोग दुर्लभ नहीं यत्र तत्र सर्वत्र हैं। कविता के क्षेत्र में इन लक्षणों को निसिम इजेकियल की 'वैरी इंडियन पोइम्स इन इंग्लिश' (गुड बाई पार्टी फोर मिस पुष्पा टी. एस.) में देखा जा सकता है। मीनाक्षी मुखर्जी ने 'द ट्वाइस बोर्न फिक्शन' में मनोहर मलगांवकर के उपन्यास 'कोंमबैट ऑफ शैडोज' (1963) से खोज कर कई उदाहरण दिए हैं जैसे रूबी मिरोंडापात्रा का कहना - 'टा मचली (टू मच), गिव्ज ए फैग, ही वाज स्वीट ऑन मी, ही वाज रीयली प्ले आदि पद- बंध हमें बर्नाड शॉ के नाटक 'पिगमेलियन' की एलिजाबेथ डू लिटिल की याद दिलाते हैं। ऐसे उदाहरण अपवाद हैं क्योंकि जैसा मीनाक्षी मुखर्जी (1971 :173) ने कहा, "भारतीय अंग्रेजी का कथाकार ऐसी कोई परिपाटी को नहीं अपनाता क्योंकि चाहे भारतीय बोलते समय कुछ विशिष्टताओं को दर्शाते हैं किन्तु कथाकार ऐसे कुछ लोगों के लिए नहीं लिखता जो सदा अंग्रेजी बोलते हैं और न ऐसी बिरली स्थितियों को दिखाता हूँ जिसमें भारतीय वक्ता को भिन्न-भिन्न प्रकार से अंग्रेजी बोलनी पड़े। वह सामान्यतः उनकी कहानी कहता है जो अंग्रेजी नहीं बोलते और ऐसी ही परिस्थितियों में होते हैं जहाँ यह नहीं बोली जाती।"

अब चाहे परिस्थितियाँ बदली हों पर मूल वही है। चेतन भगत के उपन्यास 'टू स्टेट्स' की नायिका तमिल भाषी है और नायक पंजाबी, पर दोनों बोलते अंग्रेजी हैं और उनकी अंग्रेजी में न पंजाबियत है, और न तमिलपन। यहाँ भाषा एक मुद्दा होकर भी अंग्रेजी वह मुद्दा कदापि नहीं। हाँ यह बात अवश्य है कि भारतीय अंग्रेजी कथाकारों ने प्रारंभ से ही परिमार्जित तथा परिनिष्ठित अंग्रेजी लिखी जैसा माधवय्या और के. एस. वेंकटरमाणी के उपन्यासों की भाषा है, उनकी भाषा ही नहीं कथानक भी 'उच्च' थे - देशप्रेम और स्वाधीनता लक्ष्य में थे। बाद में राजाराव, आनंद और नारायण ने 'अनुवाद काठिन्य' को ध्यान में रखकर शब्दानुवाद ज्यों का त्यों रखा और कोड-मिश्रण का सहारा लिया और एक नई राह दिखाई। 'दि एम्पायर्स राइट्स बैक' (1989) पुस्तक के लेखकों ने उत्तर उपनिवेशी पाठ के भाषा और सांस्कृतिक विचलन की ओर ध्यान आकृष्ट किया है। इसे शशि थरूर के उपन्यास 'द ग्रेट इंडियन नॉवेल' (1989) में देखा जा सकता है कि संघर्ष मात्र राष्ट्रीय व उपनिवेशी ताकतों के बीच ही नहीं बल्कि भाषिक, राजनीतिक और सामाजिक धरातल पर भी है। सलमान रुश्दी के 1982 के लेख 'दि एम्पायर्स राइट्स बैक विद् ए वेंजिएंस' में पहले ही यह कह दिया गया था कि उपनिवेशवादी मानसिकता से ग्रस्त अंग्रेजों को ईंट का जवाब पत्थर से देने के लिए भारतीय साहित्यकारों ने अंग्रेजी में लिखकर एक तरह

से बदला लिया। दिखा दिया कि उनमें भी सामर्थ्य की कोई कमी नहीं। उत्तर उपनिवेशी साहित्य के भारतीय स्वरूप को अब स्वीकृति मिल गई है और कथाकारों का इसमें बहुत योगदान है।'द विनटेज बुक ऑफ इंडियन राइटिंग' (1947-97) में संपादक सलमान रुश्दी ने गद्यकारों और उपन्यासकारों की रचनाएं दी हैं उन्होंने जवाहर लाल नेहरू, नयनतारा सहगल, जी.वी. देसानी, नीरद सी. चौधरी, कमला मार्कंडेय, मुल्कराज आनंद, आर.के. नारायण, वेद मेहता, अनीता देसाई, रूथ प्रवर झाबवाला, सत्यजीत रे, सलमान रूश्दी, पद्म परेरा, उपमन्यु चटर्जी, रोहिंतन मिस्त्री , बाप्सी सिधवा,एलन सीले, शशि थरूर, सारा सुलेरी, फिरदौस कांगा, अंजना अप्पचना, अमित चौधरी,अमिताव घोष, गीता हरिहरन, गीता मेहता, विक्रम सेठ, विक्रम चंदा, अर्दशीर वकील, मुकुल केशवन, अरुंधति राय,अरविंद अड़िगा, व किरण देसाई को स्थान दिया है । यह सूची देखकर भारतीय अंग्रेजी कथाकारों की बहुलता का अनुमान लग सकता है। और हाँ, कोई भी सूची पूरी नहीं होती - यहाँ न वी. एस. नायपाल हैं, न किरण नगरकर, और न भारती मुकर्जी।और ये सब श्रेष्ठ हैं। रशदी का मत है कि स्वतंत्रता से पूर्व जितना श्रेष्ठ लेखन भारतीय भाषाओं में हुआ स्वतंत्रता के बाद नहीं। अब अंग्रेजी की बारी है। भारतीय भाषाओं के पाठकों को सलमान रश्दी के आधे अधूरे वक्तव्य को संतुलित दृष्टि से देखना चाहिए। अनुवाद के माध्यम से उपलब्ध न हो पाने के कारण भारतीय भाषाओं के अद्भुत लेखकों पर इन लोगों की दृष्टि नहीं जाती। अन्यथा अनंतमूर्ति, निर्मल वर्मा, गोपी नाथ मोहंते, कुर्तलेन हैदर, इस्मत चुगताई, मानिक बंदोपाध्याय, महाश्वेता देवी, ओ.वी. विजयन, थकाजी पिल्लै, बशीर अहमद मयूख, एम.टी. वासुदेवन नायर, सुनिल गंगोपाध्याय, श्रीलाल शुक्ल आदि कइयों से बेहतर हैं और अनूदित रचनाएं भी हैं। अमित चौधरी द्वारा संपादित 'द पिकाडोर बुक ऑफ मोडर्न इंडियन लिटरेचर' (2001) में इस संतुलन को कुछ मात्रा में रखा गया है किन्तु यहाँ भी रोना वही 'क्वालिटी अनुवाद' का है। चौधरी का निबंध 'द कंस्ट्रक्शन आफ द इंडियन नावेल इन इंग्लिश' और जगदीश बत्रा की पुस्तक 'इंडियन राइटिंग: रियल बिकम्स वेव' (2012) महत्वपूर्ण हैं । बत्रा के अनुसार इस शताब्दी के पहले दशक में ही चार सौ से अधिक उपन्यास अंग्रेजी में आए हैं। सन् 1874 से 'मिडनाइट'स चिल्ड्रेन' (1981) तक और अब चेतन भगत की दो करोड़ उपन्यास-प्रतियाँ बिकने के कारण आज हर कोई उपन्यास लिख रहा है। बंगलोर में कार्यरत इंजीनियर भी उपन्यास लिखते हैं और बिकते हैं। मंजु कपूर के प्रथम उपन्यास 'डिफिकल्ट डोटर्स'(1998) पर 'कौन बनेगा करोड़पति' में अमिताभ बच्चन ने सवाल क्या पूछा कि उनकी पूछ बढ़ गई। इनके आध दर्जन उपन्यास आ चुके हैं। आज उपन्यासकार परिवार व स्त्री सशक्तीकरण, व्यक्ति और नाते-रिश्ते, यात्रा और साहसिक कारनामे, समय और संसार, बहुभाषिकता एवं संस्कृति आदि विषयों पर लिख रहे हैं। युवकों के लिए लेखन एक नया क्रम है। तभी तो 'इंडिपेंडेंट' (2009) पत्र ने समकालीन युग को 'भारतीय अंग्रेजी कथा साहित्य का स्वर्णयुग' कहा है।

9

कहानी का माध्यम

उपन्यास से भिन्न कहानी है। कहें तो वन और गुलदस्ता। भारतीय अंग्रेजी के प्रारम्भिक और प्रमुख उपन्यासकार कहानी लेखक भी थे। इसीलिए कई आलोचक कहानी को उपन्यास वर्क-शॉप का बाई-प्रोडक्ट कहते हैं। कहानी लेखन उतना समय-साध्य एवं श्रम-साध्य नहीं होता जितना उपन्यास-लेखन होता है। प्रारंभ में भारतीय अंग्रेजी कथाकारों ने सामान्य किस्सों, दंत कथाओं और लोककथाओं को अंग्रेजी में प्रस्तुत किया। 'इंडियन फोक टेल्स' (एस.एम. नतेश शास्त्री) और 'द ब्यूटीफुल मुगल प्रिंसेज' (सुनीता देवी) ऐसी प्रारंभिक कथाएं हैं। इनमें शिक्षा के भाव की प्रमुखता है और ऐसी रचनाओं का अब ऐतिहासिक महत्व भर है।

सही अर्थों में राजा राव व मुल्क राज आनंद और आर. के. नारायण ने कथा-क्रम की अग्र पंक्ति में खड़े होने का यश कमाया। गांधी दर्शन की पीठिका उन्हें मिल ही गई थी इसलिए कथानकों की कोई कमी न थी। तत्कालीन भारतीय समाज में जो हलचल थी उसने भी अधिक कथाएं दीं। इन कथाकारों ने अनेक कहानियाँ दीं। आनंद की 'द बार्बर्स ट्रेड यूनियन', नारायण की 'ईश्वरन', और राजाराव की 'अक्कैया' ऐसी प्राथमिक कहानियाँ हैं। इन कहानियों के बीच ख्वाजा अहमद अब्बास और ईश्वरन की कहानियों ने धूम मचाई। ईश्वरन ने केवल कहानियाँ ही लिखीं। मंजरी ईश्वरन (1910-66) की रचनाओं में काव्य एवं कथा दोनों का मिश्रण होता है। ईश्वरन और विघ्नेश्वरा (एन.आर.) ने 'शोर्ट-स्टोरी' एवं 'त्रिवेणी' पत्रिकाओं के माध्यम से अंग्रेजी कथा साहित्य को लोकप्रिय बनाया। दक्षिण भारतीय जीवन को ईश्वरन ने दिल्लीम में साहित्य अकादमी तथा नेशनल बुक ट्रस्ट के माध्यम से भी प्रस्तुत किया। इस प्रकार बीसवीं शताब्दी के प्रारंभ से ही कहानी लेखन की बुनियाद पड़ी। हिंदी में भी अंग्रेजी ढंग से लिखने की कोशिश की गई और पं. गौरी दत्त, लाल श्रीनिवास दास, रत्नचंद प्लीडर, पं. बालकृष्ण भट्ट तथा ठाकुर जगमोहन सिंह आदि अंग्रेजी कहानी और उसकी शैली से परिचित व प्रभावित हुए।

भारतीय कथा-लेखकों में मुख्यतः बंगाल से परिचित-प्रभावित लेखकों ने अपनी-अपनी भाषाओं में इस कथा शैली को अपनाया। कैलाश चंद्र दत्त, शशिचंद्र दत्त, लाल बिहारी, बंकिम चंद्र, कृपाबाई और रवीन्द्र ठाकुर की कहानियाँ इस क्षेत्र में उल्लेखनीय हैं। एस.बी. बनर्जी के कथा संग्रह 'टेल्स ऑफ बंगाल' की अनेक कहानियाँ आज भी छात्र पढ़ते हैं। मिस कोरेलिया सोराबजी ने पर्दानशी भारतीय बालाओं के प्रेम तथा स्वतंत्रता की चाह को केन्द्र में रखकर कहानियाँ लिखीं और किपलिंग ने भारतीय जीवन की विविधता को आधार बनाया। शंकर राम के कहानी संग्रह 'द चिल्ड्रेन ऑफ कावेरी' (1928) में दक्षिण की झांकी है तो चेत्तूर की कहानियाँ 'घोस्ट सिटीज ऐंड अदर स्टोरीज' (1932) में हास्य मिश्रित भय है। के.एस. वेंकट रमणि ने जटाधरण नामक अध्यापक की दयनीय दशा को कथानक बनाया है। ए.एस. पी. अय्यर ने जातक, पंचतंत्र और हितोपदेश की शैली में समकालीन जीवन पर 'सेंस इन सेम्स ऐंड अदर स्टोरीज' (1924) लिखी। बाद में इसी शैली को आर. के. नारायण ने 'गोड्स, डीमन्स ऐंड अदर्स' में अपनाया। एम. नागराजन के 'कोल्ड राइस' में दक्षिण भारत का जीवन उसी प्रकार दिखाया जैसा मंजरी एस. ईश्वरन ने भारतीय मिथकों को दक्षिण भारतीय परिदृश्य में प्रस्तुत किया। हुमायूँ कबीर, राजाराव, मुल्कराज आनंद, आर. के. नारायण, रूथ पवार झाबवाला, खुशवंत सिंह, भवानी भट्टाचार्य आदि के बारे में कितना कुछ और कहा जा सकता है। राजा राव की कहानी 'काऊ ऑफ द बैरिकेड्स' (1947) मिथकीय शैली की अविस्मरणीय कहानी है। एल. आर. देवशंकर ने विधवा जीवन पर 'हेम कुमारी ऐंड अदर स्टोरीज' लिखी और खुशवंत सिंह ने 'द मार्क ऑफ विष्णु' और 'ए ब्राइड फॉर द साहिब' में व्यंग्य, काम और देशप्रेम का मसाला है। मुल्क राज आनंद की 'लाजवंती' (1966) में स्त्री की व्यथा है। पंजाब के जीवन पर उनकी अनेक कहानियाँ न तो कटुतापूर्ण हैं, न छल, हिंसा और अशान्ति से भरी हैं, यहाँ निष्छल बचपन की कथा है। ख्वाजा अहमद अब्बास, रूथ प्रवर झाबवाला, मनोहर मलगांवकर, अनीता देसाई, मनोजदास, कमलादास, शिव के. कुमार, सावित्री खन्ना, शशि देशपांडे, कमला मार्कंडेय आदि के प्रचुर मात्रा में उल्लेखनीय कहानियाँ लिखीं। झुंपा लहरी का कथा संग्रह 'इंटरप्रेटर ऑफ मेलडीज' प्रवासी भारतीयों के रहन-सहन और समस्याओं को बखूबी प्रस्तुत करता है। इन्हें पुल्तजिर पुरस्कार मिला है, इनकी कथाएँ फिल्मों के लिए भी आधार बनी हैं। चित्रा बनर्जी दिवाकरूनी की कृति 'अरेंजड मैरिज' (1995) भी उल्लेखनीय है। मुरलीदास मेलवानी ने 'थीम्स इन दि इंडियन शोर्ट स्टोरी इन इंग्लिश' शोध ग्रंथ में लगभग 66 कथाकारों की रचनाओं को जांचते हुए यह कहा है कि आनंद,राव और नारायण के काल (अर्थात 1935-45 दशक) को प्रथम पल्लवन कहा जा सकता है। इस समय राष्ट्रीय आन्दोलन, महात्मा गांधी , समाज सुधार आदि प्रवृत्तियाँ रहीं। राजा राव ने कहानी की शैली एवं रूप पर और आर. के. नारायण ने आम आदमी के जीवन पर तथा मुल्क राज आनंद ने समाज पर दृष्टि

केन्द्रित करते हुए लेखन किया। द्वितीय पल्लवन 1960-1970 का रहा और इसमें रूथ पवार झाबावाला के शब्दों में 'भारतीय स्थिति के प्रति अनासक्त भाव' (डिटेच्ड इनवोल्वमेंट विद द इंडियन सिचुएशन) की प्रधानता रही। भवानी भट्टाचार्य जैसे कई कथाकारों ने पठनीयता को कथा शैली में प्रधानता दी। कथाकारों ने रूसी व अमेरिकन कथाकारों के लेखन से प्रभावित होते हुए शैली, रूप व कथानक के क्षेत्र में अनेक प्रयोग किए। 1980 के पश्चात और अब तक कथा लेखन के क्षेत्र में सक्रियता बढ़ती गई है। केकी दारूवाला व अरूण जोशी की रचनाएं कविताई करती प्रतीत होती है। कहानी के क्षेत्र में लेखिकाओं का वर्चस्व दिखाई दिया है। स्त्री सशक्तीकरण के लिए लिखा जा रहा है। कहानी के क्षेत्र में रस्किन बॉन्ड एवं बन्नी रूबेन आज भी सक्रिय हैं। अनेक लेखक जैसे अत्तिया हुसेन और पद्मा हेजमांडी की ओर हमारा ध्याम कम जाता है। वस्तुतः भारतीय अंग्रेजी साहित्य में कथाकारों की कहानियों की चर्चा कम होती है, उपन्यास और उपन्यासकारों ने कथा लेखन को हाशिये पर धकेल दिया गया लगता है। आलोचकों ने भी प्रायः उपेक्षा की है। तीसरे पल्लवन अर्थात् समकालीन अंग्रेजी कहानी में अनेक नए कथाकार आ रहे हैं, साथ ही अनुवाद के माध्यम से भारतीय भाषाओं की कहानियाँ भी प्रचुरता से स्थान बना रही हैं।सी. वी वेणुगोपाल ने भारतीय अंग्रेजी कहानी का सर्वे प्रस्तुत करते हुए एम.के. नाइक की पुस्तक 'परस्पेक्टिव ऑन इंडियन फिक्शन इन इंग्लिश' (1985) में समाहार करते हुए कहा था कि समकालीन रचनाकार तो नई जमीने तलाश ही रहे हैं और कहानी के सौ वर्षों के बाद विचारमंथन और थोड़ी अधिक जिम्मेदारी तथा हस्तक्षेप की जरूरत है। अपार संभावनाओं के दरवाजे पर खड़ी भारतीय अंग्रेजी कहानी 'दि इंडियन इंग्लिश शोर्ट स्टोरी टुडे स्टेंड्स, ऑन द थ्रेशोल्ड ऑफ इम्मेंन्स पोसिबलटीज़' ने वास्तव में गत दशकों में नई ऊँचाईयों को हुआ है। 'ए शोर्ट हिस्ट्री ऑफ द शोर्ट स्टोरी' (2013) में गुलनाज फातमा ने यह माना है कि प्रकाशन की असीम संभावनाओं के बावजूद और कहानी के अपने लचीलेपन की प्रकृति होने पर भी भारतीय अंग्रेजी कहानी अभी भी अस्तित्व की तलाश में है। ए. एन. द्विवेदी ने माना है कि आलोचक इसे सरसरी नजर से देखते रहे हैं। भारतीय अंग्रेजी के प्रतिष्ठित आलोचक बी. राजन ने 1965 में भारतीय अंग्रेजी कथा साहित्य की ओर दृष्टिपात करते हुए सोचा था कि क्या भारतीय कथा साहित्य परंपरा में इतनी ताकत है कि वह अपने मूल चरित्र की रक्षा करते हुए नवीनता को आत्मसात कर सके? इसका प्रत्युत्तर देते हुए मोहन रमनन एवं पी.शैलजा ने 'इंग्लिश ऐंड दि इंडियन शोर्ट स्टोरी: एस्सेज इन क्रिटिसिज्म' (2000) में कहा था कि समकालीन भारतीय कहानी हमारी धर्मनिरपेक्ष प्रजातांत्रिक संस्कृति कि परंपरागत धरोहर के साथ तालमेल करने में पूर्णतः समर्थ रही है। 'कंटंपरेरी इंडियन शोर्ट स्टोरी हैज बिकम ऐन इफेक्टिव लिटरेरी टूल फोर द प्रोमोशन ऑफ ए सेक्सूलराइज्ड डिमोक्रेटिक कल्चर क्वाइट एट ओड्ड्स विद द ट्रेडीशनल पायटिस।'

10

लोक साहित्य का स्वरूप

लोक साहित्य का अभिप्राय उस साहित्य से है जिसकी रचना लोक करता है। यह लिपिबद्ध कम और मौखिक अधिक होता है। हिंदी व भारत की सभी भाषा बोलियों में प्रचुर मात्रा में लोक साहित्य मिलेगा। अंग्रेजी यहाँ न के बराबर लोगों की मातृभाषा है, ऐसी अवस्था में मौखिक साहित्य की उपलब्धि कठिन होगी। यहाँ हम ऐसे लोक साहित्य की चर्चा भी करेंगे जो भारत की अन्यान्य भाषाओं के लोक साहित्य से अनुवाद के माध्यम से प्रकाश में लाया गया है। भारत के लोकगीत, लोकगाथाएँ, लोक नायक, लोककला एवं लोक साहित्य को प्रकाश में लाने का कार्य कई लेखकों ने किया है। लोक साहित्यकारों का अस्तित्व स्वतंत्रता से पूर्व भी रहा है। किपलिंग को एक लोक साहित्यकार होने का भी श्रेय दिया जा सकता है। हिंदी में डॉ सत्येंद्र व देवेन्द्र सत्यार्थी प्रसिद्ध हैं ही। चेन्नई में 'नेशनल फोकलोर सपोर्ट सेंटर' इस दिशा में कार्य कर रहा है।भारतीय अंग्रेजी के समकालीन समय के प्रतिनिधि कवि ए. के. रामानुजन (1929-93) का लोक साहित्य संरक्षण व प्रस्तुति के क्षेत्र में उल्लेखनीय योगदान है। इनकी दो कृतियों 'व्हेयर मिरर्स आर विंडोज' (1989) और 'थ्री हंडरेड रामायनाज' (1991) में लोक साहित्य की अंतर्पाठीय (इंटर-टेक्सचुअल) विशेषता को रेखांकित करती हैं। उनका मानना है कि एक कविता में जिस कथन की ओर इशारा भर किया जाता है वह लोक कथाओं में मुख्य कथन भी बन सकता है।

मनोज दास भी एक उल्लेखनीय लोक कथाकार हैं। वे मानते हैं कि भारतीय अंग्रेजी में प्रस्तुत लोक साहित्य भी मुख्यत दो आकर ग्रंथों पर आधारित है - रामायण और महाभारत। उन्होंने भारत की प्राचीन प्रचलित लोक कथाओं को नए रूप में प्रस्तुत किया है। इनकी कुछ महत्वपूर्ण रचनाएं हैं, 'द लेडी हू डाइड वन ऐंड हाफ टाइम',और 'टेल्स टोल्ड बाई मिस्टिक्स'। उन्होंने पुरानी तर्ज पर एक नया चरित्र भी खड़ा किया है - अबोलकरा।

लोक साहित्य के संरक्षण एवं प्रस्तुतीकरण के क्षेत्र में दो विदेशी नाम उल्लेखनीय हैं। वेरियर ऐलविन (1902-1969) भारत में आए, एक गोंड आदिवासी से विवाह किया और 'लीव्स फ्रोम द जंगल' (1936) नामक डायरी में आदिवासी समाज की लोक कलाओं, लोक गाथाओं और लोक साहित्य का वर्णन किया। लोक साहित्य और लोक गाथाओं का संग्रह उन्होंने सुंदर लाल नर्मदा, गुलाब दास और राम प्रताप बघेल से कराया और अनुवाद के माध्यम से 'फोक-टेल्स ऑफ महाकोशल' (1949) और 'मिथ्स ऑफ मिडिल इंडिया' (1949) पुस्तकें दीं। स्वतंत्रता पूर्व के भारतीय समाज में प्रचुरता से उपलब्ध लोक साहित्य का संग्रह करते हुए लोक गीतों के दो अनूदित संग्रह 'फोक सोंग ऑफ छत्तीसगढ़' (1946) और 'फोक सॉन्ग आफ द माइकल हिक्स' (1944) भी उल्लेखनीय है। साहित्य अकादमी से पुरस्कृत इनकी कृति 'द ट्राइबल वर्ल्ड ऑफ वेरियर ऐलविन' को भारतीय अंग्रेजी लेखन के तत्कालीन परिवेश में प्रमुख योगदानकारक माना गया था।

रुडियार्ड किपलिंग (1865-1936) ने पच्चीस वर्ष की अल्पायु में ही 'प्लेन टेल्स फ्रोम द हिल्स' लिखकर भारतीय लोक साहित्य के अंग्रेजी लेखन को दृढ़ता दी। 'बीस्ट ऐंड मैन इन इंडिया' (1891) में भारतीय जानवरों का लोगों के साथ सामंजस्य है और 'जंगल बुक' (1894) में मोगली के कारनामें। 'प्लेन टेल्स फ्रोम द हिल्स' में भारतीय जीवन पर अंग्रजों के प्रभाव की गाथा है।

लाल बिहारी डे (1824-1892) ने एक तो अपने बचपन की अंग्रेजी शिक्षा का मनोरंजक ब्योरा बंगाल मैगजीन (1872-1876) के कुछ अंकों में प्रस्तुत किया और बताया कि कैसे तत्कालीन समाज में बंगला माध्यम से अंग्रेजी सिखाई जाती थी। दूसरे 'तूतीनामा' टेल्स ऑफ ए पैरेट' जैसे लोक साहित्य द्वारा पढ़ाई होती थी। डे ने लोककथाओं के अपने संग्रह में 22 कहानियाँ दी हैं। इनकी आत्मकथात्मक कृति 'रिकलेक्शन ऑफ माई स्कूल डेज' को भी लोक साहित्य के अंतर्गत सम्मिलित किया जा सकता है।

भारतीय अंग्रेजी साहित्य में 'लोक साहित्य' के विकास को देखने के लिए यदि एक समेकित दृष्टिकोण अपनाया जाए तो बेहतर होगा। ब्रिटिश मिशनरियों के आगमन के साथ ही उनकी खोजी-दृष्टि से अनेक लोक गाथाएँ उन्हें उपलब्ध कराई जिसे अनुवाद के माध्यम से प्रस्तुत किया गया। अंग्रेज अधिकारियों ने भी पहल की। ग्रियर्सन के भाषा वैज्ञानिक सर्वेक्षण और साहित्य का अध्ययन राष्ट्रीयता और एकता को रेखांकित करने की इच्छापूर्ति के लिए किया। दिनेश चंद्र सेन की 'सती' (1917) और 'फोक लिटरेचर ऑफ बंगाल' (1920) ऐसी ही रचनाएं हैं। स्वतंत्रता के पश्चात शिकागो विश्वविद्यालय द्वारा 1987 में प्रकाशित 'फोक टेल्स फोम इंडिया' भारतीय लोक साहित्य की प्रतिनिधि पुस्तक है। इसमें एक कम सौ लोक कथाएँ हैं। इस संग्रह ने लाल बिहारी डे की 'फोक टेल्स ऑफ बंगाल' (1883) और फ्लोरा एनीस्टील

की 'टेल्स ऑफ द पंजाब' (1894) को ही नहीं बीसवीं शताब्दी के अन्य सामान्य संग्रहों को भी पीछे छोड़ दिया है और यह बात स्पष्ट कर दी है कि भारत की अपनी भाषाओं में लोक साहित्य के जो अमूल्य खजाने भरे पड़े हैं उनका अनुमान मात्र ही अंग्रेजी में आता है। यह भी उल्लेखनीय है कि जितनी लोकगाथाएँ दक्षिण व उत्तर पूर्व के राज्यों में प्रचलित हैं हिंदी भाषी प्रदेशों में नहीं। कभी संस्कृत का जो वर्चस्व था, वही अब अंग्रेजी का है इसलिए पश्चिम को दिखाने के लिए ही नहीं बल्कि भारत के अन्य क्षेत्रों में भी आदान-प्रदान हेतु अंग्रेजी में अनूदित लोक साहित्य को महत्व दिया जाना श्रेयकारी होगा।

यह भी उल्लेखनीय है कि जो मिथक, रामायण-महाभारत, पुराण और गाथाएं एक क्षेत्र में प्रचलित हैं वे कमोबेश सभी क्षेत्रों में समान रूप से समझी जाती है। हाँ, यह बात उल्लेखनीय है कि लोक साहित्य में हमारे देवी-देवता सामान्य मानवों जैसा व्यवहार करते हैं। महाभारत में नल को पसीना और छींक आता है पर देवताओं को नहीं किन्तु लोक साहित्य में इसकी छूट है। रामानुजन के शब्दों में मोटा-मोटी मिथक मनुष्य में देवत्व भरते हैं किन्तु लोक कथाएं देवत्व में मनुष्यत्व का संचार करते हैं (मिथ्स, बाई ऐंड लार्ज, डिविनाइज द ह्यूमन, फोकटेल्स ह्यूमनाइज द डिवाइन।) लोक साहित्य में स्त्री सशक्तीकरण के पक्ष में ही नहीं, वर्ण तथा जाति व्यवस्था के विपक्ष में भी रोचकतापूर्ण कहानियाँ मिलती हैं। गरीब आदिवासी, सामान्य जन जो 'गो ब्राह्मण हिताय' बातें सुन सुनकर थक जाते हैं वे बातें लोक साहित्य में नहीं होती। शास्त्र, पुराण, मिथक और अन्य लिखित साहित्य तथा महान भारतीय परंपराओं में जो है उसका विपरीत दृश्य लोक साहित्य में है।

यदि विलियम क्रूक की कृति 'ए ग्लोसरी ऑफ नोर्थ इंडियन पीजेंट लाइफ' (1879)को देखें तो पता चलेगा कि यह रचना एक निश्चित उद्देश्य की पूर्ति के लिए लिखी गई थी। अंग्रेजों का उद्देश्य भारतीय जीवन के उज्जवल पक्ष को प्रस्तुत करना नहीं था। इसी कारण ऐसी रचनाएं शब्दकोश व सूचनाकोश बनकर रह जाते हैं। लेकिन जब यही लेखक 'रिलिजन ऐंड फोक लोर ऑफ नोर्थ इंडिया' लिखता है तो उसका दृष्टिकोण बदला हुआ होता है। क्रूक ने ही इस प्रकार दुहरा रचनाक्रम नहीं सहेजा, सर जॉर्ज ग्रियर्सन ने बिहार के किसानों पर लिखा और 'हातिम्स टेल्स' का भी संग्रह किया। किन्तु यह भी देखना जरूरी होगा कि इन लेखकों या संग्रह कर्ताओं ने अंग्रेजों को अपना लक्ष्य पाठक माना है। तभी तो क्रूक ने राइस (चावल) को इस प्रकार समझाया है -फसल को धान कहते हैं। जब भूसा निकाला तो कहा गया - चावल और जब उसे पकाया तो कहा - भात। धान की किस्में इस प्रदेश में ज्यादा हैं इसलिए महत्वपूर्ण भी हैं। पूरबी क्षेत्र में एक कहावत कही जाती है - धान और क्षत्रियों का एक ही हिसाब है अर्थात जितने तरह के चावल, धान,भात आदि होते हैं उतने ही तरह के राजपूत। फोकलोर और फोक लिटरेचर की भी यही बात है कि चाहे भारतीय अंग्रेजी का अपना कोई मौलिक कार्य यहाँ न भी हो फिर भी

भारतीय भाषाओं के लोक साहित्य की पुनः प्रस्तुति के बहाने बहुत कुछ चर्चा -चर्वण हो गया है। उदाहरण के लिए क्रूक की कृति 'ग्लोसरी ऑफ नोर्थ इंडियन पीजेंट लाइफ' को पुनः 1989 में प्रकाशित किया गया।

पं. राम गरीब चौबे को कोई नहीं जानता जिन्होंने विलियम क्रूक (1848-1923) को लोक साहित्य एकत्र करके दिया। यह भी उल्लेखनीय है कि इन्हीं चौबे जी ने सितंबर 1898 और अगस्त 1900 तक जॉर्ज अब्राहम ग्रीयर्सन को 'लिंग्विस्टिक सर्वे ऑफ इंडिया' को रूपकार देने में सहायता प्रदान की। चौबे जी प्रेसिडेंसी कॉलेज कलकत्ता से बी.ए. थे और 'नोर्थ इंडियन नोट्स ऐंड क्वेरीज' (1892) तथा 'पंजाब नोट्स ऐंड क्वेरीज' (1894) के लिए सूचना प्रदाता थे। संग्राहक, संपादक और अनुवादक के रूप में उनके योगदान पर हिंदी में कहीं कोई चर्चा दिखाई नहीं देती। वस्तुतः क्रूक की तथाकथित रचना 'पापुलर रिलीजन ऐंड फोकलोर' (1894) के लेखन का श्रेय चौबे जी को मिलना चाहिए। शाहिद अमीन ने 'द मार्जिनल जोटरः स्क्राइब चौबे एंड द मेकिंग ऑफ द ग्रेट लिंग्विस्टिक सर्वे ऑफ इंडिया' (1890-1920) में विस्तार से चौबे जी के अवदान को रेखांकित किया है। इनसे पूर्व प्रो. साधना नैथानी (जे.एन.यू)ने 'इन क्वेस्ट ऑफ इंडियन फोकटेल्स: पंडित राम गरीब चौबे ऐंड विलियम क्रूक' (2006) में यह उल्लेख किया कि उन्होंने फोकटेल सोसाइटी लंदन से जब पुस्तक की पांडुलिपि देखी तो वहां हस्ताक्षर पंडित रामगरीब चौबे के थे। भारत की सौ से अध्कि लोकगाथाओं को अंग्रेजी में प्रस्तुत करके उन्होंने उल्लेखनीय कार्य किया पर उन्हें अभी तक पहचान नहीं मिली। हिन्दी में तो बिल्कुल ही नहीं। वे गोरखपुर के गोपालपुर गोला गांव के थे। पं. राम गुलाब चौबे रचित एक दोहा है-

जहाँ न गोली तिरगति, नहीं चले तलवारी।
जहाँ बूढ़ी युत बुद्धि तन, सकत आपदा तारी।।

भारतीय साहित्य में आकर ग्रंथों और अन्यत्र फैली अनेक लोक-गाथाओं को परोक्ष रूप से प्रयोग कर भारतीय अंग्रेजी के साहित्यकारों ने प्रेषणीयता के नए प्रतिमान पैदा किए। अफ्रीकी उपन्यासकारों के समान मुल्क राज आनंद, राजाराव, आर.के. नारायण आदि ने अपनी रचनाओं में भारतीय लोक की मनीषा को गुंफित करते हुए एक मिथकीय संसार की सृष्टि भी की हैं। लोकगीतों, लोकभाषा और लोक शैली का प्रयोग 'कंथपुरा' में तो है ही 'काउ ऐंड द बैरीकेड' कहानी में लोककथा का पुट है। 'कंथपुरा' में देवी कंचमा, रंगम्मा, अच्चक्का लोकसाहित्य की छवि से रचाई गई हैं। फोक-थियेटर या लोक-नाट्य की अपनी-अपनी परंपराओं से नाटककारों ने प्रेरणा ली। उदाहरण के लिए कर्नाटक की यक्षगान परंपरा को गिरीश करनाड के नाटकों 'हयवदन' और 'नागमंडल' में देखा जा सकता है। बादल सरकार, विजय तेंदुलकर और हबीब तनवीर ने अनुवाद के माध्यम से लोकनाट्य कला को अंग्रेजी में घटाकर देखाया। 'हयवदन' नाटक में गिरीश करनाड ने पद्मिनी के पति का पता लगाने के लिए प्रेक्षकों को विक्रम और

बेताल की कथा का स्मरण कराने का निश्चय किया। माइकेल मधुसूदन दत्त से चली आ रही परंपरा को गिरीश करनाड ने 'नाग-मंडल' नाटक में दो लोककथाओं के माध्यम से प्रस्तुत किया। सोमदेव की कथा- सरित्सागर और पारंपरिक यक्षगान को उन्होंने ऐसा पिरोया कि कुछ कहते नहीं बनता। 'हयवदन' में भागवत पारंपरिक लोक गाथाओं की तरह प्रारंभ करता है। यह धरम पुरी नामक नगरी है, जहाँ धरम शील राजा का राज है जिसकी ख्याति दूर-दूर तक फैली है। 'दिस इज द सिटी ऑफ धर्मपुर , रूल्ड बाई किंग धरमशील हूज फेम ऐंड एम्पायर....'

विजयदान देथा (1926-2013) आदि कथाकारों की लोक परंपरा से जुड़ी रचनाओं को अनुवाद के माध्यम से प्राप्त करके भारतीय अंग्रेजी ने एक अभाव की पूर्ति भी की है। निशात जैदी द्वारा अनूदित 'ट्रेवेसिंग द टू वर्डसः द फोकटेल्स ऑफ विजयदान देथा' भारतीय लोक चेतना को आधुनिक परिप्रेक्ष्य में प्रस्तुत करता है। राजस्थानी लोक साहित्य की इस पैठ को जब अंग्रेजी माध्यम से पाठक ग्रहण करता है तो अनुभूति के स्तर पर अनेक परिवर्तन परिलक्षित होते हैं। यहाँ देथा का उल्लेख करना आवश्यक है क्योंकि हिंदी लोक साहित्य को अंग्रेजी में पाकर भारतीय अंग्रेजी भी समृद्ध हुई है। 'चरण दास चोर' नाटक हो या 'दुविधा' नामक कथा सभी में 'बिज्जी' के लोग का जादुई आलोक है। ऐसे द्विभाषी पुलों की महति आवश्यकता है।अशोक बंकर (1964 -), अमीश त्रिपाठी और अश्विन संघी जैसे नए रचनाकार लोक साहित्य के भारतीय कोश से प्रभावित होकर उल्लेखनीय लेखन कर रहे हैं। अशोक बंकर का लेखन तो इतना विपुल है कि उनकी सत्तर खंडों की लोक कथाएँ 'भारत का महाकाव्यात्मक ग्रंथालय' कही गई हैं। रामायण, महाभारत व अन्य आकर ग्रंथों को युवा पीढ़ी के लिए अंग्रेजी में नए परिवेश में प्रस्तुत करके उन्होंने इन ग्रंथों को 'सुपर कूल' बनाया है। ऐसे ही लेखकों से लोक साहित्य 'ग्राफ़िक' 'ई-बुक' 'पी.ओ.डी.' और अन्य स्वरूपों में युवा पीढ़ी को प्राप्त हो रहा है।

11

नाटक का उदय और विकास

If Indian drama in English is still in its infancy, the publication of plays is even more so. Publishers will take plays seriously, only if they have been produced. But producers will love plays only if they are commercially viable. Gokhle 2003:350

संस्कृत नाटकों से प्रारंभ होकर भारतीय नाटकों की परंपरा चली आती है। भरतमुनि के नाट्यशास्त्र में इस विधा का सांगोपांग विवेचन है ही। नाट्यशास्त्र में इसे पंचम वेद कहा गया तथा काव्य, नृत्य, नृत के साथ लीला, भाव के साथ रसोत्पत्ति को नाट्य का अंग माना गया (काव्येषु नाटक रम्यम)। भास आदि नाटककारों की अविरल पंक्ति से प्रारंभ होकर लोकनाट्य परंपरा तक आते-आते सत्रहवीं शताब्दी में प्रायः भारत के सभी क्षेत्रों में अपनी-अपनी नाट्य परंपराओं का सूत्रपात हो चुका था। 1765 में रूस से होशासिन लेबडेफ और बंगाल के कुलोकीनाथ ने दो अंग्रेजी प्रहसन 'डिसगाइस' और 'लव इज द बैस्ट डाक्टर' प्रस्तुत किए। प्रसन्न कुमार ठाकुर ने 'हिंदू रंगमंच' की स्थापना 1831 में की और भवभूति के 'उत्तर रामचरित' नाटक के विलसन द्वारा किए गए अंग्रेजी अनुवाद को प्रस्तुत किया। पोस्तगी फार्मजी ने 1852-1853 में पारसी रंगमंच स्थापित किया और भारतेन्दु हरिश्चंद्र ने हिंदी नाटक को भी नई चाल में ढाला। तेलुगु में उनके बाद आए गुरजाडा वेंकट अप्पाराव (1861- 1915) ने 'कन्याशुल्कम'(1892) में की और जिसकी भूमिका में लेखक ने ठीक ही लिखा है, "जब तक साधारण जनता पढ़ी लिखी नहीं होती तब तक उसे प्रभावित करने के लिए रंगमंच को छोड़ कर और कोई साधन नहीं है।" इस नाटक का एक पात्र गिरीशम शेक्सपियर का दीवाना है और अंग्रेजी में तुकबंदी करके लोगों से वाहवाही लूटता है। यह भी उल्लेखनीय है कि भारतीय दृष्टि में कहीं न कहीं शेक्सपियर विद्यमान अवश्य रहा। हिन्दी के भारतेन्दु पूरे अधूरे सत्रह नाटक तो लिखते ही हैं, ' दुर्लभ बंधु'

(1880) के माध्यम से अंग्रेजी नाटककार का हिन्दी में उल्था भी प्रस्तुत करते हैं। उनसे एक वर्ष पहले रत्नचन्द्र 'द कॉमेडी ऑफ एर्रर्स' का अनुवाद 'भरम जालक नाटक'(1879) के नाम से कर चुके थे। शेक्सपियर की तर्ज़ पर भारतेन्दु ने अपने जीवन का अंतिम संवाद नाटक के शिल्प में ही उच्चारा था, " हमारे जीवन नाटक का प्रोग्राम नित नया नया छप रहा है, पहले दिन ज्वर की, दूसरे दिन दर्द की, तीसरे दिन खांसी की सीन हो चुकी है। देखें लास्ट नाइट कब होती है?" कितना आश्चर्यजनक सत्य है कि भारतेन्दु ने संस्कृत, बँगला तथा अंग्रेजी तीनों स्रोतों से नाटकों के अनुवाद किए, किन्तु भारतीय अंग्रेजी नाटकों और साहित्य पर उनकी नज़र भी न पड़ी?

भारतीय अंग्रेजी नाटक का सूत्रपात तब हुआ जब किशन मोहन बनर्जी (1813-1885) ने 1831 में 'द पर्सिक्यूटिड' लिखा। 'द पर्सिक्यूटिड और ड्रामैटिक सीन्स इल्लस्ट्रटिव ऑफ द प्रेसेंट स्टेट ऑफ हिंदू सोसायटी इन कलकत्ता' (1831)एक सामाजिक नाटक था।इसका तत्कालीन बंगाल में घोर विरोध हुआ क्योंकि यह एक हिन्दू धर्म से ईसाई धर्मांतरित लेखक की रचना थी। लेखक को छिपना पड़ा। लेखक ने भूमिका में ही स्पष्ट कर दिया था कि उनका उद्देश्य 'नाटकीय सुघडता' या 'अभूतपूर्व कहानी'प्रस्तुत करना नहीं है बल्कि युवकों के विचारों को बदलना है और उन्हे हिंदुओं के , विशेष रूप से ब्राह्मणों के, पाखंड से खबरदार करना है (let the drum of ostracization be beaten in the household of each and every Hindu.)।

वस्तुतः भारतीय अंग्रेजी नाटक की अनवरत यात्रा माइकेल मधुसूदन दत्त (1824-1873) से प्रारंभ हुई। उनका नाटक 'शर्मिष्ठा' (1858) महाभारत की एक उपकथा पर आधारित है और 'इज दिस काल्ड सिविलाइजेशन?' (1871) मूलतः अंग्रेजी में लिखा नाटक हैं। तत्पश्चात् रवीन्द्र नाथ ठाकुर और अरविंद घोष (श्री अरविंदों) के नाटक आए। कवीन्द्र रवीन्द्र ने मूलतः बंगला में लेखन किया और प्रायः उनके सभी नाटक – 'चित्रा', 'द पोस्ट ऑफिस', 'सेक्रिफाइस', 'चंडालिका', 'मुक्त धारा', 'द किंग ऑफ द डार्क चेंबर', 'द साइकिल ऑफ स्प्रिंग', 'संन्यासी' और 'द मदर्स प्रेयर' आदि अंग्रेजी में मिलते है। प्रायः सभी नाटकों की कथावस्तु में भारतीय जीवन और नैतिक मूल्य है। श्री अरविंद घोष का मुख्य स्वर देशोद्धार था। उन्होंने कई अपूर्ण तथा पांच पूर्ण नाटकों की रचना की थी। 'पर्सियस द डिलिवरर' , 'एरिक', 'रोडोगुने', 'वासवदत्ता' और 'द वजीर्स ऑफ बसरा'। प्रत्येक नाटक एक कालखंड एवं भौगोलिक स्थिति से वातावरण निर्मित करता है। पर्सियस ग्रीस देश का राजा था और रोडोनुवे सीरिया का। एरिक स्केंडिनेविया का अर्थात् भिन्न-भिन्न देशों व सामाजिक स्थितियों के प्रतिनिधि तथा कथानकों की विभिन्नता से भारतीय संस्कृति की मूल भावना का मिलान करते हुए अरविंद घोष के नाटक काव्य-रोमांस का आस्वादन कराते हुए भारतीय नाट्य परंपरा को समृद्ध करते हैं। इन काव्य नाटकों का मंचन 'अरोविली' नामक नगर में आज भी होता है। एक अन्य कवि श्री हरीन्द्र नाथ चट्टोपाध्याय ने भी 'अबु-हसन' (1918) नामक नाटक लिखकर इस क्षेत्र में पर्दापण किया। बाद में अन्य काव्य

नाटक भी आए। वस्तुतः इनके नाटक गद्य का उत्कृष्ट नमूना हैं और श्री अरविंद की तरह शुद्ध काव्य नहीं। साथ ही इनमें समाजवादी विचारधारा का पोषण भी है। 'द विंडो ऐंड द पैरेट', 'द सेंट्रीज लैटर्न', 'सिद्धार्थ:मैन ऑफ पीस' इनके उल्लेखनीय नाटक हैं।

ए.एस.पी. अय्यर (1899-1963) ने छह नाटक लिखें। 'इन द क्लब ऑफ द डेविल' (1926) और 'द ट्रायल ऑफ साइंस फोर द मर्डर ऑफ ह्यूमेनिटी' (1942) इनके उल्लेखनीय नाटक हैं। 'द फ्लूट ऑफ कृष्णा' (1926) टी.पी.कैलाशम् (1885-1946) का पुराण कथाश्रित नाटक है। इसी प्रकार 'द बर्डन ऐंड फुलफिलमेंट'(1933) कथा की अपूर्वता के साथ ही एकलव्य की पौराणिक गाथा को नया आयाम देता है। भारती साराभाई (1912-) के दो नाटकों 'द वैल ऑफ द पीपुल' (1943) और 'टू विमिन' (1952) में गांधी दर्शन का व्यापक प्रभाव परिलक्षित हुआ है। गांधी जी के दरिद्र नारायण की अभिव्यक्ति करता 'द वैल ऑफ द पीपुल' नाटक 'मदर इंडिया' फिल्म को आधार देता प्रतीत होता है। ए. सी. कृष्णास्वामी के नाटक 'द टू ट्वाइस बोर्न' (1914) और एस. एम. मिशेल के नाटक 'नेशन बिल्डर्स' ने विधवा विवाह और अंतरजातीय विवाह की आवश्यकता को रेखांकित किया है। स्वतंत्रता के पूर्व नाटककारों ने प्रायः समाज सुधार का बीडा उठाकर ही लेखन किया था, इसमें संदेह नहीं।वी. वी. श्री निवास आयंगार (1871-1954) ने अंग्रेजी नाटक के क्षेत्र में कॉमेडी , व्यंग्य, प्रहसन एवं परिहास को प्रस्तुत किया। ड्रामेटिक डाइवर्टाइजमेंट (1928) में ऐसे ही कई नाटक हैं। 'द सर्जन्स प्रेस्क्रिप्शन' और 'वीछूज वाइफ' में व्यंग्य की भरमार है। फयाजी रहमानी का 'डोटर ऑफ इंड' (1940) और सूर्यदत्त भट्ट का 'द ट्रायल सेलेस्टियल' भी उल्लेखनीय हैं। कई कथाकारों ने भी नाटक लिखने की चेष्टा की जैसे उपन्यासकार सुरेन्द्र नाथ घोष ने 'कलर ऑफ द सिटीः 'टू फ्रलेलेट्स' - द डिफाल्टर्स और द पिप्पा डांसेज (1924) लिखा। वी. एन. भूषण ने 'संयुक्ता' (1930) और 'मोर्टल कोयल्स' (1934), अरमेंडो मिनाज ने 'कास्ट' (1938) आर. के. नारायण ने 'वाच मैन ऑफ द लेक' (1940), के. आर. श्रीनिवास आयंगार ने 'सुनीति एवं हर स्पाउज़'और 'द बैटल ऑफ दि ओप्शनल' (1943) लिखे। जे. एन. लोबो प्रभु 1947 के पूर्व के नाटककारों में शायद अंतिम उल्लेखनीय हस्ताक्षर हैं। आपने अपने एक दर्जन नाटकों में मातृभूमि को संवारा है। इनके नाटक 'मदर ऑफ न्यू इंडिया' (1944) में नरसा का चरित्र 'माँ' का भारतीय गुणानुवाद है।

यदि फुटकर नाटककारों के नाम व उनके नाटकों का उल्लेख मात्र ही किया जाए तो भी स्थान कम पड़ जाएगा। स्वतंत्रता से पूर्व लिखे गए प्रायः अधिकांश नाटक एकांकी ही होते थे। लेखकों को इस बात से कोई खास मतलब न था कि उनके नाटकों का कोई स्टेज पर प्रदर्शन करेगा भी या नहीं।

स्वतंत्रता के उपरान्त भी स्थिति में कोई विशेष परिवर्तन नहीं हुआ। प्रथम पंचवर्षीय योजना में थियेटर के विकास का उल्लेख अवश्य था। दिल्ली में 'नेशनल स्कूल ऑफ ड्रामा' की स्थापना भी हुई। संगीत नाटक अकादमी, ड्रामा फेस्टिवल और विभिन्न विश्वविद्यालयों के रंगमंच विभागों

ने भारतीय भाषाओं के रंगमंच को प्रोत्साहन दिया। हाँ दो एक बड़े शहरों में नाटकों का मंचन अवश्य हुआ और इनसे कुछ विकास हुआ। प्रताप शर्मा का 'ए टच ऑफ ब्राइटनेस', आसिफ करीम भाई का 'द डोलड्रमर्स', गुरुचरण दास का 'लेरिंस साहब', जीव पटेल का 'प्रिंसेस', शिवकुमार का 'लास्ट वैडिंग एनीवर्सरी' आदि कुछ नाटक आए और स्टेज पर मंचित भी हुए। इनमें से कुछ ने विदेशों में भी ख्याति पाई। अनेक नए कथानक सोचे गए प्रयोग भी हुए। जी. वी. दासानी, गिरीश करनाड और लाखन देव आदि का पर्दापण हुआ। रवीन्द्रनाथ ठाकुर, अरविंद घोष और कैलाशम् आदि द्वारा परिपोषित काव्य नाटकों को नई ऊर्जा मिली और दासानी का 300 पृष्ठीय नाटक 'हाली' का मंचन लंदन में पहले तथा भारत में तत्पश्चात् हुआ। इसी प्रकार शिवाजी पर आधारित नाटक 'टाइगर क्लाज' (1967) ने नाटककार लाखन देव को प्रतिष्ठा दिलाई। टी.एस.इलियट के नाटक 'मर्डर इन द कैथेड्रल' से प्रेरित होकर एक नाटक लिखा गया, 'मर्डर एट ए प्रेयर मीटिंग' (1976)। लाखन देव का एक अन्य नाटक है जिसमें गांधी की हत्या को आधार बनाकर तत्कालीन राजनीति तथा विभाजन की त्रासदी पर टिप्पणी की गई है।

एम. कृष्णामूर्ति के नाटक 'द क्लोथ ऑफ गॉड' (1951), सदाशिव डी.रावत का 'द किलर' (1959), सत्यदेव जघीस 'द पोइंट ऑफ लाइट' (1959), प्रितिश नंदी का 'राइट्स फॉर ए प्लेबियन स्टेचू' (1969), श्री देवीसिंह का 'द पर्पिल ब्रेडिड पीपुल'(1970), पी. एस. वासुदेव का 'द सनफ्रलावर' (1972) और एस. राजन का 'कर्ण' (1979) भी उल्लेखनीय हैं।

इन नाटककारों की श्रृंखला में सर्वप्रथम उल्लेखनीय हैं आसिफ करीमभाई(1928-) स्वतंत्रता के पश्चात इन्होंने गोवा (1964) से लेकर तीस से अधिक नाटक लिखे।इन्होने स्वतन्त्रता के बाद भारत में अंग्रेजी नाटकों की आधारशिला रखी। विश्वभर में नाटक प्रदर्शित हुए और करीमभाई ने इतिहास, राजनीति, समाजशास्त्र, धर्म , संस्कृति, कला आदि अनेक विषय क्षेत्रों से कथानक लेकर एक नए संसार की रचना की। 'द डोलड्रमर्स' नाटक प्रेम सैक्स, कविता और करूणा का ऐसा संगम है कि आज भी इसकी ताजगी बरकरार है । 'द डंब डांसर' में कथकली नर्तक भीमा का चरित्र हमें करूणाप्लावित करता है और 'ओम' में 'दर्शन' तथा 'सत्य' से साक्षात्कार का प्रयत्न है।

गुरुचरण दास (1943-)के नाटक 'लेरिंस साहिब' (1970) 1846-47 के पंजाब प्रति की राजनीतिक उठापटकर पर आधरित है। लेखक ने मुख्य पात्र के तीन चेहरे-साम्राज्य निर्माता, शेरे पंजाब और ईस्ट इंडिया कंपनी का कारिंदा-दिखाकर वही काम नाटक के क्षेत्र में किया जो मुल्कराज आनंद ने उपन्यास के क्षेत्र में किया था। भाषा की शुद्धता के स्थान पर हिंदी-पंजाबी-इंग्लिश का प्रयोग करके लेखक ने संवाद की ताजगी को साकार किया। कॉमेडी और व्यंग्य के छोंक से इतिहास प्रस्तुत करने की यह चाह रंग लाई है, इसमें संदेह नहीं।धर्म, अर्थ और काम ये हमारे चार पुरुषार्थों में से तीन हैं । गुरुचरण दास ने इन तीनों को आधार बनाकर नाटक लिखे। 'वीक-एंड राइटर' से पूर्णकालिक लेखन करने का उनका सफर खासा आकर्षक है। सन् 1970

के दशक तक दिल्ली, बंबई, कलकत्ता और मद्रास के रंगमंच पर प्रायः यूरोपीय और अमेरिकी-ब्रिटिश नाटकों, का मंचन बहुतायत से होता था। सुल्तान पद्मसी पुरस्कार की 1968 में घोषणा होने से तथा 'लेंरिंस साहब' को यह पुरस्कार मिलने से लेखकों का उत्साहवर्धन हुआ। शहरों के संभ्रान्त दर्शक व लेखकों की दृष्टि ग्रामीण जीवन के कथानकों पर भी गई। दास ने फिर दो नाटक और लिखे-'मीरा' (1970) और 'जाखो हिल' (1996)।

प्रताप शर्मा (1939-2011)और उनके नाटक 'ए टच ऑफ ब्राइटनेस' (1969) का उल्लेख करना यहाँ समीचीन होगा क्योंकि इसकी भाषा और कथावस्तु के कारण इसे कॉमनवेल्थ आर्ट्स फेस्टिवल में भेजने से मना कर दिया गया था। सेंसर का बंधन लगा और सन् 1972 में कोर्ट के हस्तक्षेप से ही यह प्रदर्शित हो सका। वेश्यालय की पृष्ठभूमि और अंग्रेजी में हिंदी के छोंक से युक्त संवाद इसे अजूबा बनाते थे किन्तु तब का प्रेक्षक व निर्देशक वर्ग इसके लिए शायद तैयार न था।2006 में साहित्य अकादमी ने इस नाटक को भारतीय अंग्रेज़ी लेखन के अन्तरगत प्रकाशित किया।

एकांकी नाटक, लघुनाटिकाएं विभिन्न पत्र-पत्रिकाओं में अनेक बार प्रकाशित होते रहे हैं। सभी का उल्लेख करना व संभव है, न वांछित। पुस्तकाकार में इतने देखने में नहीं आते। कुछ पुराने मंचीय नाटकों का उल्लेख करें तो उमा महेश्वर का 'बुद्ध', वी.एन. भूषण का 'संयुक्ता', मंजरी ईश्वरन का 'हीराबाई' कुछ उल्लेखनीय लघुनाटक हैं। पूर्ण नाटकों में के.एस. रामास्वामी का 'द्रोपदी', डी.एम. बोरगांओकर का 'इमेज ब्रेकर्स',कृष्ण गोरावारा का 'द वे अप'आदि हैं। इन नाटकों में कई काव्य नाटक हैं और कई गद्य।

यहाँ कवि निसिम इजेकिएल और रंगकर्मी अब्राहम अलकाजी का उल्लेख करना आवश्यक है। निसिम के तीन नाटक 'नलिनी', 'मैरिज पोइम' और 'स्लीप वाकर' मंचित हुए। कवि जीव पटेल के कुछ नाटक जैसे 'प्रिंसेज' (1970), 'सवकसा' और 'मि. बेरहम' की चर्चा हुई। साइरस मिस्त्री का 'डूंगाजी हाउस' (1991)पेसी खंडालावाला का 'आह नोरमन', दीना मेहता 'ब्राइड्स आर नोट फॉर बर्निंग' (1993) को ख्याति मिली।

वर्तमान में महेश दत्तानी (1958-) को रंगमंच पर बहुत प्रतिष्ठा मिली हैं। इनके कुछ नाटक हैं – 'व्हेअर देयर इज ए विल', 'डांस लाइक ए मैन', 'तारा', 'वेयर डिड आई लीव माइ परदा' और 'फाइनल सोल्यूशंस'। वे पहले ऐसे भारतीय अंग्रेज़ी नाटककार हैं जिन्हे साहित्य अकादमी पुरस्कार-1998 (फ़ाइनल सोल्यूशंस एंड अदर प्लेज़) मिला।

Dattani's work probes tangled attitudes in contemporary India towards communal differences, consumerism and gender…a brilliant contribution to Indian drama in English. (Sahitya Akademi Award Citation-1998)

दत्तानी को आप भारतीय नाटक लेखन के क्षेत्र में आधुनिकता का ध्वजवाहक कह सकते हैं। अपने नाटकों को स्वयं निर्देशित करके उन्होने लेखक-निर्देशक के तादात्म्य की आवश्यकता को रेखांकित किया है।

जिस प्रकार से हिन्दी में मोहन राकेश, बंगला में बादल सरकार,मराठी में विजय तेंदुलकर की प्रतिष्ठा है उसी प्रकार से 1998 के ज्ञानपीठ पुरस्कार विजेता गिरीश कर्नाड (1938-2019) के मूल कन्नड में लिखे गए अंग्रेज़ी में अनूदित नाटक भी मंचों पर बहुत सफल हुए हैं ।इतिहास और मिथक का संगम करके आपने 'हयवदन', 'मा निषाद', 'ययाति',और 'तुगलक'आदि नाटक लिखे। गिरीश कर्नाड का नाटक 'हयवदन' मनुष्य और पशु के सिर और शरीर के विपर्यय के माध्यम से मूलतः पुरुष की अपूर्णता के विभिन्न आयामों का ही कथानक है।उन्होंने अपने लेखन, अभिनय, वक्तृता के ज़रिए जीवन को सम्वेदना के साथ देखने की दृष्टि दी। अधूरेपन को पूरने का प्रयास किया। 'ए हीप ऑफ ब्रोकन इमेजिज' में लेखक ऐसे लोगों की मनस्थिति प्रस्तुत करते हैं जो अपनी भाषा छोड़कर अंग्रेजी में चले गए हैं। कर्नाड ने बादल सरकार के नाटक 'एवं इंद्रजीत' का अंग्रेज़ी में अनुवाद किया।

अब्राहम अलकाजी(1925-2018) 'नेशनल स्कूल ऑफ ड्रामा' के पहले निदेशक 1961 में बने और लंदन की रॉयल अकादमी ऑफ ड्रामेटिक आर्ट में पढ़ाई करने के कारण विश्व रंग परंपरा से बखूबी परिचित थे। दिल्ली आने से पूर्व वे ग्रीक त्रासदियों से लेकर शेक्सपीयर और इब्सन से लेकर सेमुअल बकैट तक के नाटकों का निर्देशन करने बंबई रंगमंच को पारसी शैली से मुक्त कर चुके थे। अनेक लेखकों एवं कलाकारों को मंचोन्मुख करने का ऐतिहासिक कार्य अलकाजी ने किया।

भारतीय भाषाओं से अंग्रेजी में अनूदित नाटकों को भी उल्लेखनीय सपफलता मिली । विजय तेंदुलकर (1928-2008) के 'घासीराम कोतवाल', 'वल्चर्स' (सखाराम बाइंडर), 'साइलेंस द कोर्ट इज इन सेशन' आदि नाटक मराठी से अंग्रेजी में आए। मोहन राकेश के नाटक 'वन डे इन आषाढ', 'हाफ वे हाउस', 'ग्रेट स्वान्स ऑफ द वेब्ज' आदि उल्लेखनीय हैं। बादल सरकार, हबीब तनवीर, धर्मवीर भारती और महाश्वेता देवी आदि के कुछ नाटक अंग्रेजी में आए है। महाश्वेता देवी के नाटक, रंगमंच पर स्त्री सशक्तीकरण को रेखांकित करते हैं। श्रीमती जे. एम. बिल्लीमोरिया (माई संस), दीना मेहता (द मिथ मेकर), श्री देवी सिंह (द पर्पल ब्रेडिउ पीपल) पी. सेन गुप्ता (दस स्पेक शूर्पनखा), मंजुला पद्मनाभन (हारवेस्ट), उमा परवेश्वरन (सीताज प्रोमिस) और अन्य महिला रंगनेत्री भी भारतीय अंग्रेजी में नाटक, एकांकी लेखन के क्षेत्र में सक्रिय हैं।

शांता गोखले के मतानुसार और उन्हीं के शब्दों में अंग्रेजी में लिखित भारतीय नाटक एवं रंगमंच का शैशव काल ही अभी है। प्रतिष्ठित प्रकाशक नाटकों को छापते नहीं क्योंकि ऐसा वे मंचन के बाद करना चाहते हैं। रंगमंच से जुड़े निर्माता-निर्देशक इनमें आर्थिक लाभ नहीं देखते। सिनेमा और अब कपिल शर्मा नुमा स्टेडिंग कॉमेडी के चलन के फलस्वरूप पहले हमारे अपने रंगमंच की प्रतिष्ठा कम हुई। रामलीला-रासलीला , स्वांग और लोकनाट्य मंच का जाना हुआ, अब भारतीयों द्वारा अंग्रेजी में लिखे नाटकों के अवसान की बारी है। इक्का-दुक्का प्रयासों को देखकर उज्जवल भविष्य की आशा भी नहीं की जा सकती।

12

बाल साहित्य का शैशव

पंचतंत्र और हितोपदेश में देश में बाल साहित्य की वर्तमान स्थिति में अंग्रेजी का पलड़ा भारी है। नेशनल बुक ट्रस्ट और चिल्ड्रर्नस बुक ट्रस्ट द्वारा प्रकाशित पुस्तकों में आधी से अधिक अंग्रेजी में होती है। बाल साहित्य में यहाँ तात्पर्य बालकों के लिए लिखा साहित्य है, बालकों द्वारा लिखा साहित्य नहीं। इसलिए आधुनिक युग से पूर्व बाल साहित्य का मूल उद्देश्य नीति और संस्कृतिगत मूल्यों की स्थापना था और मनोरंजन से अधिक शिक्षा पर बल रहता था। सन् 1868 में बंबई के अंग्रेज गवर्नर की पुत्री मैरी फ्रेरी ने 'हिंदू फेयरी लेजेंड' प्रकाशित की। ये कहानियाँ मैरी की धाय ने उन्हे सुनाई थीं। फ्लोरा एनी स्टील(1847-1929) ने 1884 में 'वाइड अवेक स्टोरीज' और 1894 में 'टेल्स ऑफ द पंजाब' प्रस्तुत कीं। 1892 में जोसेफ जे ने इन्हीं पुस्तकों के आधार पर तथा अन्य प्रचलित भारतीय कथाओं को लेकर 'इंडियन फेयरी टेल्स' प्रस्तुत की। सर थॉमस नोर्थ ने 1570 में संस्कृत व हिंदू ग्रंथों से लेकर कुछ लेखन पहले भी किया था।

भारतीय मूल के लेखकों में धन गोपाल मुखर्जी और रवीन्द्र नाथ ठाकुर का नाम उल्लेखनीय है। धन गोपाल मुखर्जी (1890-1936) ने भारत के गांव में जन्म लेकर जापान और अमेरिका में प्रवास किया। इन्होंने बच्चों के लिए एक के बाद एक नई कथा पुस्तकें लिखीं। 'कारी द एलिफेंट' (1922), 'हरी द जंगल लैंड' (1929) और 'गे नैक, द स्टोरी ऑफ ए पिजन' (1927)। इन पुस्तकों में 'गे नैक' अत्यधिक सफल रही। अमेरिकी पुस्तकालय संघ ने 1929 में इसे सर्वश्रेष्ठ बाल साहित्य पुरस्कार दिया। कथानक पूर्णतः भारतीय हैं - मनुष्य और पशु-पक्षी सभी एक ही परिवार के अंग हैं। धनगोपाल मुखर्जी भारतीय अंग्रेजी कथा साहित्य में अग्रगण्य हस्ताक्षर हैं।

रवीन्द्र नाथ टैगोर ने 'शिशु' शीर्षक से कई रचनाएं दीं। 'द क्रेसेंटमून' (1913) में बाल कविताएं हैं। इनकी एक कविता 'सिंपेथी' की कुछ पंक्तियाँ हैं -

इफ आई वर ओनली ए लिटिल पप्पी, नोट योर बेबी।

मदर डीयर, वुड यू से 'नो' टू मी इफ आई ट्राइट टू ईट फ्रम योर डिश।

सरोजिनी नायडू के भाई हरिन्द्र नाथ चट्टोपाध्याय की एक बाल कविता का अंश यह बताने के लिए पर्याप्त होगा कि बालक सदा कवि के मन में रहा है।

नदिया से गहरी, दिन दोपहरी
रात की रानी, ठंडा पानी
गरम मसाला, पेट में ताला
साड़े सोला, पंद्रह एका पंद्रह
दूना तीस, तीया पैंतालिस
चौके साठ, पौना पच्चत्तर
छक्के नब्बे, साती पिचलन
आठी बीसा, नबर पतीसा
गले में रस्सा…

रवीन्द्र नाथ टैगोर के अतिरिक्त आर. के. नारायण, मुल्क राज आनंद आदि ने भी बाल साहित्य लेखन किया। वर्तमान में भी मागरिट भट्टी, मोनिशा मुकेदन, सिरगुन श्रीवास्तव, स्वप्ना दत्ता, लवलीन कचेर, गीता धर्म राजन आदि के नाम उल्लेखनीय हैं। पेंगुइन और हार्पर कोलिंस बाल साहित्य में नए प्रमुख प्रकाशक हैं। अन्य भाषाओं के लेखकों यथा प्रेमचंद, निर्मल वर्मा, श्रीलाल शुक्ल, राही मासूम रजा (हिंदी),यू. आर. अनंतमूर्ति और तेजस्वी (कन्नड), विलास सारंग (कन्नड), गोपीनाथ मोहंती (उडिया), ओ.वी. विजयन (मलयालम) आदि की रचनाएं अंग्रेजी में उपलब्ध हैं। गांधी , नेहरू, आदि के जीवन चरित बालकों के लिए उपलब्ध हैं। बलराम नंदा की पुस्तक 'गांधी : ए पिक्टोरियल बायोग्राफी' (1972) इनमें उल्लेखनीय हैं। राजकुमारी शंकर से लेकर संध्या राव ने गांधी को चित्रों में प्रस्तुत किया। जीवनी और भी महापुरूषों की लिखी गई हैं। इसके अतिरिक्त इतिहास, भूगोल, समाज विज्ञान की पुस्तकें भी बालकों को ध्यान में लेकर लिखी गई है। 'टेक ए ट्रिप', 'ए विलज इन', 'हाय! नेबर' आदि इसी प्रकार की उल्लेखनीय हैं। 'द लैंड ऐंड द पीपल ऑफ इंडिया' (1945) में मनोरमा रामकृष्ण मोदक ने बाल साहित्य के क्षेत्र में अच्छा लेखन किया। ऐसे ही अनेक लेखकों की रचनाओं को मीना खुराना ने 'दि इंडियन सब-कोंटिनेंट इन लिटरेचर फोर चिल्डरन ऐंड यंग एडल्ट' (1991) में सूची बद्ध किया है।

देखा जाए तो प्रारंभ से ही अंग्रेजी में लिखा बाल साहित्य उपनिवेशवादी मानसिकता का कभी प्रतिनिधि रहा और कभी उसने बड़ी चतुराई से उससे किनारा भी किया। कारण कि बाल साहित्य में बाल- लेखक का अदृश्य हाथ सदा रहा है। उदाहरण के लिए किपलिंग की कथा 'दि

अंडरटेकर्स' (1895) में मगर एक बगुला और भेडिए को अपने मांसाहारी और नरभक्षी होने की शेखी बघारता है। और दूसरी तरफ घाट का मगर नदी पर रेलवे पुल बन जाने के कारण शिकार से वंचित हो रहा है। स्पष्ट है कि भारतीय धनगोपाल मुखर्जी जंगल को न्याय, दया और आजादी का परिचायक मानते हैं और किपलिंग कही न कहीं उपनिवेशवादी मानसिकता के शिकार हैं। यह भी उल्लेखनीय है कि यही किपलिंग 'द मिराकल ऑफ पूरन भगत' और 'किम' लिखते हैं। एम . कृष्णन (1912-1996) पत्र पत्रिकाओं के माध्यम से और 'Z' उपनाम से बाल साहित्य भी लिखते रहे, प्रकृति संरक्षक तो वे थे ही। लेखन प्रतिभा उन्हे पिता माधवैया से विरासत में मिली। इनकी लिखी पर्यावरणीय वर्णमाला मिलती है।

आनंद, राव और नारायण तीन प्रमुख उपन्यासकार हैं। तीनों ने बाल साहित्य की रचना की। मुल्कराज आनंद की कथा 'द लोस्ट चाइल्ड' एक बालक की दृष्टि में उनके माता-पिता के महत्व को रेखांकित करती है। मेले में खोया तो बच्चा है पर वह ढूँढता अपने माँ-बाप को है। राजा राव की कहानी 'द पुलिस मैन' और 'द रोज' बालकों को संस्कारित करने के उद्देश्य से लिखी गई कहानियाँ हैं। आर. के. नारायण और मालगुडी एक दूसरे के पर्याय रहे और उनके द्वारा कल्पित बालक स्वामी 'वेटिंग फोर द महात्मा' और 'डार्क रूम' जैसी कृतियाँ पढ़ सकते हैं। सत्यजीत रे (1921-1992) ने 1961 में बाल पत्रिका 'संदेश' को पुनः जीवित किया और मूल बंगला में लिखी उनकी कई रचनाएं विशेष रूप से जासूसी कहानियाँ 'द फेलूदा स्टोरीज' कुल 36 कहानियाँ बड़ी प्रसिद्ध हुई। यह भी उल्लेखनीय है कि रे के पिता सुकुमार सेन ने लिविस करोल और एडवर्ड लीयर के समान 'नोनसेंस कविताएँ' लिखीं और पितामह उपेन्द्र किशोर रे ने भी बाल साहित्य रचा। वस्तुतः भारतीय अंग्रेजी में बाल साहित्य के रचनाकारों में मैरी शेरवुड (1775-1851), बारबरा होफलैंड (1770-1855), सारा जीनट डंकन (1861-1922), रुडयार्ड किपलिंग (1865-1936), उपेन्द्र किशोर रे (1863-1915) और सुकुमार रे (1887-1923) द्वारा लिखित बाल साहित्य में मिशनरियों के आगमन, 1813 के चार्टर एक्ट, टीपू सुल्तान की हार, 1857 का स्वतंत्रता संग्राम, स्वदेशी आन्दोलन तथा बंग-भंग के ऐतिहासिक परिप्रेक्ष्य की झांकी मिली है।

सलमान रुश्दी ने 'मिड्नाइट्स चिल्डरन' में कुछ गंभीर मुद्दे उठाए हैं किन्तु उन्होंने शुद्ध रूप से बालकों के लिए भी लिखा है। पुस्तकों की रचना करते समय उन्होंने अपने अनुभूत फार्मूले 'जादुई यथार्थवाद' का प्रयोग किया है। 'लूका ऐंड द फायर ऑफ लाइफ' एवं 'हारून ऐंड द सी ऑफ स्टोरीज' ऐसी कृतियाँ हैं जिनमें ड्रामा, रोमांस, मिथक, फेंटेसी सब कुछ है।

के शंकर पिल्लै (1902-1989) को बच्चे शंकर के नाम से जानते हैं। इन्हें भारत में राजनीतिक कार्टूनों का जनक भी माना जाता है। शंकर्स वीकली (1948-1975) पत्र द्वारा उन्होंने कार्टूनों के द्वारा अपनी पहचान बनाई और बाद में बच्चों के लिए 1949 में शंकर्स

इंटरनेशनल कंपटीशन प्रारंभ किया और चित्रकला को बढ़ावा दिया। इन्होंने 'चिल्डरन बुक ट्रस्ट' की स्थापना 1957 में की। अंतरराष्ट्रीय गुडियाघर बनाया। 'लाइफ विद माई ग्रांडफादर' (1953) इनकी बाल रचना है। अनंत पै (1929-2011) बच्चों के लिए अंकल पै थे। इन्होंने 'अमर चित्रकथा' के माध्यम से बाल-साहित्य को समृद्ध किया। चक्रवर्ती राजगोपालचारी की 'रामायण' और 'महाभारत' बालकों के लिए ही हैं । इन्होंने पुस्तकों की प्रस्तावना में स्कूल के बालकों व कॉलेज के युवकों से इन इन पुस्तकों को पढ़ने का आग्रह किया है। अनीता देसाई का उपन्यास 'द विलेज बाइ द सी' (1982) बालकथाओं के लिए लंदन में पुरस्कृत किया गया।रस्किन बॉन्ड (1934-) की साहित्य अकादमी पुरस्कृत रचना 'अवर ट्रीज स्टील ग्रो इन देहरा' (1992) ने इन्हें बाद में चर्चित किया, इनकी चर्चा बाल साहित्य के प्रमुख लेखकों में पहले से ही है। बॉन्ड की कहानी आपको किसी भी पाठ्यपुस्तक में मिल जाएगी। इनकी कहानियाँ व्यक्गितगत और समष्टिगत दोनों हैं। पर्यावरण से प्रेम, रिश्तों की सहमति, जीवन का महत्व आदि इनकी कथाओं के विषय हैं। फारूख ढोंढी (1944-) बालकों एवं किशोरों के लिए लिखते रहे हैं। 'ईस्ट ऐंड एट योर फीट' (1976), 'कम टू मक्का अँड अदर स्टोरीज' (1978) और 'पूना कंपनी' (1980) किशोर साहित्य की श्रेणी में रखे जाते हैं। शशि देशपांडेय ने बच्चों के लिए चार उपन्यास लिखे हैं – 'ए समर एडवेंचर', 'द हिडिन ट्रेजर', 'दि ओनली विटनेस', 'द नारायणपुर इन्सीडेंट'। प्रताप शर्मा (1939-2012) को ज्यादातर नाटककार व अभिनेता के रूप में जाना जाता है। इनकी लिखी बाल कथाएं जैसे – 'द सुरंगिनी टेल्स' (1974), 'डॉग डिटेक्टिव रांझा' (1978) खासे लोकप्रिय संग्रह रहे। 'द लिटिल मास्टर ऑफ द एलीफेंट' (1984) एवं 'टॉप डॉग'(1985) भी उल्लेखनीय हैं। इन्होंने बालकों के लिए एक फिल्म 'द केस ऑफ द हिडन ईयर-रिंग' भी बनाई।

मनोहर शेट्टी(1953-) ने कुछ कविताएं जिन्हें 'बाल-कविताएं' कहा जा सकता है भी लिखी हैं। इनके कई संग्रहों जैसे – 'ए गार्डिड स्पेस', 'बोरोड टाइम्स', 'डोमेस्टिक क्रीचर्स' आदि संग्रहों में 'स्केयर क्रो' 'आउल', 'पीकोक' और 'फायर फ्लाउज' जैसी कविताएं ध्यान आकृष्ट करती हैं।

The owl sways past with a white mouse.
The bandicoot rakes through a quill.
The panther swivels from the cane,
Ignition of the hunt in its eye.

विक्रम सेठ ने एक ओर तो बच्चों के लिए 'बीस्टली टेल्स' (1991) लिखी हैं। दूसरी ओर 'एरिओन ऐंड द डोलफिन' (1994) ओपेरा लिखा और 'द ट्रेवलर' (2008) बाल-नाट्य की रचना की।किरण नगरकर की रचना 'एलिफ़ेंट ऑन ए माऊस' भी ख़ासी दिलचस्प है।

अंग्रेजी के प्रसिद्ध रोमांटिक कवि बिलियम वर्डसवर्थ ने कहा था कि हमारे बचपन में ईश्वर

हमारे साथ रहता है। भारतीय बाल साहित्य के अंग्रेजी लेखकों में बचपन की यही रोमांटिक छवि रही है। इसी के पक्षधर विक्रम सेठ जैसे कवि प्रतीत होते हैं। रवीन्द्र नाथ टैगोर (द गिफ्ट), सरोजिनी नायडू (कडल सोंग, द स्नेक चार्मर, श्री अरविंद (ए चाइल्ड्स इमेजिनेशन), फाल्गुनी दत्ता (बाइ द वाटस एज), मीना अलेक्ज़ेडर(लुकिंग थ्रू वैल वॉटर) स्वामी विवेकानंद (काली द मदर), कमलादास (द डेसेडेंन्ट्स), ए. के. रामानुजन (द ब्लैक हैन), आदिल जस्सावाला (नाइन पोइम्स ऑन अराइवल), मकरंद परांजपे (इन ल्यू ऑफ द मिसिंग पोइम), डोम मोरेस (की प्रोफेट), अरूण कोलाटकर (ए लो टेंम्पल), विक्रम सेठ (ऐन अंबल एडमिनिस्टेटर्स गार्डन), निसिम इजेकियल (नाइट आफ द स्कोर्पियन), तोरूदत्त (अवर केसरीना ट्री), जयंत महापात्रा (द लोस्ट चिल्डरन ऑफ अमेरिका) आदि कुछ कवियों के नामोल्लेख मात्र से यह कहना होगा कि बाल कविताओं के क्षेत्र में हर प्रमुख और गौण कवि ने कुछ न कुछ लिखा अवश्य है।

संपादित कृति 'कंटमप्रेरी इंग्लिश लैंग्वेज इंडियन चिल्ड्रेन्स लिटरेचर' में लेखिकाओं ने भारतीय अंग्रेजी के बाल साहित्य विशेषकर गल्प साहित्य को 'आकांक्षात्मक साहित्य' 'एसपिरेशनल लिटरेचर' कहा है। कृतिकार लेखन के बहाने कुछ समस्याओं को हल करना चाहता है। इसीलिए लेखक गण बाल श्रम, बाल अधिकार , किशोर अपराध आदि की पृष्ठभूमि को रखकर बालकों का साहित्य रचते हैं। सौदेश्य रचनाएं जरूर आती हैं, पर मनोरंजन की मात्रा कम हो जाती है। सुप्रिया गोस्वामी ने 'कोलोनियल इंडिया इन चिल्ड्रनर्स लिटरेचर' में भी इसी परंपरा का उल्लेख किया।

भारत में बाल साहित्य के अंग्रेजी लेखकों ने बच्चों को हैरी पोटर नुमा पाश्चात्य पात्रों एवं पुस्तकों से आगे जाकर पढ़ने के लिए प्रेरित किया है। 'हार्डी बॉय्ज़ ' और 'नेंसी ड्रू' नुमा पुस्तकों को पढ़ने वाले सुभद्रा सेन गुप्ता की 'फोकसी फोर एडवेंचर' सीरिज भी पढ़ते हैं। वस्तुतः भारतीय बालक हैरी पोटर, रोअल्ड दहल और एनिड ब्लायटन से परिचित होने के साथ ही अमर चित्रकथा, चाचा चौधरी एवं चिल्ड्रेन'स बुक ट्रस्ट की अनेक कृतियों को भी चाव से पढ़ते हैं। उन्हें हैरी पोटर के साथ ही रस्किन बांड का 'रस्टी' भी पसंद है। संप्रति 'कथा' की संस्थापिका गीता धर्मराजन (डेज विद थाबू, द फेमस स्माइल, डायनोसार लोंग एज किड्स), नंदिनी नैयर (व्हाट शैल आई मेक, व्हेअर इज अम्मा, प्रन्वस पिक्चर), संजीव जायसवाल (द रायल टूथेक, प्ले टाइम),रोहिणी निलेकनी (एनुअल हेयर कट डे, टू मैनी बनानाज), अनुष्का रविशंकर (द रयूमर), सुधा मूर्ति (ग्रांडमाज बैग ऑफ स्टोरीज, मैजिक ड्रम), देवदत्त पटनायक (कामा व यमा, सरस्वतीज सिक्रेट रिवर), पारो आनंद (वाइल्ड चाइल्ड, आई एम नोट बटर चिकन), मंजुला पद्मनाभन (सिटी लाइट्स) आदि इस क्षेत्र में सक्रिय हैं।सुधा मूर्ति और ट्विंकल खन्ना को भी हम इस क्षेत्र में एक महत्वपूर्ण हस्ताक्षर मानते हैं। पेंग्युइन बुक्स, रत्नासागर, यंग एंजिल्स, स्टर्लिंग पब्लिशर्स, स्कोलास्टिक इंडिया, पफिन बुक्स, चिल्डर्नस बुक ट्रस्ट, हार्पर कोलिंस आदि ने नए लेखकों को भी यथासंभव बाल साहित्य लेखन के लिए प्रेरित किया है।

13

साहित्यिक और साहित्येतर पत्रकारिता

भारत में ईसाई मिशनरियों की तत्कालीन आवश्यकताओं की पूर्ति के लिए पहला छापाखाना सन् 1556 में पुर्तगाल से आया और गोवा में स्थापित किया गया। पहला समाचार पत्र था 'बंगाल गजट' और यह जेम्स अगस्तस हिकी ने 1780 में प्रकाशित किया। पर यह यूरोपी लोगों के लिए था। बाद में कई अन्य पत्र भी निकले जैसे जॉन बुल, कलकत्ता जर्नल, बंगाल हरकारू आदि। वारेन हेस्टिंग्स की आलोचना करने के जुर्म में बंगाल गजट 1781 में बंद कर दिया गया। बाद में राजा राम मोहन राय की प्रेरणा से उनके शिष्य गंगाधर भट्टाचार्य ने 1816 में 'बंगाल गजट' प्रकाशित किया। राममोहन राय ने भी अपनी अंग्रेजी पत्रिका प्रकाशित की। इन प्रारंभिक पत्र-पत्रिकाओं का प्रयास भारत की संस्कृति, धर्म, दर्शन आदि के बारे में विदेशी पाठकों को जानकारी देना था। समाज सुधार की ओर कोई इशारा कर देनी बड़ी बात होती थी। धीरे धीरे कुछ परिवर्तन हुए। 1857-1859 में स्थिति बदली। अचानक भारतीय पत्रों में स्वतंत्रता को लेकर प्रश्न उठे। 'द हिंदू' मद्रास और 'अमृत बाजार पत्रिका' कलकत्ता ने उल्लेखनीय भूमिका अदा की। सिलसिलेवार देखें तो निम्नलिखित अनुक्रमणिका बनेगी-

1780 -जेम्स हिकी का 'बंगाल गजट' साप्ताहिक पत्र

1782 -मद्रास कूरियर का प्रारंभ

1791 -बोम्बे हेराल्ड का प्रकाशन

1792 -बोम्बे कूरियर का द्विभाषी (अंग्रेजी-गुजराती) प्रकाशन

1816 - गंगाधर भट्टाचार्य के संपादकत्व में बंगाल बजट, राजा राममोहन राय के संपादन में 'द ब्राह्मनिकल मैग्जीन'

1822 - फरदुंजी मर्जबान द्वार चंद्रिका समाचार गुजराती में

1826 - 'उद्दंत मार्तन्ड' प्रथम हिंदी समाचार पत्र

राजा राममोहन राय को आधुनिक भारत में 'रेनेसां' का पुरोधा कहा जाता है। उन्होंने 1822 में कलकत्ते से 'जामेजहाँ' नामक साप्ताहिक पत्र हिंदी में निकाला और बाद में मौंटगोमरी मार्टिन के संपादन में 'बंगदूत' साप्ताहिक का प्रकाशन प्रारंभ कराया जो अंग्रेजी, बंगला, फारसी और हिंदी में प्रकाशित होता था। राममोहन राय अंग्रेजी पत्र 'बंगाल हैराल्ड' के माध्यम से प्रेस की सेंसरशिप के विरोध में आंदोलन किया। सतीप्रथा के विरोध में लिखा। राजा राममोहन राय के बारे में 'द टाइम्स' पत्र ने 30 सितंबर 1833 को लिखा था, 'ही रोट ऐंड स्पोक इंग्लिश विद ईज ऐंड एक्यूरेसी ऐंड इविन एलिगेंस'। भारतीय अंग्रेजी के प्रथम कवि डेरेजिओ ने हिंदू कॉलेज छोड़ने के पश्चात पत्र-पत्रिकाओं के लिए लिखना व संपादन प्रारंभ किया। वे 'दी ईस्ट इंडियन' के संपादक बने और 'द इंडिया गजट', 'कलकत्ता लिटरेरी गजट', 'द इंडियन मेंगजीन' के लिए लगातार लिखते रहे। काशीप्रसाद घोष ने अंग्रेजी साप्ताहिक 'द हिंदू इंटेलिजेंस' का संपादन किया। उपनिवेशवादी मानसिकता के प्रभाव से अंग्रेजी शिक्षा का प्रसार ज्यों ज्यों हुआ, भारतीय भाषाओं के साहित्य में भी आमूल चूल परिवर्तन प्रारंभ हुआ। सर्वप्रथम लेखकों को गद्य के प्रभाव में ज्ञान हुआ। उन्नीसवीं शताब्दी के उत्तरार्ध से पूर्व ही मराठी में 'दिग्दर्शन', और 'प्रभाकर', तेलुगु में 'वर्तमान तरंगिणी', बंगला में 'तत्वबोधिनी' पत्रिका, हिंदी में 'उद्दंत मार्तन्ड' और उर्दू में 'खैर-ख्वाजे हिंद' का प्रकाशन प्रारंभ हो गया था। इनसे जुड़े लेखक व संपादक अधिकतर अंग्रेजी से प्रभावित थे। कविता की अपेक्षा गद्य में सामाजिक समस्याओं और समाधान की चर्चा करना आसान था। पत्रकारिता को एक अस्त्र की तरह से प्रयोग करना संपादकों ने सीख लिया था - जब तोप मुकाबिल हो तो अखबार निकालो। केशव चंद्र सेन (1829-1984), काशीनाथ तेलंग (1850-1893), महादेव गोविंद रानाडे (1842-1901), सर नारायण चंदावरकर आदि प्रारंभिक अध्यापक, राजनीतिज्ञ, समाज सुधारक ही नहीं थे पत्रकार भी थे। दादाभाई नौरोजी (1825-1917), फिरोजशाह मेहता (1845-1915) और बी. आर. राजम अय्यर (1872-1898) आदि पत्रकार भी थे। रामकृष्ण मिशन के मासिक पत्र 'प्रबुद्ध भारत' के संपादक राजन अय्यर भी डेरोजिओ के समान युवावस्था में ही चल बसे पर उन प्रारंभिक वर्षों में ही उन्होने अंग्रेजी पत्रकारिता की नींव रखी। बेहराम जी मालबारी (1853-1912) और गोवर्धन राम त्रिपाठी (1855-1907) का भारतीय अंग्रेजी गद्य एवं पत्रकारिता में अप्रतिम योगदान है। भारतीय राष्ट्रीय कॉंग्रेस के जन्म से पहले ही मालबारी ने कह दिया था कि भारतीय देश भक्तों की आँखें, स्वतंत्रत भारत को देखने के लिए तरस रही हैं।उन्होंने अपने पत्रों यथा 'दि इंडियन पैट्रियट', 'द वोयस ऑफ इंडिया', 'ईस्ट ऐंड वैस्ट' को सामाजिक जद्दोजहद का माध्यम बनाया। ठाकरे एवं किपलिंग से तुलनीय मलबारी के पत्रकारिता-योगदान को रेखांकित करते हुए लंदन के पत्रा 'द टाइम्स' ने लिखा था 'नो इंडियन जर्नलिस्ट हैज डन मोर दैन मालबारी'। गोवर्धन त्रिपाठी ने 'ईस्ट ऐंड वैस्ट' के लिए लिखा। उनकी साहित्यिक पत्रकारिता गुजराती के साथ ही अंग्रेजी में भी चली।

अंग्रेजी में भारतीय पत्रकारिता की समृद्धि के लिए के. नटराजन , सी.वाई. चिंतामणि और खासा सुब्बाराव के नाम आगे आते हैं। पोथेन जोसेफ, एम। चलपति राव , के. ईश्वर दत्त, जी . वी . कृपानिधि, फ्रेंक मोरेस, और एस. मुलगावकर के नाम भी सूची में हैं। के. एम.मुंशी ने प्रेमचंद के साथ और उनके बाद भी पत्रकारिता सहित अनेक प्रकार के लेखन कार्यों में बड़ी 'जोशीली और जीवित अंग्रेजी' का प्रयोग किया है।

भारतीय उपन्यास के प्रारंभ से ही और भारतीय अंग्रेजी कथा लेखन के जन्म में भी पत्रकारिता का योगदान है। एक तो ये पत्रिकाओं में धारावाहिक प्रकाशित होते थे, दूसरे उनके शीर्षक में 'जरनल' शब्द जोड़ा जाता है। कैलाशचंद्र दत्त ने 'ए जरनल ऑफ फोर्टी एट अवर्स ऑफ दि ईअर 1945' (1835) को 'कलकत्ता लिटरेरी गजट' में प्रकाशित किया और शशि चंद्र दत्त ने 'द रिपब्लिक ऑफ उड़ीसा: ए पेज फोम दि अनाल्स ऑफ द 20th सेंचुरी' (1845) को 'सटरडे ईवनिंग हरारकुरु' में प्रकाशित किया।

श्री अरविंद (1872-1950) को कलकत्ता से प्रकाशित 'वंदे मातरम् (1907) के संपादक के रूप में कार्य करते हुए देशद्रोह के आरोप में गिरफ्तार किया गया । उनके लेखन की गर्मी से अंग्रेज लोग तिलमिलाकर रह गए। उनके लेखन में हर शब्द कूटकूट कर भरा होता था। विराम चिन्ह भी तभी लगाया जाता जब आवश्यकता होती।

सरोजिनी नायडू का स्थान भारतीय अंग्रेजी काव्य-कोकिलाओं में है ही, इनके प्रकाशित वक्तव्यों में निर्भीकता का तत्व गहरा हुआ करता था।

बी मास्टर्स ऑफ व्हाट ऐवर लैंगुएज यू लाइक, सो लॉन्ग एज इट इज द लैंगुएज ऑफ द हयूमन हार्ट ऐंड स्पिरिट। लिटरेचर इज द ओनली वे ट्रुथ कैन बी कैप्ट अलाइव।

महात्मा गांधी के भारत आगमन से पूर्व ही भारतीय बुद्धिजीवी समाज में सुधार को लेकर गहन मतवैभिन्य था। धार्मिक सुधार , सती-प्रथा,बाल विवाह विरोध, अंग्रेजी माध्यम का पक्ष या विरोध, सरकार की नीति से विरोध आदि अनेक मतों के प्रकाशन में अंग्रेजी पत्रकारिता की भूमिका रही। उस समय के कुछ महत्वपूर्ण पत्रकार आज भी आदर से स्मरण किए जाते हैं। मराठी में लोकमान्य बाल गंगाधर तिलक ने पत्रकारिता के बल से ही दुनिया को हिला दिया था। सतीश चंद्र मुखर्जी ने 1897 में 'डान' पत्रिका निकाली। बंबई में रानाडे ने 'इंदु प्रकाश' जिसमें श्री अरविंद लिखा करते थे। मद्रास में शंकरन नायर की प्रेरणा व जी. सुबरमणियम के संपादकत्व में 'द हिंदू' का प्रकाशन हुआ। पट्टाभि सीता रमैया ने 'जन्मभूमि' साप्ताहिक का संपादन भी किया।

स्वतंत्रता से पूर्व भारतीय पत्रकारिता के समक्ष एक मिशन एवं ध्येय था। अंग्रेजी एक सशक्त माध्यम था। इसी प्रभाव के चलते स्वतंत्रता के पश्चात भी पत्रकारिता मिशन ही रही पर सभी के लिए नहीं। खासा सुब्बाराव 'स्वतंत्र' एवं 'स्वराज्य' पत्रों के संपादक थे और उनकी कृति 'द स्ट्रीट ऑफ द लाइमलाइट ' (1941) उल्लेखनीय है। इसी तरह ईश्वर दत्त की कृति 'द स्ट्रीट

ऑफ इंक (1956) आत्मकथात्मक शैली में लिखित भारतीय अंग्रेजी पत्रकारिता के इतिहास पर दृष्टि दौड़ाने वाली अमूल्य कृति है। पी. जोसेफ का स्तंभ 'ओवर ए कप ऑफ टी' बहुत प्रसिद्ध हुआ। जी. वी. कृपानिधी, फैंक मोरेस, ए. डी.मनी, शाम लाल आदि ने भारतीय अंग्रेजी पत्रकारिता को दिशा दी। यूँ तो पत्र-पत्रिकाएँ और विशेष रूप से समाचार पत्र का जीवन प्रातः से संध्या तक का होता है। लोग अच्छे कॉलम पढ़ते हैं, भूल जाते हैं। स्मृति में यदा कदा कुछ नाम अंकित रह जाते हैं। एम. चेलापति राव, एस. मुलगांवकर, के. रंगास्वामी, कुलदीप नैयर , वी. के. नरसिंहन, ए. डी. गोरवाला, एच.वी.आयंगार, आदि के नाम इसी प्रकार अंकित है। इनके लिखे संपादकीय लोग चाव से पढ़ते थे।

प्रख्यात लेखिका वर्जिनिया वुल्फ़ ने पत्रकारिता को पुस्तक रूप में प्रस्तुत करने की आदत को अपठनीयता से जोड़ा है। जर्नलिज्म एम बाम्ड इन ए बुक इज अनरीडेबल। किंतु हम देखते हैं कि बड़े-बड़े लेखकों ने ऐसा किया है। कोबट और विलियम हैजलिट गद्यकार भी थे और पत्रकार भी। स्टिवेंसन, बीरबूम, लिट्टन स्ट्रेचे, जॉर्ज ओरवेल और स्वयं वर्जिनिया वुल्फ़ पत्रकार थे। भारतीय अंग्रेजी में चेलापति राव ने नेशनल हेराल्ड के संपादक के रूप में तथा खुशवंत सिंह ने 'दि इल्ल्स्ट्रटिड वीकली ऑफ इंडिया' के माध्यम से भारतीय अंग्रेजी साहित्य के लिए नए लेखकों को तैयार किया। वी.के. नरसिंहन की तरह 'द हिंदू' के एन रघुनाथन का नाम भी भारतीय अंग्रेजी साहित्य में अंकित है। इन्होंने 'विघ्नेश्वर' के नाम से लिखा और 'सोटो वोस' साप्ताहिक निबंधों में इनका भारतीय परंपरा के प्रति आग्रह और अंग्रेजी भाषा की ठसक हमें अंग्रेजी गद्य और निबंध के पिता फ्रांसिस बेकन व हिंदी के रामचंद्र शुक्ल का स्मरण कराते हैं।खुशवंत सिंह ने अपने सदाबहार कालम 'विद मैलिस टु वन ऐंड अल्ल ' के माध्यम से पत्रकारिता के नए कीर्तिमान कायम किए। आउट लुक (17-10-2005) में वे कहते हैं कि पत्रकारिता साहित्य की हरामी (बासटर्ड) संतान नहीं होती बल्कि पत्रकारिता से ही साहित्य की वंशवृद्धि होती है। समस्या यह है कि आज का पत्रकार शाम लाल सा बहुज्ञ नहीं, बहुपठ नहीं।

भारत में चार प्रमुख प्रकाशक संस्थान हैं जो प्रायः सभी अंग्रेजी व भारतीय भाषाओं के समाचार पत्रों को नियंत्रण में रखते हैं - टाइम्स ऑफ इंडिया, इंडियन एक्सप्रेस, हिंदुस्तान टाइम्स एवं आनंद बाज़ार पत्रिका समूह। और भी अनेक समूह हैं। इसी प्रकार अंग्रेजी पत्रिकाओं ने भी पत्रकारिता आन्दोलन को हवा दी। फिल्मी पत्रिका 'स्टार डस्ट' ने सेलिब्रेटी जर्नलिज्म का सूत्रपात किया। 'इंडिया टुडे' ने गंभीर और संतुलित लेखन के द्वारा अपनी पैठ बढ़ाई और सुमन दूबे तथा शेखर गुप्ता जैसे कई लेखक समाचार पत्रों की ओर मुड़े। टी. एन. निनान ने 'द एकोनोमिक टाइम्स' संभाला। अस्सी के दशक से बम्बई ने पत्रकारिता को खालिद अंसारी, बेहराम कोंतरक्तर , शोभा डे आदि दिए। 'मिड-डे' और 'ब्लिट्ज' पत्रों का अपना महत्व है। विनोद मेहता, अनिल धरकर, मिन्हाज मर्चेंट, प्रितिश नंदी आदि प्रमुख पत्रकार लेखक रहे।

प्रितिश नंदी ने कवि-लेखक के साथ ही टाइम्स ग्रुप के संपादक के रूप में नए कीर्तिमान स्थापित किए। धीरेन भगत, केरसी कार्तक, निर्मल गोस्वामी और महेश भट्ट आदि ने पहल की। मुंबई पत्रकारिता ने नब्बे के दशक तक ढलना शुरू कर दिया था । इसमें अनेक लेखक आज तक सक्रिय हैं। 'शोभा डे' भारतीय अंग्रेजी लेखन में एक महत्वपूर्ण नाम माना जाता है।अशोक मलिक, मधु त्रेहन, आर. जगन्नाथन, पी. साईंनाथ, जे. गोपीकृष्णन, सुचेता दलाल, एम. जे. अकबर, कंचन गुप्ता, स्वप्न दास गुप्ता, अरूण शौरी आदि भारतीय अंग्रेजी पत्रकारिता के अमित नक्षत्र हैं। इनके कई पुस्तकाकार प्रकाशन भी हैं और इनमें से कई टेलीविजन पर भी देखे जाते हैं। ट्विटर, फेस-बुक, डिग, माई स्पेस, लिंक्डइन और ब्लॉग के युग में पारंपरिक पत्रकारिता के साथ ही सोशल-मीडिया का चलन भी हुआ है। युवा वर्ग इनसे काफी जुड़ा है। डिजिटल पत्रकारिता का यह शैशव है। वस्तुतः पत्रकारिता उन लोगों की आवाज ही तो है जिन्हें कुछ कहना है। अमेरिका के कई विश्वविद्यालयों में डिजिटल पत्रकारिता पर कोर्स शुरू हो गए हैं। इसी प्रकार राजदीप सरदेसाई और अरनब गोस्वामी सरीखे कई पत्रकार उसी प्रकार लेखन की ओर भी प्रवृत्त दिखाई देते हैं जैसे आलोक मेहता, चंदन मिश्रा, कोमी कपूर, दिलीप पडगांवकर, इंद्र मल्होत्रा और प्रभु चावला आदि ने कभी किया था। गौतम अधिकारी , बरखा दत्त, कुंदन एल. व्यास, मृणाल पांडे , एन.रवि, एस. निहाल सिंह, सुमित चक्रवर्ती, श्रवण गर्ग, वाई. सी. हालन, एन. रामम जाहिद अली खान आदि अनेक लेखक पत्रकार और पत्रकार लेखक हैं। टी.वी. पत्रकारिता का अपना एक दर्शन और प्रभाव है।इसके बारे में आकलन कभी होगा।

इस प्रकार लेखन, मीडिया और साहित्य का पत्रकारिता जगत के वर्तमान परिदृश्य में इतना कुछ तालमेल हो गया है कि कोई सीमा रेखा नहीं खींची जा सकती। आज का साइबर पत्रकार पीत-पत्रकारिता जैसे तमगों की परवाह नहीं करता। न ही वह खेमेबाज है। पत्रकारिता प्रारंभ से ही जुझारू रही है। जवाहर लाल नेहरू ने जब 'नेशनल हेराल्ड' (1938) की नींव डाली तब भी और आपातकाल में भी तथा 'शहजादा, आम आदमी और नमों' के युग में भी।

साहित्यिक पत्रकारिता/साहित्य और पत्रकारिता के वर्तमान परिदृश्य के प्रतिनिधि लेखक के रूप में अरविंद अडिगा को देखा जा सकता है। 2008 के बूकर पुरस्कार से सम्मानित कृति 'द व्हाइट टाइगर' और तत्पश्चात आए कथा संग्रह 'विटवीन द असेर्स नेशन्स' में भारतीय जीवन की झांकी पत्रकार की कलम से प्रस्तुत की गई है। उनका पत्रकारिता व साहित्य के पारस्परिक संबंध पर कहना है –जर्नलिज्म इज ए वे ऑफ गैदरिंग मैटिरियन फोर द फिक्शन आई वुड लाइक टू राइट, बट फंडामेंटली द स्किल्स आर एन्टीथेटिकल।

14

भारतीय डायस्पोरा द्वारा लेखन

Literature has little or nothing to do with a writer's home address.- Salman Rushdie

' द न्यू यॉर्कर' में सलमान रश्दी ने घोषणा की थी कि साहित्य का साहित्यकार के घर के पते से थोड़ा बहुत या न के बराबर ही लेना देना होता है। साहित्य विश्व से बातचीत का माध्यम है (लिटरेचर इज़ ए मीन्स ऑफ होल्डिंग ए कान्वरसेशन विद द वर्ल्ड।) कुछ विद्वान कहते हैं कि 'प्रवासी लेखन' लेखन को विभाजन करने का सही तरीका नहीं है। अंग्रेजी में सोचकर हिन्दी में लिखने वाले कथाकार तेंजिंदर शर्मा के अनुसार दरअसल ये रिजर्वेशन्स पॉलिसी है वही गलत है, षड़यंत्र है, महिला लेखन या दलित लेखन, प्रवासी लेखन ये गलत है। मतलब साहित्य को खानों में नहीं बांटा जाना चाहिए। किन्तु यह होता है।

भारतीय अंग्रेजी साहित्य का प्रत्येक अध्ययन अधूरा रहेगा यदि हम प्रवासी भारतीयों के योगदान की ओर कम से कम विंहगम दृष्टिपात न कर लें। उन्नीसवीं शताब्दी के प्रारंभ से ही भारतीय विदेशों में जाकर बसने लगे थे। वस्तुतः यह जो शब्द हैं- डायस्पोरा -इसे भी समझा जाए। नए और पुराने डायस्पोरा के अंतर को भी देखें और समझा जाए कि 1830 से 1917 के बीच फिजी , त्रिनिदाद, मारिशस , दक्षिण अफ्रीका , मलेशिया, सूरीनाम और गुयाना आदि देशों में जबरन या लालच से ले जाए गए भारतीय तथा बाद में आस्ट्रेलिया , इंग्लैंड, अमेरिका, कनाडा आदि देशों में सहर्ष जा बसे भारतीयों में अंतर है। 'गिरमिटिया' मजदूरों और आई टी इंजिनियरों में अंतर होगा ही। स्वतंत्रता से पूर्व कुछ और उसके पश्चात अनेक भारतीयों ने शिक्षा व व्यवसाय के लिए विदेश प्रवास किया था । बाद में 'ग्रीन कार्ड' लेकर वस गए भारतीय भी अंग्रेजी साहित्य के विकास में योगदान करते रहे हैं।

सीप्रसाद (श्रीप्रसाद नायपॉल ;1906-1953) और बाद में उनके दो पुत्र विद्याधर एवं शिवधर नायपॉल को हम ऐसे ही प्रवासी भारतीय साहित्यकारों की पहली पंक्ति में देखते हैं।

श्रीप्रसाद नायपॉल ने 1943 में प्रकाशित 'गुरुदेव ऐंड अदर इंडियन टेल्स' के द्वारा इस लेखक में पहली बार गिरमिटिया लोगों के दर्द को अभिव्यक्ति दी। उन्होंने 'द त्रिनिदाद गार्डियन' नामक समाचार पत्र का संपादन भी किया था इसलिए संपादकीय और पत्राकारिता शैली का प्रभाव इनकी रचनाओं में है। हिंदी और उसकी अन्यान्य बोलियों के शब्द, त्रिनिदाद की ठसक और अंग्रेजी का बिखराव, हास्य, व्यंग्य, पीडा, इतिहास और यथार्थ को अभिव्यक्त करती सहज शैली के कारण श्रीप्रसाद को आज भी चाव से पढ़ा जाता है। शिवा नायपॉल (1945-85) ने अपने उपन्यासों जैसे 'फायरलाइज' (1970) और 'द चिप-चिप गैदरर्स' (1973) में अपने पिता के दाय को आगे बढ़ाया। 'बियोंड द ड्रेगन्स माउथ' (1984) में पत्रकारिता और कथा लेखन का अद्भुत समागम है। गिरमिट डायसपोरा के अन्य उल्लेखनीय लेखक हैं - हरोल्ड लाड (त्रिनिदाद – कनाडा) नो पेन लाइक दिस बॉडी (1972), सुब्रामनी (फिजी) सत्तू (1988), साइरल देवीदीन (गुयाना-कनाडा)- द विजार्ड स्वामी (1985), डेविड देवीदीन (गुयाना, इंग्लैंड)-कुली ओडीसी (1988) और नील बिशुनदत्त (त्रिनिदाद-कनाडा)। ये सभी लेखक उपनिवेशवादी कारणों से विस्थापित किए गए एवं शोषण का शिकार होने के कारण अपने जीवनानुभवों को शब्दबद्ध करते समय अतीत का गौरव गान, वर्तमान के प्रति खिजलाहट एवं भविष्य के प्रति आशा का भाव रेखांकित करते हैं। इसके विपरीत गिरमिटिया के रूप में भूत न होने वाले लेखकों का अपना जो समूह है उसके रचनाकार स्वतन्त्रता-पूर्व भारत में जन्में होने के कारण मातृभूमि से बिछोह की गाथा गाते समय उस तरह वियोग के कारण विलापोन्मुख नहीं होते। ऐसे प्रारंभिक रचनाकारों में मेनन मरथ (1906-2003) शान्ता रामा राऊ (1923-2009)और बाल चंद्र राजन (1920-2009) और विक्टर अनंत (1929-1999) प्रमुख हैं। मरथ के उपन्यास 'द वुड ऑफ स्प्रिंग' (1960)और 'एन आइलैंड फोर सेल' (1968) में कथाकार ठीक वैसे ही भारत का आत्मीयतापूर्ण वर्णन करता है मानों उसने अभी देश छोड़ा हो। शान्ता रामा राऊ ने आत्मकथात्मक उपन्यास 'होम टू इंडिया' (1945) में लेखिका ने पूरी गंभीरता से यहाँ सफल रहे स्वाधीनता आन्दोलन की चर्चा की है। अपने अन्य उपन्यासों 'रिमेंबर द हाउस' (1956) और 'द एडवेंचरर' (1970), तीन यात्रा वृत्तातों 'ईस्ट ऑफ होम' (1950) आदि में भारत के प्रति रामा राऊ की जिज्ञासा अधिक व जानकारी कम बहुत से प्रश्नचिन्ह छोड़ती है। वे भारत में दो एक वर्ष ही रही होंगी, इसलिए भी। समस्या तब भी होती है जब कोई विदेश प्रवास से बहुत अर्से बाद आता है। बालचंद्र राजन के उपन्यास 'द डार्क डांसर' (1958) और 'टू लोंग इन द वैस्ट' (1961) को उतनी ख्याति न मिली जितनी उन्हें मिल्टन, येट्स एवं टी.एस. ईलियट के समालोचक होने तथा केंब्रिज में प्रोफेसर होने के कारण मिली थी। विक्टर अनंत ने अपने उपन्यास 'द रिवोल्विंग मैन' में एक रेलवे क्लर्क और पत्रकार के चरित्रों द्वारा मानव के द्विभाजन की समस्या पर विचार किया है। 'थाली का बैंगन' सी गति होती है प्रवासी की। इस 'हम्पटी-

डम्पटीनुमा' जीवन में धोबी का कुत्ता बन गया जीवन और उसकी मार्मिक गाथा के लिए विक्टर अनंत का उपन्यास 'सैक्रेड काऊ' (1996) भी पढ़ा जाता है।

प्राचीन प्रवासी लेखकों का एक ऐसा भी वर्ग है जो न गिरमिटिया श्रेणी में आता है और न स्वेच्छा श्रेणी में। कुछ ऐसे भी लेखक हैं जो अपने भौगोलिक-राजनीतिक संदर्भों को स्वयं तय करते हैं। कुछ ऐसे व्यापारी और नौकरीपेशा लोग जिन्होंने उपनिवेशवादी शासन की आवागमन नीति का लाभ उठाते हुए पूर्वी और दक्षिण अफ्रीका में जा बसना उचित समझा। ऐसे लोगों को कथाकारों ने विषय भी बनाया और स्वयं लेखन भी किया। उदाहरण के लिए जी. वासन (1950-) कीनिया में जन्में तथा तंजानिया में बसे भारतीय मूल के ऐसे लेखक हैं जिन्होंने कनाडा में जाकर 'टोरंटो साउथ एशियन रिव्यू' का संपादन किया। 'उहुरु स्ट्रीट' (1991) इनका प्रतिनिधि कहानी-संग्रह हैं और तीन उपन्यास 'द गनी सेक' (1989), नो न्यू लैंड (1991) और 'द बुक ऑफ सिक्रेट्स' (1995) खासे चर्चित रहे हैं। गुजरात के शम्शी व्यापारियों के जीवन का सचित्र चित्रण इनके लेखन की विशेषता है। अहमद ईसोप (1931 -) ने सूरत से जोहानसबर्ग जाकर स्कूल मास्टरी के साथ ही कथा लेखन किया। 'द हाजी ऐंड अदर स्टोरीज' (1978) और द विजिटेशन(1979) इनकी प्रतिनिधि रचनाएँ हैं। मुस्लिम समाज के रीति-रिवाज इनकी रचनाओं में सुंदर बन पड़े हैं।

पुरानी पीढ़ी से हटकर नई पीढ़ी के प्रवासी भारतीय रचनाकारों में वेद मेहता(1934-) का प्रमुख स्थान है। चार वर्ष की आयु में ही नेत्र-ज्योति समाप्त होने के बाद भी इन्होने आक्सफोर्ड और हार्वर्ड में पढ़ाई की। तीस साल तक 'द न्यू यार्कर' पत्र के स्टाफ राइटर रहे और कथा-कहानी, जीवनी, यात्रा-वृतान्त, दर्शन निबंध और आत्मकथा सभी का लेखन किया। जवाहर लाल नेहरू के ये प्रिय लेखक थे। देश को परदेश से मिलाकर देखते हुए वेद मेहता ने 'पोर्ट्रेट ऑफ इंडिया' (1970) से लेकर 'ऑल फोर लव' (2001) तक की रचना की। अमेरिका की आलोचनात्मक वेद मेहता के अतिरिक्त या कहें उनके समकालीन व पदानुगामी अनेक साहित्यकार हैं जैसे भारती मुखर्जी (भारत-अमेरिका), फारुख ढोंढी (भारत-ब्रिटेन), जी.एस. शरतचंद्र (भारत-अमेरिका), आगा शाहिद अली (भारत-अमेरिका), सलीम पीरंदीना (भारत-अमेरिका) रोहिंतन मिस्त्री (भारत-कनाडा), सुजाता भट्ट (भारत-जर्मनी), पिकू अय्यर (ब्रिटेन), और मीरा स्याल (ब्रिटेन) आदि। इस नई पौध ने लेखन के नए आयाम प्रस्तुत किए , ये लेखन प्रवासी विषयों को दो-फाड करके यह बताते हैं कि वे जहाँ हैं वहाँ की बात करने का हक ही नहीं रखते बल्कि उसे भारत से पुनः जोड़ने की चेष्टा को ही रचना धर्म मानते हैं। फारुख ढोंढी (1944 -) ने अपनी रचनाओं के माध्यम से काम, राजनीति, अपराध, विस्थापन, राष्ट्रीयता, सांप्रदायिकता, सौंदर्यशास्त्र और नस्लवाद के कुछ ऐसे मुद्दे उठाए हैं जो भारत को ब्रिटेन से मिलाते हुए भी अलग रखते हैं। रामायण-पवित्र कुरान, वाल्मीकि और डेविड स्ट्रोन, जमाइकन

क्रिओल और मसाला अंग्रेजी, उच्चवर्गीय भारतीय और वैस्ट इंडियनों के बीच के साम्य-वैषम्य और परस्पर टकराव व प्रीति को कलमबंद करते हुए 'कम टू मक्का ओर अदर स्टोरीज' (1978) से लेकर ट्रिप टैप (1982) तक अनेक रचनाएं दी। रोहिंतन मिस्त्री (1952 -) ने 'टेल्स फ्रोम फिरोज़शाह बाग' (1987) कथा संग्रह व 'सच ए लोंग जर्नी' (1991) और 'ए फाइन बैलेंस (1996) आदि उपन्यासों के माध्यम से पारसी समुदाय के दुख-दर्द एवं आशा-विश्वास को स्वर दिया। जी. एस. शरतचंद्र ने 'भरत नाट्यम डांसर' (1968) नामक काव्य संग्रह और 'रीज़न्स फॉर स्टेइंग' (1970), 'वन्स और ट्वाइस' (1974) और 'फैमिली ऑफ मिरर्स' (1953) का लेखन किया। शरत चंद्र अपनी रचनाधर्मिता को इस तथ्य की अभिव्यक्ति हेतु व्यक्त करता है कि वह एक साथ तीन देशों के साथ रहने को अभिशप्त है और समझ नहीं आता कि किसके प्रति उसकी वफादारी है या होनी चाहिए।

इस चर्चा में यह उल्लेखनीय है कि जैसा मैरी लुई प्राट ने अपने अध्ययन 'इन इंपीरियल आइज: ट्रेवल राइटिंग ऐंड ट्रांसकल्चरेशन' में कहा था कि यूरोपीय साम्राज्यवाद ने कम से कम चार संपर्क जोन के माध्यम से आपसी तालमेल बनाया। प्रवासी भारतीयों के लेखन में हमें इन संपर्क जोनों का विस्तार मिलता है। चार प्रमुख संपर्क जोनों ने प्रारंभ से ही भारतीय अंग्रेजी साहित्य परंपरा व संस्कृति को एक सामाजिक ढांचा प्रदान करने के दिशा में ठोस कार्य किया। भारत से बाहर भी इसका प्रभाव बना रहा। विदेश प्रवास में रोजगार-जोन की प्रध् ानता देखी जा सकती है। वैश्वीकरण के कारण अब इस जोन में और भी विस्तार होकर केवल अंगेजी भाषी ही नहीं अन्य भाषा-भाषी भी संपकगत हुए हैं। अमेरिका में अनेक भारतीय महिलाएं गई वहाँ बस गई। वैवाहिक संबंध हुए। ऐसे कई रचनाकार इन संपर्कों से आए और उन्होंने अंतर्राष्ट्रीय पाठकों का ध्यान भी आकृष्ट किया। भारती मुखर्जी, मीना एलेक्जेंडर और सुजाता भट्ट, सलमान रुश्दी एवं आगा शाहिद अली एवं विक्रम सेठ इसी श्रेणी में आते हैं। विक्रम सेठ एवं सुनीति नाम जोशी जैसे रचनाकारों ने समलिंगी समाज को भी अपने लेखन के द्वारा चित्रित किया है। धार्मिकताओं के आधार पर अर्थात् धर्म परिवर्तन के माध्यम से संपर्क जोनों की स्थापना जिस जोर-शोर से अठारहवीं, उन्नीसवीं तथा कुछ हद तक बीसवीं शताब्दी में भी हुई वह अब ठहरने लगी है। धर्मनिरपेक्षता भारतीय अंग्रेजी साहित्य एवं साहित्यकारों की विशेषता हैं। हिंदी साहित्य के प्रमुख इतिहास लेखकों ने लेखक परिचय में प्रायः साहित्यकारों की विभिन्नता अनेक अवसरों पर देखते ही बनती है किन्तु उनके धर्म , कुल, वंश और समुदाय की चर्चा प्रायः उस तरह नहीं की जाती। हाँ, उसके कारण उनके विषय-क्षेत्र एवं अभिव्यक्ति में कोई विशेषता आई हो तो दूसरी बात है। प्रवासी भारतीय लेखकों में अंतर सांस्कृतिक भिन्नता को भी बढ़ावा मिला है। कभी यह मित्रता किपलिंग, ई. एम. फोर्सटर या राजा राव जैसे प्रमुख लेखकों तक सीमित रही किन्तु अब भारतीयों का अन्य देशवासियों ने भारतीय अंग्रेजी लेखन के भाषा प्रवाह

को भी प्रभावित किया है। काचरू (1982) के अनुसार अब भारतीय अंग्रेजी लेखन अफ्रीकन-अमेरिकन, जमाइकन, आइरिश, नाइजीरियन फिजियन और आस्ट्रलियन इंग्लिश आदि जैसा विशिष्ट हैं और इसमें भी शैली व भावगत अनेक विशेषताएँ दृष्टिगोचर होती हैं। 'द डिस्टिंक्शन ऑफ रीसेंट इंडियन-इंग्लिश राइटिंग में बी प्रिसाइसली दैट इट एपरोप्रिएट्स एलमोस्ट एवरी एविलेबल वैरायटी ऑफ द लैंग्वेज विद् इट्स ओम्निवोरस कोस्मोपोलिटन एपीटाइट ।" सबसे महत्वपूर्ण प्रभाव यह हुआ कि प्रवासी भारतीय लेखकों ने 'भारत' को एक वांछनीय आदर्श के रूप में भी देखा। इसके प्रभाव से जो लेखन हुआ वह भी भारतीय अंग्रेजी का अंग है। उदाहरण के लिए सलमान रूश्दी की 'द सेटानिक वर्सिज'(1988) के बाद की रचनाएं -भारती मुखर्जी' का 'जासमीन' (1989), चित्रा बनर्जी दिवाकरूनी का 'अरेंज्ड मैरिज' (1995) आदि। कई प्रवासी रचनाकार भारत को 'फंटसी जगत' चित्रित करके चर्चा में आए। एक ऐसा लेखक वर्ग भी सामने आया जिसने जीवनीपरक व आत्मकथात्मक लेखन के लेबल लगाकर भारतीय अभिजात वर्ग का चित्रण किया। अनीता देसाई, भारती मुखर्जी, सलमान रूश्दी, आगा शाहिद अली, मीना अलेक्जेंडर,और विक्रम सेठ की जीवनियाँ स्पष्ट करती हैं कि उनका भारत में और भारत से आना-जाना भी उनकी पहचान है। कई बार ऐसे रचनाकारों के लेखन को पूर्व के ब्रिटिश 'शैंपेन सुधारवादियों' का सा लेखन माना जाता है। इसी कारण अरुंधति राय के उपन्यास 'द गॉड ऑफ स्माल थिंग्स' (1997) को अंतरराष्ट्रीय साहित्यिक समाज के लिए बाजारू-लेखन कहकर आलोचना की जाती है। पर यह आलोचना एकांगी है।

वस्तुतः प्रवासी भारतीयों द्वारा अंग्रेजी लेखन व साहित्य ने उत्तर उपनिवेशी व उत्तर आधुनिक जगत में नाम कमाया है। भारतीय अंग्रेजी के आलोचना शास्त्र के विकास में होमी भाभा व गायत्री चक्रवर्ती स्पिवाक का अमूल्य योगदान है। धीरे धीरे विभिन्न काव्य रूपों में लेखन के स्थान पर गद्य एवं कथा लेखन के क्षेत्र में प्रवासी भारतीय लेखकों की रचनाधर्मिता विश्व साहित्य में स्थान भी बनाने लगी है एवं चमक भी दिखला रही है।

15

अनुवाद का पक्ष

A traditional brass lamp has several wicks jutting out to be lit. The more numerous the wicks, the brighter the light. The lamp is the same, the oil is the same but it is the wicks that determine the brightness of the light. The lights from the various vicks merege imperceptibly and produce a brightness which is the totality of many lights. Just as many vicks produce one light, India's many languages produce one literature. K. M. George (1984)

भारतीय अंग्रेजी लेखन व साहित्य का सर्वांगीण परिचय तब तक नहीं हो सकता जब तक हम साहित्य के अनुवाद पक्ष का अध्ययन न कर लें। अंग्रेजी में भारतीय भाषाओं से अनुवाद के फलस्वरूप उपलब्ध कराए गए कई ग्रंथ मूल अंग्रेजी के मान लिए गए इसलिए यह अध्ययन और भी आवश्यक जान पड़ता है। उदाहरण के लिए 'गीतांजलि' रवीन्द्र नाथ टैगोर द्वारा मूल बंगला से अनुवाद की गई रचना है। प्रायः इसे अंग्रेजी में लिखी काव्यात्मक कृति मान लिया जाता है।

भारतीय साहित्य की अंग्रेजी में अनुवाद परंपरा को अर्शिया सत्तार ने तीन कालों में विभाजित किया है प्रारंभिक(अर्ली औरियेंटलिज्म), भारतीय पुर्नजागरण (दि इंडियन अवेकनिंग) और स्वातंत्रोत्तर क्रियाकलाप (द पोस्ट - इंडिपेंडेस इंटरप्राइज)। यूँ तो प्रत्येक काल की कुछ विशेषताएँ हैं फिर भी एक प्रकार की निरंतरता भी दृष्टिगोचर होती है। यूरोपीय बौद्धिक समाज में ग्रीक व रोमन युग से ही भारतीय मनीषा की चर्चा हुआ करती थी जिसे इस्लामी इतिहासकारों एवं दार्शनिकों ने और गहनता प्रदान की। सोलहवीं शताब्दी के पश्चात यूरोप में भारत के लिए अथाह उत्कंठा प्रारंभ हुई और 'सोने की चिड़िया' के विषय में आर्थिक दृष्टि के साथ ही ज्ञान

की जिज्ञासा भी बलवती हुई। अनुवाद की आवश्यकता थी ही। यहाँ यह भी उल्लेखनीय है कि सोलहवीं शताब्दी में यूरोपीय मिशनरियों ने हिंदू ग्रन्थों का अनुवाद करना प्रारंभ किया। मैनुअल डी ओलिवीरा ने 'ज्ञानेश्वरी' नामक मराठी ग्रंथ का पुर्तगाली भाषा में अनुवाद किया। यह वह समय है जब रोबर्टो नोबिली अनेक ईसाई कथाओं का तमिल में अनुवाद कर रहे थे। जब वारेन हेस्टिंग्स 1772 में बंगाल के गवर्नर नियुक्त हुए तो उन्होंने ब्रिटिश व्यापारियों एवं अधिकारियों को भारतीय भाषाओं तथा रीति-रिवाजों को समझने के लिए प्रोत्साहित किया। 1778 में ब्रैसी हलहेड ने बंगाली भाषा का व्याकरण अंग्रेजी में लिखा और चार्ल्स विल्किंस ने 'भगवदगीता' का अंग्रेजी में अनुवाद किया। सर विलियम जोन्स (1746-94) ने 1784 में एशियाटिक सोसायटी ऑफ बंगाल की स्थापना की और 1789 में कालिदास की कृति 'अभिज्ञान शाकुन्तलम्' का अंग्रेजी में अनुवाद किया। साहित्य की इस पुन्तक को अंग्रेजी में अनुवाद के माध्यम से प्रस्तुत किया गया था । अनुवाद के कार्य को 1880 में स्थापित श्रीरामपुर मिशन प्रैस ने आगे बढ़ाया। विलियम कैरी, जोशुआ मार्शमैन और विलियम वार्ड आदि ने एक ओर तो बाइबिल को भारतीय भाषाओं में प्रस्तुत करने की ठानी दूसरी ओर शब्दकोश, व्याकरण, पाठ्य पुस्तकें, साहित्यिक पत्र और समाचार पत्र आदि अंग्रेजी में आने लगे। इससे पूर्व ही 1800 में लॉर्ड वेलजली ने फोर्ट विलियम कॉलेज की कलकत्ता में नींव रख दी थी और यहाँ से भी अनुवाद हुए। मोहन प्रसाद ठाकुर और महाराजा कालिकिशन बहादुर ने कुछ फुटकर कविताओं के अंग्रेजी में अनुवाद किए। राममोहन राय ने केन, ईश, कठ और मुंडक आदि उपनिषदों का अनुवाद किया। डॉ विल्सन ने 'मेघदूत' का अनुवाद किया। तब अनुवादक प्रायः धार्मिक एवं साहित्यिक कृतियों में भेद नहीं करते थे और उनके लिए 'शकुन्तला' नाटक, जयदेव के गीत, पुराण, महाभारत और रामायण सभी साहित्यिक अभिरूचि के ग्रंथ थे। हेनरी कोलब्रुक ने 1798 में ही भारतीय विधि संहिता (द डाइजेस्ट ऑफ हिंदू लॉ ओन क्रोंटेक्टस ऐंड सक्सेसन) को अंग्रेजी में प्रस्तुत कर दिया था। टी. एन. ग्रीफ़िथ द्वारा रामायण (1870 – 5) का अनुवाद इसी शृंखला की एक महत्वपूर्ण कडी है।

मन्मथ नाथ दत्त ने महाभारत महाकाव्य का सात खंडों में अंग्रेजी अनुवाद 1895 में प्रस्तुत किया। रोमेश चंद्र दत्त (1840-1909) ने 1899 में रामायण का अनुवाद किया। ग्रीफ़िथ और दत्त के अनुवादों की समीक्षा की जानी चाहिए। वाल्मीकि की रामायण का प्रायः हर पीढ़ी के साहित्यकारों ने अनुवाद किया और महाभारत, भगवत गीता , कालिदास के ग्रंथों आदि की अपनी अनुवाद परंपरा है। 'रामायण ऑफ वाल्मीकि' (1984) के विविध अंग्रेजी अनुवादों को सात खंडों में प्रिंसटन यूनिवर्सिटी प्रेस ने प्रस्तुत किया है। शैल्डन आई. पोलक का इस क्षेत्र में अप्रतिम योगदान है। जिस समय ग्रीफ़िथ अंग्रेजी में 'रामायण' दे रहे थे तभी मोहिनी चटर्जी 'भगवतगीता' को अंग्रेज़ी में अनूदित कर रही थीं। चटर्जी ने अनुवाद की पादटिप्पणियों में

भारतीय विचारधारा का पाश्चात्य धर्मग्रंथों से तुलनात्मक अध्ययन भी प्रस्तुत किया है। ऐसे ही ग्रंथों की सहायता से मैक्समूलर संस्कृत ग्रंथों के प्रकांड पंडित बने।

लोक साहित्य के अनुवाद की परंपरा भी 1793 में तब पड़ी जब डब्ल्यू फ्रेंकलिन ने अठारहवीं शताब्दी की एक ब्रजभाषाई पुस्तक का अनुवाद किया। 'दि लब्ज ऑफ कामरूप ऐंड कामलता' (1793) फारसी के माध्यम से अंग्रेजी में आई। इसी तरह सी.ए. ईलियट ने 'क्रोनिक्लस ऑफ उन्नाव'(1863) में हिंदी-उर्दू के लोकगीतों को प्रस्तुत किया। एफ.एस. ग्राउस ने पंजाबी कवि प्राणनाथ की रचनाओं का अनुवाद 1879 में किया। ग्रीयर्सन ने जब अपने महाकाव्य ग्रंथ 'द मोर्डन लिटरेचर ऑफ हिंदुस्तान' की रचना 1888 में की तो संस्कृत से आगे आकर हिंदी साहित अन्य भारतीय भाषाओं के साहित्य की पहचान भी होने लगी। 1880 से ही 'इंडियन एंटिक्वरी' जैसे पत्रों में अनेक लोक कथाओं के अनुवाद प्रस्तुत होने लगे थे। रिचर्ड टेंपिल, जी.एफ. दामंत, एबी स्टील, पुतलीबाई वाडिया, टी. डब्ल्यू, राइस डेविड और ई.बी. कोवेल आदि ने निरंतर अनुवाद किए और भारतीय साहित्य प्रस्तुत किया। फिर भी स्वतंत्रता से पूर्व के प्रायः अधिकांश अनुवाद संस्कृत केन्द्रित अधिक रहे। साथ ही भारतीय अनुवादकों की संख्या भी नगण्य रही। संस्कृत का वर्चस्व तभी समाप्त हुआ जब भारत को स्वतंत्रता मिली और नेहरु-युग का प्रभाव लेखकों पर पड़ा।

सबसे पहले 1950 में साहित्य अकादमी का गठन हुआ और इसने अनुवाद का लक्ष्य भी निर्धारित किया। देखा-देखी अन्य प्रकाशकों ने भी इसका बीडा उठाया। इसी दौरान अमेरिका की फोर्ड फाउंडेशन और फुलब्राइट स्कालर्स ने एक ओर तो भारतीयों को अमेरिका में पढ़ने के लिए छात्रवृत्तियाँ दीं, दूसरे भारतीयों को भारतीय भाषाओं का अध्ययन-अनुसंधान के लिए प्रेरित किया। ए.के. रामानुजन (1929-93)ऐसे ही एक विद्वान थे जिन्होंने शिकागो विश्वविद्यालय में लगभग तीस वर्ष तक मुख्यतः अनुवाद का कार्य किया। तमिल और कन्नड भाषा के साहित्य से अंग्रेजी भाषियों को परिचित किया। व्हैन गॉड इज ए कस्टमर (1994) इनकी मरणोपरांत तेलुगु से अंग्रेजी में सहअनुवादित कृति है। रामानुजन ने एक नई दृष्टि अनुवादशास्त्र को दी और अनुवाद की एक पीढ़ी तैयार की। तेजस्विनी निरंजना ने इनके अनुवाद की समीक्षा की है(देखें सिटिंग ट्रांसलेशन-1993)। रामानुजन की कृति 'फोक टेल्स फ्रोम इंडिया' (1993) भी वस्तुतः अनुवाद ही है।

उपरोक्त विवरण से स्पष्ट है कि भारतीय साहित्य का अंग्रेजी में अनुवाद न तो कोई नई बात है और न ही यह यूरोपियों के द्वारा यूरोपियों के लिए अनुवाद है। माइकेल मधुसूदन दत्त औररवीन्द्र नाथ टैगोर अपने नाटकों एवं कविताओं का अंग्रेजी में अनुवाद बंगाल के पुनर्जागरण काल में ही करने लगे थे। सुकन्ता चौधरी ने 'ट्रांसलेशन ऐंड अंडरस्टेडिंग' (1999) में इस प्रकार के लेखन को समझते हुए अनुवाद-मात्र मानने से इंकार किया है। अज्ञेय, कृष्ण बलदेव वैद्य ने

हिंदी से, ओ. वी. विजयन और ए.के.थॉमस ने मलयालम से, अरूण कोलाटकर और विलास सारंग ने मराठी से, कुर्तलीन हैदर ने उर्दू से और गिरीश करनाड ने कन्नड से अंग्रेजी में स्वयंम् की रचनाओं के अनुवाद किए हैं। इन जैसे अनेक लेखकों ने अनुवाद का अर्थ विस्तार करते हुए पुनर्रचना और पुर्नलेखन को अनुवाद की संज्ञा दी है। इनका उद्देश्य मूल की आत्मा को प्रस्तुत करना है, न कि मूल के कलेवर ने पहल की।

सत्तर के दशक में अनुवाद के क्षेत्र में कुछ पत्रिकाओं ने पहल की। वागर्थ, सेतु, बोंबे लिटरेरी रिव्यू आदि ने अनुवाद प्रकाशित किए। राजेन्द्र पुरी द्वारा संपादित 'इंक्टेक्ट' पत्रिका में नाटकों के अनुवाद ही प्रकाशित हाते थे। साहित्य अकादमी अनुवाद प्रकाशित करती है और साथ ही उत्तम अनुवादों के लिए प्रकाशन योजना भी है। 'कथा' पत्रिका ने भी अनुवाद कृतियों को पुरस्कृत करना प्रारंभ किया और वार्षिक रूप से अनुवाद संग्रह प्रकाशित किए। नए प्रकाशक जैसे पैंगविन इंडिया, परमानेंट ब्लैक, रविन्द पाल, मनस, स्त्री, सीगल और काली फोर वुमैन तथा पुराने प्रकाशक जैसे मैकमिलन एवं ओरिएंट लोंगमैन आदि ने उत्कृष्ट अनुवादों को प्रस्तुत किया। अमेरिका में गायत्री चक्रवर्ती स्पिवाक ने महाश्वेता देवी की रचनाओं का अनुवाद प्रस्तुत करके भी उल्लेखनीय योगदान दिया है। कई स्थानीय प्रकाशक जैसे पुस्तक महल, रूपा, जयको आदि भारतीय भाषाओं के उत्कृष्ट साहित्य का अंग्रेजी में अनुवाद कराकर प्रकाशित करते हैं। ऐसी अंग्रेजी कृतियाँ भी सफलता पाने लगी हैं जो अनुवाद न होकर भी अनुवाद का भ्रम देती हैं। भारतीयों के लिए अनुवाद करते समय अनुवादक प्रायः ऐसे अनेक शब्दों को अनुवाद योग्य नहीं मानते जिन्हें सभी जानते हैं। 'लड्डू' का अनुवाद 'स्वीट' नहीं करते। इसके दो कारण हैं कि एक तो इससे मूल का स्वाद भी बना रहता है दूसरे भारतीय पाठक विभिन्न भाषाओं के अनुवाद में उस भाषा परिवेश को भी आत्मसात करना चाहते हैं जिसमें मूल ग्रंथ रचा गया है।

यहाँ यह उल्लेख करना भी आवश्यक है कि हिंदी में गद्य के विकास तथा अन्य नई विधाओं की प्रस्तुति में अनुवाद ने महत्वपूर्ण योगदान दिया। उदाहरण के लिए फारसी में उमर खय्याम को रुबाईयों के दर्जन भर अनुवाद 1920-30 में हुए। अंग्रेजी में फिट्जरेल्ड का अनुवाद और हिंदी में कवि बच्चन के अनुवाद दो ही उदाहरण हैं। 'मधुशाला'(1935) को तभी तो सुजित मुकर्जी ने 'न्यू राइटिंग' 'ट्रांसलेशन एज न्यू राइटिंग' कहा है और ऐंडे लेफ़ेवरे इसे 'रिराइटिंग' कहते हैं। 'रामचरितमानस' से 'रामायण' का संबंध और 'रामायण' से भारत की प्रत्येक महत्वपूर्ण भाषा में लिखी गई रामायणों का संबंध तभी रेखांकित किया जा सकता है जब हम अनुवाद के व्यापक धरातल के महत्व को अंगीकार करें।

अनुवाद, हिंदी, अंग्रेजी और भारतीय भाषाओं के परस्पर संबंध को रेखांकित करने के लिए एक दृष्टांत देना चाहूँगा। 1996 में उत्तर उपनिवेशवादी प्रमुख आलोचक और देरिदा की कृति की अनुवादक गायत्री चक्रवर्ती स्पिवाक ने ज्ञानपीठ पुरस्कृत महाश्वेता देवी की रचनाओं का अंग्रेजी

में अनुवाद किया किन्तु ज्ञानपीठ पुरस्कार ग्रहण करते हुए उन्होंने गायत्री चक्रवर्ती स्पिवाक को नहीं अपितु अरविंद कुमार, तत्कालीन निदेशक (नेशनल बुक ट्रस्ट ऑफ इंडिया) का आभार व्यक्त किया जिन्होंने अनुवाद के माध्यम से उनकी रचनाओं को हिंदी सहित भारत की अन्यान्य भाषाओं में उपलब्ध कराया। बहुभाषिकता, द्विभाषिकता एवं अंग्रेजी की पैठ, पूछ तथा प्रभाव को दृष्टिगत रखते हुए यह कहना भी दूर की कौडी लाना न होगा कि राजाराव/मुल्कराज आनंद/ आर.के. नारायण से लेकर सलमान रुश्दी और चेतन भगत तक के भारतीय अंग्रेजी साहित्य के रचनाकार अनुवाद ही तो करते हैं भावों का। चार्ल्स विल्किंस के भगवत गीता के अनुवाद पर वारेन हेस्टिंग ने टिप्पणी की थी कि ऐसी अनूदित कृतियाँ अंग्रेजों के भारत से जाने के पश्चात भी जीवित रहेंगी। शायद आज के विश्व समाज की कल्पना न कर पाए थे जहाँ अंग्रेजी अनुवाद के माध्यम से भगवत् गीता की बिक्री मूल संस्कृत कृति से बहुत अधिक है। भारतीय मानस को विश्व में लोकप्रिय बनाने के लिए भारतीय अंग्रेजी साहित्य ने भारतीय भाषाओं से अनुवाद के माध्यम द्वारा भी अपने कोश में अभिवृद्धि की है।

भारतीय अंग्रेजी साहित्य के अन्य भारतीय भाषाओं के साथ साम्य वैषम्य के साथ ही समेकित रूप से आंतरिक एवं बाह्य अंतर के कारण हुई क्रिया-प्रक्रिया से भी पिछले लगभग दो सौ वर्षों में एक नई स्थिति उत्पन्न हुई है। भारतीय अंग्रेजी साहित्य को अपने अस्तित्व व पहचान के लिए एक अन्य भारतीय भारतीय भाषाओं के साथ तालमेल बनाने में भी अनुवाद की भूमिका रहती है। चाहे कुछ भी कह लें, कुछ विद्वानों के विचार में अंग्रेजी भाषा और उसका भारतीय साहित्य विदेशीपन से मुक्त न होगा। कंठपुर (1938) उपन्यास की प्रस्तावना में उपन्यासकार राजाराव ने स्पष्ट किया था कि अंग्रेजी कोई विदेशी भाषा नहीं बल्कि यह संस्कृत व फारसी के समान हमारे बौद्धिक परिवेश की भाषा है। (इट इज द लैंगुएज ऑफ अवर इंटलेक्चुअल मेक-अप) - लाइक संस्कृत ओर पर्शियन वाज बिफोर) पर उन्होंने यह भी कहा था कि यह भाषा हमारे भावनात्मक परिवेश की भाषा नहीं। (बट नोट ऑफ अवर इमोशनल मेकअप)। इस कथन से यह स्पष्ट हो जाता है कि भारतीय अंग्रेजी लेखक प्रायः दुविधा का शिकार रहा है। समस्या केवल विदेशी भाषा में भारतीय भावनाओं को अभिव्यक्त करने की ही नहीं बल्कि उस परिवेश को एक नए भाषाई समाज के स्वाभाविक रूप में ढालने की भी है। इसलिए यह भी एक अनुवाद ही है। चाहे कोई इसे 'मूल' कृति माने या कहे। दूसरे शब्दों मे भारतीय-अंग्रेजी साहित्य में अंग्रेजी अनुवाद का माध्यम भी है और भारतीय अंग्रेजी में अनुवाद प्रस्तुत करते पाए जाते हैं। इस दृष्टि से भारतीय अंग्रेजी साहित्य उतना ही मूल साहित्य है जितना अनुवाद-साहित्य होता है। यह बात अवश्य है कि यह साहित्य भारतीय भाषाओं से सीधे अनूदित साहित्य नही है।

इस तथ्य को समझने के लिए पाठक को किसी भारतीय अंग्रेजी लेखन के अविकल लेखन का स्मरण करना होगा। जैसे ही पाठक के मन पर एक नाम इंगित होता है,मान लें, रामचंद्र शुक्ल,

वह जान जाता है कि यह ठोक-ठोक कर भरी हुई संस्कृतनिष्ठ परिमार्जित हिंदी उनकी ही हो सकती है। अब दूसरी ओर किसी भारतीय अंग्रेजी के रचनाकार को लें। मान लें, मुल्क राज आनंद उनकी अंग्रेजी में पंजाबी की दृश्यछवियाँ और लय ही नहीं भाषा की खाकी शब्द प्रयोग और अर्थ छवियाँ स्पष्ट अनुभव होंगी। शिव के कुमार और आगा शाहिद अली की कविता में उर्दू का साज है तो ए.के. रामानुजन की कविता में तमिल की खरखराहट और विलक्षणता, राजाराव व अंजना अप्पचना के गद्य में बोलचाल की कन्नड। सुजाता भट्ट (गुजराती), दिलीप चित्रे एवं अरविंद कुमार महरोत्रा क्रमशः मराठी और हिंदी की ध्वन्यात्मकता को छोड़ ही नहीं सकते। निसिम इजेकियल, आदिल जस्सावाला और सलमान रूश्दी की अंग्रेजी में बम्बैयापन आकर रहता है। अमिताव घोष और अमित चौधरी की भाषा में बंगाली का पुट रहेगा ही। भारतीय भाषाओं व अंग्रेजी का इस प्रकार गुंथ जाना और अलग न हो पाना इसमें एक विशिष्ट अनुवादनीयता का छौंक लगा देता है। मूल के साथ अनुवाद का भ्रम भारतीय अंग्रेजी साहित्य की अप्रतिम विशेषता है।

अनुवाद के माध्यम से भारतीय भाषाओं का साहित्य अंग्रेजी ही जानने वाले पाठक तक भी पहुंचता है। पर 'मूल कृति - अनुवादक - लक्ष्यपाठक' के इस सप्रेषण में लगातार बाधा दिखाई देती है। उदाहरण के लिए हिंदी की प्रथम आत्मकथा – अर्धकथानक -लेखक बनारसी दास (1586-1654) को हिंदी में पंडित नाथू राम प्रेमी ने बीसवीं शताब्दी के प्रारंभ में चर्चित किया और 1981 में मुकंद लथ ने इसे अंग्रेजी में 'हाफ ए टेल' शीर्षक से प्रस्तुत किया, इसी कृति को रोहिणी चौधरी ने हिंदी अनुवाद (पैंगविन बुक्स इंडिया(2007) और उनके ई अंग्रेजी-अनुवाद (पेंगुइन क्लासिक्स (2009) का कितने हिंदीवरों ने संज्ञान लिया है? मुकंद लथ का अनुवाद फिर से 2005 में रूपा ऐंड कंपनी ने प्रकाशित किया है। तुलनात्मक अनुवाद के क्षेत्र में शोधरत विद्वान कहाँ है? भारतीय भाषाओं से हिंदी और हिंदी से अंग्रेजी में हुए अनुवादों के अध्ययन की आवश्यकता है। नवंबर 2008 में हुए एक अंतर्राष्ट्रीय सिंपोजियम में प्रस्तुत शोधपत्रों के पुस्तकाकार रूप 'इंडिया इन ट्रांसलेशन थ्रू हिंदी लिटरेचर'(2010) में संपादक द्वय माया बर्जर और निकोला पोज्जा ने उत्तर उपनिवेशी समय में भारतीय भाषाओं और साहित्य के जटिल सम्बन्धों को विश्व के समक्ष रखने में हिंदी से अनुवाद के महत्व को रेखांकित किया है। अंग्रेजी को ही नहीं हिंदी को भी अब - 'फिल्टर लैंगवेज़' बनाने की आवश्यकता को लक्ष्मण खूबचंदानी ने रेखांकित किया है। तात्पर्य यह है कि हिंदी के क्षेत्र में और अंग्रेजी के क्षेत्र में हो रहे लेखन का एक दूसरे को ज्ञान होना चाहिए। इसीलिए अनुवाद किया जाता है किन्तु यदि हम एक दूसरे के प्रयासों को नजर अंदाज करते रहेंगे तो भारतीय समेकित साहित्य की कल्पना को ठेस पहुंचेगी।

इसी से जुड़ी एक बात और है। हिंदी भाषा और साहित्य पर सीधे अंग्रेजी में लिखने वाले अनेक भारतीय व पश्चिमी लेखकों को पाठकों की कमी रहती है। अंग्रेजी पर हिंदी में लिखने

वाले नगण्य ही हैं। उनका लक्ष्य पाठक प्रायः इन गतिविधियों से अनभिज्ञ ही रहता है। प्रेमचंद के पौत्र आलोक राय ने 'हिंदी नेशनलिज्म' (2001) पुस्तक अंग्रेजी में लिखी, उनके पिता अमृत राय (1921-1996) ने 'ए हाउस डिवाइडिड: दि ओरिजिन ऐंड डिवेलपमेंट ऑफ हिंदी-हिंदवी' (1984) अंग्रेजी में ही लिखी। स्वयं प्रेमचंद ने टालस्टाय, चार्ल्स डिकिंस (द स्टोरी ऑफ रिचर्ड डबलडिक), ऑस्कर वाइल्ड (कैन्टरविले), जॉन गाल्सवर्दी (स्ट्राइक), मोपासा, मेटरलिंक , हेंड्रिक वान लून की रचनाओं का अंग्रेजी से अनुवाद किया। प्रेमचंद पर अंग्रेजी में विपुल लेखन है। फ्रांसिका ओरसीनी की वृहदाकार संपादित पुस्तक 'द ऑक्सफोर्ड - इंडिया प्रेमचंद' (2004)इनमें से एक है। रश्मि सदाना ने 'इंग्लिश हार्ट, हिंदी हाटलैंड' (2012) में प्रख्यात साहित्यकार अशोक वाजपेयी से साक्षात्कार के उपरांत यह पाया कि अशोक वाजपेयी महात्मा गांधी अंतरराष्ट्रीय हिंदी विश्वविद्यालय को 'ब्रिटिश कोंसिल ऑफ हिंदी' की तर्ज पर देखना चाहते थे। वे हिंदी-उर्दू को साथ-साथ पढ़ाने की बात करते हैं। उसी तर्ज पर क्यों न हम हिंदी और भारतीय अंग्रेजी को साथ-साथ पढ़ाने का स्वप्न देखें ? स्वप्न क्यों देखें - क्यों न पढ़े पढ़ाएँ? अब वो दिन नहीं रहें जब सत्तर के दशक में निर्मल वर्मा और आदिल जस्सावाला 'बीइंग देअर - आसपेक्ट ऑफ इन इंडियन क्राइसिस' के माध्यम से आपस में झगड़ पड़े थे – द हिंदी राइटर्स आर डिफरेंट बिकोज दे राइट ऐंड टॉक ओनली इन हिंदी, दे डोंट नो ए वर्ड ऑफ इंग्लिश। निर्मल वर्मा के 'हिंदी-ओनली' लेखक-पाठकों ने अब बहुत से पुल पार कर लिए हैं, अनुवाद भी रहा है।

यदि कथा साहित्य व कहानी के संदर्भ में अनुवाद के माध्यम से अंग्रेजी में गई कृतियों की चर्चा न हो तो बात अधूरी होगी। अंग्रेजों के पैर जमाने और विशेष रूप से कलकत्ता में फोर्ट विलियम कॉलेज की 1800 में स्थापना के बाद पहले तो संस्कृत और फारसी के लोक साहित्य जैसे गुलिस्ताँ, चार दरवेश, किस्सा गुल-ए बकावली, सिंहासन बत्तीसी, अलिफ लैला, पंचतंत्र, हितोपदेश आदि के अनुवाद हुए और इस परंपरा को 'वेनुती (1995) के शब्दों में 'अबाध अनुवाद' (फ्रलूएंट ट्रांसलेशन) कहना होगा। स्वतंत्रता के पश्चात एक ओर तो साहित्य अकादमी ने अनुवाद कराए दूसरी ओर यूनेस्को ने भी इस कार्य में सहयोग दिया। उपन्यास/कहानी के क्षेत्रा में कुछ उल्लेखनीय अनुवाद हैं। पाथेर पांचाली (सोंग्स ऑफ द रोड (1968) मूल बिभूति भूषण बंधोपाध्याय, अनुवादक - टी.डब्ल्यू. क्लार्क एवं तारापद मुकर्जी), गोदान-ए गिफ्रट ऑफ ए काऊ(1968), मूल- प्रेमचंद, अनुवादक - गोर्डन रोड्रमल; चीमीन - चीमीन-ए नॉवेल (1962) मूल - तखजी शिवशंकर पिल्लै, अनुवादक - नारायण मेनन। फकीर मोहन सेनापति के उडिया उपन्यास 'छा मन अथ गुंथा' (1902) के (1967) से 1969 तक तीन अनुवाद आए, ऐसे ही प्रेमचंद के गोदान के कई अनुवाद हैं। इसी प्रकार प्रकाशन को सुलभता के पश्चात सत्यजीत रे की कहानियाँ 'एडवेंचर्स ऑफ फेलुदा' (1988) भीष्म साहनी का तमसः डार्कनेस (1989) तथा क्लासिक तेलुगु स्टोरीज (1995) आदि अनुवाद आए। आलोक भल्ला ने तीन खंडों में

'स्टोरीज अबाउट द पार्टिशन ऑफ इंडिया' (1947) में हिंदी और भारत की अन्य भाषाओं की 63 कहानियों को अनुवाद के माध्यम से प्रस्तुत किया। मैकमिलन कंपनी ने आधुनिक भारतीय भाषाओं के 100 से अधिक उपन्यासों को अब तक अंग्रेजी में प्रस्तुत किया है। अनुवाद के इस माध्यम से दलित, स्त्री, अल्पसंख्यकों की आवाज भी दूर-दूर तक पहुँची। उदाहरण के लिए दर्शना त्रिवेदी और रूपाली बर्क ने 'टंग्स ऑफ फायर: दलित स्टोरीज इन इंग्लिश' (2000) को संपादित किया। 'काली फोर विमिन' ने 1987 से महिला लेखन को अनुवाद का स्वर दिया। इस्मत चुगताई की कृति 'द क्विल्ट ऐंड अदर स्टोरीज' (1990) की अनुवादक ताहिरा नकवी हैं। कुर्तलैन हैदर ने अपनी कृतियों को स्वयं ही अनुवाद कर प्रस्तुत किया। इनकी कृति रिवर ऑफ फायर' (1998) को टाइम्स लिटरेरी सप्लिमेंट ने मिलन कुंदेरा और मार्खेज की कृतियों के समकक्ष रखा। 'स्त्री' नामक प्रकाशन गृह ने भी अनेक कहानियों को अंग्रेजी में प्रस्तुत किया जैसे 'द स्ट्रीम विदइन: शोर्ट स्टोरीज बाइ कंटंप्रेरी बंगाली विमिन' (1999)। यहाँ सुजी जेकब थारू और के. ललिता के विशालकाय ग्रंथ का उल्लेख करना असमीचीन न होगा उन्होंने 'विमिन राइटिंग इन इंडिया' (1993) के माध्यम से 600 ई.पू. से लेकर बीसवीं शताब्दी तक की रचनाकारों की कृतियाँ अंग्रेजी में प्रस्तुत कीं। सैकड़ों अनुवादको ने मिलकर इस अनुष्ठान को संपन्न किया।

अनुवाद की चर्चा करना यहाँ इसलिए भी आवश्यक जान पड़ा क्योंकि इस पुस्तक का प्रत्येक पाठक द्विभाषी अवश्य है। चाहे आप अंग्रेजी कथा साहित्य पढने की स्थिति में न भी हों, या केवल अंग्रेजी का ही पढ़ते हों फिर भी आप इस क्षेत्र को अनदेखा नहीं कर सकते। कुछ लेखक जैसे यू.आर. अनंतमूर्ति, ओ.वी. विजयन और भालचंद्र निमाडे चाहे कितना ही ब्रिटिश मॉडल को दुत्कारें पर वास्तविकता यह है कि अन्य देशों के कथा साहित्य से भी आम आदमी का परिचय अंग्रेजी के माध्यम से ही होता है। इससे दो स्थितियाँ बनती है - एक तरफ भारत/विश्व की भाषाएँ और दूसरी ओर अंग्रेजी। सलमान रश्दी ने 1997 में 'विंटेज बुक ऑफ इंडियन राइटिंग' में यह दावा किया था कि गद्य की सभी विधाओं में भारत की 16 भाषाओं में जितना कुछ हो रहा है, उससे ज्यादा अकेली अंग्रेजी में हो रहा है। मैकाले के समान उनकी गर्वोक्ति में कितना सच है इस पर न जाते हुए इस बात पर गौर करना होगा कि ग्लोबलाइजेशन के युग में हो रहा है कि हिंदी की मृणाल पांडे (कथाकार शिवानी की पुत्री) और किरण नगरकर (मराठी कथाकार) अपने सृजन-जीवन के मध्य में अंग्रेजी की तरफ उन्मुख हो जाते हैं। जबकि 1864 में बंकिम चंद्र चट्टोपाध्याय अंग्रेजी का मोह छोड़ बंगला में लेखन की ओर प्रवृत्त होते हैं। इस विडम्बना को क्या कहिएगा? किरन नगरकर का उपन्यास 'रावन ऐंड ईडी' (1995) पढें। उत्तर मिल जाएगा। वस्तुतः भारतीय अंग्रेजी कथा साहित्य का पाठक-समूह समस्त विश्व में व्याप्त है और उसका भाषिक और साहित्यिक ठिकाना जानने की बजाय आज का लेखक ठीक ठिकाने की रचनाएं देना श्रेयस्कर मानता है।

16

आलोचना कर्म

भारतीय अंग्रेजी साहित्य की अपनी एक आलोचनात्मक परंपरा है और इसके प्रमुख हस्ताक्षरों में श्री अरविंद, सी.डी. नरसिम्हैया, गायत्री चक्रवर्ती स्पीवाक ,मीनाक्षी मुखर्जी होमी के भाभा और हरीश त्रिवेदी आदि हैं। इस परंपरा को भारतीय संस्कृत परंपरा से जोड़कर देखना होगा। प्राचीन भारतीय साहित्य शास्त्र में रस, अलंकार, रीति, गुण, ध्वनि, वक्रोक्ति, अनुमान, और औचित्य ये आठ प्रसिद्ध स्कूल रहे हैं। किन्तु ग्यारहवी शताब्दी के पश्चात इस क्षेत्र में ठहराव आया। हिन्दी की रीतिकालीन परंपरा में आलोचना-कर्म प चर्चा चली.

अन्य देशों और भारत की परंपरा से भारतीय अंग्रेजी की आलोचना परंपरा भिन्न है क्योंकि भारतीय समीक्षकों को अपनी राष्ट्रीय गरिमा, महिमा और आवश्यकताओं का ध्यान रखते हुए पश्चिम की परंपरा के समक्ष खड़ा होना भी था। ब्रिटिश उपनिवेशवाद और सामाजिक ताकतों व उनसे उपजी मानसिकता पर श्री अरविंद ने अपने एक पत्र (10 अक्तूबर 1932) में कहा था कि जो तौर तरीके पश्चिम अब अपनाने की सोच रहा है वो भारत में युगों से ज्ञात है, 'बट व्हाइल इन द ईस्ट , द वे टु डु इज़ नोन, द वेस्ट डज नोट सीम यट टु हैव फाइन्ड इट।' श्री अरविंद की रचना 'द फ्यूचर पोएट्री' भारतीय अंग्रेजी आलोचना परंपरा की महत्वपूर्ण उपलब्धि है। इसमें पश्चिम को स्पष्ट बता दिया गया है कि ये साम्राज्यवादी मानसिकता के विरोधी, राष्ट्रीयता के पक्षधर, पूर्व पश्चिम के द्वंद के स्थान पर संतुलन के हामी और उपनिवेशवादी मानसिकता के बहाने पश्चिम की धींगा मस्ती के खिलाफ लिखते हैं । श्री अरविंद ने 2 फरवरी 1936 के एक पत्र में लिखा था कि बहुत से भारतीय अनेक सुशिक्षित अंग्रेजों से बेहतर अंग्रेजी लिखते हैं (मैनी इंडियंस राइट बैटर इंग्लिश देन मैनी इंग्लिश एडुकेटिड मैन)। इन्ही की तरह नरसिम्हैया भी पश्चिम की तरफ खार खाए अंदाज में लेखन करते हैं। वे पश्चिम से पूर्व के दृष्टिकोण को समझने का आग्रह करते हैं । गायत्री चक्रवर्ती स्पिवाक ने मानवाधिकार और स्त्री सशक्तीकरण

की अवधारणा उनके एक निबंध 'कैन द सबल्टर्ण स्पीक ?' (क्या अधीनस्थ बोल सकते हैं ?) में दृष्टिगोचर होती है।होमी के. भाभा ने उत्तर उपनिवेशवादी अध्ययन के क्षेत्र में हाइब्रिडिटी, मिमिक्री, डिफरेंस, और ऐम्बिवेलांस आदि पारिभाषिक शब्द दिये हैं।इन शब्दों से समालोचक यह स्पष्ट करता है कि अपने लेखन से किस प्रकार भारतीय अंग्रेजी लेखकों ने उपनिवेशवादी मानसिकता का प्रबल विरोध और खंडन किया। भाभा पर एडवर्ड सईद (1935-2003) के लेखन विशेष रूप से उनकी कृति 'ओरिएंटलिज़्म'(1978) का प्रभाव है। दूसरी ओर हरीश त्रिवेदी ने हिन्दी और अंग्रेजी दोनों पर कार्य किया है । अनुवाद सैद्धांतिकी पर इनकी बहुत महत्वपूर्ण पुस्तक 'पोस्ट कोलोनियल ट्रांसलेशन थियरी एंड प्रेक्टिस' (1999) सुज़ेन बेसनेट के सह संपादकत्व में आई। इसमें साहित्य समीक्षा और तुलनात्मक अध्ययन दोनों को समेटा गया है। 'इंडियन लिटरेरी क्रिटिसिज़्म: थियरि एंड इंटरप्रेटेशन'(2004) के संपादक जी.एन.दवे, बालकृष्ण सीताराम मरधेकर ('पोइट्रि एंड ऐस्थेटिक थियरि'(1954),कृष्ण रमन (वॉट इज़ लिटेररिनेस (1991), सुरेश जोशी (ऑन इंटरप्रिटेशन (2002) , भाल चंद्र निमाडे (मराठी नॉवेल (1981), ऐजाज़ अहमद (ओरियंटलीज़्म एंड आफ्टर (1992), वी. राघवन (द नंबर ऑफ रसाज़ (1975) , ए. के. रामानुजन, विमल कृष्ण मतिलाल, आर.बी. पटंकर और सुधीर कक्कर और मीनाक्षी मुखर्जी आदि को भारतीय अंग्रेजी साहित्य की आलोचनात्मक पीठिका तैयार करने वाला मानते हैं।

आधुनिक भारतीय आलोचनात्मक अध्ययन के क्षेत्र में आने वाली सबसे प्रमुख बाधा यह है कि आलोचक वर्ग बाहर से आई अनेक आलोचना दृष्टियों को बिना सोचे समझे भारतीय लेखन पर घटाकर देखते हैं किन्तु उन्हे इन दृष्टियों का भारतीयकरण करना नहीं आता। इस क्षेत्र में अभी भी साहित्यिक जीवनियों, आत्मकथाओं , पुस्तक सूचियों और अनूदित कृतियों का अभाव है । साहित्य को ज्ञान के दूसरे क्षेत्रों और सोशल मीडिया और राजनीति आदि से मिलाकर देखना भी नहीं आता। अभी तो आत्म-चिंतन और आत्मबोध भी भारतीय अंग्रेजी लेखक को ऐसा नहीं हो पाया है जिससे वह अपनी परंपरा और संस्कृति से भाषा को जोड़कर देख सके। यह तय है कि साहित्य अध्ययन की विदेशी दृष्टियाँ बहुत दूर तक हमारे साथ न जा सकेंगी। हो सकता है कुछ आलोचक घबराकर या थक हारकर अपनी जड़ों की तरफ देखें ।

17

भारतीय अंग्रेजी और हिन्दी: पारस्परिक प्रभाव

यहाँ पाश्चात्य मुख्यतः अंग्रेजी साहित्य और हिंदी साहित्य के पारस्परिक प्रभाव पर दृष्टिपात करना चाहिए। प्रभावित करना और होना दोनों को देखना इसलिए भी आवश्यक है क्योंकि लगभग पाँचवीं शताब्दी ईसा की कृति 'पंचतंत्र' के अनुवाद फारसी, अरबी, ग्रीक, हीब्रू, लेटिन में ही इटेलियन और चेक भाषाओं में भी हुए और तब जाकर अंग्रेजी में सर थॉमस नोर्थ ने 'द मोरल फिलोसोफी ऑफ दोनी'(1528) में यह कहा कि यूरोप की अधिकतर लोककथाओं का उत्साह यही है। भारतीय ग्रंथों के पारायण के प्रभाव स्वरूप कोलरिज और शैली जैसे अनेक कवियों ने लेखन किया। यह भी सत्य है कि संस्कृत, पालि, प्राकृत, और तमिल जैसी भाषाओं का अरबी, फारसी जैसी भाषाओं से संपर्क 900 ई. से ही हो गया था पर अंग्रेजी साहित्य से संपर्क ने आश्चर्यजनक प्रभाव फैलाया और यह आज भी कम नहीं हुआ है। सन् 1789 में सर विलिंयम जोंस ने 'शकुंतला' प्रस्तुत करते समय कालिदास को 'भारत का शेक्सपीयर' कह दिया था और टैगोर को 1913 में 'यूरोप की आत्मा' को चकाचोंध कर देनेवाला बताया गया। शिशिर कुमार दास ने बहुत गंभीरतापूर्वक 'पाश्चात्य प्रभाव' और 'भारतीय प्रत्युत्तर' को अपने मानक गंथ 'हिस्ट्री ऑफ इंडियन लिटरेचर' में विवेचित करते हुए कहा है कि सन् 1800 से 1910 तक का समय हमारे देश के साहित्येतिहास में विदेशी आदर्शों, मूल्यों और भावनाओं के साथ संघर्ष एवं तादात्मय स्थापित करने का रहा। हमारा पाश्चात्य समाज से संपर्क दो पाठों या दो लेखकों तक सीमित न था बल्कि यह दो महत्वपूर्ण समाजों, संस्कृतियों का विपरीत परिस्थितियों में समागम था। यह प्रेम और घृणा का पूर्व-पश्चिम का संबंध साहित्यिक संपर्क को जटिल और पीड़ायुक्त बना गया। एक ओर तो हिंदी में पाश्चात्य साहित्य से साहित्य की अनेक विधाएँ जैसे त्रासदी, कामदी, उपन्यास, निबंध आदि लिए जा रहे थे दूसरी ओर इनके प्रति गहन अविश्वास व शंका का भाव भी था। उपन्यासकारों ने 'उपन्यास' को लिया पर अपनी 'कथा, आख्यान और दास्तान' परंपरा को न छोड़ा। त्रासदी को लेकर उसे भारतीय 'कर्म' सिद्धान्त से

जोड़ा। तभी तो अतीत का गौरवगान करने के भाव के साथ-साथ उसके प्रति आलोचना और आत्ममंथन का भाव चला।

हिंदी में इस प्रभाव को रेखांकित करने वाले भी हैं और सिरे से खारिज करने वाले भी। तत्कालीन समाज में एक ओर साहित्यकार स्वयं को बायरन, कीट्स और शैली कहलवाना चाह रहे थे। उदाहरण के लिए 'हिंदी उपन्यास पर पाश्चात्य प्रभाव' में प्रेमचंदोत्तर उपन्यासकारों पर अंग्रेजी के प्रभाव का आकलन करते हुए जैनेन्द्र कुमार को डी.एच. लारेंस से प्रभावित बताया गया है। अज्ञेय (1911-87) ने स्वयं को एडविन युंग (1874-1930) के उपन्यास 'दि आइज ऑफ ए चाइल्ड' (1917)से प्रभावित माना और 'शेखर: एक जीवनी'(1941, 1944) को इससे प्रभावित माना। यदि कोई प्रभाव का इस प्रकार शोधपूर्ण व गवेषणात्मक अध्ययन करने लग जाएगा तो इसकी कोई सीमा न हो सकेगी।प्रोफेसर जयदेव ने 'द कल्चर ऑफ पेश्टिचः एग्जिस्टेंसियल एस्थिटिसिज्म इन द कंटंप्रेरी हिंदी नॉवेल'(1993)में स्वातंत्रयोत्तर उपन्यासकारों कृष्ण बलदेव वैद ,निर्मल वर्मा, आदि के अध्ययन से यह निष्कर्ष निकाला कि कुछ उपन्यासकार सायास और कृतज्ञतापूर्वक अपने लेखन में इस प्रभाव को आने देते हैं। इसको रेखांकित भी करते प्रतीत होते हैं। क्या करें , जयदेव मानते हैं कि स्वतंत्रता प्राप्ति के पश्चात भी कुछ भारतीय लेखकों के लिए न गांधीवाद और न भारतीय संस्कृति प्रभावकारी हैं वे ऐसे पाश्चात्योन्मुख पात्रों को सृष्टि करने लगे हैं जो स्वतःही भारतीयता के भाव से विमुख रहते हैं और इसी को ग्लोबलता की ओर जाना समझ रहे हैं। वस्तुतः भारतीय अंग्रेजी में नई चेतना के रूप में नई पीढ़ी को अपने साहित्यिक डिस्कोर्स में उनका साहित्यिक डिस्कोर्स परोस रहे हैं अपना नहीं।हमारे समय के दो मुख्य डिस्कोर्स 'उत्तर-उपनिवेशवाद' और 'उत्तर आधुनिकता' यहाँ भी परिलक्षित होती है। एक ऐसी वर्णसंकरता यहाँ देखी जा सकती है जिसमें हमारी पहचान ही बदलती जाती है। प्रेमचंद का गांव गायब है और 'भारत माता ग्राम वासिनी' को कोई देखता तक नहीं। भारतीय अंग्रेजी के लेखक मुख्यत नए युवा लेखक संभवतः मानसिक रूप से पश्चिमोन्मुख हो गए हैं और उन्हीं की तरह अपनों से संवाद करते हैं। अमीश त्रिपाठी सरीखे लेखक भी भारतीय दंत कथाओं से प्रेरणा अवश्य लेते हैं पर उनके पंचतंत्र में वह ताब नहीं कि उनका अनुवाद अरबी, फारसी या जर्मन-फैंच में होगा। सलमान रूश्दी जैसे लेखक भी विश्व वातायन में देखें अवश्य जा रहे हैं और सम्मानित भी हो रहे हैं, किन्तु इनके लेखन से यह तक पता नहीं चल पाता कि ये भारतीय हैं या पाकिस्तानी। लेखन के पार्श्व में जो सांस्कृतिक चेतना होती है, वह गायब है अमिताव घोष, एलेन सीले, शशि थरूर हों या हिंदी के निर्मल वर्मा सभी द्विभाषी रचनाकार हैं। अगर निर्मल वर्मा की कृति 'वे दिन' को अंग्रेजी में पढ़ें तो भारत नहीं प्राग दिखाई देगा और यदि वैद का 'उसका बचपन' देखें तो भी यही होगा। हाँ यह बात अवश्य है कि हिंदी के लेखक 'भारत' को बेहतर जानते हैं, कम से कम सलमान रूश्दी से या नायपॉल से बहुत बेहतर। इन जैसे सभी लेखकों के बीच परस्पर आदान-प्रदान से जो एक नई दृष्टि और भारतीयता की समझ पैदा हो रही है। वह देखी जाए। रामचंद्र गुहा हों या राकेश सिन्हा, बात वे भारत की ही करते हैं।

18

उत्तर दृश्य

समकालीन लेखन

समकालीन भारतीय अंग्रेजी लेखन और साहित्य मुख्यतः 'फिक्शन'या 'कथा' केन्द्रित प्रतीत होता है। अब विक्रम चंद्रा, सलमान रुशदी, विक्रम सेठ और अमिताव घोष जैसे पूर्व स्थापित कथाकारों के बाद की पीढ़ी आगे आ रही है। अमिताव घोष को ज्ञानपीठ मिलने के बाद 2018 से ही एक नया माहौल बनता दिखाई दे रहा है। किन्तु इस प्रभाव का आकलन भविष्य करेगा। बड़े उपन्यासों का युग चाहे न रहा हो किन्तु अमिताव घोष की ' इबिस त्रयी' (2008-2015) ने धूम मचाई है।

नए लोग जीवन को नई तरह से देखते हैं। जेंडर, धर्म, नस्ल, संप्रदाय, ग्लोबलाईजेशन, पर्यावरण, किन्नर आदि विमर्श आ गए हैं। हिन्दी में यदि चित्रा मुद्गल ' नाला सोपारा' लिखतीं हैं , तो अंग्रेजी में अरुंधति राय ' द मिनिस्ट्री ऑफ अटमोस्ट हप्पिनेस' लिखतीं हैं । मंजु कपूर के उपन्यास ' ए मैरीड वुमन' में समलिंगी प्रेम है तो संदीप राय के उपन्यास 'डोंट लेट हिम नो' (2015) में होमो सेकसुएलिटि है। विश्व जब एक परिवार है और आवागमन के साधन अति सुलभ तो किसी लेखक को प्रवासी कहना कोई खास बात नहीं। कोई लेखक किस जमीन पर लिखता है , यह अब विश्लेषण का विषय नहीं लगता। उदाहरण के लिए , विक्रम चंद्रा का उपन्यास 'सेक्रेड गेम्स' किस धरती पर लिखा गया, इससे पाठक को क्या फर्क पड़ता है? वह इसे जब 'नेट फ्लिक्स' पर सारी दुनिया के साथ देखता है तो उसे इसके उपन्यास या पटकथा होने पर भी कुछ फर्क नहीं पड़ता।

जेरी पिन्टो- उनके उपन्यास एम एंड द बिग हूम को २०१६ में अंग्रेजी भाषा के लिए साहित्य अकादमी पुरस्कार से सम्मानित किया गया।अनीस सलीम (1970-) ने भारतीय अंग्रेजी में अपनी जगह अभी बनानी शुरू की है । उनके उपन्यास ' द ब्लाइंड लेडिस' डेसेन्डेट्स (2014)

के लिए उन्हे साहित्य अकादमी-2018 पुरस्कार मिला। वे प्रायः अपने हर उपन्यास में अपनी कथा ही लिख रहे प्रतीत होते हैं।

भाषा की दीवारें भी अपने आप गिर रहीं हैं ।उस पुराने स्वरूप में तो नहीं हैं जिसका कृंदन सुदामा पांडे ने किया था। अनुवाद हो रहें हैं। हिन्दी के निर्मल वर्मा, कृष्णा सोबती, उदय प्रकाश और अन्य अब अंग्रेजी में आने लगें हैं। अंग्रेजी भी बदल रही है। अमिताब कुमार और अरविंद अड़िग की अंग्रेजी क्लिष्ट नहीं । इसी प्रकार से 'बाहर' प्रकाशित होने की लालसा कम हो रही है। पहले कलकत्ता का 'राइटर्स वर्कशॉप' सहयोग के आधार पर भारतीय अंग्रेजी के कवियों को प्रकाशित करता था। अब प्रकाशन की भरपूर सुविधा है। विदेशी प्रकाशक अपने आप आ जाते हैं।

यह कहना यहाँ असमीचीन न होगा कि रचनाओं के अतिरिक्त भी अब एक अन्य साहित्य विधा की सृष्टि हुई है। यह साहित्य न तो बालकों के लिए है और न ही बुद्धिमान कहे जाने वाले पढ़े-लिखों के लिए है। भारत एक युवा देश है जहाँ कि अधिकांश आबादी 25 से 35 वर्ष यह उससे भी कम आयु वर्ग को है। उनके लिए और उनके द्वारा लिखे गए साहित्य की चर्चा तब प्रबलता से हुई जब चेतन भगत ने रूपा ऐंड कंपनी से अपना प्रथम उपन्यास 'फाइव पाइंट सम वन' (2004) प्रकाशित कराया। इन्हें भारतीय अंग्रेजी का गुलशन नंदा कई लोग कह देते हैं । इसी श्रेणी में प्रीति शिनाय (लाइफ इज व्हाट यू मेक इट), रवीन्द्र सिंह (आई टू हैड ए लव स्टोरी), सुदीप नगरकर (फ्रयू थिंग्स लेफ्ट अनसैड) आदि हैं। कालिज रोमांस, एडवेंचर, बिजनिस का उतार-चढ़ाव, आम युवक की संघर्ष गाथा, नौकरी-छोकरी की तलाश आदि को समेटे इन रचनाओं में अंग्रेजी साहित्यिक पुट चाहे न भी हो, इन्हें साहित्य न कहना ज्यादती होगी। इन्हें 'फास्ट फूड लिटरेचर' कहना अपमान और उपेक्षा करना मूर्खता होगा, क्योंकि अमीश त्रिपाठी की 'द इम्मोर्टल्स ऑफ मेलूहा' भारत की 'द लॉर्ड ऑफ द रिंग्ज' के टक्कर की कृति है। अश्विन संघी, अंकित फदिया, किरण देसाई, विक्रम चंद्रा, अनीता नायर, विकास स्वरूप आदि कई युवा व युवकों के कंठ हार लेखक हैं। इनकी रचनाधर्मिता को पूर्ण सम्मान मिला है।

चेतन भगत ने भारतीय अंग्रेजी के परिवेश में अभिजातवाद और स्नोबरी को समाप्त किया है और लेखकों के जनतंत्र की प्रतिष्ठा की है। उन्होने अपना कोई 'मण्डल' नहीं बनाया किन्तु उनके अनुकरण करने वाले अंग्रेजी में ही नहीं हिन्दी में भी हैं। 'हिन्द युग्म'जैसे अनेक सहयोगी प्रकाशक कुकुरमुत्तों की तरह उग आए हैं। नई जमीन और नए विषय तलाशे जा रहें हैं। अमीश त्रिपाठी मिथक और इतिहास को मथते हैं, जैसे देव दत्त पटनायक भी अपनी तरह से करते हैं। अशोक बंकर रामायण आदि आकर ग्रन्थों को लेकर आते हैं। विज्ञान की पृष्ठभूमि में समित बसु और ग्राफिक उपन्यासों के क्षेत्र में अमृता पाटिल और विश्वज्योति घोष जैसे अनेक हस्ताक्षर हैं।

यह भी देखा जा सकता है कि चाहे अरविंद अड़िग के ' द व्हाइट टाइगर' का नायक हो

या चेतन भगत के उपन्यास ' हाफ-गर्लफ्रेंड' का नायक 'माधव', ये लोग ठीक से अंग्रेजी नहीं बोल पाते। नई पीढी के लिए लिखे जा रहे उपन्यास नये मूल्यों को अंगीकार कर वर्जनाओं को जीने में आनंद का अनुभव कराते नजर आते हैं। 'द व्हाइट टाइगर' का बलराम हलवाई कहता है, " मैं और मेरे देश के अनेक लोग अध-पके हैं क्योंकि हमें स्कूली शिक्षा पूरी करने का मौका तक नहीं मिला। हमारी खोपड़ी खोलकर रोशनी डालकर देखो, उसमें आपको अनेक जुगाड़ों का अजायबघर मिलेगा।" अरविंद अड़िग के उपन्यास 'सेलेकशन डे' (2016) में शहरी यथार्थ है तो करण महाजन ' द असोसियेशन ऑफ स्माल बॉम्ब'(2016) में दिल्ली की दुनिया लेकर आते हैं।

इस आपाधापी के युग में जहां वॉट'स अप, फ़ेसबुक और यू-ट्यूब जैसे इंटरनेटी ब्लोगीय संचार माध्यम पैर जमा चुके हैं, कविता की मूल प्रकृति से ताल मेल बैठने के आसार नजर नहीं आ रहे हैं। सूचना प्रधान युग में सूचना तुरंत मिल जाती है , किन्तु कविता के लिए उन सूचनाओं के अंबार में से मर्मभेदी कविता का सृजन करना कठिन होता जा रहा है। कवि वर्ड्सवर्थ ने कहा था कि कविता अनुभूति के शांतिपूर्वक स्थिति में संचयन से बनती है (emotion recollected in tranquility) और प्रसाद जी 'घनीभूत पीड़ा' को 'स्मृति-सी छायी' होने पर कविता की संभावना मानते थे। आज , राम स्वरूप चतुर्वेदी के शब्दों में, रचना प्रक्रिया अब धीरे धीरे अपने ताप में घट रही है । अनुभव का अनुभूति में बदलना और अनुभूति का कविता हो जाना एक लंबी प्रक्रिया है ,संचार साधनों की तीव्रता इसमें बाधक हुई है। प्लेटो इस प्रक्रिया को शायद कहते कि कविता यथार्थ से तिहरी दूरी पर है। इतनी दूरी मापने का सब्र युवा कवि को है नहीं।

कविता के परिदृश्य में कुछ नए और कुछ पुराने सितारे जगमगा रहे हैं। निसिम, लाल, कमला, पटेल,जयंत, अरुण , दारुवाला , महरोत्रा, सेठ,विजय नांबिसन और ऐसे ही पुराने कवियों को इतिहास में स्थान मिल गया है। साहित्य अकादमी ने 1981 में अंग्रेजी को पुरस्कृत करना शुरू किया। यह भी पहचान का एक साफ-सुथरा तरीका है। ठीक वैसे ही जैसे अज्ञेय ने ' तार-सप्तक' के बहाने 'राम विलास शर्मा' की कविता भी प्रस्तुत कर दी थी। कविता तो नामवर सिंह ने भी लिखी है- कोई कवि बन जाए सहज संभाव्य है । कुछ पत्र पत्रिकाओं को देखने से कई कवि दिखाई देते हैं – आगा शाहिद अली, कुमार लव, नरेंद्र पाल सिंह, हर प्रसाद शर्मा, अमर नाथ द्विवेदी, केदार नाथ शर्मा, चारु शील सिंह, ए.जे.थॉमस,रवि नन्दन सिन्हा, सैय्यद अमीरुद्दीन, स्टीफन गिल, बलदेव मिर्ज़ा, के. वी. मूर्ति , आर. आर .मेनन,ओम प्रकाश भटनागर, महानन्द शर्मा, प्रणव कुमार मजूमदार, आई.एच. रिजवी, सीमांचल पटनायक, रोमेन बसु, अभय कुमार, मीना कंडास्वामी, सन्युक्ता दस गुप्ता,शर्मिला राय, तिशानी दोषी आदि । कुछ कवि सामाजिक सरोकारों को लेकर चलते हैं और कुछ ' शब्दों के बुनकर' मात्र हैं। 'म्यूज इंडिया' और 'इंडियन लिटरेचर' आदि पत्रिकाओं में बराबर अच्छे कवि और उनकी आकर्षक

कविताएं दिखाई देती हैं। उदाहरण के लिए एक कविता दिखाई दी – Grief is the least biodegradable object… और कवि अपना नाम देकर कहते हैं – फ़ेस बुक और ट्विटर पर मेरा पीछा करो। स्वर्गीय कवि पी. लाल का 'रायटर'स वर्कशॉप' कोलकाता में आज भी चल रहा है और 'प्रिंट ऑन डिमांड' के सहारे प्रकाशित होने वाले कवि नगण्य नहीं। हाँ, अग्रगण्य बनने में समय लगता है। राजनयिक अभय कुमार इस दिशा में अग्रसर हैं। वे अपनी 'विश्व गान' आदि कविताओं से ध्यान आकृष्ट कर रहें हैं।

पृथ्वी-गीत (अभय के.)

अलौकिक उपवन, अलौकिक नीला मोती यह
सृष्टि में सबसे सुन्दर अपना ग्रह
सभी द्वीप और सब सागर
सब वनस्पति सब जीव यहाँ बराबर
पृथ्वी के सब प्राणी एक सूत्र में बंधे
कई संस्कृतियाँ, पंथ,विश्वासों में सधे
यह धरती अपना घर, हम सब इसकी संतान
सब लोग, सब राष्ट्र यहाँ एक समान
सब के संग एक, एक के संग सब हम
साथ-साथ फहराते नीली धरती का परचम.
अंग्रेज़ी से हिंदी अनुवाद : मंगलेश डबराल

अरविंद कृष्ण महरोत्रा ने आधुनिक भारतीय अंग्रेजी कवियों को 'रेगिस्तान में संघर्षरत' (स्ट्रग्लर्स इन ए डेसर्ट-1992) कहा था।मृगतृष्णा इसी को कहते हैं । अरुंधति सुब्रमण्यम के काव्य संकलन पर 2 लाख का प्रथम खुशवंत सिंह स्मृति पुरस्कार सुहेल सेठ के कर कमलों द्वारा जयपुर लिटरेरी फेस्टिवल-2015 में प्रदान किया जाता है । इस अवसर पर जीत थाइल (जीत थाइल द्वारा रचित एक कविता–संग्रह 'दीज़ एरर्स आर करेक्ट' के लिये उन्हें सन् 2012 में साहित्य अकादमी पुरस्कार से सम्मानित किया गया था।) ने जो कहा था वह समझदार को इशारा है - If Suhel Seth is giving away money for a poetry prize, then we've entered the mainstream," जब रेगिस्तान में भटकते प्यासे को पानी मिल जाए या उसकी संभावना ही हो , तब ' शब्द नाचता है , मौन को संक्षिप्त अनंत में ढालते हुए'।

खंड दो : विस्तार

19

भारत की धरती पर अंग्रेजी की पौध

'हिन्दी हैं हम वतन हैं हिन्दोस्तां हमारा' कहकर अपने को 'हिंदी' मानने वाले और अपने वतन को 'हिन्दोस्तान' कहने वाले भारतीय अपने आपको 'इंडियन' भी कहते हैं। 'इंडिया दैट इज भारत' कहकर इस देश को संबोधित करने वाले भी जानते हैं कि हमारे देश को उसका नाम भी विदेशियों ने दिया था। भारतीय राष्ट्रीय कांग्रेस की स्थापना ए. ओ. ह्यूम ने की और इसी कांग्रेस को गाँधीजी ने अपनाया तथा देश के स्वाधीनता संग्राम का सफल नेतृत्व किया। अंग्रेजों ने लगभग सौ वर्षों तक अंग्रेजी भाषा को भारतीयों तक न पहुंचने देने की वकालत की और भारतीय नवजागरण के अग्रदूत राजा मनमोहन राय ने अंग्रेजों से अंग्रेजी शिक्षा को भारतीयों को उपलब्ध कराने के लिए पत्र लिखे। मैकाले की शिक्षा नीति तो बाद में आयी, उससे पूर्व ही भारतीयों ने सृजनात्मक लेखन के लिए अंग्रेजी भाषा का प्रयोग करना शुरू कर दिया था। 'दीन मुहम्मद की यात्राएं' (1794) में प्रकाशित हुई, जो भारतीय अंग्रेजी लेखन की अब तक ज्ञात प्रथम पुस्तक है, जिसे पटना के दीन मुहम्मद (1759-1851) ने लिखा था। भारतेन्दु बाबू अंग्रेजी में भी लिखते थे और बंगाल में तो ऐसे लेखकों की एक लंबी फेहरिस्त है, जो अंग्रेजी में लेखन को विवशता नहीं आवश्यकता मानते थे।

'हिंदी, हिंदू और हिन्दुस्तान' के पक्षधर हिंदी वालों ने 'अंग्रेजी के भारी ग्रंथ समूह' से 'ज्ञान रत्न' लेने में सदा दिलचस्पी दिखाई। प्रारंभ से ही भारतीय लेखक ने यही कहा कि हिंदी से वह सारे हिन्दुस्तान को समझा सकेगा और अंग्रेजी से वह सारी दुनिया को देख लेगा। हिंदी क्षेत्र की अट्ठारह बोलियां मिलकर एक बोधगम्य हिंदी बनाती हैं। भारतीयों ने बोधगम्य अंग्रेजी को लेकर उसे भारतीय रंग में रंगा और 'इंडियन इंग्लिश' का नाम देकर उसे स्पष्ट पहचान दी। उपन्यासकार राजाराव के शब्दों से कहें तो अंग्रेजी भाषा के साथ अंग्रेजीमय होकर रहना हमारी नियति है और अंग्रेजी चाहे हमारे भावनात्मक और संवेदनात्मक गठन की भाषा न हो, किन्तु वह हमारे बौद्धिक

विस्तार और अभिव्यक्ति की भाषा अवश्य है।

भारत के इतिहास के रोचक आख्यानों में अंग्रेजों को मुगलों द्वारा सल्तनत बख्श देना भी है । यह कितना आश्चर्यजनक है कि जैसे जैसे अंग्रेजों को प्रभाव कम होता गया, अंग्रेजी का वर्चस्व बढ़ता चला गया। अंग्रेजों ने विदा ली, किन्तु अंग्रेजी ने अपना प्रभाव क्षेत्र कम न किया। भारतवासियों का यह स्वभाव है कि वे सबको साथ लेकर चलते हैं । इसलिए वे हिन्दी के साथ अंग्रेजी को भी सहयोजित राजभाषा के रूप में रखकर प्रसन्न ही हुए । हिंदुस्तान का मामूली से मामूली आदमी भी एक से अधिक भाषाएँ जनता है । अधिकांश भारतीयों के झूले पालने की भाषा अलग होती है , स्कूल की भाषा अलग होती है, माध्यम भाषा अलग । चार पाँच भाषाओं को जानने वालों की संख्या यहाँ कभी कोई गिनता नहीं, यह सामान्य बात है। अंग्रेजी जानने वाले भी कम नहीं।

कभी भारतीय अंग्रेजी लेखन को परिहास में 'साड़ी में मैथ्यू आर्नल्ड' और 'स्कर्ट में शंकुतला' कहा जाता था, किंतु सलमान रश्दी जैसे भारतीय अंग्रेजी लेखक भारत की अनेक भाषाओं के सर्जनात्मक लेखन के सामने अंग्रेजी में किए गए लेखन को उच्च स्तरीय ठहराते हैं। 'अंग्रेजी विश्व को देखने का वातायन है' ऐसा नेहरु जी ने कहा था और हिंदी के अनन्य पक्षधर राजाजी ने अंग्रेजी को 'सरस्वती का वरदान' माना था। गांधीजी भी अंग्रेजी साहित्य से बहुत प्रभावित थे, यह तथ्य भी है और सत्य भी। भारतीय अंग्रेजी के प्रारंभिक कवियों में अग्रगण्य मनमोहन घोष ने अपने एक पत्र में मानों सभी बुद्धिजीवियों का प्रतिनिधित्व करते हुए लिखा है 'हमें ऐसे शक्तिशाली और सभ्य देश के हाथों में आकर भगवान को धन्यवाद देना चाहिए।'

वास्तव में ये जो धन्यवाद देने की सूझ है, वह तब पूरी शिद्दत के साथ सामने आयी, जब भारत को आजादी मिली और अंग्रेजी का स्थान एक प्रकार से सुनिश्चित हो गया। राजनीति, अर्थनीति और अन्य नीतियों के आकलन में अंग्रेजी का पलड़ा भारी लगा और भारतीय अंग्रेजी लेखन पर भारतीयों की दृष्टि केन्द्रित हुई। 'भारतीयों द्वारा लिखे गए अंग्रेजी साहित्य में कितना साहित्य और कितना नहीं' इसका आकलन करते हुए के. आर. श्रीनिवास आयंगर जैसे विद्वानों ने लेख लिखे, व्याख्यान दिए और इस लेखन को नाम देने का सिलसिला चला। 'इंडो-एंग्लिकन', 'एंग्लो इंडियन' और 'इंडो-एंग्लिकन' आदि नामों के बाद 'आई डब्ल्यू ई' अर्थात् 'इंडियन राइटिंग इन इंग्लिश' पर यह नामकरण जाकर ठहरा। अंग्रेजी भाषा में लेखन की जिस परंपरा को अब दो सौ वर्ष से ज्यादा हो गए हैं, उसे द्विभाषिकों का शौकिया लेखन समझना भयंकर भूल होगी। गुणवत्ता में वह अंग्रेजी लेखन परंपरा से जुड़ता है, तो संवेदना के स्तर पर भारतीय साहित्यिक परंपरा और संवेदना से। अब हम उस स्थान पर हैं, जहां अंग्रेजी 'अपनी खिचड़ी अलग' पकाना चाहे तो भी पका नहीं सकती और न 'गुरुजन को बुरा' बता सकती हैं। न अब भाषा 'विदेशी' रही है और न भाव 'पराए' हैं।

डॉ.राम विलास शर्मा ने 'भाषा और समाज' ग्रंथ में स्पष्ट किया है कि अंग्रेजी भाषा यहाँ साम्राज्यवादी व्यवस्था में जातीय उत्पीड़न का एक साधन थी। उसके द्वारा यहां की भाषाओं के अधिकारों को कुचला गया था, इसलिए अंग्रेजी का स्थान हिंदी ले - यह नारा गलत था। हमारे नेताओं को स्पष्ट करना चाहिए था कि अंग्रेजी के स्थान पर सभी भारतीय भाषाएँ अपने उचित पद पर प्रतिष्ठित होंगी, अंग्रेजी का स्थान एक भाषा नहीं, वरन् अपने-अपने क्षेत्र में सभी भाषाएं लेंगी। हिन्दी भाषियों को ही नहीं सभी को यह समझ लेना चाहिए कि भाषाओं की निरपेक्ष और पूर्ण स्वाधीनता किसी भी देश में कभी भी संभव नहीं रही है। सुनीति कुमार चाटुर्ज्या जैसे विद्वानों ने अंग्रेजी का पक्ष लेते हुए कहा था कि 'हम खासकर अहिंदी क्षेत्र के लोग-चाहते हैं कि अंग्रेजी रहे, क्योंकि हम अपनी भाषाओं को प्यार करते हैं।' भारतीय ज्ञान के सभी क्षेत्रों तक अंग्रेजी के माध्यम से पहुँचने की ललक लिए भारतीयों ने स्पष्ट किया कि अंग्रेजी भाषा भारत की जनता पर कभी जबर्दस्ती लादी या थोपी नहीं गयी। (द इंगलिश लैंग्वेज्ड वाज नेवर इस्पोज्ड ओर फोर्स्ड़ अपोन दि पीपुल्स ऑफ इंडिया)। भारतवासियों ने स्वयं उसका महत्व समझकर उसे सीखने पर जोर दिया। अंग्रेजी सीखकर तत्कालीन भारतीयों ने शेक्सपियर, मिल्टन, शैली, बायरन, और शॉ आदि के विचारों से ब्रिटिश दासता के विरूद्ध लड़ना सीखा और मानवीय मूल्यों का व्यापक अर्थ जाना।

भारत में अंग्रेजी का प्रवेश और जिसके लिए वर्ष 1857 के आसपास तीन विश्वविद्यालयों की स्थापना हुई, वस्तुतः सर चार्ल्स वुड के शिक्षा संबंधी उस विवरण का परिणाम है, जिसे उन्होंने 1854 में तैयार किया था, किंतु उस समय से पहले ही लगभग सौ वर्षों तक अंग्रेजी के पक्ष-विपक्ष पर चर्चा होती रही थी। ईसाई धर्म प्रचारकों, ईस्ट इंडिया कंपनी के कर्मचारियों और प्रबुद्ध भारतीयों ने इसके लिए जमीन तैयार की। शुरूआत में करीब सभी अंग्रेज शासक भारतवासियों को अंग्रेजी शिक्षा देने के विरोधी थे। सन् 1792 में ब्रिटिश संसद में कंपनी के एक निदेशक ने कहा, "हम लोग अपनी इसी मूर्खता से अमेरिका हाथ से खो बैठे हैं, क्योंकि हमने उस देश में स्कूल और कॉलेज कायम हो जाने दिए, अब भारत में फिर उसी मूर्खता को दोहराना ठीक नहीं।" सन् 1813 में इतना भर किया गया कि एक लाख रुपया संपूर्ण भारत की शिक्षा पर खर्च करना मंजूर किया गया। इस मंजूरी का ध्येय संपूर्ण भारत को शिक्षित करना न था, 'राजनैतिक दृष्टि से भारत के साथ अपने संबंध को मजबूत रखना' मात्र था। भारत की पारंपरिक शिक्षा प्रणाली, जो अपने आप पर्याप्त और मजबूत थी, उसके सर्वनाश का कारण यह उपेक्षा ही रही।

इस मामले में कुछ तरक्की हुई। एक लाख की जगह दस लाख रुपया मंजूर हुआ, क्योंकि अंग्रेजी पढ़े-लिखे लोगों की आवश्यकता थी, जिनके जरिये भारतीय जनता के हृदय के भावों का पता लगाए रखना जरूरी था, जिससे जनता के भावों और विचारों को अपनी ओर मोड़ा जा सके। 'कलकत्ते का मुसलमानों का मदरसा' और 'बनारस का हिंदू संस्कृत कॉलेज' इन्हीं

उद्देश्यों की पूर्ति के लिए आए। कई अन्य कॉलेज, विश्वविद्यालय, इसीलिए संस्थापित किए गए, क्योंकि धन को उच्च और मध्यम श्रेणी के उन भारतीयों पर ही खर्च करना था, जो उनके शासन के कार्यों में हाथ बंटा सके। सभी जानते हैं कि एक ओर तो अंग्रेज, हुक्मरान भारत का शासन हथिया रहे थे, दूसरी ओर कुछ विद्वान भारतीय धर्म, भाषा, दर्शन, भाषा विज्ञान, जनजीवन और समाज के अध्ययन में लगे थे। अनुवाद कार्य की कोई सीमा न थी। सर चार्ल्स विलकिंस, हैलहड, सर विलियम जोंस, जॉन गिलक्रिस्ट और हेनरी कोलब्रुक आदि का कार्य भारत ने भारतीय अध्ययन के पक्ष में था। ये लोग 'ओरियंटलिस्ट' कहलाए। दूसरी तरफ अंग्रेजी भाषा साहित्य और विज्ञान के प्रचारक विद्वान 'ऑक्सीडेंटलिस्ट' आए। देश में पूरब-पश्चिम का विवाद और बहस चली। ऐसी बहस के दौरान मैकाले का आगमन हुआ।

मैकाले के प्रभाव की बात अलग से करेंगे। यहाँ यही कहना है कि भारतीयों का अंग्रेजी में सर्जनात्मक लेखन जिस पीठिका पर हुआ, वह सबने तैयार की थी। सरकार चाहती थी कि भारतीय भाषाओं में हिन्दुस्तानियों से संपर्क हो, किंतु सरकारी अधिकारी संस्कृत और फारसी पढ़ने में मशगूल थे। वे यहाँ की भाषा को 'मूर' व 'बारबरिक' अर्थात 'असभ्य' और 'अपरिष्कृत' मानते थे। विलियम जोंस ने संस्कृत की दिल खोलकर तारीफ की और ऐतिहासिक तथा तुलनात्मक भाषाविज्ञान की नींव रखी। उसी ने कहा कि संस्कृत, ग्रीक और लेटिन एक ही स्रोत से निकली भाषाएं हैं। सर विलियम जोंस के वायवी और वैश्विक विचारों से नितांत भिन्न विचार ह्लहड जैसे प्रशासकों के रहे। आपने व्याकरणों, शब्दकोशों, शिक्षण सहायक सामग्री, साहित्यिक कृतियों के अनुवादों और संकलनों के द्वारा अपने लोगों को भारतीय मनीषा से परिचित कराया और यह स्पष्ट कर दिया कि भारतीयों के साथ संपर्क में अंग्रेजी लाभदायक हो सकती है।

मिशनरियों ने पूरा जोर लगाया कि भारतीयों को अंग्रेजीमय कर दिया जाए। उन्होंने ऐसा वातावरण तैयार किया कि भारतीय भाषाओं के प्रति लोगों के आदर और सद्भावना को चुनौती मिलने लगी। लंदन मिशनरी सोसायटी ने 1826 में बंगलोर में एक कॉलेज स्थापित करने की मंशा से जो विचार वहाँ फैलाया, वह संस्कृत को व्यर्थ और अंग्रेजी को उसकी स्थानापन्न कहना था। उन्होंने कहा, "अंग्रेजी भाषा के माध्यम से भारत को ऐसा बौद्धिक खजाना मिलेगा, जिसके सामने उसकी सारी विद्वता व्यर्थ दिखाई देगी।" मेपल ने कलकत्ता में कहा, "यह सत्य है कि अंग्रेजी भाषा में निष्णात बच्चे कंपनी सरकार के लिए ही नहीं, बल्कि अपने समाज और परिवेश के लिए भी लाभदायक रहेंगे।" श्रीरामपुर के मिशनरियों ने तो बंगाल में इतने स्कूल खोले कि हद हो गयी। उद्देश्य यही था कि यूरोपियन ज्ञान को अंग्रेजी के माध्यम से प्रस्तुत किया जाए और संस्कृत तथा फारसी-अरबी के अध्ययन को पीछे छोड़ा जाए। उनका ध्येय कुछ और था, किंतु उससे एक ऐसा समाज अवश्य पैदा हुआ, जो केवल खून और रंग की दृष्टि से भारतीय था, किंतु

'रूचि, भाषा, भावों और विचारों' की दृष्टि से अंग्रेजों से कम न था।

अंग्रेजी समाचार-पत्रों के माध्यम से अंग्रेजों ने एक तर्क यह भी दिया, "अपने देश के भले के लिए भारतीय भाषाओं और साहित्य से अनुवाद करके लाभ कमाने में हानि भी है, क्योंकि भारतीय भाषाएँ यूरोपियन मनीषा को भ्रष्ठ कर देंगी। इसलिए हिन्दुओं के बौद्धिक एवं नैतिक उत्थान की योजना में सर्वप्रथम और महत्वपूर्ण कार्य उन्हें अंग्रेजी जबान और लेखकों से परिचित कराना है। यह भाषा केवल सही सूचना प्रदान ही नहीं करेगी, बल्कि विद्यार्धियों को लाभदायक ज्ञान और रोजगार भी देगी। सभी भारतीय भाषाएं पिछले कई वर्षों से इन बेचारे भारतीयों के अंधविश्वासों का प्रचार करती रही हैं, जो नैतिक रूप से मन मस्तिष्क के लिए अच्छा नहीं है और जो कुछ भी भारत की नेटिव भाषाओं में ऐसे तत्त्व हैं जिनके अध्ययन मात्रा से यूरोपवासियों का मस्तिष्क प्रदूषित हो जाएगा, उससे छुटकारा पाने का एकमात्र उपाय अंग्रेजी पढ़ाना है।"

नैतिक कर्तव्य के लक्ष्य में भाषा का प्रचार करके मिशनरियों ने उन लोगों का मुँह बंद कर कर दिया, जो भारत के लिए भारतीय भाषाओं का वकालत करते थे। यद्यपि 1854 में सर चार्ल्स वुड ने अपने शिक्षा संबंधी विवरण में यह भी उल्लेख किया था, "यह न हमारी इच्छा है, न उद्देश्य है कि अंग्रेजी देशी भाषाओं का स्थान ले ले। विशाल आम जनता द्वारा समझी जाने वाली भाषाओं के व्यवहार और महत्व की ओर हम सदा सजग रहे हैं। न्याय व्यवस्था में और सरकारी हाकिमों तथा जनता से संपर्क में फारसी के बदले हमने इन भाषाओं को प्रतिष्ठित किया, न कि अंग्रेजी को।" फिर भी जो होना था, वह होकर रहा।

अंग्रेजी लेखन की पूर्व पीठिका तैयार करने से पूर्व इसकी शिक्षा को सुनिश्चित करने में अंग्रेजों ने यह जानते समझते हुए भी कि भारतीय भाषाएं समृद्ध एवं पुष्ट हैं, लाभदायक और स्पष्ट हैं, यह कहने का दुस्साहस किया कि जितना धन शिक्षा के लिए खर्च किया जाए, उसका सबसे अच्छा उपयोग यही है कि उसे केवल अंग्रेजी शिक्षा के ऊपर खर्च किया जाए। अंग्रेजी शिक्षा के पक्ष को प्रस्तुत करने और उसकी पुरजोर वकालत करने के लिए उन्हें एक व्यक्ति सहज ही मिल गया। यह वही व्यक्ति है, जिसने 1822 में कलकत्ते से 'जामेजहां' नामक साप्ताहिक पत्र हिन्दुस्तानी में निकाला, जो बाद में फारसी में भी प्रकाशित हुआ।"इस तरह हाथ कंगल को फारसी क्या पढ़े लिखे की फारसी क्या?" लोकोक्ति को प्रचलित करने वाली मुगलिया सरकार के हाथों से अंग्रेजी सल्तनत में यह कहा जाने लगा, "ये देखो अंग्रेजी खेल पढे फारसी बेचे तेल। "

इससे पूर्व भारत के रोचक आख्यानों का जिक्र करते हुए यह स्पष्ट करने की चेष्टा की गई थी कि भारतीय अंग्रेजी लेखन एक ऐसी वास्तविकता है, जिसके पीछे दो सौ वर्षों का इतिहास है और यह खुशी की बात है कि जैसा हमारे अतीत के अनेक पहलुओं के साथ हुआ है कि हम इन वर्षों के बारे में बहुत कुछ जानते हैं। यह भी यहाँ उल्लेखनीय है कि इस क्षेत्र में फ्रांसीसी विचारक

तेन की बात कुछ अजीब तरह से लागू होती है। इस ऐतिहासिक व्यक्तित्व ने कहा था कि साहित्य के पीछे तीन तत्त्व या कारण होते हैं- जाति, वातावरण और क्षण विशेष। तेन ने अपने अंग्रेजी साहित्य के इतिहास में यह प्रतिपादित किया कि साहित्य या सर्जनात्मक लेखन के इतिहास को समझने के लिए उससे संबन्धित जातीय परंपराओं, राष्ट्रीय और सामाजिक वातावरण एवं सामयिक परिस्थितियों का अध्ययन विश्लेषण आवश्यक है। भारतीय अंग्रेजी लेखन के क्षेत्र में 'जाति', मिली-जुली 'भारतीय' है, 'वातावरण' 'भारतीय उपमहाद्वीप' का और 'क्षण' 'भारत का पाश्चात्य जगत से मिलन बिंदु'। यह वह समय था, जब पाश्चात्य का अर्थ अंग्रेज मात्र न था। विभिन्न देशों के लोग, विभिन्न मकसदों को अंजाम देने आए लोग, और भारत जैसे भिन्नता भरे देश का दोहन करने की इच्छा से आए लोगों का हुजूम एक ऐसी चिंतनधारा को जन्म दे रहा था, जिसका बखान भारतीय अंग्रेजी लेखन में अब तक होता चला आ रहा है।

विलियम जोन्स सरीखे विद्वान ने यह घोषणा की कि यूनान प्राचीन संस्कृति का एकमात्र केन्द्र नहीं था और भारत के लोग, सब जातियों में सर्वाधिक बुद्धिमान (वाइजेस्ट ऑफ नेशन्स) हैं। जोन्स भाषा वैज्ञानिक ही नहीं, उच्च कोटि के कवि भी थे और उनकी भारतीय प्रकृति पर रचित कविताओं को पढ़कर अंग्रेजी के रोमांटिक काव्य का पूर्वानुमान किया जा सकता है। हमारे अपने डॉ रामविलास शर्मा ने उनके बारे में लिखा है कि 'जिस काव्य और दर्शन के आधार पर विलियम जोन्स एक और शैली और वर्डसबर्थ का दूसरी ओर रवीन्द्रनाथ ठाकुर का पूर्वानुमान प्रस्तुत करते हैं, उसी आधार पर यहाँ के बुद्धिजीवी अंग्रेज न आते तो भी आधुनिक साहित्य का निर्माण कर सकते थे।" और उन्होंने किया भी।

20

अंग्रेजी हित साधक

Rammohan Roy could be perfectly natural in his acceptance of the West, not only because his education had been perfectly Eastern, he had the full inheritance of the Indian wisdom. He was never a school boy of the West, and therefore he had the dignity to be the friend of the West. If he is not understood by modern India, this only shows the pure light of her own truth has been obscured for the moment by the storm-clouds of passion. Ravindra Nath Tagore

राजा राम मोहन राय

राजा राममोहन राय (1774-1833) का नाम भारतीय पुनर्जागरण के अग्रदूतों में लिया जाता है। अपनी तमाम राजनीतिक, सामाजिक एवं आर्थिक गतिविधियों के लिए भी उन्हें याद किया जाता है। सती प्रथा से लेकर ईसाई धर्म की कट्टरता तक उन्होंने इतने विषयों पर विचार किया है कि उनका लेखन की भारतीय परंपरा का सूत्रपात करने वाला माना जाता है।

राजा राममोहन राय भारत में केवल अंग्रेजी शासन ही नहीं चाहते थे, बल्कि अंग्रेजी और अंग्रेजी की प्रचुरता को भी भारत के लिए लाभदायक समझते थे। उन्होंने कहा था कि वे भारत में चरित्रवान और समृद्ध विदेशियों को भारत में बस जाने की अनुशंसा करते हैं। (आई थिंक, आई मे सेफली रिकमंड देट एजुकेटेड परसन्स ऑफ करेज टू सैटल इन इंडिया)। उनके जैसे अनेक प्रतिष्ठित विद्वानों की हार्दिक इच्छा और निरंतर लिखित आवेदनों के फलस्वरूप अंग्रेजी भाषा और संस्कृति को भारतीयों पर कृपा करके अंग्रेजी ने धीरे-धीरे उपलब्ध करायी, क्योंकि उन्होंने यह समझ लिया था कि यह आवश्यक भी है और संभव भी कि इस देश के लोगों को अंग्रेजी का विद्वान बनाया जाए। 17 मार्च 1835 को मैकाले की अनुशंसा के पश्चात् लार्ड विलियम

बेंटिक ने भारत की शिक्षा का अर्थ अंग्रेजी शिक्षा घोषित किया और केवल अंग्रेजी शिक्षा ही सरकार का लक्ष्य रह गया। इसके पीछे भारतीयों विशेष रूप से बंगाल के कुलीनों की मांग थी, ऐसा प्रो.भट्टाचार्य ने अपनी पुस्तक 'बंगाल: पास्ट एंड प्रेसेंट' में लिखा है। यद्यपि इस विषय पर चर्चा होती रही, किंतु पलड़ा अंग्रेजी का ही भारी रहा। विदेशी विचारधारा के टकराव से अंग्रेजी में लेखन शुरू हुआ, जिसका प्रभाव अन्य भारतीय भाषाओं के लेखन पर भी पड़ा। चाहे कई लेखकों ने अंग्रेजी में लेखन नहीं किया, किंतु अपने छुट-पुट लेखन व अंग्रेजी ज्ञान का प्रभाव उन पर पड़ा अवश्य। भारतेंदु ने अंग्रेजी में लिखा, बंगाल के कई लेखक द्विभाषी रहे। तुलनात्मक साहित्य के अध्येताओं की अट्ठारहवीं शताब्दी के अंत से लेकर आगे के समय के लेखकों को देखना चाहिए कि वे क्या आवश्यकताएँ रहीं, जिनकी वजह से बंगाली, मराठी, तमिल और हिंदी के कई रचनाकार अंग्रेजी में लेखन की ओर प्रवृत्त हुए। राम मोहन राय संस्कृत, बंगला, फारसी, अरबी और अन्य कई भाषाओं के विद्वान थे, फिर भी वे अंग्रेजी की ओर मुड़े। कई लेखकों ने अंग्रेजी में लेखन नहीं किया, किंतु अपने छुट-पुट लेखन व अंग्रेजी ज्ञान का प्रभाव उन पर पड़ा अवश्य। भारतेंदु ने अंग्रेजी में लिखा, बंगाल के कई लेखक द्विभाषी रहे। तुलनात्मक साहित्य के अध्येताओं की अट्ठारहवीं शताब्दी के अंत से लेकर आगे के समय के लेखकों को देखना चाहिए कि वे क्या आवश्यकताएँ रहीं, जिनकी वजह से बंगाली, मराठी, तमिल और हिंदी के कइ रचनाकार अंग्रेजी में लेखन की ओर प्रवृत्त हुए। राममोहन राय संस्कृत, बंगला, फारसी, अरबी और अन्य कई भाषाओं के विद्वान थे, फिर भी वे अंग्रेजी की ओर मुड़े। उनका जो लेन-देन, साहूकारी का काम था, उससे समय निकालकर उन्होनें डिग्वे और वुडफोर्ड जैसे अंग्रेज अधिकारियों के अंतरंग सचिव का कार्य किया। कलकत्ता में पहले तो उन्होंने 'आत्मीय सभा' से अपनी पहचान बनायी और फिर सुधार कार्यक्रमों में भाग लिया। समय निकालकर जैसे ब्रजेन्द्रनाथ सील ने कहा कि उसने आधा दर्जन साहित्यकारों का साहित्य कंठस्थ' कर लिया था । हिंदू और वह भी ब्राह्मण होने के कारण वे सदा इस्लाम और ईसाइयत के साथ अपने धर्म का तुलनात्मक अध्ययन करते रहे। 'ब्रह्म समाज' की स्थापना भी इसी का एक हिस्सा है। सती और बाल विवाह आदि को मिटाना भी इससे ही जुड़ जाता है।

राममोहन राय नवजागरण के पुरोधा यूँ ही नहीं बन गये। वे सुधारवादी थे और इतने प्रबल सुधारवादी कि अंग्रेजों की शिक्षा नीति क्या होनी चाहिए, इसकी चर्चा करते हुए वे एक जगह सभी शास्त्रों और भारतीय दर्शन के अध्ययन को बेकार बता देते हैं। उनके लिए वस्तुतः शिक्षा का उद्देश्य समाज का अच्छा सदस्य बनाना था और यदि कोई ज्ञान इसमें मदद नहीं करता तो व्यर्थ है। उन्होंने यह सुझाव भी दिया था कि दो-तीन आदमी ऐसे होने चाहिए, जो अंग्रेजी साहित्य और विज्ञान पढ़ाने के योग्य हों और अपनी नैतिकता के लिए भी विख्यात हों। उन्हें वर्तमान अज्ञानी पीढ़ी का मार्गदर्शन करना चाहिए। वे धार्मिक सह-अस्तित्व के पक्षधर थे, किंतु

अंधविश्वासों के सह-अस्तित्व के नहीं। एक जगह उन्होंने अंग्रेजी की जरूरत को रेखांकित करते हुए लिखा है, " अगर जनता को सारी बातें मालूम नहीं हैं, पढ़े-लिखे लोग सारी बातें जनता को समझाती नहीं हैं, तो अशिक्षित और अज्ञानी लोग विद्रोह भी कर सकते हैं।"

राममोहन राय को सामान्यतः भारत में अंग्रेजी गद्य लेखन का प्रथम उल्लेखनीय हस्ताक्षर माना जाता है। इससे पहले भी वेंकट बोरिया (1776-1803) का कुछ लेखन मिला है, किंतु अपने लेखन से गांभीर्य एवं सहजता के कारण उन्हें आत्मकथा लेखक के रूप में भी गांधी, नेहरु, सुरेन्द्रनाथ बनर्जी, राजेन्द्र प्रसाद के लिए एक उदाहरण प्रस्तुत करने वाला माना जा सकता है। राजा राममोहन राय की इंग्लैंड यात्रा की इतनी चर्चा हुई थी कि वहाँ के एक उपन्यास ने 'रूमनलाल' नाम से एक पात्र अपने उपन्यास 'द न्यू कमर्स' में शामिल किया। विलियम मैकपीस थेकरे का यह प्रयास पूर्वाग्रह युक्त भले हो, राममोहन राय की प्रसिद्धि का बखान तो है ही। उनकी अंग्रेजी पर पकड़ इतनी मजबूत थी कि उन्हें मैकाले से पूर्व का अंग्रेज कहा जाता है। लार्ड एमहर्स्ट को लिखे पत्र का एक-एक वाक्य सूक्तिपरक और सीधे मार करने वाला है। यह पत्र अंग्रेजी राज्य के प्रति अभियोग पत्र-सा है। इस पत्र के पढ़ने से हमें राजा राममोहन राय की अंग्रेजी गद्य के 'तर्क और विमर्श के ज्ञाता' के रूप में प्रयोग करने की क्षमता का पता चलता है। बाद में इस पत्र को पढ़कर बिशप हेयर ने टिप्पणी भी की थी कि यह अच्छी अंग्रेजी, अच्छी बुद्धि और दृढ़ तर्क शैली, वास्तविक जिज्ञासापूर्ण लेखन, क्योंकि यह किसी एशिया निवासी का है, इसलिए अधिक ध्यान खींचता है। जेरमी बेंथम ने राममोहन राय के अंग्रेजी लेखन पर टिप्पणी की है, "आपके शब्दों को मैंने आपकी एक पुस्तक में पढ़ा। आपका हिंदू नाम वहां न होता तो मैं इसे किसी पढ़े-लिखे अंग्रेज की लेखनी का चमत्कार ही समझता।"

"इंग्लैंड की संसद के सदस्य यह चाहते ही नहीं कि भारत में ज्ञान का प्रकाश फैले, अन्यथा वे अंग्रेजी के बदले भारत की प्राचीन भाषाओं का इतना पिष्टपेषण न करते।"अपने एक पत्र में फ्रांस के वैदेशिक मामलों के मंत्री को यह भी लिखते हैं, "केवल धर्म से नहीं, बल्कि सामान्य बुद्धि एवं विज्ञान से भी यही ज्ञात होता है कि सारी मनुष्य जाति एक परिवार है तथा जो अनेक जातियां और राष्ट्र हैं, वे उसी एक परिवार की शाखाएं हैं। "जिस पत्र लेखन की प्रथा को राममोहन राय ने प्रारंभ किया, उसे गांधी और रवीन्द्रनाथ ठाकुर ने आगे बढ़ाया। वे भारतीयों को अंग्रेजी भी पढ़ाना चाहते थे, क्योंकि विज्ञान व बुद्धिवाद में भारत को आगे ले जाना था। उनकी जीवनी लेखिका मिस कोलेट ने लिखा है, "इतिहास में राजा राम मोहन राय का स्थान उस महासेतु के समान है, जिस पर चढ़कर भारतवर्ष अपने अथाह अतीत से अज्ञान भविष्य में प्रवेश करता है।"राजा राममोहन राय का अंग्रेजी लेखन मुख्यतः 'दि प्रिसेप्ट ऑफ जीसस', 'एन अपील टू दि क्रिश्चियन पब्लिक', 'सेकेंड अपील' और 'फाइनल अपील' और अंग्रेजी शिक्षा के समर्थन में लिखे लेख व भाषण यह बताने के लिए काफी हैं कि वे उपनिवेशवादी मानसिकता

का समर्थ प्रत्युत्तर बनकर लेखन करने वाले थे।

आप सोच रहे होंगे कि राजा राममोहन राय जिन्हें भारतीय नवजागरण का प्रणेता कहा जाता है वह अपने अंग्रेजी लेखन में वह सब किस प्रकार लिख रहा है, जो अंग्रेजों का हित साधता था। वस्तुतः इसी को उपनिवेशवादी मानसिकता कहकर अब देखा जा रहा है। 'दि रेचिड ऑफ दि अर्थ' के लेखक फ्रेंज फेनन ने कहा था कि नस्लवाद का काम शोषक व शोषित, राजा व प्रजा, विदेशी सम्राट और देशी प्रजा को यह समझाना है कि जो भी किया जा रहा है, वह दोनों के हित में ही नहीं है बल्कि प्रजा, शोषित और जनता के हित में ज्यादा है। 'नेटिव' जन्मजात अयोग्य और अक्षम हैं, इसलिए सत्ताधारी का यह दायित्व है कि वह उन्हें शिक्षित करें, उनकी पशुता दूर करके उन्हें इंसान बनाए। इसी को किपलिंग ने 'व्हाइट मेन्स बर्डन' कहा है। राममोहन राय के समकालीन ब्रिटिश लेखक तब इसी प्रकार के विचार दे रहे थे कि भारत में जाना, वहाँ के असभ्य लोगों को धार्मिक बनाना उनका कर्तव्य है। इधर भारतीय बुद्धिजीवी अपने देश में सुधार कार्य करते हुए या उनके लिए प्रार्थना करते रहे, उधर अंग्रेज अपना शासन व्यस्थित करते चले गए। जो भी भारतीय विदेश में गया, वह यही कहता रहा, "अंग्रेजों का हमारे यहां आना सौभाग्य की बात है।"ऐसे ही बुद्धिजीवी को अंग्रेजी समर्थक और अंग्रेजी के जानकार थे, वे जब लेखक बने तो उनका मुख्य स्वर 'सुधार' का था। पी.सी.राय ने ऐसे लोगों को 'ब्रिटिश क्रिएटिड क्लास' (अंग्रेजों द्वारा बनायी गयी श्रेणी) कहा है, जिनके विरोध में बाद में नीरद सी. चौधरी जैसे प्रतिष्ठित गद्यकार ने लिखा था कि ब्रह्म समाज भद्रलोक में ही भारतीय संस्कृति और समाज का पूर्ण आधुनिकता का अंश विद्यमान था। आज भी उनका 'सुधार' का बुखार उतरा नहीं है। इस प्रकार भारतीय अंग्रेजी लेखन के इस प्रथम प्रयास में लेखकों ने यह बताने की कोशिश की कि वे अंग्रेजी के माध्यम से अंग्रेजों के अर्थात शासकों की संस्कृति के साथ एकाकार होना अपना सौभाग्य समझते हैं और यह वे सहर्ष कर रहे हैं।

राजा राममोहन राय ने अंग्रेजी को साधकर दिखाया। उन्होंने मैकाले से पूर्व की जमीन तैयार की। मैकाले ने भारतीय शिक्षा को अंग्रेजी शिक्षा का पर्याय घोषित किया। हम यह तो कहते हैं कि राममोहन राय, रानाडे, विवेकानंद, अरविंद, तिलक, गोखले, टैगोर और गांधी हमारे हैं, हम यह क्यों भूल जाते हैं कि जिस भाषा को उन्होंने अभिव्यक्ति का माध्यम बनाया, वह भी हमारी ही तो है? भारतीय अंग्रेजी लेखन की दृष्टि यही है।

राममोहन राय और उनके समकालीन अंग्रेजी लेखकों राधाकांत देव (1784-1867), हेनरी डोरेजियो (1809-31), प्रसन्न कुमार ठाकुर (1801-1868), रामगोपाल घोष (1815-68), ब्रजमोहन मजूमदार (1784-31), चंद्रशेखर देव (1810-1880), पी.सी. मित्रा (1814-83) और के.सी. मित्रा(1822-73) आदि ने इस लेखन को आरंभ किया। यह लेखन उन लोगों के द्वारा हुआ जो मैकाले के समय से पूर्व के हैं। उनकी शिक्षा भारतीय शिक्षा के क्षेत्र में मैकाले

से पहले ही हुई थी। ऐसे कई नाम हैं, जिनका उल्लेख मात्र ही संभव है, जैसे काशी प्रसाद घोष, हसन अली, पी. राजगोपाल, मोहनलाल और कवाली बंधु। माइकेल मधुसूदन दत्त इनके ठीक बाद में आए। ये सब भारतीय हैं। भारतीय अंग्रेजी लेखन की प्रभाती गायन करने वाले हैं, किंतु इनसे पूर्व एक लेखक, कवि, वकील, साहित्यकार और प्रशासक थॉमस बैबिंग्टन मैकाले के बारे में जान लें, तो बेहतर होगा।

थॉमस बैबिंग्टन मैकाले

थॉमस बैबिंग्टन मैकाले (1800-1859) कवि, इतिहासकार और आलोचक था। मैकाले के साहित्यिक और ऐतिहासिक निबंध आज भी पठनीय हैं। भारत की सांस्कृतिक एवं शैक्षिक चेतना को नई दिशा देने के कारण ही हम मैकाले को अधिक पहचानते हैं, क्योंकि उसी के कारण अंग्रेजी शिक्षा पर हो रही बहस को समाधान मिला। आज हम मैकाले को चाहे किसी भी तरह से देखें, किंतु उसके योगदान को भुलाया नहीं जा सकता। एक समय भारतीय समाज में दो तरह की विचारधारा थी। शिक्षा के संबंध में एक वे देशी व विदेशी लोग थे, जो भारतवासियों को प्राचीन भारतीय साहित्य, भारतीय विज्ञान और संस्कृत, फारसी, अरबी और देशी भाषाएं पढ़ाने के पक्ष में थे और दूसरे उन्हें अंग्रेजी भाषा, पश्चिमी साहित्य और पश्चिमी विद्वान की शिक्षा देना अपने लिए अधिक हितकर मानते थे। पहले विचार के लोगों को 'ओरियंटलिस्ट' और दूसरे को 'ओक्सीडेंटलिस्ट' कहा जाता है। अनेक वर्षों तक इन दोनों प्रकार के विचारकों में अंग्रेजी के प्रश्न को लेकर खूब वाद-विवाद हुआ। इन्ही दिनों सन् 1834 में मैकाले का भारत आगमन हुआ।

मैकाले एक विद्वान किंतु निर्धन अँग्रेज़ था। उस समय के दूसरे अंग्रेज़ों की तरह उसका भी भारत आने का मुख्य उद्देश्य धन कमाना ही था। उसने स्वयं अपने एक पत्र में लिखा था कि अपने देश में वह मुश्किल से दो सौ पौंड कमा सकता था। गवर्नर जनरल की कौंसिल का कानूनविद सदस्य बनकर आने से उसे आर्थिक लाभ होने की आशा थी। उसे उम्मीद थी कि दस हजार पौंड वार्षिक आय के अलावा उसे खजाने से पांच हजार पौंड और मिलेंगे। इतिहासकार विल्सन ने लिखा है कि कोई खास काम इस पद के लिए निर्धारित न था, जिसके लिए इतनी बड़ी तनख्वाह दी गयी, किंतु वह अंग्रेज था।

लॉर्ड मैकाले का काम भारतवासियों के लिए कानून बनाना था, किंतु वह न तो भारत की कोई भाषा जानता था और न भारत का इतिहास-भूगोल और कला-संस्कृति। इसलिए वह भारतवासियों को अंग्रेजी शिक्षा देने और अंग्रेजी माध्यम से शिक्षा देने का पक्षपाती हो गया। इसमें उसका उद्देश्य बिल्कुल स्पष्ट था। वह भारतीयों में राष्ट्रीयता के भावों को पनपने ही नहीं देना चाहता था। सन् 1856 में अपने पिता के नाम एक पत्र में उसने लिखा था, " मुझे पूरा विश्वास है कि यदि हमारी शिक्षा की योजनाओं के अनुसार काम होता रहा तो आज से तीस वर्ष के

बाद बंगाल के शिक्षित लोगों में एक भी मूर्तिपूजक न रह जाएगा।" इस कथन पर 'दि इंडियन डेली न्यूज' के अंग्रेज संपादक ने लिखा था, "लार्ड मैकाले की जीत वास्तव में भारतवासियों के धार्मिक और सामाजिक जीवन को नाश करने हेतु खुले संकल्प की जीत है।"

आपने कानूनविदों से एक पद सुना होगा, 'ताजीराते हिंद'। इसके निर्माण के लिए मैकाले ने कार्य किया। उसका बनाया हुआ 'इंडियन पीनल कोड' पंडित सुंदरलाल की दृष्टि में, "भारतवासियों को निर्धन बनाने, उन्हें चरित्रभ्रष्ट करने, उनमें बेईमानी व मुकदमेबाजी की आदत डालने और उन्हें सर्वथा बर्बाद करने के लिए था। " लॉर्ड मैकाले भारतीयों को अपनी संपत्ति समझते हुए एक स्थान पर लिखता है, "हम जानते हैं कि भारतवर्ष को स्वतंत्र हुकूमत नहीं दी जा सकती, किंतु इससे उतरकर एक चीज यानी एक मजबूत और निष्पक्ष स्वेच्छाचारी तानाशाही उसे मिल सकती है।" मैकाले ने भारतवासियों को कानून की सुनहरी जंजीरों में जकड़ने का काम किया। करीब बीस वर्ष तक जितने अंग्रेज भारत की लॉ कोंसिल के सदस्य रहे उन्हे इसके लिए उन्हें 35 लाख 68 हजार 805 रुपये दिये गये। कहना न होगा कि मैकाले मालामाल होकर गया। भारत को कंगाल होना था और वह हुआ।

18वीं शताब्दी के प्रारंभ में भारतीय शिक्षा इतनी अच्छी थी कि उन्नीसवीं शताब्दी के शुरू में डॉक्टर एंड्रयूवेल ने इंग्लैंड जाकर वहाँ भारतीय प्रणाली से शिक्षा देनी शुरू की। आजकल की पाश्चात्य शिक्षा प्रणाली में जो 'ट्यूटोरियल' या 'म्युचुअल ट्यूशन' की प्रथा है, वह भारतीयों से ही पश्चिम ने सीखी। प्रशंसनीय, अनुकरणीय और कारगर शिक्षा प्रणाली को बदलकर दूसरी शिक्षा प्रणाली की जरूरत इसलिए पड़ी क्योंकि भारतीय उद्योग-धंधों के नाश और कंपनी की लूट ने देश की बढ़ती दरिद्रता, प्राचीन ग्राम पंचायतों के नाश, आर्थिक सहायता की समाप्ति, भारतीय शिक्षा पद्धति का विरोध और कंपनी राज्य की मनमानी के कारण ऐसी अवस्था आयी। सही शिक्षा देने से उन्हें कोई लाभ नहीं था। वे शिक्षित भारतीय से डरते भी थे। सन् 1831 में सर जान मैकलम के पुराने विचारों को दोहराते हुए सर लिओनेल स्मिथ ने कहा था, "शिक्षा का नतीजा यह होगा कि सब सांप्रदायिक और धार्मिक पक्षपात, जिनके द्वारा हमने अभी तक मुल्क को वश में कर रखा है और हिंदू-मुसलमानों को एक-दूसरे से लड़ाए रखा है, इत्यादि दूर हो जाएंगे। शिक्षा का नतीजा यह होगा कि इन लोगों के दिमाग खुल जाएंगे और इन्हें अपनी विशाल शक्ति का पता चल जाएगा।"

जब अंग्रेजी राज्य के लिए शिक्षित कामगारों की आवश्यकता हुई, तो कुछ बात बनी। ईसाई धर्म प्रचार के लिए अंग्रेजी शिक्षा साधन बन ही गयी थी। कुछ लोगों ने सोचा कि अशिक्षित भारतवासी शिक्षित भारतवासीयों की अपेक्षा ज्यादा खतरनाक होंगे। सर फ्रेडरिक हैलिडे और मार्शमिक के विचार ऐसे ही थे। मैकाले ने आकर अपना यह उद्देश्य रखा कि उच्च वर्ग के भारतवासियों में राष्ट्रीयता के भावों को उत्पन्न होने से रोका जाए और उन्हें अंग्रेजी

सत्ता के चलाने के लिए उपयोगी तंत्र बनाए रखा जाए। अपने पक्ष का समर्थक मैकाले ने इन शब्दों में किया, "हमें भारत में इस तरह की श्रेणी पैदा करने का भरसक प्रयत्न करना चाहिए जो कि हमारे ओर उन करोड़ों भारतवासियों के बीच, जिन पर हम शासन करते हैं, एक दूसरे को समझाने बुझाने का काम दे सकें। वे लोग ऐसे होने चाहिए, जो कि केवल खून और रंग की दृष्टि से हिन्दुस्तानी हो, किंतु जो अपनी रूचि, भाषा, भावों और विचारों की दृष्टि से अंग्रेज हों।"

यह उल्लेखनीय है कि मैकाले की सन् 1935 की रिपोर्ट 26 साल बाद सन् 1864 में पहली बार प्रकाशित की गयी और लॉर्ड मैकाले के बहनोई सर चार्ल्स ट्रेवेलियन ने भी भारतीयों के लिए अंग्रेजी साहित्य पढ़ना इसलिए जरूरी माना, क्योंकि इसका प्रभाव अंग्रेजी राज के लिए हितकर के अतिरिक्त कुछ हो ही नहीं सकता था। लॉर्ड मैकाले द्वारा तैयार की गयी 1935 की रिपोर्ट लॉर्ड विलियम बैंटिक की इच्छानुकूल ही थी। इस रिपोर्ट में मैकाले ने सर्वप्रथम 1813 की उस रिपोर्ट की खिल्ली उड़ाई, जिसमें अरबी और संस्कृत को पढ़ाने की वकालत की गयी थी। तब मैकाले ने बहुत ही घृणापूर्वक कहा था कि भारत के इस भाग में सामान्यतः बोली जाने वाली भाषाएं और बोलियों में न तो कोई साहित्यिक और न ही वैज्ञानिक जानकारी है और साथ ही इतनी बेकार न अभद्र हैं कि जब तक अन्य तरीकों से इनको समृद्ध नहीं किया जाता, इनमें कोई महत्वपूर्ण कृति अनूदित भी नहीं की जा सकती। उसने यह भी जोड़ा कि उसने ऐसा कोई भी अंग्रेज नहीं देखा जो यह कह न सके कि यूरोपियन पुस्तकालय का एक अकेला शेल्फ ही सारे अरब और भारतीय नेटिव साहित्य के मुकाबले बेहतर है। मैकाले ने यह भी कहा कि संस्कृत अरबी को पढ़कर रोजगार पाना कठिन है, इन भाषाओं में सरकारी सहायता से छापी गयी पुस्तकें पढ़ी नहीं जातीं और इनका मूल्य और वकत उस कागज के मूल्य से भी कम है, जिस पर वे छापी गयी हैं। यही नहीं भारतीय छात्र अंग्रेजी शिक्षा के लिए मुंह मांगी फीस देने को तैयार होंगे, जबकि भारतीय भाषाएं वे मुफ्त में और सरकारी मदद और इमदाद से पढ़ते हैं।

मैकाले ने भारत के भविष्य को देख लिया था। मैकाले जो देख नहीं पाया वह यह था कि भारतीय भाषाएं भी अंग्रेजी को प्रभावित करेंगी। उसी के समय में चिरुट, चिट, कौड़ी, करी, खाकी, लूट, नबाब, पजामा, पोलो, सरकार, ठग, घोड़ी और बरामदा आदि शब्द अंग्रेजी में चले गए। अंग्रेजी के प्रति सद्भाव का कारण चाहे जो भी रहा हो, चूंकि अंग्रेजी विश्व भाषा बनने के लिए जन्मी थी, ऐसे ही लोगों के कारण सफलता से आगे बढ़ी।

यहां हम मैकाले के गद्य और उसके भारतीय अंग्रेजी पर पड़े प्रभाव की चर्चा करना चाहते थे, किंतु ऐतिहासिक विकासक्रम की कुछ सच्चाईयों को लिखने से बाज न आ सके। वस्तुतः मैकाले ने अपनी उस प्रभावशाली 'मिनट' (रपट) में क्या कहा है? पहले तो एक शिक्षाविद् की तरह उसने भारतीय शिक्षा व्यवस्था की जर्जरता का चित्र प्रस्तुत किया, फिर उस पर चिंता व्यक्त की और फिर उसका समाधान प्रस्तुत किया। उसने अंग्रेजी के दावे को इस प्रकार प्रस्तुत किया

कि कोई प्रश्न ही न उठे। यही नहीं, उसने अंग्रेजी और भारतीय भाषाओं के संबंधों को भी स्पष्ट कर दिया। हमारी भारतीयता और सोच ऐसे दो कारण हैं, जिसकी वजह से मैकाले को हम कभी संतुलित दृष्टि से देख नहीं पाते। यह ठीक है कि अंग्रेजी को स्थापित करने की जल्दबाजी में यह संस्कृत व अरबी को कमतर कह बैठा, किंतु वह जानता था कि बनारस ब्राह्मणों का शिक्षा केंद्र है और दिल्ली अरबी शिक्षा का गढ़। यदि बनारस का संस्कृत कॉलेज और दिल्ली का मुस्लिम कॉलेज हम रखें तो यह काफी है। हाँ, उसके कहने का ढंग बहुत चुभने वाला रहा। यह व्यंग्यातिरेक वह अपनी अभिव्यक्ति को धार देने के लिए प्रयोग कर रहा था। "हू वुड डिनाई दैट एक सिंगल शेल्फ ऑफ ए गुड यूरोपियन लाइब्रेरी वाज वर्थ दि होल नेटिव लिटरेचर लाइब्रेरी ऑफ इंडिया एंड अरेबिया?"

ये कथन एक ओर तो मैकाले के अज्ञान को बताते हैं, वहीं दूसरी ओर उसकी जल्दबाजी को भी प्रदर्शित करते हैं।यहाँ एक बात याद रखनी चाहिए कि अंग्रेजी के प्रयोग से मैकाले भारत में चाहे अंग्रेजी साम्राज्यवाद की जड़ें मजबूत नहीं करना चाहता था, किंतु उसका यह दृढ़ विश्वास था कि अंग्रेजी और अन्य विदेशी भाषाओं का ज्ञान भारतीयों के लिए दूरगामी दृष्टि से लाभदायक रहेगा।"विल डु फोर द हिंदू व्हाट दे हैव डन फोर द टाइटर"। वह अपने मत का पक्का था, धुन का पक्का था और जो कहा करके दिखाया। उसके आने से द्विभाषिकता का विचार पनपा। मिशनरियों ने द्विभाषिक पुस्तकें लिखीं। अंग्रेजी और भारतीय भाषाओं में आदान-प्रदान बढ़ा।

स्वामी विवेकानंद

राजा राम मोहन राय के समय से ही भारतीयों ने अंग्रेजी भाषा को तर्क, व्यवस्था और उदबोधन के लिए नया और अच्छा साधन मानकर स्वीकार किया। किन्तु उनका गद्य केवल अंग्रेज़ों से वार्तालाप करने और उन्हे प्रभावित करने के लिए नहीं था। अंग्रेजी गद्य का प्रयोग वे भारतीय चेतना की अभिव्यक्ति के लिए भी करने लगे थे। इससे भारतीय मेधा से विश्व का परिचय होना आसान हो गया था।

राजा राम मोहन राय के उपरांत अंग्रेजी गद्य का उपयोग भारतीय चेतना की अभिव्यक्ति के माध्यम के रूप में करने वालों में स्वामी विवेकानंद प्रमुख हैं। वे सदा ज्ञान के आधार पर आस्था के स्वर में अपने अन्तःकरण से बोलते थे, इसलिए उनके वचनों में निर्भीकता और भारतीय मनीषा की स्वरलहरी विद्यमान है।

क्या यह आश्चर्यजनक नहीं कि जिस भारत में साहित्य को 'काव्य'भी कहा जाता रहा है वहाँ काव्य से पूर्व 'गद्य' आया। वह गद्य जिसे संस्कृत में कवियों का 'निकष' कहा था। 'गद्यम कविना निकषा वदन्ति' और यह गद्य मैकाले जैसे अंग्रेजों के विचारों को राममोहन राय जैसे

भारतीयों के लेखन से होता हुआ स्वामी विवेकानंद तक पहुंचा। स्वामी विवेकानंद उन महापुरुषों में से हैं, जिन्होंने अंग्रेजी व्याख्यान और लेखन के माध्यम से भारतीय वेदांत दर्शन का विश्व में प्रचार किया। उनका शिकागो का भाषण अंग्रेजी गद्य का उत्कृष्ट नमूना है। दृश्य बिंबों का प्रयोग, स्पष्टता और सूक्ष्मता से अंग्रेजी का प्रयोग करके उन्होंने सबको विस्मित किया। धार्मिक अनुभव की वैज्ञानिक शब्दावली से अभिव्यक्ति करके वे क्या खूब कहते हैं ' इट इज दि सम लाइट कमिंग थ्रू ग्लासिज आफ डिफरेंट कलर्स एंड दीज लिटिल वेरिएश्न्स आर नेसेसरी फॉर परपोसेज ऑफ अडेपटेशन्स।' यह एक ही प्रकाश है जो विभिन्न रंगों के कांच से आता है और ये छोटी-छोटी भिन्नताएं अनुकूलन के उद्देश्य से आवश्यक भी है। वे यह भी कहते हैं यदि एक धर्म सच्चा है, तब सभी दूसरे धर्म भी सच्चे होंगे। इसलिए हिंदू धर्म जितना मेरा है, उतना ही आपका भी। उद्धरण, उदाहरण, अलंकार और प्रतीकों से भरी रचनाओं को देकर विवेकानन्द ने भारतीय अंग्रेजी गद्य लेखन को बढ़ाया। यदि कालाईल और रस्किन को पढ़ा जा सकता है, तो साहित्यकार के रूप में विवेकानंद को क्यों नहीं? विवेकानंद 'सोंग ऑफ फ्री' गाते हैं -

जागो स्वप्न से, बंधन से हो मुक्त।
भय न करो। यह रहस्य
मेरी छाया, सकती नहीं डरा मुझे
सदा के लिए जान लो कि मैं हूँ वह।।
(फ्री ड्रीमस अवेक, फ्राम बोण्ड्स दी फ्री
दी नोट अफ्रेड, बिग मिस्ट्री
माई शैडो कैन नोट फ्राइन मी।
नो इन्स फोर ऑल दैट आइ एम ही।)
और उनका गद्य 'शिकागो एड्रैस' से –

Sectarianism, bigotry, and its horrible descendant, fanaticism, have long possessed this beautiful earth. They have filled the earth with violence, drenched it often and often with human blood, destroyed civilization and sent whole nations to despair. Had it not been for these horrible demons, human society would be far more advanced than it is now. But their time is come; and I fervently hope that the bell that tolled this morning in honor of this convention may be the death-knell of all fanaticism, of all persecutions with the sword or with the pen, and of all uncharitable feelings between persons wending their way to the same goal.

21

हिन्दू कॉलेज के अंग्रेजी कवि

भारतीय अंग्रेजी लेखन में कविता का जो क्षेत्र हैं, उसे कई बार अंग्रेजी कविता के इंजन में अटका लिया गया, वैगन कहा जाता है। (ए वैगन हिचड टू द इंजन ऑफ इंगलिश पोइट्री)। जिधर जिधर इंजन जाता है, उधर-उधर यह डिब्बा भी जाता प्रतीत होता है। तभी तो रोमांटिक स्वच्छंदतावादी युग में लेखन कार्य होने के कारण उसका प्रभाव पड़ा और जब विक्टोरिया का युग आया तो भारतीय अंग्रेजी कविता भी विक्टोरियाई हो गई। यह वस्तुतः अर्धसत्य है। प्रभाव तो हुआ, किंतु यह नहीं भूलना चाहिए कि यहां पूर्व-पश्चिम का मेल हो रहा था। एक नए युग का उदय हुआ था, जिसे नवजागरण कहते हैं और इसमें कई क्षेत्रों में अनुकरण भी हुआ तो कई क्षेत्रों में एक अनूठा प्रयोग भी हुआ। उदाहरण के लिए माइकेल मधुसूदन दत्त स्कॉट व बायरन की शैली का अनुकरण करते हुए 'द केप्टिव लेडी' जैसा काव्यात्मक रोमांस लिखते हैं तो बंगाली मुक्त छंद में 'मेघनाथ वध' भी लिखते हैं। कहना न होगा कि प्रारंभिक कवियों ने अंग्रेजी छंद और भाषा अपनायी तो अवश्य, किंतु उनके चयनित विषय पूर्णतया भारतीय थे। डेरोजियो की कविता 'फकीर' में सती प्रथा का जिक्र है, तो 'द केप्टिव लेडी' में पृथ्वीराज चौहान और संयुक्ता की कथा। भारतीयों का प्रकृति प्रेम 'अर्ली बर्डस्' और अन्य कविताओं में है। काशीप्रसाद भारतीय नारी को सशक्त करते हैं। प्रारंभ में कवियों ने अंग्रेजी गीत, सीनेट, शोक गीत और भांड आदि छंदों को अंग्रेजी से लिया और अपनी रीतिकालीन दोहे , कवित्त, सवैया और छप्पय आदि से एकाकार किया और धीरे-धीरे अंग्रेजी लेखन उनके भी परिपूर्ण क्षणों की वाणी बन सका। उन्नीसवीं शताब्दी के अंतिम दशक तक आते-आते भारतीय अंग्रेजी लेखन में परिपक्वता के चिन्ह दिखायी देते हैं। तोरु दत्त की कविता 'द सेसुरीन ट्री' में भारतीय अंग्रेजी कविता की संपूर्णता उजागर होती है, किंतु उससे पूर्व ही इस कविता का इतिहास एक आधे भारतीय और आधे पुर्तगाली अंग्रेजी अध्यापक के द्वारा रच दिया गया था। हिन्दु कॉलेज

कलकत्ता में 1826 से जो परंपरा पड़ी, उसको देखना आवश्यक है। यह वह युग है, जब हिन्दी में भारतेंदु का उदय भी न हुआ था। हिन्दी नयी चाल में ढलने का इंतजार कर रही थी किन्तु अंग्रेजी ढाली जा रही थी और जहाँ वह ढाली जा रही थी, वह स्थान था कलकत्ता का हिन्दू कॉलेज।

हेनरी डोरोजियो

चौदह वर्ष की अवस्था में ही हेनरी डोरोजियो (1809-1931) को कविता करते देखकर डॉ जॉन ग्रांट ने उसको प्रोत्साहित किया और अट्ठारह वर्ष की नाजुक उम्र में वह अंग्रेजी साहित्य का अध्यापक बन गया। कवि और अध्यापक के रूप में उसकी ख्याति फैलती चली गयी। रोमांटिक कवियों की तर्ज पर और उन्हीं की प्रिय सोनेट फॉर्म को अपनाकर डेरोजियो ने कविता की नींव रखी। मृत्यु को अपनी कविता में 'बेस्ट फ्रैंड' कहने वाला, प्रकृति प्रेमी कवि भरी जवानी में मृत्यु की गोद में चला गया। यह निरा संयोग नहीं कि भारतेंदु, प्रताप नारायण मिश्र और लाला श्रीनिवास दास की भांति ही डेरोजियो, विवेकानंद और तारुदत्त ने अपने-अपने क्षेत्र में अल्पावधि में ही युगांतर उपस्थित कर दिया। इनसे तत्कालीन भारतीय रचनाकारों की साहसिकता, लगन और निष्ठा का पता चलता है। ये सब साहित्यकार लंबी आयु प्राप्त न कर सके, किंतु क्या यह सही नहीं है कि इनके यशकाय शरीर को जीवन और मरण का कोई भय नहीं।

पीछे मुड़कर देखें तो 1781 में मुसलमानों के लिए कलकत्ता में मदरसा, 1791 में हिन्दुओं के लिए बनारस में संस्कृत कॉलेज बनाकर अंग्रेज आगे बढ़े। अंग्रेजी के लिए शेरबोर्न अकादमी जहां मनमोहन राय पढ़े और टूगे अकादमी जहां डेरोजियो पढ़े, इनको ज्यादा प्रसिद्धि तब न थी, क्योंकि कुछ ही लोगों की पहुंच तक ये संस्थाएं थीं। 1818 में हिन्दू कॉलेज की स्थापना हिन्दुओं के धन से हुई और राममोहन राय के चाहने पर भी तब लोगों ने इस कॉलेज में उनका धन न लगने दिया। हिन्दुओं के लिए वह हिन्दु न था, ईसाइयों के लिए ईसाई न था और मुसलमान उसे अपना मित्र न मानते थे। जो भी हुआ, किन्तु हिन्दू कॉलेज से उच्च वर्ग को पाश्चात्य शिक्षा मिलना संभव हुआ। सन् 1855 में इसे प्रेसीडेंसी कॉलेज कहा जाने लगा, किन्तु यह उससे पहले की बात है, जब डेरोजियो को एक 'बदनाम विचारक' ने साहित्य का चस्का लगाया, शौकिया थियेटर, क्रिकेट, संभाषण और लेखन इसके शौक थे। आज के विद्वानों के लिए, 1826 जब वह यहां आया और 1831 जब उसे अपना पद छोड़ना पड़ा, के बीच का समय अध्ययन की वस्तु बन गया है। कोई उसे हिन्दू छात्रों को बरगलाने वाला मानता है और कोई उसे साहित्य, संस्कृति और मुक्त विचार का अगुआ मानता है। ऐसा क्या था इस व्यक्तित्व में कि एक बार मिशनरी, कट्टर हिन्दू, हिन्दू कॉलेज के संस्थापक और सरकार सभी इसके दुश्मन हो गए थे।

वास्तव में यह अध्यापक अपने छात्रों को खूब पढ़ने, विचार करने और तर्क-वितर्क करने

को उकसाता था। उसके इसके लिए गोष्ठियां, सभाएँ आयोजित कीं। कॉलेज के बाद भी जमावड़ा होता। वह कहा करता था, 'वह जो तर्क नहीं करेगा मूर्ख है, और जो तर्कशील नहीं है वह गुलाम है।' सभी पूर्वाग्रहों को छोड़कर अपने विचारों और आचरण में स्वतंत्र हो जाओ। सब कुछ जो पुराना है, उसे तोड़ डालो और इसके स्थान पर नया अपनाओ।' अब ऐसे में हिन्दू धर्म क्या सभी धर्मानुयायी नाराज होते। डेरोजियो को 'सभी झगड़ों की जड़' घोषित करके कॉलेज से निकाल दिया गया। हिन्दू कॉलेज से निकलकर डेरोजियो ने स्वतंत्र लेखन शुरू किया। वह निकाले जाने से दुखी था, किंतु अपनी स्वतंत्रता से खुश भी था। जीवन के अंतिम दिनों में यह 'दि ईस्ट इंडियन' दैनिक का संपादन करने लगा था। अनेक पत्र-पत्रिकाओं में लिखने के अतिरिक्त उसने अपने 'यूरोपियन' भाइयों से यह अपील करना जारी रखा कि वे भारत के लोगों में घुल-मिल जाएं, क्योंकि यही उनके हित में है। वह उसी वर्ष पैदा हुआ था, जिस वर्ष टेनीसन और डारविन, किन्तु मरा वह बायरन से कुछ वर्ष बाद 1931 में। उसकी छोटी सी जिंदगी की कहानी वास्तव में बड़ी नहीं, किंतु गहरी है।

वायरन, शैली, कीट्स, बर्डसमर्थ आदि की तर्ज पर लिखना शुरू करके डेरोजियो ने ऐसी कविताएं लिखीं कि एक ओर तो यह इन रोमांटिक कवियों से प्रभावित दिखायी देता है, दूसरी ओर एक सर्जनात्मक पाठक भी नजर आता है। कविताओं में आए होमर, तासो, हफीज, बायरन, मूर और मिल के संदर्भ भारतीय एवं पाश्चात्य मिथकों को एक पंचरंगी आभा प्रदान करते हैं। उसकी एक लंबी कविता 'जंपीरा का फकीर' सती की कथा को ऐसा दर्दनाक वाक़या बना देती है कि मालिनी नामक विधवा को हम भूल नहीं पाते। स्वराज्य और देशभक्ति की भावना को अभिव्यक्त करती हुई कविता 'दि हार्प ऑफ इंडिया' को भला कोई भूल सकता है?

'भारत-वीणा'

'तू क्यों अकेली अपनी जीर्ण डाली पर लटकी?
हमेशा के लिए मौन, तुझे नहीं रहना चाहिए
तेरा संगीत कभी मधुर था, कौन सुनता है उसे अब?
क्यों व्यर्थ में पवन इधर से सिसकी भर गुजरता है?
मौन ने रखा है बांध अपनी घातक जंजीरों से उपेक्षित,
शांत और एकांत में पड़ी तू जैसे रेगिस्तान में खड़ा कोई
खंडित ध्वंसावशेव स्मारक
ओह! मेरे हाथों से भी कारगर कई हाथ कभी
तेरी धमनियों-सी तातें को छू मादकता बिखेर देते थे
और उनके लिए प्रसिद्धि में पुष्पहार अर्पित किए फूल
जो अब भी उस वादक की कब्र पर खिले वे हाथ ठंडे हैं,

किन्तु यदि तेरे स्वर दैवी हैं तो शायद नश्वर भी एक बार जागे
मेरे देश की वीणा, मुझे अपने तारों को झंकृत करने दे!'491
Why hang'st thou lonely on yon withered bough?
Unstrung for ever, must thou there remain;
Thy music once was sweet - who hears it now?
Why doth the breeze sigh over thee in vain?
Silence hath bound thee with her fatal chain;
Neglected, mute, and desolate art thou,
Like ruined monument on desert plain:
O! many a hand more worthy far than mine
Once thy harmonious chords to sweetness gave,
And many a wreath for them did Fame entwine
Of flowers still blooming on the minstrel's grave:
Those hands are cold - but if thy notes divine
May be by mortal wakened once again,
Harp of my country, let me strike the strain!

इस प्रकार भारतीय अंग्रेजी कविता एक रोमांटिक सितारे से जन्मी, किंतु उसकी मानसिकता ऐसी थी कि, उसकी कई कविताएं, जैसे 'दि गोल्डन वेस', 'हिन्दू प्रतिक्रियावादी' और विश्व हिन्दू संगठनों को काम की लगती हैं, किंतु इस युवा कवि की कविताओं का अपना पाठ तैयार करने से अच्छा है कि हम इस कवि की छोटी-छोटी कविताएं ही देखें। उदाहरण के लिए 'हिन्दू कॉलेज के छात्रों से' कविता में कवि ने मानो हृदय ही निकालकर रख दिया है।

माइकेल मधुसूदन दत्त

माइकेल मधुसूदन दत्त (1824-73) भी हिन्दू कॉलेज से जुड़े। वहां से निकलकर उन्होंने अपने पिता की मर्जी के खिलाफ 'ईसाई' धर्म स्वीकार किया। बिशप कॉलेज में पढ़ने के बाद वे मद्रास में ग्रीक, लेटिन और हिंदी पढ़ने गए। अंग्रेजी में लिखने की धुन सवर थी मधुसूदन दत्त को और पहले तो इसने केवल अंग्रेजी में ही लिखा, बाद में उसे कुछ समझ आयी। एक निबंध तो मधुसूदन दत्त का ऐसा है, जिसमें उसने मैकाले की रिपोर्ट से ज्यों का त्यों नकल कर लिया है। उद्धरण देने का इतना शौक था उसे कि लोग अवाक् रह जाते थे। रजिया और शर्मिष्ठा जैसे नाटक उसने बंगाली से अनूदित किए। अपने पत्रों और लेखों में वह पाश्चात्य सभ्यता और मनीषा को अंगीकार करने की बेचैनी दिखाता चला जाता है। कई अंग्रेजों ने तब उसे अंग्रेजी साहित्य लेखन

के बजाय, अन्य तरीकों से देश की सेवा करने की मुफ्त सलाह भी दी। मधुसूदन ने ऐसे ही एक अंग्रेज को लिखा था - 'यह मेरी दिनचर्या है - 6 से 8 हिंदू, 8 से 12 स्कूल, 12 से 2 ग्रीक, 2 से 5 तेलुगु और संस्कृत 5 से 7 लेटिन, 7 से 10 अंग्रेजी......क्या मैं अपने पूर्वजों की भाषा को अलंकृत करने के महान उद्देश्य की तैयारी कर रहा हूँ?' उसकी यह अतिरेकपूर्ण कार्यवाही हमें उसकी बंगाली कविता 'बंग भाषा' में दिखायी दे जाती है। आज भी वह कविता बंगालियों में बच्चा-बच्चा जानता है।

एक तरह से मधुसूदन ने अंग्रेजी द्वारा संस्तुत किए गए तरीके से लेखन कार्य नहीं किया। उनके नाटकों और कविताओं की तुलना उनके समकालीन भारतेंदु हरिश्चंद्र (1850-1985) के लेखन से करके हम देख सकते हैं कि डेरोजियो में अपनी जड़ों को तलाशते हुए लिखा, किंतु इन दोनों ने 'भारत दुर्दशा' के मर्म पर भी उंगली रखी। बाद में 'ऐकी की बोले सभ्यता' (1860), 'धुरो शाथिकेर पराओ' (1861) आदि बंगाली नाटकों में प्राचीन मिथकों के नए प्रयोग से वे वहां पहुंचे, जहां 'मेघनाद वध' (1861)काव्य की रचना होती है। राम के बजाय यहां रावण का पुत्र नायक है, क्योंकि कवि कहा करता था 'आई हेट रामा एंड ऑल हिज रबल' । समूचे भारतीय साहित्य में शास्त्रीय परंपरा के अनुसार देवता और किसी उच्च कुलीन मनुष्य को ही कवि नायक बनाता जाया रहा था, 'मेघनाद वध' ने पहली बार परंपरा से तिरस्कृत और लांछित राक्षस-वंश के मेघनाद को सहानुभूति देते हुए उसे नायक के रूप में स्थापित किया। यहाँ यह जानना हिन्दी के अध्येयताओं के लिए सुखकर होगा कि माइकेल के इस रावणवंशीय काव्य का अनुवाद राम के परम भक्त और 'साकेत'के प्रणेता मैथिलीशरण गुप्त करते हैं। हिन्दी में गुप्त जी के गुरु महावीर प्रसाद द्विवेदी ने उर्मिला जैसी उपेक्षिताओं पर ध्यान दिलाया और गुप्त जी ने यशोधरा और कैकेयी आदि को प्रमुखता दी। समूचे दैत्यवंश को केंद्र में रखकर भी हिन्दी में काव्य और महाकाव्य लिखे गए(द्रष्टव्य केदारनाथ मिश्र 'प्रभात', रामधारी सिंह 'दिनकर', रामकुमार वर्मा , हरदयालु सिंह और अयोध्या सिंह उपाध्याय 'हरिऔध' के काव्य)। यह मधुसूदन दत्त का प्रभाव नहीं तो और क्या है?

मिल्टन और तासो की तरह औदात्त की पराकाष्ठा तक न भी पहुंच पाया हो वह, किंतु अंग्रेजी में लिखी 'द कैप्टिव लेडी' (1849) के लिए याद किया जाएगा। डेरोजियो की तरह मधुसूदन दत्त का जीवन भी विविधतापूर्ण रहा। वह भी शीघ्र ही संसार से चला गया, उससे पहले कि उसकी सृजनात्मक शक्ति की सफलता, व पूर्णता प्राप्त हो। बंगालियों के लिए मधुसूदन 'कवियों का कवि' है और अरविंद घोष ने तो अपनी एक कविता में यह लिखा है कि -

कोई मानवीय हाथ ऐसे स्वर्गिक छंद न लिख पाता!
ये स्वर और उच्चार अपूर्ण पृथ्वी के लिए नहीं
बल्कि ईश्वर ऐसी रचना को स्वयं कर गया

ईश्वर ने अपनी सुमधुर वीणा में गाया
ईश्वर ने तेरी लेखनी स्वयं थामी और लिखा।
(दि गॉड हिम सिल्फ टुक अप दाई पैन एंड रोट!)

"मैं यह स्वीकार करता हूँ और यह स्वीकार करने में कोई संकोच नहीं कि मुझे अंग्रेजी भाषा से प्रेम है। हां, मैं इसे प्यार करता हूँ - 'एंग्लो सैक्सन की महान भाषा अपने संपूर्ण सौंदर्य एवं सौष्ठव से मेरे ख्यालों में रहती है और मैं इससे पूर्णतः अभिभूत और प्रभावित हूँ।'

ये शब्द माइकेल मधुसूदन दत्त (1824-73) के हैं, जिनकी चर्चा हम कर रहे थे। उन्नीसवीं शताब्दी के प्रारंभ में ऐसे उद्गार व्यक्त करने वाले भारतीय की मनोदशा को समझना कठिन नहीं होगा। हाँ, वह बात अवश्य उल्लेखनीय है कि ऐसा मुग्ध लेखन करने पर भी मधुसूदन अपनी भाषा की ओर मुड़ा, क्योंकि उन्नीसवीं शताब्दी के उत्तरार्ध में राष्ट्रीय भावनाओं को ज्वार-सा आ गया था। बंकिमचंद्र चट्टोपाध्याय और ईश्वरचंद विद्यासागर जैसे अनेक विद्वान अंग्रेजी के बजाय अपनी भाषा में लिखने लगे। बंकिमचंद ने अपना पहल उपन्यास 'राज मोहन'स वाइफ' (1864) बंगला में नहीं अंग्रेजी में लिखा था, किंतु बाद में वे 'आनंद मठ' और उसमें लिखित 'वंदेमातरम' के कारण अमर हो गए, किंतु एक परिवार इस प्रभाव में अछूता रह गया।

22

दत्त फ़ैमिली एल्बम

दत्त परिवार

अठारहवीं शताब्दी के अंत में नीलमणि दत्त कलकत्ता के एक धनी व्यापारी थे। उनका बड़ा बेटा रासमणि दत्त हिंदू कॉलेज व संस्कृत कॉलेज दोनों की निदेशक समिति का सचिव था। इनके परिवार को साहित्य प्रेम व सर्जनात्मक लेखन विरासत में मिला। रासमणि के पुत्रों गोविन (1828-84), हर (1811-1901) और गिरीश (1836-1912) ने अंग्रेजी में एक काव्य संग्रह (1870) 'दत्त फैमिली एलबम' निकाला। रासमणि के पुत्र ही नहीं शशिचंद्र दत्त (1824-86) उनके भतीजे भी इसमें शामिल कर लें तो ठीक रहेगा, क्योंकि उन्होंने भी अपने भाई ईशान चंद्र दत्त के साथ कविता लेखक कर्म को आगे ही लाया। यहां पर उल्लेखनीय है कि दत्त परिवार ईसाई धर्म में परिवर्तित होकर एक नई मानसिकता को प्रस्तुत कर रहा था। घर की स्त्रियाँ , जैसा कि समकालीन डब्ल्यू एस. मैक ने लिखा है कि 'वे पतियों के साथ रहते हुए भी मूर्ति पूजा और अन्य हिन्दू रीति-रिवाजों से मुंह मोड़ने को तैयार न थी। इसलिए इसी परिवार की सर्वप्रसिद्ध कवयित्री तोरू दत्त की कल्पना में भारतीय मिथक, दंतकथाएं, गीत, संगीत और समाज इस तरह पिरोए गए हैं कि उनकी अंग्रेजी कविता वस्तुतः 'भारतीय' ही दिखायी देती है। शशि चंद्र दत्त की अनेक रचनाओं में से सबसे अधिक चर्चित रचना ' द विजन ऑफ सुमेर'(1878) में ब्रह्मा, विष्णु, महेश, काली, सरस्वती और नारायण जैसे अनेक देवी-देवताओं की ईसा मसीह से पराजय को दिखाया गया है। कवि यह बताना चाहता है ईसाई धर्म ही सच्चा धर्म है और उसके सामने सभी पुराने धर्म लाचार और बेकार हैं। यदि इस परिवार के पुरुषों की मानसिकता को किसी एक कविता से ही प्रस्तुत करना हो तो भारत के प्रथम स्वतंत्राता संग्राम के पश्चात लॉर्ड केनिंग की अभ्यर्थना करते हुए लिखी गयी गिरीश चंद्र दत्त की कविता ' गदर के दौरान, लॉर्ड केनिंग के प्रति' को देखा जा सकता है -

यद्यपि हजारों लेखनियां तुझे धिक्कारें,मेरी लेखनी तेरी प्रशंसा लिखेगी।
यद्यपि हजारों जवानें तुझे दुत्कारें,मेरी जिव्हा तेरे गीत गाएगी।
क्योंकि गुटबाजों के हल्ले को भूल,जो केवल खून के प्यासे थे।
कर्तव्यनिष्ठ अपनी जाति के प्रति,लॉर्ड केनिंग, तू खड़ा रहा।।
इंग्लैंड ने अपनी तलवार अपने लहराते, झंडे के लिए नहीं उठाई।
ना ही यह उठी है हत्यारी भीड़ से न्यायपूर्ण बदले के लिए।।

यह तो उठी है उन मतान्ध और अदूरदर्शी रक्त रंजित लोगों को बताने के लिए कि अच्छाई के सामने बुराई और उजाले के सामने अंधेरा टिकता नहीं।।

यह कविता तत्कालीन अभिजात वर्ग की मानसिकता को अभिव्यक्त करती है। कुछ लोग तो तब भी होंगे, जो अंग्रेजी राज्य को ईश्वर की कृपा और प्रसाद मानते थे। बात यह नहीं है, बात यहाँ यह है कि दत्त परिवार ने अंग्रेजी भाषा को माध्यम बनाकर लेखन किया। जर्मन और फ्रेंच भाषाओं से अनुवाद किए। अंग्रेजी साहित्य के अध्ययन से प्रभावित इनके लेखन में वर्डस्वर्थ और कीट्स के अनेक उद्धरण आते-जाते रहते हैं। निम्नलिखित पंक्तियां यही रेखांकित करती हैं -

कुछ चेहरे हैं जो मैंने नहीं देखे कभी
संगीत-धुन की आत्मा में गूंजते हैं जो
कुछ जगहें हैं जहां में जाता रहा हूँ
मन-दर्पण में चित्रित हैं दृश्य सारे।

इतिहास, संस्कृति और समकालीन जीवन को अंग्रेजी दृष्टि से देखने वाला यह परिवार ऐसी कविताएं लिख रहा था, जो अंग्रेजी मानसिकता को संतुष्ट करती प्रतीत होती हैं। इन कविताओं की चाहे कोई विशेष उपलब्धि न हो,किंतु भारत के साहित्येतिहास में रूचि रखने वाले प्रत्येक छात्र को इन्हें देखना होगा, क्योंकि इनको उस ऐतिहासिक संदर्भ में ही समझा जा सकता है, जिसमें इनकी रचना हुई। यह वह समय था, जब बंकिमचंद्र ने राष्ट्रवाद का नया नारा चलाते हुए कहा था कि भारत एक गुलाम देश क्यों हैं? क्योंकि हिंदुओं के पास कोई सुनिश्चित इतिहास नहीं है। हमारे श्रेष्ठ गुणों की कौन प्रशंसा करेगा, यदि हम उनकी प्रशंसा स्वयं नहीं करेंगे? तभी तो दत्त परिवार के हरचंद्र दत्त अपनी कविता 'भारत' में इसी का गुणगान करते हैं –

अरे! हाँ मैं तुझे असीमित प्यार करता हूँ।
मेरी जन्मभूमि, और जब मैं तेरा नाम गुनगुनाता हूँ
मेरी आत्मा में जल उठती है
'शुद्ध प्रेम की लपटें' जिसे न कोई बुझा सकता है
और न धरती का कोई कर सकता है दूर।

उन्नीसवीं शताब्दी के अंतिम दशक में दत्त परिवार के द्वारा भारतीय अंग्रेजी लेखक की

जो छवि बनाने की कोशिश की गयी वह मानववाद, धर्म और अध्यात्म को आधार मानकर प्रस्तुत की गयी। यह मानववाद कई बार अंधविश्वासों एवं अविश्वासों पर चोट करता है, तो कई बार ईसाई धर्म को इस मानववाद का प्रवक्ता बताने लगता है। इसीलिए हरचंद्र दत्त की कविता 'सोनेट: इंडिया' और डेरोजियो की कविता 'हार्प ऑफ इंडिया' एक श्रृंखला बनाती हैं। डेरोजियो की कविता भारत के अतीत का गौरवगान और वर्तमान पर खेद प्रकटने का उपक्रम है, दत्त की कविता में भी भारत के पुराने दिन लौट आएं ऐसी कामना की गई है। यहां वे ऐतिहासिक एवं सामाजिक सरोकार एक से हैं, जो हिन्दी क्षेत्र या बंगाली क्षेत्र में भी हैं। राजा शिवप्रसाद सितारे 'हिंद' (1823-1895), राजा लक्ष्मण सिंह (1826-1896) और भारतेंदु युग के भारतेंदु समेत अधिकांश साहित्यकारों की मानसिकता यही है। साहित्यकार जीवन के प्रत्येक क्षेत्र में ऐसा ही आचरण करना चाहते थे, जो अंग्रेजों के विपरीत दिखाई न दे। बंगाली कवि रंगलाल बनर्जी, माइकेल मधुसूदन दत्त, हेमचंद्र मुखर्जी और नवीनचंद्र सेन आदि ने बंगाली साहित्य के नवोत्थान के लिए जब कार्यारंभ किया, तो उनके सामने दत्त परिवार की उपलब्धियां थीं। यह इस बात से भी स्पष्ट होता है कि अन्य कवियों ने भी वह विषय चुनें, जिस पर दत्त परिवार लेखनी जमा चुका था। फर्क इतना था कि माध्यम भाषा उनकी बंगाली थी। रोशिल्का चौधरी ने तो यहाँ तक कहा है कि इन प्रारम्भिक प्रयासों से ही बंगाली कविता की सम्पूर्ण परंपरा का सूत्रपात होता है और जिसका चरमोत्कर्ष हम रवीन्द्रनाथ की कई ऐतिहासिक कविताओं जैसे 'होरिखेला' एवं 'पूर्णोलेखा' में देख सकते हैं।

रोमेश चंद्र दत्त

यदि हम दत्त परिवार की पहली पीढ़ी से दूसरी पीढ़ी पर आएं , वहां एक और काव्य जगत दिखायी देगा। इस पीढ़ी में रोमेश चंद्र दत्त (1848-1909) और उनकी भतीजी तोरू दत्त (1856-77) के नाम प्रमुख हैं। पहली पीढ़ी के रचनाकार कलकत्ता की जमीन से लिख रहे थे और अपनी रचनाओं के प्रकाश में आने से पूर्व ये बाहर नहीं गए थे। दूसरी तरफ रोमेश चंद्र दत्त और तोरू दत्त विदेशों में रहे, पले और बड़े हुए। रोमेश ने यूनिवर्सिटी कॉलेज लंदन में पढ़ाई की और तारू तथा उसकी बहन आरू ने फ्रांस और कैंब्रिज में। यह भी उल्लेखनीय है कि डेरोजियो और काशी प्रसाद घोष की कविताएं कलकत्ता में प्रकाशित हुई, जबकि इन नए कवियों के संग्रह कलकत्ता से नहीं, लंदन से भी प्रकाशित हुए।

रोमेश चंद्र दत्त चूंकि तोरू दत्त से आठ वर्ष पहले पैदा हुए, इसलिए उनकी चर्चा पहले करते हुए यह कहना होगा कि इंडियन सिविल सर्विस से लेकर कांग्रेस की अध्यक्षता (1899) करने तक का उनका सफर बहुत उतार-चढ़ाव भरा है। बंकिमचंद्र ने उन्हें बंगाली में लिखने को प्रेरित किया, उन्होंने लिखा भी। इतिहास पर आधारित लेखन भी इनका विपुल मात्रा में है। अनुवाद भी

इतना है कि आश्चर्य ही होता है। रामायण, महाभारत, ऋग्वेद, उपनिषद, बौद्ध साहित्य, संस्कृत साहित्य और अन्य काव्य ग्रंथों के अनुवादों को पढ़कर कोई भी दांतों तले उंगली दबा लेगा। रोमेश चंद्र दत्त के उपन्यासों और ऐतिहासिक ग्रंथों से अलग उनके काव्य को ही देखें तो अनुवाद के क्षेत्र में कालिदास और भारवि तथा वेद उपनिषदों के अनुवाद भी काव्यात्मक ही हैं। एक उदाहरण ही उनकी प्रतिभा को दिखाने के लिए पर्याप्त होगा, जिसमें वे 'उषा' का चित्रण करते हैं -

प्रातः आकाश की दुहिता,फैलाती है उजास दूर-दूर
बाहों में भरे सुख समृद्धि,धरती की डर बुराई से बचाने को
(मेड ऑफ दि मोर्निंग स्काई,फ्लिंग हाइ एडियंस फॉर एंड नाट
वेयर अस रिचिज इन दाई आर्म,शील्ड अस फ्रोम ईच अर्थली हार्म)

के.आर. श्रीनिवास आयंगार रोमेश को कवि नहीं 'मेहनती एवं लगनशील तुक्कड़' मानते हैं, क्योंकि उनकी प्रतिभा के नीचे भारतीय संस्कृति और साहित्यकारों की मूल रचनाएं थीं। स्वयं कवि भी अपनी सीमाओं को पहचानता था, किंतु वह स्वयं को सर विलियम जोन्स, एच.एच. विल्सन , मेक्समूलर और एडविन आर्नोल्ड की तरह देखते थे, इसलिए 'इपिक्स ऐंड लेज ऑफ एनशिपेंट इंडिया' (1903) की भूमिका का समापन वे इन शब्दों में करते हैं - मैं अपने श्रम को सार्थक समझूँगा यदि यह पुस्तक विल्सन की पुस्तक 'थियेटर ऑफ द हिंदूज' के साथ अपना स्थान बनाए। 'आइ शैल कंसीडर माई लेबर्स एम्पली रिवार्डिड इफ द प्रेसेंट वोल्यूम कैन टेन हम्बल प्लेस बाई द साइड ऑफ विल्सनस 'थियेटर ऑफ द हिंदूज।' इस प्रकार रोमेश चंद्र दत्त के व्यक्तित्व में कई प्रकार का द्वैत दिखाई देता है। स्वदेशी की भावना और राष्ट्र की धर्मनिरपेक्ष परिकल्पना में इनका लेखन और चिंतन अग्रगामी माना जा सकता है।

हिन्दू कॉलेज के माध्यम से पहली बार भारतीय युवकों का सीधा संपर्क अंग्रेजी और यूरोपीय जीवन से हुआ। ईसाई धमावलंबियों के धर्मांतरण की योजनाओं से उन्हें अपनी परंपरा व धर्म के बारे में फिर-फिर विचार करने का मौका मिला। देखा यह जाना चाहिए कि इन प्रारंभिक अंग्रेजी लेखकों ने अंग्रेजी में लिखते हुए भी अपनी अस्मिता और चेतना को ही खोजने की चेष्टा की है। भारत की सांस्कृतिक चेतना और यूरोप की भौतिक उन्नति की टकराहट से ऊर्जा उत्पन्न हुई, उसे हम भारतीय पुनर्जागरण कहते हैं। इसकी अभिव्यक्ति के लिए अंग्रेजी भाषा को अपनाना स्वाभाविक ही था, क्योंकि आदान-प्रदान दोनों ओर से ही हो रहा था। इस प्रकार अंग्रेजी-भाषा भारतियों के लिए हित साधक भाषा बनकर एक विशेष शिक्षित वर्ग की सृजनात्मक अभिव्यक्ति का माध्यम बनती चली गयी।

तोरु दत्त

तोरू दत्त (1856-1877) की कविता ही नहीं, उनका जीवन भी हमें आकर्षित करता है। यदि उसे कुछ और वर्ष मिले होते तो वह और भी आगे गयी होती, इसमें संदेह नहीं। चार मार्च

1856 को गोविनचंद्र दत्त के घर पैदा हुई इस बालिका ने साहित्य संस्कार पिता से एवं हिंदू-दर्शन और धर्म का ज्ञान माता से प्राप्त किया। यह परिवार ईसाई हो गया था और तब तोरू मात्र छह वर्ष की थी, उसकी बहन आरू आठ की और भाई अब्जू ग्यारह का। परिवार में एक बार तो भूचाल ही आ गया होगा, तभी तो गोविन ने एक कविता में अपनी पत्नी से प्रार्थना की है -

नहीं, ऐसे मत जाओ - एक क्षण ठहरो
घृणा से मुझसे दूर न हो
दूसरों की तरह ही, क्या तुम भी मुंह मोड़ लोगी और छोड़ दोगी मुझे बिल्कुल अकेला?
(ने -पाट नोर्ट सो - वह मुमेंट स्टे
रिपेल भी नोट विव स्कोर्न
लाइक अदर्स, बिल्ट हाउ टर्न अवे, एंड लीव मी क्वाइट फोरलोर्न?)

अपने बच्चों में तोरू को वे 'मोस्ट इंटैलिजेंट' मानते थे। गोबन ने उन्हें पढ़ाया। किंतु अब्जू की मृत्यु 14 वर्ष की आयु में हो गयी और दोनों बहन और करीब आ गयीं। वे 1869 में लंदन चली गयीं जहां फ्रेंच और अंग्रेजी सीखी। वहां उनके चचेर भाई रोमेशचंद्र दत्त थे ही। वे वहाँ सिविल सर्विस की तैयारी कर रहे थे। वहीं दत्त फैमिली एलबम (1870) आयी। इसकी 200 कविताएं उनके परिवारजनों ने लिखी थीं। अतः तोरू और आरू स्वतः ही काव्य रचना की ओर प्रवृत्त होती गयीं। सितंबर 1873 में परिवार वापस कलकत्ता आ गया, जहां अचानक एक वर्ष के भीतर ही 23 जुलाई 1874 को आरू की मृत्यु हो गयी। अकेली पड़ गई तोरू ने अपने आपको संभाला और 1875 में 'ए शीफ ग्लीनड इन फ्रेंच फील्डस' का प्रकाशन हुआ, जिसकी 165 कविताओं में से 8 आरू की भी हैं। इस संग्रह का भारत में व्यापक स्वागत हुआ। इंग्लैंड में एक प्रसिद्ध आलोचक एडमंड गौस ने जब इसे देखा तो कहा, 'यदि कविता ऐसी अच्छी हो जैसी यह है, तो इसका कोई मतलब नहीं कि यह व्हाटमैन पेपर पर रोबर द्वारा प्रकाशित हुई है या भवानीपुर की किसी नामालूम प्रिटिंग-प्रेस से।' यह रचना चाहे कितनी भी पसंद की गई हो, किंतु तोरू दत्त ने यही चाहा कि दूसरी पुस्तक में फ्रेंच का नहीं संस्कृत का संदर्भ होना चाहिए।

दस महीनों में ही संस्कृत सीखकर तोरू ने आगे बढ़ना जारी रखा। यह तो तब था, जब वह बीमार रहने लगी थी। घर में ही रहती थी और अंत में 30 अगस्त 1877 को अपने भाई और बहन के पास चली गयी। ऐसी अवस्था में पिता गोविन ने उन कविताओं को प्रकाशित करने का बीड़ा उठाया और इसी के फलस्वरूप 'एनशियेंट बैलडस एंड लीजेंडस ऑफ हिन्दुस्तान' (1882) का प्रकाशन हुआ। तोरू का फ्रेंच उपन्यास 'शीफ' का दूसरा संस्करण आदि आए। 'एंशियंट बैलडस' में संग्रहित रचनाएं विक्टोरिया युग की प्रतिनिधि रचनाएं सी लगती हैं, किंतु इनका महत्व इस बात में है कि ऐसी कविताएं पहले किसी भारतीय ने नहीं लिखीं थीं। एडमंड गौस ने तो कहा ही था 'व्हेज पोइटरी इज एज गुड दिस इज नोट मच मैटर व्हेदर रोबरेयर प्रिंट्स

इज अपओन व्हाट मैन पेपर ओर व्हेदर इट इटील्स टू लाइट इन ब्लर इटाइप फ्रोम सम प्रेस इन भवानीपुर।' वस्तुतः अंग्रेजों ने यह देखकर उनकी कविता की प्रशंसा की कि वे उनके कवियों जैसा लिख पा रही थी। दूसरों की तरह तोरू दत्त की कविता उसकी त्वचा के रंग से बाधित नहीं हुई। 'सावित्री', 'द ट्री ऑफ लाइफ' और 'अवर सेसुरीना ट्री' जैसी कविताएं तोरू दत्त की काव्य कला को समझने में सहायक हो सकती हैं। हाँ, यह बात अवश्य है कि 'सावित्री' जैसी कविताओं में सावित्री जैसी भारतीय स्त्री अंग्रेजी मानदंडों पर खरी उतरती नारी प्रतीत होती है। इसलिए ऐसी कविताओं को आज का पाठक अपना पाठ तैयार करके जब पढ़ता है तो वह सावित्री को 'फ्री वुमैन' समझकर स्त्री सशक्तीकरण का प्रवक्ता भी मानता है। यहां पर हम तोरू दत्त को राजा राममोहन राय की तरह परंपरा और सुधार के द्वंद्व में पाते हैं। भारत की प्रतिनिधि नारी को स्वतंत्र एवं सुशिक्षित एवं अपने निर्णय लेने में सक्षम होना चाहिए, यही सावित्री के माध्यम से तोरू का प्रदेय है। यही नहीं जहां रोमेश चंद्र दत्त केवल वर्णन करते प्रतीत होते हैं, वहीं तोरू दत्त पात्र को जीवंत बना देती है। रोमेश चंद्र के यहां देवता देवता है, तोरू दत्त उनमें मानवीय गुणों एवं मूल्यों का समोवश करती हैं।

'सावित्री' से समान 'सीता' पौराणिक धरातल पर होते हुए भी तोरू दत्त के अपने जीवन से ओत-प्रोत है। 'सीता' में तोरू, आरू और अब्जू के बचपन की स्मृतियां ही नहीं है, उनकी आस्था भी आ जाती है -

'तीन सुखी बच्चे एक अंधेरे कमरे में।
देखते हैं क्या वे अपनी खुली आंखो से?
एक घना, गहरा जंगल जहां नहीं रोशनी सूरज की, और बीच में एक स्पष्ट चिन्ह –
वहां खिलती डाली एक फूलो की बड़े घेरे हुए ऊंचे पेड़ों को,
शांत निर्मल झील में तैरते श्वेतवर्णी हंस
'किंतु वह कौन सुघड स्त्री है ?
बेकार में ही नहीं वह रोती-रोती।
अरे देखो! हर आंसू जो वह गिराती है तीन जोड़ी आंखों से गिरे आंसू!
और दुःख भार से झुके तीन युवा मस्तक

वह एक प्राचीन कहानी है और यह कथाकाव्य जिसने सीता को अतीत से आहूत किया मां का गायन है।

भारतीय अंग्रेजी कविता लेखन में अतीत की स्मृतियों का ऐसा मूर्त चित्रण पहले कभी किसी ने नहीं किया था। वस्तुतः तोरू दत्त का लेखन कालबद्ध ही नहीं कालातीत भी है, क्योंकि उसका शब्द-चयन एवं प्रस्तुतीकरण उस अनुभूति को कहीं गहरे तक छू देता है, जिसे पहले के कवि स्पर्श भी न कर पाए थे। उसने वस्तुतः अपनी 'भारतीयता' को भारतीय अतीत और

दंत कथाओं से बांधते हुए स्वछंद भी किया और उसकी कविता में पहली बार भारतीय जीवन के उतार-चढ़ाव और धड़कन दिखायी देती है, सुनायी देती है। यह देखकर आश्चर्य होता है कि यह कवयित्री केवल इक्कीस वर्ष और छह महीने ही इस धरती पर रही। क्या उसने अपनी समकालीन ईमिली डिंकिसन को पढ़ा था? शायद नहीं। फिर इस प्रकार की संवेदनशीलता एकाएक कहाँ से आ गयी?यहां ब्राइन फ्रीएल की पुस्तक 'ट्रांसलेशनस' की वे प्रसिद्ध पंक्तियां याद करने योग्य हैं 'इतिहास के 'तथ्यों' अर्थात् बीते हुए समय से हमारा जीवन निर्धारित नहीं होता,बल्कि उन स्मृतियों से होता है, जो हमारी भाषा में अभिव्यक्त होती हैं, हमें कभी भी इन स्मृतियों को पुनर्जीवित होने से रोकना नहीं चाहिए, क्योंकि ऐसा करने से ठहराव आता है।' तोरू दत्त भारतीय अंग्रेजी कविता लेखन में ठहराव का नहीं निरंतरता के साथ एक नए प्रवाह का प्रतीत हैं।

आरू दत्त

अब और मत सोओ, ओह, अब सुनो
प्रतीक्षारत और अश्रुपूर्ण में,किंतु कहां हो तुम?
(नो लोंगर स्लीप,ओह, लिसन नाऊ।
आई वेट एंड थीप,बट व्हेयर आर्ट हाउ?)

उपरोक्त पंक्तियां तोरु की नहीं आरू की हैं और जिन्हें एडमंड गौस ने पहले पढ़ा था, किंतु हम आज तोरू दत्त को ही अधिक जानते हैं। दत्त परिवार की इस कन्या से पूरा परिवार आलोकित हुआ।अरविंद कृष्ण महरोत्रा ने 'भारतीय अंग्रेजी साहित्य का इतिहास' (2003) की भूमिका में इस तथ्य की ओर हमारा ध्यान दिलाया है कि अंग्रेजी के अध्ययन और इसमें लेखन कार्य से तत्कालीन लेखकों को अपने-अपने भाषिक साहित्य में उन सब काव्य रूपों का प्रयोग के अवसर मिलें जो अंग्रेजी में प्रचलित थे। ऐसा भी हुआ कि अंग्रेजी लेखन में भारतीय काव्य रूप ले आए गए। कोई इस ख्याल में तो उस समय होगा नहीं कि वे एक नये लेखन का सूत्रपात कर रहे हैं। तब तक राष्ट्रभाषा व मातृभाषा प्रेम की बातें भी उतनी स्पष्ट और मुखर नहीं हुई थी। फिर भी बड़े अनुभवों व सहृदय साहित्यकार अपने समकालीनों को सलाह देते रहते थे।

बंकिमचंद चट्टोपाध्याय की फटकार उन्होंने रोमेश चंद्र दत्त को बंगाली भाषा में न लिखने के लिए लगायी थी 'तुम कभी अपने अंग्रेजी लेखन द्वारा स्मरण नहीं किये जाओगे.....दूसरों की तरफ देखो। तुम्हारे ताऊ-चाचा गोविंद चंद्र और शशि चंद्र तथा मधुसूदन दत्त ने उस जमाने में हिंदू कॉलेज में सर्वश्रेष्ठ अंग्रेजी शिक्षा प्राप्त की थी। गोविंद चंद्र और शशि चंद्र की अंग्रेजी कविताएं कभी कालजयी नहीं होगी। मधुसूदन की बंगाली कविताएँ तब तक रहेगी जब तक बंगाली भाषा रहेगी।' ऐसे महान व्यक्ति के मुख से निकले वचनों का प्रभाव रोमेश चंद्र पर भी पड़ा। दत्त ने 'बंग विजेता' (1874) उपन्यास लिखा और इसके बाद पाँच और लिखे। हाँ उन्होंने

अंग्रेजी में लिखना भी छोड़ा नहीं। उनकी लिखी पुस्तकों को गांधीजी ने भी पढ़ा और सराहा तथा 'हिंद स्वराज्य' (1910) में उद्धृत भी किया। दत्त का अंग्रेजी लेखन उनके दूसरों से झगड़ों की वजह से हुआ और स्वयं से मुखातिब होने पर उसने अंग्रेजी में नहीं बंगाली में लिखा।

शताब्दी बदली और राष्ट्रीय भावनाएं सामये आयीं। बाल गंगाधर तिलक ने नागरी प्रचारिणी सभा से अधिवेशन (1905) में कहा 'यदि आप एक देश को करीब लाना चाहते हैं तो एक साझी भाषा के समान शक्तिशाली कुछ नहीं हो सकता।' यद्यपि तिलक का तात्पर्य हिंदी से था, किंतु जब तक हिंदी, उर्दू, हिंदुस्तानी के प्रश्न खड़े ही नहीं हुए थे। अंग्रेजी ऐसी भाषा हो सकेगी ऐसा स्वप्न मैकाले ने देखा होगा, किसी अन्य ने शायद ही देखा हो। दत्त परिवार की तर्ज पर पूर्णरूपेण अंग्रेजी को समर्पित दूसरा परिवार देखने में नहीं आता।

23

अंग्रेजी का प्रथम भारतीय लेखक

ऑक्सफोर्ड में पढ़े-लिखे भारत के भूतपूर्व प्रधानमंत्री डॉ. मनमोहन सिंह का एक भाषण जितना चर्चा में आना चाहिए था, उतना आया नहीं। वहां से मानद डाक्टरेट की उपाधि प्राप्त करते समय उन्होंने जो भाषण दिया, उसमें उन्होंने भारत में ब्रिटिश राज की भूरि-भूरि प्रशंसा की। उनके संसदीय लोकतंत्र, उनकी न्यायप्रणाली और प्रशासनिक व्यवस्था की तारीफ की। यह स्वाभाविक भी था, क्योंकि अंग्रेजी भाषा साहित्य और संस्कृति ऐसा प्रभाव डालती ही है। उन्होंने अंग्रेजी को एक भारतीय भाषा का दर्जा दिया और आर.के. नारायण तथा सलमान रूश्दी को अंग्रेजी भाषा को समृद्ध करने वाला बताया। भारतीयों ने यथाशक्ति अंग्रेजी भाषा और साहित्य को समृद्ध किया है। इसकी मिसाले दी जा सकती हैं। दी भी जानी चाहिए, क्योंकि अंग्रेजी हमें वहां तक ले आयी है, जहां से पीछे मुड़ना अब कठिन ही नहीं, असंभव-सा लगता है।

दीन मुहम्मद

मैकाले की सफलता का कीर्तिमान यह है अवश्य, किंतु यह भी इतिहास के रोचक किंतु सत्य तथ्यों में से एक है कि जिस समय मैकाले अपने देश में मामूली लेखक की तरह समीक्षात्मक लेखन कर अपनी गुजर-बसर कर रहा था, उस समय बिहार से बरतानिया पहुंचे दीन मुहम्मद अंग्रेजी में लेखन कार्य कर रहे थे। भारतीय अंग्रेजी साहित्य के पुरातन इतिहास में शायद ही इनके नाम का उल्लेख हो, किंतु दीन मुहम्मद (1759-1851)ने आयरलैंड और इंग्लैंड में ऐसी प्रसिद्धि पायी कि उन्हें वहां 'शंपू सर्जन' कहा जाता था। वहीं एक ब्रिटिश कन्या से विवाह किया और बस गए। इनके जीवन के बारे में जानना आज उत्सुकता से कुछ अधिक लगता है, क्योंकि उपनिवेशवाद, उत्तर आधुनिकता और वैश्वीकरण ने इनके बारे में शोध को फिर से केन्द्र में ला दिया है। 1994 में प्रकाशित 'दीन मुहम्मद की यात्राएं' (द ट्रेवल्स ऑफ दीन मुहम्मद) भारत पर अंग्रेजों के आधिपत्य की कथा एक भारतीय की दृष्टि से बखान करती है। अठारहवीं शताब्दी

के उत्तरार्ध और उन्नीसवीं शताब्दी के पूर्वार्ध का भारत, मैकाले के आगमन से पूर्व का भारत कैसा रहा होगा? मुगलों ने जब अंग्रेजों को सल्तनत बख्शी, तब लोगों की प्रतिक्रिया क्या रही होगी? दीन मुहम्मद के लेखन से हम बहुत कुछ जान सकते हैं। इनके जीवन की किताब पढ़ना और भी रोचक होगा।

ईस्ट इंडिया कंपनी ही अकेली कंपनी नहीं थी, जो भारत में आकर अपना भाग्य आजमा रही थी। यूरोप से अनेक यात्री, व्यापारी और मिशनरी आते रहते थे। पुर्तगालियों ने 1497 से ही भारत के लिए समुद्री मार्ग की खोज कर ली थी। यह वह समय था, जब अंग्रेजी साम्राज्य की छाया भी भारत पर न पड़ी थी। मुगलों ने यूरोपवासियों के आने जाने पर कोई विशेष ध्यान नहीं दिया। उनके लिए तो वे अजीब व अजनबी व्यापारी मात्रा थे। सत्राहवी शताब्दी में इंग्लैंड (1608), होलेण्ड (1612), डेनमार्क (1616) और फ्रांस (1664) ने अपने व्यापार को जमाया। पटना में भी अंग्रेजों ने अपनी व्यापारिक इकाई 1680 में स्थापित की। वे यहाँ नील, अफीम, और मसालों का व्यापार करते थे। व्यापार करते-करते उन्होंने पहले तो अपने स्वाभाविक शत्रु फ्रांस को भगाने के लिए बल प्रयोग किया और फिर वे भारत की राजनीति पर छा गए। दीन मुहम्मद के जन्म से पूर्व ही अंग्रेजों ने फ्रांस के व्यापारियों के पटना में पैर उखाड़ दिए थे। दीन मुहम्मद के जन्म वर्ष में उन्होंने डच कंपनी को भगाया। पटना में दीन मुहन्मद ने अपने यात्रा वृत्तांत में अपने पिता, बड़े भाई और अपने आप के बारे में लिखते हुए यह स्पष्ट किया है कि वे सब उस जमाने को हवा के अनुरूप ईस्ट इंडिया कंपनी की बंगाल सेना में भर्ती हुए। बारह वर्ष की उम्र में ही उसने अपने आपको एक एंग्लो -आयरिश गोडफ्रे इवान बेकर की सेवा में लगा लिया। यह उसकी समझी-बूझी रणनीति थी कि उसने मुगलों की रही सही हुकूमत को छोड़कर अंग्रेजी सेना में अपने आपको भर्ती करा लिया। उसने मामूली सिपाही से तरक्की भी पायी। दीन मुहम्मद के लेखन में हम उसके इस सिपाही जीवन की दास्तान देख सकते हैं। वह अंग्रेजों की तरफ से अंग्रेजी सम्राज्य को बढ़ाने के लिए लड़ा। वह ऐसे अनेक भारतीचों का प्रतिनिधि है, जिन्होंने मुगलों का साथ छोड़कर अंग्रेजों का साथ देना स्वीकार किया।

यूरोप से जो लोग भारत आते थे वे इस सोने की चिड़िया को लूटने आते थे। ब्रिटेन के मध्यमवर्गीय लोग यहाँ से 'नवाब' बनकर लौटते थे। वे यहां बड़े पदों पर मौज मनाते थे, भारतीयों को मामूली नौकरियां मिलती थीं। दीन मुहम्मद ने जब यह देखा कि उसकी उन्नति यहाँ संभव नहीं है और उसके रहनुमा बेकर भी वापस चले गए है, तो वह भी उनके पीछे-पीछे विलायत चला आया। आज हम देख पाते हैं कि 'उपनिवेशवादी मानसिकता का प्रदेय तभी तय हो गया था, जब इस प्रकार दोनों तरफ से लोगों का आना-जाना शुरू हुआ।

दीन मुहम्मद ने विलायत जाकर जो व्यवसाय किए, वह अजूबे से लगते हैं। उसने देखा कि अंग्रेज लोग स्नान करने के मामले में बहुत कमजोर हैं। वे स्वास्थ्य के लिए कभी-कभार नहाने

को ही ठीक मानते थे, प्रतिदिन स्नान करना वहाँ न तो संभव था और न आवश्यक। दंत मंजन करने का रिवाज भी न था और स्त्रियाँ तो अपना बदल उघाड़ने की सोच भी न सकती थीं। पहले दीन मुहम्मद एक नीम हकीम बन गया, फिर कुछ दिन मंजन बेचने लगा और बाद में लंदन के पास वह शैंपू-सर्जन के नाम से विख्यात हुआ। शैंपू का अर्थ वह नहीं है, जो आजकल होता है। यह शैंपू सर्जन कोई और नहीं, मालिश वाला चंपीवाला बन गया। किंग जॉर्ज IV कई दिन तक उसके यहाँ लगातार आते रहे। उसके यहाँ अंग्रेज लोग स्वास्थ्यवर्धक मालिश कराने व नहाने आते थे। अंग्रेजी के सर्वश्रेष्ठ उपन्यासकार चार्ल्स डिकेंस ने भी दीन मुहम्मद के शैंपू (चंपी) मालिश का जिक्र अपने एक उपन्यास 'डोंबी और उसके पुत्र' में किया है, 'मिस पिंकी (एक नरम छोटी-सी आंखों वाला बच्ची, जिसको हर सुबह शैंपू कराने की आदत पड़ गयी है और यदि ऐसा ही रहा तो वह धीरे-धीरे समूची ही पिस जाएगी।'

लंदन के पास के एक कस्बे में रहकर दीन मुहम्मद ने लोगों को स्नान करना सिखाया। दीन मुहम्मद, उसकी पत्नी जेन, बड़े पुत्र विलियम ने इस धंधे को खूब चलाया। 24 फरवरी 1851 में अपनी मृत्यु के समय दीन मुहम्मद एक सफल व्यवसायी के रूप में याद किया गया और लंदन के कई अखबारों ने उसकी मृत्यु पर लेखादि प्रकाशित किए। ब्रिटिश समाज को उसकी देन कुछ कम नहीं है। उसके योगदान को इतिहासों में दर्ज भी किया गया है, किंतु दीन मुहम्मद को लेखक के रूप में पहचान अभी नहीं मिली है।

दीन मुहम्मद और उसके जीवन तथा लेखन को तत्कालीन परिप्रेक्ष्य में समझने की आवश्यकता है, क्योंकि एक तो उसकी रचना में तत्कालीन भारतीय इतिहास का सच्चा चित्र मिलता है और दूसरी ओर बढ़ती हुई ब्रिटिश हुकूमत का कच्चा चिट्ठा भी मिल जाता है। उपनिवेशवादी मानसिकता का भी उस पर प्रभाव है। विक्टोरिया के युग से पूर्व का , भारत के प्रथम स्वाधीनता संग्राम से पूर्व का इतिहास माने दीन मुहम्मद का ही इतिहास है। इधर अंग्रेजों का वर्चस्व बढ़ा, दीन मुहम्मद जैसे लोग हाशिए पर आ गए। उसकी देन क्या है?

'दीन मुहम्मद की यात्राएं'(1794) अंग्रेजी में लिखी पहली यात्रा पुस्तक है। इसमें उसने अठ्ठारहवी शताब्दी के खाते-पीते मुसलमानों की जीवन चर्चा का वर्णन किया है। अपने परिवार के इतिहास व रीति-रिवाजों का वर्णन करते हुए उसने लिखा है - 'मैं अब आपके सम्मुख मुसलमानों में विवाह-शादी के तरीके को प्रस्तुत करूँगा, जो पूरब में बड़ी धूमधाम से होता है। लड़के-लड़कियों के माता-पिता पहले शादी के बारे में गंभीरतापूर्वक विचार करते हैं और यदि वे इस बारे में एक राय कायम कर पाते हैं, तो जोड़े को, जो कभी एक-दूसरे को देखने का मौका नहीं पा सकते, जो कभी इस विवाह के बारे में सलाह नहीं कर पाते, जल्दी उम्र में ब्याह दिए जाते हैं। लड़की की उम्र कभी 12 से ज्यादा नहीं होती, लड़कों की थोड़ी ज्यादा। उनकी जात भी सदा एक ही होती है और व्यवसाय भी एक ही होता है, क्योंकि कोई जुलाहा किसी जुलाहे को

ही बेटी देगा। पैसे वाले अपने साथ धन-संपत्ति भी लाते हैं, किंतु गरीब लोग दुल्हन को दो-चार कपड़े, कुछ बर्तन और एक आध गहना आदि देते हैं।' (पृष्ठ 47)

एक स्थान पर पत्र शैली में अपने बारे में लिखते हुए दीन मुहम्मद ने बालकों के खतने के कर्म का विशद वर्णन किया है। उत्सुकता और आश्चर्य से इसे अंग्रेजों ने पढ़ा, क्योंकि ये उनके लिए अजूबे से कम न था। 'प्रिय महोदय, जुलूस के पश्चात मैं अपने एक मित्र से मिला, एक मुसलमान, जिसने मुझे अपने एक बच्चे के खतने के समय उपस्थित रहने को कहा। इस कर्म से पूर्व, जिसे मैं अब सिलसिलेवार प्रस्तुत करूंगा, यह कहना ठीक होगा कि एक बालक इस धर्म के रीति-रिवाजों के अनुसार तीन बार बपतिस्मा प्राप्त करता है। पहला बपतिस्मा जन्म के समय होता, जो ब्राह्मण के द्वारा होता है।, वह दूसरे धर्म के नियमों को मानता है, किंतु मुसलमानों के लिए यह भी बहुत सम्मान की बात होती है, क्योंकि ब्राह्मण की ज्योतिष की जानकारी ऐसी होती है कि वे बालक के भविष्य का पूर्वानुमान करके ठीक-ठाक बता देते हैं। जब पंडित जी बालक के भविष्य के बारे में ऐसे अवसर पर पवित्र गणना करके बता देते हैं और बालक को अनेक नामों में से एक नाम राशि से पुकारते हैं तो लोग इस विज्ञान के रहस्य से अवाक रह जाते हैं, पंडित अपनी दक्षिणा माँ -बाप से लेकर चला जाता है। दूसरा बपतिस्मा तब होता है, जब मौलाना का आगमन होता है। मौलाना मुसलमानों का पंडित होता है और वह अनेक औरतों की उपस्थिति में बालक को माँ के सामने, पवित्र जल से कुछ प्रार्थनाएं पढ़ता है और उसे बालक पर छिड़क देता है। वह बालक की नाभि और कान में भी सरसों का तेल टपकाता है, जो इस रस्म के अंत में होता है। मौलाना तब वहां से चला जाता है और घर के मर्दों में जा बैठता है। जब वह बाहर बाता है, तो हज्जाम की पत्नी अंदर जाती है और बालक की माँ की सेवा करती है। कई औरतें वहां सेवा-टहल के लिए मौजूद होती हैं, जो जच्चा की देखभाल करती हैं। कोई पानी लाती है, तो कोई कपड़े बदलवाती है। कई अन्य औरतें भी मिलने आती हैं जो शुभकामनाओं के साथ कुछ पत्र-पुष्प भेंट में देकर जाती हैं। जब यह रस्म भी पूरी हो जाती है तो नाइने और दूसरी ऐसी औरतें गाना-बजाना करती हैं। खान-पान भी चलता है, जिसमें मिठाइयाँ होती हैं, ऐसी गरिष्ठ चीज होती हैं कि पूछिए मत। इस प्रकार दूसरा बपतिस्मा होता है, जिसके वाद बीसवें दिन तीसरा बपतिस्मा भी होता है, जो दूसरे जैसा ही होता है।

मुसलमान लोग खतना या चौथा बपतिस्मा तब तक नहीं मनाते, जब तक बालक सात साल का नहीं हो जाता। साथ ही वह ऐसे सभी धार्मिक कायदे नहीं सीख जाता, जो उसकी उम्र के बच्चों को आने चाहिए। पहले जमाने में गरीब लोगों के बालकों के खतने में बहुत किफायत बरती जाती थी, जिससे कि ऐसे अवसर पर मनोरंजन आदि नहीं होता था, क्योंकि वे ऐसे समय में अपने आपको रोक नहीं पाते थे, इसलिए न चाहकर भी वे खूब खर्च करने से बाज नहीं आते थे। जब ऐसा कार्य करने का पवित्र अवसर आता था, तो हज्जाम या नाई को बुलाया जाता है,

जो मुसलमानों के सभी परिवारों को जानता था, वह सारे परिवारों को जाकर सुपारी या जायफल वितरित करके बुलावा दे आता था, जैसे आपके देश में आमंत्रण पत्र या कार्ड बांटे जाते हैं। सभी आगन्तुक अतिथि नियत स्थान पर आकर बैठते हैं। दो-दो हजार लोग भी एकत्र हो जाते हैं। एक शामियाना लगाया जाता है, जिसमें केवल मुसलमान ही जाकर बैठते हैं। मौलाना के आगमन की सूचना संगीत बजाकर दी जाती है, बाजे-नगाड़े वाले भी शामियाने के नीचे बैठे रहते हैं। वहाँ एक हज्जाम भी होता है जो बालक के पास जाता है। बालक जवाहरात-गहनों से लदा बढ़िया मलमल का परिधान पहने होता है। वह सजी-धजी कुर्सी पर बैठा होता है जिसमें मखमल के तकिए लगे रहते हैं। वहां से उठकर उसे घोड़े पर बैठाया जाता है, जिसके साथ चार लोग होते हैं । चारों के हाथ में लंबी तलवार होती है और जिनकी ढील-लंबी मलमल की पोशाक चमकदार होती है । खाते-पीते घरों के मुसलमान इस रस्म को ठसके से अदा करते हैं।

लौटते समय बालक को किसी मस्जिद में ले जाया जाता है, वहाँ वह चारों सवारों के द्वारा नीचे उतारा जाता है तथा उस इमारत में जाकर वे खुदा की इबादत में कुछ प्रार्थनाएं करते हैं। ये वे प्रार्थनाएं हैं जो बालक को उसके माता-पिता ने इतने वर्षों में सिखाई थीं। इस पवित्र कर्तव्य के बाद वह फिर घोड़े पर सवार होकर दूसरी मस्जिद में जाता है, जहां वह फिर वैसी ही प्रार्थना दुहराता है। यह क्रम काफी देर तक चलता रहता है, जिससे खतने के काम में होने वाले प्रत्येक नुकसान से महान अल्लाह रक्षा करे। कई स्थानों पर जाने के बाद वे उसी शामियाने में लौट आते हैं और बालक को मंच पर बैठा दिया जाता है। मौलाना अपनी विशेष पोशाक में आता है, उसके हाथ में चांदी के बर्तन में पवित्र जल होता है, जिसे वह बालक पर छिड़कता है। तभी हज्जाम धीरे धीरे उसका खतना करने को आगे बढ़ता है, जिससे कि यह काम एकदम हो जाए। इस गंभीर क्षण में भीड़ का प्रत्येक व्यक्ति मानो एक टांग पर खड़ा हो जाता है और बालक के माता-पिता के साथ खुदा से उसकी सुरक्षा व बेहतरी के लिए दुआ करने लगता है।

संगीत फिर बज उठता है, कुछ खुशी की धुनें बजती हैं और इसके पश्चात बालक को मां-बाप घर ले जाते हैं। उसे बिस्तर पर सुला दिया जाता है। सबको पानी और तौलिए दे दिए जाते हैं। वे अपने हाथ-पैर धोकर नंगे पैर एक बड़ी दरी पर बैठ जाते हैं जहां उन्हें पुलाव परोसा जाता है। इस पुलाव में चावल के साथ बढ़िया मांस होता है, जिसे वे खूब स्वाद से खाते हैं। सारा वातावरण जमगगा उठता है। (पृष्ठ 44-45)

दीन मुहम्मद ने बंगाल की सेना में कार्य करते समय के अनुभवों को भी लिखा और सितंबर 1784 तक की घटनाओं का ब्यौरा प्रस्तुत किया, जब वह अंग्रेजों के देश में आ गया। आयरलैंड और लंदन के उस जमाने को भी उसने जिया और अपने कर्म, लेखन तथा जीवन में 'भारतीयता' के तत्व को सदा रेखांकित किया। भारत की किसी भाषा में भी इस यात्रा वृत्तांत का अनुवाद नहीं मिलता। दीन मुहम्मद की रचनाएं ही ऐसी हैं, जो तत्कालीन ब्रिटिश राज का वर्णन अंग्रेजी में

प्रस्तुत करती हैं। वस्तुतः बंगाल-आर्मी का ऐसा जीवंत वर्णन कहीं भी, किसी भी भाषा में ऐसा नहीं मिलता। दीन मुहम्मद का ऐतिहासिक महत्व ब्रिटिश इतिहासकारों ने रेखांकित किया है। उसे वे लोग अपने देश के अध्ययन के लिए पढ़ते हैं। उसके योगदान पर माइकेल एच. फिशर ने शोधग्रंथ लिखा है जिसे ऑक्सफोर्ड यूनिवर्सिटी प्रेस ने प्रकाशित किया है।

यहाँ 1787 में विलायत जाकर दीन मुहम्मद के परिवार के साथ रहकर अपने अनुभव बांटने वाले एक अन्य लेखक मिर्जा अबू तालेब खान की चर्चा भी की जा सकती है किन्तु उन्होने अपना वृतांत फारसी में लिखा जिसका अंग्रेजी में अनुवाद चार्ल्स स्टीवर्ट ने 1972 में किया – ट्रेवल्स ऑफ मिर्ज़ा तालेब खान इन एशिया, अफ्रीका एंड यूरोप ड्यूरिंग द ईयर्स 1799 टू 1803 (1818)।

हम भारतीय यदि आजकल सेक्युलरिज्म की खोज में अतीत की ओर मुड़-मुड़कर देख रहे हैं, तो दीन मुहम्मद पर हमारी दृष्टि जानी चाहिए। नितीश कुमार और लालू प्रसाद यादव के बिहार के बाशिंदों और मुस्लिम मुख्यमंत्री के विचार के जनक रामविलास पासवान को इन यात्राओं का हिंदी अनुवाद करवाकर पढ़ना चाहिए। अंग्रेजों की अंग्रेजी को उनके देश में जाकर रचनात्मक व सर्जनात्मक लेखन के लिए प्रयोग कर दीन मुहम्मद ने 'अंग्रेजी के पहले भारतीय लेखक' का खिताब पाया है। यह कोई विस्मृत कर देने वाली उपलब्धि नहीं।

24

भारतीयता का भाषांतर

रवीन्द्रनाथ ठाकुर

'बंगाल के बाहर हममें से अधिकांश लोगों के लिए रवीन्द्रनाथ ठाकुर (1861-1941) का नाम लगभग बंगला साहित्य का पर्याय हो गया है। मेरी पीढ़ी के लोग उनके विराट व्यक्तित्व के प्रभाव में बड़े हुए हैं और सचेत या अचेत रूप में उनके हाथों में गढ़े गए हैं। वह एक ऐसा व्यक्तित्व था, जो भारत के किसी प्राचीन ऋषि के सदृश हमारे प्राचीन विवेक में गहराई तक गया था। साथ ही वर्तमान समस्याओं से जूझ रहा था और भविष्य की ओर देख रहा था। उन्होंने बंगला में लिखा, परंतु उनके मानस की व्यापकता को भारत के किसी भाग तक परिसीमित नहीं किया जा सकता। वह तत्वतः भारतीय था और इसके साथ ही समस्त मानवता को घेरे था। वह एक साथ राष्ट्रीय और अंतर्राष्ट्रीय व्यक्तित्व था। उनके साथ मिलने पर या उनका लिखा हुआ पढ़ने पर ऐसी अनुभूति होती थी मानो हम मानवीय अनुभव और विवेक के उच्च पर्वत-शिखर के सामने खड़े हों। यह अनुभूति अत्यंत विरल थी। अपनी महानता के बावजूद, रवीन्द्रनाथ एकांत में रहने वाले व्यक्ति न थे। उन्होंने जीवन को स्वीकार किया था और वे उसे पूरी तरह जीना चाहते थे और एक अर्थ में उनके सभी क्रिया कलापों का संबंध किसी न किसी रूप में जीवन से था। उन्होंने एक मित्र को लिखा भी था, "सत्य तभी शुभ और हितकर होता है, जबकि वह मनुष्य के जीवन में किसी न किसी रूप में संबद्ध हो।"

जवाहरलाल नेहरू के इन शब्दों में कबीन्द्र रवीन्द्र का सम्यक परिचय है।

स्वयं रवीन्द्रनाथ ने कहा था कि किसी साहित्यकार के जीवन को उसकी आत्मकथा में नहीं देखना चाहिए, किन्तु हम करते यही हैं। रवीन्द्रंनाथ ठाकुर देवेन्द्रनाथ ठाकुर के सुपुत्र थे, जो राजा राममोहन राय के तर्कपूर्ण आस्तिकवाद के पक्के समर्थक थे। रवीन्द्र अपने माता-पिता की नवीं संतान थे, कुल चौदह संतानें हुईं। शायद इसीलिए रवीन्द्रनाथ को अपने सहज व स्वतंत्र विकास

का अनुकूल अवसर मिला। 'जीबोन स्मृति' (1911) में उनके बालपन को स्मृति है। कैसी विचित्र बात है? बालक को अंग्रेजी कतई पसंद नहीं थी, उन्होंने अंग्रेजी में शायद एक ही कविता लिखी है (द चाइल्ड), किंतु हम उनके अनुवाद को भी अंग्रेजी लेखन मानते हैं। 'गीतांजलि' का स्वयं अंग्रेजी में अनुवाद करके उन्होने नोबेल पुरस्कार प्राप्त किया। उन्होंने किशोरावस्था में ही कविताएं लिखनी शुरू कर दी थी। संध्या संगीत (1882), और प्रभात संगीत ए1883) उनकी प्रारंभिक रचनाएं हैं। इसके बाद मानसी (1890), चेताली (1896), चिमार (1896), काहिनी (1900), क्षणिका (1900) नैवेधर (1901) शिशु (1903), गीतांजलि (1910), गीताली (1914), पतालक (1918), पुनश्च (1932), पत्रपुट (1936), श्यामली (1936), रोग शयाय(1940), जन्मदिन (1941), आरोग्य आदि काव्य कृतियां चुन-चुनकर संग्रहकर्ताओं ने अनेक संग्रह अनेक भाषाओं में अनेक नामों से प्रकाशित किए हैं। अंग्रेजी में उनका प्रायः संपूर्ण लेखन उपलब्ध है।

अपने जीवन के पूर्वार्ध से ही एक ओर तो वे पूर्व और पश्चिम के अगाध ज्ञान का संचय कर रहे थे, दूसरी ओर सुंदर गीतों का लेखन भी करते जा रहे थे। अंग्रेजी के रोमांटिक कवियों की रचनाओं और भारतीय दार्शनिक चिंतन ने उनकी मेधा को धार दी और भारतीय संस्कृति, साहित्य, वेद, उपनिषद्, महाभारत, रामायण और बौद्ध और जैन दर्शन तथा संस्कृत साहित्य ने उनकी प्रतिभा को पुख्ता आधार दिया। मध्यकालीन संत चंडीदास, विद्यापति और कबीर के भजनों ने उन्हें प्रखरता दी। कठिन अध्यवसाय की अपराजेय क्षमता, समर्पित इच्छाशक्ति, पूर्ण स्वतंत्र जीवन जीने की अदम्य लालसा और सत्य के प्रति अगाध निष्ठा ने उनके कवित्व को पूर्ण रूप से अभिसिंचित किया। कवि ने एक ओर तो मानवता के दुख को साहित्य में उतारा, दूसरी ओर बंगाल की शस्य श्यामला धरती के मनमोहक चित्र प्रस्तुत किए। 'मुझे जो अनुभूति निरंतर होती रहती थी, वह थी ऐसे व्यक्तित्व की उपलब्धि का संतोष जो मेरी प्रकृति के साथ सभी दिशाओं में सजीव संचरणों द्वारा प्रवाहित होता रहता था।' इस तरह से नवयुग के अग्रदूत बने और कहने लगे -'हो रहा है, वह देखो, अनंत मानव का आगमन और धरती की धूम में फूल-फूल में एक स्पंदन व्याप्त हो गया है उगते सूरज के शिखरों से कूट रहे आश्वासन के स्वर भय मत करो भय मत करो।

रवीन्द्रनाथ अपने आपको पृथ्वी का कवि (आमी पृथ्वीर कवि) कहते हैं। नीरद सी चौधरी उन्हें 'दुइ रवीन्द्रनाथ' कहकर समझना-समझाना चाहते हैं। हुमायूँ कबीर ने उनका आकलन करते हुए लिखा था, 'थोड़े में, प्राचीन भारतीय साहित्य की विरासत, मुगल दरबार के विशिष्ट तौर-तरीके, बंगाल के सर्वसाधारण जीवन के सहज सत्य और आधुनिक यूरोप की उद्यम शक्ति और बौद्धिक सबलता के सम्मिश्रण से रवीन्द्रनाथ की कविता का प्रादुर्भाव हुआ। वे सभी युगों और सभी संस्कृतियों के उत्तराधिकारी हैं। इन भिन्न-भिन्न सूत्रों और प्रसंगों के संयोग ने उनकी

कविता को लोच, सार्वभौमिकता और विशेष हृदयग्राहिता प्रदान की है।"

यदि हम रवीन्द्रनाथ के विपुल काव्य लेखन को देखें तो एक हजार से अधिक कविताएँ और दो हजार से अधिक गीत हैं। साहित्य की अन्य विधाओं में कहानियाँ, उपन्यास, नाटक, धर्म, शिक्षा, राजनीति और दर्शन पर लेखन है। वे संगीतज्ञ और चित्रशिल्पी भी थे। जब डब्ल्यू. वी येट्स ने गीतांजलि के कवि द्वारा स्वयं किए गए अंग्रेजी अनुवाद को पढ़कर उसकी भूमिका लिखी तो उनका स्वर मुग्ध पाठक सा था, 'मैं इस पुस्तक की पांडुलिपि को लेकर कई दिनों तक घूमता रहा हूँ। रेलवे स्टेशनों में, बसों में, रेस्त्रा में और कई बार मुझे इन्हें छिपाना भी पड़ा है कि कहीं ऐसा न हो कि कोई अजनबी ये देख ले कि मैं इन कविताओं से कितना प्रभावित हो रहा हूँ। ये गीत एक ऐसा संसार प्रस्तुत करते हैं, जैसा मैं देखने का सपना ही देखा करता था। पीढ़ियाँ बीत जाने पर इन गीतों को राहगीर गुनगुनाएँगें और मल्लाह नाव खेते समय गाएंगे। प्रेमी प्रतीक्षारत होते समय इन गीतों को गुनगुनाकर समय व्यतीत करेंगे....."

गीतांजलि के गीत वस्तुतः एक प्रकार का भक्ति संगीत है। यह गीतों की वल्लरी प्रार्थना की एक अविछिन्न लड़ी है। वहां जब उसके नीरव पदचाप का उल्लेख होता है, जो आता है, आता है, बार बार आता है। तो यह पदचाप, प्रेमी और परम तत्व दोनों की होती है। गीतांजलि के अंग्रेजी अनुवाद की पठनीयता के बारे में कहा जाता है कि इसने प्रथम युद्ध से जर्जर और त्रस्त संसार से प्रेम और शांति का एक ऐसा संदेश दिया, जिसकी उस समय समस्त विश्व को चाह थी। इस लघुकाय कविता संग्रह की गद्य कविताएं गागर में सागर भरने वाली रहीं। रवीन्द्रनाथ ने अपने ओजस्वी काव्य और प्रेरणास्पद गद्य लेखन द्वारा भारतवासियों को साहसी, स्वावलंबी, स्वतंत्र और विश्व मानव बनाने का प्रयत्न किया। अपने एक गीत में भारतीयों को वे यही सलाह देते हैं -

अगर तुम्हारी पुकार सुनकर कोई भी नहीं आता
तो तुम अकेले ही चलते चलें जाओ
अगर कोई भी नहीं बोलता तुमसे
और तुम, असहाय से
अगर हर कोई तुमसे मुंह मोड़ लेता है
तब भी दिल खोलकर अकेले ही
अपनी आत्मा का आह्वान सुनकर तुम सुनाते चलो।

वे अपने लेखन के द्वारा भारतीय व्यक्तित्व को एक निश्चित स्वरूप दे देना चाहते थे, क्योंकि वे मानते थे कि व्यक्ति को अपने व्यक्तित्व की तलाश अनेक व्यक्तियों के जरिए करनी चाहिए। वे भी गौतम बुद्ध की तरह कहते हैं, "जब तक प्रत्येक व्यक्ति को निर्माण प्राप्त नहीं हो जाता, तब तक मैं स्वयं निर्वाण नहीं चाहूंगा। मैं अपने मोक्ष की समाधि में कैसे बैठूँ, जबकि संसार मेरे निकट से क्रंदन करता हुआ गुजर रहा है।"

रवीन्द्रनाथ ऐसे वातावरण और संस्कारों में पले थे, जिनमें सूफी मतवाद, ब्राह्म समाज और कबीर, घनानंद और विद्यापति, चंडीदास आदि के विचार कूट-कूटकर भरे थे। वे एक ऐसे साधक हैं, जो मरने से भी भय नहीं खाता। निर्भयता उनकी कविता में इस प्रकार विद्यमान है कि मृत्यु की मोहकता का भी वे बड़ी सहजता से वर्णन करते हैं-

मरण रे तुई मम श्याम समान/ मेघचरण तुझ, मेघ जदा-जुद,
रक्त कमलकर, रक्त अधर-पुट / ताप विमोचन करुण कोर तब
मृत्यु अमृत करे दान।

मृत्यु से भी प्रेम करने वाला कवि यही कहता है कि 'मरण-रूपे आसिले प्रभु, चरण धरि मरिबो हे।'

कवि रवीन्द्र नवीन युग, प्रवर्तक होते हुए भी प्राचीनता के ध्वजावाहक्र थे। अपनी पहली अमेरिका यात्रा में उन्होंने कहा, 'अफसोस की बात यह है कि तुम यह भी नहीं जानते कि तुम दुखी हो। पश्चिमी सभ्यता की आत्मा मशीन से बनी है, यह मशीन बराबर चलती रहती है। बराबर अपनी गति को कायम रखने के लिए वह मनुष्यों का उपयोग ईंधन के रूप में करती है।' कवि ने प्राचीन जीवन मूल्यों की प्रतिष्ठा को बनाए रखने पर बल देते हुए यह संदेश दिया, 'देश से प्यार करो, भारतीय जन से प्यार करो, उसके अतीत के गौरव पर गर्व करो, और उसके भविष्य के प्रति आस्था रखो।' इस प्रकार कवि भारतीय नवोत्थान के लिए हैं, जिन्होंने अपने समय की जनता को हृदय की अभिलाषा को पहचान कर उसे स्वर दिया। भारत में सामाजिक संस्कृति को उन्होंने राष्ट्रगान और अन्य अनेक स्थानों पर अभिव्यक्त किया –हेथाय आर्य हेथाय अनार्थ हेथाय द्राविड़-चीन। शक-हूण-बल-पाठान-मोगल एक बेड़े लीन।।

जहां तक टैगोर के अंग्रेजी में मूल लेखन का प्रश्न है, 'गीतांजलि' हमारे सामने है, किंतु है यह भाषांतर ही। कृष्णादत्त, एंड्रीज रोबिंसन, विलियम रैडिस, केतकी कुमारी, डायसन, सुकान्ता चौधरी, शिशिर कुमार दास आदि अनेक जीवनी लेखकों अनुवादकों ने बार-बार अनुवाद के क्षेत्र में कवि की सर्जनात्मकता की चर्चा की है। मैक्मिलन द्वारा 1936 में प्रकाशित अंग्रेजी रूपांतरित कविताओं एवं नाटकों के संग्रह में तो यह भी बताया गया कि इनमें कौन सी मूल अंग्रेजी में लिखी गयी रचना है। स्वयं रवींद्रनाथ को अपनी अंग्रेजी पर कोई खास भरोसा नहीं था। श्रीनिवास आयंगार ने मूल अंग्रेजी में लिखी लंबी कविता 'द चाइल्ड' को विस्तारपूर्वक चर्चा के केन्द्र में लाने की चेष्टा की है। यह कविता बाद में 'शिशुतीर्थ' के नाम से प्रकाशित हुई थी। इस कविता में हम गांधीजी के देहावसान का कई वर्ष पहले ही पूर्वाभास पा लेते हैं। आयंगार ने विवेचनात्मक दृष्टि से लिखा है - 'शिशु कविता एक रात के दौरान सृजनात्मक शक्ति का आगमन ही है। (द चाइल्ड इन फ्यूरी ऑफ क्रिएटिव एनर्जी इन द कोर्स ऑफ ए सिंगल नाइट)। इस कविता की कुछ पंक्तियाँ हिंदी के सुप्रसिद्ध गांधीवादी कवि भवानी प्रसाद मिश्र द्वारा हिंदी

में अनूदित कराकर प्रकाशित की गयीं थीं। मानवीय संबंधो के सौंदर्य तथा करुण भाव को हम इस कविता में पाते हैं -

बच्चा मां को पुकार कर पूछता है/ मैं कहाँ से आया हूँ
तूने मुझे किस जगह पड़ा पाया था?
यह सुनकर मां ने हंसते-रोते/बच्चे को छाती से लिपटाकार कहा,
तू मेरे मन में इच्छा बनकर बैठा हुआ था/ संसार सागर के किनारे
बच्चों की भीड़ लगी रहती है/ आकाश में अंधेरा चक्कर काट रहा है
सुदूर जल में नाव डूब रही है/ मरण दूत गतिवान हैं
बच्चे खेल रहे हैं/ संसार सागर के किनारे
शिशुओं का महामेला लगा हुआ है।

कविता कामनी को वरण करने वाले कवीन्द्र रवीन्द्र के जीवन और कार्यों पर सटीक लेखन करने वालों में एक बिल ड्यूरोट में इन कविताओं को देखकर टिप्पणी की थी - 'इन कविताओं के कई कवि हैं, एक तीव्र किंतु गंभीर देशभक्त, एक नारी सुलभ भावना का कवि, मानव संबंधों को रेखांकन करने वाला कवि। भारतीय मेधा और दर्शन का गहराई से अध्ययन करके लिखी इन कविताओं में टेनीसन जैसी संवेदना और भाषा है। यदि इनमें कुछ कमी है तो यही है कि ये हद से अधिक सुंदर हैं, आदर्शवादी हैं और सुकोमल हैं। यहां प्रत्येक नारी सुंदर और प्रत्येक स्त्री -पुरुष, मृत्यु, ईश्वर, प्रकृति और साधना का पुजारी है। मानो चंडीदास का ही दूसरा जन्म हुआ हो।' एक अन्य आलोचक ने कहा है, "अपने विराट व्यक्तित्व, व्याप्ति और गहरे प्रभाव की दृष्टि से रवीन्द्रनाथ ठाकुर ऐसी सर्वतोमुखी सर्जक-प्रतिभा से संपन्न हैं, जिसका सानी किसी देश में यदि हो भी तो कभी-कभी ही दिखायी पड़ता है जो हमारी भाषा में अन्यत्र दिखायी नहीं दिया। उनका काव्य पूर्णतः उनका अपना था, फिर भी उसकी जड़ें अपने देश की धरती में थीं। उन्होंने भारतीय कविता के प्रमुख स्रोतों का रस औरों से कहीं गहरे पिया था - उपनिषदों का देशी और भव्य किंतु निश्चय ही अनादिक रहस्यवाद, कालिदास का सुकुमार अलंकरण और वैष्णव कवियों का भाव प्रवण संगीत। वे भारतीय कवियों में सर्वाधिक भारतीय और साथ ही सबसे अधिक सार्वभौमिक कवि हैं।" सुकुमार सेन के इन शब्दों की तरह प्रायः कवि के रचनाविधान की समीक्षा, मोतीलाल मजूमदार के शब्दों में सदा 'सुखालोचना' ही रही है। उनके व्यक्तित्व के वैशिष्य, वैभिन्य, प्राचुर्य और गति से मुग्ध बंगला भाषी तो यही कहते हैं –

शेष नाही जे, शेष कथा के बोलबे ।

अंग्रेजी और अंग्रेजी राज्य के साथ कवि का भाव कुल मिलाकर मिला-जुला सा है - कभी हाँ , कभी ना अर्थात् आकर्षण और विकर्षण दोनों ही साथ-साथ व अंग्रेजी शासन की प्रशस्ति भी गाते हैं - (जन गण मन) और नाइट-हुड को वापिस भी कर सकते हैं। अंग्रेजी में जो भाषांतर

उन्होंने किया है, जो भाषिक विशेषताएं यहाँ आ गयी हैं, वे अनायास ही हैं, कविता के शिल्प में ढालने की उनकी कोई मर्जी नहीं। एक तरह से अनुवाद, गीतांजलि का अनुवाद भी बहुत अच्छे स्तर का नहीं है, किंतु यह एक ऐसा प्रयत्न अवश्य है, जिसने भारत में द्विभाषियों को एक स्तर पर बहुभाषिकता की बानगी दी थी और वे कई बार इस बात को स्वीकार भी करते हैं कि ये भाषा को साध रहे हैं। "माई हार्ट लोंग्स टू ज्वाइन इन दाई सोंग, बट वेनली स्ट्रगलस फॉर ए वॉइस, आई वुड स्पीक, बट स्पीच ब्रेक्स नोट इन टू सॉन्ग, एंड आइ क्राई आउट बैकल्ड।"

हिंदी साहित्य को रवीन्द्रनाथ की देन है। 'गीतांजलि' में जैसा प्रकृति चित्रण, मानवीय प्रेम और अध्यात्म का संश्लेष था, वैसा ही काव्यात्मक वातावरण, छायावाद का भी मान लिया गया। निराला ने रवीन्द्र के गीतों का अनुवाद किया और 'राम की शक्तिपूजा' उन्हीं की परोक्ष प्रेरणा से लिखी। वस्तुतः शक्ति का अजेय मंत्र प्रसाद पंत व निराला को रवीन्द्रनाथ ने दिया। अध्यात्म और प्रेमास्पद के बीच अद्वैत की अनुभूति, सत्य को पकड़ने और समझने की उत्कृष्ट लालसा और निराशा एवं अकर्मण्यता के स्थान पर 'आशा', आत्मविश्वास और कर्मवाद की प्रखरता से युक्त गीतांजलि तो मानक है ही, किन्तु अन्य अनेक विधाओं में लिखी गयी रचनाएं भी 'ठीक-ठिकाने' से अवश्य ही कुछ अधिक है।

हिन्दी के आलोचक का यह आकलन भी ठीक है कि 'रवीन्द्रनाथ में प्रकृति और राष्ट्रीयता के विविध रूप हैं, श्रृंगार और अध्यात्म का सूक्ष्म चित्रण है, प्रार्थना की गहरायी है, पर शक्ति काव्य का वह रूप नहीं, जो प्रसाद या निराला में मिलता है।' (राम स्वरूप चतुर्वेदी)। आचार्य हजारी प्रसाद द्विवेदी ने (नामवर सिंह के शब्दों में 'इसी लोक जीवन की भूमि से द्विवेदी जी को हिन्दी की अपनी जातीय परंपरा का भाव बोध विरासत में मिला' - दूसरी परंपरा की खोज पृष्ठ -16) द्विवेदी जी ने रवीन्द्र, शरत और प्रेमचंद का बड़ा मनोरंजक वर्णन 'प्रेमचंद का महत्व' में किया है। रामधारी सिंह 'दिनकर', भवानी भाई और हंसकुमार तिवारी आदि के साथ द्विवेदी जी भी रवीन्द्रनाथ को हिन्दी में लाने वाले हैं, निराला तो हैं हीं। जरूरी नहीं कि सब बातों से सब सहमत हों, किंतु यह तो है ही कि रवीन्द्रनाथ ठाकुर ने साहित्य का महत्वपूर्ण नोबेल पुरस्कार अंग्रेजी में अपनी रचना का अनुवाद -भाषान्तर करके प्राप्त किया। अंग्रेजी में उनका लेखन उपलब्ध होने के कारण उनकी ख्याति बढ़ी ही है। अब यह प्रश्न रह ही नही गया कि रवीन्द्रनाथ ठाकुर की अंग्रेजी बढ़िया है या सामान्य। उन्हें भारतीय मनीषा का भाष्यकार कहकर सब आदर देते हैं।

25

बिम्ब से बड़ा प्रतिबिंब

सरोजिनी नायडू

सरोजिनी नायडू(1879-1949) की ख्याति देशभर में इतनी अधिक हुई कि अंग्रेजी में 'नाइटिंगल ऑफ इंडिया' चाहे न भी इतना प्रसिद्ध हुआ हो, किंतु 'भारत कोकिला' शब्द चला। सरोजिनी नायडू के व्यक्तित्व की विशेषताओं में उनकी संस्कारिता, तेजस्विता, प्रभावशाली वक्तव्य कला, निर्भीकता, गर्वभरी मुद्रा, स्पष्टवादिता, अंग्रेजी और हिन्दी पर समान अधिकार, हाजिर जवाबी, परिस्थितियों को संभाल लेने तथा उस पर हावी होने की अद्भुत शक्ति को गिना जाता है। हिन्दी के कवि अज्ञेय ने एक बार कहा था, 'अंग्रेजी में कविता करके उन्होंने विदेश में ख्याति पायी थी और विदेशी ख्याति का इस देश में बड़ा महत्व था (आज भी है), बड़ा दिखने वाले मुकुर में जैसे बिंब से प्रतिबिंब बड़ा दिखने लगता है, वैसे ही अंग्रेजी में लिखने वाले भारतीय की प्रतिभाषित देशी छवि भी बहुत बड़ी दिखने लगती है।"

यह बात ठीक ही है, जो भी है, श्रीमती सरोजिनी नायडू जन्म से बंगाली, विवाह से दक्षिण भारतीय, हैदराबाद में रहकर दक्खिनी, हिन्दुस्तानी, उर्दू और सरल हिन्दी का प्रयोग करने वाली ऐसी शख्सियत थीं, जो अंग्रेजी और हिन्दुस्तानी दोनों में समान अधिकर से बोल सकती थीं। लिखती वे प्रायः अंग्रेजी में ही थीं।

सरोजिनी नायडू कविता अंग्रेजी में ही लिखती थीं और आरंभ में उनकी कविता का पूरा संस्कार भी विदेशी ही था, संवेदन विदेशी, बिंब, कवि अभिप्राय, समय तक सब विदेशी। एक अंग्रेजी अध्यापक, आलोचक और कवि से प्रेरणा प्राप्त करके उन्होंने अपनी कविता में भारतीय संस्कार भरे। वस्तुतः वे भारतीय काव्य संस्कार और दृष्टि से पूर्व परिचित थीं। बात उसे अपनाने की थी और उसे अंग्रेजी में दृढ़ता से अभिव्यक्त करने की, जो उन्होंने पूरी सफलता से किया।

"मैं वास्तव में कोई कवि नहीं हूँ। मेरे पास इच्छाएँ व दृष्टि हैं, किंतु वाणी नहीं, किंतु मैं पंक्षियों की तरह गाती हूँ और मेरे गीत क्षणिक हैं। " (I am not a poet really. I have a vision and the desire, but not the voice.) इस प्रकार से सरोजिनी नायडू (1819-1949) ने आर्थर साइमंड को एक पत्र लिखा था, किंतु यह उनकी विनम्रता मात्र है। उनकी अंग्रेजी में लिखी भारतीय कविताओं को कालखंडों में विभाजित करें तो तीन खंड होंगे - उन्नीसवीं शताब्दी की कविताएं (बचपन से 1900 तक),सन 1900 से 1947 के बीच लिखी गयी कवितायें और स्वातंत्रोत्तर कविताएं।

प्राचीन कविगण अपने काव्यादर्शों को अंग्रेजी के स्वच्छन्दतावादी रोमांटिक कवियों से प्राप्त करते थे। उनकी कविताओं में प्रकृति चित्रण और कल्पना उनके जैसी ही थी। हेनरी डोरेजियो, काशीप्रसाद घोष, और माइकेल मधुसूदन दत्त की कविताएं तो रोमांटिक कवियों की नकल-सी ही हैं। उनके बाद आने वाले कवि मनमोहन घोष, रमेशचंद्र दत्त ने धीरे-धीरे अपनी कविता में भारतीय संवेदना को मुखर करना शुरू किया। इतना तो वे अवश्य ही कर सके कि उनकी रचनाओं के विषय भारतीय रहे और ऐसी अंग्रेजी में रहे, जो भारतीयों के लिए पठनीय-सी थी। स्वतंत्रता के पश्चात इस अतीत से छुटकारा पाकर कवियों ने देश के जीवन व परिवेश को आधार बनाकर लेखन किया और लेखन को भी विशिष्ट गरिमा तथा गति प्रदान की। इस समग्रकाल के एक विशिष्ट कालखंड में जिस प्रकार तोरूदत्त की सुरभि है, उसी तरह एक अन्य कालखंड में सरोजिनी का कोकिल कंठी गान है।

बचपन से ही सरोजिनी काव्य रचना करने लगी थीं, ठीक सुभद्राकुमारी चौहान की तरह। वे लिखती हैं - जब मैं ग्यारह वर्ष की ही थी, एक दिन मैं बीज गणित का एक सवाल हल करने में लगी थी। प्रश्न तो हल नहीं हो सका, किंतु अचानक ही एक लंबी कविता निकल आयी। मैंने उसे लिख लिया। उस दिन को मेरे काव्य जीवन का प्रारंभ समझिए। तेरह वर्ष की उम्र में मैंने 'द लेडी ऑफ द लेक' नामक कविता छह दिन में लिख ली थी। यह कविता तेरह हजार पंक्तियों की थी। मैंने एक संवेदनात्मक नाटक जो 2000 पंक्तियों का था, यूँ ही लिख लिया, केवल उस डॉक्टर को यह बताने के लिए कि मैं ठीक-ठाक हूँ, जिसने मुझे पुस्तक छूने से भी मना किया था।"

इंग्लैंड से आर्थर साइमंड और ऐडमंड गौस ने कविता का नया पाठ उन्हें पढ़ाया। गौस ने उनकी प्रारंभिक कविताओं में 'एक सच्ची काव्यात्मक संवेदना' (ए ट्रू पोइटिक सेंसिबिलिटि') तो खोज ली थी, किंतु वे चाहते थे कि इन कविताओं में भारतीय हृदय की धड़कन भी हो, इसमें भारतीय संवेदना का सच्चा चित्रण हो, भारतीय संस्कृति और धर्म के इस प्राचीन रूप की झलक भी हो, जिसने सदा से पाश्चात्य जगत को विमुग्ध किया है। गौस ने उनकी दूसरी पुस्तक की भूमिका में पहली पुस्तक से अधिक संगीतात्मकता पायी। उनकी सर्वख्यात रचना 'द ब्रोकन विंग' में वह सब कुछ है, जो गीतों में गौस अपेक्षा रखता था।

सरोजिनी की कविताएं प्रकृति, प्रेम और लोक जीवन इस तीन आधारों पर टिकी हैं। प्रकृति उनकी कविताओं में विश्व-उपवन के समान दृष्टिगोचर होती है और 'वृन्दावन' एक मिथक के समान प्रयोग किया गया है। प्रेम की कविता में प्रेम के विभिन्न आयामों और भावनाओं की अभिव्यक्ति करने वाली कविताएं सरोजिनी ने लिखीं। लोकजीवन में रुचि को उजागर करनेवाली कविताओं में ऐसे अनेक चरित्र आ गए हैं, जो पहले कभी नहीं आए थे। उनकी कविताएं जीवन के राग रंग से भरपूर हैं। काव्य रूपों में गीत, सोनेट , ओड़, शोकगीत और बैलेड़ उन्हें प्रिय रहे।

काव्यात्मकता में विविधता और वर्णन-विवरण देने की ऐसी प्रतिभा की सूक्ष्मता भी शरमा जाए। कुछ उदाहरण देकर आगे बढ़ा जाए।पहले प्रकृति चित्रण लें। प्रकृति को आधार बनाकर उन्होंने कई रचनाएं दी हैं- दी कॉल ऑफ स्प्रिंग, इन टाइम ऑफ फ्लावर्स। एक बानगी देखें -

सुकोमल पत्तियां बरगद की शाखा पर हरी-भरी
पीपल पर जाके बड़ी हो गई, लाल परी
हरित पंछी मुकुल अंजीर को सुनाता है गीत सरी

प्रकृति के मनोरम चित्रण में सूक्ष्मता तो है ही, वे सब भारतीय वातावरण को निर्मित भी करते चलते हैं। आनंद और उल्लास के मौसमों का चित्रण वे गुलमोहर, चंपक, गुलदाउदी आदि फूलों पर लिखी कविताओं में करती हैं। बसंत पंचमी के अवसर पर वियोगिनी लीलावती मधुमक्खियों से कहती है कि वे उसके लिए बसंत न लाए -

जाओ, मधुमक्खी, अपने रूपहले पंखों को समेटो
तुम मेरे लिए बसंत के अभिसार को क्यों लाओगी?
ओ माधुर्यवती कोयल, अपनी कूह-कूह को बंद करो,
तुम्हारे गीत मेरे हृदय में जहरीले तीर से चुभते हैं।
विधवा लीलावती की यही नियति है।

प्रेम की अनुभूति यहाँ बहुतायत से है। उनकी कविता में चंपा के उपवन और गुलमोहर सदा महकते हैं। राजपूत का प्रेम गीत हो या राधा का गीत, सभी में तन्मयता और माधुरी है। 'वृंदावन का बांसुरीवाला' (द फ्लूट ऑफ वृंदावन) में मिथक और दंत कथाओं के प्रयोग से प्रेम का अभिनव संसार रचती हुई कवयित्री ने 'गोविंदा गोविंदा' कहते हुए भक्ति रस की यमुना बहायी है। एक अन्य कविता- लड़ी 'मंदिर' में कई गीतों के सहारे प्रेम के उद्दात स्वर का अंकन हैं -

यदि तुम मुझे बुलाते हो तो मैं आऊंगी /शीघ्रता से, ऐ मेरे प्रेमी
प्रकंपित वन हरिण से भी शीघ्र
यदि तुम मुझे बुलाओगे तो मैं निडर हो आऊंगी, चाहे जो हो।

यहाँ मीरा-सी भक्ति एवं प्रमानुभूति को रेखांकित किया जा सकता है।उन कविताओं में जहाँ लोकगीतों एवं कथाओं के माध्यम से कवयित्री ने भारतीय परिवेश और परंपरा को उभारा

है, यहाँ वे वस्तुतः एकदम मौलिक है। नाग पंचमी और बसंत पंचमी जैसे उत्सवों पर कई गीत लिखे हैं, महिलाओं को गीतों का विषय बनाया है और जुलाहों, चूड़ी बेचने वालों (मनिहार), मछुआरों, सपेरों और न जाने कितने कामगारों पर गीत लिखे हैं। भारतीय जुलाहे (इंडियन वीवर्स) कविता के दर्शन को पाठक कभी नहीं भुला सकते। उसी तरह पालकी कहारों पर लिखी कविता, 'पालकी-बेयरर' तो मानो लोक धुन में ही बांध दिया गया है –

Lightly, O lightly we bear her along,
She sways like a flower in the wind of our song;
She skims like a bird on the foam of a stream,
She floats like a laugh from the lips of a dream.
Gaily, O gaily we glide and we sing,
We bear her along like a pearl on a string.

इस 'गोल्डन थ्रेशोल्ड' को और इन कविताओं के पीछे छिपे रोमांस को हम आनंदानुभूति के लिए पढ़ते हैं। सरोजिनी स्त्री सशक्तीकरण के आज के दौर से बहुत पहले ही दो-दो संस्थाओं की संस्थापक थीं। उन्होंने महिलाओं के वोट देने के अधिकार की पुरजोर हिमायत की।

सरोजिनी नायडू ने अपनी काव्य रचनाशैली में आमूल चूल परिवर्तन किया और भारतीय स्वतंत्रता आंदोलन के प्रभाव में टैगोर, इकबाल और नजरूल इस्लाम की तरह से देशभक्तिपूर्ण रचनाओं का लेखन भी किया। कुछ-कुछ हिन्दी में सुभद्राकुमारी चौहान की ही तरह वे भी 'गांधी' कॉंग्रेस' आदि को केन्द्र में रखकर लिखने लगीं। उनकी मोहम्मद अली जिन्ना से मित्रता ने तो इतिहास ही बना दिया। जिन्ना के जीवनीकार हेक्टर बोलिथो ने अपनी किताब में एक बूढ़ी पारसी महिला का ज़िक्र किया है जिसका मानना था कि सरोजिनी को भी जिन्ना से इश्क था, लेकिन जिन्ना ने उनकी भावनाओं का जवाब नहीं दिया. वो ठंडे और अलग-थलग बने रहे। सरोजिनी ने 'अवेक' (जागो) शीर्षक से जिन्ना पर जो कविता लिखी थी, वह उन्होंने कांग्रेस अधिवेशन (1916) में पढ़ी थी। सरोजिनी के स्वर का जादू अंग्रेजी में ही नहीं, हिन्दी-उर्दू में भी सर चढ़कर बोलता था। निजी बातचीत में भी उनकी भाषा की संस्कारिता और उनके स्वर की मधुर तेजस्विता से लोग प्रभावित होते थे। सरोजिनी नायडू की संभाषण कला और अंग्रेजी के प्रयोग पर यदि ध्यान दें तो पता चलेगा कि उन्हें अंग्रेजी में मातृभाषियों जैसी सहजता हासिल थी। अंग्रेजी में लिखे भारतीय साहित्य के प्रति सरोजिनी ने अखिल भारतीय लेखक सम्मेलन (1948) बनारस में जो उद्गार व्यक्त किये थे, वे यहाँ देखे जा सकते हैं- 'जिस भाषा में भी प्रवीणता प्राप्त करना चाहते हो करो, जब तक कि वह भाषा मानव-हृदय और चेतना की है। साहित्य ही वह तरीका है, जिससे सत्य को जीवित रखा जा सकता है।' (बी मास्टर्स ऑफ व्हाटएयर लैंगुएज यू लाइक, सो लॉन्ग एज इट द लैंगुएज ऑफ द ह्यूमन हार्ट एंड स्पीरिट।

लिटरेचर इज दि ओनली वे ट्रुथ कैन बी कैप्ट अलाइव)।

अपने शहर हैदराबाद को हद से ज्यादा प्रेम करनेवाली इस कवयित्री ने जमकर इस शहर के बारे में लिखा है। 'सोंग्स ऑफ माई सिटी', 'स्ट्रीट क्राइज', 'नाइट फॉल इन द सिटी ऑफ हैदराबाद' आदि रचनाओं में हैदराबाद जीवंत हो उठा है। मूसी नदी के किनारे घूमते हाथियों का वर्णन आज आपको चकित कर देगा, किंतु ऐसा शायद रहा होगा - राउन्ड द हाई चारमिनार साउन्डस ऑफ गे कैवलकेड........' सरोजिनी की कविता में जीवन के लबालब जाम हैं,जीवन की क्षुधा मिटती ही नहीं-

मेरे जीवन की क्षुधा ,नहीं मिटेगी जब तक
मत आना हे मृत्यु , कभी तुम मुझ तक।

किन्तु फिर भी आलोचकों के मत में विभिन्नता है।श्रीनिवास आयंगार और पी.डी. दस्तूर उन्हें सहानुभूतिपूर्ण प्रशंसा से देखते हैं, तो डेविड मैक और सी. डी. नरसिम्हैया ने इन कविताओं की कमियों को रेखांकित किया है, जबकि श्री अरविंद ने कहा था, 'हर वर्क हैज ए रियल ब्यूटी'। सरोजिनी नायडू की रचनाओं का पुन:पाठ प्रस्तुत करने वालों में सूजी थारू और मीरा एलेक्जेंडर हैं। मकरंद परांजपे ने भी इन कविताओं को देखा है। ये विद्वान इन कविताओं में बचकानापन और बनावटीपन देखते हैं। यह भी उल्लेखनीय है कि वे अचानक ही काव्य रचना से दूर हो गयीं और राजनीति में जाकर वहीं की होकर रह गयीं। जीवन ने ऐसा मोड़ लिया है कि अंग्रेजी कवि भारत कोकिला उत्तर प्रदेश की राज्यपाल बनी। सरोजिनी का स्त्री होना और भी लाभदायक रहा, क्योंकि ये स्त्री के अधिकारों और प्रश्नों को और भी अधिक दृढ़ता से प्रस्तुत कर सकीं। यह बहुत ही आश्चर्यजनक किंतु सत्य बात है कि इकबाल और टैगोर की तरह सरोजिनी ने शायद ही कोई ऐसा अमर गीत लिखा हो, जिसमें देशभक्ति की भावना प्रवाहित होकर पाठकों को मंत्रमुग्ध और आत्मविभोर कर दे, लेकिन फिर भी वे मुख्य रूप से 'भारतीय'रचनाकार मानी जाती हैं। अंग्रेजी में लेखन करने के बावजूद वे पूरी तरह से भारतीय हैं। ठीक वैसे ही जैसे तोरूदत्त अपनी तमाम अंग्रेजी, फ्रेंच और जर्मन भाषाओं के प्रभाव और ज्ञान के भारतीय साहित्य में एक अमिट स्थान रखती हैं। उनकी रचनाएं 'साहित्यिक' एवं 'गंभीर' श्रोताओं व पाठकों के लिए प्रायः कम हैं। ये अपनी कविताओं के द्वारा जीवन व जगत की समस्याओं से हमें दो-चार नहीं कराती, बल्कि वे 'ले चल कहीं भुलावा देकर मेरे नाविक धीरे-धीरे' की तर्ज पर अपने साथ ले जाती हैं -

कहा जा सकता है कि सरोजिनी भारतीय अंग्रेजी कविता में हिंदी के हरिवंश राय बच्चन जैसी मुखर व मुख्य हैं। सरोजिनी वस्तुतः भारतीय राष्ट्रीय कांग्रेस के लिए बनी थीं। उनके जन्म, बचपन, विवाह और कविता रचना प्रक्रिया आदि ने राष्ट्रीयता का ऐसा स्वरूप प्रदर्शित किया कि हम मंत्रमुग्ध से होकर उन्हें पढ़ते है। अंग्रेजी का उन पर कितना प्रभाव था, वे कौन-सी भाषा बोलती थीं, इस जिज्ञासा को शांत करने के लिए के. के. शर्मा (1989) 'कनवर्सेन्स

विद सरोजिनी' को देखा जा सकता है - सरोजिनी का भारतीय भाषाओं से कैसा रिश्ता था, यह जानना आसान नहीं। चूंकि माता-पिता दोनों बंगाली थे, तो यह स्वाभाविक है वे बंगाली में बोलते होंगे, किंतु उन्होंने 'गोल्डन थ्रेशोल्ड' (1909) की भूमिका में अपनी 9 वर्ष की उम्र की एक घटना का वर्णन करते हुए लिखा है - जब मैं 9 वर्ष की थी तो पिताजी ने अंग्रेजी में न बोलने पर कमरे में बंद कर दिया था। जब मैं कमरे से बाहर आयी तो पूरी भाषाविद बन गयी। मैंने अपने मां-बाप से फिर कभी किसी अन्य भाषा में वार्तालाप नहीं किया, जो मुझसे सदा हिन्दुस्तानी में ही बात करते थे। क्या इसका यह अर्थ हुआ कि मां हिन्दुस्तानी में बोलतं थीं और सरोजिनी अंग्रेजी में। सरोजिनी की जीवनीकार पद्मिनी सेन गुप्ता ने उनकी कई उर्दू गजलों को उद्धृत किया है। भारतीय अंग्रेजी लेखकों की बहुभाषिकता पर हमें विचार करना चाहिए। यदि सरोजिनी हिंदी में लिखतीं तो क्या वे महादेवी सी होतीं? या सुभद्रा सी? विचार करना होगा।

26

कविता के दर्शन – दर्शन में कविता

श्री अरविंद

उन्नीसवीं शताब्दी भारतीय पुनर्जागरण का काल है। शायद इस काल को यदि शताब्दी में न बांधकर राजाराम मोहन राय (1772-1833) से महात्मा गांधी (1869-1948) तक के कालखंड में बांध दें तो अध्ययन के लिए सुविधा रहती है। इस दौरान रामकृष्ण परमहंस, स्वामी दयानंद सरस्वती, स्वामी विवेकानंद और श्री अरविंद जैसे कई मनीषियों ने विशिष्ट योगदान दिया। साहित्य, दर्शन और धर्म के विकास में भी इनका योगदान अप्रतिम है। श्री अरविंद को लोक दार्शनिक, क्रान्तिकारी के रूप में अधिक और अंग्रेजी कवि के रूप में कम पहचानते हैं। समकालीन भारतीय दर्शन के पुनरुत्थान का श्रेय उन्हें दिया जाता है। पांडिचेरी आश्रम की स्थापना उनके जीवन दर्शन का सजीव प्रतीक है। दार्शनिक के रूप में वे 'लाइफ डिवाइन' आदि रचनाओं में मुखर हैं। अध्यापक, विद्वान, दार्शनिक, कवि, योगी, कलाकार और महात्मा श्री अरविंद के अंग्रेजी लेखन ने उन्हें साहित्यकारों में भी अप्रतिम स्थान दिलाया। प्रो. नोरमल जेफर्स ने उन्हें उन्नीसवीं शताब्दी में कॉमनवेल्थ का सर्वश्रेष्ठ कवि माना है, किंतु वे बीसवीं शताब्दी में भी उतने ही प्रसिद्ध व प्रतिभाशाली रहे। श्री अरविंद (1872-1950) ने कविता लेखन के इतने प्रयोग किए और 'सावित्री' तक आते-आते उनकी रचनाएं ऐसी परिपक्व हो गयीं कि वे मिल्टन के समकक्ष रखे जाने के योग्य माने जाते हैं। प्रो. गोकाक भारतीय अंग्रेजी कविता की चर्चा करते हुए श्री अरविंद के काव्य सिद्धांतों में ही डूब जाते हैं। पाश्चात्य छंद शास्त्र का उनका ज्ञान और उस ज्ञान का कविता लेखन में प्रयोग किसी चमत्कार से कम नहीं। उनके समक्ष टैगोर केवल बंगाली ठहरते हैं, जबकि श्री अरविंद अंग्रेजी लेखक हैं, डब्ल्यू. बी. येट्स जैसे।

श्री अरविंद के जीवन में विषय में क्या कहा जाए। उनका जीवन एक किंवदंति से कम नहीं। एक स्थान पर वे लिखते हैं, 'नो वन कैन राइट अबाउट माई लाईफ बीकोज इज हैज नोट

हैज बीन ऑन द सरफेस फॉर मैन टू सी।' फिर भी इतना तो तय है कि श्री अरविंद का जन्म 15 अगस्त 1872 को कलकत्ता में हुआ था। माता-पिता के संस्कार, उच्च शिक्षा और परिवेश ने उन्हें योग्य बनाया। लेटिन ग्रीक, संस्कृत, अंग्रेजी, फ्रेंच, मराठी, गुजराती आदि कई भाषाएं वे प्रयोग कर सकते थे। बड़ौदा में वे लेखन, अध्यापन और राजनीति में जमे। बिपिन चंद्रपाल के अखबार 'वंदेमातरम्' में काम किया, पकड़े गए, जेल गए और जीवन की दिशा बदली। अलीपुर जेल में अलौकिक अनुभव हुए और वे योगीराज बन गए। फरवरी 1910 में कलकत्ता छोड़कर पांडिचेरी में बसे और वहीं आजन्म रहे। सुब्रमणयम भारती और वं.वी.एस. अय्यर से संपर्क हुआ। मैडम मीरा रिचर्ड का आगमन हुआ। आश्रम की गतिविधियों के बीच विदेह की तरह चिंतन, मनन, लेखन में लगे श्री अरविंद ने बहुत कुछ दिया। बचपन में तो माता-पिता ने बंगाली-संस्कृत तब तक न पढ़ने दी, जब तक वे केंब्रिज में सिविल सर्विस परीक्षा पास करके प्रोबेशनर नहीं बन गए, किंतु बाद में उन्होंने बंगला और संस्कृत में भी लिखा।हाँ,अंग्रेजी उनकी 'प्रथम', 'मूल' और 'स्वाभाविक' भाषा रही। बचपन से ही लिखने का अभ्यास करने वाले अरविंद के लेखन में स्वच्छंदतावाद की झलक है। केंब्रिज में अरविंद ने गीत, नाटक, बैलड, दार्शनिक संवाद आदि भी लिखे।

कितना आश्चर्यजनक है कि अरविंद को सिविल सेवा से इसलिए निकाला गया, क्योंकि वे घुड़सवारी नहीं सीख पाए थे। बड़ौदा में चौदह वर्ष कार्य करने के दौरान श्री अरविंद ने बंगला और संस्कृत में प्रवीणता ही हासिल नहीं की, अनुवाद व सर्जनात्मक लेखन भी किया। यह उनके लिए अंग्रेजी छंद व लय को सीखते हुए उसको साधिकार प्रयोग करने का अच्छा अवसर रहा। अंग्रेजी में दो लंबी रचनाएं 'उर्वशी' (1898) और 'लव एंड डैथ' (1899) अभ्यास की रचनाएं होते हुए भी भविष्य की संभावनाओं का आभास देती हैं। श्री अरविंद और मां ने 'दी आर्य' नामक पत्रिका के लिए जो लेखन किया, उसको संपादित करके ही कई पुस्तकें बनीं। 'द लाइफ डिवाइन', 'द सिंथेसिस ऑफ योगा', 'एस्सेज ऑन द गीता', 'द सीक्रेट ऑफ द वेदा', 'दी आइडियल ऑफ ह्यूमन यूनिटी', 'द ह्यूमन साइकल', 'द फ्यूचर पोइट्री', 'द फाउन्डेशन ऑफ इंडियन कल्चर', 'रेनेसां इन इंडिया' और 'हेराकलाइट्स' आदि पुस्तकें दार्शनिक एवं अन्य विमर्शों का आधार बनीं। वैसे तो श्री अरविंद सामान्यतः आश्रम के अंदर पूर्ण एकान्तवास करते थे। श्री अरविंद ने 'द चिल्डरन ऑफ वतन' (1940) कविता में समाज की दशा को इंगित करते हुए 'वतन' को बालकों से कहलवाया, 'हम इस धरती को नरक बनाने को बढ़ने हैं और इसे स्वर्ग कहते हैं।' (वी मार्च टू मेक ऑफ अर्थ ए हैल एंड कॉल इट हैवन)। इसी समय 'द डिवाइन लाइफ' का प्रकाशन होता है और अन्य कविताओं एवं नाटकों का संग्रह भी आता है। 1946 से 'सावित्री' नामक महाकाव्य भी धारावाहिक प्रस्तुत होने लगता है। श्री अरविंद का 75वां जन्म दिवस भारत का स्वतंत्रता दिवस भी है।

यह मात्र संयोग ही है या ईश्वर की अनुकंपा, पता नहीं। देश की आजादी और उसके गणतंत्र बनने के साल 5 दिसंबर 1950 को श्री अरविंद अपनी चिंतन धारा छोड़ गए। क्या रवीन्द्रनाथ, क्या गांधी और क्या रोमां रोला, सभी ने श्री अरविंद की मुक्त कंठ से प्रशंसा की थी। कवियों व साहित्यकारों ने उनके लिए विरुदावलिया रचीं। 'वे कवियों के कवि, ज्ञानियों के ज्ञानी और योगियों के योगी हैं।' ऐसा विदेशी आलोचकों ने लिखा।

श्री अरविंद ने अंग्रेजी के छंद 'ब्लैक वर्स' पर ऐसा अधिकार कर लिया था कि वे जो लिखते थे कविता के शिल्प में ढल जाता था। 'उर्वशी' और 'सावित्री' जैसी ऐतिहासिक रचनाओं को आज भी पढ़ने से यह विश्वास होना कठिन होता है कि ये पंक्तियां किसी विदेशी या अंग्रेज ने नहीं, बल्कि भारतीय ने लिखीं हैं। यह कला उन्होंने अनुवाद में भी दिखाई और मूल में भी। इसलिए यह पता चलाना कठिन हो जाता है कि कोई रचना अनुवाद है या मूल। अंग्रेजी कविताओं को कहाँ तक उद्धृत किया जा सकता है, अनुवाद में कविता प्रस्तुत भी कैसे करें? श्री अरविंद के लिए कविता लेखन साधना से कम न था। उनका ज्ञान और लेखन दोनों ने ऐसी कविता प्रस्तुत की, जिसके सामने रवीन्द्रनाथ की गीतांजलि भी फीकी पड़ सकती है। 'सावित्री' तो महाकाव्य ही है। प्रो. रेमंड फ्रैंक पाइपर ने इसे अंग्रेजी का सर्वश्रेष्ठ महाकाव्य कहा है- इट इज द मोस्ट कोमप्रिहेनसिव, इनटिग्रेटिड, ब्यूटफुल एंड परफेक्ट कोस्मिक पोइम एवर कंपोज्ड। अमरीकी आलोचक पाइपर ने यह कहकर 'सावित्री'का अभिनंदन किया कि वह अब तक लिखी गई कविताओं में सर्वाधिक व्यापक, सम्पूर्ण, सुंदर, और निर्दोष विश्वतोमुखी काव्य है। शायद 'सावित्री' मानव मानस को असीम की दिशा में विकसित करने वाली संसार की सर्वाधिक शक्तिमती कलाकृति है। हक्सले ने 'लाइफ डिवाइन' की शैली की तारीफ की। आज चाहे ये काव्य ग्रंथ लंबे कथाक्रम के कारण पाठक के धैर्य की परीक्षा लेने वाले जान पड़े, किंतु श्री अरविंद ने इनमें एक-एक शब्द मंत्र के समान अभिमंत्रित करके भरा है।

तोरु दत्त ने भी 'सावित्री' और 'सीता' पर कविताएं लिखीं थीं। अरविंद की 'सावित्री' इस दृष्टि से अधिक चर्चित है कि इसमें भारतीय दर्शन भी विवेचित-विश्लेषित होता चलता है।सावित्री, राजकुमारी मोक्षप्रदा देवी- वह अवतार है जो संसार को शोक की अंधेरी रात से मुक्त करके अनंत प्रभात की ओर ले जाती है। अश्वपति की पुत्री सावित्री का विवाह सत्यवान से होता है और जब वह पूर्वलिखित भाग्य के लेखे से मृत्यु को प्राप्त होता है, तो सावित्री उसकी आत्मा के साथ यमराज से लड़ बैठती है। देखिए किस प्रकार श्री अरविंद जीवन की क्षणभंगुरता को कविता में ढालते हैं-

एक क्षणभंगुर चित्र अवकाश के फर्श पर/ क्षणिक सुंदरता को प्राप्त कर प्रेम कर बैठा/ या जैसे कोई अंतहीन यात्रा का यायावर अचानक रुक जाए बदल दे राह कोई/ जैसे अंतहीन सागर में तैराक को ले जाएं लहरें बहा

अंत में सावित्री की विजय हुई, यह सब जानते हैं। स्त्री सशक्तीकरण के उत्तर आधुनिक पाठक इस कथा में भी स्त्री विमर्श के तत्व खोजते हैं। यही वास्तविक विजय है-

तो भी नश्वर प्रेम के आनंद का अंत नहीं होता है
गगन का चुंबन मधुर भरता है,
भाव किंतु धरा को हमारी नहीं ठुकराता

के. आर. श्रीनिवास आयंगार सरीखे आलोचकों ने दिल खोलकर इनकी कविता की तारीफ की है। सब जानते हैं कि भारत में श्री अरविंद की प्रतिष्ठा है। उनको न पढ़ने वाले और न पढ़ सकने वाले भी उनका सम्मान करते हैं। नया कवि उनसे डरता है, आलोचक समर्थन में सिर हिलाता है और पाठक तो बस अवाक रह जाता है। अनेक कवियों ने अरविंद की धारा में बहकर उन्ही की तरह रहस्यवादी और आध्यात्मिक कवितायें लिखीं। दिलीप कुमार राय, नील बरन, के.डी. सेठना और पृथ्वीन्द्र मुकर्जी अंग्रेजी में अरविंद धारा से अनुप्राणित हैं। हिंदी में सुमित्रानंदन पंत ने श्री अरविंद दर्शन का प्रत्याख्यान किया। अरविंद दर्शन में भौतिकवाद और अध्यात्मवाद दोनों के समन्वय पर बल दिया गया है। श्री अरविंद अन्तश्चेतनावादी हैं और कवि पंत इसी को लेकर स्वर्ण-किरण व स्वर्ण-धूलि (1946-48) नामक काव्य संग्रह लाते हैं। एक ही उदाहरण पर्याप्त होगा-

फिर श्रद्धा विश्वास प्रेम से मानव अंतर हो अंतः स्मित,
संयम, तप की सुंदरता से जग जीवन शतदल दिक् प्रहसित,
व्यक्ति विश्व में व्यापक समता हो जन के भीतर से स्थापित,
मानव के देवत्व से ग्रथित जन समाज जीवन हो निर्मित।।

श्री अरविंद ने 'द फ्यूचर पोइट्री' में 'कविता क्या है' की मीमांसा की है। इससे पूर्व उन्होंने कालिदास, व्यास, वाल्मीकी और बंकिम चंद्र आदि पर समीक्षात्मक लेख न किया था। इस पुस्तकाकार धारावाहिक कृति में कवि ने अपने विचारों को सैद्धांतिक एवं व्यावहारिक रूप देते हुए प्रस्तुत किया। इस रचना में उनका जीवन के प्रति दृष्टिकोण भी निहित है और कला के प्रति मूल विचार भी कि मानवीय प्रकृति में दार्शनिक चेतना का शुमार होता है। इस पुस्तक में कवि ने यह स्पष्ट किया है कि काव्यकृतियों में किस प्रकार से स्वाभाविक रूप से चेतना एवं संवेदना का प्रस्फुटन व विकास होता है। वे अपना मत स्थापित करने के लिए एक ओर तो अंग्रेजी कवि चॉसर से अमेरिकन कवि व्हिटमैन तक का हवाला देते हैं, दूसरी ओर वे इसनें भारतीय रहस्यवाद भी प्रतिस्थापित करते हैं। वे कविता को एक दार्शनिक अनुभव मानते हैं। बाद में रामधारी सिंह 'दिनकर' भी शुद्ध कविता की खोज में ऐसा ही विवेचन प्रस्तुत करते हैं। हम श्री अरविंद को भारतीय अंग्रेजी साहित्य का एक प्रबुद्ध एवं प्रथम आलोचक मान सकते हैं। उन्होंने एक ओर तो भारतीय चिंतन धारा को आत्मसात किया हुआ था, दूसरी ओर पाश्चात्य साहित्यालोचन भी

उनके ज्ञान क्षेत्र के बाहर न था। इनका विवेकपूर्ण सामंजस्य, जिसमें भारतीयों का रस व ध्वनि सिद्धांत और शैली-कोलरिज के कविता संबंधी विचारों को भारतीय अंग्रेजी में पहले नहीं देखा गया था। ऐसा कार्य केवल टैगोर या बाद में आनंद कुमार स्वामी ही कर सके। कविता को मंत्र की संज्ञा देते हुए और मंत्र के काव्यात्मक महत्त्व को अंगीकार करते हुए श्री अरविंद लय, ताल, छंद, तुक, गति और ध्वनि की सम्यक् विवेचना करते हैं। श्री अरविंद के अनुसार सर्वश्रेष्ठ कवित्व शैली कविता में तब आती है, जब वह अपने पाठक को सत्य से साक्षात्कार करा पाती है, जैसा कि गीता की एक पंक्ति में विदित होता है-

आदित्यं असुखं लोकं इमाम् प्राप्या भजस्वामम्

कवि कैसे बनता है? कवि के अनुसार काव्यात्मक 'दिव्य दर्शन' ही कवि की स्पष्ट चेतनात्मक शक्ति है। यही वह गुण है जो उसे वैज्ञानिक के समान श्रेष्ठ बनाता है और इसलिए कविता को ऐसी कला होनी चाहिए, जो हमें सत्य दर्शन करा सके। कवि अपने पाठक की अंत्श्चेतना को खोलकर रख देता है, इसीलिए कालिदास, होमर, शेक्सपियर, वाल्मीकि, दांते बड़े कवि हैं, क्योंकि वे ऐसा सफलतापूर्वक करके दिखा सके हैं। कवि ही 'क्रांत दर्शनः' कहे जाते हैं। दार्शनिक और अवतार भी सत्य को 'देख' पाते हैं, किंतु कवि सत्य को देखकर उसे उसकी संपूर्ण सुंदरता से दिखा पाता है। इसलिए कविता मंत्र के समान बन सकती है और कविता को रचने वाला मंत्रदृष्टा।

श्री अरविंद ने अंग्रेजी में इस प्रकार प्रामाणिक रूप से काव्यशास्त्रीय चर्चा करके यह एहसास दिलाया कि भारतीय अंग्रेजी साहित्य के सैद्धांतिक चिंतन की वे जो पुष्ट पीठिका तैयार कर रहे हैं, वह आगे आने वाले समय में मार्गदर्शन करेगी। आज हम बड़े विश्वास के साथ श्री अरविंद को किसी भी अंग्रेजी कवि के साथ रख सकते हैं और यही नहीं उनकी आलोचनात्मक कृति की वर्डसवर्थ की 'लिरिकल बैलडस की प्रस्तावना' और शैली की 'ए डिफेंस ऑफ पोइट्री' से तुलना की जा सकती है। न उनके पहले और न उनके पश्चात् कोई ऐसा दार्शनिक रचनाकार भारतीय अंग्रेजी को मिला। इसी को शायद कहते हैं 'न भूतो न भविष्यति।'

27

उपन्यास का आरंभ और विकास

उपन्यास विधा अन्य विधाओं से अपेक्षाकृत नवीन है। कहने को तो संस्कृत में बाणभट्ट की 'कादम्बरी' और सुबंधु की 'वासवदत्ता' औपन्यासिक रचनाएं हैं , किंतु वास्तविक उपन्यास उन्नीसवीं शताब्दी में ही लिखे गए। भारतीय अंग्रेजी लेखन में बंकिमचंद्र चटर्जी द्वारा लिखित 'राज मोहन'स वाइफ' (1864) को प्रथम उपन्यास होने का श्रेय दिया जाता है, जैसे हिन्दी में लाला श्रीनिवास दास कृत 'परीक्षा गुरु' को पहला उपन्यास माना जाता है। यह उल्लेखनीय है कि इस उपन्यास को रामचंद्र शुक्ल ने अपनी चिर-परिचित सावधान शैली में 'अंग्रेजी ढंग का उपन्यास' कहा है। इस प्रकार अंग्रेजी में जो पहला उपन्यास आया वह भारतीय विषय को लेकर चला, जबकि हिन्दी की रचना भारतीय और अंग्रेजी संस्कृतियों के संघर्ष को अपना उपजीव्य बनाकर चलती है। बंकिमचंद्र चटर्जी (1838-94) के परवर्ती बंगला उपन्यासों (दुर्गेश नंदिनी) (1865), आनंद मठ (1882) और राजसिंहा (1893) ने खूब धूम मचाई, किन्तु 'राजमोहन'स वाइफ' की चर्चा ठीक से न हो पाई। इस उपन्यास ने गुजराती में लिखे गए उपन्यास 'सरस्वती चंद्र' (1887-1900) को शायद कुछ प्रेरणा दी हो वैसे अन्यों ने इसके बारे में कुछ नहीं कहा। स्वयं बंकिम बाबू ने भी अंग्रेजी के स्थान पर बंगला में लिखना ही श्रेयस्कर समझा, और अपने समकालीनों को भी समझाया 'यू विल नेवर लिव बाइ राइटिंग इन इंग्लिश'। आज लगभग डेढ़ सौ वर्षों के बाद इस उपन्यास को हम पढ़ते हैं तो तत्कालीन भाषा, संस्कृति, उपनिवेशवाद, परिस्थितियों और समस्याओं को देखने-समझने के लिए ही। भारत के इस पहले बी.ए.(कलकत्ता विश्वविद्यालय) के इस पहले उपन्यास को ऐतिहासिक दृष्टि से देखना जरूरी इसलिए है, क्योंकि इसकी कथा में मातंगिनी नामक नायिका के बहाने स्त्री विमर्श की जो पहली झलक दिखाई गई है वह कथा का उत्तर आधुनिक पाठ तैयार करने की मांग करती है। ओड़िया के उपन्यासकार फकीर मोहन सेनापति के प्रतिनिधि उपन्यास ' छा मना अधा घुंठा' की प्रमुख स्त्री

पात्र 'सनातनी' और प्रेमचंद के उपन्यास 'सेवासदन' की 'सुमन ' तो बाद की बातें हैं। इनसे पहले ही स्त्री केंद्र में आ चुकी थी।

"Why should you remain in a cage all the day?"(26)

बाद में 'साहित्य सम्राट' के विरुद से सुसज्जित बंकिम चंद्र 1864 में जब अंग्रेजी में अपना यह उपन्यास लिख रहे थे तब वे इतिहास भर बना पाए किन्तु उपन्यास नहीं। मधुसूदन दत्त ने अंग्रेजी कविता छोड़ी और बंकिम ने अंग्रेजी में कथाकार बनने की अभिलाषा त्यागकर 'दुर्गेशनंदनि'अपनी मातृ भाषा में लिखना शुरू किया। उनकी मृत्यु पर श्री अरविंद ने ठीक ही लिखा था –

To be original in an acquired language is hardly feasible... something unnatural and spurious about it - like speaking with a stone in the mouth or walking with stilts.

यह कहना यहाँ ठीक रहेगा कि अंग्रेजी में लिखने वाले भी स्वदेशी की भावना और राष्ट्र की धर्मनिरपेक्ष कल्पना 1857 के आसपास अनायास ही करने लगे थे। इसके पश्चात राजलक्ष्मी देवी कृत 'द हिन्दू वाइफ' (1876), तोरु दत्त लिखित 'बियानका' (1878), काली कृष्ण लहरी कृत 'रोशनारा' (1881), एच. दत्ता कृत 'बिजोय चंद' (1888) और क्षेत्रपाल चक्रवर्ती कृत 'सार्था और हिंगना' (1885) उपन्यास भी आए। लाल बिहारी डे, के.के. सिन्हा और शरत कुमार घोष तीन अन्य उल्लेखनीय उपन्यासकार हैं जिनकी ओर हमारा ध्यान अब गया है। लाल बिहारी डे (1824-1894) ने 'गोविन्द सामंता' (1874) में ऐसे बंगाली व्यक्ति का चित्रण किया है, जो निम्नवर्गीय है, इस कथा का दूसरा नाम 'बंगाली रैयत का इतिहास' भी इसलिए ही है। 'आर्य वृत्त की राजकुमारी' अथवा 'संयोगिता' (1902) के.के. सिन्हा का उपन्यास है और 'प्रिंस ऑफ डेस्टिनी'(1909) शरत कुमार घोष द्वारा लिखित उपन्यास है। दत्त परिवार के सुशिक्षित सदस्यों ने भी अनेक उपन्यासात्मक कथाएँ इस प्रारंभिक काल में लिखी। उन्नीसवीं शताब्दी के अंतिम वर्षों में उपन्यास विधा भारत की कई प्रमुख भाषाओं में जा पहुंची और अंग्रेजी में तो साधिकार लेखन हुआ। इन उपन्यासों में बार-बार मौके-बेमौके अंग्रेजी राज और तौर-तरीकों की बड़ाई आ जाती है। यह स्वभाविक भी है।

यह स्वीकार करने में कोई बुराई नहीं कि भारत में प्रारंभिक उपन्यासकारों ने अंग्रेजी को चाहे अभिव्यक्ति के माध्यम के रूप में नहीं चुना, किन्तु उनकी रचनाओं में अंग्रेजी कथाओं के संदर्भ यह बताने के लिए काफी हैं कि वे अंग्रेजी उपन्यासकारों से प्रभावित थे। बंगला के हरि साधन मुखोपाध्याय और हिन्दी के किशोरी लाल गोस्वामी के कई उपन्यासों को वस्तुतः नजरअंदाज सा (बीसवीं शताब्दी के प्रारंभ तक) इसलिए कर दिया गया था , क्योंकि तब साहित्य की अन्य विधाएं प्रमुखता से आगे आ रही थीं और उपन्यास विधा को पाठक और लेखक दोनों संदेह की दृष्टि से देख रहे थे।

उपन्यास-मात्र की उपादेयता को लेकर अनेक शंकाएं और विवाद थे। ठीक वैसे ही जैसे अंग्रेजी उपन्यास के आरंभिक काल में रिचर्डसन और फीलिडिंग की कथा-कृतियों को लेकर हुए थे। 'हिन्दी का हानिकर साहित्य' कहकर हिन्दी आलोचकों ने उपन्यास का स्वागत किया और अंग्रेजी लिखने वाले भारतीयों ने भी फूंक-फूंककर कदम रखें। एक ओर तो वे भारतीय अस्मिता, संस्कृति, समाज, धर्म और जीवन के चितेरे बनकर भारत के अतीत की गौरव गाथा प्रस्तुत करना चाहते थे, दूसरी ओर वे अंग्रेजी राज की उपस्थिति को भी अनदेखा करने की स्थिति में न थे। तभी तो के.के. सिन्हा (1903) पृथ्वीराज चौहान और संयोगिता पर आधारित अंग्रेजी उपन्यास के अंत तक आते-आते अपने विदेशी हुक्मरानों से दया और सहानुभूति की गुहार करने लगते हैं - 'इंडिया अपील टू हर नोबेल फोरिन मास्टर्स फोर काइंडनेस एंड सिम्पेथी; शी इज इनडेटिड टू देम फोर हर रेस्क्यू फ्रोम ए केओटिक सोसायटी (पृष्ठ 267)। इस प्रकार की आवश्यकता को उपनिवेशवादी चर्चा के संदर्भ में विद्वानों ने यह कहकर समझाया है कि एक ओर तो शोषित अपने शोषक को अपनी संस्कृति की उत्तमता और वैचारिकता से परिचित कराना चाहता है, दूसरी ओर वह उनकी उपस्थिति और उनके द्वारा पढ़े जाने के ख्याल से भी विमुख नहीं रह पाता। इस कारण से अंग्रेजी में लिखे प्रारंभिक भारतीय उपन्यास बायरन, स्कॉट , काउपर, मूर, शेक्सपियर या कालरिज जैसे प्रमुख साहित्यकारों के उद्धरणों से युक्त हैं।

जैसा कि पहले भी कहा गया है कि दत्त परिवार ने भारतीय अंग्रेजी को कई साहित्यकार दिए। उनकी कथात्मक रचनाएं भी प्रकाशित हुई। कैलाश चंद्र दत्त 'ए जनरल ऑफ फोर्टी एट अवर्स आफ द ईयर नाइनटीन फोर्टी फाइव' (1835) और शशि चंद्र दत्त 'द रिपब्लिक ऑफ ओरिसाः ए पेज फ्रोम द अनाल्स ऑफ द ट्वन्टीथ सेंचुरी' में लेखकों ने भविष्य दृष्टा बनकर अंग्रेजों से भारत की स्वाधीनता के लिए जद्दोजहद का एक खाका सा प्रस्तुत किया है। ये दोनों रचनाएं नवयुवकों के उदगार कहकर प्रचारित की गई थी। शायद ये रचनाएं 'आनंद मठ' जैसी आनेवाली रचनाओं का पूर्वाभास थीं। भविष्य की घटनाओं को वर्तमान से जोड़कर देखने की ऐसी मिसाल फिर नहीं मिली। इसके पश्चात् अंग्रेजों ने सेंसरशिप के बहाने ऐसे प्रयत्नों को अंग्रेजी में पनपने ही नहीं दिया।

तीन प्रमुख उपन्यासकारों यथा लाल बिहारी डे 'गोविंद सामंत' (1874), के.के.सिन्हा 'संयोगिता या द प्रिंसेस ऑफ आर्यवृत्त (1902) और शरत कुमार घोष 'प्रिंस ऑफ डेस्टिनी: द न्यू कृष्णा' (1909) के लेखन में ऐतिहासिकता के साथ समकालीनता ऐसी मिल गई है कि दोनों को अलग करना कठिन है। धीरे-धीरे मुगलों को कुसूरवार और गलत ठहराते हुए और अंग्रेजों को समझ बूझकर बचाते हुए ये रचनाकार आगे बढ़ते हैं। भारतीय भाषा उपन्यासों में तो उपन्यासकार हिन्दुत्ववादी भावनाओं को निस्सहाय हिन्दू (हिन्दी, 1891) और आनंदमठ (बंगला, 1882) जैसे उपन्यासों के द्वारा प्रस्तुत करते हुए हिन्दुओं की नैतिक उच्चता को

रेखांकित कर देते थे, किन्तु अंग्रेजी में लेखन करनेवाला अंग्रेजों को भी अपना पाठक मानता था, इसलिए वह और अधिक सतर्क रहता था। बिहार से आनेवाले के.के. सिन्हा, बंगाली लाल बिहारी डे के साथ शरत कुमार घोष की जो यह त्रयी बनती है, उसने भारत में उपन्यास लेखन को नई दिशा दी। घोष बाबू की वृहदाकार कृति का नायक 'भारत' तत्कालीन समाज का प्रतिनिधि भी है और भारत का भी। यहीं से अंग्रेजी में लिखे भारतीय उपन्यास का खाका स्पष्ट होता है। जो राजा राव के 'कंथापुरा', 'द सर्पेंट एंड द रोप' और आगे चलकर सलमान रुश्दी के 'मिडनाइट्स चिल्डरन' का मार्ग आलोकित करता है। 'भारत' का क्षात्र धर्म का पालन यहां ठीक उसी प्रकार दर्शनीय है जैसा शुक्ल जी अपने निबंध 'क्षात्र धर्म का सौंदर्य' में लिखते हैं। चिंतामणि-3 में प्रकाशित इस निंबंध की अनुगूंज हमें इस उपन्यास में सुनाई पड़ती है। यह आश्चर्यजनक समानता गहन शोध के लिए प्रेरित करती है। कहना न होगा कि भारतीय अंग्रेजी में लिखे गए प्रारंभिक उपन्यास हमें यह बता देते हैं कि किस प्रकार इन कथाकारों ने अनुभव को संश्लिष्ट बनाकर प्रस्तुत किया। मीनाक्षी मुखर्जी ने इस संदर्भ में सही प्रश्न किया है- 'व्हाट इज दीयर रिलेशनशिप विद द लिटरेरी प्रोडक्शनस ऑफ द सेम एज रिटिन इन इंडियन लेंग्वेजिज?' (द पैरिशेबल एम्पायर पृष्ठ 66)। भारतीय अंग्रेजी लेखन की पुस्तक (सं.अरविंद कृष्ण मल्होत्रा। ए हिस्ट्री ऑफ इंडियन लिटरेचर इन इंग्लिश-2003) में मीनाक्षी मुखर्जी ने यह स्पष्ट किया है कि बीसवीं शताब्दी के प्रारंभ में जब भारतीय भाषाओं में उपन्यासकारों ने राष्ट्रवाद का परचम लहराना शुरू कर दिया तब भी अंग्रेजी में लिखने वाले अंग्रेजों से विनती ही करते रहे। ए. माधवैया (1872-1925) ने 'थिल्लै गोविन्दन' (1908)में लिखा है, "सहानुभूतिपूर्ण व्यवहार से भारतीय आनेवाले अनेक वर्षों तक अंग्रेजी की प्रजा रहेंगे। वैसे वे किसी भी प्रकार के व्यवहार से ऐसे ही रहेंगे, किन्तु यदि अच्छा व्यवहार किया गया तो वे ऐसी प्रजा बने रहने में आनंद और गर्व का अनुभव करेंगे। "ए. माधवैया ने तमिल में भी लेखन किया और उनके द्वारा लिखित 'पद्मावती चरित्रम्' (1898) तमिल के तीन प्रारंभिक उपन्यासों में से एक है। वस्तुतः इस उपन्यास में यदि कुछ ईसाई मिशनरियों के नैतिक बल की सराहना की गई है तो कुछ अंग्रेजों की लोलुपता और स्वार्थपरता की निंदा भी है। भारतीय स्त्रियों को बहका- फुसलाकर उनका धर्म परिवर्तन करके उनका तथाकथित उद्धार करने वालों का अच्छा खाका कथाकार ने प्रस्तुत किया है। इन उपन्यासों के कथानकों से प्रभावित होकर भारत की कई अन्य भाषाओं में उपन्यास लिखे गए। फकीर मोहन सेनापति चरित उड़िया उपन्यास 'चा माना आथा गुंथा (1902) तो काफी बाद में आया वैसे ही प्रेमचंद का गोदान (1936) तो उसके भी काफी बाद की रचना है, जबकि लाल बिहारी डे (1824-94) ने 'गोविंद सामंता (1874) उपन्यास में ग्रामीण जीवन का महाकाव्य ही उपस्थित कर दिया। तारा शंकर बंधोपाध्याय का 'गणदेवता' ही शायद उसके सामने टिक सके।

सूजी थारू और के. ललिता ने दो खंडों में एक पुस्तक संपादित की है- 'विमीन राइटिंग इन इंडिया' (1990)। इस पुस्तक में महादेवी वर्मा, सुभद्रा कुमारी चौहान, सुधा चौहान और

होमवती देवी जैसी कतिपय हिन्दी रचनाकारों की पुस्तकों के अंश भी हैं। वस्तुतः भारत की कई भाषाओं की लेखिकाओं को एक मंच प्रदान करके 'स्त्री लेखन की मानक किताब' उन्होंने दी है। इस पुस्तक में एकाधिक ऐसी रचनाकारों की रचनाओं की चर्चा भी है, जो अंग्रेजी में लिखती थीं। इन रचनाकारों में कृपा सत्तिआनंदन का जिक्र करना जरूरी है। वे एक ऐसी स्त्री रचनाकार हैं जिन्होंने उन्नीसवीं शताब्दी में अंग्रेजी में एक से अधिक उपन्यास लिखें। कृपाबाई सत्तिआनंदन (1862-94) के दो उपन्यास 'कमला; ए स्टोरी ऑफ हिन्दू लाइफ' (1894) और 'सगुना; ए स्टोरी ऑफ नेटिव क्रिश्चियन लाइफ' (मृत्योपरांत 1895 में प्रकाशित)। इसे सन् 1998 में ही पाठकों और आलोचकों के समक्ष पुनः प्रस्तुत किया जा सका। ब्राह्मण परिवार में जन्म लेकर (जो बाद में ईसाई हो गया) इस युवती ने ऐसा लेखन प्रकाश फैलाया जिसका उजाला हमें आज विचार करने की प्रचुर सामग्री देता है। इनकी पुस्तकों की प्रस्तोता एवं संपादक चांदनी लोकुगे ने स्त्री विमर्श के दायरे में इन रचनाओं को रखा और मीनाक्षी मुखर्जी आदि ने चर्चा की। तत्कालीन समीक्षकों ने लिखा था कि इनकी पहली रचना को स्वयं महारानी विक्टोरिया ने सराहा। इन उपन्यासों को दक्षिण भारत की पृष्ठभूमि में लिखा गया है। मीनाक्षी मुखर्जी के अनुसार 'संभवतः भारतीय कथाओं में पहली बार हम 'अछूतों और आदिवासियों के नाम भी उनकी प्रारंभिक विशेषताओं को दर्शाने वालों के रूप में देखते हैं और भारत को एक देश को देखने का विचार भी यहां पुष्पित होता दिखाई देता है।' सगुना, भास्कर आदि नाम इस बात के संकेत हैं।

महत्वपूर्ण तथ्य यह है कि वैसे तो बंगला भाषा में उनसे पूर्व की कई अन्य महिलाओं ने लेखन किया था, किन्तु सत्तिआनंदन को उनका पता शायद न हो। अंग्रेजी में राजलक्ष्मी देवी की रचना 'द हिन्दू वाइफ' (1876) है और तोरु दत्त की 'बियानका' (1878) भी है , किन्तु इन रचनाओं से कोई परंपरा बनती दिखाई नहीं देती। स्त्री लेखन की बात तो तब थी ही कहाँ ? पुरुषों के द्वारा लिखे उपन्यासों में स्त्री को प्रमुख पात्र के रूप में दिखाने का चलन अवश्य था। जैसे दुर्गेशनंदिनी, कपाल कुंडला (1866), चोखेर बाली (1903), इन्दुलेखा (1883), सुकुमारी (1897), इंदिराबाई (1899), वाग्देवी (2003), देवरानी-जेठानी की कहानी (1866) और उमराव जान अदा (1899) इन सब उपन्यासों के केंद्र में स्त्री है। किन्तु यह एक परिवर्तन का युग था। वीरांगनाओं के चित्रण में तब का रचनाकार लगा था। ऐसे माहौल में सत्तिआनंदन ने अपनी नायिकाओं के लिए स्थान बनाने की कोशिश की। ये स्त्रियाँ बुद्धिमती हैं, पढ़ी-लिखी हैं। 'सगुना' उपन्यास में विस्तार से एक ब्राह्मण परिवार का ईसाई बन जाना इस प्रकार चित्रित किया गया है जैसा पहले कभी सोचा भी न गया था। पति-पत्नी का आत्म मंथन लिखने की नहीं पढ़ने की चीज है। सगुना विदेशी संस्कारों और भारतीय संस्कृति के बीच किस प्रकार तालमेल बैठाती है, यह भी विवेचनीय हैं। ये दो उपन्यास अब फिर से चर्चा के केन्द्र में आ गए हैं और 'सगुना' को स्त्री सशक्तीकरण के जुझारू और आक्रमण तेवर वाली रचना के रूप में देखा जा

रहा है। 'कमला' भी एक अभिनेत्री के साथ-साथ वीरांगना है, उसका प्रेमी रामचंद्र उसे समाज से दूर एक आदर्श स्थान पर ले जाना चाहता है 'मैं तुम्हें स्वतंत्र परिवेश में ले जाना चाहता हूं। हम अपना एक ऐसा संसार बनाएंगे जहां कोई हमारी खुशियों में बाधा न डाले।' किन्तु वह ऐसे किसी भुलावे में आना नहीं चाहती। आज इन उपन्यासों के कई पाठ प्रस्तुत किए जा रहे हैं। अतीत के प्राथमिक प्रयासों में भी आलोचकों ने राहें खोज ली हैं। उन्नीसवीं शताब्दी के अवसान तक या बीसवीं शताब्दी के प्रारंभ तक के इस समय को भारतीय अंग्रेजी उपन्यास का उषाकाल कहा जा सकता है। क्या यह जोड़ देना ठीक न रहेगा कि उपरोक्त विवेचित उपन्यासकारों और उपन्यासों से भारत का हिन्दी भाषी पाठक अनभिज्ञ ही है?इन रचनाओं में से किन-किन के हिन्दी में अनुवाद हुए हैं और किस-किस ने इन्हें पढ़ा है? इसके विषय में कोई चर्चा कहीं दिखाई नहीं देती। फील्डिंग, रिचर्डसन और अन्य अनेक पाश्चात्य रचनाकारों की चर्चा खूब हुई, किन्तु भारतीय अंग्रेजी लेखकों से बंगला के माध्यम से भी संपर्क न हो पाया। शुक्ल जी ने अपने इतिहास में रेनल्ड्स कृत 'लैला' और 'लंदन रहस्य' 'टाम काका की कुटिया' आदि का उल्लेख करके अनुवादों की चर्चा ही समाप्त घोषित कर दी। यह अवश्य स्वीकार किया कि बंगला के प्रभाव से 'आविर्भूत होने वाले हिन्दी के मौलिक उपन्यासकारों का आदर्श बहुत कुछ ऊंचा हुआ' (पृष्ठ 272)। यदि इस 'अनुवाद विधान' में योगदान देनेवाले सज्जन भारतीय अंग्रेजी को भी देख लेते तो क्या ही अच्छा होगा?

हिन्दी साहित्य की यह चर्चा साथ-साथ इसलिए चलाई जा रही है, क्योंकि आचार्य शुक्ल भी अन्य बुद्धिजीवियों की तरह अंग्रेजी का ठसके के साथ प्रयोग करते थे। अंग्रेजी का प्रयोग भारतेंदु भी करते थे, किन्तु आलोचनात्मक लेखन के लिए व्यवस्थित रूप से अंग्रेजी का प्रयोग आचार्य रामचंद्र शुक्ल ने आरंभ किया। आचार्य रामस्वरूप चतुर्वेदी के अनुसार "आचार्य ने इस बौद्धिक संवाद को चलाने के लिए युगानुकूल रास्ता बनाया। आलोचना का कार्य स्वभावतः हिन्दी में, पर बौद्धिक पक्ष की अभिव्यक्ति के लिए व्यापकतर पाठक समाज को ध्यान में रखते हुए अंग्रेजी को भी उन्होंने चुना" (आचार्य रामचंद शुक्ल, पृष्ठ 120)। 'विश्व प्रपंच' (रिडल ऑफ द यूनिवर्स), 'बुद्ध चरित' (लाइट ऑफ एशिया) का उन्होंने अनुवाद किया। भारतीय अंग्रेजी लेखन की ओर भी उनकी दृष्टि जाती तो कुछ और बात होती।

भारतीय कथाकारों की कथा यहाँ समाप्त नहीं हो जाती, यहां से तो यह शुरू होती है। उपन्यासकार त्रयी का एक बार फिर आगमन हुआ : राजाराव, मुल्कराज आनंद और आर.के. नारायण। यही नहीं आज हर महीने एक नया उपन्यासकार पैदा हो रहा है, जिन्हें 'टाइम' पत्रिका ने 'द न्यू मेकर्स ऑफ वर्ल्ड फिक्शन' कहा है।

28

निबंध और अन्य गद्य रूप

कविता और उपन्यास से हटकर भारतीय अंग्रेजी गद्य पर विचार करने से पूर्व यदि इसके इतिहास क्रम पर विचार करें तो दीन मुहम्मद (शैंपू-सर्जन) का लेखन सामने आता है। उनकी 'यात्रा-वृत्तान्त' संबंधी पुस्तक को पुनः प्रस्तुत करके माइकेल एच. फिशर को ख्याति मिली है। कुछ दिनों से अंग्रेजी के पुराने भारतीय लेखकों को सामने लाया जा रहा है, उत्तर आधुनिकता का यह भी कमाल होता है कि हाशिए पर चले गए विषयों को केन्द्र में लाया जाता है। ऐसे साहित्यकारों का एक मंडल बनाने की चेष्टा की जा रही है, जो अंग्रेजी लिखने के प्रयत्न में इतिहास बन-बना गए हैं। इतना ही नहीं मिर्जा अबू तालेब जैसे अज्ञात लेखकों को भी सामने लाया जा रहा है। प्रख्यात इतिहासविद मुशिरुल हसन ने मूल फारसी में लिखे मिर्जा अबू तालेब (1752-1906) के पश्चिमी देशों की यात्रा विवरणिका को प्रकाशित किया है। इस यात्रा-वृत्तांत का लेखन 1803 के लगभग हुआ और इसका अनुवाद 1910 में चार्ल्स स्टीवार्ट ने किया। मुसलमानों द्वारा भी यूरोप से बौद्धिक विमर्श किया गया था इसमें संदेह नहीं। अब मुशिरुल हसन ने इसी यात्रा वृत्तांत को वैस्ट वर्ड बाऊंड (2005) के शीर्षक से प्रस्तुत किया है तो यह जानकर सुखद आश्चर्य होता है कि लखनऊ के इस किस्मत के मारे को लंदन में 'फारस के राजकुमार' सा स्वागत मिला और उसके लेखन का दस यूरोपीय भाषाओं में अनुवाद हुआ वह भी सन् 1810 में। यहाँ चूंकि भारतीय अंग्रेजी लेखन का जिक्र हो रहा है इसलिए बात यहीं समाप्त की जाएगी कि अनुवाद के माध्यम से भी भारतीय लेखन बाहर पहुंचा और वहां का लेखन यहां आया। इस लेन-देन में साहित्य का भला ही हुआ। इस पुस्तक के फारसी मूल के प्रथम अंग्रेजी अनुवादक चार्ल्स स्टीवार्ट के शब्द देखें, "द फ़र्स्ट टाइम द जेनुइन ओपिनियन ऑफ ऐन एशियाटिक, रिस्पेक्टिंग दी इंसट्टियूशनस ऑफ यूरोप, हैव एपीएर्ड इन दी इंग्लिश लेंगुएज।" मिर्जा साहब लंदन में दीन मुहम्मद से भी मिले थे और उनके लेखन से परिचित थे इसलिए इनका बादरायण

संबंध तो भारतीय अंग्रेजी लेखन से बनता है।

सीधे संबंधी तो कैलाश चंद्र दत्त (1817-1859) हैं, जिन्होंने भविष्य दृष्टा की तरह अंग्रेजी शासन के खिलाफ भारतीयों के सशस्त्र युद्ध (काल्पनिक ही सही) को अपनी एक रचना के द्वारा प्रस्तुत किया है 'ए जनरल ऑफ फोर्टी-एट-अवर्स ऑफ दी ईयर 1945'। यह पढ़ना अद्भुत अपूर्व स्वप्न सा है, क्योंकि उस समय तक तो 1857 का तथाकथित 'गदर' या 'स्वतंत्रता संग्राम' भी वर्षों दूर भविष्य के गर्भ में था। यह ऐसी कथा है जहां शोषक को उसी की भाषा में शोषित ने ललकारा है।

प्रारंभिक गद्य लेखन ने अंग्रेजी लेखन की नींव मजबूत ही नहीं की, बल्कि भारतीय भाषाओं में पत्रकारिता एवं सृजनात्मक लेखन को भी नए आयाम दिए। शिशिर कुमार दास ने 'भारतीय साहित्य के इतिहास' पुस्तक के खंड आठ (1991) में पत्रकारिता के विकास में अंग्रेजी गद्य लेखन के योगदान को रेखांकित करते हुए स्पष्ट किया है कि सन् 1840 के पश्चात् मराठी में 'प्रभाकर', तेलुगु में 'वर्तमान तरंगिनी', बंगाली में 'तत्वबोधिनी' पत्रिका और उर्दू में 'खैर-ख्वाब-ए-हिंद' का प्रकाशन हुआ, किन्तु अंग्रेजी में इससे पहले ही यह लेखन चल पड़ा था। इन भारतीय भाषाओं की पत्रिकाओं एवं समाचार पत्रों के लेखक, पाठक एवं संपादक अंग्रेजी के भी ज्ञाता थे और इसकी थोड़ी बहुत ठसक से ये प्रभावित अवश्य हुए।

सांस्कृतिक, धार्मिक एवं दार्शनिक विषयों के स्थान पर सामाजिक, राजनीतिक एवं आर्थिक विषयों को तरजीह देकर प्रस्तुत कर नए विषयों के प्रति जागरूकता बढ़ाई गई। एक ओर तो रंगलाल बनर्जी जैसे कवि भी गद्य लिखना चाह रहे थे वहीं दूसरी ओर कावल्ली बंधु, बेहरामजी एम. मालबारी और गोवर्धनराम त्रिपाठी प्रस्तुत थे। राममोहन राय, केशव चंद्र सेन, सुरेन्द्रनाथ बनर्जी, हरीशचंद्र मुखर्जी, रानाडे, तिलक, जगदीश चंद्र, सतीश चंद्र मुखर्जी, जी. सुब्रमणियम अय्यर, करुणाकर मेनन, एन.सी. केलकर और स्वतंत्रता आन्दोलन से जुड़ने वाले प्रायः सभी वकील व प्राध्यापक राजनेता बनने के साथ-साथ अंग्रेजी पत्राकारिता और अंग्रेजी गद्य लेखन से भी जुड़े रहे।

इन गद्यकारों में प्रथमतः कावल्ली बंधुओं को स्मरण किया जाता है। वेंकट राम स्वामी, वेंकट लक्ष्मैया और वेंकट बोरया तीन भाई हैं। इनके से वेंकटबोरया तो ऐसे कमाल के दुभाषिये थे कि संस्कृत, फारसी, हिंदुस्तानी और अंग्रेजी में धारा प्रवाह लिख सकते थे। बचपन से ही ये अपनी मातृभाषा तेलुगु में कविताएं लिखते थे। अंग्रेजी सरकार के लिए पुराने सिक्के खोजते थे और उन पर लिखी इबारते पढ़ते थे। यही नहीं अपने जाति-भाइयों के लिए 'जैन मीमांसा' (1803) भी लिखते थे। इनके बड़े भाई सी. वेंकटरामास्वामी ने दक्षिण के एक सौ तेलुगु, तमिल, मराठी और संस्कृत कवियों को ऐसा संकलन तैयार किया जिसकी तुलना सेमुअल जॉनसन की 'लाइव्स ऑफ दी इंग्लिश पोइट्स' (1781) से की गई। वस्तुतः 'बायोग्राफिकल स्केचेज ऑफ

द दक्खिन पोइट्स' (1829) साहित्यिक जीवनी लेखन के लिए एक मिसाल ही है। 'विश्वगुण दर्शन' (1825) का अंग्रेजी अनुवाद प्रकाशित किया। इस पुस्तक के समर्पण में वे लिखते हैं, 'हर क्षेत्र के भारतीय, माई लॉर्ड! आपको न्याय सूर्य मानते हैं। कोई भी हमें आप से दूर नहीं कर सकता और 'पूरब के गुलाब' के समान आपकी यश-गंध हमारी मातृभूमि पर फैलती चली जाएगी।'

कहना न होगा कि राजा राम मोहन राय और माइकेल मधुसूदन दत्त सरीखे प्रायः सभी लेखक अंग्रेजी शासन का गुणानुवाद गायन अवश्य करते थे। 'हम धन्य हैं, अंग्रेज व अंग्रेजी हमारा सौभाग्य है' आदि आदि।

बेहराम जी एम. मालबारी

बेहराम जी एम. मालबारी (1853-1912) का उल्लेख करते समय यह देख सकते हैं कि एक गुजराती-पारसी किस प्रकार अंग्रेजी के सहारे समाज में प्रतिष्ठा प्राप्त कर लेता है। जब मालबारी अपने गद्य द्वारा सूरत शहर तथा अपनी दयनीय दशा का वर्णन करते हैं तो उनके हास्य व्यंग्य की दाद देती पड़ती है, बिल्कुल चार्ल्स लैंब जैसी सहजता। 'गुजरात और गुजरातीज' (1881) में वर्णन है, "मैं बारह वर्ष की आयु में ही अपने पैरों पर खड़ा हो गया था, लोगों को प्राइवेट ट्यूशन देता था। सोलह वर्ष की नाजुक उम्र में अध्यापक बन गया और अंग्रेजी में कविताएं लिखने लगा। कच्ची उम्र में ही पत्रकार बन गया।" 'इंडियन स्पेक्टेटर' नामक अंग्रेजी साप्ताहिक का संपादन-संचालन करते हुए बेहरामजी ने अपनी राष्ट्रभक्ति तथा अस्मिता को केन्द्र में रखते हुए कलम चलाई। गांधीजी के भारतीय परिदृश्य पर छाने से पूर्व ही बेहरामजी ने अनुकरणीय आदर्श प्रस्तुत किया और नैतिकता को नया मुहावरा दिया। वे स्वतंत्रता सेनानी एवं स्त्री सशक्तीकरण के प्रबल प्रवक्ता के रूप में भी याद किए जाएंगे क्योंकि एक तो पारसी होने के बावजूद उन्होंने हिंदी एवं हिंदू का पक्ष लिया दूसरे दमित स्त्रियों को न्याय दिलाने के लिए कलम का सहारा लेकर क्रान्तिकारी लेखन किया। 'वाइस ऑफ इंडिया' और 'ईस्ट एंड वैस्ट' जैसी पत्रिकाओं में प्रकाशित सामग्री के आधार पर इनके गद्य की बानगी मिलती है।

गोवर्धन राम त्रिपाठी

दादाभाई नौरोजी को हम खूब जानते है पर मालाबारी को नहीं, यह ठीक बात नहीं है। यही नहीं मालाबारी के साप्ताहिक पत्रों में लिखने वाले गोवर्धन राम त्रिपाठी को भी हम 'सरस्वती चंद्र' (1910) के लेखक के रूप में जानते हैं पर भारतीय अंग्रेजी लेखक के रूप में नहीं। 'सरस्वती चंद्र' उपन्यास चौदह वर्षों तक लिखा जाता रहा। गुजराती का गद्य काव्य ही है, यह ग्रंथ। नूतन द्वारा अभिनय की नई ऊंचाईयां छूने का कारण बनी थी 'सरस्वती चंद्र' फिल्म। ऐसे

लेखक थे गोवर्धन राम एम. त्रिपाठी (1855-1905) यह कहा जाता है कि एक दिन अचानक उन्हें पूर्वाभास हुआ कि वे मरने वाले हैं। इसलिए 40 वर्ष की आयु में अपनी सारी जमा पूंजी एकत्र करके नडियाद में आकर बस गए और मृत्युपर्यन्त लेखन कार्य किया। अंग्रेजी में लिखी 'स्क्रेप-बुक' (1894 से 1904) में उनके संस्मरण लिपिबद्ध हैं। त्रिपाठी जी की अंग्रेजी से आप प्रभावित हों या न हों, त्रिपाठी जी स्वयं अंग्रेजी की ठसक से बहुत प्रभावित थे, प्रभावित क्या मोहित थे। इतने मोहित थे कि गुजराती की अपनी रचनाओं की भूमिकाएं द्विभाषी देते थे। उनकी कई रचनाओं में पात्र धारा प्रवाह अंग्रेजी बोलते नजर आते हैं। पात्र क्या कई बार तो पशु-पक्षियों को भी अंग्रेजी में बोलते बतियाते देखा जा सकता है। 'स्क्रेप बुक' में उन्होंने लिखा है कि वे अंग्रेजी में सपने देखते हैं। तोता और बंदर का अंग्रेजी में वार्तालाप यहां उदाहरणार्थ दिया जा रहा है।

तोता - मेरे देश को तुझसे कोई उम्मीद नहीं है। (माई कंट्री हैज नो होप फ्रोम दी)

बंदर - तुझसे भी नहीं और तेरे लोगों से भी नहीं। (नोर फ्रोम दी एंड दाई पीपल,आइदर)

तोता - तब तुम मुझे विलुप्त देखना चाहता है? (यू विश माई एक्सटिंक्शन दैन)

बंदर - यह मेरी इच्छा प्रश्न नहीं है, बल्कि अवश्यंभावी है जब तक कि तुम हमारे समाज से कुछ लाभ लेने की सोचो जो मुझे विश्वास है तुम नहीं चाहोगे। (इट इज नोट ए केश्चन ऑफ माई विश बट ए मैटर इन ऐविटेबल इन द लोंग रन अवलैस यू स्ट्राइव टू बेनिफिट बाई अवर सोसाइटी व्हिज आई एम श्योर यू वोंट)

तोता - क्या तुम मुझे विलुप्त करने के लिए संघर्ष करोगे? यदि तुम मेरे विनाश में विश्वास करते हो कि यह होना लाजमी है तो क्यों अपनी शक्ति इस बात पर खर्च कर रहे हो कि जो होनेवाला है। ('वुड यू स्ट्रगल दैन टू हैस माई एक्सटिंक्शन-इफ यू बिलीव इन माई एज एन एविटेबल रिजल्ट ऑफ एन एनएक्सोरिबल लॉं? व्हाई वेस्ट योर स्ट्रेन्थ टू अचीव व्हाट इज श्योर टू कम टू ये विद आउट दैट वेस्ट?)

बंदर: तुम भाग्यवादी हो, मैं नहीं हूँ। (यू आर ए फैटलिस्ट, आई एम नोट)

तोता: तुम एक पाप करोगे, क्योंकि यही प्रारब्ध है? (यू वुड कमिट ए सिन बिकोज इट इज डेस्टाइंड)

बंदर: मैं अपना कर्तव्य करता हूँ चाहे मुझे उसका परिणाम मालूम हो। (आई डू माई ड्यूटी ईवन व्हैन आई नो द रिजल्ट)

तोता: मैं हार गया हूं। (आई एम अनडन)

बंदर: मैं कुछ नहीं कर सकता। यह तुम्हारा अपना किया धरा है। (आई कॉंट हैल्प इट इट इज योर ओन डूइंग)

इस वार्तालाप का जो पाठ तैयार होता है, उसमें साम्राज्यवाद, उपनिवेशवाद, शोषक,

शोषित सबकी आवाज है। गोवर्धन राम त्रिपाठी की प्रतिबद्धता एवं अंग्रेजी में प्रवीणता दोनों स्पष्ट हैं। जहां एक ओर दक्षिण का अंग्रेजी लेखक दक्षिण के कवियों पर लिखता है वहीं पश्चिमी भारत के त्रिपाठी 'क्लासिल पोइट्स ऑफ गुजरात एंड दियर इनफ्लूऐंस आन सोसाइटी एंड मोरल्स' (1892) पर लिखता है। वह हिंदुओं की गरीबी के आदर्श पर भी लिखता है और हिंदू धर्म के अर्थशास्त्र पर भी। गुजराती में लिखा उपन्यास 'सरस्वती चंद्र' और अंग्रेजी में लिखी 'स्क्रेप बुक' त्रिपाठी को अमर करने के लिए काफी है। मृत्यु भय से मुक्ति ही शायद उनका लक्ष्य भी था।

कोर्नोलिया सोराबजी

इसी स्थान पर कोर्नोलिया सोराबजी (1866-1954) का उल्लेख भी किया जा सकता है। वे स्त्री सशक्तीकरण की भारतीय आवाज हैं। मूल पारसी परिवार में जन्म लेकर, ऐसे परिवार में जिसने पहले ईसाई धर्म अंगीकार कर लिया था, ऑक्सफोर्ड में कानून पढ़कर सोराबजी ने अपना मार्ग स्वयं बनाया। उनकी जद्दोजहद की कथा पर भी हमारी निगाह अब गई है। यह बात दूसरी है कि उनकी पुस्तक 'लव एंड लाइफ बिहाइंड द पर्दा' 1901 में छप चुकी थी। इस पुस्तक की ग्यारह कथाओं के माध्यम से ऐसी जुझारू महिलाओं की कथाएं दी गई हैं जो परंपरा और परिवर्तन के बीच झूल रही हैं। दूसरी पुस्तक 'सन् बेबीजः स्टडीज इन द चाइल्ड लाइफ ऑफ इंडिया' (1904) में वे अपना दिल बच्चों को दे देती हैं। अविवाहित रहने वाली मिस सोराबजी कलकत्ता और इलाहाबाद जैसे नगरों के अनाथ बच्चों का खाका पेश करती हैं तो 'इंडियन टेल्स ऑफ द ग्रेट वन्स' में वे महान भारतीयों की कथा सुनाती हैं। कहीं वे पर्दादार महिलाओं की गाथा प्रस्तुत करती हैं तो कहीं 'माँ' की। एक ऐसी बालिका-माँ की कथा 'सुबाला' (1920) है जिसे जीवन में कुछ भी न मिला। सोराबजी में हम एक ऐसी लेखिका को देखते हैं जो दो संस्कृतियों, दो समाजों और दो घरों में रहकर उन दोनों को ही संजोकर रखने का मर्म जानती भी है और पाठकों को बताती भी है। ख्याति प्राप्त पुस्तक 'इंडिया कॉलिंग ' (1934) में उन्होने सही लिखा है, "यस, इट इज टू दैट आई हैव बीन प्रिविलेज्ड टू नो टू हार्थ स्टोन्स, टू बी होम्ड इन टू कंट्रीज, इंग्लैंड एंड इंडिया।"

ये जो कुछ गद्यकारों की बानगी प्रस्तुत की गई है, क्या वे एक-दूसरे के व्यक्तित्व या कृतित्व से परिचित थे? समकालीन एक दूसरे के लेखन से अपरिचित ही रहे होंगे। उनका लेखन भारत, भारतीयता और उनकी सहज बुद्धि तथा चेतना को अंग्रेजी भाषा के माध्यम से अभिव्यक्त करने का उपक्रम मात्रा है। उनके लक्ष्य पाठक कौन थे? कहीं न कहीं उनके मन में 'अंग्रेज' जाति को अपना पाठक समझने और बनाने की इच्छा भी थी। प्रारंभ में उनका उद्देश्य राजनीतिक क्रांति के स्थापना के स्थान पर सामाजिक स्थापना व समाज सुधार अधिक था। यह भावना थी कि पश्चिम

के लोगों में भारत के प्रति फैले दुराग्रह एवं अनभिज्ञता के भाव को दूर किया जाए। आज का आलोचक इन लेखकों को पढ़कर यही पूछता प्रतीत होता है 'व्हाट रोल, इफ एनी, डिड दीज़ लिटरेट इंडियन मल्टी लिंग्युलिज्म प्ले इन हिज थिंकिंग एंड राइटिंग इन इंग्लिश, ओर इन हिज रिप्रेटेंटेशन सं ऑफ इंडिया टू एन एंग्लो-आयरिश औडिएंस एट दैट अर्ली डेट?' शैल्डन पोलक द्वारा संपादित पुस्तक 'लिटरेटी कल्चर्स इन हिस्ट्री' (2004) में भारत की पंद्रह भाषाओं के विद्वानों ने इसी बात को रेखांकित किया है कि अंग्रेजी सहित देश की विभिन्न भाषाओं में विद्वानों ने यही प्रयत्न किया है कि भारतीय साहित्य एवं संस्कृति का एक अभिन्न इतिहास बन सके।

भारतीय अंग्रेजी लेखन न तो पूर्णतः उपनिवेशवादी है और न इसे किसी अन्य वाद में जकड़ने की चेष्टा की जानी चाहिए। इस लेखन के द्वारा एक साथ ही परस्पर सहयोग और आदान-प्रदान भी हुआ है। देखा जा सकता है कि लेखन का विकास भी वर्ष दर वर्ष होता है। यदि भारतीय अंग्रेजी साहित्य की संवेदना के विकास का कोई इतिहास लिखा जाएगा तो वह भारत की किसी अन्य भाषा के इतिहास की तरह चाहे कालबद्ध न हो सके किन्तु उसमें तारतम्यता का अभाव कदापि न होगा, क्योंकि इस लेखन का तार भारतीयता के रेशम से ही बना है।

इस बात का उल्लेख भी यहाँ किया जा सकता है कि प्रायः सृजनात्मक लेखन में पद्य को गद्य से प्राचीन माना जाता है । वेदों में कविताई है, किन्तु सामान्य जीवन में लोग गद्य का ही प्रयोग करते हैं। पद्य के पश्चात् गद्य लेखन शुरू होता है, किन्तु अंग्रेजी में गद्यकार पहले आ गए, चाहे वे प्रसिद्धि को प्राप्त न कर पाए। यह दूसरी बात है। यह होना ही था, क्योंकि अन्य भाषा को सीखने के पश्चात पहले गद्य के रूप में ही उसे प्रयोग में लाया गया। अनुवाद, प्रार्थना पत्र, पत्रकारिता, कानून, राजनीति, सामाजिक उद्धार साहित्यिक, सांस्कृतिक और दार्शनिक अध्ययन के लिए अंग्रेजी का प्रयोग करके देखा गया। स्कूलों, कॉलेजों और विश्वविद्यालयों में अंग्रेजी पठन-पाठन को व्यवस्था जैसे-जैसे सुदृढ़ होती गई वैसे वैसे संस्कृत फारसी और अरबी की ओर आश्रय कम होता गया और अंग्रेजी पढ़े लोग अंग्रेजी में और न पढ़ पाए, लोग भारतीय भाषाओं में लेखन करने लगे। द्विभाषिकता एवं बहुभाषिकता के नए संस्करण प्रकट हुए और स्वतंत्रता आन्दोलन में जन जन की भाषा हिंदी होने के बावजूद जेल में जाकर लिखने वाले राजनेता अंग्रेजी में लिखने लगे। पत्रकारिता और अन्य माध्यमों से अभिव्यक्ति को प्रस्तुत करने वाले ऐसे तमाम गद्य लेखकों को आर.डब्ल्यू.फ्रेजर ने 'लिटरेरी हिस्ट्री ऑफ इंडिया' में 'क्रियेटिव जीनियसिज' कहा है। कहना न होगा कि उन्नीसवीं शताब्दी के उत्तरार्ध और बीसवीं शताब्दी के पूर्वार्ध में अनेकानेक बुद्धिजीवियों ने प्रचुर मात्रा में अंग्रेजी में लेखन किया। उनके नामोल्लेख मात्र से एक पुस्तक तैयार की जा सकती है। उनकी रचनाओं को एक स्थान पर एकत्र करके एक पुस्तकालय की स्थापना की जा सकती है। इतना ही कहना है कि अंग्रेजी गद्य लेखन के पिछले दो सौ वर्ष उर्वरता की परिभाषा रहे हैं ;यह कड़ी अविच्छिन्न है, टूटी नहीं है।

गांधी, नेहरु और राधाकृष्णन

'लैंगवेज! व्हाट इज द राइटर्स एक्सेप्ट अ स्ट्रगल टू यूज ए मीडियम ऐज प्रिसाइज्ली ऐज पॉसिबल, बट नोइंग फुल्ली इट्स इम्प्रेसिशन?' लारेंस डरेल ही नहीं, प्रत्येक रचनाकार भाषा का प्रयोग भावों की अभिव्यक्ति के लिए जब-जब करता है, तब-तब संघर्ष करता ही है। भावानुगामिनी भाषा को संजोना पड़ता है। जिस समय हिंदी साहित्य में महावीर प्रसाद द्विवेदी हिंदी गद्य के विकास के लिए प्रयत्नशील थे और हिंदी के खड़ी बोली रूप को स्वीकृति प्रदान करके उसमें लेखन किया जाने लगा था, उस समय अंग्रेजी भी समाज के एक वर्ग को विकसित अवस्था में मिल गयी थी। अपने जीवन में आए अनुभवों को लिपिबद्ध करके कोई साहित्यकार विभिन्न विधाओं में रचनाएं लिखता है, उसी प्रकार जीवन के विविध क्षेत्रों में कार्यरत विद्वान भी भाषा के द्वारा समकालीन समस्याओं से जूझता है। वस्तुतः अपनी समकालीन समस्यों से जूझने के लिए लेखन ऐसा हथियार है, जिससे प्रयोक्ता का बौद्धिक चरित्र निखरता है।

गांधी, नेहरू, राधाकृष्णन तीनों न तो साहित्य चिंतक है न आलोचक, पर उन्होंने अपने बौद्धिक पक्ष को धार देने के लिए यथासाध्य अंग्रेजी में लेखन किया। उन्होंने अपने समकालीनों से बौद्धिक संवाद चलाने के लिए यथायोग्य रास्ता अपनाया। व्यापकतर पाठक समाज व पश्चिम के अन्य पाठकों को ध्यान रखते हुए उन्होंने अंग्रेजी को चुना।

गांधी, नेहरू की तो बात ही क्या, जब भारतेंदु ने 'भारत वर्ष की उन्नति कैसे हो सकती है?' (1884) से लेकर 'भारत को क्या करना चाहिए?' जैसे विषयों पर विचार करने का चलन चलाया तो आचार्य रामचंद्र शुक्ल ने भी सोच-समझकर अपने विचारों को तत्कालीन विविध संदर्भों से जोड़ते हुए उस समय के अखिल भारतीय कांग्रेसजनों की अपनी विनिमय की भाषा अंग्रेजी में प्रस्तुत किया। बीसवीं शताब्दी के प्रारंभ में अंग्रेजी शासकों की भाषा तो थी ही, उच्च वर्ग से आए हुए विद्वानों की विचार विनिमय की भाषा भी थी। शुक्ल जी के निबंध 'व्हाट हैज इंडिया टु डू'(1907), 'हिंदी एंड द मुसलमान'(1917) और 'नॉन को ओपरेशन एंड द नॉन मर्केन्टाइल क्लासेस' (1921)आदि अंग्रेजी में लिखे गए।यह बात दूसरी है कि न तो ऐसे निबंधों का हिंदी साहित्य में उल्लेख है,न भारतीय अंग्रेजी लेखन में, किंतु यह तय है कि गांधी और नेहरू की तरह ही हिंदी के लेखक भी कई बार अंग्रेजी का प्रयोग करते थे।

आज का बुद्धिजीवी गांधी को भारतीयता की ओर उन्मुख, जवाहर लाल को पश्चिम की ओर उन्मुख और राधाकृष्णन को भारतीय दर्शन का प्रबल प्रचारक मानता है, किंतु उनकी चिंतन-प्रक्रिया तथा उनके लेखन में मौजूद उनकी चित्तवृत्तियों के संचित प्रतिबिंब को नहीं देख पाता। भारतीय अंग्रेजी लेखन की भूमिका में हम गांधी-नेहरू-राधाकृष्णन के प्रचुर गद्य लेखन की बनावट और बुनावट को रेखांकित करते हुए इस प्राक्कल्पना पर विचार करना चाहते हैं कि

क्या इनका लेखन साहित्य की कोटि में परिगणन करने योग्य हैं?

गांधी जी लेखक नहीं थे, न ही वे लेखन के प्रति कोई विशेष मोह रखते थे, किंतु उन्हें अपने राजनीतिक जीवन में खूब लिखना पड़ा और वह भी अंग्रेजी में। उस अंग्रेजी में, जिसमें बोलना उन्हें पाप लगता था। महात्मा मुंशीराम, पं. मदनमोहन मालवीय, स्वामी दयानंद आदि के उदाहरण दे देकर उन्होंने मातृभाषा के विकास के लिए अंग्रेजी भाषा की जानकारी नहीं मातृभाषा के प्रेम की उसके प्रति श्रद्धा की जरूरत पर बल दिया था। अंग्रेजी का बोझ उन्हें सहन न था। वे तो अंग्रेजों से भी इस अंग्रेजी भाषा में नहीं बोलना चाहते थे, किंतु आलोचक हैं कि दो विश्व युद्धों के बीच के समय को भारत के लिए 'गांधी युग' तो घोषित करते ही हैं, सी.आर. रेड्डी तो इसे हमारी आधुनिक 'हिरोइक ऐज' ही कहते हैं। गांधी का इस तरह एकाएक धूमकेतु की तरह भारतीय परिदृश्य पर छा जाना और उसकी तमाम भाषाओं और साहित्य को प्रभावित करते चले जाने का कार्य करना उनके लेखन की बदौलत हुआ। यह लेखन गुजराती में है, किंतु अंग्रेज़ी में भी कुछ कम नहीं। गांधीजी ने इन भाषाओं को ठीक इस प्रकार से काम में लिया, जैसे अपने चश्में, खड़ाऊ, लाठी या ब्लेड का किया करते थे। लेखन उनके लिए लेखन मात्र न था, वह वस्तुतः संप्रेषण की विराट चेष्टा का अंग था।

दक्षिणी अफ्रीका में 'इंडियन ओपिनियन' को उन्होनें अपना हथियार बनाया। भारत में 'यंग इंडिया' और 'हरिजन' को। उन्होंने बस लिखा भर, किंतु वे शब्द गांधी के थे और इन शब्दों एवं वाक्यों की अनगढ़ता ही इनकी शक्ति व सौंदर्य हैं। किसी ने ठीक ही कहा है कि शब्द भी अंकों की तरह होते हैं और इनका अपने आप में कोई अस्तित्व नहीं होता। जिस प्रकार संख्या का अर्थ दशमलव चिन्ह के यथोचित स्थान पर लगाने से प्रकट होता है, वैसे ही शब्द लेखक के व्यक्तित्व से मुखरित होते हैं। इसीलिए के.आर.श्रीनिवास आयंगार का कथन है कि गांधी जी के लेखन से पूर्व प्रचलित मैकाले वाली लेखन परंपरा में नया मोड़ आया। (विद गांधी केम ए ब्रेक विद दी ओल्ड मैकालयन ट्रेडीशन ऑफ पब्लिक स्पीकिंग ऐंड फोर्मल राइटिंग)। गांधी ने गांधी ही तरह से लेखन किया। गांधी ने सरलता को शैली बनाया और सहजता को ऐसा मुहावरा दिया कि पाठक आज भी दंग रह जाते हैं। बनारस हिन्दू विश्व विद्यालय में फरवरी 1916 को दी गयी वह स्पीच (आई वोंट टू थिंक ओडिबली दिस ईवनिंग) आज भी वक्ताओं को पाठ पढ़ा सकती है। रवीन्द्र नाथ ठाकुर को 'द ग्रेट सेंटिनल' के माध्यम से दिया गया उत्तर अंग्रेजी गद्य लेखन का मानक है- 'द हंगरी मिलियनस आस्क फोर वन पोइम - इनविगोरेटिंग फूड दैट कैन नोट बी गिवन । दे मस्ट अर्न इट ऐंड दे कैन अर्न ओनली बाई द स्वेट ऑफ दियर ब्रो।' इसी प्रकार 18 मार्च, 1922 को दिया गया वह 'स्टेटमेंट' भी मानक है - 'नोन - वायोलेंट इज द फ़र्स्ट आर्टिकल ऑफ माई फेथ। इट इज आलसो द लास्ट आर्टिकल ऑफ माई क्रीड।' लोर्ड माउंटबेटन ने गांधी को 'वन मैन बाउंड्री फोर्स' कहा था। भाषा के दबाव में भी वे वास्तव में इस फोर्स को आगे लाए।

भारत की कौन-सी ऐसी भाषा और साहित्य है, जहां गांधी दर्शन या विचार का प्रत्यक्ष व परोक्ष प्रभाव न पड़ा हो। गुजराती साहित्य में गांधी-युग है और हिंदी में गांधी को केन्द्र में रखकर अनेक महाकाव्य तक लिख दिए गए हैं।

श्री गोपीनाथ बारदोलाई के अनुसार 'कोई कविता इतनी ऊंची नहीं हो सकती, जो महात्मा जी के अंतर की सहृदयता को व्यक्त कर सके, न कोई ऐसी भाषा ही समृद्ध जान पड़ती है, जो गांधीजी के जीवन की गरिमा को लिख सके।' तथापि गांधी के तपः पूत जीवन और उससे उद्भुत पावन विचारधारा ने भारतीय भाषाओं के अनेक साहित्यकारों को अपनी ओर आकर्षित किया। इस 'आत्मा के फकीरों के दार्शनिक' गांधी पर 'एक भारतीय आत्मा' की 'निःशस्त्र सेनानी' कविता सन् 1913 में प्रकाशित हुई थी-'किन्तु क्या कहता है आकाश/हृदय! हुलसो सुन यह गुजार/पलट जाए चाहे संसार/न लूंगा इन हाथों तलवार।'

सन् 1920 के बाद गांधी और उनका युग भारतीय लेखन को भी प्रभावित किए बगैर न रह सका। मुल्कराज आनंद ने महात्मा गांधी की सलाह से 1929 में 'अनटचेबल' उपन्यास लिखा। उस बातचीत का एक अंश गांधी हिंदी दर्शन (पृष्ठ 288) से दे रहा हूँ, जिसमें मुल्कराज आनंद और गांधी जी अपना-अपना पक्ष रखते हैं-

गांधीजी - संभावना यही है कि लोग अंग्रेजी भाषा में लिखी तुम्हारी यह पुस्तक नहीं पढ़ेंगे । इसलिए तुम अपनी प्रतिष्ठा के लिए भले ही उपन्यास लिखो।

लेखक - शायद आप ठीक कहते हैं......मैं अपने पात्रों के विचारों और भावनाओं का मूल पंजाबी और हिन्दुस्तानी से अंग्रेजी में अनुवाद करना चाहता हूं। पंजाबी में ऐसे प्रकाशक नहीं हैं, जो उपन्यास प्रकाशित करने को तैयार हों। इसलिए मुझे मजबूर होकर अंग्रेजी में लिखना पड़ा।गांधी जी - ठीक है, समय बर्बाद नहीं किया जा सकता है। जिस भाषा में संभव हो, उसी में अपनी बात कहनी चाहिए। इसलिए कोई कारण नहीं कि तुम अपनी पुस्तक अंग्रेजी में न लिखो।

लेखक - सिवा इसके के अनेक भारतीय कहते हैं कि भारत की बुराईयों को दुनिया के सामने रखना गलत है।

गांधी जी - सत्य अवश्य कहा जाना चाहिए - चाहे इससे किसी को भी कष्ट पहुंचे। यह सत्य है, भले ही वह कटु हो।

गांधीजी को हम बहुभाषी लेखक कहें तो अत्युक्ति न होगी। यह पता करना काफी कठिन है कि गांधीजी की कौन-कौन सी पुस्तकें मूल अंग्रेजी में हैं और कौन सी गुजराती में। 'हिंद स्वराज्य' से लेकर 'सत्य के प्रति प्रयोग' आत्मकथा तक या उसके पश्चात भी गांधी जी का लेखन चलता रहा। वस्तुतः राजा राममोहन राय (बंगाली-अंग्रेजी), लोकमान्य बालगंगाधर तिलक (मराठी-अंग्रेजी), श्रीअरविंद (बंगाली-अंग्रेजी) और गांधी (गुजराती-अंग्रेजी) सभी दो भाषाओं में एक साथ लिखते थे और जैसा सभी मानते हैं कि गांधी-नेहरू के उदाहरण से

भारतीय अंग्रेजी लेखन को एक ऐसी धार मिली जिसका कोई सानी नहीं। समग्रतः यह कह सकते हैं कि गांधी जी के अंग्रेजी लेखन ने अंग्रेजी लेखन को ही नहीं, बल्कि भारतीय भाषाओं को संपूर्णतः प्रभावित किया और आप्लावित भी।

सुनील खिलनानी ने गांधी और नेहरू को अंग्रेजी की भारतीय भाषा बनाने वाला मानते हुए एक वैसी ही बात कही है, जैसी रघुवीर सहाय को निम्नलिखित पंक्तियों में है-अंग्रेजों ने अंग्रेजी पढ़ाकर प्रजा बनाई। अंग्रेजी पढ़ाकर अब हम राजा बना रहे हैं।।'इंग्लिश मेड दी एंपायर, बट दे शोड हाउ इट कुड बी यूज्ड टू अनमेक इट- हाउ द लैङ्ग्वेज कुड बी ए टूल ऑफ इनसबोर्डिनेशन एंड अल्टीमेटली फ्रीडम।' अंग्रेजी के माध्यम से असहयोग की भावना फैलाकर और स्वतंत्रता का मार्ग प्रशस्त करने की बात कहकर सुनील खिलनानी ने दूर की कौड़ी नापी है।

नेहरू अंग्रेजी ठसके से बोलते थे। गांधी बेचारे अंग्रेजी में बचपन से ही कच्चे थे, वे पाँच शब्दों को भी ठीक-ठीक नहीं लिख पाए थे और इंग्लैंड में बड़ी मुसीबत में फंस जाया करते थे, किन्तु नेहरू ने ऐसे परिवार में जन्म लिया, जहां फारसी, उर्दू और अंग्रेजी धारा प्रवाह बोली जाती थी। ऐसे स्कूलों में शिक्षा पाई जहां अंग्रेजी प्रथम भाषा थी। बचपन में ही अंग्रेजी का बहुत-सा साहित्य उन्होंने पढ़ लिया था और जब उन्हें अवसर मिला, उन्होंने लिखा और खूब लिखा। कहा जाता रहा है कि जवाहर लाल नेहरू के लेखन और भाषणों को उनके जीवन की कथा से अलग किया ही नहीं जा सकता, किंतु हमें जवाहरलाल नेहरू का लेखन साहित्य के रूप में देखना है और इसीलिए नेहरू के व्यक्तित्व, उनका राजनीतिक जीवन, उनका रहन-सहन, परिस्थितियां सभी देखनी चाहिए। यह भी स्मरण रखना चाहिए कि वे मोतीलाल नेहरू के पुत्र हैं, जो भारत में पैदा होने के बावजूद 'मोर एन एन्टीक रोमन दैन एन ओरियंटल' कहलाते हैं। मोतीलाल जी का अपना लेखन भी उल्लेखनीय है।

वह जमाना ही ऐसा था कि कोई भी लेखक बन जाता। अनेक लेख नेहरू जी ने लिखे। सबसे पहले 'व्हिदर इंडिया' (1932) का जिक्र किया जाता है, जिसमें भारत की तत्कालीन दशा-दिशा का वर्णन है। नेहरू जी को पत्र-लेखक भी उच्च कोटि का माना जाता है (द ग्रेटेस्ट इंडियन मास्टर ऑफ लैटर राइटिंग इन इंग्लिश) और इतिहासविद भी। ग्लिम्प्सिज ऑफ वर्ल्ड हिस्ट्री (1934)। वस्तुतः पुत्री को लिखे गए पत्र ही हैं। जब अरविंद को अलीपुर जेल भेजा गया तो उन्होंने 'नारायण दर्शन' किया। लोकमान्य तिलक को 'मांडले' भेजा गया तो 'गीता रहस्य' प्रकटा, मौलाना आजाद ने जेल में 'कुरान' का तर्जुमा किया, नेहरू जी ने अपनी बेटी को पत्र लिखे। इन पत्रों में नेहरू ने अपने आपको इतिहासकार मानने से इंकार किया है, किन्तु विद्वान इसे 'बैटर हिस्ट्री एंड बैटर इंग्लिश' कहते हैं। प्रो. सी.डी. नरसिम्हैया ने इस पुस्तक को महान इतिहासज्ञों द्वारा लिखित पुस्तकों से मिलाते हुए यह माना है कि नेहरू इन 196 पत्रों में मानवतावाद को ही प्रस्तुत कर रहे हैं। ये एक हजार पृष्ठ अनेक कथाओं, उपकथाओं

और आख्यानों को इस प्रकार समेटें हैं कि पाठक, मंत्रमुग्ध सा हो जाता है। पत्नी कमला के असामयिक दुखद निधन के पश्चात नेहरू जी ने 'आत्मकथा' (1935) लिखी। जब यह पुस्तक आयी तो गांधी जी की आत्मकथा से इसकी तुलना होनी स्वाभाविक था। इस आत्मकथा की विशेषता यह है कि व्यक्तिगत जीवन और राष्ट्रीय जीवन ऐसे एकाकार हो गए हैं कि 'कहियत भिन्न न भिन्न' की उक्ति सत्य चरितार्थ होती है।

'आत्मकथा' के प्रकाशन के साथ ही नेहरू वरिष्ठ नेताओं की पंक्तियों में आ जाते हैं। गांधी के बाद वे ही दिखाई देते हैं। जवाहरलाल नेहरू का हृदय कवि का, कलम पत्रकार की और वाणी राजनेता की थी, इसलिए उनके विचारों के आरोह-अवरोह के देखकर कई विद्वान उन्हें 'भारतीय राजनीति का हैमलेट' कहते हैं। इसमें व्यंग्य की मात्रा कितनी है और प्रशंसा की कितनी यह कहना कठिन है, किंतु यह सत्य है कि अपनी आंतरिक ऊहापोह को उन्होंने लेखन के सहारे व्यक्त किया। स्वतंत्रता के बाद भाषा के प्रश्न पर उन्होंने खुलकर विचार किया। उनके भाषण एवं वक्तव्य भी तब भारतीय अंग्रेजी साहित्य के गद्य लेखन में शुमार हैं। वे लेख भी जो उन्होंने छद्म नाम (चाणक्य) से लिखें, आज भारतीय अंग्रेजी की निधि हैं। अंग्रेजी को 'विश्व वातायन' बताकर नेहरू ने अंग्रेजी का भला तो किया, किंतु हिंदी वालों को आलोचना का खूब मौका दिया। अंग्रेजी में लिखे पत्रों को जब गांधी जी ने पढ़ा तो लिखा 'प्रिय जवाहरलाल, इन्दु के नाम तुम्हारे पत्र बहुत अच्छे हैं और प्रकाशित होने चाहिए। काश, तुम हिंदी में लिख सकते। जैसे भी हो, इन्हें साथ-साथ हिंदी में भी छपवाना चाहिए' (29 जुलाई, 1929)। नेहरू जी की अंग्रेजी का नमूना यदि केवल एक ही स्थान पर देखना हो तो हमें उनकी वह 'स्पीच' देखनी चाहिए, जिसमें उन्होंने भारत विभाजन का जिक्र किए बिना स्वतंत्रता की सारी खुशी और विभाजन के दर्द को शब्द दिए हैं। विभाजन का फार्मूला ऐसा ही था, जैसे कोई सिरदर्द को समाप्त करने के लिए सिर ही कटा ले, किंतु ऐसी परिस्थिति में विभाजन के देश व दर्द को 'रहिमन निज मन की बिथा' मानकर वे कह उठते हैं- 'लोंग ईयर्स एगो वी शैल रिडीम अवर प्लैज.....'।

गांधी जी की हत्या के बाद का उनका वक्तव्य ' एक प्रभामंडल विलीन हो गया' (The light has gone out of our lives) अपने आप में एक मिसाल है।

श्रीमान आपने जो कहा उसके साथ अपनी बात जोड़ने की क्या मुझे आप अनुमति देंगे ? ... मेरे भारतीय होने के नाते यह हम सब के लिए लज्जा की बात है कि उनके ऊपर एक भारतीय ने हाथ उठाया, हिन्दू होने के नाते मेरे लिए यह लज्जा की बात है कि एक हिन्दू ने यह कार्य किया और उसके विरुद्ध किया जो आज का सबसे महान भारतीय और युग का सबसे महान हिन्दू था।

It is shame to me as an Indian that an Indian should have raised his hand against him, it is shame to me as a Hindu that a Hindu should have done this deed and done it to the greatest Indian of the day and the greatest Hindu of the age.

नेहरू के लेखन व वक्तव्यों में से त्रुटियां, असंबद्धता, नारेबाजी, दुहराव और ऐसी ही अन्य कई कमियां ढूँढ़ना कठिन नहीं है, किंतु उनकी एकनिष्ठता एवं तत्परता को हम इस प्रकार बहता देखते हैं कि हमें उनकी भाषा से स्नेह-सा हो जाता है।

जिस समय गांधी-नेहरू ने लिखना आरंभ किया, लगभग उसी समय सर्वपल्ली राधाकृष्णन (1888-1975) ने भी लिखना शुरू किया। प्रो. राधाकृष्णन ने दार्शनिक लेखन को साहित्य का दर्जा देना ही होगा, क्योंकि ऐसा संतुलित एवं सारगर्भित लेखन आगे आनेवालों के लिए आदर्श बना। यहां एक महत्वपूर्ण टिप्पणी की ओर ध्यान देना चाहिए। रामस्वरूप चतुर्वेदी लिखते हैं , "उस समय हमारे साहित्य और समाज में दो प्रकार के सांस्कृतिक आतंक प्रचलित थे, एक संस्कृत का आतंक, दूसरे अंग्रेजी का आतंक। किसी भी प्रसंग में संस्कृत का एक श्लोक उद्धृत कर देने का अर्थ सामान्यजन समाज में यह था कि अब किसी अन्य प्रमाण की अपेक्षा भी नहीं है। अंग्रेजी बोलने का भी ऐसा ही या इससे कुछ अधिक प्रभाव होता था और जो संस्कृत तथा अंग्रेजी दोनों पर अधिकार रखता हो, वह निश्चय ही शीर्षस्थ था।" कहना न होगा कि जिसके पास संस्कृत-संस्कृति और अंग्रेजी दोनों थे वह बौद्धिकों का सिरमौर था। दार्शनिक राधाकृष्णन ऐसा नाम हैं, जिसको इस तथ्य के प्रमाण स्वरूप प्रस्तुत किया जा सकता है।

राधाकृष्णन मुश्किल से चालीस वर्ष के होंगे, जब उनको लोग पहचानने ही न लगे थे, बल्कि उनका लोहा भी मानने लगे थे। उनकी छवि देश-विदेश के विद्वानों के बीच ऐसी बन गयी है कि भारतीय दर्शन का नाम लेते ही आज भी उनका नाम ही लिया जाता है।। समकालीन दर्शन में 'धर्म का साम्राज्य' (1920) के छपते ही यह मान लिया गया था कि राधाकृष्णन न केवल पश्चिमी दर्शन के अधिकारी विद्वान हैं, बल्कि अंग्रेजी में भी साधिकार लेखन करने में समर्थ हैं। दो खंडों में प्रकाशित 'भारतीय दर्शन' (1923) को पढ़कर उन्हें इतिहासविद्, दार्शनिक और सहिष्णु हिंदू मान लिया गया। राधाकृष्णन ने उदाहरण देकर ही नहीं, प्रमाण देकर यह स्पष्ट रूप से बताया कि वे ऐसे हिंदू हैं, जिसके लिए दर्शन कोई लबादा नहीं, बल्कि जीवनचर्या है। ईसाई समुदायों के समक्ष दिए गए व्याख्यानों के द्वारा राधाकृष्णन ने अद्वैत वेदांत को हिंदू जीवन का पर्याय बताया। उन्होंने ऐसी भाषा का प्रयोग किया, जो कठिन दार्शनिक संदर्भों को भी सरल करने में समर्थ हो। सहजता-सरलता उनकी भाषा का भी गुण है। हिंदू धर्म की विवेचना करते हुए उन्होंने लिखा है, 'हिन्दूइज्म इज नोट ए मूवमेंट, नोट एक पोजिशन, ए प्रोसेस , नोट ए रिजल्ट,: ए ग्रोइंग ट्रेडिशन, नोट ए फिक्सड रेविलेशन'। राधाकृष्णन ने हिंदू धर्म को इस प्रकार से विदेशियों के सम्मुख प्रस्तुत किया कि यदि यह हिंदू धर्म है तो सभी हिंदू हैं। वस्तुतः राधाकृष्णन ने भारतीय धर्म और दर्शन को नई दृष्टि से देखा और इसके आधुनिक भाषा के मुहावरे में ढालकर सहजतापूर्वक प्रस्तुत किया। (टू लुक अपोन अवर एन्शिएंट फेथ विद फ्रैश आइज)।

राधाकृष्णन की अंग्रेजी का निहित सौंदर्य अनायास ही आया है। ऐसी स्पष्ट और जीवंत

भाषा का प्रयोग इसलिए संभव हो सका है, क्योंकि राधाकृष्णन को अपने विषय का गहन व स्पष्ट ज्ञान था। संस्कृत के ज्ञान के कारण उनकी अंग्रेजी भी कई बार काव्य गुण युक्त हो जाती है। तब पाठक को ऐसा लगता है कि मानो वह किसी विद्वान के द्वारा लिखित पुस्तक नहीं अपितु किसी गद्यकार के द्वारा लिखित वक्तव्य पढ़ रहा है। अध्यापकीय गरिमा से युक्त ही नहीं, अध्यापकीय स्पष्टता से युक्त भी उनकी लेखनी है। कई आलोचकों ने उनकी अंग्रेजी के दबदबे को दुरुहता का नाम दिया है और उनकी बहुज्ञता को पढ़ने के मार्ग में ही नहीं अभिव्यक्ति के मार्ग में भी बाधा माना है। जिसे योग्यता समझना चाहिए, कई लोग उसे अपनी योग्यतानुसार ही समझने का प्रयत्न करते हैं। उनके पश्चात नीरद सी चौधरी का गद्य ही उस दर्जे का पाया गया।

लगता है कि सभ्यता आज वैसे संकट-काल से गुजर रही है जैसे संकट-काल से उसे समय समय पर गुजरना पड़ता है। संसार अपने जीर्ण वस्त्रों का त्याग कर रहा है। जो आदर्श, जो लक्ष्य, जो संस्थाएं अभी एक पीढ़ी पहले तक सामान्यतः स्वीकृत थीं उन्हें भी अब चुनौती दी जा रही है, उनमें भी परिवर्तन घटित हो रहा है।

Civilization today seems to be passing through one of its periodic crises. The world is casting off its old garments. Standards, aims and institutions which were generally accepted even a generation ago are now challenged and changing. (Kalki or The Future of Civilization)

गांधी, नेहरू, राधाकृष्णन को बीसवीं शताब्दी के पूर्वार्ध में अंग्रेजी गद्यकार के रूप में हमने उसी प्रकार देखा या देखना चाहा है, जैसा इससे पूर्व मालबारी, त्रिपाठी और सोराबजी को देखा था। इन तीनों में अंग्रेजी साहित्य या भारतीय अंग्रेजी साहित्य में जो योगदान दिया, उसका आकलन करते समय यही सोचा गया कि इन्होंने भारत में अंग्रेजी भाषा और साहित्य के अध्ययन-अध्यापन, पठन-पाठन को उत्तरोत्तर जीवंत एवं गतिमान बनाया। अंग्रेजी के तत्त्व और तेजी को आखिरकार स्वीकार कर लिया गया था।

नीरद सी चौधरी

नीरद सी चौधरी (1897-1999) आधुनिक भारत के ऑक्सफोर्ड में जा बसने वाले ऐसे प्रतिनिधि के रूप में ख्याति प्राप्त साहित्यकार हैं, जो अंग्रेजी और बंगला दोनों में समान अधिकार से लिखते रहे। एक ओर तो वे पश्चिमी तौर तरीकों के पक्षधर रहे,दूसरी ओर बंगला संस्कृति-सभ्यता-आचार-व्यवहार को भी उन्होने कभी नहीं छोड़ा। वे रवीन्द्रनाथ को 'दुई रवीन्द्र' कहते हैं, हम उन्हें 'दुई नीरद बाबू' कहें तो अत्युक्ति न होगी। आठ बालकों में दूसरे नीरद का जन्म 23 नवंबर 1897 को हुआ था। प्रारंभिक शिक्षा कलकत्ता में हुई और जीवन के प्रारंभिक संघर्ष को एक और जोर का झटका तब लगा जब बिना अनुमति के 'आत्मकथा' प्रकाशित कराने के लिए

नौकरी छोड़ देनी पड़ी। इस आत्मकथा ने इन्हें भारतीय अंग्रेजी लेखन में स्थापित किया। वी.एस. नायपॉल ने 'दी आटोबायोग्राफी ऑफ एन अननोन इंडियन' (1951) की तारीफ के पुल बांधते हुए लिखा था 'यह एक ऐसी पुस्तक है, जो भारत और ब्रिटेन के आपसी संपर्क से आई है। इससे अच्छी इस विषय को ध्यान में रखते हुए कोई आत्मकथा लिखी जा ही नहीं सकती, किन्तु यह संपर्क व्यर्थ प्रतीत होता है शायद यह व्यर्थता व्यक्तिगत ट्रेजडी है।"

वस्तुतः नीरद बाबू के प्रचुर लेखन की यह त्रासदी है कि उन्हें कई बार भारत-विरोधी , अंग्रेजों का भक्त और फासिस्ट कहा जाता रहा है। सौ वर्ष के अपने जीवनकाल में इस साहित्यकार ने बहुत कुछ कहा-सुना। अपनी आत्मकथा उन्होंने देश की स्वाधीनता के वर्ष (1947) में तब लिखनी शुरू की जब वह पचास वर्ष के हो गए थे। 1955 में वह पहली बार विदेश गए और एक पुस्तक आई, 'पैसेज टू इंग्लैंड' (1959)। फिर 'द कोंटिनेंट ऑफ किर्स' (1965), 'मैक्समूलर' (1974) और 'क्लाइव' (1975) की जीवनियाँ, 'कल्चर इन द वैनिटी बैग' (1976), 'हिदुइज्म ए रिलीजन टू लिव बाई' (1979), 'दाइ हैंड: ग्रेट एनार्के' (1987), 'ईस्ट इज ईस्ट, वैस्ट इज वैस्ट' (1966) आदि पुस्तकें आतीं चली गई। देखा जाए तो नीरद सी चौधरी ने अपनी 'आत्मकथा' को ही इन पुस्तकों में बार-बार प्रस्तुत किया है। यह बात दूसरी है कि इस प्रस्तुतीकरण में अंग्रेजी गद्य का एक विशिष्ट नमूना हमें मिला है। सर विद्या (वी. एस.नायपॉल) और नीरद बाबू दोनों बार-बार अपने संस्मरणों को प्रस्तुत करते रहे हैं। फर्क यही है कि नीरद बाबू के दो व्यक्तित्व हैं - एक बंगाली भद्र पुरुष, दूसरा अंग्रेजी साहित्यकार। दोनों में सामंजस्य नहीं, वे दूरी बनाए रखने में यकीन रखते थे। जहाँ अंग्रेजी में वे अपने आप को एक 'अननोन इंडियन' (अज्ञात भारतीय) कहते हैं वहीं बंगला में वे अपने को केवल 'बंगाली' कहते हैं। उन्हीं के शब्दों में 'आई प्रोजेक्ट माईसेल्फ एज ए बंगाली, नैवर एज एन इंडियन। द मोर रीसेंट एपीलेशन 'एशियन' आई कैन नोट ईवन ड्रीम ऑफ यूजिंग' (द पैरिशेबल एम्पायर पृष्ठ 125)। वे कहा करते थे, "जब मैं अपनी मातृ भाषा में लिखता हूँ तो पूरी तरह से भूल जाता हूँ याद नहीं रखता कि मुझे अंग्रेजी आती है।" ऐसे विचार सुनने में अच्छे लगते हैं, किन्तु उन्हें गंभीरता से लेने की जरूरत नहीं, क्योंकि नीरद बाबू ऐसे ही थे। यदि पचास वर्ष की आयु में उन्होंने पहली प्रस्तुत अंग्रेजी में लिखी तो सत्तर वर्ष की आयु में बंगला में 'बंगाली जीवने रमणी' लिखी। यहाँ इतना ही झूठ है कि वैसे तो नीरद बाबू 1927-28 से ही पत्रकार हो गए थे और अपने हास्य-व्यंग्य लेखन के लिए ख्याति पा गए थे और 'पाथेर पांचाली' के लेखक विभूति भूषण बनर्जी के लंगोटिया यार थे तथा 'प्रोबासी' (1932) में भी लिखते रहे थे, किन्तु वे ये सारी बातें प्रायः भूल जाया करते थे। उनका हिसाब था - जो कह दिया सो कह दिया। बंगाल में वे पूर्ण रूपेण बंगाली बनकर लिखते थे। 'देश' में छपी उनकी किसी भी रचना पर कई महीनों तक प्रतिक्रियाएँ आती रहती थीं। उदाहरण के लिए उन्होंने जब 'रवीन्द्र नाथेर अपरान्ह' में कवि के अकेलेपन को अपने

एक लंबे निबंध में रेखांकित किया, तो लोग अवाक् रह गए। लोग कभी-कभी तो ये भी समझते थे कि यह विलायत में रहकर विलायती हो जाने के कारण 'देशी' संस्कृति को नीचा दिखाने के लिए लिखता है। वे कभी बंगालियों के सबसे श्रेष्ठ होने के ख्याल को भी तर्क दे देकर खारिज किया करते थे और कभी ऐसा ही मान भी लेते थे। 'विशाल भारत' के संपादक के रूप में काम करने आए पं. बनारसी दास चतुर्वेदी को वे इसलिए इतना मान देते थे, क्योंकि वह हिंदी का लेखक होकर भी (स्पोक एंड रोट इंग्लिश विद एलिगेंस) अंग्रेजी को सफलतापूर्वक लिख बोल सकता था। यह नीरद बाबू के लिए बड़ी बात थी। दोष देखना-दिखाना, कटूक्तियाँ करना उनके स्वभाव में था, उनके लेखन में भी वह आ गया है।

अपनी सर्जनात्मकता की नीरद बाबू ने किपलिंग के 'का' नृत्य से तुलना की है। वे अपने अंग्रेजी लेखन के विषय में स्वयं लिखते हैं, "शिक्षित बंगाली सन् 1951 से मेरे इस नृत्य-करतब से आँखें हटा नहीं पाया है और हटा भी नहीं पाएगा, जब तक मैं जीवित हूँ।" (द पैरिशेबल एम्पायर में उद्धृत पृष्ठ 130)। वे जानते थे कि अंग्रेजी में लिखना समस्त बंगालियों तक पहुंचने के लिए कारगर रास्ता नहीं हैं, क्योंकि जिस प्रकार की ठसक भरी, प्रांजल एवं परिनिष्ठित अंग्रेजी वे लिखते थे वह सामान्य अंग्रेजी पाठक के सिर से ऊपर निकल जाती है और वह उस परिष्कृत लेखन का आनंद उठा हीं नहीं सकता। इसलिए वे बंगला में भी लिखते थे। यहां उनकी बंगला से नोंक-झोंक चलती रहती थी जहाँ वे भवभूति, कालिदास, जयदेव, भरत, चंडीदास, बंकिमचंद और रवीन्द्रनाथ आदि से ही नहीं लोक जीवन से विवाह-गीत स्त्रियों की बातचीत के टुकड़े और पुरानी बंगला के याद रह गए दृष्टांतों से भी वक्तव्य लेकर अपनी बात रखते हैं। उन्होंने टैगोर की एक कहानी 'स्त्रीरेर पत्र' (स्त्रियों के पत्र-1914) का रूपक लेते हुए एक कहानी अपनी भावनाओं को इस भाषा के प्रसंग में कुछ यूँ बयान किया है कि उसकी चिंता साफ पता चल जाती है।

आत्मकथा में नीरद बाबू यह स्पष्ट करना चाहते हैं कि कोई भारतीय बीसवीं शताब्दी के प्रारंभ में किन परिस्थितियों का सामना करते हुए आगे बढ़ता है और वातावरण से सामंजस्य स्थापित करना आसान नहीं होता। आजादी के बाद प्रस्तुत की गई इस आत्मकथा में लेखक अपने आपको एक 'स्कालर जिप्सी' एक 'स्वतंत्र-व्यक्ति' और 'सर्जनात्मकता को समर्पित व्यक्ति' के रूप में प्रदर्शित करता है। वह लिखता है - 'आई हैव फाउन्ड लिबरेशन फ्रोम ए नाइटमेअर'। जब वह अपनी दूसरी पुस्तक 'ए पैसेज टू इंग्लैंड' (1959)को लेकर आया तो भारतीयों ने नीरद बाबू को 'प्रो ब्रिटिश' कहकर खारिज करना चाहा, किन्तु ऐसे आलोचकों को उन्होंने यही कहा कि मैंने वही लिखा है जो देखा है। वे वह अवश्य समझ गए कि भारत-पाक मैत्री के समान ही आजादी के बाद भारत-ब्रिटेन मैत्री भी छलावा मात्र है। इसी सिद्धान्त को आगे बढ़ाते हुए उन्होंने 'द कोंटिनेंट ऑफ किर्स' (1965) में यह कहा कि भारत में आने के बाद अंग्रेज क्यों ऐसे क्रूर हो गए, जबकि वे इंग्लैंड में बहुत विनम्र और शांत हैं। यहाँ वे 'हिंदू चरित्र'

को समझने का दावा करते हुए यह स्पष्ट करते हैं कि आर्य भी बाहर से आए और अंग्रेज भी, दोनों को आपस में सामंजस्य और सद्भावना बनाए रखनी चाहिए थी।

हिन्दुओं को उन्होने 'लड़ाकू और खूनी' 'वार-लाइक एंड फॉन्ड ऑफ ब्लडशैड' कहा था। अशोक, कौरव-पांडव और आजाद हिंद फौज के नेताजी आदि सभी 'उन्मादपूर्ण उत्तेजना' के शिकार रहे। आजाद होते ही पहला काम उन्होंने पाकिस्तान को मजा चखाने की योजना बनाने के लिए सेना को संगठित करने का किया। चीन के साथ झगड़ा आदि को भी उन्होंने इसी दृष्टि से देखा।यह मात्र संयोग नहीं है कि एक अन्य बंगाली सज्जन डॉ . अमृत्य सेन ने भी अपनी पुस्तक 'द आर्ग्यूमेंटेटिव इंडियन' (2005) में यही कहा है कि भारतीय विवाद बहुत करते हैं। नीरद बाबू को तमाम उम्र यह दुख रहा है कि बार-बार समझाने के बाद भी भारतीय अपनी आदतों से तौबा नहीं करते। उन्होंने तो स्वयं को इस पचड़े से दूर रखा, किन्तु आम भारतीय नागरिक उनकी बात नहीं सुनते।

वे भारतीय बुद्धिजीवियों 'दी इंटलेक्चुअल इन इंडिया' (1967) को भी फटकारते हैं। उनका तो यह मानना था कि भारत यदि कोई देश है भी तो वह बुद्धिजीवियों के खिलाफ या उनसे रहित है। (इंडिया इज एन एन्टी-इंटलेक्चुअल कंट्री इफ ऐवर देयर वाज वन)। कहीं-कहीं, कभी-कभी उन्हें भारतीय मनीषा की झलक दिखाई देती है वह भी गणितज्ञों और भौतिकशास्त्रियों में अन्यथा वे भारत को खारिज सा ही करते हैं। उनका मानना है कि जिस जीवन की आलोचना या पर्यवेक्षण न हो वह बेकार है (द अनक्रिटिसाइज्ड लाइफ इज नाट वर्थ लिविंग)। वे भारतीय जीवन दशाओं में जीवित करने के प्रश्न को भी 'टू लिव ओर नोट टू लिव' में खड़ा करते हैं। एक ओर तो वे भारतीय संयुक्त परिवार को दकियानूसी बताते हैं दूसरी ओर कामकाजी औरत को परिवार के लिए खतरा मानते हैं। हिंदू धर्म को भी वे सुधारना चाहते हैं, क्योंकि इतना पुराना होते हुए भी इसमें संगठित होने की अक्ल अंग्रेजों के आने के बाद आई। एक अन्य चर्चित पुस्तक 'दाई हैंड ग्रेट एनार्क' (1987) में नीरद बाबू स्वयं को एक ऐसे स्थान पर पाते हैं जहाँ वे दुहरी दुर्दशा के गवाह होते हुए भी कुछ कर पाने की स्थिति में नहीं। महान साम्राज्य का पतन और बंगाल का भारतीय राजनीति एवं संस्कृति में अग्रणी स्थान न रख पाना उनके लिए खेदजनक था। उन्होंने एक शताब्दी को देखा और बीसवीं शताब्दी के समस्त घटनाचक्र के गवाह बनकर रह गए। यह तो उनके लिए अत्यंत दुख का विषय था ही कि अब सब पुरानी मान्यताएँ समाप्त हो गई हैं और लोग उन्हें प्राचीन धरोहर के समान खानापूर्ति भर के लिए मान देते हैं। सुभाषचन्द्र बोस के भाई शरत चंद्र बोस के सचिव रहे नीरद बाबू को देश छोड़कर सदा के लिए ऑक्सफोर्ड में बस जाने का निर्णय लेना पड़ा इसका दर्द भी कहीं न कहीं रहा अवश्य।

आलोचकों ने नीरद बाबू को 'अंग्रेजी साम्राज्य के दाग धोनेवाला अंधा धोबी' तक कहा है। नीरद सी चौधरी ऐसे युग के अंग्रेजी लेखक हैं जिन्होंने बंगाली समाज की पतनशीलता को

रेखांकित करने में कभी कोताही न की। भारत को उन्होंने अपनी निगाह से देखा और जो कहा बिना लाग लपेट के कहा। घर पर 'बाबू मोशाय' और बाहर 'भद्र अंग्रेज' की छवि रखने वाले इस लेखक के लेखन की प्रचुरता को देखकर ही पाठक स्तंभित रह जाएगा। इन रचनाओं की मार भी उसे बर्दाश्त हो जाती है, क्योंकि वह तो कबीर के उस गुरु के समान है, जो अंदर से सहारा देकर बाहर से चोट करता है।

कहा जाता है कि आर्कमिडिज ने यह दावा किया था कि वे एक उत्तोलक (लिवर) से इस धरती को उठा सकते हैं, लेकिन इसके लिए उन्हें धरती के बाहर अपने इस कारनामे को अंजाम देने के लिए कोई जगह चाहिए। नीरद सी चौधरी ने ऑक्सफोर्ड में शरण स्थली बनाई और भारतीय धर्म, भाषा, समाज, राजनीति, दर्शन और इतिहास को ठोक-ठोककर ठीक कर देने का दावा किया। उनके लेखन में लेटिन के शब्दांश, फ्रेंच के उद्धरण, जर्मन के शीर्षक और संस्कृत के दृष्टांत पढ़कर पाठक उनके साथ बह लेता है। भारतीय अंग्रेजी साहित्य के प्रथम पंक्ति के समीक्षक आयंगार महोदय ने उनके जीवन काल में ही अपना जो मत दिया था वह आज भी कमोबेश ठीक प्रतीत होता है। 'नीरद चौधरी रिमेन्स द ग्रांड सोलिटरी, द मास्टर आफ ए प्रोज स्टाइल दैट हैज ऑफन हैज़ ए फैसीनेटिंग स्पाइडरी क्वालिटी, ए राइटर एंड ए थिंकर एंड ए यूनिवर्सल मोमस हू स्टेंड्स अपार्ट फ्रोम द मडी मेन स्ट्रीम' इस लेखक ने ये तो किया ही हैं कि अपने विचारों को - मौलिक विचारों को अपने गद्य के माध्यम से अनेक प्रशंसकों तक पहुंचाया है। उनका जुझारूपन वस्तुतः उनके लिए एक आवश्यकता ही बन गया था, क्योंकि वे जानते थे कि लोग उनसे प्यार भी करते हैं और खार भी खाते हैं। 'लोग मेरे बारे में बंटे हुए हैं - आधे-आधे। आधे मेरी तरफ हैं आधे विरोध में। पहले सभी मेरे विरोधी थे। मैं जानता हूँ मैं अतिवादी हूँ। यह एक रस्सा-कसी का खेल सा है। मैं सीधा खड़ा नहीं हो सकता, क्योंकि दूसरा पक्ष मुझे गिराने के लिए तैयार है। लेकिन मैं अपने अतिवाद को जानता हूँ।' श्री नीरद चंद्र चौधरी ने, मीनाक्षी मुखर्जी लिखती हैं,''मुझे मातृभूमि के लिए देश कहना सिखाया, जो निश्चित रूप 'इंडिया' है जब वे अंग्रेजी में लिखते थे। फिर क्यों वे जब भी अपनी मातृभाषा के पक्ष में खड़े होते थे तो इसे अस्तित्व-विहीन बंगाल के लिए प्रयोग किया करते थे?'' तभी तो हमने यहाँ 'दुई नीरद' कहा है।

आनंद कुमारस्वामी

It is hard to realize how completely the continuity of Indian life has been severed. A single generation of English education suffices to break the threads of tradition and to create a nondescript and superficial being deprived of all roots—a sort of intellectual pariah who does not belong to the East or the West. The Dance of Shiva: Coomaraswamy

उन्नीसवीं शताब्दी के अवसान एवं बीसवीं शताब्दी के प्रारंभ में संसार के प्रत्येक हिस्से से विद्वानों का काफिला एशिया की ओर गहन अध्ययन की खातिर आगे बढ़ा। इन विद्वानों में कई वास्तुविद थे, कई भू-गर्भ शास्त्री , कई शोधकर्ता थे तो कई दार्शनिक व विचारक। उन्होंने भारत और एशिया से पश्चिम और यूरोप का परिचित कराया। कई भारतीय विद्वान और विदेशी जिज्ञासु नई जमीनें तोड़कर नए रास्ते खोजकर भारतीय मनीषा, कला, संस्कृति और साहित्य की ओर लोगों का ध्यान आकर्षित कर रहे थे। उनका कहना था कि विश्व संस्कृति वस्तुतः एक है। ऐसे विद्वानों ने धर्म, जाति, रंग और ऐसे अन्य तमाम भेदों को दरकिनार करके दार्शनिक पूरब को भौतिक पश्चिम से ऐसा परिचित कराया कि कोई दूरी न रही। भारतीय और एशियाई कला को समकालीन नजरिये से देखते हुए भी विद्वानों ने उसकी जड़ तथा पूर्णता को भी नजरअंदाज नहीं किया। भारतीय कला-संस्कृति की अनूठी व्याख्या करने वाले विद्वानों में आनंद केंटिश कुमारस्वामी या कुमारस्वामी (1877-1947) का नाम प्रमुखता से लिया जा सकता है। हम भारतीय कला के व्याख्याता व पुरोधा के रूप में ही नहीं भारतीय अंग्रेजी के अनूठे लेखक के रूप में भी इनके योगदान को रेखांकित करते हैं और कोलंबो सीलोन (अब श्रीलंका) में पैदा हुए ऐसे भारतीय मूल के विद्वान को श्री अरविंद और रवीन्द्रनाथ टैगोर के समीप व समकक्ष रखते हैं।

आनंद कुमार स्वामी का जन्म 1877 में कोलंबो सीलोन (श्रीलंका) में तमिल पिता और अंग्रेज माता के घर हुआ था। उनके पिता सर मुत्तु स्वामी श्रीलंका में बस अवश्य गए थे, किन्तु भारत से उनका संपर्क टूटा नहीं था। वे ऐसे पहले एशियाई थे जो इंग्लैंड की 'बार' में कानून की प्रेक्टिस करने के लिए बुलाए गए थे। माता एलिजाबेथ बीबे उस केन्ट परिवार से थी जिनकी तूती भारत में भी बोलती थी। इन दोनों का विवाह ईसाई पद्धति से केंटरबरी के आर्क बिशप ने किया था। भारतीय उपमहाद्वीप में निवास करने वाले इस जोड़े का मिलन दो स्वतंत्र व्यक्तियों का मिलन था इसलिए बाल 'आनंद' को पूरब-पश्चिम दोनों से अनुराग प्राप्त था। वह सही अर्थों में भी और आधुनिक अर्थों में भी 'द्विज' बना। भारतीय ज्ञान और दर्शन के अध्ययन को विरासत में पाककर और पाश्चात्य ईसाई चिंतन, दर्शन, साहित्य और कला को अध्ययन के द्वारा प्राप्त कर आनंद ने सही अर्थों में स्वयं को निष्णात किया। बचपन से ही कुमारस्वामी इंग्लैंड में पले क्योंकि 1877 में ही आनंद के जन्मोपरांत माता कुमार स्वामी वापिस इंग्लैंड आ गई। यह दुःखद रहा कि पिता कुमार स्वामी कभी अपने पुत्र को वहां जाकर न देख पाए। जिस दिन वे इंग्लैंड जानेवाले थे, उसी दिन उनकी मृत्यु हो गई।

सन् 1900 में आनंद ने लंदन विश्वविद्यालय से स्नातक की उपाधि प्राप्त की। यह उपाधि बोटनी या वनस्पति शास्त्र में थी और 1906 में डॉक्टर इन साइंस की उपाधि एक नए खनिज को खोज करने पर प्राप्त की जिसका नामकरण उन्होंने अपने नाम पर नहीं, बल्कि उसके गुणों के आधार पर किया। सन् 1902 से 1906 तक आनंद के अपनी जन्म भूमि में शोध कार्य किया।

अपने जैसे तमिल और सिंहली लोगों को समझा। कई कार्य उन्होंने किए जिनमें सबसे महत्वपूर्ण रहा अपने लोगों को अपने पहनावे को पहनने के लिए प्रेरित करना। इस दौरान वे भारत भी आते जाते रहे। धीरे-धीरे शैक्षणिक , सामाजिक और सांस्कृतिक क्रिया-कलापों में उनकी रूचि बढ़ी। उन्होंने सीलोन में एक राष्ट्रीय विश्वविद्यालय खोलने का प्रयत्न किया। भारतीय स्वतंत्रता आंदोलन के प्रति भी वे आकर्षित हुए और साथ ही भारतीय कला और कलाकृतियों की ओर उनका ध्यान गया। उन्होंने मिनिएचर पेंटिंग , लोक संगीत और लोक-कलाओं का संग्रह करना आरंभ किया। उनका संग्रह धीरे-धीरे इतना विशाल हो गया कि एक राष्ट्रीय म्यूजियम की स्थापना का विचार पल्लवित होने लगा, किन्तु धन के न होने के कारण उन्होंने अमेरिका के बोस्टन म्यूजियम ऑफ फाइन आर्टस में रखवा दिया।

इसके पश्चात उनकी पहली पुस्तक सिंहली कला पर आई जिसमें उनकी पत्नी ईथेल भी सहयोगी थीं। इस पुस्तक के प्रकाशित होते ही कुमार स्वामी का कला-सर्मीक्षक का रूप सामने आया। 'राजपूत पेंटिंग' (1916) में उन्होंने समकालीन विचार के संबंध में राजपूत चित्रकारी को विवेचित-विश्लेषित किया। उन्होंने चित्रकला के प्रस्तुतीकरण का एक ऐसा ढंग विकसित किया जो सर्वथा उनका और मौलिक था। वे चित्र के भूत, वर्तमान या भविष्य सबको प्रस्तुत करते थे। विस्तार से उसके बारे में बताते थे। कुछ विषय ऐसे थे, जिन्हें कुमार स्वामी बार-बार प्रस्तुत करते थे। दिल से प्रस्तुत करते थे। मौका मिला तो वे बोस्टन म्यूजियम में उनके भारतीय संग्रह की देखभाल के लिए अमेरिका चले गए। इस प्रकार इंग्लैंड जो यदाकदा उनके भारत प्रेम के प्रति नाक-भौं सिकोड़ा करता था और जो कुमार स्वामी की अंतर्राष्ट्रीय छवि से आतंकित था, कुमार स्वामी को खो बैठा। कुमार स्वामी ने इंग्लैंड 40 वर्ष की आयु में छोड़ा और मृत्यु पर्यन्त वे अमेरिका में ही रहे। वहीं उनके व्यक्तित्व का बहुआयामी पक्ष पल्लवित हुआ। लेखन, संभाषण और रेडियो-टाक के जरिए कुमार स्वामी ने भारतीय कला को प्रस्तुत किया। इन सबमें उन्हें विद्वत समाज के सम्मुख अपने विचार व्यक्त करना अच्छा लगता था। शायद वे समझते थे कि बुद्धिजीवी वर्ग से बातचीत करने का असर ज्यादा होता है।

आनंद कुमार स्वामी अपने आपको सदा हिन्दू मानते थे और हिन्दू रीति-रिवाज परंपराओं और दर्शन विश्व के सम्मुख विचारार्थ प्रस्तुत करना परम कर्तव्य। उन्हें हिन्दू, मुसलमान, इस्लाम, बौद्ध, जैन ईसाई और अन्य अनेक धर्मों के प्रमुख विचारों का ज्ञान था और वे तुलनात्मक प्रस्तुति करते हुए यह स्पष्ट किया करते थे कि सभी धर्म वस्तुतः अंदर से एकता रखते हैं। वे ईसाई धर्म के मर्म को जानते थे और इसलिए कई बार पूछने पर कहा करते थे 'आई एम ट्रू कैथेलिक टू बी एक कैथोलिक'। वे समझ गए थे कि उस परम तत्त्व को जानना जरूरी है और धर्मों के स्थान पर 'धर्म' की बात करना बेहतर होगा। 'आई शुड प्रीफर टू से, फोर्मस ऑफ रिलिजन, नोट रिलिजन्स।' उन्हें ग्रीक, लेटिन, संस्कृत और पाली भाषाओं का ज्ञान था और फ्रेंच , जर्मन,

अंग्रेजी तथा हिन्दी भी उन्हें अच्छी तरह आती थीं, किन्तु भाषा उनके लिए माध्यम भर थी। उन्होंने अंग्रेज़ी को चुना और सभी प्रमुख धर्मों का तुलनात्मक अध्ययन करके एक 'धर्म' का पक्ष लिया। वे कहा करते थे कि मैं आपके साथ हूं, चाहे आप मेरे साथ न हों। आई एम ओन योर साइड, इवन इफ यू आर नोट ओन माइन।

'द ट्रेडिशनल थ्योरी ऑफ लिटरेचर' (1962) में प्रस्तावना स्वरूप रे लिंविग्सटन ने ठीक ही लिखा है कि कुमार स्वामी ऐसे स्वामी नहीं थे जो बोगस दार्शनिकता का कारोबार करते हैं वे पश्चिमी सभ्यता के लोगों को उनके ही ज्ञान और विद्वत्ता से परिचित कराना चाहते थे। 'बट इट बी नोटेड एट दी आउट सैट दैट कुमार स्वामी कैन नोट बी लंप्ड विद दोज स्वामीज ईस्ट ओर वेस्ट, ओर लाइक टाइप्स हू पैडल ए बोगस 'स्प्रीचुएलिटि दैट इज वेग' डिल्यूजरी एंड डिसीट फुल। आई बिलीव फर्दर दैट कुमार स्वामी हैड नो डिजाइस ओन अस इन द वैस्ट एक्सैप्ट टू रिटर्न अस टू द सोर्सिज ऑफ अवर ओन विजडम।'

कुछ विद्वान कुमार स्वामी के लेखन को अभिजात्य एवं उच्च कहकर परे सरकाते हैं। अनेक लोग इस लेखन में ईश्वरीय चमत्कार देखते हैं। कई विद्वानों ने कुमार स्वामी से अपने-अपने धर्म की मिशनरी गतिविधियों के विरोध में पाया, किन्तु आज उनके अवसान के इतने वर्षों के पश्चात् जब 'सांस्कृतिक उपनिवेशवाद' और धर्म परिवर्तन या धर्मान्तरण की बातें होती हैं,कुमार स्वामी के विचार सामयिक लगते हैं। उन्होंने बार-बार कहा था कि ईसाइयत भी मुख्य रूप से भक्ति या पूजा की कायल है। कुमार स्वामी 'यूरोप का उपनिषद' ढूँढ़ने की सलाह देते हैं और सेट पॉल की तरह कहना चाहते हैं कि हर धर्म में ज्ञान का भंडार और ईश्वर का अनुभव होता है। (ओ, द डेप्फथ ऑफ द रिचिज, द विजिडम एंड द नोलिज ऑफ गॉड!) कुमार स्वामी के लेखन का उद्देश्य ईसाइयों और पश्चिम के लोगों को उनकी परंपरा से परिचित करना था और यह कार्य उन्होंने जीवन पर्यन्त किया। उन्होंने प्रारंभिक क्रिश्चियन कला और मिस्टिक-चिंतकों भक्तों को भारतीय कला के निकट पाया और भारतीय कला को समझने के लिए मध्यकालीन दृष्टांतों को उपयोगी माना।

डॉ. कुमार स्वामी सितंबर सात, सन उन्नीस सौ सैंतालीस को इस दुनिया से गए। वे अपने घर अपने अध्ययन कक्ष से गए और अपने घर से सटे बाग में जाकर भूमि पर लेट गए और अपनी पत्नी से अपने इहलोक से परलोक जाने की बात बताई। वे एक सामान्य हिन्दू की तरह मरे, धरती माता की गोद में और परदेश में ही उनका अंतिम संस्कार भी हुआ। भारत में उनकी अस्थियां ही आ सकीं। जिन्हें प्रयाग राज में विसर्जित कर दिया गया। रह गया तो उनका अकूत कृतित्व। आनंद कुमार स्वामी के लेखन की सूची एस. दुरई राजा सिंगम ने बनाई है दो खंडों में लिखित इस पुस्तक के प्रथम खंड (1981) में 424 और दूसरे खंड (1984) में 568 पृष्ठ हैं। उनके पुत्र राम पी. कुमार स्वामी ने भी एक सूची बनाई है। प्रीन्स्टन विश्वविद्यालय ने भी इनके कृतित्व का

संग्रह रखा हुआ है और बोस्टन म्यूजियम ने भी।

भारत में रहकर भारतीय अंग्रेजी साहित्य के कोश को मालामाल करने वाले पत्रकारों में 'द हिन्दू' के पत्रकार एन. रघुनाथन का नाम प्रमुख है जो 'विघ्नेश्वरा' नाम से लिखा करते थे। साप्ताहिक रूप से लिखते-लिखते उन्होंने अपनी एक ऐसी शैली विकसित कर ली थी कि उन्हें आलोचक नीरद सी. चौधरी और राधाकृष्णन के साथ तीन प्रमुख गद्यकारों में शुमार करते हैं। यदि बेकन के निबंध 'मिनर्वा' की कृपा हो सकते हैं तो रघुनाथन के निबंध 'गणेश' जी का वरदान कहे जा सकते हैं। इन्हीं रघुनाथन जी ने आनंद कुमार स्वामी के प्रति निम्नलिखित शब्द कहे थे।

उन्हें और उनके जैसे अनेक महानुभावों को धन्यवाद है कि आज ऐसे लोग अल्पसंख्या में ही सही हैं तो जो हमारी महान संस्कृति के विषय में सोचते हैं और इसको एक जीवंत प्रभाव के रूप में प्रस्तुत करना चाहते हैं। उसने शोकाकुल होकर कहा था 'अंग्रेजी शिक्षा की एक अकेली पीढ़ी ही परंपरा का धागा तोड़ने के लिए काफी है और ऐसे अविवेकी तथा मामूली लोगों को बनाने में समर्थ हैं जिनकी कोई जड़ ही नहीं है - एक प्रकार के बौद्धिक अस्पृश्य जो न तो पूरब के हैं न पश्चिम के, न वर्तमान के और न भविष्य के।' याद रखिए कि वह व्यक्ति जिसने हमारे सांस्कृतिक अधःपतन को इतने करीब से देखा वह रक्त संबंध से आधा भारतीय ही था।

ए सिंगल जेनरेशन ऑफ इंग्लिश एजुकेशन सफाइसिज टू ब्रेक द थ्रेड्स ऑफ ट्रेडिशन एंड टू क्रिएट ए नोन डेस्क्रीप्ट एंड सुपरफीसियल बीइंग डिप्राइव्ड ऑफ ऑल रूट्स ए सोर्ट ऑफ इन्टलेक्चुअल पैरिहा हू डज नोट बिलोंग टू दी ईस्ट ओर द वैस्ट, द पास्ट ओर द फ्यूचर।

'डांस ऑफ शिवा' ('शिव तांडव') नामक कृति में कुमार स्वामी भारतीय दर्शन की लय को जिस प्रकार अपनी वाणी दी है वह अद्भुत है। 'यह गहन मंदविचार की स्वांस....वे गुण जिसे, सबसे-सब दूसरों से अधिक, यूरोप की आत्मा आज चाहती हैं, शांति, धैर्य, आशा और अनिर्वचनीय आनंद जैसे कोई हवा के झोंकों से रहित स्थान पर एक दीपक रखा हो ऐसा दीपक जो टिमटिमाता नहीं।' ('दिस डीप स्लो ब्रैथ ऑफ थोट.....दोज वर्चुजव्हिच, अबाड ऑल अदर्स, द सोल ऑफ यूरोप नीड्स टुडेः ट्रंकूक्यूलिटी, पेशैंस, होप ऐंड अनरफल्ड जोय-लाइक ए लैंप इन ए विंडलैस प्लस दैट डज नोट फ्लिकर।' भारतीय अंग्रेजी लेखन में शायद ही आत्मा की आवाज को भाषा के माध्यम से प्रस्तुत करने वाला कोई अन्य शिल्पी रहा हो। स्वामी विवेकानंद जरूर ऐसे थे, दूसरा कोई नहीं। गद्यकार के रूप में आनंद कुमार स्वामी के योगदान का विशद विवेचन होना अभी शेष है।

यहाँ मैं एक घटना को बयान करना चाहूंगा। जब आनंद कुमार स्वामी से उनके जीवनीकार एस. दुराई राजसिंगम ने एक प्रमुख भारतीय के बारे में उनके विचार जानने चाहे तो उन्होंने कहा 'वे तो महात्मा हैं, कोई बौद्धिक विभूति नहीं, मैं दोनों ही नहीं हूँ, किन्तु मैं कहता हूँ तो दोनों हुआ करता हूँ।"

उनके व्याख्याकार पैरी ने कहा है कि लोग इस बात का कुछ भी अर्थ लगाएं और सोचें कि

वह महात्मा हैं या बौद्धिक विभूति या दोनों ही नहीं, या एक के बाद एक, किन्तु इसमें संदेह नहीं कि उनमें दोनों के गुण झलकते अवश्य थे। आनंद कुमार स्वामी अक्सर कहा करते थे कि ईश्वर अपने अस्तित्व के गवाह बनाए बिना नहीं छोड़ता और ईश्वर कभी अपने आपको नहीं दुहराता (गॉड हैज नेवर लैफ्ट हिमसैल्फ विद्आउट एविटनेस। गॉड इज नोट रिपीट हिम सेल्फ।) क्या आनंद कुमार स्वामी का जन्म ईश्वरीय अनुकंपा थी, या वे ईश्वर के अंश ही थे?

भाषा और साहित्य क्या है? वचन मात्र, बस सूक्ति। कहना न होगा कि कला मर्मज्ञ कुमार स्वामी के लिए 'कला' एक प्रकार से धर्म था, जीवन-पद्धति थी। कला के मार्ग में आने वाले विज्ञान को उन्होंने अवसाद से कम नहीं माना। इसी तरह उनका आदर्शवादी रुझान उन्हें भावनाओं और एन्द्रिक चर्या से दूर ले गया। सैकड़ों पुस्तकों, हजारों पत्रों, हजारों भाषणों में उन्होंने यही बात बार-बार दुहराई कि कला ईश्वर की देन है और वह ईश्वर एक है। प्रख्यात कला-समीक्षक डॉ. नीहार रंजन रे के अनुसार कुमार स्वामी कला के कोई सर्जनात्मक कलाकारों के रूप में भारतीय पारंपरिक कला और संस्कृति को प्रस्तुत नहीं कर रहे थे। वे तो बस एक बौद्धिक चिंतक आदर्शवादी की तरह - उस व्यक्ति की तरह अपना पक्ष प्रस्तुत कर रहे थे जिसने भारत के ज्ञान को स्वयं अपने प्रयत्नों से प्राप्त किया था। इसलिए उनकी कला-समीक्षा साहित्यिक -पाठों पर अधिक आधारित है और कला-वस्तुओं या कलाकृतियों पर। फिर भी कुमार स्वामी अपने विचारों से समस्त विश्व को प्रभावित कर सके। आज भी कुमार स्वामी को पढ़े बिना भारतीय कला, सौंदर्य शास्त्र और दर्शन को ठीक से नहीं समझा जा सकता है। कुमार स्वामी के लेखन एवं उनके रुझान को यदि एक ही निबंध में देखना हो तो 'द थ्योरी ऑफ आर्ट इन एशिया' में देखा जा सकता है। वे भारत ही नहीं चीन की कला को भी प्रस्तुत करते हैं। निबंध में विचार व चेतना भारतीय है, किन्तु शब्दावली यूरोपीय व भाषा अंग्रेजी। सौंदर्यवादी अनुभव के लिए कुमार स्वामी भारतीय कला एवं साहित्य के अलंकार ग्रंथों मुख्यतः 'साहित्य दर्पण' को आधार बनाते हैं। यही नहीं वे 'रस' को आदर्श सौंदर्य मानते हुए वहीं से काव्य की परिभाषा उठाते हुए कहते हैं। 'कला आदर्श सौंदर्य से प्राप्त अनुभूति की अभिव्यक्ति है।' (आर्ट इज इक्सप्रेशन इनफोर्मड बाई आइडियल ब्यूटी)। वे ध्वनि, व्यंजना, व्यक्ति वैचित्र्यवाद आदि की भी विवेचना करते जाते हैं और साथ ही यह भी कहते हैं कि आदर्श सौंदर्य की संकल्पना भारतीय विचारकों के अनुसार महत्वपूर्ण है और इसकी जो विवेचना उन्होंने की है वह इस तथ्य को रेखांकित करती है कि कला अपने आप में अलौकिक अनुभव है और विवेकी के लिए आनंदातिरेक है तथा कलाकृति इस आनंदातिरेक के लिए उपादान मात्रा है। कला का आनंद स्वर्ग की धरा के मध्य का ऐसा अनुभव है जिसमें धरा व गगन मिलते प्रतीत होते हैं। कुमार स्वामी ने चीनी चित्रकारी के तीन प्रमुख विभाजनों यथा दैवी, गूढ़ और निष्पक्ष डिवाइन, प्रोफाउन्ड और अकम्पलिशड) को राजशेखर द्वारा दी गई सृजनात्मक प्रतिभाओं कारयित्री और भावयित्री और से तुलना करके

बताया और साथ ही यह भी कहा कि इस्लाम का चिंतन भी यही है कि सच्चा कलाकार ईश्वर केवल ईश्वर ही है जिसे भारतीय मनीषा निरंकार कहती है (दी ओनली टू आर्टिस्ट इज गॉड)। कला मीमांसको के बीच भारतीय अलंकार शास्त्र, काव्यशास्त्र, आलोचना, समीक्षा, कला-समीक्षा दर्शन आदि अनेक विषयों के निष्णात पंडित के रूप में हम आनंद कुमार स्वामी को प्रस्तुत पाते हैं। ऐसी ही विभूतियों ने विलियन आर्चर जैसे समीक्षकों का मुंह बंद किया जो भारतीय कला के अस्तित्व से ही इंकार करते थे। यदि आज हम इस अवस्था में हैं कि भारतीय कला के किसी निश्चित स्वरूप को विश्व के सामने रखा पा रहे हैं तो यह आनंद कुमार स्वामी, श्री अरविंद और एम हिरियन्ना जैसे महापंडितों के अंग्रेजी लेखन की बदौलत ही है।

29

उपन्यासकार त्रयी

उपन्यास के क्षेत्र में 1902 में रमेश चंद्र दत्त का उपन्यास 'द लेक ऑफ पाम्स' आया था और उसके बाद दत्त का ही 'द स्लेव गर्ल ऑफ आगरा'(1907) (माधवी-कन्नन की प्रेमकथा) ने ध्यान आकृष्ट किया। उसके बाद अनेक कथाकारों ने अंग्रेज़ी में उपन्यास लिखे किन्तु भारतीय अंग्रेजी उपन्यास विधा को अपना पहला श्रेष्ठ उपन्यासकार मुल्क राज आनंद के रूप में मिला। दलित, दमित, गरीब किसान और सर्वहारा समाज के चित्रण में आनंद हिन्दी के प्रेमचंद के समकक्ष ठहरते हैं। गांधी दोनों के केंद्र में है।

मुल्क राज आनंद

आधुनिक युग के प्रारंभ में अंग्रेजी समीक्षा के क्षेत्र में एक नई समीक्षा पद्धति का विकास हुआ। बीसवीं शताब्दी के पूर्वार्ध में एक ओर तो 'केंब्रिज स्कूल' के आई.ए. रिचर्डस, विलियम ऐंपसन और एफ.आर.लिविसथे, तो दूसरी ओर 'नए समीक्षक' अमेरिका में आए, जैसे जॉन क्रो रेंसम, क्लिनथ ब्रुक्स और एलन टेट आदि। नए समीक्षकों ने रचना को महत्व देने को तरजीह दी। किन्तु लेखक के परिवेश, जीवन तथा कार्य का उसके लेखन से अलग कर दें तो उनके लेखन की थाह लेना कठिन हो जाएगा। स्वतंत्रता के पश्चात मुल्कराज आनंद ने कई 'आत्मकथात्मक उपन्यास' ही लिखे। उन्होने बार-बार कहा कि उनके जीवन और लेखन में चोली दामन का साथ है। वे अपने आपको फील्डिंग,स्मोलेट और क्रांति के बाद के फ्रांसीसी लेखकों सा मानते रहे और सत्य के प्रति अपनी निष्ठा के प्रति सतर्क रहे।अमेरिकी जादू उन पर न चल सका।

मुल्कराज आनंद (1905-2004) का जन्म 1905 में एक सुनार लाल चंद एवं ईश्वर कौर के घर पंजाब में हुआ था। आनंद ने कई लोक कथाओं एवं दंतकथाओं को माँ की जुबानी सुनकर कथाक्रम का पहला पाठ पढ़ा। उनके एकाधिक पाठकों ने उनकी दार्शनिकता एवं धार्मिकता का श्रेय भी गांधी जी के साथ ही उनकी माँ को भी दिया है। उनके जीवन की झलक हम

'सेवन समर्स' (1957), 'मोर्निंग फेस' (1965), 'कन्फेशन्स ऑफ ए लव्रर' (1976) आदि आत्मकथात्मक उपन्यासों में देख सकते हैं। 'रूट्स एंड फ्लावर्स' में आनंद ने अपने परिवार के बारे में लिखा है, "इस्माइल आगा खान संप्रदाय के प्रति निष्ठा रखने के कारण अधिकांश परंपरावादी हिंदुओं द्वारा हमारे परिवार को एक प्रकार का अछूत ही समझा जाता था।"यूरोपीय विचारों और आदर्शों से उनका परिचय बचपन में ही हो गया और खालसा कॉलेज अमृतसर में पढ़ते हुए उन्होंने देश के स्वतंत्रता संग्राम में भी रूचि ली। अल्लामा इकबाल ने आनंद में साहित्यिक अभिरूचि देखकर उन्हें प्रेरित किया। आनंद अपने आत्मकथात्मक लेखन में बार-बार अपने लेखक बनने की पृष्ठभूमि एवं प्रक्रिया को स्पष्ट करते हैं। आनंद ने 1925-45 के बीच यूरोप प्रवास किया। ब्रिटेन में लॉक, ह्यूम, बर्कले और रसल पर शोध कार्य किया। मार्क्स की ओर आकृष्ट हुए किंतु उनका कहना सदा यही रहा कि वे मानवतावादी है, साम्यवादी नहीं। वह समय ब्रिटेन में 'पिंक शताब्दी' के नाम से चल निकला था, जब आनंद ने अनेक लेखकों के साथ परिचय बढ़ाया। आस्ट्रिया, जर्मनी और स्पेन आदि का भ्रमण किया। इतने लेखकों से सीधे संपर्क साधा कि सरोस कोवासजी ने ऐसे साहित्यकारों की एक लंबी सूची (हजारों की संख्या है) ही अपनी पुस्तक में प्रस्तुत की है। उन्होंने हेनरी मिलर के एक पत्र को उद्धृत करते हुए आनंद के व्यक्तित्व का बखान इन शब्दों में किया है, "मैं मुल्कराज आनंद को भली प्रकार से जानता हूँ। वह जान पहचान के लिए मजेदार व्यक्ति हैं और प्रत्येक के लिए अच्छे साथी हैं।" जूलीयन साइमन्स ने संडे टाइम्स में लिखा था, "मुल्कराज आनंद वाज ए फिगर वैल्यूड नोट ओनली एज़ ए नोवलिस्ट, बट फोर द जेनरोसिटी, एन्थूज़ियास्म ऑफ ए पर्सन अनटचज्ड बाई द पीरियड'स पोलीटिकल इन फाइटिंग।"

आनंद ने अपने प्रथम उपन्यास 'अनटचेबल' (1935) से पूर्व हो तीन अन्य पुस्तकें लिखकर प्रकाशित करा दी थीं। वे पुस्तकें थीं- 'पर्शियन पेंटिंग' (1930), 'द हिंदू व्यू ऑफ आर्ट' (1933) और 'द गोल्डन ब्रेथ : स्टडीज इन फाइव पोइट्स ऑफ द न्यू इंडिया' (1934)। एक उपन्यास ने ही उनको लेखक के रूप में प्रतिष्ठित किया। इसके तुरंत बाद 'कुली' (1936) और इसके बाद 'टू लीव्स एंड द बड' (1937)प्रकाशित हुए। तत्पश्चात तीन उपन्यासों की लड़ी- 'द विलेज' (1939), 'एक्रोस द ब्लेक वाटर्स' (1940), 'द सोर्ड ऐंड द सिकल' (1942) आई। एक पुस्तक कहानियों की भी आई 'द बार्बस ट्रेड यूनियन' (1944)। 'द बिग हार्ट' (1945) भी उल्लेखनीय हैं। आनंद सन् 1945 में भारत आ गए तो उसके बाद 'सेवन समर्स' (1951), 'प्राइवेट लाइफ ऑफ एन इंडियन प्रिंस' (1953) 'द रोड' (1961), 'डैथ ऑफ ए हीरो' (1963), 'मोर्निंग फेस' (1968) और 'कनफैशन ऑफ ए लवर' (1976) भी आए। शोधार्थी एवं समीक्षकों ने कहा है कि 1945 के पश्चात आए आत्मकथात्मक या जीवनीपरक उपन्यास भी 1920 के बाद के कुछ वर्षों में ही लिख गए थे और बाद में इनमें कुछ परिवर्तन-

परिवर्धन ही हुए और कुछ नहीं।

कई आलोचक जैसे अलस्टीयर निवेन 'द योक ऑफ पिटि' (1978) में आनंद की रचनाओं का अध्ययन उनके आत्मकथात्मक उपन्यासों से आरंभ किया है। वस्तुतः आनंद के लेखन पर मार्गरेट बैरी, सरोस कोवासजी, जैक लिंडसे, एम.के. नाइक और के.के. सिन्हा के अतिरिक्त नरसिम्हैया और मीनाक्षी मुखर्जी ने भी विस्तार से विचार किया है। स्वयं मुल्कराज आनंद ने 'मैं क्या लिखता हूं?' में कहा है, "महात्मा गांधी ने मुझे मेरे उपन्यास 'अनटचेबल' के कुछ अंश पढ़कर सुनाने की अनुमति दी, यद्यपि वे उपन्यास-विधा के खिलाफ थे, क्योंकि वे सोचते थे कि उपन्यासों में युवक-युवतियों की प्रेम कहानियां ही होती हैं। उन्होंने सोचा कि मैंने 'बाखा' को 'ब्लूम्सबरी इंटलेक्चुअल' बनाया है और उन्होंने मुझे इस उपन्यास का पुनर्लेखन करने की सलाह तक दे डाली। उन्होंने कहा कि किसी लेखक को ऐसा कुछ नहीं लिखना चाहिए, जो उनका स्वयं का अनुभव न हो। तब से मैंने एक मूलभूत बात सोच ली है कि किसी लेखक के लिए सत्य ही सर्वोपरि है और यह सत्य काल्पनिक सत्य होना चाहिए। उपन्यास जीवन के सत्य को अनुभवजन्य घटनाओं से युक्त करे और पुस्तकों से नहीं।........मैं इस दुनिया में पले बढ़े लोगों को देखकर उनको अपने उपन्यासों के माध्यम से प्रस्तुत करता हूँ। "

'अनटचेबल' या 'अछूत' आनंद का सबसे प्रभावशाली और पहला उपन्यास है। इसके पश्चात् भी आनंद ने 'कुली' और 'टू लीवस् एंड ए बड' में दलित एवं दमित वर्ग की पैरवी की है। किन्तु इन उपन्यासों में भी 'जाति' के स्थान पर 'वर्ग' की जद्दोजहद प्रमुख है। बाखा अछूत की तरह मुन्नु कुली,भिखू चर्मकार आदि सभी पात्र किसी न किसी तरह दलित व दमित हैं और उनकी कथा चार्ल्स डिकिंस के कथानकों की तरह आगे बढ़ती है। चार्ली चैपलिन की आत्मकथा के पन्नों-सी ये कथाएं दर्द का एक अजीबों-गरीब रिश्ता अपने पाठकों से बनाती हैं। कुली का युवा मुन्नु एक अनाथ बालक है, जो कांगरा घाटी से बंबई की मायानगरी में आ जाता है। पेट की आग बुझाने के लिए वह घरेलू नौकर, फैक्ट्री मजदूर, अचार-निर्माता, कुली, रिक्शा वाला न जाने क्या-क्या बनता है और उसे थोड़ी बहुत दया-ममता प्राप्त होती है तो बस अपने जैसे गरीब सर्वहारा लोगों से। दो बीघा जमीन के बलराज साहनी-सा वह दमन का शिकार होता है और अंत में गरीबी ही उसे मार डालती है। उपन्यास का कलेवर पहले के उपन्यास 'अनटचेबल' से बड़ा है, इसलिए इसके कथा प्रवाह में बंबई की ट्रेड यूनियनें, वहां के पठान, फैक्ट्री मैनेजर भी आ जाते हैं। कहीं-कहीं वह सांप्रदायिकता के दंश को छूता है, किंतु किसी समाधान को अपने पाठकों पर लादता नहीं। 'टू लीवस एंड ए बड' में एक पंजाबी किसान की आशाओं पर तुषारापात होने की कथा बयान की गयी है। गंगू नामक यह किसान आसाम के एक चायबागान में काम करने के लिए चला जाता है। गंगू का शोषण होता है, हर तरह का शोषण और अंत में वह एक अंग्रेज अधिकारी की गोली खाकर मारा जाता है, ऐसा अफसर जो गंगू की बेटी से

बलात्कार की कोशिश करता है।यहां अंग्रेज खलनायक है, किंतु नायक होते हुए भी गंगू की मौत होती है। उसकी लाचारी तत्कालीन सामाजिक व्यवस्था की लाचारी है। एक अन्य स्थान पर लालू अंग्रेज से बहुत उम्मीद रखता है। वह उसको भगवान का भेजा देवदूत मानकर पूजा-सा करता है। खाइयों में पड़ा हुआ जीवन मरण के बीच झूलता लालू इसी बात से प्रसन्न रहता है कि वह अंग्रेज की छत्र-छाया में है। यह साहबों के प्रति सद्भावना की पराकाष्ठा ही थी, जिसके कारण भारत की गुलाम कौम जुल्म बर्दाशत करती थी और अपने को धन्य भी समझती थी। लाल सिंह अपने केश भी कटवा देता है, जबकि धर्म में यह मना था। लाल सिंह आनंद के तीन उपन्यासों की लड़ी में ऐसा पंजाबी किसान है। यह किसान प्रथम विश्व युद्ध में भी भाग लेता है। हम 'उसने कहा था' (चंद्रधर शर्मा गुलेरी) के लहना सिंह को याद करते हैं।

'द सोर्ड एंड द सिकल' में आनंद अपने कथा नायक को फिर से जर्मन जेल से पंजाब के खेतों में ले जाता है और यहां गांधी दर्शन के दर्शन होते हैं। 'द बिग हार्ट' (1945) में भी गांधी हैं, जिसने अनंत के माध्यम से लेखक ने नेहरूवाद को पूरन सिंह भगत के माध्यम से और गांधी जी के 'हिंद स्वराज्य' (1910) को महाशय जी के माध्यम से प्रस्तुत किया है। अनंत का आत्मोत्सर्ग हमें दूर तक घेरता है।

स्वतंत्रता के पश्चात आनंद का लेखन बदस्तूर जारी रहा, किंतु न तो पहले वाली बात रही, न प्रभाव। कृष्णचंद्र पात्र को लेकर वे एक काल्पनिक यथार्थ को बुनते अवश्य हैं। पहले पांच उपन्यासों के बाद एक नया युग भी शुरू होता है। इसी दौरान प्रगतिशील लेखक संघ से भी जुड़े, जिसके पहले अधिवेशन की अध्यक्षता प्रेमचंद ने की थी। सज्जाद जहीर भी थे। आनंद चाहते तो अपनी पी.एच.डी. डिग्री की बदौलत कहीं प्रोफेसर हो गए होते , किंतु वह बंबई में रहकर 'मार्ग' नामक कला पत्रिका संपादन करने लगे । आनंद ने आत्मकथात्मक लेखन किया, किंतु सन् 30 के दशक का आनंद हमें फिर दिखाई नहीं दिया। इसका अर्थ यह नहीं कि उनकी वह पुरानी लेखनी मंद पड़ गयी थी, बस बात यह थी कि सात खंडों में समाप्य आत्मकथात्मक उपन्यासों के लेखन में ही उन्होंने सारी ऊर्जा लगा दी।

भारतीय साहित्य में अनेक उपन्यासकार हुए। बंकिम बाबू के रोमांस जैसे कथानकों में वाल्टर स्कॉट की छाया रही, रवीन्द्रनाथ के उपन्यास मध्यवर्ग और उच्चवर्ग के जीवन के इर्द-गिर्द घूमते हैं, शरतचंद्र निम्न मध्य वर्ग के चितेरे हैं, मुंशी प्रेमचंद पूर्वी उत्तर प्रदेश के ग्रामीण जीवन को प्रस्तुत करते हैं। मुल्कराज आनंद इन सबसे नीचे जाकर ऐसे वर्ग की ओर अपनी दृष्टि ले जाते हैं, जहां दरिद्रनारायण वस्तुतः बसते हैं। मुन्नु कुली, बाखा शूद्र और गंगू मजदूर को आनंद ने अपनी कथाओं का नायक बनाया।

एक उपन्यास को थोड़ा विस्तार देना होगा अर्थात बाखा को लेकर लिखा गया 'अनटचेबल' जो लेखक को गांधीजी के पास ले जाता है। आनंद ने बचपन से भंगी बालकों के साथ दिन

बिताए थे, जब वह अपने पिता के साथ भारतीय सेना के सिपाहियों की बस्ती में रहते थे। इसलिए आनंद ने ऐसा लेखन किया, जिसमें यथार्थ हो, सच्चाई हो और सामान्य पुरुष की जीवन गाथा हो।अछूत या 'अनटचेबल' उपन्यास कलेवर में छोटा है और कथा सीधी-सी है। बुलाशाह गांव के अट्ठारह वर्षीय बालक बाखा की कथा है और कथा क्या उसके जीवन का एक दिन है, जो पाठक को अपने साथ ऐसा ले जाता है कि वह मर्मान्तक पीड़ा व क्षोभ से भर जाता है। बाखा लाखा के कई बालकों में से एक है, जो कंटोन्मेंट का जमादार है। चूंकि बाखा नई शताब्दी का लड़का है, इसलिए वह नई रोशनी से प्रभावित है। वह गरीबी में भी 'साहब' सा बन ठन कर रहना चाहता है। सुबह से ही वह पाखाना साफ करने के काम में लग जाता है, किंतु दिवा-स्वप्न देखना भी जारी रखता है। आनंद ने बाखा के कार्य की गहराई से प्रस्तुति की है और बताना चाहा है कि कोई काम बड़ा या छोटा नहीं होता। बाखा की इस पाखाना सफाई क्रिया में उसकी बहन सोहना भी हाथ बंटाती है।सोहना को तो और भी बहुत से काम हैं। वह कुए से पानी भरती है और उस वर्णन के साथ जात-पात का अनोखा साम्राज्य आनंद ने वर्णित किया है। हर जात वालों से छोटी जात वाला मौजूद है और हर बड़ी जात वाला छोटी जात वाले को दूर भगाता है। सोहना को पानी नहीं मिलता पर पंडित कालीनाथ जो कई दिनों से कब्जियत के शिकार थे, वहां आकर पानी खींचकर सोहना का घड़ा भर देते हैं। उनका उद्देश्य था इसी बहाने थोड़ी वर्जिश हो जाएगी और सोहना की ओर दृष्टि डालने से नयन सुख भी मिल जाएगा। पानी भरते हुए पुजारी जी सोहना को सलाह देते हैं कि वह उनके घर आकर बरामदा साफ कर जाए। सोहना वहां जाती है तो पुजारी जी सोहना पर हाथ साफ करने की स्वाभाविक चेष्टा में लग जाते हैं। सोहना के शोर मचाने पर पुजारी जी उल्टे शोर मचाकर अपने उच्च वर्णीय पड़ोसियों को एकत्र कर लेते हैं 'अपवित्र कर दिया, भ्रष्ट कर दिया'। बाखा आ निकलता है, क्योंकि यह समय घर-घर जाकर रोटी मांगने का था। वह सोहना को घर तो ले आता है, किंतु आकर सारी भड़ास पिता पर निकालता है 'वे समझते हैं कि हम भी गंदगी मात्र हैं, क्योंकि हम उनका मैला साफ करते हैं।' (दे थिंक वी आर मीअर डर्ट बिकोज वी क्लीन दियर डर्ट') लाखा किसी तरह पुराने संस्मरण सुनाकर बालक को संतुष्ट करना चाहता है, किंतु बाखा इस शाप को धो डालना चाहता है।

दोपहर में बाखा अपने मित्र रामचरण की बहन को शादी में 'शरीक' होता है - धोबी की लड़की की शादी चर्मकार के बेटे से हो रही थी। बाखा के मन में उठी प्रेम की तरंगों का इस जाति युक्त समाज में कोई खरीदार न था। हवलदार चरत सिंह के यहां जात बिरादरी कुछ क्षण के लिए बाहर रह जाती है, क्योंकि हवलदार उसे हॉकी देता है। 31वीं पंजाबी बटालियन के खिलाफ बाखा एक गोल भी दागता है। (हमें प्रेमचंद्र की कहानी गुल्ली डंडा के गया की याद आती है)। यहां भी उसका जायका खराब होता है, क्योंकि एक घायल बालक को छू भर देने से उसकी मां

'छू दिया, छू दिया' करके वातावरण में जहर घोल देती है। वह खेल कर घर आता है। घर पर रोज की तरह उसे वही डांट-फटकार मिलती है। उसे आवारागर्दी करने का यह दंड मिलता है कि पिता उसे घर से बाहर ही निकाल देता है।कहानी यहीं खत्म हो जाती है, किंतु आनंद गरीबी, जातिप्रथा और अन्य सामाजिक बुराइयों पर टिप्पणी भी करना चाहता है। बाखा की समस्याओं के तीन समाधान बुने गए हैं। पहला तो समाधान कर्नल हचिंग्सन का है, जो बाखा को धर्म परिवर्तन करके ईसाई होने की सलाह देते हैं। महात्मा गांधी की सभा में वही 'हरिजन' वाला हृदय परिवर्तन का दूसरा फार्मूला भी है। गांधीजी छूआछूत को हिंदू धर्म का कोढ़ बताते हैं और अपना सुझाव देते हैं कि बाखा को बात कुछ समझ में आती है, किंतु तीसरे और अंतिम सुझाव को वह ज्यादा कारगर और व्यावहारिक मानता है। यह सुझाव कवि इकबाल नाथ सरशार का है कि यदि भंगी अपना पेशा बदल दें तो उनकी जात भी बदल जाएगी और यह काम आधुनिक फ्लश की टट्टियाँ करेंगी। 'दैन द स्वीपर्स कैन बी फ्री।' कवि कहता है कि 'फ्रोम द स्टिगमा ऑफ अनटचेबिलिटी ऐंड एस्यूम द डिगनिटी ऑफ स्टेटस दैट इज दीयर राइट एज यूज फुल मैंबर्स ऑफ एक कास्टलेस एंड क्लासलेस सोसाइटी।' बाखा इसी आशा में मुस्कराता है कि एक दिन ऐसा होगा। वह अपने पिता को महात्मा जी और ऐसी सफाई व्यवस्था के बारे में बताने के लिए दौड़ पड़ता है। यह उपन्यास अपन जमाने में कितना सराहा गया होगा, यह आप समझ सकते हैं। पुस्तक के पाठकों के मन का सारा मैल दूर हो गया। ओम प्रकाश वाल्मीकि की आत्मकथा 'जूठन' मन में तिक्तता छोड़ जाती है, किंतु यह उपन्यास सीधे दिल को पवित्र करता है। ई.एम. फॉस्टर ने लिखा था 'द बुक सीम्स टु मी इनडिस्क्राइबेबी क्लीन.....इट हैज गोन स्टेट टु द हार्ट ऑफ इट्स सब्जेक्ट एंड प्यूरिफाइड इट।'

यह पुस्तक साफ-सुथरी है या गन्दी है ? कुछ पाठक जो स्वयं को साध-सुथरा मानते हैं, इस पुस्तक के दर्जन-भर पृष्ठों को पढ़ने से पहले ही लाल-पीले हो जाएंगे और कुछ भी कहने का दावा नहीं कर सकेंगे। मैं भी यह दावा नहीं कर सकता लेकिन उसका कारण कुछ और है। मुझे तो यह पुस्तक अवर्णनीय स्वच्छ प्रतीत होती है और मेरे पास इस विषय में कहने के लिए शब्द नहीं है। शब्दाडम्बर और वाक् जाल से बचते हुए पुस्तक सीधे पाठक के दिल तक जाती है और उसे शुद्ध कर देती है। हममें से कोई भी शुद्ध नहीं है, यदि होते, तो हम जीवित न होते। निष्कपट व्यक्ति के लिए सब कुछ शुद्ध हो सकता है और यही उसके लेखन की निष्कपटता है, जिसमें लेखक पूर्णतः सफल हुए हैं। पुस्तक की भूमिका- ई. एम.फॉर्स्टर

आलोचकों ने बार-बार आनंद को भारतीय अंग्रेजी का चार्ल्स डिकेंस कहा है क्योंकि आनंद भी जीवन की विविधताओं और विषमताओं को प्रस्तुत करते हैं। एक बड़े लेखक की पहचान भी यही होती है कि वह अपने युग की रचना भी करता चलता है। आनंद ने अंग्रेजी में लिखा, किंतु भारतीय अंग्रेजी में। कई शब्दों का अनुवाद मुख्यतः भारतीय गालियों के वैविध्य

को देखना मनोरंजक ही है, उदाहरण के लिए 'रेप-सिस्टर', 'रेप मदर', 'रेपर्स ऑफ योर डोटर्स, सन ऑफ ए बिच' आदि। आनंद के लेखन में उनकी प्रतिबद्धता हर पृष्ठ पर मिलेगी।

मीनाक्षी मुखर्जी ने 'द ट्वाइस बोर्न फिक्शन' में यह कहा है कि आनंद परंपरा और आधुनिकता के द्वंद्व को सहजता से प्रस्तुत करने लगते हैं। वह तीन प्रकार के पात्र ही लेते हैं - शोषित, शोषक और श्रेष्ठ। सामान्यतः प्रमुख पात्र शोषित होता है, शोषक शोषण करते हैं और श्रेष्ठ लोग जैसे कवि, समाज सुधारक, डॉक्टर , वकील आदि सहायक बनते हैं। आनंद के लेखन में न तो प्राचीन संस्कृति, धर्म और परंपराओं के प्रति आतुरता का भाव है और न पूरब-पश्चिम का झगड़ा। मीनाक्षी मुखर्जी का मानना है 'आनंद'स कैरेक्टर्स आर लोनली मिस`फिटस..... बिकाज आनंद हैज स्टफ्ड दैम विद हिज ऑन बिलीफ्स' चाहे वे अस्वाभाविक प्रतीत हों, किंतु आनंद के पात्र आनंद के अपने हैं। आनंद भी यही कहते हैं 'आई वांटेड टु सी पीपल एज दे वर, ग्रोइंग इन दिस वर्ल्ड'। आनंद ने अपने पात्रों के माध्यम से भारतीय अंग्रेजी उपन्यास लेखन के इतिहास में कालजयी प्रस्तुतियां की हैं। उन्होंने आगे आने वाले उपन्यासकारों को भारतीय विषयों पर भारतीय लहजे में लिखने की प्रक्रिया से अवगत कराया और यह स्पष्ट कर दिया कि राष्ट्रवाद, गांधीवाद, मार्क्सवाद, आधुनिकतावाद, नेहरूवाद और विश्व एकीकरण आदि वादों के बीच सामंजस्य पैदा करते हुए भी लिखा जा सकता है।

राजा राव

नयी योरोपीय वैज्ञानिक संस्कृति और पुरानी भारतीय संस्कृति की टकराहट से भारतीय समाज में एक नई त्वरा आई भारतीय पुनर्जागरण का आरंभ राजा राममोहन राय (1772-1833) के व्यक्तित्व में परिलक्षित होता है तो निष्पत्ति महात्मा गांधी के व्यक्तित्व में। हमने अर्थात हम भारतीयों ने 'विरुद्धों का सामंजस्य' अच्छे ढंग से सदा ही साधा है। राजनीति में भी और साहित्य में भी। भारतीय संस्कृति धर्म प्रधान और अध्यात्म प्रधान है और योरोपीय संस्कृति नयी वैज्ञानिक सभ्यता और चिंतन-धारा पर आधारित है। इनमें साहित्य के क्षेत्र में सामंजस्य रवि बाबू की अंग्रेजी 'गीतांजलि' में है। इस सामंजस्य को उपन्यास के क्षेत्र में राजाराव ने सर्वप्रथम प्रदर्शित किया। भारतीय अंग्रेजी उपन्यास लेखन को उन्होंने कथा सूत्र, अंतर्दृष्टि, भाषाप्रवाह और सबसे अधिक भारतीयता की ऐसी छाप से संयुक्त किया जैसा पहले किसी ने इस प्रकार से नहीं किया था। राजा राव का पहला उपन्यास 'कंथापुरा' (1937) उस जमाने में लिखा गया जब समस्त भारतीय समाज अपने आपको सुधारने में लगा था और स्वामी विवेकानंद, स्वामी दयानंद, रामकृष्ण परमहंस, अरविंद, एनी बेसेंट, रवीन्द्रनाथ ठाकुर, राम मोहन राय जैसे कई पूर्व एवं समकालीन मनीषियों के विचारों से लाभ उठा रहा था तथा दूसरी ओर गांधीजी के आगमन से भी प्रभावित था। विवेकानंद के शिकागो व्याख्यान (1893) में इन सब तथ्यों का उल्लेख है

जहाँ अद्वैत के अंतर्गत पाश्चात्य विज्ञान और भारतीय धर्मशास्त्र का समाहार दिखाते हुए उन्होंने घोषित किया था। 'इस प्रकार अनेकेश्वरनाद, द्वैतवाद आदि में से होते हुए इस अद्वैतवाद की प्राप्ति होती है। धर्मशास्त्र इससे आगे नहीं जा सकता। यही सारे विज्ञानों का चरम लक्ष्य है।' जब तिलक ने कहा 'स्वतंत्रता हमारा जन्मसिद्ध अधिकार है' तो वे सारे देश की ओर से बोल रहे थे। नेहरू (1929) लाहौर में रावी के तट पर पूर्ण स्वराज्य के लिए तभी नाचे थे और भगत सिंह ने 'टोटल इंडिपेंडेंस' का नारा जेल की सलाखों के पीछे से दिया था। इतिहास के वे दिन जब बीसवीं शताब्दी का उदय और उन्नीसवीं का अंत हो रहा था, अद्भुत थे। ऐसे समय में जन्म लेनेवाला साहित्यकार ही 'कंथापुरा' जैसा महान ग्रंथ लिख सकता था।

राजा राव (1908-2006) की जन्म स्थली मैसूर है किन्तु उनका लालन पालन योरोपीय और भारतीय परंपराओं का मिला-जुला प्रभाव लिए है। सन् 1927 में वे फ्रांस चले गए और वहाँ पश्चिमी दर्शन और रहस्यवाद का अध्ययन किया। मुख्य रूप से फ्रांस और कुछ समय के लिए अमेरिका में रहने के कारण उनकी जीवन शैली पर पाश्चात्य प्रभाव भी पड़ा। तुंगभद्रा आश्रम के पंडित तारानाथ और त्रिवेन्द्रम के श्री आत्मानंद गुरु ने भी राजाराव के जीवन और विचार को प्रभावित किया। गांधी जी तो हैं ही। लिखा राजाराव ने बहुत कम। स्वतंत्रता से पूर्व केवल एक उपन्यास - 'कंथापुरा'। 'द काऊ ऑफ द बैरीकेड्स एंड अदर स्टोरीज' (1947) 'द सर्पेंट ऐंड द रोप' (1960), 'द कैट ऐंड शेक्सपीयर' (1965), 'कॉमरेड कीरीलोव' (1976), 'द चैसमास्टर ऐंड हिज मूव्ज' (1988), 'द पुलिसमैन ऐंड द रोज' (1948) और 'ऑन द गंगा घाट' (1993) आदि । इनमें कुछ उपन्यास हैं और कुछ कहानी संग्रह। राजा राव ने यदि अपने प्रथम उपन्यास के पश्चात एक पंक्ति भी न लिखी होती तो भी वे भारतीय अंग्रेजी लेखन के इतिहास में 'मील का पत्थर' होते।उन्होने अपनी सर्जन शक्ति से अंग्रेजी भाषा को सिर झुकाने के लिए विवश किया और एक नया मुहावरा प्रस्तुत किया। आयंगार के शब्दों में , " राजा राव भाषा के स्वामी की तरह साधिकार अंग्रेजी लिखते हैं, मानो एक नयी भाषा गढ़ रहे हों, और भारतीय वाणी की लयात्मकता जिसकी आत्मा भारतीय है, काया अंग्रेजी –प्रतिपल बदलती चित्त वृत्तियों के साथ घुल मिलकर जो सर्जनाएं करती हैं उनकी गणना भारतीय अंग्रेजी साहित्य की सर्वोत्कृष्ट उपलब्धियों में की जाती है" (भारतीय साहित्य रत्नमाला, पृष्ठ 11) ।

भारतीय अंग्रेजी और उसमें भी कथा-लेखन की कोई भी चर्चा राजा राव द्वारा अपने उपन्यास 'कंथापुरा' के प्रारंभ में दी गई 'प्रस्तावना' का उल्लेख किए बिना पूरी नहीं हो सकती। उनकी भाषा-शैली, लहजा, मिथक का प्रयोग सभी इस प्रस्तावना में निर्धारित किए गए हैं। अंग्रेजी को कन्नड़ भाषा की लय से संस्कारित करने का कार्य यहाँ हुआ है। वे यह भी जानते हैं कि अंग्रेजी में लिखा गया उपन्यास भारतीय व विदेशी दोनों पाठकों के लिए होगा। यही नहीं दोनों प्रकार के पाठकों के लिए होगा। यही नहीं दोनों प्रकार के पाठकों की ऐसे लेखन से अलग-

अलग भी और समग्रतः भी कुछ अपेक्षाएँ होंगी। भारतीय जनता विशेष रूप से हिंदू धर्मानुयायी आज भी भारतीय मिथकों से जुड़े हैं और उनके लिए न इस सृष्टि का आदि है न अंत। यहाँ मनुष्य की 'आत्यांन्तिक छवि' देखी जाती है बाहरी नहीं। यहाँ उपनिषदों की वाणी में यह कहा जाता है 'ईश्वर वह नहीं है' जो शब्द में गोचर होता है बल्कि वह है जिससे शब्दगोचर होता है।' ऐसे भारतीयों के लिए उपन्यास लेखन करना और उन्हें अपने साथ लेकर चलना कठिन था। इस प्रस्तावना में तत्कालीन पाठक और समीक्षकों की जागरूकता का तो पता चलता ही है यह भी पता चलता है कि राजा राव के लिए यह उपन्यास उपन्यास नहीं 'जीवन-दर्शन' था। इस उपन्यास लेखन से पूर्व ही वे कन्नड में कुछ कहानियाँ लिख चुके थे और लेखादि भी। फ्रेंच, संस्कृत, कन्नड़ और अंग्रेजी में वे निष्णात थे ही। इस प्रकार एक सृजनात्मक कलाकार के रूप में उन्होंने 'कंथापुरा' का लेखन किया। इसकी प्रस्तावना के कुछ अंशों को यहाँ उद्धृत करना होगा, क्योंकि तभी हम राजा राव के मंतव्य को थोड़ा बहुत समझ पाएँगे।

'मेरे प्रकाशकों ने मुझसे दो शब्द प्रस्तावना स्वरूप लिखने के लिए कहा है। भारतवर्ष में ऐसा कोई गाँव नहीं है, चाहे कितना भी छोटा क्यों नहीं हो, जिसका कोई अपना स्थल-पुराण न हो, या कोई दंत-कथा या कोई इतिहास न हो। कोई देवता, अवतार या प्रसिद्ध नायक उनके गाँव से अवश्य गुजरा है- राम उस पीपल के वृक्ष तले विश्राम करके गए होंगे। उस पीले पत्थर पर सीता ने स्नान के पश्चात अपने बाल सुखाए होंगे या महात्मा गांधी स्वयं इस सामने वाली झोपड़ी में एक रात तब सोए होंगे जब वे अपनी किसी तीर्थयात्रा के दौरान इधर से गुजरे थे। इस प्रकार अतीत और वर्तमान एक दूसरे से मिल जाते हैं और दैवी शक्तियाँ मानवी रचना से ऐसा घुल मिल जाती हैं कि आपकी दादी माँ की प्रस्तुतियाँ सदा ज्योत्सना से भरी होती हैं। ऐसी ही एक कहानी को जो मेरे गाँव के समकालीन जीवन में घटी मैं आपको सुनाने की कोशिश कर रहा हूँ।'

'कहानी कहना कोई आसान काम नहीं होता। उस भाषा में विचारों को अभिव्यक्त करना जो अपनी ही नहीं, किंतु आत्मा अपनी है, विचार अपने हैं। अनेक अर्थ छवियों और विचार सरणियों को अभिव्यक्ति करना जो एक विदेशी भाषा में अनुपयुक्त प्रतीत हो सकते हैं। मैंने 'विदेशी' शब्द का प्रयोग किया है, किन्तु अंग्रेजी हमारे लिए वस्तुतः कोई विदेशी भाषा नहीं है। यह हमारे लिए बौद्धिक अभिव्यक्ति की भाषा है। (इट इज द लैंगुवेज ऑफ अवर इंटेलेक्चुअल मेक-अप) - जैसे पहले संस्कृत या फारसी थीं - किन्तु यह हमारी भावनात्मक अभिव्यक्ति की भाषा नहीं है। (बट नोट ऑफ अवर इमोशनल मेक-अप)। हम सब स्वभावतः द्विभाषी हैं, हममें से कई अपनी-अपनी भाषाओं में भी लिखते हैं और अंग्रेजी में भी। हम अंग्रेजी की तरह नहीं लिख सकते। हमें लिखना भी नहीं चाहिए। हम केवल भारतीयों की तरह से भी नहीं लिख सकते। हम समस्त विश्व को अपना अंग मानते हुए बड़े हुए हैं। इसलिए हमारी अभिव्यक्ति का तरीका ऐसी बोली को विकसित करने का होना चाहिए जो एक दिन ऐसी बहुरंगी और विविध हो जैसी

आइरिश या अमेरिकन अंग्रेजी हैं। केवल समय ही हमारे इस इरादे को पूरा करेगा।

'भाषा के पश्चात अगली समस्या शैली की है। अंग्रेजी अभिव्यक्ति में भारतीय जीवन की गति, लय, ताल (द टेम्पो ऑफ इंडियन लाइफ) को संयुक्त करना होगा, ठीक वैसे ही जैसे अमेरिकन या आयरिश जीवन की गति को उन्होंने लिया है। भारत में हम, सोचते जल्दी हैं, हम बोलते जल्दी हैं और जब हम आगे बढ़ते हैं तो भी बहुत फुर्ती दिखाते हैं। भारत में धूप में ही कुछ ऐसी तेजी है जो हमें दौड़ाती है, लड़खड़ाने पर फिर खड़ा करके चला देती है। और हमारे मार्ग एक दूसरे से मिलने वाल रास्ते हैं। महाभारत में 214, 774 श्लोक हैं और रामायण में 48000। असंख्या और अनत्तिम पुराण हैं। न तो हमारे पास विरामचिन्ह है और न धोखेबाज 'एट्स' और 'ऑन ' जो हमें परेशान करें। - हम एक अवच्छिन कहानी कहते हैं। घटना के पश्चात दूसरी घटना आती चली जाती है और जब हमारे विचार रुकते हैं तो सांस को ही विराम लग जाता है। और फिर हम दूसरे विचार की ओर चल पड़ते हैं। यह हमारे यहाँ कहानी-कहने की सामन्य शैली थी आज भी है। मैंने भी इसी को अपनी कहानी में अनुकरण करने का प्रयत्न किया है।

यह किसी ऐसी शाम को कही गई होगी जब अचानक अंधेरा छा जाता है और अप्रत्याशित रूप से शाम का सन्नाटा हो जाने पर एक घर से दूसरे घर तक रोशनियाँ जल उठती हैं और बरामदे में अपने बिस्तर को लगाकर दादी माँ ने तुम्हें, नवागंतुक जानकर, अपने गाँव की हृदयविदारक कथा सुनाई होगी।

यहाँ से कंथापुरा-कंठपुर-कंथापुरा-कंठापुरा - कोई भी नाम दे लें गाँव की लोमहर्षक कथा शुरू होती है। दक्षिण भारत में स्वतंत्रता आन्दोलन की हवा बहती है। यह एक ऐसे युवा मूर्ति की कहानी है जो वस्तुतः गांधी ही है- आदर्शवादी और कुछ करने की इच्छा रखने वाला। और वह अपने गाँव की रूढ़िवादी ताकतों से भिड़ जाता है। यह उपन्यास एक महाकाव्य की तरह खुलता है क्योंकि इसमें कथानायक मूर्ति और गाँव कंथापुरा की कहानी को एक अनपढ़ ग्रामीण महिला सुनाती है - 'अवर विलेज....आई डोंट थिंक यू हैव ऐवर हर्ड अबाउट इट' इस उपन्यास की थीम को 'गांधी जी और हमारा गाँव' कहकर समझाया जा सकता है किन्तु इसकी जो शैली है वह इसे कहानी से अधिक गांधी पुराण बनाती है।कथानायक मूर्ति उपन्यास के प्रारंभ में आदर्शवादी युवा है , अंत तक आते-आते स्वयं आदर्श बन जाता है, अनुकरणीय आदर्श। उपन्यास के प्रारंभ में रत्ना एक युवा विधवा थी, वह शक्तिरूपा बनकर अंत में पुरुष वर्ग के साथ कंधे से कंधा मिलाकर अपने नेता के आदर्श पर चलती है। कन्नड़ भाषी समाज में हरिकथा की प्रचलित शैली को अपनाकर उसमें मिथकीय स्पर्श देते हुए राजा राव ने कमाल ही कर दिया है।

गांधी जी शिव हैं। वे विदेशी शासन के सर्प का दलन करने में लगे हैं वैसे ही जैसे कृष्ण भगवान ने कालिया नाग को मारा था। भजन और हरिकथा में धर्म और राजनीति इस प्रकार मिल जाती है कि अखबार पढ़ना और चरखा चलाना यहाँ गीता पढ़ना और पूजा करने के समान हो

जाता है। यही नहीं मामूली से मामूली पात्र भी अपनी बात मिथक के प्रयोग के बिना नहीं करते। 'शिव के तीन नेत्र हैं और स्वराज्य के भी तीन नेत्र हैं- आत्म-स्वच्छता हिंदू- मुस्लिम एकता और खद्दर' ऐसा जयारामाचार कहते हैं। गाँव के लोग इतने निर्भय हो गए हैं कि गाँव के पुलिसवाले बड़े खाँ को दमन का प्रतीक मानते हुए भी उसे स्पष्ट कह देते हैं - 'गांधी के आदमी के सामने पुलिस के आदमी की क्या औकात है? मुझे बताओ, क्या कोई भेड़िया शेर के सामने खड़ा रह सकता है या हाथी के सामने गीदड़ टिकेगा?' और क्या कहें, आयंगार महोदय ने कंथापुरा को गांधी-मिथक का व्याकरण कहा है (कंथापुरा इज ए वेरीटेबल ग्रामर ऑफ द गांधियन मिथ)। यह मिथक वास्तविकता का काव्यात्मक अनुवाद है। इसलिए गांधी से प्रेरित साहित्य में इस उपन्यास का नाम केन्द्रीय स्थान पर है।'कंथापुर' गांधीवादी राजनीति का उत्तम औपन्यासिक स्मारक है। मिथक, दंतकथा,एक आम ग्राम का आम सामाजिक जीवन, राष्ट्रीय और ग्रामीण स्तर पर गांधीवादी आंदोलन आदि एक असाधारण दृष्टि और शक्ति सम्पन्न होकर उपन्यास के रूप में प्रस्तुत हो जाते हैं।

'कंथापुरा' के पश्चात राजा राव का रचनात्मक संसार सूना पड़ा नजर आता है। कई वर्ष तक उनकी एक आध कहानी आई। वे भारत आते रहे किन्तु द्वितीय विश्व युद्ध या स्वतंत्रता की हलचल ने उन्हें नई प्रेरणा न दी। 'साँप और रस्सी' (द सर्पेंट एंड द रोप) उपन्यास 1960 में आया। उपन्यास के प्रारंभिक समीक्षकों ने हाथ खड़े कर दिए। उनका कहना था कि इस उपन्यास की समीक्षा न तो प्रचलित प्रतिमानों से हो सकती है और न संक्षेप में। इस पुस्तक को यदि कोई विदेशी पढ़ेगा तो वह भारत को समझने की समझ पा लेगा। टाइम्स के समीक्षक ने संक्षेप में ठीक से यही कहा कि 'यह उपन्यास संस्कृत की संपूर्ण मनीषा को कथा-पुस्तक के रूप में प्रस्तुत करता है। लेखन पूर्णतः सुंदर है। कुछ और कहने की आवश्यकता नहीं।' (इट इज रादर एज इफ द विजडम ऑफ संस्कृत हैड बीन डन इन टू स्टोरी बुक फोर्म.....राइटिंग इज अटरली ब्यूटीफुल। नो अदर वर्ड विल डू)' गुणात्मक रूप से कहें तो कंथापुरा यदि राजाराव की रामायण है तो 'द सर्पेंट एंड द रोप' उनकी महाभारत और गीता जैसी कृति है। जिस प्रकार कंथापुरा की कथा को कथावाचक की तरह ब्राह्मणी विधवा बांचती है वैसे ही 'द सर्पेंट एंड द रोप' के कथावाचक राम हैं। वे रामास्वामी नाम के एक दक्षिण भारतीय ब्राह्मण हैं, कट्टर ब्राह्मण, संस्कारी ब्राह्मण। लगता है यह पात्र बिल्कुल राजा राव की तरह है। राम यूरोपीय ब्राह्मण हो जाता है, फ्रांसीसी लड़की से विवाह करता है। पुत्र जन्म होता है किन्तु पुत्र कृष्ण की अकाल मृत्यु हो जाती है। तभी राम के पिता की बीमारी की सुनकर वह भारत लौट आता है। ये जो 'सर्प-रज्जू' का भ्रम है यह हमारी उपनिषदीय चिंता है और इस चिंता में राजा राव (मुख्य पात्र, राम) बोलता बहुत है पर पाठक ऐसा बंध जाता है कि वह भागता नहीं वह जानना चाहता है कि रस्सी है या साँप? वस्तुतः इस उपन्यास में अद्वैत वेदान्त उन लोगों के लिए गूढ़ हो जाता है जो न तो अद्वैत जानते हैं न फ्रांस को।

इसके बाद उल्लेखनीय उपन्यास आता है 'द कैट ऐंड शेक्सपीयर' (1965) यहाँ बिल्ली एक चरित्र भी है और प्रतीक भी पर शेक्सपीयर? यह पाठक को स्वयं पाठ तैयार कर समझना होगा। कथा इतनी सी है रामकृष्ण पत्नी से दूर रहता है और अपनी पड़ोसन शान्ता से इश्क लड़ाता है। गोविंदन नायक भी क्लर्क है और उसकी बातों में व्यंग्य, हास्य, कुत्ता बिल्ली सब है। उपन्यास ने समीक्षकों को बड़ा परेशान किया है। राजाराव अपने आपको ही हंसी का पात्र बना रहा है? राजा राव कहा करते थे मेरे लिए साहित्य साधना है - कोई व्यवस्था नहीं' (फोर मी लिटरेचर इज साधना - नोट ए प्रोफेशन बट ए वोकेशन)। तो क्या मंडूक्र उपनिषद की तरह यह उपन्यास कोई उपनिषद है। तीनों उपन्यास एक 'त्रयी' बनाते हैं - रामायण, महाभारत और उपनिषद।

'कॉमरेड किरिलोव' (1996) उपन्यास में मार्क्सवाद और गांधीवाद का द्वंद्व है। पद्मनाथ अय्यर ऐसा मार्क्सवादी है जो अपने आपको रूसी उपन्यासकार दोस्तोवस्की के एक पात्र के नाम पर 'किरिलोव' कहलाना पसंद करता है। दिल में गांधीवाद लिए किरिलोव अपनी चेक मार्क्सवादी पत्नी ईरा से वाद विवाद करता रहता है इसलिए वह कहा करती है, " गांधी को दिल ही दिल में तुम भगवान समझते हो।" किन्तु यह उसकी देश से विलग रहने की आह है, बस। वह भारत को भूल नहीं पाता। 'आप मार्क्सवादी को भारत से खदेड़ सकते है किन्तु आप मार्क्सवादी के मन से भारत को नहीं निकाल सकते।' यही उपन्यास का सच है। एक अन्य उपन्यास 'द चैस मास्टर ऐंड हिज मूवज' (1988) को पढ़ने पर 'सर्पेंट एंड द रोप' की याद सी आ जाती है। यह कहानी शिवरामशास्त्री के भवन प्रेम की कथा है। पेरिस और हिमालय का द्वंद्व इस रचना में भी है।

राव के द्वारा लिखी कहानियों के संग्रह में 'द काऊ ऑफ द बैरीकेड्स' (1947)की चर्चा अवश्य की जानी चाहिए। जिस कहानी पर पुस्तक का नाम रखा गया है,उसके कथानक की पृष्ठभूमि में गांधी स्वयं विराजमान हैं। 'द काउ ऑफ बैरीकेड्स' शीर्षक कहानी में गौरी नामक गाय को स्थानीय देवी सी बनाकर ही प्रस्तुत किया गया था। गौ माता भारतीयों के लिए क्या है, यह बताने की आवश्यकता नहीं। वह भारत माता की स्वतंत्रता की बलि-वेदी पर कुर्बान हो जाने वाली 'शहीद' हो जाती है। गाय के आंसू गंगाजल बन जाते हैं।

केंद्रीय पात्र निश्चय ही गौरी है- कामधेनु मातृत्व और असीम करूणा भारत माता की प्रतिमूर्ति है। गांधीवादी देशभक्तों का अहिंसात्मक आंदोलन हिंसात्मक उपद्रव में बदल जाता है। महात्मा गांधी के प्रतिनिधि गुरु जी निरुपाय हो जाते हैं। उसी समय सर्वप्रिय गाँव की गाय गौरी घटना स्थल पर आ जाती है और उसको देखकर ग्रामवासियों में जोश दुगना हो जाता है। 'वंदे मातरम' का गान चहुं दिशा गूंज उठता है। गौ माता मार्ग अवरोधक तक आगे बढ़ती चली जाती है । पुलिस के सिपाही कुछ समझ नहीं पाते। वे सोचते हैं कि आंदोलनकारी सुलह करने के लिए गाय आगे कर रहें हैं –

पर जब उन्होने गाय से उसकी आकृति और उसके आँसू को देखा, जो गंगा-जल की बूंद की तरह पावन और स्वच्छ था, वे चिल्ला पड़े, "महात्मा गांधी की जय !"पर उनके नायक ने यह देखा और एक गोली दाग दी। गोली गौरी के सिर में लगी और वह , ईश्वर की संदेशवाहिका, क्षुद्र मानवों के बीच धराशायी हो गई।

But they said blood did not gush out of the head but only between the forelegs, from the thickness of her breast.

Peace has come back to us now.

Therfore, it is said, "The Mahatma may be all wrong about politics, but he is all right about the fullness of love in all creatures- the speechful and the mute."

आयंगार ने 'भारतीय साहित्य रत्नमाला'(1970) में गांधी शताब्दी के अवसर पर सटीक टिप्पणी की थी, " क्या भारत के स्वातंत्र्य के लिए गांधी द्वारा संचालित आंदोलन का कभी इससे अधिक कवित्वमय आव्हान भी हुआ है? लगता है कि राजा राव ने युद्धरत संप्रदायों के बीच महात्मा के महान बलिदान का एक नियति-निर्दिष्ट परिणति का पूर्वानुमान कर लिया था"(पृष्ठ 10)।

मैसूर में पैदा हुए, हैदराबाद में पढ़े और फ्रांस में रहे राजाराव के लिए भारत की मिट्टी यहाँ की परम्पराएँ और संस्कृति वह आधार हैं जिन पर उनका लेखन टिका है। उपन्यास लेखन से पूर्व ही 'जवनी' (1933) और 'अक्कैया' का चित्रण करते हुए उन्होने भारतीय नारी के पवित्र आदर्श को प्रस्तुत किया था। राजा राव के कथा संसार में प्रवेश करना सरल है किन्तु उससे बाहर आना मुश्किल। भारतीय मनीषा को अंग्रेजी कथा भाषा में इससे पूर्व इस प्रकार किसी ने प्रस्तुत नहीं किया था। राजा राव के लेखन का एक पृष्ठ पढ़ने मात्र से भारतीय अंग्रेजी लेखन पर विश्वास व गर्व हो जाता है। उनकी भाषा अंग्रेजी है किन्तु यह अंग्रेजी भारतीयकरण के रास्ते से निकल कर आगे बढ़ी है। यूं तो नारायण के 'गाईड' और 'आनंद' के 'अनटचेबल' में भी गांधी हैं। भवानी भट्टाचार्य के उपन्यास 'शैडो फ्रोम लद्दाख' में भी महात्मा गांधी के सर्वोदय की सादगी और निरीहता के आदर्श और आत्मारहित इस्पाती निर्मितियों के द्वंद का उदघाटन है। किन्तु यहाँ गांधी साकार व निराकार दोनों हैं। पाश्चात्य संस्कृति और भारतीयता के द्वंद्व में भारत भाल को तिलक लगाते हुए राजा राव ने जो उपन्यास लिखे हैं, वे उन्हें भारतीय अंग्रेजी लेखन के 'राजा बाबू' कहलाने में सर्वथा सहयोगी हुए हैं। आज जब उपन्यास लेखकों की बाढ़ सी आ गई है तब भी राजा राव जैसी भाषा शैली को कोई चुनौती देने वाला दिखाई नहीं देता। आयंगार ने ठीक ही कहा था कि राजा राव ने जिस ढंग से अंग्रेजी को सिर झुकाने के लिए विवश किया उसकी जितनी प्रशंसा की जाए कम है।"राजा राव भाषा के स्वामी की तरह साधिकार अंग्रेजी लिखते हैं,

मानो एक नयी भाषा गढ़ रहे हों , और भारतीय वाणी की लयात्मकता जिसकी आत्मा भारतीय है, काया अंग्रेजी –प्रतिपल बदलती चित्त वृत्तियों के साथ घुल-मिलकर जो सर्जनाएं करती है उनकी गणना भारतीय अंग्रेजी साहित्य की सर्वोत्कृष्ट उपलब्धियों में की जाती है" (के.आर. श्रीनिवास आयंगार , भारतीय साहित्य रत्नमाला,1970:11)।

आर.के नारायण

मुल्कराज आनंद की तरह आर.के नारायण (1906-2001) ने भी मसिजीवी रहकर दिखाया जो भारत के लेखक के लिए कोई आसान बात नहीं है। आर.के. नारायण की मातृभाषा तमिल थी, वे रहते उस प्रदेश में थे जहाँ कन्नड़ बोली जाती है और लिखते अंग्रेजी में थे। मैसूर में रहकर उन्होंने एक ऐसे काल्पनिक नगर 'मालगुडी' की रचना की जिसका कोई सानी नहीं है। ब्राह्मण होने के बावजूद वे मिशनरी स्कूल में पढ़े जहाँ अंग्रेजी प्रथम भाषा थी। पाठ्यपुस्तकें उन्हें चक्कर में डाल देती थीं, किन्तु अंग्रेजी पत्रिकाएं- मर्करी, द स्पेक्टेटर उन्हें लेखन की ओर प्रवृत्त कर रही थी। आर.के.नारायण ने भारत में शिक्षा पाई, यहीं के लिए लिखा। इनके लेखन की यह विशेषता है कि भाषा चाहे वे अंग्रेजी अपनाए हुए थे किन्तु प्रवृत्ति और विचार से सौ फीसदी भारतीय थे। उनके भाई आर. के. लक्ष्मण को भी लोग आम आदमी के कार्टूनिस्ट के रूप में जानते हैं।

कई वर्षों तक छोटा-मोटा लेखन करने के बाद वे आर.के. नारायण नाम से प्रसिद्ध हो पाए। इससे पहले वे 'द हिंदू' आदि समाचार पत्रों, पत्रिकाओं के लिए समीक्षाएँ लिखते रहे। 'स्वामी एंड फ्रेंड्स' (1935) को देखकर नारायण के चाचा ने कहा था 'व्हाट द हैल इज दिस?' और एम. ए. श्रीनिवास ने पांडुलिपि पर टिप्पणी की थी 'सर्टिफाइड इट एज रीडेबल'। इस प्रथम उपन्यास ने मालगुडी को रचा। नारायण अध्यापकीय वृत्ति से गुजारा चलाना चाहते थे, रेलवे या बैंक में काम करने के लिए प्रार्थना पत्र देते थे किन्तु बात बनी नहीं। वे शायद लेखन के लिए ही बने थे और 'स्वामी एंड फ्रेंड्स' की रचना के पश्चात् उन्होंने मालगुडी में विहार करना ही उचित समझा। स्वामी, चंद्रन, रमणी, कृष्णन, मार्गैया, श्री राम, राजू, वसु और माली जैसे पात्रों को आम भारतीय बनाकर प्रस्तुत किया। वह जादू चला। इसके पश्चात् 'द बैचलर ऑफ आर्टस' (1935) और 'दि इंग्लिश टीचर' (1945) उपन्यास हैं और यहाँ कथाक्रम में एक प्रवाह व विस्तार मिलता है। 'स्वामी एंड फ्रेंड्स' में स्वामीनाथन के बचपन का चित्र अंकित है तो 'द बैचलर ऑफ आर्टस' में इक्कीस वर्षीय युवा चंद्रन की कोमल भावनाओं का चित्रण है। 'द इंग्लिश टीचर' में एक तीस वर्षीय अंग्रेजी अध्यापक की मनोव्यथा का वर्णन है। यदि इन कथा नायकों के नाम एक ही होते तो लगता कि लेखक अपनी जीवन गाथा ही लिख रहा है। नारायण के लेखन में आत्मीयता का जो तत्व है वह पाठकों को बांधता भी है और बींधता भी। 'द डार्क रूम' (1938) उपन्यास भी भुलाया नहीं जा सकता, जिसमें स्त्री की पीड़ा को स्वर दिया गया है। एक

ऐसी दुनिया में जहाँ वैयक्तिक सुखों को सांस्कृतिक एवं सामाजिक परंपराएं कोई तरजीह नहीं देती वहाँ 'द डार्क रूम' अर्थात अंधेरा कमरा ऐसे विश्व को दिखाता है जो बड़ी तेजी से बदल रहा है और इसलिए बिगड़ रहा है। यही बात आगे जाकर 'द इंग्लिश टीचर' में विकसित की गई है जहां कथानायक अपनी मृत पत्नी से विचार-विमर्श करने की कोशिश करता है। (नारायण की पत्नी की मृत्यु भी 1939 में हो गई थी और उन्होंने फिर विवाह नहीं किया)। ऐसा माना जा सकता है कि व्यक्तिगत जीवन की उथल-पुथल और राजनीतिक परिदृश्य के घमासान के बीच नारायण का लेखन-कर्म 'शांत नदी में नौका विहार' सा चलता रहा। वे केवल यही करते रहे कि अंग्रेजी शासन काल में भारतीय बुद्धि जीवियों की आत्म चेतना किसी तरह विकसित हो।

स्वतंत्रता के पश्चात प्रकाशित हुए उपन्यास 'मि. सम्पतः ए प्रिंटर ऑफ मालगुडी' (1949) में स्वयं लेखक की मनचीती कथा है। इस कथा का नायक संपत अपने अदम्य आत्मविश्वास के बल पर ग्राहक को खुश करना चाहता है पर कर नहीं पाता। वह अनेक रोजगार बदलता है, पर टिक नहीं पाता । कथा नायक अपनी महत्वाकांक्षी योजनाओं, परस्त्री प्रेम और धनलिप्सा के कारण धीरे-धीरे लेखक की कथा के स्थान पर एक अतिरंजना सी लगने वाली रचना का नायक जान पड़ता है। जैसा कि 'द इंग्लिश टीचर' उपन्यास के अंत में आया है 'ए प्रोफाइड अनमिटिगेटिड लोन लीनेस इज द ओनली ट्रूथ ऑफ लाइफ।' वही इस संपत की नियति है। वह मालगुडी छोड़कर जाने के सिवा और कुछ नहीं सोच पाता। वह यही कहता है 'पागलपन अथवा सामान्य मानसिक स्थिति, पीड़ा अथवा सुख वे सब मूलतः एक ही हैं।' पंकज मिश्रा ने इस उपन्यास के बारे में ठीक ही कहा है, "मि. संपत मस्ट बी कंसिडर्ड एन एग्जाम्पल ऑफ द हिट-ओर-मिस क्वालिटी ऑफ नारायणस राइटिंग आफ्टर इंडिपेंडेंस।" आलोचक उनके कई उपन्यासों 'ए टाइगर फॉर मालगुडी (1980)', 'द टॉक-एक्टिव मैन' (1985) और 'द वर्ल्ड ऑफ नागराज' (1990) में वही मारकर भाग जाने वाली जल्दबाजी देखते हैं। लग गया तो तीर नहीं तो तुक्का। मिस्टर संपत के समान ही 'द वेंडर ऑफ स्वीट्स' (1967) का माली भी ऐसा ही है। इसमें तत्कालीन जीवन का चित्रण भी है और भारत की वैचारिक दिवालियापन तथा सामाजिक ऊहापोह का चित्रण भी है। एक सामान्य विद्या बुद्धि का कालेज में पढ़नेवाला माली अमेरिका से पढ़ाई के साथ ही बीवी भी लाता है और यहां वह साहित्य के माध्यम से लोगों में जागरूकता लाना चाहता है। वह हद दर्जे का लालची है और ज्ञान उसके लिए उद्धरण देने के काम भर की चीज है, अपनाने की नहीं। देश के वयस्कों और नौजवानों में फैली दिशाहीनता और मूल्यों के विघटन को अभिव्यक्त करता वह उपन्यास अंत में पाठक को किंकर्तव्यविमूढ सा छोड़ देता है। न माली, न उसका पिता जगन, न माली की पत्नी ग्रेस जीवन को समझ पाते हैं। गांधीवाद, हिंदुत्व, पाश्चात्य संस्कृति कुछ भी तो काम नहीं आता। ऐसा ही शंकालु जीवन 'द पेंटर ऑफ साइंज' (1979) में दिखाई देता है जहाँ एक युवती डेजी मालगुडी आती है। वह

भारत को जनसंख्या कम रखने अर्थात परिवार नियोजन का पाठ पढ़ाना चाहती है। इमरजेंसी में ये पाठ शासन पढ़ा भी रहा था। यहाँ रमन नामक पात्र उसके साथ लग लेता है और सारे मालगुडी को रंग दिया जाता है दो शब्दों से 'हम दो, हमारे दो' जैसा श्री राम ने कभी 'भारत छोड़ो' पेंट किया था। डेजी के पास प्रेमी जैसी फालतू भावना के लिए कोई वक्त नहीं इसलिए वह हाँ कहते-कहते रह जाती है। इस भारत में सामान्य जन को सपने देखने की इजाजत तो है किन्तु अधूरे सपने। सपनें पूरे करने हों तो नेताओं के सपने पूरे करो।

'द फाइनेन्शियल एक्सपर्ट' (1952) एक ऐसे व्यक्ति मार्गया की जीवनगाथा है, जो निर्धन से धनी बन जाता है। उसका नाम 'मार्गया' इसीलिए पड़ा क्योंकि वह कचहरी में लोगों का मार्गदर्शन करके रोजी कमाता था। इस उपन्यास के कथा नायक पर प्रख्यात उपन्यासकार ग्राहम ग्रीन की टिप्पणी है 'अपने पुत्र को सुखी बनाने की महत्वाकांक्षा या अपने वृहदाकार सपने, अनजाने में हुई गलतियाँ, निरर्थक भ्रम और पारिवारिक कोमलता के कारण मार्गया के चरित्र में वह प्रच्छन्न कविता देखी जा सकती है, जो चेखव के चरित्रों में द्रष्टव्य है - खास तौर से चेखव के वे चरित्र जो अंतिम पृष्ठ पर जीवन में प्रवेश करते हैं।' मानवीय संवेदना से भरपूर यह चरित्र कभी भुलाया नहीं जा सकता। 'वेटिंग फॉर द महात्मा' (1955) को लिखने का उद्देश्य यह रहा है कि 'मनुष्य की अदम्य कामनाएँ ही उसे संघर्षशील बनाती हैं। इस बात को रेखांकित किया जाए। यहाँ भारत की स्वाधीनता के लिए लड़ाई पृष्ठभूमि में है, स्वयं गांधी जी साकार यहाँ आते हैं। कहते हैं नारायण को पहले उसके परिवार वालों ने स्वाधीनता की लड़ाई में भाग लेने से रोका था क्योंकि अंग्रेजी राज्य की बदौलत उनके परिवार में रोजगार आया था। उनके 'हैडमास्टर' पिता जानते थे कि बड़े परिवार का हित किस बात में है। नारायण का लेखन भी विदेशी प्रकाशकों व पाठकों का मोहताज था। एक कहानी जो उन्होंने स्वतंत्रता के तुरंत बाद लिखी 'लॉले रोड' देखें तो समझ में आता है कि लोगों की पहले मनोभावनाएँ क्या थी और 15 अगस्त के बाद क्या हुआ। 'वेटिंग फार द महात्मा' में वे मुखर हो जाते हैं। महात्मा जी के वचनों के प्रभाव से कथा नायक श्री राम भी स्वतंत्रता संग्राम में भाग लेता है, जबकि उसी उत्कट अभिलाषा भारती से प्रेम और उसके पश्चात विवाह करना है। भारती को आशीर्वाद देने से पूर्व हो गांधी जी की हत्या हो जाती है। उपन्यास का हास्य करुण रस में परिवर्तित हो जाता है।

एक अन्य उपन्यास 'द मैन ईटर ऑफ मालगुडी' (1962) में कथा नायक का जीवन-दर्शन है 'मैं उस व्यक्ति को चुनौती देता हूँ जो मेरी बात को काटता है।' नारायण के अन्य खल पात्रों संपत, मार्गया और राजू की तरह वासु नामक यह पात्र भी ताकत के जोर पर धाक जमाता है। 'ए टाइगर फॉर मालगुडी' (1980) में एक व्यक्ति की आत्मा ही शेर के शरीर में चली जाती है और पाठक रोमांचित हो जाते हैं। जैसा शैतान या दैत्य 'द मैन ईटर ऑफ मालगुडी' में वासु के रूप में था वैसा ही आधार लेकर बाद में लेखक ने 'गोड्स, डेम्न्स एंड अदर्स' (1964) प्रस्तुत किया।

हमारी दंत कथाओं में 'देव-असुर' का मिथक विद्यमान है उसे आधुनिक रूप देकर लेखक बार-बार प्रस्तुत करता व प्रतीत होता है। वसु के रूप में तो नारायण ने आधुनिक भस्मासुर को ही प्रस्तुत किया है जो अपने विनाश के लिए अपना ही उपयोग कर बैठता है। उपन्यास महाकाल के एक क्षण के समान जरूर है किन्तु है बड़ा भयंकर।

'द वेंडर ऑफ स्वीट्स' (1967) उपन्यास यूं तो साधारण सा है किन्तु कथानायक का भोला चेहरा मन में बस जाता है। व्यंग्य का हल्का सा पुट लिए कहानी आगे बढ़ती है और 'उच्चतर जीवन की आकांक्षा के लिए और जगत में एक नए सौन्दर्यबोध के साकार होने की आशा लिए' समाप्त होती है।

आर.के. नारायण का कई कारणों से अति-प्रसिद्ध हुआ उपन्यास 'द गाइड' (1958) है। इसे साहित्य अकादमी पुरस्कार मिला और देवानंद-वहीदा रहमान के साथ फिल्म भी बनी। यह उपन्यास एक तो अपनी शैलीगत विशेषताओं के कारण आलोचकों को अच्छा लगा दूसरे इसमें राजू गाइड के माध्यम से जीवन की विडंबनाओं को बड़ी खूबसूरती से चित्रित किया गया। राजू की गलती का उसे दंड मिलता है किन्तु उसकी रोमांटिक, शरारती व भद्रभाषी छवि से नायिका रोजी को ही नहीं पाठकों को भी प्यार हो जाता है। यूं तो राजू का तमाम जीवन ही धोखा, कपट और झूठ पर टिका था और रोजी का प्रेम, मार्को का विश्वास और अपने परिश्रम व दूर दृष्टि से उसने जो पाया इसीलिए व उसे सहेजकर न रख सका। अंत में उसका संत बना जाना भारतीय दार्शनिक चिंतन की तरह अजीबोगरीब घटना है। राजू ने रोजी के आकर्षण को दिल से महसूस किया। वह थी भी ऐसी ही। नारायण ने लिखा है 'यद्यपि वह बहुत भड़कीली नहीं थी किन्तु उसकी रूपरेखा में एक अजीब सा आकर्षण था। हल्की और छरहरी, सुंदर ढंग से तराशी हुई चमकीली आंखों वाली गेहूंआ रंग जिसके कारण वह सिर्फ आंशिक रूप से ही देखी जा सकती थी। कुल मिलाकर ऐसा लगता था जैसे नारियल के पानी की झिल्ली में से उसे देखा जा रहा हो।' उपन्यास की कथा तो सबको ज्ञात है ही। इसकी जो थीम है उसे 'मैनस रिलेशनशिप विद रिअल्टी' कहा गया है। कहानी के ग्यारह अध्यायों में कहानी एक सीधी पंक्ति में कभी नहीं चलती। यह आगे पीछे जाती रहती है। इस प्रकार अ ब अ ब/1, ब अ/2, ब/3, अ ब अ ब/4, ब/5, अ/6, ब/7, ब/8, ब/9, ब/10 और अ/11 की राह पर कथा प्रवाह आगे बढ़ता है। जहां से चले थे वहीं पहुंच जाते हैं। 'पहाड़ियों में पानी बरस रहा है पैरों से होकर ऊपर उठता हुआ मैं उसे शरीर में महसूस कर सकता हूँ।' राजू चल बसा। उसने जीवन में वह सब करना पड़ा जो उसे पसंद न था। रोजी हाथ मलती रही गई, उसे भी वह सब करना पड़ा जो उसे पसंद न था। 'द गाइड' उपन्यास यदि हमें कुछ-कुछ 'कंथापुरा' की तरह ही आत्मालोचन का अवसर देता है तो आश्चर्य नहीं। हाँ गाइड का राजू 'जबर्दस्ती शहीद' बनाया जाता है, जबकि मूर्ति का संस्कार होता है। राजा राव के चरित्र सदा असाधारण होते हैं किन्तु नारायण के पात्र किसी क्षण विशेष

में असाधारण कृत्य करते हैं, राजा राव अपने पात्र को गढ़ते हैं। जब हम राजू 'गाइड' को पढ़ते हैं तो हमें यह कतई पता नहीं होता कि वह इतना ऊंचा उठा जाएगा किन्तु 'कंथापुरा' के मूर्ति से साक्षात्कार होते ही हम जान जाते हैं कि यह पात्र सबसे अलग है। राजा राव के लिए यह संसार अंततोगत्वा चरित्र का विकास है। नारायण के लिए ऐसा नहीं है। उसके लिए यह संसार अधिक वास्तविक है और वस्तुतः चरित्र को विकसित करने का माध्यम है। इसलिए राजा राव के लिए मिथक अनायास ही आ जाता है, नारायण को प्रयत्न करने होते हैं।

इसी आधार पर नारायण और राजाराव को भारतीय अंग्रेजी उपन्यास लेखन के क्षेत्र में स्थापित करना हो तो यह कहना होगा कि राजा राव ने पश्चिमी सोच से भारतीय गुणवत्ता के अंतर को उभारा है, नारायण ने जीवन और जगत के ज्ञात अंतर को रेखांकित किया है। एक व्यंग्य का सा दर्प हम नारायण के उपन्यासों में देखते हैं तो तत्कालीन ब्रिटिश लेखन में होता था। राजा राव भारतीय जीवन और दर्शन को अर्थात पूर्वी संवेदना के सामने पश्चिमी संस्कृति की असफलता को रेखांकित करते हैं। नारायण का उद्देश्य संपूर्ण मानवता को समग्रता से समझते हुए 'मालगुडी' के माध्यम से प्रस्तुत करना है। इसलिए वे दर्शन की दलदल से दूर रहते हैं। नारायण सरल व ईमानदार हैं अपने ग्रामीण जीवन के यथार्थ चित्रण की तरह। तभी तो एम.के. नाइक ने तीनों प्रमुख उपन्यासकारों का तुलनात्मक विवेचन करते हुए लिखा है - 'आर.के. नारायण इज द नोवलिस्ट ऑफ द इंडिविजुअल मैन, जस्ट ऐज मुल्कराज आनंद इज द नोवलिस्ट ऑफ द सोशल मैन एंड राजाराव ऑफ द मैटाफिजिकल मैन।'

अब यदि उनकी अन्य रचनाओं 'एन एस्ट्रोलोजर्स डे', 'लॉले रोड', 'नैक्सट संडे' का उल्लेख मात्र करके आगे बढ़ जाएँ तो भी 'माई डेटलैस डायरी' (1960) का एक अंश उद्धृत करना मनोरंजक होगा। इससे अमेरिका में उनकी ख्याति का भी पता चलता है - ' न्यूयार्क के दो पेपर - बैक प्रकाशक, जिन्हें हम श्रीमान अ और श्रीमान ब कह सकते हैं, एक पादरी, लाल गाउन पहने हुए एक लड़की लिली और मैं स्वयं। एलगोन्क्विन में हम डाइनिंग हॉल के एक कोने में बैठे हुए हैं। प्रकाशक ए जो मेरे सामने बैठे हैं, आगे झुककर कहते हैं, मैंने आपके उपन्यास 'द फाइनेंशियल एक्सपर्ट' को बहुत पसंद किया है। यह आपकी सर्वश्रेष्ठ पुस्तक है। 'मुझे आपकी 'द बैचलर ऑफ आर्टर्स' ज्यादा पसंद है। यह मेरी पसंद है।' नेरे दायें बैठे प्रकाशक कहते हैं।'विलियम फाकनर, हेमिंग्वे और नारायण विश्व के तीन महान जीवित लेखक हैं।' अ कहता है। मैं इसको पंक्तिबद्ध करते हुए शर्माता हूँ किन्तु दस्तावेजी जरूरत के लिए....' 'इसमें से हेमिंग्वे को निकाल दो और ग्राहमग्रीन का नाम रख लो। फॉकनर,नारायण और ग्राहम ग्रीन' लिली कहती हैं।'

अब यह हमारे यहाँ कहते हैं न अपने मुँह मियाँ मिट्ठू बनना। खैर नारायण की रचनाओं में जो प्राकृतिक भोलापन है, निश्छलता है वह बहुत असरदार है। वे जेन आस्टिन की तरह अपने छोटे

से संसार 'लिटिल बिट ऑफ आईवरी' में रहते हुए भी मन की बड़ी थाह लेते हैं। 'मालगुडी' उनका 'कास्टरब्रिज' है जो प्रारंभ में कस्बानुमा गाँव है या गाँवनुमा कस्बा किन्तु धीरे-धीरे एक शहर बन जाता है। एम.के. नाइक ने नारायण की रचनाओं के आधार पर मालगुडी का नक्शा ही बना दिया है। दूर क्यों जाएँ तेलंगाना राज्य के नगर सिकंदराबाद के रेलवे स्टेशन के पास ही अंग्रेजी सिखाने की एक संस्था है जिसका नाम है 'मालगुडी इन्सिटट्यूट ऑफ इंग्लिश'।

नारायण के भक्त उनकी सरल सी अंग्रेजी के दीवाने हैं, वास्तव में जहां तक नारायण की अंग्रेजी के स्तर का प्रश्न है, वह विचारणीय जरूर है। वे भाषा के सधे हुए खिलाड़ी नहीं हैं। उनका शब्द भंडार भी सीमित प्रतीत होता है। वे अभिधा में ही बात करते हैं व्यंजना और लक्षणा शायद ही वे कभी प्रयोग करते हों। वाक्यों के गठन में भी सरलता हावी रहती है। देखना यह होगा कि भाषाई कलाकारी दिखाए बगैर वे जीवन की लय से ही अपने लेखन को भरते हुए पाठक को प्रसन्न कर पाने में समर्थ होते हैं। 'गाईड' उपन्यास के अतिरिक्त शायद ही किसी कहानी की शैली में विलक्षणता आई हो किन्तु उनकी सरलता में ही विलक्षणता दिखाई देती है। पाठक के हृदय पटल पर जो चित्र बनता है वह चूंकि स्पष्ट होता है इसलिए बाकी बातें पीछे छूट जाती है। विलियम वाल्श के शब्दों में 'द विट आफ बीइंग ह्यूमन'। चार्ली चैपलिन जैसी हास्य की चाशनी, व्यंग्य की चरपराहट और करुणा की गमक से नारायण ने काम चलाया। न कभी प्लॉट को घुमा फिराकर जटिल बनाया, न अनेक पात्रों की भीड़ जुटाई, न महानायकों से आतंकित किया, बस सामान्य नायकों को लेकर सामान्य भाषा में प्रस्तुत किया। हाँ यह बात दूसरी है कि उनके बनाए संसार का असर होता है। जादू वह है जो सिर चढ़कर बोले। आर.के. नारायण के लेखन का जादू कभी कम न होगा, ऐसा उनके पाठकों का मानना है।उनके लेखन की सौम्य शक्ति का जो प्रभाव पड़ता है उसका वर्णन कोई सुधि पाठक ही कर सकता है।

30

प्रवासी और राज- उपन्यासकार

वी. एस. नायपॉल

न्यूयॉर्क टाइम्स में प्रकाशित एक साक्षात्कार में एक नोबेल पुरस्कार प्राप्त साहित्यकार ने कहा कि आज के भारत में कोई चिंतक नहीं है, यह चिंता की बात है। अर्थशास्त्र के नोबेल पुरस्कार विजेता ने एक पुस्तक में यह कहा था कि भारतीय विवाद और तर्क बहुत करते हैं। आज इस बात को लेकर यह चिंता की जा रही है कि भारत के लोग शोर-शराबा करते हैं, ठीक-ठिकाने का कोई कार्य नहीं करते। 'भाषा' के साहित्यकारों की तो छोड़िए, अमृत्य सेन, अरुंधति राय, आशीष नंदी, अमिताव घोष को भी चिंतक मानने के बजाय, विलियम डेलरिम्पल ने अगस्त13,2005 को छपे 'द गार्डियन' आलेख में यह फतवा जारी कर दिया कि जो वास्तविक रूप से भारतीय हैं ऐसे लेखकों के द्वारा अब सर्वोत्तम लेखन भारतीय अंग्रेजी में भी नहीं हो रहा है। (द बैस्ट इंडियन राइटिंग इन इंग्लिश इज नो लोंगर प्रोड्यूसड बाई राइटर्स हू आर इन एनी रीयल सेंस इंडियन।') वे तो यहां तक कहते हैं कि वर्तमान में जो भी 'भारतीय' लेखक अच्छा लिख रहे हैं उनके तार कहीं न कहीं विदेश से जुड़े हैं चाहे वे पैदा विदेश में हुए हों, वहां के नागरिक हों, या कोई और जुड़ाव हो । 'भाषा' के लेखक इसे मूर्खतापूर्ण वक्तव्य मानेंगे, यह दूसरी बात है किन्तु सलमान रूश्दी और सर विद्या के मामले में तो यह सही प्रतीत होता है। एक को साहित्य का नोबेल मिलने में अब ज्यादा देर नहीं, दूसरे को मिल चुका है।

विद्याधर सूरज प्रसाद नायपॉल(1932-2018) को साहित्य का नोबेल पुरस्कार 2001 में मिला। वे भारतीय हैं इसको वे खुद भी मानने से कतराते थे , हाँ भारतीय मूल के अवश्य हैं। उनके पूर्वज ट्रिनिडाड चले गए थे, जहां 17 अगस्त 1932 को इनका जन्म हुआ। वहीं पले-बढ़े, शिक्षा ब्रिटेन में मिली और आजन्म वहीं रहते रहे । उनके पिताजी एक समाचार पत्र में रिपोर्टर थे और कथा लेखन में भी रुचि रखते थे। नायपॉल का सर्वश्रेष्ठ उपन्यास 'ए हाउस फॉर मि.

बिस्वास' (1961) आत्मकथात्मक उपन्यास है जिसमें उसके बालपन की छवि मौजूद है। वे भी ऑक्सफोर्ड की देन हैं आजकल जो बड़ी बात है। ब्रिटेन को उनपर गर्व होता होगा क्योंकि वे अक्टूबर 2005 तक ब्रिटेन के अकेले जीवित साहित्य के नोबेल पुरस्कार विजेता थे। उन्हें 1990 में नाइट हुड भी प्राप्त हुआ था। (अक्टूबर 2005 में अप्रत्याशित रूप से नाटककार हैरोल्ड पिंटर को साहित्य का नोबेल पुरस्कार मिलने की घोषणा हुई)।

भारत उनके प्रारंभिक उपन्यासों औरकथाओं में स्मृतियों और कथानकों के रूप में कई बार आता है ठीक वैसे ही जैसे ट्रिनिदाद का जीवन आता है। 'दि मिस्टिक मैसर' (1957), 'द सफरेज ऑफ एलवीदा' (1958) 'मिगुल स्ट्रीट' (1959) और 'ए हाउस फार मि. बिस्वास' (1961) उनकी प्रारंभिक रचनाएं हैं। 'ए हाउस फॉर मि. बिस्वास' में लेखक ने अपने पिता और उनकी लेखक बनने की इच्छा का अच्छा वर्णन किया है। नायपॉल ने इस पुस्तक के नए संस्करण (1984) की भूमिका में इस उपन्यास को 'अपने आरंभिक जीवन के उतार-चढ़ाव' से जोड़ा है और बताया है कि इस उपन्यास में उनकी भी लेखक बनने की महत्वाकांक्षा का बयान है। इसके पश्चात् सरकारी अनुदान से उन्होंने एक यात्रा वृत्तांत लिखा – 'द मिडिल पैसेज' (1962) किन्तु इसने कोई ख्याति नहीं दिलाई। नायपॉल के मन में कहीं न कहीं अंग्रेजी कथाकार जोसेफ कोनराड का स्थान लेने की इच्छा थी। जिस प्रकार कोनराड ने 'हाफ-मेड' समाज का परिदृश्य चित्रित किया था, वह भी करना चाहते थे। शायद नायपॉल ने कोनराड के उपन्यास 'हार्ट ऑफ डार्कनेस' की तर्ज पर 'एन एरिया आफ डार्कनेस' (1964) लिखा। इस उपन्यास में लेखक ने वह सब लिखा है जो वह बचपन में भारत के लिए सोचा करता है। लेखक के शब्दों में भारत उसके लिए कभी भी वास्तविक नहीं था क्योंकि कभी भी उसे यथार्थ में विवेचित ही नहीं किया गया था - ('इंडिया फॉर मी इज ए कंट्री नैवर फिजिकली डेस्क्राइब्ड एड दियरफार नेवर रीयल)।

नायपॉल के लेखक की विपुलता को देखकर कोई भी आश्चर्य चकित रह जाएगा। पचास वर्ष तक लिखते रहे। 'हाफ़ ए लाइफ' (2001) में और 'मैजिक सीड्स' (2005) में उन्होने लिखकर दिया कि यह उनका आखिरी उपन्यास होगा। वे उपन्यास के अंत और इसकी व्यर्थता को रेखांकित करते रहे। इस्लाम धर्म को मानने वाली पत्नी होने के बावजूद आज एक बड़ा वर्ग उनके लेखन में इस्लाम की आलोचना को बर्दाश्त नहीं करना चाहता। ग्यारह सितंबर की घटना के पश्चात नायपॉल ने एक बार फिर पश्चिमी यूरोप के सांस्कृतिक जीवन में आती जा रही असहनशीलता को दुखद बताया। वे मुस्लिमों को उसी देश के आचार विचार मानने की सलाह देते हैं जहां वे जाकर रहते हैं। वे अपने हर साक्षात्कार में अपने लेखन पर कम और संसार की दशा-दिशा पर ज्यादा बोलते रहते थे इसलिए राचल डोनाडिओ ने कहा था कि अपने साक्षात्कारों में नायपॉल स्पष्ट रूप से अस्वाभाविक, दृढ़, कठोर, विरोधाभासी और एक वैचारिक गर्म जगमगाती सलाख हैं। (नायपॉल इज़ फेमसली, इरेक्सीबलज, डिफिकल्ट,

कोंट्राडिक्टरी, एन आइडिओजिकल लाइटनिंग रोड) किन्तु अपने लेखन में वे एक ऐसे सर्जक कलाकार हैं जिनसे कुछ भी नहीं छूटता। उनका कार्य जितना श्रेष्ठ एवं सधा हुआ है, उनके साक्षात्कार उतने ही अनपढ़ और कोलाहलपूर्ण होते हैं। स्वयं नायपॉल ने नोबेल पुरस्कार लेते समय अपने भाषण में यह घोषणा की थी कि मैं सदा अंतश्चेतना से आगे बढ़ता हूँ। मेरे पास कोई साहित्यिक या राजनीतिक विधि नहीं है। (आई हैव ऑल्वेज़ मूवड बाई इंट्यूशन एलोन, आई हैव नो सिस्टम, लिटरेटी और पोलिटिकल)। इस उत्तर आधुनिक समाज में नायपॉल की बेबाक बयानी और अडिग स्वर के कारण उन्हें कटु आलोचनाओं का शिकार भी होना पड़ा है जिसकी उन्हें कोई परवाह नहीं थी। डेरेक वालकोट, कैरिबियन कवि व नोबेल पुरस्कार विजेता और चिनुआ अकीबे, नाइजीरिया के उपन्यासकार आदि ने यह कहकर अपने आपको नायपॉल के लेखन से अलग कर लिया था कि नायपॉल चाहे अफ्रीका के बारे में लिखा करता था किन्तु वह अफ्रीकनों के लिए नहीं लिख रहा था। एडवर्ड सईद ने उनकी पुस्तकों विशेष रूप से 'बियोंड बिलीफ' (1998) को बौद्धिक दिवालियापन का उदाहरण करार दिया था। भारतीय कवि निसिम एज़ेकियल के एक आलेख ' नायपॉल'स इंडिया एंड माइन' में 'एन एरिया ऑफ डार्कनेस' की जमकर आलोचना है.

इन सब कटूक्तियों के बावजूद यह तो मानना ही होगा कि नायपॉल एक विचारशील लेखक हैं चाहे 'विचारक' हम इन्हें न भी मानें।उनके लेखन और उपलब्धियों को यदि हम उस विश्वव्यापी सांस्कृतिक, राजनीतिक एवं आर्थिक परिवर्तन और चेतना के परिप्रेक्ष्य से देखें जिसने चिनुआ एकिबे, वोले सोइंका, डेरेक वालकॉट, मार्गेट एटवुड, माइकेल अडोज़ और सलमान रुश्दी आदि अंतर्राष्ट्रीय साहित्यकारों को जन्म दिया। ये ऐसे लेखक थे जो साम्राज्यवादी, उपनिवेशवादी और सर्वग्रासी राजनीतिक ताकतों के पतन के पश्चात उपजे उत्तर आधुनिक युग की समस्याओं और विभ्रमों के बीच लेखन करते रहे और ऐसे लेखक के रूप में नायपॉल भी रहे जो आठों पहर साहित्य चर्चा करना अपना भाग्य और जीवन मान लेते हैं। चोथाई शताब्दी के लगभग इंग्लैंड में रहने के पश्चात् भी नायपॉल अपने आपको बाहरी व्यक्ति ही मानते थे। अपने प्रवास के पहले कुछ वर्षों तक तो उन्हें कठिनाइयां अधिक मिली और सप्फलताएं कम किन्तु जैसे ही 'उत्तर उपनिवेशवादी' और 'बहुसांस्कृतिक' लेखन का बाजार बढ़ा वे भी चल निकले। तब तक वे यात्रा-वृत्तांत लिखकर एक ओर तो अपने पैर जमा रहे थे दूसरी ओर जीवन और जगत को सूक्ष्मता से देख रहे थे। उनका ट्रिनिदाद का अनुभव, भारत की जानकारी और यायावर की तब कि जिंदगी ने उन्हें संसार में व्यक्ति के बदलते जीवन को प्रस्तुत करने में सहजता दिलाई। 'इन ए फ्री स्टेट', 'दी एनिग्मा ऑफ अराइवल' और 'ए वे ऑफ द वर्ल्ड ' जैसी पुस्तकों में आत्मकथा, यात्रा वृत्तांत, कथा चेतना और विचार विश्लेषण साथ-साथ चलते हैं। यद्यपि वे उत्तर आधुनिक युग में भी उसी प्राचीन तरीके से लिखने की वकालत करते हैं किन्तु उनके लेखन की

यही खासियत हैं कि यह बिल्कुल अलग है और इनकी प्रत्येक रचना में कथा, आत्मकथा और यात्रा वृत्तांत का अनूठा मेल होता है। आज यह सर्वत्र विदित है कि सलमान रूश्दी का 'जादुई यथार्थ' का दूसरा पक्ष ही वस्तुतः नायपॉल का 'वास्तविक यथार्थ' है।

नायपॉल ने अपने उपन्यासों में अनवरत परिवर्तित होती जा रही दुनिया का अक्स प्रस्तुत किया है। अट्ठारह महीने में लगभग एक पुस्तक का प्रकाश कर देनेवाला नायपॉल समग्रता से किसी पाठक द्वारा पढ़ा जा सकेगा यह थोड़ा कठिन है। नायपॉल ट्रिनिदाद में विद्यार्थी ही था और जब उसने लिखना शुरू किया था तब ट्रिनिदाद में एक ही प्रतिष्ठित लेखक थे- क्लाड मीके (1889-1948) और जीन रास (1894-1979)। ये लेखक भी बाहर से आए थे। वेस्ट इंडियन साहित्य के विकास के साथ-साथ ही नायपॉल का लेखन भी विकसित हुआ। वह भी 'करेबियन वॉइस' रेडियो प्रोग्राम से जुड़ा जिसमें स्थानीय बोली में स्थानीय विषयों को रेखांकित किया जाता था। नायपॉल के पिता शिवप्रसाद (1906-53) भी इस प्रकार के साहित्यिक वातावरण में रहे थे। उनके छोटे भाई शिवा (1945-851) और उनका भतीजा नील विष्णुदत्त भी लेखक बने। पिता ने वेस्ट इंडियन साहित्यिक परम्परा की मध्यवर्गीय मानसिकता से हटकर व्यंग्य के छौंक से अपने भारत देश की चेतना को प्रस्तुत किया। नायपॉल ने यहीं से प्रारंभ करके इसमें अपनी विद्या, बुद्धि, ज्ञान और लेखन की अनूठी शैली को मिलाया। उनकी प्रारंभिक कथा रचनाओं में वेस्ट इंडियन लेखन को एक नई सामाजिक चेतना और हास्यपूर्ण व्यंग्य की चाशमी मिली जो अंग्रेजी कथा लेखन की मांग थी। यह वही 'सैंस ऑफ ह्यूमर' हास्यचेतना है जिसे जेम्स जायस की रचनाओं में देखा जाता है और जिसे सेमुअल सेलवन (1923-94) ने नायपॉल से पहले शुरू कर दिया था।

इस प्रकार वे वेस्ट इंडियन साहित्य से जुड़कर आगे बढ़े। इस लेखन को विश्व में साहित्यिक मानचित्र पर अंकित करके उन्होंने कामनवेल्थ साहित्य के महत्व को बढ़ाया। इंग्लैंड में आने के बाद उन्होने ब्रिटिश समाज का चित्रण करने की ठानी किन्तु वे केवल प्रवासी व्यक्ति की चिंताओं को ही चित्रित करने में सक्षम थे। उन्होंने अपने उपन्यास 'हाफ ए लाइफ' (1950) में यही किया भी है। वे इस लेखन की पशोपेश को बखूबी रेखांकित करते हैं।

यह स्मरण रखना चाहिए कि नायपॉल भारतीय हो नहीं सकते थे किन्तु वे अपने को भारतीय-प्रवासी लेखक के रूप में देखने की इच्छा रखते प्रतीत होते थे । वे फारूक ढोंढी और होमी भाभा जैसे लेखकों के साथ अपने आपको मानना चाहते थे क्योंकि चिनुआ अकेबी और वोले सोइंका जैसे अफ्रीकन लेखक उनके आलोचक प्रतीत होते हैं। नायपॉल के गंभीर अध्येता उन्हें अब भी भारतीय ब्राह्मण ही मानते हैं। ब्रुश किंग (2003) ने अपनी पुस्तक में उन्हें एक ऐसा तर्कपूर्ण संतुलित विचारक कहा है जो आचार व्यवहार में पूरी तरह से ब्राह्मणों के समान अध्ययनरत रहना जीवन का लक्ष्य मानता है। (ऑलदो नायपॉल इज ए रेशनलिस्ट

ही हैज ए ब्राहमनियन कोंन्सियसनेस ऑफ क्लीनलीनेस, प्योरिटी, फूड एंड द वेरियस डयूटिज एक्सपेक्टिड ऑफ ए वैल-रैग्युलेटिड लाइफ'- पृष्ठ 15) चाहे वह ब्राह्मणों के कर्मकांडों और जाति व्यवस्था या वर्णव्यवस्था का विरोध करते हों किन्तु इन कर्मकांडों में लेखक की रूचि बार-बार देखते हीं बनती है। उनके द्वारा लिखित उपन्यासों के भारतीय पात्र भारतीय दार्शनिकता की ओर लौटते हैं। जब वे भारतीय भाग्यवादी विचारधारा पर व्यंग्य करते हैं तब भी वे भारत की वर्णाश्रम व्यवस्था-ब्रह्मचर्य, गृहस्थ, वानप्रस्थ और संन्यास तथा ब्राह्मण, क्षत्रिय, वैश्य और शूद्र को आधार बनाए रखने में कोई बुराई नहीं मानते। इसलिए उनके लेखन में एक ऐसा विरोधाभास है जो ब्राह्मणों के तथाकथित आदर्श और आधुनिक जगत की स्वतंत्रता एवं समानता के बीच के द्वंद्व को अभिव्यक्ति करता है।

'इंडियाः ए मिलियन म्यूटनीज' वस्तुतः एक ऐसी रचना है जिसमें वे भारत पर 'इस्लाम धर्मावलंबियों' द्वारा की गई अतीत में ज्यादतियों का ब्यौरा देते हुए उनका विरोध करते हैं। वे अंग्रेजी शासन को भारत के एकीकरण का साधक मानते हैं और इसी को भारतीय पुनर्जागरण का वाहक भी। एक अन्य रचना 'बियोंड बिलीफ' में भी वे इस्लामिक दुनिया का कच्चा चिट्ठा खोलकर रखते हैं और यह सही है कि अनेक विद्वान उनके इस लेखन से खासे असंतुष्ट नजर आते हैं। वे यह नहीं समझते कि उनकी जीवन दृष्टि ने भारतीयों के प्रति हुए अपमानजनक व्यवहार की झलक इसलिए है क्योंकि यह ऐतिहासिक यथार्थ है, वे कोई काल्पनिक कथा नहीं लिख रहे। वे आजीवन भारतीयों तथा विदेशों में बसे भारतीयों के बारे में लिखते रहे , क्योंकि वे स्वयं को भी इसका एक महत्वपूर्ण अंग मानते थे। वस्तुतः उनके यात्रा वृत्तांत उनके जीवन के उतार-चढ़ाव को इस प्रकार प्रस्तुत करते हैं कि वे प्रवासी भारतीय की दशा और दुर्दशा का बयान बन जाते हैं। भारतीयों का गिरमिटिया मजदूरों के रूप में विदेश जाना और वहां अपने एक अधिकार-मानव अधिकार के लिए जद्दोजहद करना और कभी भारत लौटकर जाने का सपना पाले ये लोग कैसे एक अस्तित्वहीन, गृहविहीन और परिचयहीन जीवन को जीते हुए वहीं बसने को मजबूर हुए। यह भी उल्लेखनीय है कि भारतीय धर्म और संस्कृति को बचाए रखना कितना कठिन था जब अंग्रेजों ने एक एक कर सभी ऐसे देशों की प्रभुसत्ता दे दी। ऐसे वातावरण को जीकर लेखन करनेवाले उनके लेखन को समझ सकते हैं। नायपॉल के लेखन को समझें और सन् 1946 से 1961 तक के उस दुर्व्यवहार को भी ध्यान में रखें जो भारतीयों को भोगना पड़ा। इसलिए एक ओर तो वह अपने लेखन में तथ्यों को सही सही प्रस्तुत करते हैं दूसरे उसके साथ कथानक का ऐसा ताना-बाना बुनते हैं जो उसके विचारों का संवहन भी कर सके। वे जानते हैं कि लेखन एक ऐसी व्यवस्था उत्पन्न करने का प्रयत्न अवश्य है जो संसार में आज देखी नहीं जा रही है। हाँ इसके लिए हमें उस व्यवस्था को ठीक प्रकार से समझना होगा।

यूं तो आज सलमान रुश्दी को इस बात का श्रेय दिया जाता है कि उन्होंने इस उप महाद्वीप

के अंग्रेजी कथा लेखन को विश्व के साहित्यिक परिदृश्य पर चिन्हित कराया किन्तु उनसे पहले ही नायपॉल अपनी गद्य गरिमा से यह बता चुके थे कि लेखन से भी जिया जा सकता है और ऐसे लेखन से जिसमें भारतीय तत्वचिंतन व जीवन केन्द्र में हो। एक भारतीय मूल के करेबियन लेखक ने अपना ध्वज फहराया । वे ब्रिटेन में बसकर भारतीय विषयों पर अंग्रेजी में कथा लेखन और अन्य लेखन करते हुए एक इस्लाम धर्मावलंबी नादिरा खानम अल्वी के साथ जीवन यापन कर रहे थे और अपने उस तमाम आलोचकों का सामना कर रहा थे जो उनसे असहमत प्रतीत होते थे ।

इस आलोचना का आरंभ तभी हो गया था जब वे , सैम सेलवन और जॉर्ज लैमिंग इंग्लैंड पहुँचे। ये तीनों आधुनिक वेस्ट इंडियन साहित्य के प्रखर एवं मुखर अधिवक्ता माने जाते हैं। कैरेबियन वह स्थान था जहां वे जाति, रंग और न जाने कितने अलग-अलग खानों में बंटे थे। इंग्लैंड में उन्होंने एक नया जमाना देखा। वहां कोई अतीत न था और वर्तमान और भविष्य भी निर्धारित न था, यहां उपनिवेशवादी मानसिकता की नई उपजी स्थिति के अतिरिक्त जीवन सहज था। ऐसे समय में उन्होने अपने लेखन के द्वारा यही कहा कि इतनी हिंसा के सामने इंग्लैंड की स्थिति बेहतर है। एक तरह से लेखक ने ब्रिटेन के जीवन को अपने लिए भागदायक मान लिया था। इसलिए विश्व के कई लेखक उन्हें समझोतापरस्त और पक्षपाती मान बैठे हैं। एडवर्ड सईद ने तो अपमानित करने वाली टिप्पणियां भी की। नायपॉल ने जो भी इस्लामिक देशों एवं संस्कृति के विषय में लिखा वे इसके अधिकारी नहीं और वे ऐसे लोगों के लिए लिखते हैं जिन्हें 'त्रतीय विश्व' के बारे में कुछ नहीं मालूम। उनकी पुस्तक 'बियोंड विलीफ' को 'ईडियोटिक और इंस्लटिंग थ्योरी' पर आधारित बताकर खारिज करने की कोशिश भी की गई। नायपॉल को पैसे के लिए लिखने वाला माना और 'नायपॉल कैन नो लोंगर मेक सेंस' कहकर उनका उपहास भी किया। ऐजाज अहमद भी इसी प्रकार इनके कटु आलोचक हैं। सुमन गुप्ता, सेवलिन क्यूडोज, रोब निक्सन और फैवजीया मुस्तफा आदि भी ऐसा ही सोचते हैं कि नायपॉल अंग्रेजों को पूर्वी दुनिया की गलत जानकारी देते रहे थे । वे उनके अहंकार और हेकड़ी को भी रेखांकित करने की चेष्टा करते हैं।

नायपॉल जैसे प्रतिभासंपन्न कथाकार और साहित्यकार को समझने के लिए पाठक को वस्तुतः सहनशील, समझदार एवं समर्थ होना होगा। उसकी आलोचनाओं और आलोचनों की दृष्टि को भी समझना होगा। ऐसे समर्पित लेखक के लेखन की जटिलता को समझना बच्चों का खेल नहीं।अपने 50 से अधिक वर्षों के लेखकीय जीवन में 30 से अधिक पुस्तकें लिखकर विवादास्पद भी और चर्चित भी रहे कथाकार ने साहित्य का नोबल पुरस्कार समेत अनेक सम्मान प्राप्त किए और 'there are no more great writer' कहकर चंपत हो लिए।

सलमान रुशदी

सन् 1981 में एक उपन्यास आया। नाम था - 'मिड नाइट्स चिल्डरन' अर्थात 'आधी रात की संतानें'। इस उपन्यास ने भारतीय अंग्रेजी लेखन की ही नहीं, बल्कि इंग्लैंड के बाहर लिखे जा रहे समस्त अंग्रेजी लेखन की दिशा ही बदल दी। इससे पूर्व भारतीय अंग्रेजी लेखन का महत्व टूरिस्टों और भारतविदों के बीच ज्यादा था और विश्व में लोग कॉमनवैल्थ साहित्य, अफ्रीकन साहित्य या कैरेबियन साहित्य को भारतीय अंग्रेजी साहित्य से ज्यादा जानते थे। भारत और उसके परिदृश्य की कहानी में तो क्या भारतीय 'राज' में भी कोई विशेष दिलचस्पी लोगों में रही नहीं थी। यह बात ठीक थी कि भारतीय साहित्य - वेद, पुराण, महाकाव्य आदि की संस्कृत वाली परंपरा से लोग परिचित थे, किंतु उस कड़ी को टूटे बहुत अर्सा हो गया था। उसके बाद भारतीय अंग्रेजी में मुल्कराज आनंद, आर.के. नारायण या राजा राव जो भी आए वो किसी न किसी बहाने 'हिन्दू परंपरा' से जुड़ते थे, किंतु उसमें वर्तमान से जुड़ने की ताकत कम देखी गयी। सलमान रूश्दी ने यह किया कि उसने उन तमाम लेखकों को आत्मसात करके लिखा, जिनकी रचनाओं की उसने पहले कभी समीक्षा की थी, चाहे वो गुंटर ग्रास हो या मार्खेज और सलीम सिनाई पात्र की कहानी को ऐसे प्रस्तुत किया कि अंग्रेजी उपन्यास लेखन की दिशा ही बदल गई। टिमोथी ब्रेनन ने ठीक ही कहा है कि सलमान रुश्दी 'एज ए मेंबर ऑफ्फ ब्रिटेनस 'इम्यीग्रेट' कम्युनिटीज फोलोइंग द कोलेप्स ऑफ द ऐम्पायर इन व्हिच द सेंस ऑफ व्हाट इट मीन्स टू बी 'इंग्लिश' हैज चेंज्ड फोर ऐवर।'

सलमान रुश्दी (1947-) के जीवन को समझने के लिए उसके लेखन-उपन्यासों, साक्षात्कारों और लेखादि को समग्रता से देखना होगा। उसके जीवन की घटनाएं गल्प बनकर उपन्यासों में आ जाती हैं और उसके उपन्यासों का गल्प उसके जीवन में आ गया लगता है। सलमान रुश्दी का जन्म 19 जून 1947 को बंबई के एक धनी परिवार में हुआ था। रुश्दी बार-बार लोगों को याद दिलाना नहीं भूलते कि वे आजादी से 'दो माह' पूर्व पैदा हुए थे। यह आश्चर्यजनक किंतु सत्य है कि सलमान के माता-पिता 1964 में पाकिस्तान कूच कर गए थे और रुश्दी ने भी कुछ समय तक पाकिस्तान टी.वी. में काम किया था। बाद में वे केंब्रिज में पढ़ने आ गए। वहीं छोटे बड़े काम करते-करते वे लिखने भी लगे। आजकल ये ब्रिटिश नागरिक हैं। उनका पहला उपन्यास 'ग्रिमस' विज्ञान फिक्शन प्रतियोगिता में असफल रहा और तब उन्होंने कुछ ऐसा लिखने की सोची, जो अनुभव जन्य हो। वे अपनी तत्कालीन पत्नी 'क्लोरिसा लुआर्ड' के साथ भारत आ गए और एक बार बंबई की बाहों में फिर से आने पर उन्होने एक ऐसा नजबूत इरादा किया, जिसका परिणाम पहला उल्लेखनीय उपन्यास हुआ। 'मिडनाइट्स चिल्डरन' को बूकर पुरस्कार भी मिला, किंतु इससे पूर्व ही वे चर्चा में आ गए थे। 1993 में तो उन्हें 'बूकर ऑफ बूकर्स' पुरस्कार ही मिल गया, जो तब तक प्रकाशित एवं बूकर से सम्मानित सभी उपन्यासों में सर्वश्रेष्ठ

उपन्यास के लिए था। क्या आपने इसे पढ़ा है, इसका हिंदी अनुवाद उपलब्ध है।

सलमान रुश्दी के निजी जीवन से जुड़े किस्से-कहानियां भी चर्चा में रहे हैं. सैटेनिक वर्सेज से जुड़ा विवाद और इसपर जारी हुए फतवे (पहला फतवा ईरान के सर्वोच्च धार्मिक नेता अयातुल्ला खुमैनी ने जारी किया था) और इस दौरान उनके अज्ञातवास ने उनकी लोकप्रियता को बढ़ाया । उनको लोग कट्टरपंथ के खिलाफ खड़ा रहने वाला कथाकार मानते हैं । सलमान भाई को मैं बीसों सालों से नोबल पुरस्कार का हकदार मान रहा हूँ। उनकी रंगीन ज़िंदगी से रश्क करने वाले भी हैं और उनकी पूर्व पत्नी ने अपनी किताब में उनकी मनस्थिति के बारे में जो लिखा है वह किसी उपन्यास की कथावस्तु से कम नहीं। "पद्मलक्ष्मी ने अपनी आत्मकथात्मक किताब 'लव लॉस एंड व्हाट वी एट' में रुश्दी के व्यक्तित्व की कई गिरहों और गांठों पर बात की है। मसलन रुश्दी के खाने को लेकर के बेइंतहाई शौक, सेक्स के लिए उम्र के इस पड़ाव पर भी अदम्य इच्छा, स्व के लिए उनकी कुंठाएं-असुरक्षाएं, बच्चों की सी लोगों को अपने आगे-पीछे फिराने और खुद को केंद्र में रखने की ख्वाहिश और नोबेल पुरस्कार न मिल पाने को लेकर उनके दुख और लालसाएं..."(सत्याग्रह, 19 जून 2018)।

सलमान रुश्दी ने भारतीय अंग्रेजी लेखन को यह दिखाया कि कैसे सही अर्थों में 'आधुनिक', 'उत्तर आधुनिक' और 'उत्तर उपनिवेशवादी' हुआ जा सकता है। यदि स्वतंत्रता के पश्चात अथवा आठवे दशक के बाद हमें उपन्यासकार के नाम पर इस युग को कोई नाम देना हो, तो उसे 'रुश्दी युग' कहा जा सकता है। जोन नेविन इस युग को 'आफ्टर मिड नाइट' और रुश्दी को इसका 'मसीहा' कहा है। शशि थरूर ने लिखा है 'इट विल बी एन आकेजन टू सेलिब्रेट द न्यू वोयस रुश्दी हैज इंट्रोड्यूस्ड टू द वर्ल्ड ऑफ इंग्लिश लैंग्वेज फिक्शन।' कहना न होगा कि 'मिडनाइट चिल्डरन' के सिल्वर जुबली वर्ष मे 9/11 के बाद कश्मीर और हिंदू-मुसलमान को केन्द्र में रखकर एक जादुई यथार्थ प्रस्तुत किया है, जिसे पढ़कर देखना होगा, तभी पता चलेगा कि 'शालीमार' में कश्मीर इतना ही है, जितना 'मिडनाइटस चिल्डरन' में बंबई या 'द सेंटानिक वर्सिज' में इस्लाम। शालीमार 'स्वर्ग से बिछड़ने' (पैराडाइट लोस्ट) का प्रतीक अवश्य है। कई लोग 'फ्यूरी' (2001) उपन्यास के पश्चात रुश्दी के जादू को 'फीका पड़ा लगा है' कहकर व्यक्त करने लगे थे, क्योंकि 'फ्यूरी' को बूकर के लिए चुनाव में खड़े होने योग्य भी न माना गया था और 'द सैटानिक वर्सिज' (1989) के पश्चात जो थुक्का फजीती हुई, जो फतवे दिए गए और उसकी प्रसिद्धि का यही आधार मान लिया गया कि यह उपन्यास इस्लाम के शायद खिलाफ है। वे अब इस उपन्यास के प्रकाशन के पश्चात कुछ निराश होंगे। जॉन सदरलैंड ने 'शालीमार द क्लाउन' को तारीफ करते हुए रुश्दी को 'ऐट हिज बैस्ट' कहा है और हसन सरूर ने उपन्यास को 'विन्टेज रुश्दी'।

उनके इस उपन्यास से पीछे की ओर चलें। लेकिन पहले एक बात नोट कर लें। सन् 1993 में 'द टाइम्स ऑफ इंडिया' के लिए दिए गए साक्षात्कार में रुश्दी ने कहा था कि उन्हें इस बात का

बहुत दुःख हुआ था कि 'द सैटानिक वर्सिज' को सबसे पहले भारत में प्रतिबंधित किया गया और 'टू बी एक्सपैल्ड फ्रोम इंडिया इज वैरी पेनफुल'। सितंबर 1995 में उन्होंने कहा कि मिडनाइट्स चिल्डरन, शेम, द सैटानिक वर्सिज, द मूर्स लास्ट साई के साथ ही 1947 में शुरू हुए ऐतिहासिक घटनाक्रम को अब वे पूर्ण समझते हैं। उनका कहना यह था कि अब फिर अपने किसी उपन्यास को भारतीय उपमहाद्वीप की पृष्ठभूमि में नहीं रखेंगे, किंतु 2005 में वे भूल गए और 'शालीमान द क्लाउन' ले आए। कथाकार सलमान रुश्दी चाहकर भी भारतीय तिरंगें की आभा से दूर नहीं जा पाते। वे चाहे मानें या न मानें। चाहे कहना चाहें, न चाहें। 'द टाइम्स ऑफ इंडिया' को दिए गए अक्टूबर 2005 के एक अन्य साक्षात्कार में भी वे 'शालीमार' की चर्चा करने के साथ-साथ अभिव्यक्ति की स्वतंत्रता को रेखांकित करने से नहीं चूकते। 'व्हाट इज फ्रीडम ऑफ एक्सप्रेशन? विद आउट द फ्रीडम टू ओफेंड, इस सिजिस टू इग्जिस्ट' 'मिडनाइट्स चिल्डरन' जिसका हिंदी में प्रियदर्शन द्वारा किया गया अनुवाद 'आधी रात की संतानें' वाणी प्रकाशन से 1999 में आ गया है, यदि उसी को आधार बनाकर बात करें तो राजकिशोर (पुनरीक्षक) के शब्दों से उधार लेना पड़ेगा। 'यह आधी रात की संतानों की सहूलियत भी है और उनका शाप भी कि वे अपने वक्त के मालिक हों और उसके शिकार भी' - सलमान रुश्दी के इस विश्व प्रसिद्ध उपन्यास की ये आखिरी पंक्तियां भारतीय उपमहाद्वीप की ट्रेजडी को बहुत ही सटीक और मार्मिक ढंग से रेखांकित करती हैं। 14-15 अगस्त की आधी रात को भारत आजाद हुआ और दो हिस्सों में बंटा भी। उसी रात सलीम का जन्म हुआ था, जिसके जीवन का महाकाव्यात्मक विवरण यह अद्भुत उपन्यास है, जिसे यथार्थ और कल्पना इतिहास और व्यक्ति तथा घटनाओं और स्वप्नों के एक समारोह इंद्रजाल के रूप में बहुत ही बारीकी और करीने के साथ बुना गया है। 'लगभग आधी शताब्दी में फैले हुए इस किस्से में नेहरू और शेख अब्दुल्ला आते हैं तथा इंदिरा गांधी भी अपने आपात काल और नसबंदी का अभियान चलाने वाले संजय गांधी के साथ एवं अयूब खां, जुल्फिकार अली भुट्टो और शेख मुजीब तथा उस आलोडन भरे दौर के कई और नायक और खलनायक भी। हालांकि कहानी बहुत पहले शुरू होती है और यह उपन्यास एक बेहद उलझा हुआ अफसाना है, जिसमें संकेत और प्रतीक भी उतने ही महत्वपूर्ण और निर्णायक हैं, जितनी छोटी या बड़ी घटनाएँ, लेकिन यही इसकी स्तब्ध कर देनेवाली खूबसूरती भी और यह रुश्दी की चौतरफा मार करने वाली तथा यथार्थ को धुंघ में और धुंध को चमक में बदल देने वाली जादुई भाषा का कमाल है कि हर चीज मानी खेज हो जाती है - उससे कहीं ज्यादा जितना शुरू में लगता है और अंत में सारे मायने मिलकर एक महाअर्थ में बदल जाते हैं, जिससे रुबरू होना हम सबके अपने आपसे रु-ब-रू होने का ही दूसरा नाम है। आधी रात की संतानों के बारे में स्वयं रुश्दी ने एक बार कहा था कि हिंसा भ्रष्टाचार, गरीबी, सामान्य उथल-पुथल, लालच और मिर्च दानियाँ.......मुझे जला-वतन होकर यह सीखना पड़ा कि आधी रात की संतानें उससे कहीं

ज्यादा बहुरंगी थीं, जितने का मैंने यहाँ तक कि मैंने भी ख्वाब देखा था।'

सलमान रुश्दी का यह उपन्यास एक जड़विहीन व्यक्ति की कहानी नहीं, क्योंकि रुश्दी को अपने आपको ऐसा मानने का कोई कारण नहीं जंचता। वे तो अपने आपको 'कई जड़ों का' और 'कई स्थानों का' आया मानते हैं। वो कहते हैं न 'घाट-घाट का पानी पीना' सलमान रुश्दी ने लंदन में रहकर 'मिडनाइट्स चिल्डरन' लिखा, वहीं पाकिस्तान की पृष्ठभूमि पर दूसरा उपन्यास 'शेम' भी लिखा। 'शेम' में वे स्पष्ट कह देते हैं कि पाकिस्तान को स्वप्न देखने वाले मस्तिष्क की असफलता कह सकते हैं, क्योंकि शायद इस स्थान की कल्पना ही ठीक से नहीं की गई थी।' 'पाकिस्तान.....मे बैस्ट बी डिस्क्राइब्ड एज द फेलियर ऑफ द ड्रीमिंग माइंड......परहैप्स द प्लेस वाल जस्ट इनसफिसिएंटली इमेंजिंड'। स्कंदर हरप्पा और रजा हैदर (जो हमें जुल्फिकार अली भुट्टों और जिमाउल-हक जैसे लगते हैं) जैसे राजनेता रुश्दी की निगाह में लज्जाहीनता, लालच और हिंसा के रूपक हैं। यदि कोई अर्जुमंद हरप्पा जैसी स्त्री राजनीति में आना भी चाहती है, तो उसे बहुत कुछ गंवाना होगा। कई आलोचकों ने 'शेम' की आलोचना इसलिए भी की है, क्योंकि उन्हें लगा कि ये उपन्यास 'इंग्लैंड में रहने वाले भारतीय लेखक' ने लिखा है। एक आलोचक ने बेबाकी से लिखते हुए कहा है 'शेम इज सिम्पली मीनर, सीडिअर, ए बैड जोक।'

'द शैटानिक वर्सिज' संभवतः सबसे विवादास्पद रहा। इसमें विवाद क्या है? लेखक का मानना है कि उसने यह उपन्यास प्रवाही संस्कृति को मुख स्वर और कथा का जामा पहनाने के लिए लिखा था। (द डिजायर टु गिव वोयस ऐंड फिक्शनल फ्लैश टु दि इम्मीग्रेट कल्चर')। कहानी कुछ यों हैं कि सलादीन चमचा और जिबरील फरिश्ता आकाश मार्ग से विचरण करते हुए इंग्लिश चैनन में गिर पड़ते हैं। यहाँ यह घटना प्रवासी हो जाने का प्रतीक मात्रा है। उपन्यास इसी अनुभव को अभिव्यक्त कर रहा है। यह जो शीर्षक है वह परमपूज्य प्रोफेट के जीवन की एक घटना पर आधारित है, जिसे अरब इतिहासकारों ने लिखा है कि उन्होंने तीन स्त्रियों अललत, अल-उजा और अल-मन की इस्लामी नियमों व सिद्धांतों के अनुसार पूजा की थी। रुश्दी का उद्देश्य पूर्व प्रचलित धार्मिक विश्वासों और आधुनिक प्रश्नाकुलता व संदेहवाद पर प्रश्न चिन्ह लगाना मात्र था, किन्तु बखेड़ा ही खड़ा हो गया। जान पर बन आई। ऐसे कितने ही उपन्यास अंग्रेजी में लिखे गए जो प्रवासी-अनुभव पर आधारित थे। सन् 1940-50 के बीच सेमुअल सेल वन का ' द लोनली लंदनर', 'एडवर्ड ब्रेथनेट का 'टु सर विद लव', 'जार्ज लेमिंग का 'द ऐमिग्रांट', 'जी.वी. देसानी का 'ऑल अबाउट एच. हट्टर' आया। हनीफ कुरैशी ने भी 'माई ब्युटीफुल लौंडरेट' और 'सामी ऐंड रोजी गैट लेड' लिखे। फारुख ढौंढी भी लिखते रहे। इकबाल ने भी तो 'जिबरील-ओ-इबलीस' (गैबरीयल और शैतान) लिखा था। संक्षेप में कहें तो यह उपन्यास 'शैतानिक पद्य' नहीं है, बल्कि 'शेम' के जैसा ही एक ऐसा ग्रंथ है जिसमें रुश्दी अवतार की मानिंद नजर आते हैं। मुहम्मद इकबाल ने भी तो 'शिकवा' गजल में ईश्वर को ऐसे ही देखा

है। जो भी पक्ष-विपक्ष में कहा गया वह आलोचनात्मक इतिहास का रोचक अंग है। पाश्चात्य स्वतंत्रता और पूर्वात्य कट्टर पंथियों की डाडामेंडी खत्म हुई।

कहा जाता है कि किसी विश्वास को नकारने से पूर्व उसका वास्तविक अंग बनना होता है। रुश्दी जब 'इंग्लैंड रिटंर्ड' छात्र के रूप में पाकिस्तान अपने परिवार के पास गए, परिवार बंबई से आकार 1964 में आ बसा था, रुश्दी वहाँ इस उपन्यास के एक पात्र ज़िबरील के समान ही 'ईश निंदा का पहला पाठ' पढ़ने लगा था। अपने परिवार के विरोध के बावजूद और अपने परिवेश से नाखुश रुश्दी परिवार को परेशानी में डालते रहते थे। अफवाह है कि वे अरबी लिपि में 'अल्लाह' इस प्रकार से लिख लिया करते थे कि वह एक नग्न स्त्री का शरीर भी नजर आता था। उनका इस्लाम का ज्ञान सतही नहीं, बल्कि गहन है और इसमें किसी को कोई संदेह नहीं होना चाहिए कि रुश्दी 'ग्रिमस' के सूफी रहस्यवाद से यहाँ तक यूँ ही नहीं आ गए थे। रुश्दी ने मोहम्मद साहब को बड़े आदर से इतिहास का अकेला महापुरुष कहा है। (दि ओनली प्रोफेट हू इग्रिस्ट्स ईवन रिमोटली इनसाइड हिस्ट्री) वे यह भी कहते हैं कि वह केवल एक सूचना दाता हैं, संदेशवाहक हैं, हमें उस संदेश का पहले आदर करना होगा। 'मिडनाइटस चिल्डरन' में भी धर्म आता है, किन्तु केवल व्यावसायिक समायोजन-सा बनकर। अब समय आ गया है कि धर्म-निरपेक्ष ब्रिटेन की धरती पर लिखे गए इस उपन्यास को सलमान रुश्दी के समग्र औपन्यासिक जीवन की पृष्ठभूमि में देखा जाना चाहिए। यही नहीं 'द मूर्स लास्ट साइ' को जो इसके सात वर्ष बाद आया भी देखते हुए यह नतीजा निकाल लेना चाहिए कि सलमान रुश्दी भारतीयों से कम से कम यह अपेक्षा अवश्य रखता है कि भारतीय जाति, धर्म, भाषा अज्ञान और मूर्खता से ऊपर उठकर उसके लेखन का सम्यक व सटीक पाठ ग्रहण करेंगे।

जब सलमान रुश्दी अयातुल्ला खुमैनी के फतवे से घबराकर छिपे हुए थे, तब उन्होंने एक मनोरंजक कहानी संग्रह अपने पुत्र जफर के लिए लिखा और दस वर्षों में लिखे गए निंबधों को संकलित भी किया। यह कहानी संग्रह भी इधर राजकमल से प्रगति सक्सेना द्वारा अनूदित होकर आ गया है। 'हारून और कहानियों का समंदर' में एक साहसिक कथा है- एक पिता रशीद और उसके बेटे हारून तथा हारून द्वारा अपने पिता के खोए वरदान को लौटा लाने की कोशिशों की सनसनीखेज दास्तान। इस कहानी में आपका सामना होगा पीर सीन ई (यानी इतनी जटिल कि समझाना कठिन प्रक्रिया प्रोसेस टू कॉम्प्लीकेटेड टु एक्सप्लेन) से जो शायद इस कहानी की सबसे अहम चीज है। इस कथा में हम 'बकवास का बादशाह' से मिलते हैं और 'गप्पियों और चुप वालों' से। परी देश की सी इस कथा में रुश्दी की निश्छलता झलकती है।

यह बार-बार कहा जाता रहा है कि सलमान रुश्दी का लेखन और उनके साक्षात्कार एक नई उत्तर आधुनिक साहित्यिक विवेचना लाए हैं, जहाँ विश्व साहित्य का विचार दूर प्रतीत नहीं होता। वे 'विश्व की टकराहट' की जिस मूलभूत 'थीम' से कथासूत्र लेकर चले हैं उसकी तह

तक जाते हुए कहते हैं 'जब मैंने 'मिडनाइट्स चिल्डरन' लिखा तो मैं ऐसा नहीं सोचता था। मैंने सोचा था कि मैं भारत और पाकिस्तान के बारे में लिख रहा हूँ और यही बहुत था। पिछली चौथाई सदी में विश्व आगे बढ़ते हुए सिकुड़ गया है- कुछ लोगों के इधर से उधर जाकर बसने से, कुछ आर्थिक वैश्वीकरण से और हाँ कुछ अंतर्राष्ट्रीय आतंकवाद से। इन सब कारणों की बदौलत हमारी दुनिया के बहुत से हिस्से एक-दूसरे के खून के प्यासे हो रहे हैं, कभी-कभी तो खून बहाने से भी नहीं चूकते। ऐसा पहले कभी न था। इसलिए मेरी कहानियाँ इन अजीबोगरीब दास्तानों में बदल गई हैं जहां आपको विश्व के एक हिस्से को समझने के लिए दूसरे को समझना पड़ेगा। वैसे तो यह उपन्यास की प्रकृति के खिलाफ जाता है, क्योंकि उपन्यास में कुछ न कुछ प्रादेशिक होता है। उपन्यास अपने आप को किसी छोटे कस्बे में रखना चाहता है, जिसमें कुछ व्यापारी हों और कोई बेवफा पत्नी और कहानी सुनाई जाए, कहानी हो जाए। किन्तु अब संसार ऐसा नहीं है। अब आपको कहानी बुननी होगी जो एक साथ कई संस्कृतियों में जा पहुँचे और सफल कहानीकार या उपन्यासकार वही है, जो इस नई समझ को बूझ सके।' जार्ज आरवेल ने कभी कहा था कि सुदूर पूर्व के विषयों पर अच्छे उपन्यासों की कमी है और यह कमी वे लोग पूरा करेंगे जो किसी न किसी तरीके से विसंगत हों। भारत ज्यों ही पश्चिमी स्मृति से खिसकने लगा था, सलमान रुश्दी ने अपने विसंगति पूर्ण जीवन का औपन्यासिक विन्यास प्रस्तुत करके विश्व में 'तीसरी दुनिया-वाद' का प्रतिनिधित्व करने का दावा ही नहीं किया, बल्कि आगे आने वाले उपन्यासकारों के लिए एक विश्व मंच भी स्थापित किया। यह एक बड़ी बात है।

राज – नोवल्स

जब दो संस्कृतियों का आमना-सामना होता है तब एक ऐसी रचनात्मक ऊर्जा उत्पन्न होती है, जिससे बुनियादी परिवर्तन तो होता ही है, आपस में मत-अभिमत का आदान-प्रदान भी लाभकारी होता है। 1453 में कौंन्स्टैंटिनोपल नगर के पतन के पश्चात एकत्र ईसाई चिंतकों और कलाकारों ने भागकर इटली तथा उसके समीप के क्षेत्रों में शरण ली। इस नए संपर्क से ज्ञान विज्ञान तथा कलाओं का यूरोप में प्रसार हुआ। अमेरिका में सांस्कृतिक टकराहट का परिणाम 19वीं शताब्दी से होता है। इससे पूर्व का जो इस्लाम से टकराव हुआ था वह सैनिक बल शक्ति प्रदर्शन तक अधिक सीमित रहा, सांस्कृतिक साहित्यिक इतना नहीं, किंतु अब भारतीय हिंदू विचारधारा और पाश्चात्य ईसाई संगठन का ऐसा सामंजस्य हुआ कि एक नए युग का उदय होता दिखाई पड़ा। फोर्ट विलियम कॉलेज की स्थापना 1800 में हुई जहां अंग्रेज अफसरों के प्रशिक्षण की व्यवस्था थी। यहां के प्रिन्सिपल गिलक्राइस्ट ने अपनी समझ के हिसाब से हिंदी-हिन्दुस्तानी में पुस्तकें लिखवाई। राम प्रसाद निरंजनी को 'प्रथम प्रौढ़-लेखक' मानते हुए शुक्लजी इतिहास में लिखते हैं 'अतः यह कहने की गुंजाइश अब जरा भी नहीं रही कि खड़ी बोली गद्य की परंपरा

अंग्रेजों की प्रेरणा से चली।' स्मरण रहे इसी समय में हिंदू कॉलेज (1817) के छात्र पहली बार अंग्रेजी भाषा और यूरोपीय ज्ञान विज्ञान के संपर्क में आए। इस टकराहट का प्रभाव अंग्रेजी पर भी पड़ा। इस प्रभाव को भारतीयों ने रेखांकित करने की आवश्यकता ठीक से नहीं समझी है। बीसवीं शताब्दी के अंग्रेजी साहित्य में रवि बाबू की अंग्रेजी 'गीतांजलि' के भूमिका लेखक डब्ल्यू.बी. येट्स की काव्य कृतियों में भारतीय साधन के तत्त्व हैं। (हरिवंश राय बच्चन ने केंब्रिज विश्वविद्यालय से 'ओक्लिटज्म इन डब्ल्यू.बी. येट्स पोइट्री' पर पी.एच.डी. प्राप्त की थी।) टी. एस. एलियट की 'द वेस्ट लैंड' (1922) पर उपनिषदों के चिंतन का प्रभाव है ही।कथा कृतियों तक बात को सीमित करते हुए बात की जाए तो सोमर्सेट मॉम के उपन्यास 'द रेजर्स एंज' (1944) का नाम लिया जाता रहा है क्योंकि इसमें भारतीय दर्शन और संदर्भों की बुनावट है।

भारतीय अंग्रेजी कथा साहित्य के मर्मज्ञ विज्ञान 'द राज नावल्स' की स्थापना प्रायः किया करते हैं। अब यह माना जाने लगा है कि अंग्रेजी कथा साहित्य में एकाधिक नहीं, बल्कि दसाधिक ऐसे कथाकार हैं जिनकी रचनाओं में भारतीय जीवन, धर्म, संस्कृति, समाज, राजनीति, कला और अन्य संदर्भों का उल्लेख बहुतायत से हुआ है और इससे उनके लेखन को एक नई दृष्टि तथा स्थान भी मिला है। कई लेखक ऐसे रहे जो भारत में ही पैदा हुए जैसे किपलिंग, कई ऐसे हुए जो बाहर से ही भीतर की बात बचाते रहे। भारत का अनुभव - चाहे वह वास्तविक रहा हो या काल्पनिक - कई ऐसे कलाकारों को कथासूत्र देता गया जो बाद में प्रसिद्धि को प्राप्त हुए। 'द ब्रिटिश इमेज ऑफ इंडिया' (1969) के लेखक ग्रीनबर्गर ने भारत के प्रति ब्रिटेन के साहित्यकारों के दृष्टिकोण को तीन शीर्षकों में बांटकर प्रस्तुत किया है। वे एक प्रकार से इसे कालावधि में बांटते हुए कह देते हैं कि पहला युग है - विश्वास का युग (1880-1910), दूसरा अविश्वास का युग (1919-35) और तीसरा है नैराश्य का युग (1935-60)। पहले युग के प्रतिनिधि यदि किपलिंग हैं, तो दूसरे के फोर्सटर और तीसरे के पॉल स्कॉट।

रुडयार्ड किपलिंग (1865-1935) पैदायशी भारतीय हैं, वे बंबई में पैदा हुए थे तथा इस शहर को 'मदर ऑफ सिटीज' कहा करते थे। साहित्यकार पिता जॉन लाकवूड किपलिंग का प्रकृति व पशु प्रेम इन्हें विरासत में मिला और कुछ नहीं। न विश्वविद्यालयी शिक्षा, न खेल-कूद। आंखों की बीमारी के कारण चाहते हुए भी सेना में भर्ती न हो सके। न ढंग से बोल पाते थे, न व्यवहार कुशलता थी। लिखने का व्यसन खूब था। इनसे पूर्व ही क्या इनके पश्चात भी चालीस-बयालीस की उम्र में किसी ने साहित्य का नोबेल पुरस्कार प्राप्त नहीं किया। इन्हें यह पुरस्कार 1907 में मिला। व्यक्तिगत जीवन दुःखपूर्ण रहा। इनकी प्रतिभा को पुरस्कार के बावजूद ब्रिटिश आलोचकों ने कोई महत्व नहीं दिया। कोई इन्हें साम्राज्यवादी मानता रहा, कोई पैसे के लिए लिखने वाला। बाद में हेनरी जेम्स, एडमंड विल्सन, टी.एस. एलियट और बोनाबी डोब्री ने इन्हें देखा, परखा और पहचाना। लेखक हेनरी जेम्स ने उनके बारे में कहा था, "मेरे जीवन के ज्ञात लोगों में किपलिंग ने मुझे व्यक्तिगत तौर पर प्रतिभा से परिपूर्ण व्यक्ति के रूप में प्रभावित किया है।"

पहले तो ये 'सामान्य कवि' (एक्सीडेंटल पोइट) माने जाते रहे थे। इनके कथा संसार में जाने से लोग कतराते रहे थे। आज इनकी भारत में और बाहर भी समुचित प्रतिष्ठा है। आशीष नंदी जैसे भारतीय बुद्धिजीवियों ने इनकी रचनाओं को अधिक सूक्ष्म रूप से देखा।भारत के प्रथम प्रधानमंत्री पंडित जवाहर लाल नेहरू हमेशा किपलिंग की पुस्तक 'किम' को अपने पसंदीदा पुस्तक बताते थे।

इसमें कोई संदेह नहीं कि किपलिंग भारत को जानता भी था और इसे बहुत प्यार भी करता था। (ही न्यू ऐंड लव्ड इंडिया इन ए वे नो अदर ब्रिटिश राइटर डिड' विलियम वाल्श) भारत में उसने अपना बचपन बिताया था, उसने हिंदी-हिंदुस्तानी बोलना पहले सीखा - अंग्रेजी बाद में। लाहौर, इलाहाबाद और बंबई जैसे शहरों के संस्मरण उसकी रचनाओं में अनायास ही आ जाते हैं। तत्कालीन बंबई पर उनकी कविता का अंश है-

Mother of Cities to me,
For I was born in her gate,
Where the world-end steamers wait.
Where the world-end steamers wait

यदि हम किपलिंग के कथा लेखन को देखें तो स्पष्ट पता चलता है कि उसकी कथा कहने की पद्धति पर बचपन में कैथोलिक गोवा नर्स और हिंदू नौकरों का प्रभाव है। उसने भारतीय मुहावरे व शैली को आत्मसात किया था। यहाँ के रीति-रिवाजों, संस्कारों, संकेतों और मिथकों को ग्रहण किया था और फिर इस सामग्री से अनेक कथाओं का ताना-बाना बुना था। 'किम' (1901) उपन्यास में मानो भारतीय अनुभव का निचोड़ ही प्रस्तुत कर दिया गया है। इसका तो पहला पृष्ठ ही गौतम बुद्ध के उपदेशों और महात्मा गांधी के भावी अहिंसक सत्याग्रह से प्रभावित प्रतीत होता है। यदि ए. विल्सन इस उपन्यास को लेखक के लेखन की पराकाष्ठा बताते हैं, तो नीरद सी. चौधरी इसे अंग्रेजी भाषा का ऐसा सर्वोत्तम उपन्यास कहते हैं, जो भारतीय थीम पर आधारित है। इनकी एक रचना बालकों में बड़ी प्रसिद्ध हुई है। वह है 'द जंगल बुक' (1894) मोगली आदि पात्रों को भारतीय पाठकों ने खूब सराहा है। 'जंगल-जंगल बात चली है, पता चला है, चड्डी पहन के फूल खिला है।' गुलजार की ये पंक्तियां इस कथा से मिलकर एक पीढ़ी को प्रभावित करने में सफल रही थीं। कहानीकार के रूप में किपलिंग ने 'प्लेन टेल्स फ्रोम द हिल्स' (1888) आदि संग्रह प्रस्तुत किए, यहाँ भी भारतीय अनुभव सिर चढ़कर बोलता है।

इस लेखन के बावजूद किपलिंग यह नहीं भूलता कि वह 'राज' का प्रतिनिधि है। उसका पक्षपातपूर्ण रवैया, हठधर्मिता और रूढ़िवादिता हमें तब पता चलती है, जब हम पाते हैं कि किपलिंग यह मानता था कि कालों पर शासन करना गोरों का अधिकार भी है और कर्तव्य भी।
Take up the White Man's burden—

Send forth the best ye breed — किपलिंग की यह साम्राज्यवादी दृष्टि और 'पूरब-पूरब है, पश्चिम-पश्चिम तथा ये दोनों कभी मिल नहीं सकते' कहना आज भी भारतीयों को खलता है। फिर भी आयंगार सरीखे आलोचकों के मना करने के बावजूद इन्हें भारतीय अंग्रेजी के छत्र तले बैठाए रखने की लालसा होती है।

एडवर्ड थोंप्सन (1886-1946) ने अपने उपन्यासों में भारत को किपलिंग से भिन्न दृष्टि से देखा है। किपलिंग को इस बात के प्रतिपूर्ण विश्वास व निष्ठा थी कि भारतीयों पर शासन करना ब्रिटेनवासियों के लिए पुण्य का कार्य है, किंतु एडवर्ड थोंप्सन के लेखन में इस विश्वास के प्रति वैसी निष्ठा दिखाई नहीं देती। किपलिंग बड़े रचनाकार हैं और थोंप्सन उनके समक्ष अल्पख्यात किन्तु वे उस विकास के प्रवक्ता हैं, जो भारतीय ब्रिटिश संबंधों में किपलिंग के पश्चात् दिखाई दिया था। 'एन इंडियन डे' (1927) ऐसी ही रचना है, जिसमें भारत और ब्रिटिश के पारस्परिक संबंध को कथासूत्र में पिरोया गया है। विन्सेंट हैमर नामक अंग्रेज जज को अपने हम वतनों का कोपभाजन इसलिए बनना पड़ता है, क्योंकि वह भारतीयों के प्रति नरमी बरतता था। एक ओर तो लेखक बड़ी बारीकी से भारतीय संवेदना को अभिव्यक्त करता है, दूसरी ओर वह यहाँ की प्राकृतिक सुषमा को भी शब्दांकित करता है। यही नहीं वह एक सजक समाजशास्त्री की भांति भारतीय जीवन में फैली दुर्नीति की भी खबर लेता है। इस दुर्नीति की विवेचना करने में थोंप्सन ईसाई मिशनरियों को भी नहीं छोड़ता। वह ऐसे खुदाई खिदमतगारों की नस-नस से वाकिफ है। अंग्रेजी राज पर तात्कालिक रूप में और शासन सत्ता की प्रकृति पर शाश्वत रूप से सरलतापूर्वक व्यंग्यात्मक शैली में लिखते हुए थोंप्सन ने एक तीर से कई शिकार करने की कला दिखाई है। कहना न होगा कि 'एन इंडियन डे' ने पहली बार भारत के सामने अंग्रेजों की रीति-नीति को प्रस्तुत करने का कठिन कार्य किया। फिर भी ऐसे लेखन को पाठकों ने 'नैतिक शिक्षा की दुहाई देनेवाली कथा' मात्र मानकर परे रख दिया। थोंप्सन की दार्शनिकता ने पाठकों को उतना मोहित नहीं किया जितना किपलिंग की स्पष्टवादिता ने किया था।

कई वर्षों से भारतीय अंग्रेजी लेखन से जुड़े आलोचक भारतीय अंग्रेजी का लेखन में 'भारतीयता' की तलाश तो करते दिखाई देते हैं, किन्तु 'वैश्विकता' की नहीं। यह अधूरी दृष्टि है। एक भारतीय चरित्र को लेकर यदि कोई अंग्रेजी लेखक अपनी दृष्टि से कुछ लिखता है, तो उसमें भारतीयता के स्थान पर पहले उसकी 'उस' दृष्टि से देखा जाना चाहिए। एल.एच. मेयर्स (1881-1944) की रचनाओं 'द नीयर ऐंड द फार' (1929), 'प्रिंस जाली' (1931), 'द रुट ऐंड द फ्लावर (1935) और 'द पूल ऑफ विष्णु'(1940) को देखें। इस चतुष्पदी 'द नियर एंड द फार' (1940) श्रृंखला में मुगल कालीन भारत का जो चित्र प्रस्तुत किया गया है वह केवल मुगलों का ही नहीं है, यह दो विश्व युद्धों के बीच के समय के इंग्लैंड का भी चित्र है। स्वयं लेखक ने भूमिका में लिखा है 'यह एक ऐतिहासिक उपन्यास नहीं है, चाहे इसमें घटनाक्रम अकबर महान के समय

का है (जो महारानी एलिजाबेथ का समकालीन था) न ही यह पूर्व के जीवन और विचारों का खाका खींचने का प्रयास है। मैंने वही किया है जो मैं इतिहास और भूगोल, रीति-रिवाज व तौर तरीकों के साथ करना चाहता था।' किपलिंग ने वर्तमान का चित्र खींच कर जो कुछ किया वही कार्य मेयर्स ने अतीत को प्रस्तुत करते हुए किया। क्या यह मात्र संयोग है कि हिंदी में जयशंकर प्रसाद उस समय काव्य में जीवन के चरम आदर्श आनंद को रूपायित करते हुए भी कंकाल, तितली, दूरावती जैसे उपन्यासों के माध्यम से अतीत व वर्तमान की समस्याओं से उसी प्रकार जूझ रहे थे जैसे मेयर्स सुदूर, रहस्यमय और एकांकित अकबर के दरबार को महारानी एलिजाबेथ के दरबार समान देखना चाह रहे थे। मेयर्स जिस राजसी ठाठ में पला-बढ़ा, उसी की आलोचना करने लगा था और उसकी रचनाओं में व्यक्ति के विकास को केन्द्र में रखा दिखाया गया है। पाश्चात्य पाठकों को मेयर्स के लेखन से एक ऐसी दुनिया में जाने का मौका मिला जो अतीत का भारत था और जिसकी व्यथा सुनने की उन्हें चाह थी।

ई. एम. फोर्सटर (1879-1970) और उनके प्रतिनिधि उपन्यास 'पैसेज टू इंडिया' (1924) को भारतीय अंग्रेजी लेखन में बार-बार उल्लेख में लाया जाता है। केंब्रिज में वे रहे ग्रीस और इटली में वे रहे तथा भारत में कुल दो बार, एक बार 1912 में दूसरी बार 1922 में आए, किन्तु अपनी प्रारंभिक उपन्यास रचनाओं 'व्हेयर एंजेल्स फीयर टू ट्रीड' (1905) और 'ए रूम विद् ए व्यू' (1910) में भी वे भारत पृष्ठभूमि में रखते प्रतीत होते हैं। जब फोर्सटर को देवास के महाराजा का निजी सचिव बनकर भारत को करीब से देखने का मौका मिला तो उसने 'द हिल ऑफ देवी' (प्रकाशन वर्ष 1953) लिखी। केंब्रिज में फोर्सटर 'ब्लूम्सबेरी समूह' के प्रतिष्ठित सदस्य रहे और जी. ई. मूर तथा डिकिन्सन के प्रभाव में आए। कहा जाता है कि फोर्सटर का प्रतिनिधि उपन्यास 'ए पैसेज टू इंडिया' उसके भारतीय जीवनानुभव के इतने करीब है कि इससें उनके मित्र सैयद रोस महमूद के प्रति उनकी समलैंगिक प्रेम भावना और वर्षों का मेल एकाकार हो गए हैं। कथासूत्र में भारतीय लोगों के साथ ब्रिटिश हुक्मरानों के संबंधों की इतनी गहराई से पड़ताल की गई है कि कथाकार की मंशा ही स्पष्ट होती दिखती है। एक स्थान पर एक पात्र के मुख से वह कहलवाता है 'भारत को देवता पसंद हैं और अंग्रेज अपने आपको देवताओं जैसा दिखाना पसंद करते हैं।' (इंडिया लाइक्स गॉडस ऐंड इंग्लिश मैन लाइक पोजिंग एज गॉडस।) उपन्यास का नायक और प्रमुख पात्र डॉ.अजीज भारत का पक्ष प्रस्तुत करता है और लेखक का यह मानना कि 'भारत के अधिकांश निवासी इस बात की कोई परवाह ही नही करते थे कि उन पर कौन और कैसा शासन करता है।' हमें चकित नहीं करता। कई आलोचकों ने फोर्सटर के भारत दर्शन को अधूरा माना है। यह बात कुछ हद तक सही भी है, क्योंकि उसके अधिकांश चरित्र मुसलमान हैं और जो हिंदू पात्र तथा घटनाएँ वह प्रस्तुत भी करता है, उनमें उसकी बेरुखी, नासमझी एवं व्यंग्य दिखाई देता है। डॉ पन्नालाल, प्रो. गोडबोले और पंखावाला आदि पात्र कुछ ठीक-ठाक

दिखाई देते हैं। किन्तु सामान्यतः कथाकार बीच-बीच में आकर अपनी टिप्पणी प्रस्तुत करने का लोभ संवरण नहीं कर पाता। कहा जा सकता है कि कथाकार के रूप में फोर्सटर ने भारत की जो छवि प्रस्तुत की है वह उसके तमाम प्रगतिशील राजनीतिक विचारों के बावजूद भारत के प्रति उतनी सहानुभूतिपूर्ण नहीं हैं, जितनी किपलिंग की है। भारत की हिन्दू छवि 'द हिल ऑफ देवी' (1953) जैसी रचनाओं में है वह भी आधी-अधूरी और गर्व करने योग्य तो कदापि नहीं है। फिर भी उपन्यासकारों में फोर्सटर का बड़ा नाम है।

एक अन्य उपन्यासकार पॉल स्कॉट के उपन्यास 'द राज कारटेट' (1966-75) की भी चर्चा होती रही है। पॉल स्कॉट (1920-78) का जन्म लंदन में हुआ था और शिक्षा-दीक्षा भी वहीं हुई। उसने द्वितीय विश्व युद्ध के दौरान मलेशिया और भारत में लगभग छह वर्षों तक कार्य किया औश्रर यही उसके कथासूत्र का स्त्रोत भी है। पहले तो वह केवल उपन्यासों की समीक्षाएँ ही लिखता था, किन्तु बाद में एक के बाद एक तेरह उपन्यासों को लिखकर प्रसिद्ध हुआ। उसके एक उपन्यास स्टेइंग आन (1978) पर बूकर पुरस्कार भी मिला। 'द राज क्वारटेट' को इसलिए भी प्रसिद्धि मिली, क्योंकि यह एक प्रसिद्ध धारावाहिक के रूप में टी.वी. पर दिखाया गया। इसका नाम रखा गया था 'द ज्वेल इन द क्राउन'। इनकी रचनाओं में भारतीय और मलेशियाई जीवन का सटीक चित्रण है और उस काल का सुंदर वर्णन है, जब भारत और अन्य देशों में ब्रिटिश साम्राज्य का सूरज डूबने लगा था।एक नए प्रकार के अंग्रेजों का जमावड़ा हो रहा था, जो अपने जाते हुए वर्चस्व को येन-केन-प्रकारेण कस के पकड़े रखना चाहते थे। किन्तु लेखक के शब्दों में यह वर्णन 'एक बलात्कार की कथा है, उन घटनाओं का वर्णन है, जो उसके पश्चात हुई और उस स्थान का वर्णन है, जहाँ यह हुआ। यहाँ लोग, घटनाएं और स्थान हैं जो आपस में इस तरह मिल गए हैं कि इसमें एक-एक को अलग करके देखना असंभव है।' (खंड 1, पृष्ठ 5) कथा में हरिकुमार (भारत में), हैरीकुमार (इंग्लैड में) का जीवन और व्यक्तिगत ऊहापोह ही है जो हमारा ध्यान आकृष्ट करती है। वह एक ऐसे अंग्रेजी व्यापारी का पुत्र है जो उसे अंग्रेजी बोर्डिंग स्कूल में भेजता है। वहाँ वह पूरा अंग्रेज बच्चा बन जाता है। पिता की मृत्यु के पश्चात हरि कुमार अपने आपको जब निर्धन पाता है, तो उसे अपने पिता की इस व्यर्थ इच्छा का पता चलता है। भारत में भारतीय और अंग्रेज बराबर नहीं माने जाते। वह स्वयं भारतीयों को पसंद नहीं करता और भारतीय उस पर किंचित भी विश्वास नहीं करते। न वह हिंदी जानता है और न वैसी अंग्रेजी जैसी भारतीय बोलते-समझते हैं। पॉल स्कॉट ने कथा सूत्र को इस प्रकार प्रस्तुत किया है कि हर का अलगाव, समाज की विडंबना और रंग जाति की भिन्नता एक साथ ही पाठक को आन्दोलित करती हैं। भारत में प्रचलित जाति प्रथा और इंग्लैंड में प्रचलित श्रेणी व स्तर या क्लास की मानसिकता में कोई विशेष अंतर नहीं, यह बात लेखक जोर देकर कहता है। एक अन्य उपन्यास 'स्टेइंग ऑन' (1977) में लेखक ने फैलाव की बजाय गहनता से मानवीय

संवेदनों को छूना चाहा है। स्माले परिवार की इस कथा में भूला भाई, इब्राहिम, सूजी, डामिया, कर्नल मेनेकतारा, फादर सबेस्टियन, आदि पात्र जीवन की भिन्नता को प्रस्तुत करते हैं। ये पात्र जीवन के कितने करीब हैं, कितने जीवन्त हैं यह उपन्यास पढ़ने से पता चलता है। उपन्यास की एक खासियत यह भी है कि भारतीय पात्रों की अंग्रेजी में हिंदुस्तानी का छोंक है। वे हिंदुस्तानी लहजे से तो बोलते ही हैं, अंग्रेजी मुहावरे से अनभिज्ञ होने के कारण हास्यपूर्ण स्थिति भी प्रस्तुत करते हैं। यहाँ इतना और कहना पर्याप्त होगा कि इसमें पिछले लगभग दो सौ वर्षों का आदान-प्रदान है। अब भी अंग्रेजी भारत के चंद लोगों के लिए ही प्रथम भाषा है - अन्यों के लिए अपनी भाषा का मेल करना सामान्य घटना है।

यहाँ मैं इस प्रसंग को जे.जी. फरेल (1935-1979) के उपन्यास 'द सीज ऑफ कृष्णापुर' (1973) के उद्धरण से विराम दूँगा। एक पात्र से लेखक कहलवाता है 'वह समझ गया कि भारत के लोग जिस तरह से भिन्न-भिन्न प्रकार से जीवन जीते हैं, वे यह कभी जान भी न पाएंगे, क्योंकि वे पूरी तौर से उनके इरादों के प्रति लापरवाह हैं। कंपनी कल अपना बिस्तर बांधकर चल पड़े तो भी ये लोग ध्यान तक न देंगे। ये लोग ही नहीं और भी जब सब अंग्रेज चले जाएँगे तब आधे भारतवासी कभी ध्यान भी न देंगे। ठीक वैसे ही जैसे उन्होने हमारे आने पर कोई ध्यान नहीं दिया था। हमारे संपूर्ण प्रशासनिक सुधार व बदलाव चांद पर तब्दीली करने की तरह होगे। इन्हें कोई परवाह ही नहीं है।' (पृष्ठ 226)। कितना सही व संतुलित दृष्टिकोण है यह, किन्तु डॉ मनमोहन सिंह के ऑक्सफोर्ड व्याख्यान के सामने कितना अधूरा और अर्धसत्य!

31

पूर्ववर्ती और परवर्ती उपन्यासकार

पी.पी.मेहता ने भारतीय अंग्रेजी के उपन्यास 'लालुन द बेरागुन' (1884) (1879 में धारावाहिक रूप से प्रकाशित और मिर्जा मुराद अली बंग द्वारा लिखित) को पहला उपन्यास माना है, जिसमें लालुन और मोहाद की प्रेमकथा है। सर जोगेन्द्र सिंह के उपन्यास 'नूरजहाँ' (1905)और उसके पश्चात के अनेक 'रोमांस' इस कथा लेखन को आगे बढ़ाते हैं। यहाँ यह उल्लेखनीय है कि कई ऐतिहासिक उपन्यास भी प्रारंभ में अंग्रेजी में लिखे गए। 'मैन ऑफ डेस्टिनी' (1939) (सिकंदर, चंद्रगुप्त और चाणक्य), चाणक्य और चंद्रगुप्त (1952), अंबपाली (1962), दि मिस्ट्रीज ऑफ मुगल कोर्ट (1918) आदि कतिपय ऐतिहासिक उपन्यास हैं।

भारतीय, अंग्रेजी लेखन में सन् 1930 से 1950 का समय उर्वरता का है। इस समय कई उपन्यासकारों ने राष्ट्रीय स्वतंत्रता आन्दोलन को ही विषय बनाया। हिन्दी साहित्य में भी यह काल गोदान (1936) का है, प्रेमचंद का है। भारतीय अंग्रेजी में आनंद, नारायण और राजाराव के अतिरिक्त भी कई अन्य उपन्यासकारों ने झंडे गाड़े। यहाँ कई ऐसे उपन्यासकार भी हैं जो बाद में देश छोड़ गए, कई ऐसे भी हैं- जो देश के बाहर रहकर लिखते रहे। अहमद अली (1910-1994) बाद में पाकिस्तान चले गए और वी.वी. देसानी (1909-2000) द्वितीय विश्व युद्ध के बाद भारत आए। भवानी भट्टाचार्य (1906-88), के नागराज (1893-1986), के. एस. वेंकटरमनी (1891-1951), ओब्री मेनन (1912-89) आदि भी उल्लेखनीय उपन्यासकार हैं, जिनके लेखन की ओर आज भी हमारी निगाह जाती है।

अहमद अली के लेखन को देखना अद्भुत है। यह उपन्यासकार दिल्ली में पैदा होता है, अलीगढ़ और लखनऊ में पढ़ता है और बंटवारे के पश्चात् पाकिस्तान चला जाता है जहाँ 1994 में इस संसार को ही छोड़ जाता है। ये वही अहमद अली हैं जो प्रेमचंद, मुल्क राज आनंद, सज्जाद जहीर आदि के साथ सन् 1936 में प्रगतिशील लेखक संघ की स्थापना के लिए काम

करते हैं। इनके द्वारा लिखित एक आलेख 'ए प्रोग्रेसिव व्यू ऑफ आर्ट' लेखक संघ के प्रथम प्रकाशन में जगह लेता है। यहाँ वे हिंदू-मुस्लिम एकता, सामाजिक यथार्थवाद और साम्राज्यवाद के खिलाफ जद्दोजहद में सबके साथ खड़े होते हैं। हम इनके उपन्यासकार व्यक्तित्व पर टिप्पणी करना चाहते हैं। इनकी प्रथम कहानी 'अवर लेन' है जो दिल्ली के 'चेलों का कूचा' की कथा के बहाने हिंदू-मुसलमानों के बीच की खाई को दिखाती है और साथ ही राष्ट्रवाद के नारे को बुलंद करती है। आज भी हम इसे पढ़ें तो प्रेमचंद के 'जुलूस' की याद आती है। लेखक अमीन मलक (2005) अहमद अली और उनके उपन्यास को अंग्रेजी में मुस्लिम फ़िकशन के प्रथम उल्लेखनीय हस्ताक्षर मानते हैं। इनका उपन्यास 'ट्वाइलाइट इन दिल्ली' (1940) इसी कूचे को विकास है।इसे मशहूर लेखिका वर्जीनिया वुल्फ के होगार्थ प्रेस ने प्रकाशित किया था। यह निहाल-परिवार के इर्द-गिर्द घूमने वाली कहानी है जहां बीसवीं शताब्दी के पहले बीस वर्षों का इतिहास इस प्रकार प्रस्तुत किया गया है कि तत्कालीन सामाजिक, राजनीतिक एवं सांस्कृतिक परिदृश्य सामने आ जाता है। महात्मा गांधी के आदेशों का सम्मान करने का जो नतीजा हुआ कि अनेकानेक भारतीय जर्मन तोपों के शिकार बनें। यहाँ चंद्रधर शर्मा 'गुलेरी' की कहानी 'उसने कहा था' से तुलना की जाए। इस उपन्यास में एक ओर तो हम इस युग के अनुभव पतंग उड़ाने और गप्पे मारने से लेकर राजनैतिक मोहभंग को देख-परख सकते हैं दूसरी ओर मुसलमानों के द्वारा अपने शासन प्रशासन को खो देने का भी मार्मिक विवरण है। कहना न होगा कि यह उपन्यास उपनिवेशवादी ताकत के सामने मुश्किल और मुगल सत्ता के घुटने टेकने की चुभन को बयान करने का अनूठा उपक्रम है। यहाँ यह स्पष्ट है कि राष्ट्रीय स्वतंत्रता आन्दोलन ने भी जले पर मरहम नहीं नमक ही छिड़का। जैसा 'अवर लेन' में था उपन्यास के पात्रों के जीवन में एक नया प्रकाश या सवेरा नहीं, एक अजीबोगरीब माहौल था। उपन्यास का प्रमुख पात्र मीर निहाल न तो विदेशी शासन का विश्वास कर पाता है और न राष्ट्रीय आन्दोलन का 'न्यू वेज एंड आइडियाज हैंड कम इन टू बीइंग।ए हाइब्रिड कल्चर व्हिज हैड नथिंग इन इट ऑफ द पास्वाज फोसिंग इटसेल्फ अप-ओन हिंदुस्तान, होच-पोच ऑफ इंडियन एंड वेस्टर्न वेज व्हिच ही फेल्ड टू अंडर स्टेंड।' १८५७ के बाद दिल्ली की बदलती संस्कृति का जैसा चित्रण इस उपन्यास में मिलता है वैसा उस दौर की किताबों में कम ही मिलता है। शहर आगरा की बर्बादी का मंज़र नजीर अकबराबादी के 'शहरे-आशोब' में दिखता है, दिल्ली की बर्बादी के कुछ मंज़र ग़ालिब के 'दस्तम्बू' में आए थे, लेकिन इतने विस्तार से संस्कृति के विनाश की कहानी 'ट्विलाइट इन देल्ही' से पहले शायद नहीं लिखी गई थी।

अहमद अली का एक अन्य उपन्यास ओसन ऑफ नाइट (1964) एक प्रेम कथा मात्र है और कहना बस यह होगा कि अहमद अली ने व्यक्तिगत अर्थात् एक कथानायक को लेकर उसे उस जमाने के द्वंद्व का प्रतीक बनाकर प्रस्तुत करने में सफलता प्राप्त की।

डी.एफ. कराका (1911-1974) के उपन्यास 'देयर ले द सिटी' (1942) में मुंबई शहर को पृष्ठभूमि में रखा है। यह एक ऐसे युवक की कहानी है जिसमें दुखद प्रणय का मोहक चित्रण है। जड़ों से बिछड़े और डार से टूटे लोगों की कथा लिखने में सिद्धहस्त कराका ने 12 के लगभग उपन्यास लिखे और इसी लेखक के अन्य उपन्यास 'जस्ट फ्लेश' (1941) में लंदन का चित्रण किया है क्योंकि लेखक कुछ वर्ष प्रवासी भी रहे धीरेन्द्र नाथपाल ने इसी प्रकार 'द मिस्ट्रीज ऑफ कलकत्ता' (1923) में कलकत्ता शहर के अभिजात वर्ग का खाका प्रस्तुत किया है। उपन्यासकार का कहना है 'जो लोग सशक्त और अशुद्ध होते हैं वे जीवन की निष्ठुर अग्निपरीक्षाओं में से साफ बचकर निकल आते हैं।' स्वतंत्रता एवं मानव जीवन मूल्यों के सच्चे और सशक्त समर्थक ख्वाजा अहमद अब्बास(1914-1987) ने 'टुमारो इज़ अवर्स' (1943) अर्थात् 'कल हमारा है' में यह विश्वास व्यक्त किया है कि दुखों और पीड़ाओं अंकुशों और विषादपूर्ण व्यवहारों तथा बंदूकों और बमों के बावजूद भारतवर्ष का भविष्य स्वर्णिम होगा। अपने एक अन्य उपन्यास 'एंड वन डिड नाट कम बैक' (1944) भी डाक्टर कोटनीस की अमर कहानी सा लगता है। 'आवारा' से लेकर 'मेरा नाम जोकर' तक अब्बास राजकपूर के लिए फिल्में लिखते रहे और उर्दू हिन्दी के लिए ही नहीं आम जनता के लिए भी लड़े। एक अन्य उपन्यासकार के. एस. वेंकटरमणि (1891-1952) 'मुरुगन दि टिलर' (1927) में ग्रामीण जीवन पर पश्चिम की नई संस्कृति का प्रभाव दिखाते हैं और शंकर राम के उपन्यास 'द लव ऑफ डस्ट' (1938) में मातृभूमि प्रेम और प्राकृतिक सौंदर्य का सुंदर रेखांकन है। हुमायूं कबीर(1906-1969) ने 'मेन एंड रीवर्स' (1945) में बंग भूमि की मार्मिक प्रस्तुति की है। आयंगार ने हुमायूँ कबीर के लेखन को भी देखा है और उन्हें 'मैन ऐंड रिवर्स' (1945) के लिए साधुवाद दिया है, क्योंकि इसमें थीम, भाषा, एक्शन और प्रतीक सबका पूर्ण सामंजस्य है।

इन उपन्यासकारों का उल्लेख मात्र करके हम अब भवानी भट्टाचार्य (1906-88) को देख लें। इन्होंने अपने प्रथम उपन्यास 'सो मैनी हंगर्स' (1947) से बहुत प्रभावित किया। इनके कई अन्य उपन्यास हैं- 'म्यूजिक फोर मोहिनी' (1952), 'ही हू राइड्स ए टाइगर' (1954) , 'ए गोडेस नेम्ड गोल्ड' (1960) और 'शैडो फ्रोम लद्दाख' (1966) यदि साहित्य अकादमी पुरस्कार (1967) को भी उनकी उपलब्धि एवं ख्याति से जोड़कर देखा जाए तो वे एक प्रसिद्ध उपन्यासकार ठहरते हैं। उनका प्रथम उपन्यास 'सो मैनी हंगर्स' (अक्टूबर 1947) आजादी के तुरंत बाद प्रकाशित हुआ और इसमें द्वितीय विश्वयुद्ध के दिनों की याद ताजा कर देने की सामग्री है। यह वह समय था जब एक ओर तो अंग्रेजों की निरंकुशता थी तो दूसरी ओर अकाल का हाहाकार। मनुष्य अपने आदर्श व मूल्यों को त्यागकर जानवर की तरह जीने के लिए मजबूर था। गांधीजी की अहिंसा और स्वाधीनता का आन्दोलन तथा अन्य अनेक उलझनों में पड़े भारतीयों के जीवन को यहाँ चित्रित किया गया है। कजली और राहुल जैसे चरित्रों के माध्यम से लेखक

यही कहता है 'एक व्यक्ति के जीवन में जो कुछ होता है वह महत्वपूर्ण नहीं। महत्वपूर्ण तो वह सब है जो समग्र जनता के जीवन में होता है।' 'मित्रों! झंडे के साथ गद्दारी न करना। अपने लोगों के साथ गद्दारी न करना। हमारी अग्नि परीक्षा का समय आ गया है। सत्य की राह पर चलो और मजबूत बनो और इस प्रकार मृत्यु पर विजय पाओ' इन चरित्रों के समक्ष देश और जीवनादर्श मुख्य हैं। कजली में राजकुमारी की भाव-भंगिमा और तिरंगा की प्रतिमूर्ति है तो राहुल देश प्रेम का प्रतिरूप। इसी प्रकार 'म्यूजिक फॉर मोहिनी' (1952) में देश को विकसित बनाने के प्रयत्नों की कल्पना की है। इस उपन्यास में भट्टाचार्य ने पात्रों को प्रतीकवत प्रस्तुत किया है। मोहिनी एक ऐसी नारी है, जो नवीनता के लिए परम्परा के विरोध का प्रतीक है। प्राचीन संस्कृति के विकृत रूप को गले लगाकर ढोने वाले सामंतवादी मूल्यों से चिपके लोगों को कैसे नवीन परिवर्तन की आंधी में लोकतंत्रीय तरीके से बदला जाए यही इस उपन्यास का कथ्य है। 'शैडो फ्रोम लद्दाख' में सन् 1962 के चीनी आक्रमण की पृष्ठभूमि में तत्कालीन भारत की समस्या को रेखांकित किया गया है। शोषक और शोषितों, ग्रामीणों और नागरिकों, देश प्रेमियों और गद्दारों को लेकर उपन्यासकार ने कथा का ताना बाना बुना है। 'ही हू राइड्स ए टाइगर' तथा 'ए गॉडेस नेम्ड डिजायर' उपन्यासों में भी लेखक ने शोषकों के विरूद्ध शोषितों की भावनाओं का समर्थन करते हुए यह भी स्पष्ट किया है कि गांधीवाद हमें किनी दूर तक ले जा सकता है। 'ए गॉडेस नेम्ड गोल्ड' में लेखक यह कहता है कि छोटी-छोटी बातें ही समाज में बुराई का रूप ले लेती हैं और एक बार स्थापित हो जाने पर उनको समाप्त करना कठिन होता है। इस उपन्यास में कवि आत्माराम कहता है, "स्वतंत्रता सड़क का वह प्रारंभिक छोर है, जिसके आगे सड़क तैयार नहीं होती। नयी सड़क लुटेरों से घिरी हुई है। इसी तरह 'ही हू राइड्स ए टाइगर' में लेखक ने एक ओर तो गरीबों की चिंताओं और अमीरों की क्रूरता को शब्द दिए हैं दूसरी ओर धर्म के नाम पर हो रहे शोषण व ढोंग को भी उजागर किया है। कालो नाम के पात्र को आप जीवनभर नहीं भूल पाएंगे। इस पात्र की तुलना राजाराव के 'मूर्ति', आर.के. नारायण के 'राजू' और मुल्क राज आनंद के 'बाखा' से प्रायः की जाती है। कालो जेल में चक्की पीसते हुए पसीने से तर कैदियों के गीत को सुनकर विक्षिप्त सा हो जाता है और उनके शब्द उसके कानों में कशाघात से गूंजते हैं 'इसे पीओ, यह हमारी हड्डियों का तेल है, पीओ, इसे ले जाओ और इसमें अपनी मछलियों को भूनो और यह अपनी मनपसंद अंडा-सेब की कढी के लिए.......इसे पीओ और खाओ यह हमारी हड्डियों का तेल है।' इस उपन्यास का व्यंग्य तीखा और हास्य चरपरा है।'कह न देना मौन हूँ मै/खुद न समझूँ कौन हूँ मैं' आदि लिखकर जैसे हिन्दी के भवानी भाई 'घर की याद' कविता में अपने उद्गार व्यक्त करते हैं , कुछ कुछ वैसा ही।

भट्टाचार्य की भाषा सरल और प्रवाहमयी है। प्रतीकों का सहज प्रयोग है और पठनीयता गजब की है। लेखक की संवेदनशीलता, दलितों-गरीबों एवं शोषितों के प्रति अतीव सहानुभूति,

इतिहास का पुनराख्यान और आदर्शोन्मुख यथार्थवाद-मानवतावाद जहाँ उनकी विशेषताएँ हैं कई आलोचकों को ऐसा भी लगता है कि वे एक मत-विशेष के साथ हैं। आयंगार ने कहा है 'भट्टाचार्य हैज हिज 'एक्सिस' टू ग्राइंड'। हो सकता है यह भी एक विशेषता ही हो, वरना विश्व की छब्बीस भाषाओं में अनूदित होकर इनकी कृतियाँ यों धड़ल्ले से न बिकती और न पढ़ी जातीं।

मनोहर मलगांवकर(1913-2010) की चर्चा यहाँ करें क्योंकि उनका एक उपन्यास 'ए बेंड इन द गैंजेज' (1964) जब आया तो 'धर्मयुग'पत्रिका में खूब कीचड़ उछाला गया। पत्रिका में 'गंगा के मोड़ पर इंडो-ऐंग्लियन कचरा' लेख में इस उपन्यास को केन्द्र में रखकर कहा गया है कि ऐसे लेखकों की दृष्टि डालर पर है। वे सच्चे अर्थों में रचनाकार नहीं हैं आदि आदि। यहाँ वह चर्चा दरकार नहीं है। कहना यह है कि स्वतंत्रता के पश्चात कुछ भारतीय अंग्रेजी उपन्यासकारों ने स्वतंत्रता की खुशी और बंटवारे के गम को ही आधार बनाकर लिखा और यह बता दिया कि ऐसी आजादी अधूरी है। पुराने मूल्यों के बदलने और नए जीवन के आने से मनोहर मलगांवकर जैसे उपन्यासकारों को कथासूत्र मिले। ऐसे ही भवानी भट्टाचार्य हैं और खुशवंत सिंह भी। मलगांवकर ने एक के बाद एक चार उपन्यास तब दिए। इनके पहले उपन्यास 'डिस्टेंट ड्रम' (1960) को आयंगार ने 'विशिष्टगुणों वाला असाधारण उपन्यास' कहा और मीनाक्षी मुखर्जी ने शांता राम राव, कमला मार्कंडेय और मनोहर मलगांवकर के अंग्रेजी-लेखन को अपनी पुस्तक 'द ट्वाइस बोर्न फिक्शन' में महत्वपूर्ण बताते हुए लिखा 'दे हैव जनरली बाई-पास्ड द लिंगुइस्टिक एंड स्टाइलिस्टक प्रोबल्मस इनहेरेंट इन दी इंडो-ऐंग्लिअन सिचुएशन।' मनोहर ने अपने पहले ही उपन्यास में ऐसी भाषा एवं अभिव्यक्ति कुशलता का परिचय दिया जो पहली बार भारतीय अंग्रेजी में आई थी। उनसे पूर्व कुछ उपन्यासकार जैसे मुल्कराज आनंद 'जेम्स जोयस' को अपना आदर्श या मॉडेल मानते थे, कुछ उपन्यास को 'स्थल पुराण' मानकर राजाराव की तरह भारतीय शैली से सजा रहे थे। कुछ ने 'व्यंग्य और विट' को लेकर नारायण सरीखा 'मालगुडी' रचा। मलगांवकर ने अपने उपन्यासों के लिए ऐसा वातावरण तैयार किया, जिसमें एक ओर तो वे भारतीय साहित्य से जुड़े , दूसरी ओर भारतीय अंग्रेजी लेखन के लिए भी आदर्श बने। उनके पहले उपन्यास को फोर्सटर के 'ए पैसेज टू इंडिया'उपन्यास से भी अधिक प्रामाणिक माना गया। खुशवंत सिंह के 'ट्रेन टू पाकिस्तान' से भी ज्यादा जोरदार समझा गया। मलगांवकर के एक सिपाही और शिकारी होने से उन्हें जागरुकता और क्षमता दी। मुल्कराज आनंद के अतिरिक्त शायद कोई अन्य लेखक इस प्रकार इतनी विविधतापूर्ण रचनाएँ नहीं दे सका। मलगांवकर के उपन्यास बहुत चुस्त, सुनियोजित और चतुराईपूर्वक बुने गए हैं। इन्होंने कहानी पर पकड़ बनाए रखने की कला सीखी और इस प्रकार समर्थ भाषा, सजग एवं सतर्क नाटकीयतापूर्ण संवाद तथा स्वाभाविक चरित्राचित्राण की बदौलत मलगांवकर ने उपन्यासकारों

की भीड़ में अपना कोना सुरक्षित कर लिया है।

पहले ही उपन्यास 'डिसटेंट ड्रम' में लेखक ने अंग्रेजी राज के अवसान एवं कांग्रेसी राज्य के उत्थान के संक्रमण काल की पृष्ठभूमि में आर्मिलाइफ अर्थात सेना की मानसिकता को उभारा है। इसके लिए 'सतपुड़ा' अफसर, किरण, 'जयको' करुड़ आदि के माध्यम से एक कहानी बनाई गई है। यह कहानी किरण और अब्दुल के अलगाव की ही नहीं मिलन की भी कहानी है। कहानी में सेक्स, संत्रास, कविता, परस्त्रीगमन, आत्महत्या, सनसनीखेज घटनाएँ तथा नाटकीयता सभी मसाले हैं। ये मसाले लेखक अपने सभी उपन्यासों में प्रयोग करता है। 'कोम्बेट ऑफ शैडोज' आसाम के चाय बागान में काम करने वाले लोगों के जीवन पर आधारित उपन्यास है, यह कहता प्रतीत होता है कि आकांक्षा-विमुखता दो ऐसे छोर हैं, जिनके बीच मन डोलता है। ठीक वैसे ही जैसा गीता में है 'इच्छा द्वेष समुत्थेन द्वन्द्व मोहेन भारत। सर्वभूतानि समोह सर्गे यांति परंतय'। इस कथन को आधार बनाकर लेखक ने अंग्रेजों और भारतीयों के जीवन और उनके संबंधों को यहाँ प्रस्तुत किया है। जिस प्रकार अनीता देसाई के उपन्यास 'क्राई, द पीकोक' में मोर का विलाप है उसी तरह यहाँ अजगर का कोलाहल है जो एक ओर समागम के लिए है दूसरी ओर वर्षा की पुकार। भारतीय मजदूरों का भ्रष्ट नेता जुगल किशोर भी इस उपन्यास का एक यादगार पात्र है। जैसे 'टू लीव्ज़ एंड ए बड' में मुल्कराज आनंद ने अंग्रेजों के शासन से रूष्ट होकर उनके व्यंग्य चित्र प्रस्तुत किए हैं, वैसे ही मलगांवकर ने यहाँ भारतीयों के व्यंग्य चित्र दिए हैं। इनके बाकी दो उपन्यासों 'दि प्रिंसेज' (1963) और 'ए बैंड इन द गैंगेज' में भी भारतीय राजनीति के भ्रष्ट चेहरे का खुलासा है। 'स्पाई इन ऐंबर' (1971) एक जासूसी उपन्यास है जो किसी फिल्म का कथानक बनने की क्षमता है।

मलगांवकर ने भारत के स्वतंत्रता संग्राम को तटस्थ दृष्टि से देखा है और कई बार ऐसे संवाद अपने पात्रों के मुंह से कहलवाए हैं जो किसी कांग्रेसी को अच्छे नहीं लगेंगे। 'कांग्रेस का आन्दोलन आतंकवादियों के आन्दोलन की तुलना से ज्यादा असफल रहा किन्तु जब अंग्रेज इस देश को छोड़कर चले जायेंगे तब स्वतंत्रता-प्राप्ति का सारा श्रेय कांग्रेस वाले ही लेंगे। हिंदू महासभा और मुस्लिम लीग इत्यादि ने जो कुछ भी किया है उसे लोग नकार देंगे।' वस्तुतः 'ए बेड इन द गैंगेज' में लेखक ने यह कहा है कि न ही गांधीजी के सभी अनुयायी उच्च विचारों के थे और न ही हिंदू या मुसलमान अपने-अपने धर्म को भूलकर सही अर्थों में भारतीय हो सके थे। भारतीय इतिहास की गंगा के मोड़ पर खड़ा होकर उसने उस कालखंड की राजनैतिक-सामाजिक वास्तविकताओं को पीछे मुड़कर बड़ी हसरत से देखा है जिसे रूमानी इतिहासकारों ने मैला कर दिया था। गांधी जी की अहिंसा के प्रत्युत्तर में मलगांवकर ने इस उपन्यास की भूमिका में लिखा है 'इस कहानी में वर्णित हिंसा ही सिर्फ सच है।' स्वतंत्रता प्राप्ति के साथ ही जो हिंसा का बोलबाला हुआ वह भारत के इतिहास का एक अभिन्न अंग है। इसके अलावा जीवन से कुछ भी नहीं लिया

गया है......चरित्र सभी काल्पनिक हैं। रामायण के एक प्रसंग से शीर्षक लेकर यह कथा कही गई। वहाँ आया है 'गंगा के मोड़ पर उन्होंने पीछे मुड़कर उस भूमि को देखा जिसे छोड़कर वे चौदह वर्ष के वनवास के लिए जा रहे थे।' राम, सीता और लक्ष्मण की तरह ही उपन्यास के काल्पनिक किन्तु सच्चे से पात्र सुंदरी, ज्ञान और उसके पिता भी अपने जन्म स्थान छोड़कर हिंदुस्तान से ही निकलकर (जो अब पाकिस्तान बन चुका था) वे हिंदुस्तान में ही जा रहे थे। यह भारतीय जीवन में गर्व का क्षण न था। इसीलिए इस उपन्यास को जीवन का महाकाव्य भी कहें तो अत्युक्ति न होगी। इसकी तुलना आप 'वार एंड पीस' से कर लीजिए। 'तमस' से कर लें। कई उपन्यासों पर भारी पड़ेगा यह उपन्यास। 'द डेविल'स विंड' भी इन्हीं का उपन्यास था जो पहले लिखा गया किन्तु इस नए उपन्यास के कथा सूत्र को देने वाले इस उपन्यास को अब लोग भूल से गए हैं। हम आज मनोहर मलगांवकर को याद रखते हैं तो इसलिए क्योंकि उन्होंने जो लिखा समझ-बूझकर लिखा, सोद्देश्य लिखा। (ही वुड राइट डेलिबरेटली एंड ट्राई टू टेल ए स्टोरी)। उनका लेखन राष्ट्रीय रोजनामचा है, कलेंडर है, दर्पण है और है एक अनुभव अद्वितीय।

अब हम जी.वी. देसानी, ओ.बी. मेनन और कुछ अन्य महत्वपूर्ण उपन्यासकारों की लेखन की भी चर्चा करेंगे । वैसे पुरुष-स्त्री का भेद साहित्य में प्रायः नहीं होता, किंतु अध्ययन की सुविधा के लिए कमला मार्कन्डेय , रूथ प्रवर झाबावाला, नयन तारा सहगल, अनीता देसाई आदि को एक साथ देखने में लाभ ही रहेगा। खुशवंत सिंह के उपन्यास लेखन को भी पहले समूह में समेटना होगा। सुधीन एन. घोष (1899-1965) के कई उपन्यासों में कलकत्ता का तत्कालीन वातावरण है, जबकि स्वयं उपन्यासकार रहते इंग्लैंड में थे। घोष बाबू ने एक बार कहा था, "भारत मुझे जान से प्यारा है, क्योंकि यह अपनी पुरजोर कोशिश करके अपने आपको बीसवीं शताब्दी में आने से रोकता है। केवल गरीबी ने ही इसे बचाया है। इसके पास रंग-बिरंगी पत्रिकाएं नहीं, अमेरिकन टी.वी. नहीं, जिससे मैं नफरत करता हूँ" (28-3-1969)। यही सोच हम घोष बाबू के लेखन में देखते हैं, जहां वे भारत की गरीबी को रेखांकित करते हैं। खादी वाला, टोपीवाला, इनके लिए हास्य-व्यंग्य के पात्र हैं। 'द फ्लेम ऑफ द फोरेस्ट' (1955) इनका उल्लेखनीय उपन्यास है। इसी प्रकार के एक अल्पज्ञात उपन्यासकार एम. अनंत नारायण (1907-81) हैं, जिन्होंने 'द सिल्वर पिल्ग्रीमेज' (1961) लिखकर हमारे विचारों को समय, काल, स्थान से आगे ले जाकर बांधने का प्रयास किया है। इनके पिताजी ए, माधवैया अंग्रेजी के प्रारंभिक उपन्यासकारों में से एक हैं ही।

गोविनदान विष्णुदास देसानी

गोविनदान विष्णुदास देसानी (1909-2000) को भारतीय अंग्रेजी लेखक का मानना तभी संभव है, जब हम उनके प्रवासी भारतीय होने को मान्यता दे दें। वे नैरोबी (केन्या) में पैदा हुए और

अट्ठारह साल की उम्र में भागकर इंग्लैंड पहुंच गए, जहां वे पच्चीस वर्ष रहे। इस देश में वे एक तरह से ब्रिटिश सूचना मंत्रालय द्वारा प्रायोजित वक्ता के रूप में घूमते रहे। इससे उन्हें वाणी का वरदान खूब मिला। वे बी बी सी में भी समाचार वाचक रहे और तभी उन्होंने रवींद्रनाथ ठाकुर की शैली में 'हाली' (1950) पर एक गद्य-पद्य नाटिका लिखी। देसानी भारत लौट आए और आकर वे राजयोग, मंत्रयोग और अध्यात्म के चक्कर में चौदह वर्ष तक अनेक गुरुओं के शिष्यत्व में रहे। उनकी रहस्यवाद में रुचि उन्हें जापान तक ले गयी, जहां उन्होंने बौद्ध धर्म की साधना की। इसी दौरान वे 'इल्लसट्रेटिट वीकली ऑफ इंडिया' पत्रिका के लिए लिखते रहे। जापान से वे अमेरिका जा पहुंचे और धर्म-दर्शन पढ़ाने लगे। यही नहीं अवकाश ग्रहण करने के बाद भी वे टेक्सास विश्वविद्यालय में ही रहे। है ना देसानी अद्भुत व्यक्तित्व! घोष बाबू को तो भारत ने लगभग भुला ही दिया है, किंतु देसानी को लोग भूले नहीं हैं।जी. वी. देसानी का सर्वप्रसिद्ध उपन्यास 'ऑल अबाउट एच. हट्टर' (1948) अजूबा ही है। उपन्यास के आरंभ में लेखक स्पष्ट कर देता है कि जो कुछ है, वह मि. हट्टर का है और यद्यपि वह इस पात्र का सर्जक है (जैसे शेक्सपियर हेमलैट का सर्जक था), किंतु उपन्यास हट्टर का है। देसानी के शब्दों में 'दो आई वारंटी ऐंड अंडर राइट, द बुक इज हिज। आई रिमेन एनोनिमस' इसलिए पुस्तक की भाषा, शैली, विचार और अभिव्यक्ति सब मि. हट्टर के हैं। यह पुस्तक संभवतः द्वितीय विश्व युद्ध के दौरान लिखी गयी थी, किंतु प्रकाशित हुई 1948 में और लेखक ने इसे 'जेस्चर' कहा। इस पुस्तक की भाषा में शेक्सपियर, किपलिंग और जायस की झलक है। हमारी भाषा हमारे अनुभव से ही तो बनती है। मेरे लिए एस.टी.डी. का अर्थ टेलीफोन से जुड़ा होगा, किंतु किसी और के लिए यह बीमारी का नाम हो सकता है। इसी कारण इस उपन्यास ने अपने पाठकों का भरपूर मनोरंजन किया है। जीवन में आए तनाव व सुस्ती को दूर कर हमें 'जादू की झप्पी' सा लगता है - तेज असर और माकूल। मि. हट्टर अपने मित्र बनर्जी के साथ हमें भारत की यात्रा करा देते हैं। कलकत्ता, रंगून, मद्रास, बंबई, दिल्ली, मुगलसराय। कई आलोचकों ने कहा कि पुस्तक में पागलपन भरा है। दूसरे कहते हैं इस पागलपन में भी एक तन्मयता व अनुशासन है। यदि आपके शब्दकोश में असंभव शब्द हैं तो हट्टर से सुनिए, 'इम्प्रोबेबल, यू से? ऑल इम्प्रोबेब्लस आर प्रोबेब्लस इन इंडिया।' लगता है मि. हट्टर कहना चाहेंगे , "सब कुछ हो सकता है। मैं हूँ ना।" दार्शनिक की तरह जब मि. हट्टर बात करता है तो कहता है कि जीवन का अर्थ ही जीवन है। जीवन उतार-चढ़ाव, उतार-चढ़ाव ही जीवन है। यूरोप के नौ सैनिक और पीनांग की स्त्री का पुत्र एच. हट्टर ब्रिटिश भारत में जीवन का सत्य खोजने निकला है, और उसे मिलता क्या है? वही जो देसानी को मिला। 'कुछ नहीं।'

ओब्री मेनन

ओब्री मेनन (1912-1989) का उल्लेख आयंगार महोदय ने किया नहीं।'टाइम'पत्रिका ने उन्हे 'ए मैन विदाउट ए कंट्री' कहा था। श्री के. आर.श्रीनिवास आयंगार भारतीय अंग्रेजी

साहित्य के आचार्य रामचंद्र शुक्ल हैं। जब उन्होंने नहीं किया तो कोई वजह रही होगी। यह क्या कम बड़ी वजह है कि उनके पिता ही भारतीय थे, माता आयरिश थीं और जब बारह वर्ष का बालक ओब्री भारत आया तो उसने सन् 1924 में देश में चल रहे असहयोग आंदोलन के साथ ही उसकी 'नायर' कम्युनिटी का असहयोग भी देखा। जात-पात का भयंकर चेहरा देख बालक सर्जक बन गया। मेनन ने भारत सरकार के लिए काम किया और लेखन भी। उपनिवेशवाद से रूबरू होकर प्रतिक्रिया स्वरूप मेनन ने व्यंग्य को हथियार बनाया। 'डैड मैन इन द सिल्वर मार्केट' (1954) में वह ब्रिटिश शिक्षा पद्धति को मुंह चिढ़ाता है और अपनी बेवकूफियों का दोष इसी शिक्षा के सिर मढ़ता है। मेनन ने देखा कि उसकी दादी इस बात से सख्त खफा हैं कि मेनन बाथ टब में बैठकर नहाता है और वे कहती हैं कि भैंस की तरह बाथटब में बैठना ही अंग्रेजियत की निशानी है, तो इससे तौबा। (नेवर टेक ए बाथ इन वन ऑफ दोज कोन्ट्रेप्शन्स इन व्हिच यू सिट इन डरटी वाटर लाइक एक बफैलो)। इन निबंधों के हास्य ने लेखक की सर्जनात्मकता को निखारा और 'द स्टंबलिंग स्टोन' (1949), 'द स्पेस विद इन द हार्ट' (1970), 'इट इज ऑल राइट' (1991), 'आर्ट ऐंड मनी' (1980), 'द अबोट ऑफ लव' (1956), 'द फिग ट्री' (1957), 'द प्रिवलेन्स ऑफ विचिज ' (1948), 'द बैकवर्ड ब्राइड' (1950), 'द ड्यूक ऑफ गैलोडोरो' (1952),'ए कोंसपिरेसी ऑफ विमिन' (1965), 'रामा रीटोल्ड' (1954) आदि रचनाएं ओब्री मेनन के लेखन की रेंज की परिचायक हैं, किंतु उन्हें भारतीय अंग्रेजी साहित्य में चर्चा के लायक नहीं माना गया। यही नहीं उनकी एक कृति 'रामा रीटोल्ड' को जब्त भी कर लिया गया। चक्रवर्ती राजागोपालचारी ने इस पुस्तक के साथ लेखक की भी निंदा की और कहा कि यह एक 'इम्पोसिबल' पुस्तक है। 'इट इज आल्सो नोनसैंस बट ऑफ दि अन रीडेबल काइंड, प्योर नोनसेंस, नोट वियरिंग, द क्लोथ्स ऑफ नॉनसेन्स । सी. राजगोपालचारी जिसे 'नग्न बकवास' कहें वह उपन्यासकार भी उत्तर आधुनिक युग में उपनिवेशवादी मानसिकता एवं प्रवासी लेखन के इतिहास पर दृष्टि दौड़ाते समय यदि किसी मील के पत्थर पर बैठा मिलता है, तो उसकी उपेक्षा कैसे की जा सकती है?

पुराने चावलों में सरदार खुशवंत सिंह (1915-2014) उपन्यासकारों की पंक्ति में भी बैठे हैं। कहते हैं कि किसी कनाडावासी ने इनके नाम के साथ 'बास्टर्ड' लिखकर पत्र भेजा, जो इनकी ख्याति की बदौलत इन्हें ही मिला। इनके कई चेहरे हैं: पत्रकार, संपादक, स्तंभ लेखक और कूटनीतिज्ञ का चेहरा। संजय गांधी के समर्थक और मेनका गांधी की अपनी आत्मकथात्मक रचना में खिंचाई करने वाला चेहरा, कलकत्ता में जाकर रवीन्द्रनाथ टैगोर के लेखन को सामान्य कहने का दुस्साहस करने वाला चेहरा, सिख धर्म और रणजीत सिंह पर प्रामाणिक लेखन करनेवाला आदि। 'द इल्लसट्रेटिड वीकली ऑफ इंडिया' (1969-78) के संपादक की हैसियत से इन्होंने पत्रकारिता की नहीं अंग्रेजी की भी सेवा की। 'विद मैलिस टु वन ऐंड ऑल' स्तम्भ के

माध्यम से खूब मान-सम्मान बटोरते हुए ये अपने आपको व्यक्त रखते हैं। इन्होंने सौ से अधिक पुस्तकें लिखी हैं। 'आउट लुक' पत्रिका के विशेष दस वार्षिकी अंक (17-10-2005) में वे शीला रेड्डी को दिए गए साक्षात्कार में कह देते हैं कि पत्रकारिता साहित्य की हरामी संतान नहीं होती, बल्कि पत्रकारिता से ही साहित्य की वंश की वृद्धि होती है। समस्या यह है कि आज का पत्रकार शामलाल की तरह बहु-पठ नहीं है। (आई डू नोट नो ईवन वन ऐडिटर इन इंडिया टू इज वैल-रैड।) बात भारतीय अंग्रेजी में खुशवंत सिंह के योगदान की है और पाकिस्तान के एक गांव में जन्में तथा बंटवारे की मार झेलकर आए रिफ्यूजियों की तरह ही संघर्ष करते-करते आगे बढ़कर विदेश सेवा में पहुंचकर इन्होंने खुशवंत नाम सार्थक किया। पहली सर्जनात्मक उल्लेखनीय रचना 'द मार्क ऑफ विष्णु' (1950), किंतु ख्याति मिली 'ट्रेन टू पाकिस्तान' से (इस उपन्यास का अमेरिका में प्रकाशन 'मनो माजरा' शीर्षक से हुआ।) खुशवंत सिंह इस उपन्यास स्वयं एक डॉक्यूमेंटरी कहते हैं, किंतु बात इतनी ही नहीं है बंटवारे के पश्चात की हिंसा का प्रबल रूप 'ट्रेन टू पाकिस्तान' (1956) तथा उनके दूसरे उपन्यास 'आई शैल नोट हीयर द नाइटिंगेल्स' (1956) में स्वतंत्रता प्राप्ति के पूर्व और पश्चात की राजनैतिक स्थितियों का सामान्य जनजीवन पर पड़े प्रभाव का सरल भाषा में सजीव चित्रण है। बंटवारे के पश्चात की हिंसा का प्रबल रूप 'ट्रेन टू पाकिस्तान' में है, जहां मनो माजरा जैसे मामूली और आम गांव के लोगों का पलक झपकते ही विचार परिवर्तन हो जाता है, जब पाकिस्तान बन जाता है। गाँव दो भागों में बंट जाता है। सारे मानवीय रिश्ते बदल जाते हैं। शांतिप्रिय हिंदू, मुसलमान व सिख एक-दूसरे की जान लेने के लिए तत्पर हो जाते हैं। अमृता प्रीतम का 'पिंजर' और भीष्म साहनी' का 'तमस' भी ऐसे ही उपन्यास हैं। इन उपन्यासों की तरह ही यहां भी मानवीयता कहीं न कहीं चिपकी रह जाती है। जग्गा और नूरन का प्रेम शारीरिक से कब आत्मिक बन जाता है कि पता नहीं चलता। जग्गा ने उस रस्सी को अपनी जान की बाजी लगाकर काट डाला, जो पुल पर एक सिरे से दूसरे सिरे तक इसलिए बांधी गयी थी कि पाकिस्तान जाने वाली ट्रेन की छतों पर बैठे हुए मुसलमान गिर कर मर जाएं। इसी ट्रेन में जग्गा की प्रेमिका नूरन भी थी। दूसरे उपन्यास 'आई शैल नोट हीयर द नाइटिंगेल्स' में 1942 के भारत छोड़ो आंदोलन के संदर्भ में खुशवंत सिंह यह कहना चाहते हैं कि अंग्रेजों से ज्यादा भारतीय बुद्धिजीवी गुलामी को बचाए रखना चाहते थे। खुशवंत सिंह के लेखन के बारे में यदि किसी सामान्य भारतीय पाठक से पूछें तो वह लेखक की अश्लीलता या स्त्री के प्रति खुला दृष्टिकोण, कामुकता आदि की बात करेगा। 'काम' को लक्ष्य करके खुशवंत सिंह ने खूब पुरुषार्थ किया है। भारतीय अंग्रेजी लेखन के लिए इनकी ये दो कृतियां ही बहुत हैं।

हमें चमन नाहल(1927-2013) के उपन्यास 'आजादी'(1977) का ख्याल आता है, जिसे साहित्य अकादमी पुरस्कार मिला और 1947 की भयंकर त्रासदी पर लिखे उपन्यासों की इस कड़ी से प्रेरणा प्राप्त करने को जी करता है। उनके नाम के साथ ही 'आज़ादी' उपनाम जुड़

गया था। गांधी को सामान्य मानव सा दिखाते हुए उन्होने लिखा था- I saw how plain and ordinary was Gandhi to look at: short-statured, thin,with rather common features.

क्या पाकिस्तान में भी ऐसा लेखन हुआ है? पता नहीं? "हम लोग" धारावाहिक के कथा संसार के लिए ऐसे ही उपन्यासों ने जमीन दी थी। 'आजादी' उपन्यास का कथानायक लाला कांशी राम जिंदगी की खुली पाठशाला में पढ़कर भला बुरा सीख सका था।

आज हम बड़े गर्व से रस्किन बॉन्ड (1934-) को भी भारतीय अंग्रेजी उपन्यासकारों में शुमार करते हैं। वे बालकों के लिए लेखन करने के कारण और भी अधिक चर्चित हुए। कसौली में पैदा हुए और देहरादून-मसूरी में बस गए रस्किन बॉन्ड भी आर. के.नारायण की तरह भारतीय ग्रामीण जीवन के दीवाने हैं। इन्होंने किसी 'मालगुडी' को ईजाद करने की जरूरत ही नहीं समझी और यह कहते रहे हैं कि भारत इसके छोटे-छोटे कस्बों में रहता है। (आई वुड से दैट इंडिया इज रीअली टू बी फाउंड इन इट्स स्माल टाउन्स। स्माल टाउन इंडिया-दैट्स माई इंडिया। दि इंडिया ऑफ शामली ऐंड शाहगंज, पानीपत ऐंड पीपल कोट, अलवर ऐंड अंबाला, अलप्पी ऐंड कालका ऐंड कसौली ऐंड कोलार गोल्ड फील्ड्स' (टाइम स्टोप्स एट शामली (1989)। बॉन्ड के पहले ही उपन्यास 'द रूम ऑन द रूफ' (1956) पर उन्हें 'जॉन लीवन राह स्मृति' पुरस्कार मिला। इनकी एक रचना 'ए फ्लाइड ऑफ पिंजिन्स' पर 'जुनून' फिल्म बनी, जिसमें नफीसा अली और शशि कपूर के साथ नसीरुद्दीन शाह ने अभिनय किया था। भारत की कई भाषाओं में इनकी रचनाओं की उपलब्धता ने इन्हें बच्चों में ही नहीं बड़े में भी ख्याति दिलवाई है।उनकी कहानियों में बच्चों के सपने, उनकी इच्छाओं का ज़िक्र तो होता ही हैं, बच्चों के संघर्ष की कहानियां भी होती हैं। उनके चरित्र 'रस्टी' और 'अंकल केन' आज के बाल साहित्य के सबसे मशहूर चरित्र माने जाते हैं।

एक महत्वपूर्ण उपन्यासकार अरुण जोशी (1939-93) की चर्चा यहां अपेक्षित है। इनके पांच उपन्यास भारतीय साहित्य की निधि हैं। 'द फोरिनर' (1968), द स्ट्रेंज केस ऑफ बिली बिस्वास (1971), दी एपरेन्टिस (1974), द लास्ट लेबिरिंथ (1981) और द सिटि ऐंड द रिवर (1990)। पहले उपन्यास 'द फोरिनर' से ही चर्चा में आ गए उपन्यासकार अरुण जोशी ने अपने इस उपन्यास में कथानक में एक ऐसे पात्र को प्रस्तुत किया है, जो भारतोय पिता और अंग्रेज माता की संतान है और पैदा होता है केन्या में, पढ़ता है इंग्लैंड-अमेरिका में । इसलिए न वह घर का रहता है न घाट का। उसका एक अमेरिकी लड़की से प्रेम भी असफल रहता है और भारत आने पर भी वह तभी अपनापन अनुभव करता है, जब उसकी फैक्ट्री के कर्मचारी उस पर विश्वास करते हैं और उसे अटूट प्रेम प्रदान करते हैं। 'द स्ट्रेंज केस ऑफ बिली विश्वास' (1971) में अरुण जोशी मनुष्य के मन की थाह लेते नजर आते हैं। अमेरिका से इंजीनियर बनने के बजाय बिमल

विश्वास नृतत्वशास्त्री बनकर लौटता है और आदिवासी इलाकों में जनजाति कल्याण के लिए अपने को लगा देता है। उसका जीवन दिल्ली विश्वविद्यालय में पढ़ाते और मीना से वैवाहिक जीवन का आनंद लेते बीत जाता है, किंतु वह आदिवासी क्षेत्र में जाकर काम करता है और बिलासिया नामक स्त्री से मिलकर वहीं रहने लगता है। आदिवासी उसे ईश्वरतुल्य मानने लगते हैं और वह वहीं का हो जाता है। उपन्यासकार ने मानव मन के द्वंद्व को बखूबी पेश किया है और बताया है कि हम सब में 'बिली' जैसा कुछ करने का दमखम होता है, किंतु हिम्मत नहीं जुटा पाते। यहां हम जोसेफ कोनराड के उपन्यास 'हार्ट ऑफ डार्कनेस' को याद कर सकते हैं, जहां कथानक और कथा प्रस्तोता के परस्पर संबंध से कथा आगे बढ़ती है, यहां भी ऐसा ही होता है। 'दि एयरेंटिस' उपन्यास एक मोनोलोग है। इसमें रतन राठौर की जीवन चर्या है। वह मंदिर के बाहर से ही पूजा करके निकल जाता है, क्योंकि उसके मन में एक भेद है। भ्रष्टाचार के व्यापक प्रचार की भारतीय परंपरा को रेखांकित करते हुए यह उपन्यास हमें जो संदेश देता है वह ध्यान योग्य है। 'द लास्ट लेबरिंथ' (1981), जिसके लिए अरुण जोशी को साहित्य अकादमी पुरस्कार भी मिला। 'लेबरिंथ' (भूल भुलैया) एक प्रतीक है। इस कथा का नायक सोम जब भूल भुलैया में फंस जाता है और निकलना कठिन हो जाता है। अनुराधा, ठीक ग्राहम ग्रीन के उपन्यास 'दी एंड ऑफ दी अफेयर' की नायिका 'सारा' की तरह सोम को मृत्यु की ओर जाने से बचाती है। यह उपन्यास समकालीन सड़े-गले समाज की भूल-भुलैया में फंसे व्यक्ति की व्यथा कथा है। अरुण जोशी का अंतिम उपन्यास 'द सिटी ऐंड द रिवर' पद-प्रतिष्ठा से भ्रष्ट हुए समाज की प्रतीक कथा है। कथाकार की तटस्थता और वस्तुपरकता उनके लेखन में रेखांकित करने योग्य है।

जिस कालखंड का जिक्र हम कर रहे हैं, कई अन्य उपन्यासकारों की चर्चा और की जा सकती है। दिलीप राय का दार्शनिक उपन्यास 'दि अपवर्ड स्पाईरल' (1949), जिन्नत फतेह अली का सामाजिक उपन्यास 'जोहरा' (1951), एम. वी. राम शर्मा का रूमानी उपन्यास 'द स्ट्रीम' (1956), कृष्ण स्वामी का दुष्चरित्रा पति के सुधार पर लिखा उपन्यास 'कल्याणीज हजबैंड' (1957), कॉलेज जीवन पर लिखा गया पी.एम. नित्यानंद का उपन्यास 'द लोंग, लोंग डेज' (1960), एक अंधी लड़की के प्रेम के प्रति प्रदर्शित करनेवाला ताप्ती मुखर्जी का उपन्यास 'मर्डर नीड्स ए स्टेयर केस' तथा आध्यात्मिक उत्थान के लिए सांसारिक बाधाओं से जूझते नायक का चित्रण करता राममूर्ति का उपन्यास 'दि फ्रेग्रेंट वैली' आदि।

एक ही उपन्यास लिखकर ध्यान खींचा जा सकता है, यदि कुछ बात हो। भारतीय अंग्रेजी लेखन के इस प्रसंग में यहां एक मनोरंजक तथ्य यह भी है कि कभी-कभी तो लेखक को उसके नाम की वजह से ही प्रसिद्धि मिल गयी, जैसे खुशवंत सिंह के मामले में। वे कूड़ा-करकट भी छपवा देते थे तो बिक जाता था और तारीफ करने वाले आ धमकते थे। कभी-कभी ऐसा भी हुआ है कि लेखक के नाम से ही प्रसिद्धि मिल गयी। प्रसिद्ध उपन्यासकार ए. माधवैया के पुत्र

एम. अनंत नारायण ने केवल एक उपन्यास 'द सिल्वर पिल्ग्रीमेज' (1961) ही लिखा जिसमें उनकी उक्ति थी, "अपनी चतुराई बेचकर अचरज खरीदो" (सैल योर क्लैवर नैस ऐंड बाई बिविल्डरमेंट)। जोन अपडाइक नामक प्रसिद्ध उपन्यासकार ने अनंत नारायण के उपन्यास को पढ़े बगैर केवल समीक्षा जैसा कुछ पढ़कर एक कविता ही लिख डाली। वे उपन्यासकार के नाम पर तब फिदा हो गए, जब 'द टाइम्स' में उनके बारे में पढ़ा।

कविता के अंश आपका मनोरंजन करेंगे। शीर्षक है - 'आई मिसड हिज़ बुक, बट आइ रीड हिज नेम' और कुछ पंक्तियां हैं-

आइ पिक्चर हिम एज शोर्ट ऐंड टान/ विड मीट परहैप्स इन हिन्दुस्तान

आइड से विद एडमिरेबल इलान/ आह अनंत नारायण।'

यह बात तब की है, जब भारतीय अंग्रेजी उपन्यास लेखन ने एक बार फिर अपने झंडे बुलंद किए थे। ईव्ज वीकली (19 दिसंबर 1973) के अंक में मुल्क राज आनंद, ख्वाजा अहमद अब्बास, खुशवंत सिंह, रस्किन बांड और शशि देशपांडे आदि अनेक उपन्यासकारों पर फीचर प्रकाशित किया गया था, किंतु पत्रिका के मुखपृष्ठ पर चित्र था, नयन तारा सहगल का। उनके इस छायाचित्र को जे.पी सिंहल ने विशेष रूप से बनाया था। चित्र को देखकर किसी की भी निगाह टंगी रह जाती थी। पत्रिका का अंक खूब बिका। आज जब अनीता देसाई के चित्र छपते हैं, तो अंक बिकता है। हिंदी साहित्य में भी कृष्णा सोबती से लेकर गीतांजलि श्री तक उपन्यासकारों के नाम ही काफी हैं। इनमें से किसकी चर्चा पहले की जाए? अनीता देसाई की चर्चा बाद में पहले उनसे वरिष्ठों को देख लिया जाए। वरिष्ठों में रूथ प्रवर झाबवाला और कमला मार्कन्डेय हैं, नयनतारा सहगल और अन्य हैं। कई आलोचक झाबवाला को इस परंपरा में नहीं मानते औश्र वे स्वयं भी अपने आपको मात्रा 'भारतीय जीवन की दर्शक' मानती हैं, फिर भी हम उन्हें नजरअंदाज करने की स्थिति में नहीं हैं।

कमला मार्कन्डेय

कमला मार्कन्डेय (कमला टेलर 1924-2004) को सफल लेखकों में गिना जाता है। भारतीय सामाजिक जीवन के सहज चित्रण को सरलता से अभिव्यक्त करने की खूबी के कारण इन्हें देश-विदेश में ख्याति प्राप्त हुई। मद्रास विश्वविद्यालय से पढ़ाई करने के बाद इन्होंने अंग्रेज से विवाह कर इंग्लैंड में बस जाने का निश्चय किया। इनके दस से अधिक उपन्यासों में भारतीय जीवन अनूठे ढंग से चित्रित हुआ है। 'नेक्टर इन ए सीव' (1964), 'सम इनर फ्यूरी' (1955), 'ए साइलेंस ऑफ डिजायर' (1960), 'पोजेशन' (1963),'ए हैंड फुल ऑफ राइस' (1967), 'द कोफर डैम्स' (1969), 'द गोल्डन हनी कोंब' (1977) और 'प्लेजर सिटी' (1982) कुछ प्रसिद्ध उपन्यास हैं। दक्षिण भारत में कुछ समय तक पत्रकारिता करने और सामान्य जन जीवन

को करीब से देखने के कारण इनका लेखन अनुभव सिद्ध है। इसी प्रकार इंग्लैंड में बस जाने के कारण वहां के जीवन को भी जीकर देखने से इनकी रचनाओं में यथार्थ अनायास ही आ गया है। ग्रामीण अथवा शहरी, आधुनिक अथवा पुरातन, कलाकार अथवा वैज्ञानिक सभी चरित्रों को लेखिका ने क्षमतापूर्वक चित्रित किया है।

अपने तीन उपन्यासों 'नेक्टर इन ए सीव', 'सम इनर फ्यूरी' और 'पोजैशन' को इन्होंने संस्मरण के रूप में प्रस्तुत किया है और कथासूत्र को महिलाओं के हाथों में दिया है। इससे कथा जहां से शुरू होती है, वहीं खत्म होती है। 'नेक्टर इन ए सीव' में रूक्मणी अपने जीवन की घटनाओं को इस प्रकार प्रस्तुत करती है कि कहानी न केवल विवाह से लेकर विधवा होने तक के जीवन काल का समग्र चित्रण बन जाती है, अपितु परंपरागत भारतीय जीवन और पश्चिम के औद्योगिकीकरण के प्रभाव को भी रेखांकित करती है। यह कहानी रुक्मणी की आत्मकथा भर नहीं है, यह भारत के एक आम भारतीय की कहानी है। इन कथा को 'करवा चौथ' का व्रत करने वाली भारतीय नारियों को समर्पित माना जा सकता है। 'सम इनर फ्यूरी' में कथानायिका नीरा अपने जीवन के विशिष्ट क्षणों को इस प्रकार प्रस्तुत करती है कि पूर्व-पश्चिम संबंध भी साथ-साथ चलते नजर आते हैं। भारतीय नारी का अंग्रेज के साथ प्रेम असफल रहा, क्योंकि वह अपने देश को छोड़कर रिचर्ड के साथ न जा सकी और उसकी कमीज के एक टुकड़े की संभाल में रह गयी। स्मृतियों के उभरने से लेकर उनके शिथिल होने के दरम्यान ही उपन्यास की कथा विवेचित होती चली गयी है। 'पोजैशन' का कथा-सूत्र नायिका के हाथों में न होकर एक दर्शक-निरीक्षक के हाथों में है। यहां धन लिप्सा का चित्रण है और गरीबी का भी। वाल्मीकि की साधनहीनता और कैरोलीन की साधक संपन्नता, लिप्सा वासना और राग। अंत में वाल्मीकि का यह मानना है कि अपनी गरीबी और साधनहीनता के बावजूद हमें सच्ची प्रेरणा अपने लोगों के बीच ही मिल सकती है, न कि पश्चिम के तड़क-भड़क वाले जीवन में। 'साइलैंस ऑफ डिजायर', 'ए हैंडफुल ऑफ राइस', 'दि काफर डैम्स' में लेखिका ने पुरुष पात्रों को केन्द्र रखते हुए भी कथासूत्र को स्वयं संभाला है। 'ए हैंड फुल ऑफ राइस' में मध्यमवर्गीय जीवन की कठिनाइयों की चर्चा है। 'दि काफर डैम्स' में पश्चिमी तकनीकी ज्ञान के आतंक का चित्रण है। 'द नो व्हेयर मैन' (1972) में उन्होंने भारतीय प्रवासियों के प्रति बरती जा रही जातीय भेद की भावना को चित्रित किया है और 'प्लेजर ऑफ सिटी' में 'उन्नति'और 'विकास' के वास्तविक अर्थ को खोजने की चेष्टा की है।

मार्कन्डेय के लेखन में स्वामियों, भिखारियों, कलाकारों, किसानों, मजदूरों, वेश्याओं, अबला स्त्रियों, सरकारी कर्मचारियों एवं देशभक्तों के चित्र बार-बार आते हैं। वे शायद भारत की सांस्कृतिक, सामाजिक, आर्थिक एवं राजनीतिक दशा को दिखाना चाहती हैं, किंतु स्पष्टता एवं गहराई न होने के कारण उतना प्रभाव जम नहीं पाता। भारतीय चरित्रों और पात्रों की विविधता

का एक पक्ष ही उन्होंने प्रस्तुत किया है। वे पाठकों में ऐतिहासिक चेतना और अपने प्रति विश्वास की भावना जागृत करना चाहती हैं। कमला भारतीय नारी की सीमा जानती हैं और भारतीय पाठक की दृष्टि भी। खुशवंत सिंह की तरह वे 'काम' से ज्यादा मतलब नहीं रखती। वे न तो मुल्क राज आनंद की तरह अंग्रेजों से खिन्न दिखाई देती है, न शांता रामा राव की तरह विदेशियों के तलुए चाटने में विश्वास रखती हैं। उनका दृष्टिकोण संतुलित है। जहां-जहां भी वे अनुभवजन्य लिखती हैं, वहां-वहां प्रभावित करती हैं। जहां-जहां वे अनुमान से लिखती हैं, वहां-वहां चूक जाती हैं। भारतीय पाठक को वे कहती प्रतीत होती हैं - 'लुक एट मी, आई हैव नैवर बीन ए मेम साहिब। यू आर नोट सम काइंडट ऑफ फ्रीक टू मी। वी आर अलाइक। वी आर फ्रीक्स ओनली टू द कास्ट वी कम फ्रोम, नोट टू ईच अदर।' कमला मार्कन्डेय की सफलता का राज यही है कि वे अपने उपन्यासों में कथानक के दुहराव से यथा साध्य बचती हैं। वे 'फिक्शन-फार्मूला' पर विश्वास नहीं करतीं, इसलिए पाठक उन पर भरोसा रखता है।

रूथ प्रवर झाबवाला

रूथ प्रवर झाबवाला (1927-2013) को हम तो भारतीय अंग्रेजी लेखकों की पंक्ति में खड़ा पाते हैं, चाहे वे स्वयं ये कहें कि उन्हें भारतीय लेखक ने कहा जाए, बल्कि ऐसा यूरोपीय लेखक माना जाए, जो भारत के विषय में लिखता है। यह सत्य है कि इनके मां-बाप पोलिश थे, इनका जन्म जर्मनी में हुआ और शिक्षा-दीक्षा इंग्लैंड में हुई। एक भारतीय वास्तुकार से विवाह करके ये 25 वर्ष दिल्ली में रहीं और सन् 1975 से न्यूयॉर्क में रहकर मर्चेंट-आइवरी की फिल्मों की पटकथाएं लिखती रहीं । इनका विदेशी होना इनके अंतर्राष्ट्रीय अनुभव का लाभ दिलाता था । वे अपने दर्जन भर उपन्यासों और अनेक कहानियों के माध्यम से भारतीय जीवन के साथ सहानुभूति रखते हुए भी यहां की कुंठाओं, विडंबनाओं, मूर्खताओं, कमजोरियों और छिछोरेपन को अभिव्यक्त करने से नहीं चूकती। जेन आस्टिन की तरह परिवार के अंदर ही सीमित रहकर झाबवाला ने पारस्परिक संबंधों की अनेकानेक विसंगतियों का सफल चित्रण किया है। इनके कुछ उपन्यास हैं- 'टू हूम शी विल' (1955), 'द नेचर ऑफ पैशन' (1956), 'एसमंड इन इंडिया' (1958), 'द हाउस होल्डर' (1960), 'गैट रेडी फॉर बैटल' (1962), 'ए बैकवर्ड प्लेस' (1965), 'हीट एंड डस्ट' (1975), 'इन सर्च ऑफ लव ऐंड ब्यूटी' (1983), 'श्रैडस ऑफ मैमरी' (1995), 'थ्री कोंटीनेंट' (1987), 'ए न्यू डोमीनियन' (1972), 'हाऊ आई बिकेम ए होली मदर' (1976) आदि।

'हीट एंड डस्ट' पर इन्हें बूकर पुरस्कार मिला और कई उपन्यासों की तरह इस को भी फिल्म के रूप में देखा गया। झाबवाला ने एक व्यंग्य लेखक की दृष्टि से मध्यवर्ग के शिष्टाचार, आधुनिक कहलाने की जिद और अपनी संस्कृति से कटा हुआ न होने के भ्रम को इस प्रकार

प्रस्तुत किया है कि हमें अपने जीवन के खोखलेपन पर शर्म आती है।रूथ झाबवाला ने विडंबनापूर्ण चित्रण से भारतीय जीवन की विसंगतियों को रेखांकित किया है। इन विडंबनाओं के तीन स्तर देखे जा सकते हैं- (1) आदर्श और व्यावहारिक जीवन का असामंजस्य, (2) पूर्व और पश्चिम के आदर्शों, आकांक्षाओं अथवा रहन-सहन की विसंगतियां, (3) परंपरा और परिवेश का संघर्ष। लेखिका ने जहां भी असंगतियां, असामंजस्य या बेमेलपन देखा, वहीं अपनी कलम चलायी। एक उदाहरण देखें तो 'एसमंड इन इंडिया' में कथा नायक एसमंड ऐसा पात्र है, जिसने भारतीय साहित्य और संस्कृति का पूर्ण अध्ययन किया है। उसके भाषणों को सुनकर गुलाब इतनी प्रभावित होती है कि उसके साथ विवाह करती है। गुलाब व दूसरे उपन्यास की नायिका से जूड़ी के चरित्रों का वैषम्य उनके जीवनानुभव से आता है। जूड़ी समन्वय करती है, किंतु गुलाब नहीं कर पाती। शकुंतला जैसी युवती का 'एसमंड इन इंडिया' उपन्यास के नायक से विवाह आकर्षण की विडंबना को तो उभारता ही है, यह भी स्पष्ट करता है कि भारतीय युवतियां शिक्षा के बावजूद भावुक, अदूरदर्शी एवं छिछोरी होती है और सतही प्रशंसा में विश्वास रखती है। 'दि नेचर ऑफ पैशन' में निम्मी आधुनिक वृत्तियों वाली ऐसी लड़की है, जो परंपरा और परिवेश में सामंजस्य नहीं रख पाती। निम्मी जिन बातों को आधुनिकता का पर्याय समझती है, वे वस्तुतः छिछोरेपन का प्रतीक है। 'द हाउस होल्डर' में नायक अपनी परिस्थिति के सामने घुटने टेक देता है और 'टू हूम शी विल' में अमृता अपनी शिक्षा और आधुनिकतावादी दृष्टिकोण के बावजूद भावुक और अपनी स्थिति को समझने में असमर्थ है।

जेन आस्टिन के उपन्यासों में वर की तलाश मुख्य मुद्दा दिखायी देता है। रूथ झाबवाला के उपन्यासों में वधू की तलाश पर भी कम जोर नहीं है। चूंकि झाबवाला के पात्र भारतीय समाज में तालमेल बैठाते हैं, इसलिए यहां की सांस्कृतिक जटिलता के कारण इनके पात्र भी जटिल हैं। वे इस जटिलता को सफलतापूर्वक प्रस्तुत तो करती ही हैं, अधिक सफलता से विदेशी पात्रों को भी भारतीय जमीन से रोंप देती हैं। जूड़ी और पैगी जैसी बालाएं भारतीय पुरुषों से विवाह करके यहां बस जाती हैं। भारतीय लड़कियों को दिल देने वाले पात्र भी हैं, जैसे रिचर्ड और डॉ अर्नेस्ट।

कई पाठक विशेष रूप से भारतीय पाठक इनके लेखन में भारतीय जीवन की कुछ बातों को बार-बार पढ़कर बोर हो जाते हैं। कहीं ऐसा तो नहीं कि लेखिका कुछ दृश्यों के सहारे ही लिखती हों, जैसे लड्डू खाती हुई, बच्चों के प्रति उदासीन, शर्मीली भारतीय स्त्रियाँ इन उपन्यासों में बार-बार आ जाती हैं। महिलाओं की चुहलबाजी, ईर्ष्या, द्वेष, गपशप और घुमा-फिराकर शादी-ब्याह की बातें करने लगना भारतीय जीवन में सामान्य है। इन्हीं बातों को बार-बार पढ़ने से लगता है कि लेखिका की बातों में दुहराव है, ठहराव है और हास्य-व्यंग्य को इतना लंबा खींचना व्यर्थ प्रतीत होता है। उनके जीवन का कोई दार्शनिक पक्ष नहीं है। और न ही कोई सामाजिक उद्देश्य। मात्र वर्णन के लिए, मनोरंजन के लिए लिखना भी हद से अधिक होने पर बोझ लगने लगता है।

फिल्मी पटकथा लेखन में 'शेक्सपीयरवाला' से लेकर 'हीट एंड डस्ट' तक दर्जन भर फिल्में हैं जिनकी सफलता का श्रेय मर्चेन्ट आइवरी कंपनी सदा देती रही।

स्त्री लेखन के क्षेत्र में नयनतारा सहगल के योगदान की चर्चा करने से पूर्व कई अन्य उल्लेखनीय रचनाकारों का नामोल्लेख कर लें। वीणा पेंतल ने 'सेरनिटी इन स्टार्स' (1966) में एक ऐसी आदर्श नारी का चित्रण किया है, जो हमारा भारतीय संस्कृति और परंपराओं की वारिस रही है। पद्मिनी सेन गुप्ता ने 'रेंड हाई बिसकस' में एक ऐसी स्त्री का रूमानी चित्र प्रस्तुत किया है, जो अपने पति की विशेषताओं को पहचानने के पश्चात ही उसे संपूर्ण वैवाहिक आनंद दे सकने में समर्थ होती है। डी.सी. होम ने 'पोइजन ऐंड पैशन' में फिल्मी दुनिया में स्त्री के प्रति दृष्टि को चित्रित किया है। आनंद लाल ने 'सीजन्स ऑफ जुपिटर' में स्त्री को पुरुष के आध्यात्मिक विकास में बाधक के स्थान पर सहायक सिद्ध किया है। ये कई उपन्यासकार एक ओर तो स्त्री कथा लेखन की बुनियाद रख रहे थे, दूसरी ओर अपनी सारगर्भित टिप्पणियों से यह भी रेखांकित कर रहे थे कि चाहे स्त्री द्वारा लेखन हो या स्त्री के पक्ष में लेखन,कथाओं के द्वारा स्त्री के सरोकारों को केन्द्र में लाया जा सकता है।

नयनतारा सहगल

जब हम नयनतारा के लेखन को देखते हैं, तो कई बार पहले से ही यह विचार बना लेते हैं कि जवाहर लाल नेहरू से रिश्तेदारी होने के कारण इनकी रचनाओं में राजनीति अवश्य होगी। नयनतारा (1927) विजयलक्ष्मी पंडित (नेहरू जी की बहन) की तीन पुत्रियों में से मंझली हैं और स्वाभाविक है कि उच्च शिक्षा देश-विदेश में प्राप्त करके तथा आनंद भवन में रहने के कारण वे उच्च शिक्षा अभिजात वर्गीय चेतना से संपन्न रहीं, जिसकी ठसक उनके लेखन में भी है। 'ए टाइम टु बी हैप्पी' (1957) और 'दिस टाइम ऑफ मोर्निंग' (1965), 'स्टोर्स इन चंडीगढ़' (1969), 'रिच लाइक अस' (1985), 'प्लान्स फॉर डिपार्चर' (1986), 'मिसटेकिन आइडेंटिटी' (1988), 'रिलेशन शिप' (1994) कुछ महत्त्वपूर्ण रचनाएं नयनतारा सहगल की हैं। इनके नाम के साथ सहगल जुड़ने का कारण यही है कि इनका विवाह गौतम सहगल नामक व्यापारी से हुआ। तीन संतानें भी हुईं, किंतु ई.एन. मंगत राय से मेल-मिलाप होने के कारण विवाह संबध टूट गया।

नयनतारा सहगल के दो उपन्यास 'ए टाइम टु बी हैप्पी' (1957) और 'दिस टाइम ऑफ मार्निंग' (1965) में स्वतंत्रता प्राप्ति के दस वर्ष पूर्व का सामाजिक राजनैतिक जीवन का चित्रण है। विजय लक्ष्मी पंडित की पुत्री होने के कारण इन्होंने नेहरू जी और उनके अन्य साथियों को कार्यरत ही नहीं, बल्कि अंतरंग गत भी होते देखा होगा, इसलिए राजनैतिक जीवन के कुछ दृश्यों और चित्रणों में वे प्रामाणिकता अवश्य ला पायी हैं। 'ए टाइम टू बी हैप्पी' सनद के जीवन की

कहानी है, जिसमें वह कुसुम का प्यार भी पाता है, जीवन के ऐशो आराम भी और स्वतंत्रता के पश्चात भी घाटे में नहीं रहता। 'रिच लाइक अस' के उपन्यास में इमरजेंसी (आपातकाल) की घटनाएं हैं, किंतु साथ ही इसमें सती जैसी कुरीतियों को भी देखा गया है। इस उपन्यास को सिन्कूलेयर पुरस्कार और साहित्य अकादमी पुरस्कार मिलना इसकी गुणवत्ता ही प्रमाणित करता है। नयनतारा के इधर के लेखन में राजनीतिक इतिहास, जीवन मूल्य, भारतीयता और उच्च वर्गीय मानसिकता आदि का आवरण अधिक देखा जा सकता है। फिर भी इन रचनाओं को आलोचकों ने कोई विशेष महत्व नहीं दिया है। आयंगार ने इनकी राजनैतिक चेतना और अंग्रेजी पर अधिकार को इनकी उपन्यास कला से श्रेष्ठ माना है। ('मिसिज सहगलस फीलिंग फोर पोलिटिक्स ऐंड हर कमांड ओवर इंग्लिश आर रादर मोर इमप्रेसिव दैन हर आर्ट एज ए नोवलिस्ट। देयर इज मच कोंट्राइविंग, ऐंड द प्रिंसपल कैरेकटर्स आर हार्डली कनविंसिंग, ऐंड देयर आर सैटायरिकल पैचिज देट स्टेंड्स आउट एज दो दे हैव बीन लिफ्टिड फ्रोम मिसिज सहगलस जर्नलिज्म' पृष्ठ-474)

अतीया हुसैन

भारतीय उप-महाद्वीप और अखंड भारत के राजनीतिक, सामाजिक, सांस्कृतिक, धार्मिक और साहित्यिक परिवेश में मुस्लिम समाज की स्त्रियों का जिक्र और फेमिनिस्ट डिसकोर्स में उनकी भूमिका पर चर्चा बहुत कम हुई है। तैयबा किदवई जंग, सईदा खुर्शीद, हजारा बेगम, मोफिदा अहमद, मासुमा हुसैन आली खान, फातिमा इस्माइल, आतिया फैयाजी, मुमताज़ जहां हैदर, अज़ीज़ा फातिमा इमाम, जेहरा आली यावरजंग, सुरैया तैयबजी , सलीहा आबिद हुसैन, रज़िया सैयाद जहीर, हमीदा हबीबुल्ला, अनीस किदवई, शरीफा हामिद अली, सफिया जाँ निसार अख्तर, सादिका किदवई और अत्तीया हुसैन में से कितने नामों से आप परिचित हैं? तीन तलाक, हिजाब, हलाला आदि के शोरोगुल में इन जैसी अनेक मुस्लिम महिलाओं के नाम दब गए हैं। रक्षन्दा जलील ने 'ए रेबेल एंड हर कॉज़'(2012) में किसी रशीद जहाँ के जीवन और कृतित्व पर प्रकाश डाला है, किन्तु हम उन्हे जानते तक नहीं। रज़िया सज्जाद जहीर और नासिरा शर्मा को जानते हैं किन्तु अत्तीया हुसैन को नहीं। अत्तीया हुसैन(1913-1998) के एक उपन्यास का चित्र प्रस्तुत करना जरूरी है।इन्हे मुस्लिम फेमिनिस्म का प्रथम उल्लेखनीय कथाकार मानकर अमीन मलक (2005) ने अंग्रेजी में मुस्लिम डिसकोर्स का पटाक्षेप किया है। 'सन लाइट ऑन ए ब्रोकन कोलम ' (1961) में भारतीय नारी जागरण का चित्र प्रस्तुत किया गया है। कई मुस्लिम परिवारों में पर्दा प्रथा होने के कारण ही नहीं, बल्कि कई अन्य कारणों से भी आधुनिकता का प्रवेश नहीं हो पाया। आधुनिकीकरण की इस प्रक्रिया में मुस्लिम युवक-युवतियों को रूढ़िवादी परिवारों में रहते हुए जो कष्ट उठाने पड़े, उनका अंदाजा सानिया मिर्जा के उत्थान के गवाह लोगों

को कम होगा। इस उपन्यास ने उस जमाने में ऐसा ही कुछ किया था, जैसा तसलीमा नसरीन ने काफी बाद में किया। उपन्यास में हुसैन ने अपने जीवन की कथा का भी एक प्रकार से समावेश किया है, इसलिए प्रामाणिकता इसका गुण है। एक ऐसे परिवार में जहां हर व्यक्ति के कर्तव्य और आचरण निश्चित हों, धार्मिक कट्टरपन का साम्राज्य हो, वहां मानवतावादी वैश्विक दृष्टिकोण विकसित करते हुए अपनी इच्छा से शादी करना, पुरुषों के बीच बेपर्दा उठना-बैठना आदि कुछ ऐसे संदर्भ हैं, जिनके कारण यह उपन्यास अपने आप में मील का पत्थर है। यह वही समय है, जब पंजाबी में अमृता प्रीतम उर्दू के साहिर लुधियानवी से प्रेम कर रही थीं और उस तरफ बढ़ रही थीं, जिसे भारतीय हिंदी फिल्मों ने 'सलाम नमस्ते' (2005) के द्वारा अब दिखाया है। ऐसी बेबाक लेखनी के दम पर ही साहित्य को 'मशाल' और 'मिसाल' की संज्ञा दी जाती है। अपनी जैसी परिस्थिति में लेखन करने वाले युवा वर्ग को उनका संदेश है-

You must keep trying because it is as essential as drawing breath – like exhaling! All the thoughts breathed out and shaping themselves visibly after being inside the cells of the brain, and then released. If you hold your breath and do not breathe out, you will suffocate.

दम मत घोटो, अभिव्यक्त करो और चैन की बंसी बजाओ।

अनीता देसाई

जून 2005 में इटली के एक सभागार में जीवन पर्यन्त उच्चतर लेखन के लिए भारतीय साहित्य की प्रमुख हस्ताक्षर अनीता देसाई (1937) को पुरस्कृत किया गया। ग्रिंजने पुरस्कार के बारे में बाहर के लोगों को कम ही मालूम है। 'प्रीमीओ ग्रिंजने काबूर' अर्थात् ग्रिंजने काबूर पुरस्कार में उस बार भारतीय लेखन की धूम थी। अनीता देसाई को उना विटा पर ला लितरेतुरा (ए लाइफ फॉर लिटरेचर) पुरस्कार से नवाजा गया। रूपा बावजा को 'द सारी शॉप' (2004) और सिद्धार्थ धनवंत संघवी को 'द लास्ट सोंग ऑफ डस्क' के लिए नए उपन्यासकारों का सम्मान मिला। अनीता देसाई को इस पुरस्कार के मिलने की खबर से एक नई आशा जगी है, क्योंकि इस पुरस्कार से पुरस्कृत जोस सरामागो, जे.एम. कोएटजी, गुंटरग्रास , वी. एस. नायपॉल सभी को साहित्य का नोबेल पुरस्कार मिला, क्या यह अनीता देसाई के लिए पूर्वाभास व पूर्वाभ्यास है? भारतीय साहित्य का वैश्वीकरण हो रहा है। हम जब यह कहते हैं, भारतीय साहित्य का अर्थ अंग्रेजी में लिखा साहित्य ही होता है, यह खेद की बात है। किंतु है यह सच। इसलिए अनीता देसाई के नोबेल को हम अब करीब आ गया मान सकते हैं।किन्तु एक सच यह भी है कि बूकर पुरस्कार इन्हे नहीं इनकी बेटी किरण को मिला। पुरस्कार का महत्व है और रहेगा किन्तु उससे बड़ी चीज़ लेखन है।

'इन कस्टडी' और 'जर्नी टू इथाचा' जैसे उपन्यासों के पश्चात अनीता देसाई का कद और भी ऊंचा हुआ है। जर्मन माता और बंगाली पिता की संतान अनीता देसाई ने अपने लेखन में भारतीय उच्च-मध्य वर्ग के पात्रों को लेकर उनके मानसिक द्वंद्व एवं पीड़ा को शब्दांकित किया है। अनीता देसाई को भारतीय अंग्रेजी महिला उपन्यासकारों में श्रेष्ठतम के पास रखा जा रहा है। वे रूथ प्रवर झाबवाला और कमला मार्कन्डेय से आगे हैं, यह कहना अत्युक्ति न होगी, चाहे वे उम्र में इनसे छोटी हों। वे भारतीय भी इन दोनों से बढ़कर हैं, यदि आवासीय वर्षों की ही गणना की जाए। अनीता देसाई स्वयं को स्त्री रचनाकार मानती हैं और इस बात का उन्हें गर्व है। उन्होंने कई बार संस्कृत सहित समस्त भारतीय भाषाओं में स्त्री लेखन की परंपरा की अनुपस्थिति को दुःखद माना है। एक स्थान पर उन्होंने लिखा है, 'विमिन राइटर्स आर लाइकली टू प्लेस दियर एमफेसिस डिफ़रेनटली फ्रोम मैन, दैट दियर सैंस ऑफ वैल्यूज इज लाइकली टु फियर।' पुरुष एवं स्त्री के सोचने के ढंग में अंतर होता है। जो बात वे लेखिकाओं के बारे में कहती हैं, वह कमोबेश उनके बारे में भी सही है। अनीता देसाई अपने लेखन की बदौलत अलग और निश्चित स्थान पर खड़ी हैं।अनीता देसाई के द्वारा लिखे हुए कुछ प्रमुख उपन्यास हैं- 'बाई-बाई ब्लैक बर्ड'(1969), 'क्राई, द पीकॉक' (1963), 'व्हेहर शैल वी गो दिस समर'(1975), 'फायर ऑन द माउन्टेन' (1977), 'द क्लियर लाइट ऑफ द डे' (1980), 'विलेज इन द सी' (1990), 'इन कस्टडी' (1984), 'बोतगार्टनर्स बोम्बे' (1988), 'जर्नी टू इथाचा' (1995), आदि। 1999 में 'फास्टिंग, फीस्टिंग' बुकर पुरस्कार के लिए नामित किया गया अनिता देसाई का एक शानदार उपन्यास है। इसमें लेखिका ने एक ऐसे भारतीय परिवार की कहानी कही है जो पश्चिमी प्रभाव के बावजूद भी पूर्वी परंपराओं से बंधा हुआ है।

इन उपन्यासों में लेखिका ने उन सभी रिश्ते-नातों और संबंधों की पड़ताल की है, जो स्वतंत्रता के पश्चात की पीढ़ी के लोगों के बेहद जरूरी हो गए हैं। इनके पहले दो उपन्यासों का कथा सूत्र भी यही है- 'मानव का इस जगत से संबंध और अस्तित्व का अर्थ तथा उद्देश्य।' दोनों ही मानव चेतना के लिए जरूरी हैं। कमला मार्कन्डेय के पात्र एवं चरित्र सोचते भी हैं और करते भी हैं, जबकि अनीता देसाई के पात्र सोचते हुए करते हैं। इसलिए वे कभी शांति प्राप्त नहीं कर पाते। वे हर समय चेतन व चैतन्य रहते हैं। हर क्षण विचार मग्न और चिंतित। जीवन उनके लिए संघर्ष होता है, तभी तो 'क्राई द पीकॉक' का अर्जुन जीवन के बारे में यही कहता है कि 'जीवन व्यर्थ है, चाहे वह कितनी ही सुंदरता से जिया जाए, यदि वह केवल अपने आनंद के लिए है।' (लाइफ, नो मैटर हाऊ एलीगेंट ली लिव्ड, इज मीनिंग लैस व्हेल इट इज लिव्ड फोर नथिंग बट वन्स ओन प्लेजर) (पृष्ठ 118) और वह अपने घर से भाग आता है, सिद्धार्थ गौतम बुद्ध की तरह, सब कुछ छोड़कर, तथा जा पहुंचता है अमेरिका और एक फैक्ट्री में काम करने लगता है। वह अपने नीग्रो मित्रों को अफ्रीका लौट जाने की सलाह देता है, क्योंकि उसे यह लगता है कि

बिना जड़ों के कोई ऊंचाई प्राप्त नहीं कर सकता। (विद आउट रूट्स, वन कैन नोट ग्रो टू ऐनी हाइट) (पृष्ठ 121)।

आज हम देखते हैं कि युवा वर्ग परंपरा, मूल्यों एवं संस्कारों की धज्जियां उड़ा रहा हैं। परिवार की मर्यादा की बात करना मखौल बन गया है। स्त्री -वर्ग की भी अनोखी दास्तां है। वे भी यौवन के उन्माद में यह नहीं देख पा रही हैं कि उनके लिए जीवन पहले से भी अधिक त्रासदीपूर्ण व भयावह होता जा रहा है। मनुष्य धीरे-धीरे परंपरागत धर्मों के प्रति विश्वास खोता जा रहा है और न संयुक्त परिवार हैं और न ही कोई अन्य बंधन। स्त्रियाँ अनमेल विवाह के बंधन में तड़प रही हैं और लंपट तथा कठोर हृदयहीन पतियों को भुगत रही हैं। 'क्राई द पीकॉक' की माया और 'वोयसिज इन द सिटी' की मोनिषा आधुनिकाओं की प्रतीक हैं, जिनका अंत पागलपन या आत्महत्या होता है।

अनीता देसाई ने अपने लेखन में अकेलेपन की समस्या को उठाया है । आज के जीवन में मनुष्य भीड़ में भी अकेला हो गया है। आपस में हमारा वार्तालाप व संप्रेषण होता ही नहीं। कोई मन की व्यथा सुनने वाला है नहीं। आधुनिक नारी को संतति बढ़ाने का कार्य करना है, पति सेवा भी करनी है और अब उसे किसी रोजगार में लगकर अतिरिक्त धन भी कमाना है, जिसमें वह अपने व्यक्तित्व को पूर्ण विकास होते देखने की बात सोचती रही है। आधुनिक भीड़ भरे जंगल में खूनी दरिंदों, बलात्कारियों और व्याभिचारियों से दामन बचाती स्त्री बस सोचती रह जाती है, न कुछ कह पाती है, न कर पाती है। अनीता देसाई ने शहरी जीवन की अनेक समस्याओं को अपने उपन्यासों में उठाया है। 'वोयसिज इन द सिटी' की मोनिषा की लगभग यही अवस्था है। वह अपने पति के साथ कलकत्ता में रहने आती है। यह परिवार उसके लिए जेलखाना बन जाता है और उसे सदा अपना कलिंगपोंग का घर याद आता रहता है। अपने पति के साथ सुख के चार पल भी मुश्किल से बिता पाने वाली मोनिषा क्या कहें? उसकी बहन अमला आश्चर्यचकित रह जाती है कि मोनिषा कैसे ऐसे बोरिंग, बकवादी और प्रलापी व्यक्ति के साथ रह पाती है। माया अपने पति गौतम से शिकायत ही कर बैठती है- 'तुम मेरे बारे में कुछ नहीं जानते'। गौतम दिन भर अपने लेखन में लगता रहता है और पत्नी बिस्तर पर करवटें बदलती रहती है। माया के मन में यही ख्याल आता रहता है कि वे शादी के बंधन में क्यों बंधे? माया और मोनिषा दोनों कितनी खुश थीं, लेकिन विवाह से पूर्व। माया राजकुमारी की तरह बचपन बिताकर आयी थी। (शी लिव्ड एज ए टोय प्रिंसेज इन ए टोय वर्ल्ड) (पृ.77)। अमला मोनिषा को दो बार परियों की कहानी की खोई हुई राजकुमारी कहती है। ('द लोस्ट प्रिंसेस ऑफ द फेयरी टेल') (194)। यह भी उल्लेखनीय है कि माया और मोनिषा दोनों संतानहीन और मातृत्व सुख से वंचित हैं। मोनिषा एक बार चिड़ियाघर में अपने भतीजों-भतीजियों के साथ जाती है और कंगारू की खाली गोद को देख उदास हो जाती है। परिस्थितियां ऐसी हो जाती है कि वह आत्महत्या कर लेती है।

अनीता देसाई का उपन्यास 'क्राई द पीकॉक' पति-पत्नी के विचारों, आदर्शों और अपेक्षाओं के भिन्न-भिन्न होने के कारण थकान और घुटन का वर्णन है। माया का जीवन क्या था? उसका संसार में कोई नहीं था और उसके यौवन और सौंदर्य को भोगने वाला पति भी नाम के लिए था। कैसी विडंबना है कि घर में उसने एक कुत्ता पाल रखा था, किंतु कुत्ता भी शीघ्र ही मर जाता है। इन खाली और उदास दिनों में उसे ज्योतिषी की बात याद आती है कि उसके वैवाहिक जीवन के चौथे वर्ष में कुछ असाधारण घटित होगा। वह क्षण-क्षण मृत्यु की प्रतीक्षा करती है, 'पिता, भाई, पति इनमें से मेरा रक्षक कौन है?.......मुझे एक व्यक्ति की आवश्यकता है। मैं मर रही हूँ , किंतु जीने के लिए लालायित हूँ । मैं प्रेम में पागल हूँ , किंतु फिर भी मर रही हूँ , हे भगवान! मुझे सो जाने दो, भूल जाने दो, और आराम करने दो। किंतु नहीं, मैं फिर कभी नहीं मृत्यु और अगम्य प्रतीक्षा ही दो वास्तविकताएं हैं।' सौंदर्य तथा कला में विशेष रूचि न रखने वाले अपने व्यावहारिक पति से उसे बार-बार एक झटके में विलग हो जाने की इच्छा होती है । एक दिन शाम को छत पर टहलते हुए उसका पति उसके सामने ऐसे आ गया कि चंद्रमा उसकी निगाह से ओझल हो गया। उसने झुंझलाहट में पति को धक्का दे दिया और उससे सदा के लिए मुक्ति पा ली। अनीता देसाई ने बड़ी खूबसूरती से चंद्रमा को सौंदर्यबोध और संवेदनाशीलता का प्रतीक बनाया है। माया के पागलपन के विभिन्न स्तरों को भी बड़ी खूबसूरती से प्रस्तुत किया है। ज्योतिषी की भविष्यवाणी की स्मृति आदि के द्वारा लेखिका ऐसा वातावरण तैयार करती है कि देखते ही बनता है। केन्द्रीय प्रतीक के रूप में मोर की मर्म भेदी और वेदनापूर्ण आवाज 'पिया, मैं मर रही हूं।' (लवर, आई डाई) वर्षों तक पाठक को बेंधेगी।

साहित्य अकादमी से पुरस्कृत इनके एक अन्य उपन्यास की चर्चा कम हुई है। वह वस्तुतः अपनी तरह का अनूठा उपन्यास है। 'फायर ऑन द माउन्टेन' में कथाक्रम एक सीधी रेखा में नहीं चलता, यह कथा माता, संतान और संतान की संतान के बीच आए ठहराव की है। नंदा कौल एक बूढ़ी विधवा है, जो कसौली में अकेली रहने के लिए मजबूर है। वह अपनी पड़पौती राका से संबंध बनाने में असमर्थ रहती है। उपन्यास में लेखिका ने यह कहना चाहा है कि नंदा कौल की तथाकथित गरिमा एवं ऐंठ एक प्रकार का मुखौटा है और इसलिए उपन्यास महज एक त्रासदी में समाप्त होकर रह जाता है। राका भी एक अजीब अकेलेपन में रहने वाली लड़की है और नंदा कौल भी, इसलिए कुछ न हो सका। लेखिका के शब्दों में 'दे वांट टू इग्जिस्ट ऐंड यट एपियर नोट टू इग्जिस्ट, बट इट वाज़न'ट ईजी।' 'क्लियर लाइट ऑफ डे' उपन्यास अनूठा है। इसमें एक ऐसे घर की कथा है, जहां दो बहनें रहती हैं। बिमला दिल्ली के जीर्ण-शीर्ण मकान में मानसिक रूप से अक्षम भाई के साथ रहती है और तारा भारतीय विदेश सेवा के अधिकारी से ब्याही जाती है। वह केवल एक बार कई-कई सालों में आती है, वह भी तब जब उसका पति भारत आता है। कहानी में बचपन के प्रेम आदि का मनोहारी वर्णन है। कहानी का अंत देसाई ने

इस प्रकार किया है कि वर्तमान व अतीत एक बिंदु पर मिल जाते हैं। देसाई के अन्य उपन्यासों में सबसे महत्वपूर्ण 'इन कस्टडी' को माना जाता है, किंतु इससे पूर्व आए 'वोयसिज इन द सिटी' का विवेचन पहले कर लिया जाए।

'वोयसिज इन द सिटी' में देसाई ने कलकत्ता जैसे राक्षसी महानगर की उस दशा को रेखांकित किया है, जिसमें प्रतिभा संपन्न युवक असफलता से सफलता की यात्रा करने में जीवन व्यतीत कर देते हैं। पहले के एक अन्य उपन्यास में देसाई ने कहा था कि मोर जीते जी मृत्यु छाया से अवगत रहता है और मरते हुए वह जीवित रहने के लिए लालायित रहता है। इस उपन्यास में वह मोनिषा के माध्यम से कथानायक नीरद के प्रति उसके प्रेम-घृणा की मिश्रित भावना को अभिव्यक्त करती है। अपनी विपन्नता के कारण ही नहीं, बल्कि नीरस और व्यर्थता के पर्याय महानगरीय वातावरण में नीरद प्रतिभा संपन्न होकर भी लेखक के रूप में पर्याप्त ख्याति प्राप्त करने का स्वप्न साकार नहीं कर पाता। वह निराशा, हार, कुंठा को पीने के लिए मजबूर है। इस अकेलेपन और अलगाव की अनुभूति को लेखिका ने अनेक प्रतीकों से प्रस्तुत किया है। नीरद की मां महाकाली का प्रतीक है और महाकाली कलकत्ता शहर की प्रतीक। इस उपन्यास में लेखिका ने सामाजिक, राजनैतिक दबावों के स्थान पर पात्रों की मानसिकता के चित्रण पर अधिक ध्यान दिया है। माया-गौतम की त्रासदी ही मोनिषा-जीवन (या जिबोन) के रूप में आती है। नीरद, मोनिषा, अमला और मां को मानो अनीता देसाई ने अस्तित्ववादी पात्र ही बना दिया है। अनीता देसाई के रचित पात्र 'नीरद' की तुलना एल्बर्ट कामू के पात्रों से की जाती रही है, क्योंकि वह अपने जमाने का 'ऐंग्री यंग मैंन' है। यहां भी 'वेटिंग फार गोडोट' की झलक देखी जा सकती है, 'देयर वाज ओनली दिस ऐंडलैस वेटिंग हाल आउट बाई एन ट्रिंसिक नोलेज दैट देअर वाज नथिंग टू वेट' (पृष्ठ 64)। कहना न होगा कि नीरद सार्त्र, काफ्का, कामू , ओसबोर्न और विर्निजिया वूल्फ के प्रभाव में रचित पात्र प्रतीत होता है। यह हत्यारा राक्षस शहर जिस-तिस को लील लेता है। नीरद की बहन मोनिषा का जीवन भी कहां बचता है? मोनिषा के जीवन की कथा को लेखिका ने ऐसे बुना है कि उसका जीवन से कुछ और अधिक चाहना ही अंत का कारण बन जाता है। देसाई की नायिकाओं की नियति यही है।

भाषा शैली की दृष्टि से यह उपन्यास चार असमान भागों में बंटा है, जिसमें दो भाई, दो बहनों और उनकी मां की कहानी क्रमशः बयान की जाती है। ये पात्र अपने-अपने संसार में रहते हैं, किंतु कहीं न कहीं एक-दूसरे से जुड़े भी हैं। इस उपन्यास के पाठक अनीता देसाई से यह शिकायत करेंगे कि लेखिका ने उपन्यास को इतना कसा है कि पाठक की सांस रूक जाती है। यही लेखिका की अमूल्य शक्ति भी है। मीनाक्षी मुखर्जी ने इसीलिए अनीता देसाई की अंग्रेजी की मुक्तकंठ से सराहना करते हुए 'द ट्वाइस बोर्न फिक्शन' में लिखा है 'अनीता देसाई इज ए रेयर इग्जाम्पल ऑफ एन इंडो-एंग्लियन राइटर हू अचीव्स दैड डिफिकल्ट टास्क ऑफ बैडिंग दी

इंग्लिश लैंगुएज टू हर परपज विद आउट आइदर ए सैल्फ-कोन्सियस अटेम्पट ऑफ साउडिंग इंडियन ओर सीकिंग दि अनोनिमस एलिगेंस ऑफ पब्लिक स्कूल इंग्लिश।' कहा जा सकता है कि अनीता देसाई के लेखन में, जोसेफ कोनराड और हेनरी जेम्स के लेखन की तरह संरचना, शैली, बुनावट व बनावट का दर्शन है । एक संपूर्ण गीत की तरह मुग्ध कर देनेवाली रचनाकार है अनीता देसाई।

'इन कस्टडी' उपन्यास पर फिल्म बनी है और इसे कीट्स तथा शैली जैसे रोमांटिक रचनाकारों के उद्धरणों से अनुप्राणित किया जा रहा है। सुनील सेठी ने 'इंडिया टुडे' में इस उपन्यास की समीक्षा करते हुए लिखा था कि इस उपन्यास को पढ़ना चेम्बर संगीत सुनने जैसा है। ('रीडिंग इन कस्टडी इज लाइक हीयरिंग चेंबर म्यूजिक आफ्टर ए चेंज ....अनीता देसाईज न्यू नोवेल इन हैवर सैंट')। 'क्राई द पीकॉक' (1963) के बाद अनीता देसाई की कथाओं ने पिछले चार-पांच दशकों से पाठकों को मंत्रमुग्ध कर रखा है। आज उनके उपन्यासों का फलक और विस्तृत हो रहा है और 'जर्नी टू इथाचा' में वे यूरोप की ओर मुड़ गयी हैं तथा रूथ प्रवर झाबवाला के समान प्रतीत होती हैं, उनके पुराने उपन्यास हमें आश्वस्त करते हैं कि हम हर गर्मी में छुट्टियां इन उपन्यासों के साथ अब भी बिता सकते हैं और सफेद नारियल सी मुस्कान (ए व्हाइट कोकोनट स्माइल) बिखेर सकते हैं।

'इन कस्टडी' का प्रमुख पात्र देवेन हिंदी व्याख्याता के पद पर नियुक्त है, किंतु उसे रुचि उर्दू साहित्य की तरफ खींचती है। वह किसी मामूली से महाविद्यालय में दिल्ली से चालीस मील दूरी पर काम करता है। (मेरठ, मुजफ्फरनगर, बुलंदशहर अर्थात् देवनागरी व खड़ी बोली के क्षेत्र में?) किंतु उसको न तो उसके छात्र न सहकर्मी और न ही पड़ोसी किसी किस्म का आदर-सम्मान देते हैं। मूर्ख पत्नी के प्रेमालापों की भी अजीब दास्तां है और देवेन अपनी सारी भड़ास अपनी पत्नी और बच्चे पर निकालता है। वही सब कुछ बर्तन तोड़ना, खाने में देरी होने पर चीखना, बच्चे के शोर मचाने पर बिफर पड़ना आदि अनीता देसाई ने देवेन के चरित्र को 'मीनपुर' कस्बे के चित्रण के साथ ऐसा मिलाया है कि उपन्यास के तमाम पात्रों को छोड़कर पाठक देवेन के साथ-साथ रहता है।

जब हम अनीता देसाई और उन जैसे अनेक ऐसे उपन्यासकारों को देखते हैं, जिन्होंने स्वतंत्रता के पश्चात भारतीय अंग्रेजी उपन्यास लेखन के क्षेत्र में प्रभावित किया है, हमें गर्व होना स्वाभाविक है। उन्होंने भारतीय संवेदना, मानसिकता, संस्कृति और परंपरा को विदेशी भाषा में अभिव्यक्त करते समय कथा कहने का लहजा ऐसा रखा है कि वह भारतीय लेखन ही लगता है। कितना आश्चर्यजनक है कि पूर्व के उपन्यासकारों ने जेन आस्टिन, किपलिंग, वुड हाउस और विदेशी विचारकों यथा मार्क्स और लेनिन को अपना मागदर्शक बनाया, किंतु स्वतंत्रता के बाद की पीढ़ी ने एक झटके से यह बंधन तोड़ दिया और अपनी पुरानी स्वाभाविक भारतीय 'कथा-

कहन' पद्धति को विस्तार दिया। इसमें यथार्थपरक वर्णनात्मकता तथा गद्य में पद्य तथा मिथक एवं प्रतीकात्मकता आदि गुण होते हैं।

किरण नगरकर

किरण नगरकर(1942-2019) मराठी और अँग्रेज़ी भाषाओं के कथाकार , नाटककार, पटकथा लेखक, तथा फिल्म एवं नाटक समीक्षक हैं। नगरकर द्वारा रची हुई कृतियों में प्रमुख हैं: सात सक्कम त्रेचालीस (१९७४), रावण एंड एडी (१९९४), और महाकाव्यात्मक उपन्यास ककल्ड (१९९७) जिसके लिए उन्हें सन् २००१ में साहित्य अकादमी पुरस्कार से सम्मानित किया गया। वे समकालीन लेखकों में इस लिए भी चर्चित हैं क्योंकि उनकी रचनाएँ एक से अधिक भाषाओं में हैं। सात सक्कम त्रेचालीस की रचना नगरकर ने मराठी में की। इसके पश्चयात रावण एंड एडी उन्होंने शुरू तो मराठी में की, परंतु फिर अँग्रेज़ी में प्रकाशित की। रावण एंड एडी के बाद नगरकर अँग्रेज़ी में ही लिखने लगे। एक उपन्यास 'गॉड'स लिटल सोल्जर'(2006) भी चर्चा में आया जिसमें आतंकवाद और आतंकवादी की मनोदशा और व्यथा पृष्ठभूमि में है।

किरण नगरकर बचपन में अभिनेता बनना चाहते थे लेकिन अंग्रेज़ी साहित्य में एम.ए. किया। कवि दिलीप चित्रे के पिता के द्वारा प्रकाशित मराठी पत्रिका 'अभिरुचि' में पहली कहानी प्रकाशित हुई। 'सात साक्कम त्रिचलिस'(1974), 'रावण एंड एडी' (1994), साहित्य अकादमी से पुरस्कृत उपन्यास 'ककल्ड'(1997) आदि रचनाएँ बहुत प्रसिद्ध रहीं। मराठी साहित्यकारों में अपना नाम शुमार कराने के बाद नगरकर ने अंग्रेजी में लिखना शुरू किया। महाभारत पर आधारित कहानियाँ ख़ासी चर्चित हुईं। इनमें द्रोपदी पांडवों को धमकाती है और एकलव्य द्रोणाचार्य को मिट्टी का अंगूठा पेश करता है। यह पुस्तक इतने विवादों में आई कि नगरकर ने 15 वर्षों तक कुछ लिखा ही नहीं।

सात छंग बयालीस होते हैं किन्तु उनके उपन्यास में सात छंग त्रियालीस होते है और यही व्यंग्य, परिहास और कटाक्ष है।नगरकर ने इस पुस्तक में कथा भाषा और शैली के स्तर पर कुछ प्रयोग किए, उपन्यास में इस प्रकार का परिहास, कटाक्ष और व्यंग्य पहले नहीं देखा गया था। उपन्यास में एक नेरेटर है जो 'यू' को लक्ष्य करके अपना संवाद प्रस्तुत कर रहा है। मुख्य पात्र कुशंक अपनी प्रेमिका से मुखातिब है जो 'क्या फर्क पड़ता है' की तर्ज पर बिंदास है। जबकि गंभीर पाठक समझ लेगा कि फर्क पड़ता है, जीवन का भी और जिंदगी के समान प्रिय का भी। किरण नगरकर एक सहज और आत्म-चेतन कथाकार हैं। 'रावण और ईडूडी'(1994)में क्या हो सकता है और क्या हुआ के बीच कथा घूमती है। दो मित्र एक दूसरे के जानी दुश्मन बन जाते हैं क्योंकि मुंबई शहर का महानगरीय जीवन उन्हे ऐसा बना के छोड़ देता है।

अरुण कोलटकर और दिलीप चित्रे के साथ काम करते हुए नगरकर ने पूर्वोक्त दोनों रचनाओं के लेखन के बीच के बीस वर्षों में , 1978 में ही , 'बेड टाइम स्टोरी' लिखी और सेंसर उनके पीछे पड़ गया। आपातकाल के बाद भी कोई ऐसा लिखने की हिम्मत कर बैठा था, यह शासन

को पसंद न आया। पर 1997 में आया उपन्यास ' कूकोल्ड' भी कम नहीं। मीराबाई के जीवन पर आधारित यह उपन्यास मीराबाई के पति को 'महाराज कुमार'नाम देकर उसकी मनोदशा और व्यथा को चित्रित करता है। मकरंद परांजपे ने इस उपन्यास को 'असाधारण' और सामान्य समीक्षकों की समीक्षा से परे की रचना माना है।

Kiran Nagarkar's Cuckold is a most extraordinary novel. Alas, I doubt whether we have the means and ability to appreciate it, applaud it, and promote it in a fitting manner. Our book industry or culture of reading is just not equipped to recognize what a splendid achievement it is.

(Paranjape 1997, 5)

सर्वगुण सम्पन्न महाराज कुमार के समक्ष मीराबाई है और मीराबाई कृष्ण के प्रेम की दीवानी है। उपन्यास के शीर्षक का अभिधात्मक अर्थ है 'व्यभिचारी'। यहाँ नायक का प्रतिद्वंदी उनका भी इष्ट कृष्ण है। उनके समक्ष महाराज अपने आप को निरुपाय सा पाते हैं। एक ओर राजपूत मर्यादा और परंपरा है और दूसरी ओर भक्ति और आसक्ति। भारत के प्रत्येक पाठक को मीराबाई की पारंपरिक कथा ज्ञात है, किन्तु जब वह इस उपन्यास को पढ़ता है तो 'आगे क्या होगा ?' सोचने के लिए बाध्य हो जाता है। यह उपन्यास ऐतिहासिक भी है और दार्शनिक भी। यथार्थ से भी भरा है, महाराज तलवार छोड़ जब 'मुरली' बजाने की कला सीखने को तत्पर हो जाते हैं और मीरा को हर तरह से अपना बना कर रखने के उद्योग करते हैं तब वे आज के नायक दिखाई देते हैं। इस उपन्यास को पढ़ते हुए लगता है कि मानव के स्वभाव में कोई खास बदलाव नहीं आया। वह कल भी वैसा ही था , जैसा आज है। हिन्दी में डॉ.भगवतीशरण मिश्र कृत 'पीतांबरा' और सुधाकर अदीब कृत 'रंगराची' उपन्यास मध्ययुगीन प्रसिद्ध कवयित्री मीराबाई के जीवनवृत्त पर आधारित है। इन उपन्यासों की कथावस्तु पर पारस्परिक तुलनात्मक शोध अपेक्षित है। स्मरण रहे नगरकर की मीरा भक्त से अधिक राजपूतानी है और 'मेरे तो गिरिधर गोपाल' कहकर संतों संग बैठकर लोकलाज खोने वाली मात्र नहीं। वह अपने समय की प्रतिनिधि राजकुमारी है और स्त्री स्वातंत्र्य की पोषक है। स्मरण यह भी रहे कि यह उपन्यास है, इतिहास नहीं।

किरण नगरकर की लेखनी से निकली रचनाएँ उनकी अभिलाषानुसार ही पाठकों को इस प्रकार अपने सम्मोहन में बांध लेती हैं जैसे सैमुएल टेलर कोलरिज की रचना 'राइम ऑफ दि एनशिएंट मेरीनर' का वह बूढ़ा जो विवाह समारोह में जाते लोगों को अपनी कहानी सुनाकर मंत्रमुग्ध कर देता था।

विक्रम सेठ

विक्रम सेठ भारतीय अंग्रेजी लेखन की परिपक्वता की सूचना हैं। कवि और कथाकार के रूप में विक्रम सेठ ऐसे कुछेक साहित्यकारों में से एक हैं, जो हिंदी और अन्य भारतीय भाषाओं

के साहित्य से भी परिचित हैं। विक्रम सेठ का जन्म 1952 में कोलकाता में हुआ था और प्रारंभिक शिक्षा देहरादून में प्राप्त करने के बाद वे उच्च शिक्षा के लिए ऑक्सफ़ोर्ड और स्टैन फोर्ड विश्वविद्यालयों में गए। विक्रम सेठ लगभग सारी उम्र विदेश में रहे हैं, किंतु उन्होंने अपनी संवेदना का विकास भारतीयता को केन्द्र में बनाकर किया है, इसलिए सेठ की रचनाओं से भारतीय पाठक सहजता एवं संलग्नता से जुड़ता है। 'मैपिंग' (1981), 'द हंबल एडमिनिसट्रेटर'स गार्डन' (1985), 'द गोल्डन गेट' (1988), 'ऑल यू हू स्लीप टू नाइट' (1990), 'बीस्टली टेल्स फ्राम हियर ऐंड देयर (1991), फ्रोम ट्रैवल लेक (1983), एक सूटेबल बॉय (1993), एरियन योर डोलफिन (1994), एन इक्वल म्यूजिक (1999) और टू लाइव्ज (2005) आदि इनकी प्रमुख रचनाएं हैं।

वे भारत के सर्वोच्च न्यायलय की पहली महिला मुख्य न्यायाधीश लीला सेठ के पुत्र हैं।विक्रम सेठ के पिता श्री प्रेम सेठ (वे बाटा-शू वाले के नाम से भी जाने रहे हैं।) ने अपने बेटे को अर्थ शास्त्री बनाना चाहा था, पर वह बन गया साहित्य शास्त्री । 'ए सूटेब्ल बॉय' के लेखन से पूर्व ही इतनी अग्रिम धन राशि उन्हें मिली की चर्चा में आ गए। उसके बाद उनकी चर्चा होती ही रही। सन् 2005 में जब उन्होंने टू लाइव्ज (2005) पेश किया तो यह र्ज वनीपरक लेखन भी चर्चा में रहा। इस पुस्तक में उनके चाचा और जर्मन चाची के जीवन की अनोखी कथा है। इससे पूर्व उनकी कई रचनाओं 'द गोल्डन गेट' और 'एन इक्वल म्यूजिक' में भारतीय चरित्र नहीं थे पर यहां हैं। लोगों ने कई बार इस बात को को रेखांकित भी किया कि यह लेखक क्यों नहीं भारतीय चरित्रों की सृष्टि करता? किन्तु विक्रम सेठ ने इसके उत्तर में बस यही कहा, 'मैं भारतीय हूं और एक लेखक हूँ । इसलिए मुझे एक भारतीय लेखक होना चाहिए, किंतु इसका अर्थ यह नहीं कि मुझे अन्य विषयों पर नहीं लिखना चाहिए। मैंने भारत के बारे में बहुत कुछ लिखा है।' आलोचकों की आलोचनाएं तो होंगी ही, जब 1368 पृष्ठों का उपन्यास उसके अपने परिवार पर आएगा और 503 पृष्ठों का उसके दादा-चाचा और उसकी जर्मन पत्नी पर। 'दो जीवन' नामक इस जीवनी में सेठ ने जर्मन जीवन का वह चित्र प्रस्तुत किया है, जिसमें एक साथ ही निर्दयता एवं दया विद्यमान थी। वह अपने कैशोर्य की स्मृतियों को कुछ इस तरह प्रस्तुत करता है कि एक साथ ही अनेक जिंदगियों से वर्क दर वर्क परत उघड़ती चली जाती है। सेठ ने अपने परिवार को 'पानीपत' और 'राखी' जैसी कई कविताओं में भी चित्रित किया है, किंतु यहां हेनरी और शांति की कहानी के बहाने हम लेखक से भी आत्मीयता रखने लगते हैं।

कहना न होगा कि विक्रम सेठ ऐसा लेखक हैं, जो आस्ट्रियन गांवों में, अनाम जर्मन और चीनी कवियों में, यूरोप के खूनी इतिहास और अमेरिका के वर्तमान में रुचिपूर्त्रक झांकने के साथ-साथ ही भारतीय संवेदना एवं सहृदयता को भी कुशलता से अंग्रेजी के माध्यम से प्रस्तुत करता है।

'द गोल्डन गेट' (1986) तेरह सर्गों या अध्यायों में बंटी ऐसी काव्यात्मक कृति है, जिसे उपन्यास भी कहें तो अतिशयोक्ति न होगी। वही प्रारंभ में नांदी पाठ या सरस्वती वंदना करते हुए आरंभ इस मुक्त छंद की रचना को पहले पहल देखकर तो सुखद आश्चर्य ही होता है कि लेखक का साहस अपूर्व रहा होगा। प्रारंभ होता है 1980 में एक व्यक्ति जॉन की कथा से, जो 26 का अकेला युवक है और एक दिन जब वह गोल्डन गेट पार्क में प्रवेश करते समय मरते-मरते बचा तो सोचता है-

यदि मैं मर गया तो कौन दुःखी होगा?
कौन रोयेगा? कौन विलपेगा?
कौन सुखी होगा?
क्या किसी को कोई फर्क पड़ेगा?'
(इफ आई डाइड, हू वुड बी सैड!
हू वुड बीप? हु वुड ग्लोट? हू वुड बी ग्लैड? वुड ऐनी बडी?)
और कथा समाप्ति पर-
अपनी आत्मा पर जो उधार है उसे चुकाओ हिचकियां लेना बंद करो,
और इन आंसुओं को पोंछ डालो।
(पे व्हाट आर योर ओन हार्ट्स एरियर्स
नाउ क्लियर योर थ्रोट: एंड ड्राई दीज टीयर्स)

'द गोल्डन गेट' के द्वारा विक्रम सेठ ने आधुनिकता के साथ-साथ परंपरा का समन्वय तो किया है, यह भी दिखा दिया है कि टेनीसन जैसी सरलता अब भी प्राप्त की जा सकती है। कथा सूत्र को पकड़कर उसे कविता के शिल्प में बांधते हुए तथा साथ ही समकालीन बोली-लहजे तथा मुहावरे को साधते हुए विक्रम सेठ ने जब-जब कविताएं लिखीं हैं, पाठकों ने उन्हें सराहनीय पाया है। उनकी प्रारंभिक कविताओं में जहां यौवन की बेचैनी और परिवार के प्रति ममत्व की झलक मिलती है, मुख्य रूप से पिता की स्मृतियां जिनके साथ कवि का घोर विरोध रहा था, 'तुम्हारे वात्सल्य की, तुम्हारे प्रेम की और तुम्हारे शब्दों की किंचित स्मृतियां हीं हैं मेरे पास'। एक दृश्य चित्र देखें-

दो साल के अनाथ हुए तुम भाग आए
तुमने अपने प्रेम को देखा
जबकि मां कहती है तुम रोए थे
उस दिन जब बाऊजी मृत हुए।

एक आलोचक आपकी अधिकांश कविताओं कोक 'एंटी-रोमांटिक' और अति यथार्थ वादी तथा तर्क निष्ठ बताते हैं, तो कई लोग इनकी सघन व्यंग्यशीलता को पकड़ना टेढ़ी खीर समझते हैं। इनकी कई कविताएं तो पैश्टिच और पैराडी हैं और कई अनूठे वाग्वैभ्व से युक्त-

अजनबी के साथ हम बिस्तर होना सर्वोत्तम है
न कोई पहेली होती है और न कोई परीक्षा।

अब इनके उपन्यास कौशल की ओर चलें। 'ए सूटेबल बॉय' 1994 में कॉमनवेल्थ पुरस्कार से सम्मानित सर्वश्रेष्ठ उपन्यास, जिसका हिंदी में वाणी प्रकाशन से 'कोई अच्छा सा लड़का' शीर्षक से अनुवाद भी उपलब्ध हैं, वस्तुतः एक प्रभावशाली उपन्यास है। इसका हिन्दी में अनुवाद गोपाल कृष्ण गांधी ने किया था। यदि परिचय के रूप में अनुक्रमणिका की सामग्री को ही उद्धृतकर दें तो आप चकित हो जाएंगे। सेठ का दुनिया भर में चर्चित यह उपन्यास लता नामक एक लड़की के लिए उसकी मां श्रीमती रूपा नेहरा द्वारा कोई अच्छा-सा लड़का ढूंढ़ने की कोशिश की अद्भुत कहानी है। साथ ही यह कहानी उस भारत की भी है, जो नया-नया स्वाधीन हुआ था और एक भयानक संकट काल से जूझ रहा था। ऐसे ऐसे काल से, जब जमींदारों के भाग्य का सितारा डूब रहा था, संगीतकारों और दरबारियों को संरक्षण नहीं मिल रहा था, देहातों में अकाल के हालात पैदा होने वाले थे और जब पहले आम चुनाव से राजनीतिक ताकतों का ढांचा बदलने वाला था। इस उपन्यास के केन्द्र में चार बड़े और विस्तृत परिवार हैं- मेहरा परिवार (खासकर लता और उसकी मां), कपूर परिवार (जिसमें एक शक्तिशाली स्थानीय नेता और उसका आकर्षक किंतु लंपट पुत्रा शामिल है। यह पुत्र अत्यंत मोहक गायिका सईदाबाई फिरोजा वादी के प्रेम में फंसा है।), चटर्जी परिवार (कलकत्ता उच्च न्यायालय के माननीय न्यायाधीश श्री चटर्जी से लेकर उनके कवि पुत्रा और चंचल पुत्रियों तक) और खान परिवार (वह नवाबी खानदान, जिसे संपत्ति के हाथ से निकल जाने का डर है।) प्रेम और महत्वाकांक्षा, हर्ष और शोक , पूर्वाग्रह और सामंजस्य, संवेदनशील सामाजिक आचरण और भयंकर सांप्रदायिक हिंसा को वर्णित-व्याख्यायित करता हुआ यह उपन्यास किसी विशाल मेले जैसा है संक्षेप में कहें तो यह एक ऐसी उत्कृष्ट और आधुनिक कथाकृति है, तो हमें उन्नीसवीं सदी में लिखे गए क्लासिक उपन्यासों की याद दिलाती है और अपने कथा समय की परीक्षा में निश्चय ही खरी उतरने वाली है। सभी दृष्टियों से यह 'कालजयी' की संज्ञा प्राप्त करने वाली कृति है।

भारतीय वातावरण के कारण इस कृति का हिंदी अनुवाद पढ़ने से पाठक को किंचित मात्रा भी यह आभास नहीं होता कि वह अनुवाद पढ़ रहा है, क्योंकि अनेक राजनीतिक बहसों, कविताएं और अन्य संदर्भ यहां और अधिक प्रामाणिक एवं सहज प्रतीत होते हैं। जेन आस्टिन के उपन्यास 'प्राइड एंड प्रिज्युडिस' को पढ़कर बड़ी हुई ब्रिटिश पीढ़ी ने भी इस उपन्यास का स्वागत किया, यह स्वाभाविक था, क्योंकि मानवीय संवेदनाएं एक सी ही होती हैं। श्रीमती रूपा मेहरा जैसी माताएं सारे संसर में अपनी पुत्रियों से यही तो कहती आयी हैं, 'तुम भी मेरे पसंद के लड़के को ही ब्याहोगी।' हजार पृष्ठों से अधिक का यह उपन्यास भारतीय मध्यम वर्ग की सच्चाई है। बात लंबी खिंच जाएगी, फिर भी इसके कथाक्रम को कविता के शिल्प में प्रस्तुत करने का

लाभ संवरण नहीं कर पा रहा हूँ –

1. किताब पलटते दोनों को दीदार सहज ही मिलता है।

मां उदास हो जाती है, स्वर्णपदक गल जाता है।

2. घनी उमस में एक तवायफ गाती है 'कोई होता...'

चल पड़ता है आशिग बगटुट ले आने का इक तोता।

इस उपन्यास को कई पाठक सलमान रुश्दी के 'मिडनाइट'स चिल्डरन' के साथ देखते हैं। वस्तुतः इस उपन्यास में भी लगभग वही कालखंड है और यहां भी किसी न किसी रूप में राष्ट्र की अवधारणा पृष्ठभूमि में है अवश्य। यहां यह और भी विवेचनीय बात है कि सेठ अपने उपन्यास में एक ऐसे धर्मनिरपेक्ष और पाश्चात्योन्मुख समाज की ओर जाते हुए देखता है, जो आज का सच है। यह बार-बार कहा गया है कि भारतीय मध्य वर्ग का भविष्य अब भेदभाव रहित आधुनिक समाज का निर्माण करने में है, जिसमें धर्म से अधिक अर्थ को प्रधानता दी जानी चाहिए और मोक्ष से अधिक काम पुरुषार्थ की आवश्यकता है। इस प्रकार की भविष्य नीति को दिखाते हुए इस उपन्यास के माध्यम से कवि विक्रम सेठ ने एक जाना पहचाना भारत प्रस्तुत किया है।

'ए सूटेबल बॉय ' के बाद 'ए इक्कल म्यूजिक' उनका दूसरा उपन्यास है। इस उपन्यास में वे एक और भी सघन एवं संवेदनशील कहानी को प्रस्तुत करते हैं। इस कथा में संगीत, कला, साहित्य के साथ ही हास्य-व्यंग्य और संवेदनात्मक गहरायी तीनों हैं। इस उपन्याय की कहानी एक प्रेम की कहानी है - एक स्त्री का प्रेम जो मिलकर खो जाती है, फिर मिलती है और फिर खो जाती है। इस उपन्यास में लेखक ने एक बार फिर जीवन के विभ्रम की रचना की है। इस उपन्यास में संगीत की वही स्वर लहरी है, जिसे कभी शेक्सपीयर ने 'प्रेम का भोजन' कहा था। स्वयं लेखकीय टिप्पणी में विक्रम सेठ इस उपन्यास को तीन संगीतकारों - एक पियानोवादक, पटवाद्य विशेषज्ञ और एक तंत्रसीवाद्य विशेषज्ञ- की सहायता से अथवा सहयोग से लिखा कहा है, जिन्होंने यह बोध कराया कि जीवित रहने का क्या अर्थ हो सकता है, जीवित रह चुकने का क्या अर्थ हो सकता है। उपन्यास की परिसमाप्ति पर लेखक कह उठता है-

'संगीत, इस प्रकार का संगीत, एक पर्याप्त उपहार है।

प्रसन्नता की मांग हम क्यों करें?

दुःख न उठाने की आशा हम क्यों करें? यह पर्याप्त है इसे पर्याप्त रूप में आशीवित होना है कि हम एक-एक दिन में जिएं और समयपर इस प्रकार संगीत सुनें- किंतु अत्यधिक नहीं, नहीं तो आत्मा इसे ग्रहण नहीं कर पाएगी।'

हमने पहले ही 'टू लाइव्स' ('दो जिंदगियां') का जिक्र किया है। विक्रम सेठ का लेखन अभी थमा नहीं है, वे अनेक उपन्यासकारों में से अग्रगण्य हैं, जिन्होंने स्वतंत्रता के पश्चात प्रमुखता प्राप्त

की। कुछ नाम ही ले लिए जाएं तो उपमन्यु चटर्जी ('इंग्लिश अगस्त'1988), मुकुल केशवन ('लुकिंग थ्रु ग्लास'), अमित चौधरी ('मोर्निंग रागा'), 'रुकुन अडवानी ('बीथोविन अमंग द काउज'),अमिताव घोष (1956) का ('दि सर्किल ऑफ रीजन'),एलन सीएले ('द टोटर नामा'), शशि थरूर ('द ग्रेट इंडियन नोवेल') , विक्रम चंद्रा ('रेड अर्थ ऐंड पोरिंग रेन'), शशि देशपांडे ('रूट्स ऐंड शैडो')गीता हरिहरन ('ए थाउजेंड फेसेज ऑफ नाइट्स')और अरुधंति राय (बूकर पुरस्कार प्राप्त उपन्यास 'द गॉड ऑफ स्माल थिंग्स') आदि नाम विक्रम सेठ के समकालीनों के हैं। इनमें श्रीमती राय को तो उनके क्रांतिकारी निबंधों के लिए साहित्य अकादमी पुरस्कार देने की बरजोर कोशिश भी कर चुकी हैं, किंतु श्रीमती अरुंधति राय ने साफ इंकार कर दिया। 'मामूली चीजों का देवता' उपन्यास कितना गैर मामूली है, इसके बारे में पाठक भिन्न-भिन्न राय रखते हैं और इसमें कितनी रचनाकार की जिंदगी है और परिवेश यह भी अभी स्पष्ट नहीं, किंतु इस इकलौते उपन्यास ने उन्हें चर्चित खूब किया। उपन्यास में मिथक व केरलीय हिंदू जीवन के प्रयोग में नई बात पैदा हुई है, इसमें संदेह नहीं। हमने यहाँ संदर्भवश विक्रम सेठ के साथ 'सेंट स्टीफन स्कूल' के साहित्यकारों पर भी दृष्टि दौड़ा ली। विक्रम सेठ के कवि कर्म को भी देखें। विक्रम सेठ ने भारतीय अंग्रेजी कविता में मुक्त छंद को अधिक प्रोत्साहन दिया। कविता में पैरोडी और पैश्टिच शैली का ऐसा प्रयोग है कि कोई अनुवादक मूल की संवेदना कर ही नहीं सकता। कवि विक्टोरियन शैली के गांभीर्य में आधुनिकता का हल्कापन ऐसे घोल देते हैं कि पाठक दीवाना हो जाता है। यही नहीं, कविता में कथा को इस प्रकार गूंथकर प्रस्तुत करने की कला सेठ ने सीख ली है कि यही उनका प्रमुख योगदान प्रतीत होने लगता है।। 'द गोल्डन गेट' का उदाहरण ही समझें तो भी यह एक गंभीर व बड़ी रचना है। सेठ की कविता की एक अन्य विशेषता उसकी पठनीयता है, चाहे काव्य गुणों की कसौटी पर कसने योग्य कई कविताएं न भी हों। विक्रम सेठ ने भारतीय अंग्रेजी कविता के पाठकों को बढ़ाया है और कथा साहित्य में तो उनका लेखन अप्रतिम है ही। अब आगे देखना यह होगा कि विक्रम सेठ क्या-क्या पेश करते हैं?

कवि विक्रम सेठ और फिल्म निर्देशक करण जौहर के बीच कोई सीधा संबंध तो नहीं, फिर भी दोनों को समलैंगिकता के समर्थक के रूप में देखा जाता है। विक्रम सेठ ने 'ए सुटेबल बॉय' लिखी और करण जौहर ने 'एन अनसुटेबल बॉय' (2017) लिखकर या सहलेखन के द्वारा पोपुलर लेखन के दरवाजे पर दस्तक दी।

अमिताव घोष- अमिताभ घोष

भारतीय अंग्रेजी के वर्तमान में सबसे भाग्यशाली उपन्यासकार अमिताव घोष(1956-) को वर्ष 2018 के लिए चौवनवा ज्ञानपीठ पुरस्कार प्रदान किया गया और इस प्रकार भारतीय अंग्रेजी लेखन को साहित्य का स्थान देकर सांकेतिक रूप से हिन्दी और हिन्दीतर भाषियों ने

अपनी 'सही' कर दी। गोस्वामी तुलसीदास जी ने जब संस्कृत के स्थान पर तत्कालीन भाषा 'अवधी' में 'रामचरितमानस' की रचना की तो बनारस के पंडित कुपित हो गए। इस विवाद को सुलझाने के लिए पंडितों ने ग्रंथ को विश्वनाथ महाराज के मंदिर में एक रात के लिए रख दिया और सुबह जब मंदिर के कपाट खोले गए तो पुस्तक पर बाबा विश्वनाथ की 'सही' पायी गयी। कुछ कुछ यही हुआ लगता है, और दूर की कौड़ी लाने को भारत में कौन रोक सकता है? यह भी उल्लेखनीय है कि अमिताव (उनके हिन्दी में अनूदित उपन्यास में नाम है- अमिताभ) घोष ज्ञानपीठ पुरस्कार प्राप्त करने वाले सबसे कम उम्र के साहित्यकार हैं। हिन्दी की कथाकार कृष्णा सोबती को 91 वर्ष की आयु में यह पुरस्कार मिला, जबकि अमिताव घोष को 61 वर्ष की आयु में ही यह पुरस्कार मिल गया।

कई आलोचक भारतीय अंग्रेजी लेखन को न तो साहित्य मानते हैं और न ही इसे वास्तविक। उनके लिए यह जड़ों से कटा व संस्कृति विहीन लेखन है। पर ऐसा नहीं है। अमिताव घोष सौलह आने भारतीय हैं,अपनी जड़ों से भी जुड़े हैं और प्रवासी जीवन से भी उनका खासा परिचय है। शशि थरूर ने एक बार कहा था कि लेखक प्राय: अंतर्मुखी होते हैं और अपने लेखन में अधिक पाये जाते हैं। (writers live inside their heads and on the page)। इसलिए अमिताव घोष को उनके लेखन में ही देखना चाहिए।

11 जुलाई, 1956 को कलकत्ता में जन्मे घोष ने दिल्ली विश्वविद्यालय के सेंट स्टेफेंस कॉलेज और दिल्ली स्कूल ऑफ इकोनॉमिक्स से उच्च शिक्षा प्राप्त की। ऑक्सफोर्ड से डॉक्ट्रेट करने से पहने ही वे उपन्यास हो गए थे। पत्रकारिता की, पढ़ाया भी किन्तु हैं ये शुद्ध कथाकार और उपन्यासकार ही। अर्थशास्त्र और एंथ्रोपोलोजी पढ़कर विद्वान हो गए घोष बाबू इतिहास को वर्तमान से ऐसा मिलाकर प्रस्तुत करते हैं कि पाठक अवाक रह जाता है।

इनकी आइबिस त्रयी ने मानो समूचे भरत खंड को जोड़कर रख दिया है। हिन्दी में इसी त्रयी का एक उपन्यास 'सी ऑफ पोपीज़' 'अफीम सागर' के नाम से प्रकाशित हुआ था और अनुवादक ने लेखक का नाम भी हिन्दी की प्रकृति के अनुसार 'अमिताभ घोष' रखा है। 'आइबिस' अफीम के व्यापार में लगे एक जहाज का नाम है । इसके बहाने लेखक ने उपनिवेशवादी मानसिकता पर प्रहार किया है।इनके दूसरे उपन्यास 'द ग्लास पैलेस' की पृष्ठभूमि में चन्दन का गैरकानूनी धंधा है, यहाँ अफीम और गिरमिटिया मजदूर हैं। "इस उपन्यास का कैनवास अफीम व्यापार और आइबिस के बहाने हमारे सामने औपनिवेशिक शासकों की मानसिकता, ख़ास कर "सफ़ेद जाति का बोझ" के सिद्धांत, तत्कालीन समाज, अर्थव्यवस्था और इन सबके बीच आम भारतीय जनता की स्थिति जैसे मुद्दों पर फैला है। इसका उद्देश्य किसी की आलोचना करना नहीं बल्कि स्थितियां जैसी थीं उन्हें वैसा का वैसा एक दिलचस्प कहानी के ज़रिये पाठकों तक पहुंचाना है।" भावना लालवानी ने सटीक विवेचन किया है।

इस उपन्यास का कथा-क्षेत्र पूर्वी भारत का वह स्थान है जहां भोजपुरी बोली जाती है।'जानकी पुल'के प्रभात रंजन के शब्दों में, " केवल कथा ही नहीं भाषा के स्तर पर भी इस उपन्यास का विशेष महत्व है। कथा के स्तर पर भी यह उपन्यास अलग-अलग विभिन्न धरातलों का स्पर्श करता ही है। उस परिवेश को जीवंत बनाने के लिए लेखक ने अलग अलग भाषाओं का भी एक कोलाज तैयार किया है। उपन्यास भले ही अंग्रेजी भाषा का है पर हिन्दी के पाठकों के लिए यह उपन्यास विशेष महत्व का हो जाता है क्योंकि इसमें हिन्दी भाषा का बहुतायत से प्रयोग किया गया है।" इस उपन्यास में लश्करी, बांग्ला और भोजपुरी भी है। भोजपुरी और हिंदी भाषी जन समाज की संवेदनाओं को अंग्रेजी के शिल्प में बांधकर प्रस्तुत किया गया है।

उपन्यास कई हैं और कुछ का उल्लेख करना चाहिए।

प्रथम उपन्यास 'द सर्कल ऑफ रीज़न'(1986) में एक बंगाली अनाथ बालक 'अलू' की व्यथा-कथा है। इस आलू जैसे सिर वाले बालक (curiously uneven, bulging all over with knots and bumps) का नाम 'नचिकेता' है और इससे कहानी सीधे कठ-उपनिषद से जुड़ जाती है। इन शारीरिक विकृतियों के साथ ही संयोगों और कनेक्शनों की श्रृंखला अलु के निजी जीवन और उनके आसपास की राजनीतिक दुनिया के बीच उभरती हैं। इसलिए रुश्दी के बुकर ऑफ बुकर्स उपन्यास 'मिडनाइट्स चिल्ड्रेन' के साथ इसकी तुलना की जा सकती है। उपन्यास की अपनी अखंडता और महत्वाकांक्षा है और दक्षिण एशिया, उत्तरी अफ्रीका और मध्य पूर्व में कथावस्तु भटकने के कारण भी अंतोगत्वा यह कथा पूरी तरह भारतीय है।

'द शैडो लाइन्स' (1988) में अपने आदर्श पुरुष की छत्रछाया में रहने वाले युवक की कहानी है। यह शीर्षक जोसेफ कॉनराड के नॉवेला , 'द शैडो लाइन' से प्रेरित है। उपन्यासकार ने इस कथा के माध्यम से राष्ट्रीयता, राष्ट्रवाद, हिंसा, मानव निर्मित जैसे प्रश्नों को उठाया है। 'शैडो लाइन्स' कोलकाता से लंदन तक आती-जाती दो खंडों –गोइंग अवे, और कमिंग होम- में विभाजित कथा है जिसने अमिताव घोष को 1989 का साहित्य अकादमी पुरस्कार दिलाया। इस उपन्यास के शीर्षक में ही इसकी कथा का सूत्र है। धरती पर खींची गयी सभी सरहदी लाइने व्यर्थ हैं। लोगों का आपसी बंधन और संबंध अधिक महत्व है। घोष का यह उपन्यास इन्दिरा गांधी की मृत्यु के पश्चात हुए हाहाकार व दंगों से उपजी प्रतिक्रिया भी है। इस घटना ने लेखक के मन में 1964 के कलकत्ता और ढाका के दंगों की याद ताजा कर दी। कथाकार का मानसिक उद्वेग उपन्यास में परिलक्षित है। ऐतिहासिक यथार्थ पर आधारित होने पर भी वास्तव में उपन्यास है तो 'कल्पना' ही जिसमें त्रिदीब नामक मुख्य पात्र के बहाने कथाकार ने संस्मरण सा लिखकर आत्मकथात्मक लेखन किया है। उपन्यास के अंत में मुख्य पात्र की दंगों में मृत्यु एक बलिदान है जो विश्व मानव के लिए ललकार ही है। 'Everyone lives in a story because stories are all there to live in, it was just a question of which one you choose.' कहकर

लेखक ने मानो सब कुछ संकेत कर दिया है। भूगोल और कालक्रम के साथ अपने औपचारिक प्रयोगों के संदर्भ में यह फिर से रुश्दी की याद दिलाता है। हालांकि, रश्दी के विपरीत उनका गद्य कविता सा आनंद दायक है। यह उपन्यास अतीत के आविष्कार और विभाजन की हठधर्मिता से जुड़ा है क्योंकि यह भारत और ब्रिटेन, कलकत्ता और लंदन, द्वितीय विश्व युद्ध और वर्तमान के बीच चलता है।अमिताव घोष की तीसरी पुस्तक 'इन एन एंटिक लैंड' (1992) मूल रूप से नॉन-फिक्शन है । यह उनके मानव विज्ञान में अध्येता के प्रशिक्षण पर आधारित है। आत्मकथा, कथा, यात्रा लेखन और इतिहास का मेल कराती यह रचना बारहवीं शताब्दी के बाद के मिस्र की गहराई से विवेचना करती है। यह एक निम्न वर्गीय बालक बोम्मा की कहानी है जो सन 1130 में एक यहूदी व्यापारी अब्राहम बेन येजू द्वारा दास बनाकर मिश्र देश लाया जाता है। इस प्रकार यह रचना एक नयी विधा की रचना है।

"कलकत्ता क्रोमोसोम'(1996) को आप विज्ञान कथा कह सकते हैं या रहस्य रोमांच से भरपूर होरर स्टोरी। मच्छर और मलेरिया के क्षेत्र में प्रभावशाली शोध करके नोबल पुरस्कार प्राप्त करने वाले सर रोनाल्ड रॉस के साथ एक अशिक्षित बंगाली महिला की पारंपरिक समझ को मिलाकर कथा का ताना-बाना बुना गया है। प्रामाणिक पाश्चात्य चिकित्सा विज्ञान और परंपरागत भारतीय धार्मिक और सामाजिक विश्वास को मिलाकर लेखक ने पाठक को अवाक स्थिति में छोड़ा है । मंगला, सोनाली, उर्मिला, जैसी सामान्य स्त्रियाँ और अंतर, मुरूगन, लक्ष्मण जैसे आम आदमी एक तरफ और मलेरिया की खोज में जुटा रोनाल्ड दूसरी तरफ। 'मच्छर रहेगा किन्तु मलेरिया नहीं' की उद्घोषणा करता यह उपन्यास अन्वेषण और उत्तेजना का बयान है जिसमें रोनाल्ड रॉस ने मानो मौत का एक बीज ही पा लिया है(20 August- This day I find the cunning seeds of million murdering Death.)

'द ग्लास पैलेस' (2000) एक ऐसे राजकुमार की कहानी है भारत से आया अनाथ है और बर्मा की रानी की एक सुंदर दासी से प्रेम करता है । पृष्ठभूमि में है 1885 का ब्रिटिश हमला और अंग्रेजी सरकार बर्मा के राजा, रानी और नौकरानियों को भारत भेज देता है ,राजकुमार बर्मा में अकेला पद जाता है। वह किसी तरह अपनी प्रेयसी को वापिस ले आता है ।

'द हंग्री टाइड'(2004) में सुंदरबन पृष्ठ भूमि में है और 1978-79 की एक सत्य घटना पर आधारित है जिसमें एक द्वीप से हजारों आदिवासियों को बाहर कर दिया गया था।पर्यावरण विमर्श और मानवतावाद का अप्रतिम उदाहरण है। 'द हंगरी टाइड' में कथाकार गुम होती डॉल्फिन्स की ख़बर लेते हैं कि कभी वे कलकत्ता तक पहुंच जाती थीं। उपन्यास की नायिका डॉल्फ़िन पर रिसर्च करने के लिए सुंदरवन जाना चाहती है। सरकारी अमला उसे लूटने पर लगा है। एक हादसा होता है, वह समंदर में गिर जाती है, उसे एक मछुआरा बचाता है। सुंदरवन के अलग-अलग द्वीपों की कथा कहती हुई- समंदर पर बहती हुई, आने वाले विराट तूफ़ान से बेख़बर प्रेम में डूबी हुई यह अजीबोगरीब कहानी पाठक को बांध कर रखती है।

पिया नामक अमेरिकी लड़की और फकीर नामक द्वीप निवासी के आपसी सम्बन्धों का निर्वाह किस प्रकार से बिना एक दूसरे की भाषा जाने होता है ,यह बड़ा मनोरंजक है। (Bengali, English, Arabic, Hindi, Arakanese and who knows what else? ... They create a proliferation of small worlds.)भाषा, पर्यावरण और संगीत का ताल मेल इस कथा में मानो पात्र हैं। उपन्यास के देशकाल को अमिताव कभी नहीं भूलते।देशकाल, इतिहास-भूगोल सब उनके दायरे में रहता है। इस उपन्यास में भी वे जन प्रतिरोध की कथा पिरो लेते हैं। वे लोगों और सभ्यताओं के ही नहीं, शब्दों के इतिहास में भी जाते हैं।उदाहरण के लिए कोलकाता की मशहूर मिठाई 'लेडीगेनी' का नाम वास्तव में लेडी कैनिंग के नाम पर रखा गया था।

'द ग्रेट डिरेंजमेंट' (2016) उपन्यास नहीं है, पर्यावरण चेतना का रोजनामचा है। इस पुस्तक के तीन खंड हैं- पहले में कहानियाँ हैं, दूसरे में इतिहास, और तीसरे में राजनीति। यह लेखकों, राजनीतिज्ञों, समाजशास्त्रियों, अर्थशास्त्रियों, उद्योगपतियों और वैज्ञानिकों आदि का आवाहन किया गया है कि वे पर्यावरण परिवर्तन की समस्या को गंभीरता से लें और इसे निजात पाने के उपाय करें। (we need not be concerned with earth and our environment in our actions, pursuits and activities.)

चेतन भगत

प्रभात रंजन ने चेतन भगत(1974) को भारतीय अंग्रेजी लेखन का 'नच बलिये' कहकर उपहास नहीं किया बल्कि भारतीय अंग्रेजी लेखन के समकालीन परिदृश्य पर बेबाक टिप्पणी ही की थी। चेतन भगत की पुस्तकों की लोकप्रियता का कारण यह नहीं है कि वे सहजता से लिखी गई हैं और सरल अंग्रेजी में हैं। उनके लेखन में तथाकथित कमियाँ होने के बावजूद युवा पाठकों का उनके प्रति प्रबल आकर्षण का कारण यही है कि वे जो लिख रहें हैं वह उनका पाठक पढना चाहता है। आदित्य सुदर्शन ने 'द हिन्दू' (October4, 2009) में लिखा है – The popularity of Chetan Bhagat's books is not because they are written so 'simply' or imagined so crudely,it is because, in spite of their many glaring artistic and other shortcomings, they honestly have some thing to say. युवकों को व्हाट्सऐप, यूट्यूब, फिल्मों, एप्स की आदतों से छुटकारा दिलवाकर उन्होने अपनी किताबों की ओर देखने को मजबूर किया। भारतीय अंग्रेजी में उपन्यास लेखन चेतन भगत की पहली किताब के 2004 में आने के बाद इस हद तक बढ़ा है कि आज शायद ही कोई ऐसा युवा लेखक हो जो उनके जैसा बनने की आकांक्षा न पालता हो। आलोचक और भारतीय विश्वविद्यालयी प्रोफेसरान उन्हे साहित्यकार मानें या न माने वे इस समय भारतीय अंग्रेजी लेखन की सबसे बड़ी लोकप्रिय पहचान हैं।

32

आधुनिक कविता यात्रा

कविता वस्तुतः जीवन के लिए संतुलित आहार है। गद्य को लोग लिख लेते हैं, कविता ईश्वर की कृपा से उतरती है। कविता का दैनिक जीवन में कोई उपयोग हो या न हो, इसका मूल्य है अवश्य। वैसे ही जैसे सौंदर्य, प्रेम, सत्यता और विश्वास का होता है। अंग्रेजी लेखन के पिछले दो सौ वर्षों में कई कवि आए और गए। अब वे एक ओर तो काव्य संग्रहों में शोभित हैं, दूसरी ओर पाठकों को अनवरत प्रेरणा देने के लिए उपस्थित। कवि कविता में साकार होता है अतः उसे मृत्यु का भय कहां? स्वतंत्रता के पश्चात कविता की विषयवस्तु बदली, कुछ कवि उसी अपने पुराने ढंग को आगे बढ़ाते रहे।

हरीन्द्रनाथ चट्टोपाध्याय

सरोजिनी नायडू के भाई हरीन्द्रनाथ चट्टोपाध्याय(1898-1990) को हम यदि पुराने और नए के बीच का सेतुकवि मान लें तो कोई हर्ज नहीं। जब हरीन्द्रनाथ का पहला संग्रह 'द फीस्ट ऑफ यूथ' (1918) में आया था , तो अरविंद ने उनकी कविता को मधुरतम काव्यात्मक वाणी कहा था। (द बिगिनिंग ऑफ ए सुप्रीम पोइटिक अटरेंस ऑफ दि इंडियन सोइल इन द रिद्म्स ऑफ दि इंग्लिश टंग)। अनेक काव्य संग्रह इनके आए। वे कभी अपने आपको अपने खून की स्याही से लिखने वाला कवि बताते रहे और कभी उनके मन मंदिर में पवित्र मक्का उसके आगमन की प्रतीक्षा में रहा। छोटी-छोटी कविताएँ छंद-बद्ध और तुकांत भावनात्मक रूप से भरी पूरी तथा आनंदपूर्ण ऐसा लेखन है हरीन्द्रनाथ का। कविता कामिनी से मिलने की उनकी अभिलाषा रही-आज की रात, रात मुझे प्यारी है/ कविता आज कवि के पास लौट रही है।

I have ceased to be the dreamer
And have learned to be the dream.

एक बात कही जानी चाहिए कि अपनी तमाम रचनाओं में कोशिश करने के बावजूद भी

हरीन्द्रनाथ शुद्ध रहस्यवादी तथा दार्शनिक कवि नहीं बन पाए। उनकी इच्छा इकबाल की तरह 'असरारे खुदी' जैसी कविता लिखने की रही, जिसमें कविता के साथ दर्शन का समन्वय हो या पूर्वी रहस्यवाद तथा पश्चिमी यथार्थवाद का मिलन हो। ब्रजेन्द्रनाथ सील और सुरेन्द्रनाथ दास गुप्ता जैसे अल्पख्यात कवियों ने भी ऐसी चेष्टा की, किन्तु सफल नहीं हुए। हरीन्द्रनाथ चट्टोपाध्याय ने कई बार ऐसी दार्शनिक कविताएं लिखने की चेष्टा की, किन्तु स्वामी विवेकानंद, पं. राम शर्मा और श्री अरविंद जैसी गहराई न पा सके। फिर भी हरीन्द्र की ऐसी ही एक दार्शनिक कविता का कवितांश (हिंदी रूपांतर) प्रस्तुत करके उनके प्रयत्न को अंगीकार किया जा सकता है -

अतिशय अद्भुत गुरु श्री रमण
धारण कर ली है मानवाकृति शाश्वतता ने
मानव युग की छोटी-सी अवधि में
सिकोड़कर अपने को
देखो, अविनाशी हो गया है मनुष्य,
देशकाल सीमा में आबद्ध स्वेच्छा से।(अनुवाद : बाल कृष्ण राव)

वी. के. गोकाक

स्वतंत्रता के पश्चात 'द सोंग ऑफ लाइफ' लेकर वी. के. गोकाक(1904-1995) ने अंग्रेजी में भी अपनी उपस्थिति दर्ज कराई। उनकी गांधी, तिलक, लक्ष्मीबाई, अरविंद, जवाहरलाल आदि पर लिखी कविताएं बेजोड़ हैं। टी. आर. भट्ट के शब्दों में 'कवि मर्नाषी ज्ञानपीठ पुरस्कार विजेता विनायक कृष्ण गोकाक की स्वर लहरी कर्नाटक नाद सौंदर्य का पंचम स्वर है।' कन्नड़ में 50 और अंग्रेजी में 25 से अधिक कृतियों प्रणेता गोकाक के लेखन में अंग्रेजी साहित्य रश्मि भी 'भारत-सिंधु रश्मि' के साथ प्रवाहित होती रही है, इसमें दो राय नहीं। इनकी काव्य पुस्तक ' द सॉन्ग ऑफ लाइफ एंड अदर पोएम्स'(1947) उल्लेखनीय है। गोकाक की एक अंग्रेजी कविता 'इंगलिश वर्ड्स' का अंश प्रस्तुत है-

In the beginning was the Word
And the Word was God.
The Word is in the middle
And the Word is Man.
In the end will be the Word
And the Word will be God in Man.

साहित्य अकादमी द्वारा इनके संपादकत्व में प्रकाशित 'द गोल्डन ट्रेजरी ऑफ इंडो -अंगलिएन पोइट्री' (1970) में सन् 1828 से 1965 तक के कविता लेखन में से ऐतिहासिक दृष्टि से महत्त्वपूर्ण ख्यात और अल्पख्यात कवियों की अंग्रेजी कविताएं एकत्र की गई हैं। गोकाक

आधुनिक कन्नड़ काव्य में तो 'नव्य-काव्य-प्रवर्तक' हैं ही, भारतीय अंग्रेजी कविता के क्षेत्र में पथप्रदर्शक भी हैं। इस संकलन को देखने से यह स्पष्ट हो जाता है कि तब तक कविता का मुख्य सरोकार सामाजिकता से पूर्ण आबद्ध नहीं हुआ था। ब्रूस किंग तो स्वतंत्रता से पूर्व की इस कविता को यूरोपीय कल्पना और मानसिकता से ग्रस्त मानता है। (इन जनरल इंडियन इंगलिश पोइट्री एट इंडिपेंडेंस वाज स्टिल सैट इन ए नो व्हेयर लैंड ऑफ पोइटिसिज्म ओर सैट इन एन इंडिया जनरलाइज्ड बाई द यूरोपियन इमेजिनेशन) ईजेकियल आदि ने इस परिदृश्य को परिवर्तित किया और उनके प्रभाव व प्रभामंडल से अन्य साहित्यकारों ने भी कविता के सरोकारों को प्रभावित किया। परिवर्तन जब हुआ तो कवि के विचार बदले, उसके सरोकार बदले।

श्रीनिवास रायापरोल

श्रीनिवास रायापरोल (1925-1998) आधुनिक तेलुगू कविता के जनक डॉ रायापरोल सुब्बा राव के पुत्र थे। पेशे से इंजीनियर श्रीनिवास ने तेलुगू से अंग्रेजी में अनुवाद किए और मौलिक कवितायें भी अनेक लिखीं। कवि डाम मोरेस ने इन्हे 'आधुनिक भारतीय अंग्रेजी कविता का पुरोधा' माना है और इनके आधा दर्जन काव्य संग्रह हैं भी बेजोड़। श्रीनिवास ने अमेरिकी कवियों के समान विवाहित जीवन पर कविता लिखी, ऐसी कविता भारतीय अंग्रेजी में पहले नहीं देखी गई थी-

प्रत्येक शाम
मैं अपनी पत्नी से गेट पर मुखातिब होता हूँ
उलझे बाल और मुड़ी तुड़ी पोशाक
सीधे रसोई घर से निकल आई।

डाम मारेस

डाम मारेस (1938-2004) वस्तुतः जन्मजात कवि थे। उन्नीस वर्ष की अल्पायु में 'ए बिगनिंग'(1957) काव्य संग्रह का प्रकाशन होता है और उसके पश्चात खूब लिखना छपवाना चल पड़ता है । जीवन में खूब उतार चढ़ाव देखे। न कभी विषयों की कमी रही न अभिव्यक्ति कुशलता की। सिरेंडिम (1990) तक भी कवि ने खूब लिखा। वे जीवन में ही किंवदंति बन गए थे। आत्मकथा 'माई संस फादर' में उन्होने अपने आपको आठों पहर कवि बनने रहने के लिए तैयार किया बताया है। इनकी कविताओं में व्यक्तिगत कैसे विश्वगत बन जाता है, पता ही नहीं चलता। उदाहरण के लिए 'कैटर टू माई मदर' की निम्नलिखित पंक्तियां देखें -

'तुम्हारी आँखें मेरे जैसी हैं
जब मैंने इनमें पिछली बार देखा था
मैंने इनमें समूचा देश देखा था

एक हारा हुआ सपना
प्रार्थना में खुद को छिपाता
लाशों की जनसंख्या.....'

देखा जा सकता है कि ये पंक्तियां किसी भी माँ को किसी भी बेटे से मिली हो सकती हैं। यही खूबी है मारेस के गीतों की कि वे सदा एक अंतरंग सुझाव व बयान देते हैं-

'यह लड़ाई न थी, बल्कि आपसी हार थी
हमारे विजेता का सूर्य बुलंदी पर रहा।'

अपनी कविता 'द प्रोफेट' के विषय में अपने विचार व्यक्त करते हुए डाम मारेस ने एक बार कहा था कि पैगम्बर और कवि दोनों एक ही कार्य करते हैं। पैगम्बर जीवन में लोगों के भविष्य का सहारा है, तो कवि भी शब्दों में उस भविष्य को संवारता है। जीवन के अंत से पूर्व के कुछ वर्षों में कवि ने पेश्चिट और परौडी इत्यादि उत्तर आधुनिक उपादानों को प्रयोग में लाना शुरू कर दिया था, किन्तु रहा व स्वर्ग के देवदूत सा ही - 'टु लिव ओन, टु माइंड द गार्डन, टु बी दे सेम गार्डनर, डेली इक्सपेक्टिंग एन ऐंजिल '।

घाटी के ऊपर सूरज का सामना करते हैं बाज तेल के रंग का एक साँप पत्थरों में कुंडली मारता सरकता है-

मैं चढ़ता जाता हूँ फिर भी एक अंतरंग
अस्थियों में पहाड़ पर,
बाजों से ऊंचा- तब तक मुझे प्रवेश नहीं मिल जाता
एक मिथक के सहारे पार्श्व में
जहाँ बाज गायब हो जाते हैं।

भारतीय साहित्यरत्न माला (1970) में कवि बाल कृष्ण राव द्वारा हिन्दी में अनूदित कविता 'सीमा'में डाम मारेस कहते हैं-

चमकता है वह चेहरा जिसे मैं छिपा सकता
इस अंधेरे सीमा प्रान्त में भी, छंद तुक में
मैं कहीं चला जाऊं, वह होती है वहाँ।'

यहां हम आधुनिक भारतीय अंग्रेजी कविता के उन हस्ताक्षरों को देखने निकले हैं, जिन्होंने स्वतंत्रता के पश्चात इस क्षेत्र में विशेष भूमिका निभाई।

पी. लाल

संपादकों, लेखकों एवं कवियों के बीच में कलकत्ता का 'राइटर्स वर्कशॉप' और उसके पीर-बावर्ची-भिश्ती-खर सब कुछ पी. लाल (पुरुषोत्तम लाल) की चर्चा के बिना हम आगे बढ़ जाएँ तो ठीक न होगा। पी. लाल (1928-2010) ने स्वतंत्रता से पूर्व जुलाई 1947 में सेंट जेवियर

पत्रिका (भाग 9, संख्या 3) में एक लेख 'इन डिफेंस ऑफ मोडर्न इंग्लिश पोइट्री इन इंग्लिश: एन. एनथोलोजी ऐंड क्रेडो' (1969) अपने आप में छह सौ पृष्ठीय दस्तावेज ही हैं। पी.लाल ने पहले-पहले भारतीय अंग्रेजी लेखन का जोरदार पक्ष लिया। बुद्धदेव बोस ने पी. लाल को बड़ा बुरा भला कहा था। उन्होंने पलटकर बुद्ध देव बोस के वक्तव्य की धज्जियां उड़ाई, कवियों को एकत्र किया और क्या खूब एकत्र किया। अरविंद कृष्ण महरोत्रा की तरह ही पी. लाल ने अनुवाद को भी आगे किया, स्वयं अनुवाद किए। महाभारत का अनुवाद ही नहीं अनुवाद सिद्धान्त के लिए नई चाल चलते हुए उन्होने उसे एक नया पद भी दिया – ट्रान्स्क्रीएशन । पी. लाल का योगदान अन्य कवियों के आगे आने से पृष्ठभूमि में चला गया, किन्तु उनके सहयोगी व्यक्तित्व को विस्मृत करना असंभव होगा।उन्होने 'महाभारत' का अंग्रेजी में अनुवाद किया और अनुवाद के लिए 'ट्रान्सक्रिएशन' शब्द चलाया। 'राइटर'स वर्कशॉप'(1958) की कलकत्ता में स्थापना की और निसिम इजेकियल से लेकर विक्रम सेठ तक को प्रकाशित किया। 'द पैरट्स डेथ एंड अदर पोइम्स' (1960) से 'गुलाब की दुनिया' का एक अंश पी. लाल की प्रतिभा की बानगी स्वरूप प्रस्तुत है-

यह गुलाब की दुनिया है।
यहां सौरभ ही अर्थ है।
और जीवन है सतर्क पल्लव प्रसूति
यह मेरे मित्र गुलाबों का बाग है
स्वागत नहीं है यहाँ, न विदाई-
प्रेम के निमित्त से ही तुम्हें रखा जाएगा याद।

पी. लाल के पश्चात प्रीतिश नंदी (इंडियन पोइट्री इन इंग्लिश 1972), सलीम पीरानदीना (कंटपरेरी इंडियन पोइट्री इन इंग्लिश: एन एसेसमेंट ऐंड सलेक्शन (1972), आर पार्थसारथी (टैन ट्व्नटिअथ सेन्चुरी इंडियन पोइट्स- 1976) और केकी एन. दारू वाला (टू डिकेड ऑफ इंडियन पोइट्री 1960-80, 1980) उल्लेखनीय हैं ही।

स्वतंत्रता पश्चात के काव्य जगत की ओर गहराई से चलें और देखें । उस कविता की ओर चलें जो सर्वथा असाम्प्रदायिक व धर्म निरपेक्ष है। ऐसे कवि भी हैं, जो बहुभाषी और द्विभाषी हैं, अंग्रेजी एम.ए. या अध्यापक हैं, या शौकिया लेखक हैं। मनोहर शेट्टी, शिव के. कुमार, महरोत्रा, विक्रम सेठ, कोलाटकर से हिंदू;रामानुजन- पार्थासार्थी से ब्राह्मण; मलिक से आर्यसमाजी, शतरचंद्र से लिंगायत;कार्तक, दारूवाला, पटेल, जस्सावाला, कूपर से पारसी; डिसूजा, सिलगारडो, रोड्रिग्स, नजरथ, रोज, अलेक्जेंडर से गोवावासी रोमन कैथोलिक या सीरियन ईसाई; महापात्रा और पटनायक से ईसाई आदि-आदि। पुरुष-स्त्री लेखन की यहाँ कोई दीवार नहीं। दलित की अलग चर्चा नहीं। जो भी है वह कविता की ओर बढ़ते जाने के लिए है। 'चेंज! दे सैड' परिवर्तन उन्होंने सन् 1966 में कहा था और इस परिवर्तन के गवाह रहे तथा इस

परिवर्तन के कारण बने कवियों और उनकी कविताओं को देखना हमारे लिए हितकारी ही होगा, इसमें संदेह नहीं। हम अब कथा साहित्य से एक बार पुनः कविता के क्षेत्र में आए हैं। पहले कवि थे हेनरी डेरोजियो, काशी प्रसाद घोष, माइकेल मधुसूदन दत्त। इनके काव्य में इतिवृत्तात्मकता थी - तोरु दत्त ने कवि पिता गोविनचंद्र दत्त की प्रेरणा और एडमंड गौस जैसे आलोचक की सद्भावना से अल्पावस्था में ही 'कविता में आंसुओं का संस्पर्श' करके ख्याति पाई। सरोजिनी नायडू और उनके भाई हरींद्रनाथ चट्टोपाध्याय ने भी अंग्रेजी के कवि के रूप में ख्याति अर्जित की। नोबेल पुरस्कार विजेता रवीन्द्रनाथ ठाकुर की शायद 'द चाइल्ड' ही मूलतः अंग्रेजी में लिखी अकेली कविता है, किन्तु उनके प्रायः सभी लेखन को अंग्रेजी में देखा सराहा जाता रहा है। श्री अरविंद ने प्राचीन छह चरणों के हिरोइक छंद में 'इलियन' नामक महाकाव्य की रचना भी की थी और वे नाटकों में शेक्सपियर के तुल्य हैं। उनकी कविता 'सावित्री' को फ्रेंक रेमंड पाइपर ने अब तक लिखी गई कविताओं में सर्वाधिक व्यापक, संपूर्ण, सुंदर और निर्दोष विश्वतोमुखी काव्य कहा है। अरविंद धारा के कई विषयों में दिलीप कुमार राय, नीलबरन, के.डी. सेठना और पृथ्वींद्र मुखर्जी आदि हैं।

वस्तुतः हिंदी समेत तमाम भारतीय भाषाओं में बीसवीं शताब्दी का लेखन एक ओर तो भारतीय स्वतंत्रता आंदोलन के समूचे परिदृश्य को प्रस्तुत करता है, दूसरे उसे प्रभावित भी करता है। गाँधी-नेहरू जैसे नेताओं पर कविताएँ लिखने वाले कम न थे। गुजराती साहित्य में गांधी युग को रेखांकित ही कर दिया गया है। अंग्रेजी लेखन में ऐसा नहीं हुआ। वे प्रायः स्वतंत्रता आन्दोलन, द्वितीय महायुद्ध, विभाजन की त्रासदी को पहले अनासक्त के रूप में देखते रहे, फिर स्वतंत्रता के पश्चात देश-विदेश के नए संपर्क से उनके सरोकार बदले। निसिम ईजेकिएल, केसी कार्तक, श्रीनिवास रायापरोल और केशव मलिक विदेश से स्वदेश आए। डाम मोरेस, देव कुमार दास, आर. बार्थोलोमिव, लारेंस बैंटलमैन किसी न किसी वजह से बाहर रहे। अगली पीढ़ी के आदिल जस्सावाला और आर. पार्थासारथी ने विदेश में शिक्षा पाई पर भारत लौट आए, जबकि जी. एस. शरत चंद्रा और ए. के. रामानुजन अमेरिकी बन गए। स्वतंत्रता के पश्चात भारतीय अंग्रेजी कविता में डॉक्टर जीव पटेल, पुलिस अधिकारी केकी.एन. दारूवाला, भौतिकी-अध्यापक जयंत महापात्रा और चित्रकार अरुण कोलाटकर जैसे अन्य क्षेत्रों के लोग आए। भिन्न-भिन्न मातृभाषाओं वाले जैसे मराठीभाषी कोलाटकर और दिलीप चित्रे, मलयालम भाषी कमलादास और ए.जे.थॉमस , हिन्दी भाषी अरविंद कृष्ण महरोत्रा और ममता कालिया प्रायः द्विभाषी साहित्यकार माने जाते रहे हैं।

निसिम ईजेकिएल

अंग्रेजी में लेखन का प्रबल आकर्षण, कई अंग्रेजी पत्र-पत्रिकाओं की उपलब्धता, नए प्रकाशन संस्थानों की सहृदयता और आलोचकों के उत्साहवर्धन से आधुनिक अंग्रेजी कविता

लेखन के परिदृश्य में आधुनिकता का समावेश हुआ। इस नई चेतना के सफल प्रतिनिधि के रूप में हम निसिम ईजेकिएल (1924-2002) का नाम बड़े गर्व और विश्वास के साथ आगे बढ़ा सकते हैं।

वस्तुतः निसिम ईजेकिएल को कवि के रूप में ही नहीं, बल्कि कविता की भावधारा को स्वाभाविक रूप से भारतीय अंग्रेजी कविता के लिए प्रवाहित करने के लिए स्मरण किया जाता है। उन्होंने तोरुदत्त, अरविंद, रवीन्द्रनाथ टैगोर और यहां तक कि सरोजनी नायडू जैसे पुराने कवियों की कविताओं और काव्य शैलियों, भाषा, तर्ज, कथानक व काव्य रुढ़ियों को त्यागा। पुराने कवि भारतीय जीवन, दर्शन समाज और रीतियों को आश्चर्य मिश्रित कुतूहल से देखते थे। वस्तुतः वे पाश्चात्य जगत को रिझाने या सुनाने के लिए भारत का दृश्य पटल उनके लिए प्रस्तुत करते प्रतीत होते थे। यहाँ भारतीय दर्शन, धर्म और कलाएँ कविता के विषय बनते थे या पालकी सवारों का विवरणात्मक वर्णन होता था। निसिम ईजेकिएल ने कविता को देशकाल की नवीनता को देखकर नए-नए विषयों की ओर मोड़ा। इस नई धारा की कविता के भीतर नए-नए विषयों के प्रतिबिंब आए और आज हम कह सकते हैं कि पुराने कवि इस श्रेणी के कवियों के सामने शौकिया रचनाकार प्रतीत होते हैं । कवि ने सही अर्थों में कविता करके दिखाई, कवि बनकर दिखाया। कविता जी कर दिखाने का जीवंत रखने वाला यह कवि कविता के क्षेत्र में अनुशासन, स्वानुभूति और सद्-इच्छा लेकर आया।

निसिम ईलेकिएल का जन्म 1924 में हुआ था और शिक्षा-दीक्षा विल्सन कॉलेज बंबई और बरबेक कॉलेज लंदन में हुई। पेशे से वे अध्यापक थे। बंबई विश्वविद्यालय अंग्रेजी-प्रोफेसर और लीड्स विश्वविद्यालय के विजिटिंग प्रोफेसर। उन्होंने वैसे बचपन में ही लेखन से दोस्ती कर ली थी। स्कूल में कविताएं लिखा करते और स्कूल के अध्यापक उन्हें कवि मानते थे । यहूदी परिवार में जन्म लेने के कारण वे हिब्रू भाषा जान गए थे । अंग्रेजी के साथ मराठी भी पढ़ते चले गए। उनके पिता बोटनी के अध्यापक तो थे ही एक सहृदय लेखक भी थे और माता मराठी की अध्यापिका। ऐसे साहित्यिक वातावरण में निसिम ने अपने आपको और अपनी कविताओं को बड़ी गंभीरता से लेना शुरू किया।

वे कविताएँ लिखते और कविताओं के बारे में भी। उन्हें एक धुन सी सवार हो गई थी कि कविता करनी है, श्रेष्ठ कविता करनी है। वह भी तब अजीब सी स्थिति थी कि भारतीय कही जाने वाली संवेदना व परंपरा उनके पास न थी और वे कुछ ऐसा लिखना चाहते थे, जो सर्वथा भारतीय हो और उन्होंने लिखा भी। उनके काव्य संग्रह हैं।ए टाइम टू चेंज (1952), सिक्सटी पोइम्स (1953), द थर्ड (1958), द अनफिनिश्ड मैन (1960), दि एक्जैक्ट नेम (1965), हिम्न इन डार्कनेस (1976), लेटर डे साम्स (1983), कलेक्टिड पोइम्स (1989)। इसके अतिरिक्त इनके कुछ नाटक एवं आलोचनात्मक ग्रंथ भी हैं। 'केस्ट', 'पोइट्री इंडिया' और 'दि इंडियन

पी. ई. एन. के संपादक रहे। साहित्य अकादमी (1983) पुरस्कार और पद्मश्री (1988) इनके योगदान को रेखांकित करते हैं।

निसिम ने यह दिखा दिया कि बिना किसी सांस्कृतिक, धार्मिक, दार्शनिक और राष्ट्रवादी नारों की सहायता लिए भी केवल अपने आपको केन्द्र में रखकर, कविता की जा सकती है। किस प्रकार कोई शिक्षित, संभ्रान्त और नगरीय जीवन जीने वाला व्यक्ति सेकुलरवादियों की तरह शोर मचाए बगैर और गंगा-जमुनी तहजीब का हल्ला बोले बगैर कविता लिख सकता है, यह निसिम ने करके दिखाया। ब्रूस किंग ने ठीक ही कहा है कि उसका महत्व कविता के उन्नायक के लिए चाहे उतना न हो जितना उसके एक कवि बनकर दिखाने की दृढ़इच्छा के कारण है।' (हिज मेन सिग्रिफिकेंस इन नोट, हाड एवर, एज ए प्रोमोटर ऑफ पोइट्री, इट इज इन हिजविल टु बी ए पोइट)'। अंग्रेजी में कविता करने वालों के प्रति सहृदयता का ढोल पीटने वालों को बिना किसी लाग लपेट के निसिम ने स्पष्ट किया - 'भारत ही मेरा परिवेश है। कोई व्यक्ति जो वह है वैसा ही करके अपने परिवेश में दिखा सकता है, उससे विलग होकर नहीं। मैंने अपने आपको भारत से विलग नहीं किया है। (इंडिया इज सिंपली माई एनवायरमेंट। ए मैन कैन डू समथिंग फोर ऐंड हिज एन वायरमेंट बाई बीइंग फुल्ली व्हाट ही इज, बाई नोट विदड्राइंग फ्राम इट। आइ हैव नोट विदड्रान फ्राम इंडिया।'

केवल बंदर दुःखी हैं और अचानक शिशु रोने लगता है
नजराने के वक्त का पूर्वानुमान करके/ भीड़ छंट जाती है
कुछ, शर्मिंदा हो, फेंक देते हैं/ थोड़ी बहुत रेजगारी
तमाशा चलता रहता है...

बंदर के इस तमाशे की विडंबना अंत में जाकर विकराल हो जाती है। यहाँ तक कि आने में कवि को बरसों लगे हैं। वस्तुतः कवि के लिए लेखन कार्य सदा एक नैतिक कर्म, एक प्रार्थना या वंदना के समान रहा है। वह कहता है कि आशाओं, आकांक्षाओं और विश्वासों के बीच से कविता निकलती है। 'कविता' 'पद्य' से भिन्न है वह कुछ और है। कविता मानो निसिम के लिए पूर्ण समर्पण है।

बहुत छोटी-छोटी बातों के बीच से निसिम की कविताएँ निकलती हैं, कहीं हास्य है तो कहीं व्यंग्य। मानो बौद्धिक विश्लेषण को इसलिए त्याग दिया गया हो, क्योंकि वह अनुभव की दुनिया को सीमित करके रख देता है - 'व्हाट कैन नोट बी इक्सप्लेण्ड, डू नोट इक्सप्लेन'। यदि निसिम ईजिकिएल की काव्यकृतियों में से बानगी स्वरूप एक कविता चुनकर ही उसकी बनावट व बुनावट पर टिप्पणी करें तो एक कविता ली जा सकती है - 'नाइट ऑफ द स्कोर्पियन (बिच्छू की रात) पहले इसे पढ़ लें (अनुवाद ही सही और कुछ अंश ही सही)-

'मुझे याद है वह रात मेरी माँ को / बिच्छू ने काट खाया था। दस घंटों की

अनवरत बारिश ने उसे चावल के बोरे के/ नीचे जाने को मजबूर किया। उसने अपने जहर को पूरा उड़ेल दिया'

कविता शुरू होती है। माँ को बिच्छू का डंक लगना, मित्रों-पड़ोसियों का आना, पिता की प्रतिक्रिया और माँ का अथाह संतोष। पृष्ठभूमि में है अंधकार, वर्षा और डंक मारकर चलता बना बिच्छू जो रूपक भी है और वास्तविकता भी। इस घटना का बयान, जिसमें सभी इस घटना को अपने नजरिये से देखते हैं माँ सबसे कम बोलती है, पर जब शुक्रिया अदा करती है तो बस कहती है-

मेरी माता ने केवल कहा- धन्यवाद, भगवान! बिच्छू ने मुझे डंक मारा
और मेरे बच्चों को छोड़ दिया।

(माई मदर ओनली सैड / थैंक गॉड द स्कोर्पियन पिक्ड ओन मी / ऐंड स्पेयर्ड माई चिल्डरन।

यह ईश्वर का धन्यवाद देना वस्तुतः कितना अजीब है। यह कविता एक सामान्य घटना को नई ऊँचाई पर ला छोड़ती है। भारतीय पारिवारिक जीवन में जहाँ पिता सब जतन करता है, किन्तु क्या पाता है, ऐसी ही विडंबना और विद्रूपता की झलक 'द विजिटर' (आंगतुक) कविता में भी मिलती है-

'तीन बार कौआ काँव-काँव किया
खिड़की से, एक निष्ठ आँखें मिलाते हुए
मुझसे, आतंकित शान्ति से किंचित उठा
पंखों को रखते हुए शरीर को सधा
और झगड़ालू स्त्री सी
गर्दन अकड़ाए कमरे को कर्कशता और उपस्थिति से भरे।

यह वाचिक परंपरा से कवि को जोड़ती है, हिंदी प्रेमी तो इस कविता को बिहारी से भी जोड़ कर देख लें, हर्ज भी क्या है-

मरतु प्यास पिंजरा परयौ, सुआ समै के फेर।
आदरु दै दै बोलियतु, बायसु बलि की बेर।।

या फिर अमेरिकन कवि एडगर एलन पो कविता 'द रेवन' से। बात वही होगी कि निसिम ईजिकिएल सामान्य को विशिष्ट करने वाले कवि हैं। राजीव एस. पटके के शब्दों में कहें तो 'ईजेकिएल इज द पोइट - ल्यूरेट ऑफ द आर्डिनरी।'

निसिम ईजेकिएल की बात हो और उनकी 'इंडियन इंग्लिश' की हास्य-व्यंग्य कविताओं का अलग से उल्लेख न हो, यह हो नहीं सकता। इन कविताओं का असली आनंद वही ले सकता है जिसे भारतीयों के भारतीय-अंग्रेजी लहजे का ज्ञान है। भारतीय जैसे अंग्रेजी की टाँग तोड़कर रख देते हैं, उसका स्वाद अनुवाद में कैसे आएगा? 'मिस पुष्पा टी.एस. का विदाई

समारोह' जैसी कविताओं में जैसी अंग्रेजी है उसे पढ़कर भवानी प्रसाद मिश्र की पंक्तियों के सहारे कुछ इस तरह कहा जा सकता है कि - जिस तरह हम बोलते हैं, उस तरह तू लिख और उसके बाद भी सबसे बड़ा तू दिख।' 'मिस पुष्पा टी.एस. का विदाई समारोह' कविता में व्यंग्य का छौंक हमें हंसाता गुदगुदाता भर है, रुलाता नहीं।

'भारत में भी/ गुजराती, महाराष्ट्री, हिंदी वाला
सब भाई/ जबकि कुछ की आदतें हैं अजीबों-गरीब
फिर भी, तुम मुझे झेलते हो,/ एक दिन रामराज्य जरूर आ रहा है
तुम आ रहे हो?'

यह 'वैरी इंडियन पोइम इन इंग्लिश' का नमूना भर है।

You are all knowing, friends,
What sweetness is in Miss Pushpa.
I don't mean only external sweetness
but internal sweetness.
Miss Pushpa is smiling and smiling
even for no reason but simply because
she is feeling.

मानव ऐसी चिंता में लगा है जिसका कोई ठिकाना नहीं है। शताब्दियों से लोग यह विश्वास करते आए हैं कि वे या तो स्वर्ग जाएंगे या नरक। पर कोई यह नहीं सोचता कि स्वर्ग में जाकर करेंगे क्या? निसिम मानते हैं कि ईश्वर का अस्तित्व हो भी सकता है और नहीं भी। एक बात जो सच है और वह है मनुष्य की समस्याएँ। हिंसा के विकराल तांडव के समक्ष ईश्वर की एक नहीं चलती? ऐसे में कवि दार्शनिकता व तत्व-ज्ञान चर्चा करे भी तो कैसे? निसिम ने अपना सारा तत्व-ज्ञान एक कविता में उड़ेला और प्रस्तुत किया। 'पोइट , लवर, बर्डवाचर' एक ऐसी ही कविता है जिसमें कवि ने माने हृदय ही उड़ेलकर रख दिया है -

'बलात चेष्टा करना और कभी निस्पंद न रहना
नहीं है तरीका उनका जो अध्ययन करते हैं पक्षियों का
या स्त्रियों का। सर्वोत्तम कवि शब्दों की प्रतीक्षा करते हैं
गवेषणा कोई इच्छा थोपने का काम नहीं
बल्कि धैर्य युक्त प्रेम से, पहाड़ी पर आराम से
किसी घबराए पंखों के स्पंदन को आंखों में भरना है
जब तक कि वह जो जानती है कि उसे प्रेम किया जा रहा है
फिर और प्रतीक्षा नहीं करती बल्कि समर्पण का खतरा उठाती है

इससे कवि पाता है, सिद्ध कर पाता है, अपनी प्राक्कल्पना
मंथर गति लगता है, कहती है बहुत कुछ
लुप्त प्रायः पंक्षियों को देखना हो, जाना पड़ेगा
निर्जन सुनसान जंगलों में, जहाँ बहती है नदी
अपने उद्गम स्थल पर शान्त या किसी समुद्र तट पर
दूर और कंटकाकीर्ण मन के गहन तल सा
और वहाँ स्त्री शनैः शनैः फिरती है
रक्त मज्जा युक्त ही नहीं बल्कि प्रकाश की किरण सी
कोरों पर जिसके तम चिमटा हो और अर्थ मिलता है
कवियों को तब ही जब वे विच्छिन्न, बेचैन उड़ानों से
लाते हैं भरकर उसे नीरवता के साम्राज्य से
गूंगा सुन सकता है, अंधा प्राप्त कर सकता है प्रकाश'

ब्रूस किंग ने निसिम के लेखन को 'आत्मकथात्मक, स्वीकारोक्ति और प्रार्थना (ओटोबायोग्राफी, कनफेसन ऐंड प्रेयर) का मिला जुला कहा है। ओड़ेन से प्रभावित होकर भी निसिम ने 'यहूदी विवाह' जैसी कविताएँ लिखी, जिसमें दूल्हे का अनमनापन और फिर भी विवाह को बड़े स्वाभाविक ढंग से प्रस्तुत किया गया है। कवि ने भारतीय अंग्रेजी कविता लेखन को एक पहचान दी और भारतीय अंग्रेजी लेखन की परिवर्तित प्रतिध्वनि बने। आधी शताब्दी से अधिक का उनका लेखन, उनकी प्रतिबद्धता और उनकी सहजता के लिए उनकी ही निम्नलिखित काव्य पंक्तियाँ बहुत उपयुक्त उदाहरण प्रतीत होती हैं -

'मैंने अपनी प्रतिबद्धता अब निर्धारित कर ली है
वह है - वहीं रहूँ जहाँ मैं हूँ जैसे सुदूर या पिछड़े इलाके में
मेरा पृष्ठ स्थान वही है जहाँ मैं हूँ।
(आई हैव मेड माई कमिटमेंट्स नाउ
दिस इज वन टू स्टे व्हेअर आई एम
एज़ अदर्स चूज टू गिव दैम सेल्वज
इन सम रिमोट ऐंड बैकवर्ड प्लेस
माई बैकग्राउन्ड प्लेस इज व्हेअर आई एम।

अरुण कोलाटकर

अरुण बालकृष्ण कोलाटकर (1932-2004) का जन्म 1932 में एक ऐसे स्थान पर हुआ था जिसे कोल्हापुर के नाम से जाना जाता है। कोल्हापुरी चप्पलों की बात तो जाने दें, यहाँ

बाबूराव पेंटर, ताराबाई, साहू महाराज आदि महत्वपूर्ण ऐतिहासिक महापुरुषों ने जन्म लिया। अरुण कोलाटकर ने जे.जे. स्कूल ऑफ आर्ट, बंबई से चित्रकला सीखी और पेंटिंग में महारत हासिल करने के साथ-साथ ही मराठी तथा अंग्रेजी में कविताएँ भी लिखीं। अरुण कोलाटकर की एक कविता 'जेजुरी' (1976) ने इन्हें क़ाव्य जगत में सिरमौर बनाया। मराठी में भी एक संग्रह है - अरुण कोलाटकरचा कविता (1976)। जेजुरी की प्रसिद्धि ने इन्हें कॉमनवैल्थ कविता पुरस्कार दिलवाया। बेलौस अरुण ने विज्ञापन की दुनिया से पेट भरा और कविताई की तो ऐसी कि मराठी के संत कवियों की परंपरा में उन्हें रखना ही सबको ठीक लगा। अंग्रेजी भाषा में इनसे पूर्व किसी ने भक्ति, धर्म, दर्शन और भारतीय चिंतनधारा को इस प्रकार से कविता के शिल्प में नहीं ढाला था। यही शायद इनकी सबसे बड़ी देन है।

कोलाटकर द्विभाषी कवि हैं - मराठी और अंग्रेजी दोनों में लिखते रहे। मराठी उनकी अपनी भाषा थी, अंग्रेजी को उन्होंने अपनी अभिव्यक्ति के हिसाब से मोड़ा। वे अपने विचारों को एक ऐसे भाषा में पिरो कर प्रस्तुत कर रहे थे, जो उनकी न थी। वे चूंकि एक पेंटर थे और जब कभी काम न होता लोगों से मिलते तथा कविता करते। एक बार एक पखावज गुरु अर्जुन शेजावाल के यहाँ से प्रेरणा पाकर बलवंत बूवा पर कविताएं लिख दीं। बलवंत बूवा वारकरी परंपरा के भक्ति गीत गायक हैं। इन पर गीतों की लड़ियाँ ऐसी मराठी में लिखी गईं जो गली मुहल्ले की मराठी है और जिसके हिंदी और गुजराती के शब्द भी हैं। 'बाई' का अर्थ हिंदी में 'वेश्या' भी होती है, किन्तु मराठी में 'बाई' स्त्री के लिए सम्मानजनक संबोधन है। इस तरह की दुविधा से अनेक कविताएं अरुण कोलाटकर ने प्रस्तुत की है। पंढरपुर में जाकर यह कवि मंदिर में नहीं गया था, रिश्वत दे दिलाकर दर्शन की पंक्ति तोड़कर आगे नहीं बढ़ा। उसे उन लोगों से मिलना था, जो पंढरपुर के इष्टदेवता में विश्वास रखते थे। एक बार अरुण कोलाटकर ने महाराष्ट्र के मंदिरों एवं दंतकथाओं पर एक पुस्तक पढ़ी, जिसमें एक अध्याय जेजुरी पर भी था। उस स्थान के इष्ट देवता 'खंडोबा' गड़रियों के देवता, मछुआरों और शिकारियों के देवता थे उनके बारे में वाचिक परंपरा से भी अरुण ने सुना और समझा और तब इकतीस खंडो की लंबी कविता, 'जेजुरी' रची गई। अरुण और जेजुरी अब समानार्थक से हो गए हैं। यह कविता ऐसी है जिसे पढ़ते हुए तभी आनंद आएगा जब पाठक 'देखता' भी रहे। रंग, रूप, दृश्य व अन्य अनेक बिंबों की प्रस्तुति ने कविता को एक आश्चर्य लोक सा बनाकर रख दिया है। सिल्विया प्लाथ ने कहा था कि कल्पना करो, दो शीशे एक दूसरे के आमने-सामने रखे हैं, वे या देखेंगे? 'जेजुरी' भी 'ग्लास कविता' है काँच के शीशे सी पारदर्शी। आप इसमें वही देखेंगे जो आपका प्रतिबिंब आपको दिखा पाएगा। जैसे अंग्रेजी कवि टी.एस. इलियट की 'द वेस्ट लैंड' कविता को पढ़ने पर पापड़ बेलने पड़ते हैं, वैसे ही 'जेजुरी' को पढ़ने के लिए अमित चौधरी और शुभांगी जयकर जैसे समीक्षकों के विचार जानना आवश्यक हैं, जो उन्होंने द्विभाषिकता के संबंध में प्रस्तुत किए हैं।

यूं तो अरुण के पिता शिक्षा से जुड़े थे और उन्होंने अरुण को अंग्रेजी पढ़ाई थी, किन्तु अंग्रेजी उन्होंने पाठ्यपुस्तकों से नहीं फिल्मों से सीखी और ऐसे परिवेश से सीखी जहाँ मराठी समेत अनेक भाषाएँ एक साथ चलती थी। पहले कुछ कहानियाँ मराठी में लिखीं। हिंदू परंपरा को आत्मसात करते हुए अरुण ने 'जेजुरी' लिखी और आज हम उनकी अन्य कविताओं को देखकर भी नहीं देख पाते। टाइम्स ऑफ इंडिया ने उनकी प्रथम पुण्यतिथि 25 सितंबर 2005 पर एक कविता छापी थी 'द बटरफ्लाई'।' देयर इज नो स्टोरी बिहाइंड इट/इट इस स्पलिट लाइक एक सेकेंड। इट हिंजिज अराउन्ड इटसेल्फफ/ इट हैज नो फ्यूचर / इट इज पाइन्ड डाउन टू नो पास्ट / इजस पन आन द प्रेजेंट / इट्स एलिटिल यैलो बटरफ्लाई / इट हैज़ टेकन दीज रैचिड हिल्स / अंडर इटस विंग्स /जस्ट ए पिंच ऑफ येलो / इट ओपन्स बिफोर इट क्लोजिस / ऐंड इट क्लोजिस बिफोर इट सोर

क्षणभंगुर तितली का शब्द चित्र क्या किसी अनुवाद की अपेक्षा करता है?

हम इनकी 'द बोट राइड' कविता देखते हैं जिसमें विराम चिन्हों को ही विराम दे दिया गया है, कविता एक काल्पनिक यथार्थ का बोध कराती है। यूँ तो कोलाटकर से पूर्व बी.एस. मार्धेकर (1909-56) ने भी इलियट, पाउन्ड और अन्य कवियों के ढंग को मराठी संतों से मिलाकर काव्य रचना की थी, किन्तु कोलाटकर ने 'बमों की लड़ी' सी कविता दी और बंबई की हिंदी को अमेरिकनों के ढंग में ढाला। 'तीन चाय के प्याले'(थ्री कप्स ऑफ टी') कविता बंबईया हिंदी में ही मूलतः लिखी गई थी।

i want my pay i said / to the manager

you'll get paid said / the manager

but not before the first / don't you know the rules?

'जेजुरी' का जिक्र करें तो ये 31 कविताएं एक-दूसरे से जुड़ी हैं, वे कभी-कभी तो एक उपन्यास के विविध अध्यायों की कड़ी का सा भ्रम पैदा कर देती है। भालचंद्र निमाडे जैसे कई आलोचक यह कहते हैं कि यह कविता ऐसे पाठकों के लिए शायद नहीं ही लिखी गई थी, जो प्रतिवर्ष इस स्थान पर पारंपरिक दर्शन के लिए आते हैं। 'जेजुरी' में गरीब तीर्थयात्री, भिखारी, पंडे और बालक-बालिकाएँ आते जाते हैं और कवि इनका वर्णन ऐसे करता है मानो वह उनमें से एक भी है और कोई बाहरी व्यक्ति भी । एक कविता है - शीर्षक है 'चैतन्य'बड़ी अचरज भरी है, अनुवाद प्रस्तुत है-

अंगूरों से मीठे / हैं पत्थर जेजुरी के / चैतन्य उवाच / उसने एक पत्थर गपका / अपने मुख में / और देवताओं को उगल बाहर किया स्वीट एज ग्रेप्स आर द स्टोन्स ऑफ जेजुरी/सैड चैतन्या / ही पोप्ड ए स्टोन / इन हिज माउथ / ऐंड स्पैट आउट गॉडस।

अब एक अन्य कविता देखें - जिसका शीर्षक है 'मकरन्द' - अपनी कमीज उतारो / और

वहाँ पूजा के लिए जाओ? / नहीं धन्यवाद / मैं नहीं / पर तुम सीधे नहीं जाओ / यदि यही तुम करना चाहते हो / जाने से पहले मुझे / माचिस दे जाओ / दोगे ना?/ मैं यहाँ दालान में रहूंगा/जहाँ कोई मना नहीं करेगा / यदि मैं धुँआ उड़ाऊँ।

क्या-क्या कहें ? जेजुरी में एक चट्टान को खुरचने से एक दंतकथा निकल आती है। ('स्क्रेच ए रोक ऐंड ए लेजेंड स्प्रींग्स') वस्तुत यहाँ चमत्कार ही चमत्कार है - भारतीय वेस्ट लैंड है।

बाद की कविताएँ मुख्यतः 'काला घोड़ा' कविताएँ, 'काला घोड़ा कविताओं के साथ ब्रेकफास्ट' मानो जेजुरी ही बंबई के दिल में उतर आया हो। कोलाटकर को यहाँ जेजुरी या भगवान और 'मुरली' या उसकी पहाड़ियों, मंदिरों आदि की आवश्यकता कल्पना को उड़ान हेतु नहीं रही। वही शहर के शोर और दृश्यों- यहाँ के भिखारियों, कोढ़ियों,फेरीवालों, भंगियों और गली में खेलते अधनंगे बच्चों को प्रस्तुत करता है और दफ्तरों में आती जाती भीड़ का शोर गुल इस तरह कविता के शिल्प में ढल गया है, जैसा पहले न हुआ था। पाखाना साफ करने वाली बाई परमेश्वरी 'चमड़े से चेहरे वाली चुडैल' और जवान छोकरी जो बक-बक किए जाती है, क्योंकि उन्होंने अभी उसके प्रेमी को जेल से बाहर किया है, उसकी वह प्रसन्नता, जब वह उसकी यह मैली केश राशि से जुएं निकालती है, तो देखते ही बनती है -

उसके प्रेमी का बेहूदा सर
रखा हुआ था उसकी जांघ पर
उसके हाथों में वीणा सा बन गया था
जब उसकी वायवी उंगलियाँ मर्द के बालों में चली
तो जुओं को खोज-खोज कर मारना
संगीत हो गया।

'सर्प सत्र' की कविताएं भी मिलकर एक शक्तिशाली कथा बुनती हैं इस तरह एक बात जो अब यहाँ उठाई जाती है कि कोलाटकर का कवि के रूप में प्रदेय मराठी के लिए है या अंग्रेजी के लिए। 'अरुण कोलाटकरचा कविता 'जेजुरी' के साथ आई। मराठी में 'चिरीमिरी' और 'द्रोन' भी हैं। इसलिए विलास सारंग जैसे लेखकों का यह मानना है कि अरुण की देन मराठी को ज्यादा है। वे ये भी मानते हैं कि 'चिरिमिरी' ने मराठी कवियों को जो दिशा दिखाई, उसने कविता के संपूर्ण परिदृश्य को ही बदल कर रख दिया, किन्तु साहित्य अकादमी समेत किसी ने भी इनका योगदान सराहा नहीं। पुरस्कार भी बाहर से मिला। मराठी की कविताओं पर एच.एस. गोखले (1977) पुरस्कार और बस। भालचंद्र निभाड़े ने यह कहा कि कोलाटकर बंबई से आए सप्ताहांत पर्यटक के समान आता जाता है, (कोलाटकर कम्स ऐंड गोज लाइक एक वीक ऐंड टूरिस्ट फ्रोम बाम्बे।)' लेकिन अरुण कोलाटकर की अंग्रेजी और मराठी रचनाओं का इतना ही फसाना नहीं है। वे सच्चे अर्थों में आधुनिक कवि हैं, आधुनिक और द्विभाषी।

दिलीप चित्रे

दिलीप चित्रे (1938-2009) भी अरुण कोलाटकर के समान मराठी और अंग्रेजी में लिखने वाले कवि थे। बड़ौदा में जन्में, बंबई में पले-बढ़े और इथोपिया में कुछ दिन अध्यापक रहे चित्रे बाद में बंबई और पूना में रहते हुए, आलोचक, समीक्षक, संपादक, फिल्मकार, पेंटर और कोलाटकर कवि के रूप में स्थापित हुए। इनकी कुछ कविताएं 'एंबुलेस राइड' (1972) और कुछ 'ट्रैवलिंग इन ए केज' (1980) में प्रकाशित हुई। अमेरिकी कवियों की सी व्यंग्य वक्रोक्ति लेकर दिलीप चित्रे ने एक ऐसे संसार को प्रस्तुत किया जिसमें एक ओर तो तुकाराम सरीखे भक्त मराठी कवियों का प्रभाव है, दूसरी ओर विलियम ब्लेक जैसे रहस्यवादियों का। चित्रे एवं कोलाटकर की कविता की तुलना करें तो चित्रे आधुनिक और कोलाटकर उत्तर आधुनिक कहे जाएँगे।

चित्रे की कविताई का अपना अलग स्वाद है। आत्मरति का एक उदाहरण देखें – "अब मेरे जघन केश भी सफेद हो चुके थे और मैं देख सकता था अपनी त्वचा के भीतर एक बूढ़ा गंदा आदमी। यह पूर्ण समाप्ति तो न थी, किंतु उसका प्रारंभ तो था ही।" चित्रे की एक अन्य कविता अनुवाद और संस्कृति के पारस्परिक संबंधों को रेखांकित करती है। वह मानता है कि भाषा वास्तव में चीजों के वास्तविक अर्थ को बिगाड़ देती है।

'किसने जंगली मंकई से और जानवरों की हड्डियों से
शब्दों की पहली फसल काटी?
किसने वो पहला झूठ बोला
जिस पर हमारे धंधे का आधार है?'

चित्रे कई-कई भाषाओं के राक्षसी सन्नाटे को संभालने के प्रयत्न में किसी अनुवादक को जब छटपटाते देखता है, तो यही कहता है कि अनुवादक शान्ति के अर्थ को शब्दों में बांधने का प्रयत्न करता है। वैसे ही बंबई या मुंबई को चित्रित करती कविताओं में दिलीप चित्रे शहर को कविता ही कह उठता है - 'लाइक ए पोइम। दिस सिटी द गार्बल्ड रेलिक ऑफ समवन्स एम्पायर द रिमेनिंग / वायस नाउ पीपल्स / बाई एस्ट्रेनज़ड मिलियन्स' /

वस्तुतः कवि बंबई को भारतीय महानगरों की अव्यवस्था व बिखराव का प्रतीक मानता है, जो एक ओर तो पश्चिमी सभ्यता से हमारे संबंधों के कारण है और दूसरी ओर मनुष्य का अपने परिवेश से कटते जाने के कारण है। यहाँ आदमी रेडियो सुनते-सुनते सोता और सपने देखता है अपने पूर्वजों और आगामी पीढ़ी के बारे में सोचता है। दुनिया भर के बारे मेंविचार करता है। कवि ने एक कविता 'एम्ब्युलेंस राइड' में अपने एक मित्र को इस प्रकार संबोधित किया है मानों वे दोनों मरे भी हों और जीवित भी - 'रिमेंबर द राइड? दी वन ओन व्हिच यू डाइड? (तुम्हें याद

है वो सैर जिसमें तुम मर गए थे? केवल तुम्हारा सिर ही व्यंग्यपूर्ण मुद्रा में थोड़ा हिल रहा था, तुम शांत पड़े थे।)

'यू वर वैरी स्टिल
ओनली योर हैड शुक ए लिटिल
विद सटिल सरकाज्म।'

'तुम्हें याद हो कि न याद हो' की तरंग सी उठाती यह शोकपूर्ण कत्रिता दुःख को कैंसर सा बढ़ते और शराब सा पकते देखती है (सोरो मे ग्रो लाइक ए कैंसर, सोरो मे राइपन लाइक ए वाइन!) कवि ने स्मृति को मानो शीशे के पिंजरे में कैद कर दिया है। चित्रे की ऐसी यात्राएँ हमें कोलाटकर की 'नाव यात्रा' की याद दिलाती तो हैं, किन्तु दोनों में अंतर है। कोलाटकर निस्पृह भाव से बिना किसी लाग लपेट के अपनी भावनाओं और संवेदनाओं को काबू में रखते हुए किसी प्रतीक के माध्यम से अपनी बात रखते हैं , किन्तु चित्रे अपने आपको भी कविता में प्रस्तुत करने का लोभ संवरण नहीं कर पाते । वे 'केटलिस्ट' मात्र बनकर नहीं रह पाते। चित्रे कहते हैं - 'देयर इज नो वाच हीयर//देयर इज नो कैलेंडर / बट आई नो /'(न कोई घड़ी है यहाँ/न कोई कलैंडर / किन्तु मुझे पता है)। कोलाटकर का कहना है -

'व्हाट इज गॉड / ऐंड व्हाट इज स्टोन / द डिवाइडिंग लाइन / इफ इट इक्टिस्ट्स/इज वैरी थिन / ऐट जेजुरी / देयर इज नो क्रोप / अदर दैन गॉड / ऐंड गॉड इज हारवेस्टिड हियर / अराउन्ड दि ईयर / अर्थात - 'ईश्वर क्या है / और पत्थर क्या है/ इनके बीच की विभाजक रेखा / यदि कोई है भी / तो बड़ी पतली है / यहाँ जेजुरी में / यहाँ कोई फसल नहीं होती / सिवाय भगवान की फसल के / और भगवान ही यहाँ काटे जाते हैं / साल भर।'

अरुण कोलाटकर और दिलीप चित्रे ने द्विभाषी साहित्यकार के रूप में अपने स्थान को दोनों भाषाओं में सुरक्षित करके यह स्पष्ट कर दिया है कि भाषा कोई भी हो - देशी या विदेशी, पाठक भाव को देखता है। वह सहृदय तो होता ही है, कई अर्थों में भावुक भी होता है। प्रतिभाशाली कवि के रूप में साधिकार अंग्रेजी में लेखन करते हुए इन दोनों ने एक ऐसी काव्यांजलि प्रस्तुत की है, जिसमें भारतीय वाणी की गेयता एवं लयात्मक तो है ही, अंग्रेजी की अपनी ठसक और रवानी भी है।

कमला दास

कमला दास (1934-2009) एक ऐसी कवयित्री हैं, जिनको चर्चा में रहना आता था । वे ऐसी रचनाकार हैं, जो एक साथ दो भाषाओं में लिखती थीं - मलयालम में वे माधवी कुट्टी के नाम से कहानियां लिखकर प्रसिद्ध हैं, तो अंग्रेजी में कमला दास के नाम से कविताएं। अनेक पुरस्कारों-सम्मानों के साथ आपको आलोचनाओं के झटके भी मिले । धर्म परिवर्तन के चर्चों ने

उन्हें आक्रामक रुख अपनाने को प्रेरित किया और बेबाक लेखन ने उन्हें लोगों का कोपभाजन भी बनाया। माता बालमणि अम्मा भी प्रसिद्ध साहित्यकार थीं और परिवार मातृसत्तात्मक 'नायर'। जहां उनकी माता के लेखन में महात्मा गांधी का प्रभाव स्पष्ट दिखाई देता है, कमला दास के लेखन में स्त्री -मुक्ति एवं सशक्तिकरण के स्वरों की प्रमुखता है। बचपन से ही पिता को बाहरी काम और माता को लेखन करते देख कमला दास को यह लगने लगा था कि स्त्री का एक कार्य ''लेखन' भी होता है। इसलिए वे बचपन से ही लिखने लगीं। अपनी तथाकथित आत्मकथा 'माई स्टोरी' में उन्होंने जो कुछ भी लिखा है, वह आत्मकथात्मक शैली में लिखा गया वह लेखन है, जिसमें कल्पना का मिश्रण भी है। उन्होंने यह पुस्तक तब लिखी थी, जब वे बीमार थीं, और उन्होंने सोचा कि वे कहीं मर न जाएं, इसलिए अपने जीवन की कहानी को नमक-मिर्च लगाकर लिख दी। बाद में जो हुआ वह इतिहास है। निजी ज़िंदगी में कमला दास की छवि एक परंपरागत महिला के रूप में है, जबकि उनकी आत्मकथा इसका ठीक विपरीत रूप प्रस्तुत करती है। कमला दास का मानना था कि पूरी ईमानदारी के साथ आत्मकथा लिखना और कुछ भी नहीं छिपाना, एक प्रकार से एक एक कर अपने कपड़े उतारने जैसा काम है अर्थात 'स्ट्रिप्टीज़ ' और उनका कहना था, "जो कुछ भी हम लिखते हैं, उसमें एक रचनात्मकता होती है. कहाँ वास्तिवकता आती है और कहाँ कल्पनाशीलता, इससे आप को कोई फ़र्क नहीं पड़ना चाहिए। ये देखना चाहिए कि वो चीज़ हमें छू रही है या नहीं. हमें इससे प्रेरणा मिल रही है या ये हमें हिला रही है या नहीं. बाकी सब बातें बेमानी हैं।"

उनकी पहली कृति 'समर इन कलकत्ता' आई, लोग दंग रह गए। किसी ने यह कल्पना भी न की थी कि कोई हिंदू ऐसी रचना देगा, वह भी कोई स्त्री। कई लोगों ने सोचा कि कहीं उनकी स्त्रियाँ ऐसा वाहियात लिखने लगीं तो? कमला दास ने लिखा था कि उनकी वैवाहिक जिंदगी 'एक सूखे टोस्ट' (ए ड्राई टोस्ट) सी थी, इसलिए उन्होंने अपने पति की व्यस्तताओं को देखकर अपने लिए अलग से जीवन शैली निर्धारित कर ली। आदमी की वासना के बारे में लिखा। काम संबंधों के विषय में लिखा। उनके पति उनकी प्रेम कविताओं को कृष्ण राधा का प्रेम समझते रहे। कमला दास ने धर्मसंगत 'राधा' के स्थान पर 'कामातुर' राधा का चित्रण प्रस्तुत किया। अपनी एक कहानी में वे दिखाती हैं कि राधा ने अपने स्तनों पर चंदन लेप कर लिया है, वह सो जाती हैं और जब जागती हैं, तो देखती हैं कि चंदन सूख गया है, किंतु कृष्ण आया ही नहीं है। राधा सोचती है कि यह चंदन का लेप यूं ही व्यर्थ चला गया। कमला दास ने राधा-कृष्ण को मानवी-जीवन की तरह देखा। उनको कथा नायक बनाकर 'बेवफाई' की कथाएं गढ़ीं। उनसे पूर्व मलयालम में ललिताम्बिका ने ऐसी बेबाकी दिखाई थी। उर्दू की इस्मत चुगताई में भी ऐसी ही बेबाकी है। कमला दास ने इस प्रकार मलयालम लेखन में अपनी कहानियों, लेखों, यात्रा वृत्तांतों और उपन्यासों से अपना स्थान बनाया है और कविता लेखन से भारतीय अंग्रेजी कविता लेखन

को विश्व में पहचान दिलाने में महत्वपूर्ण योगदान दिया है।

कमला दास की कृति 'समर इन कलकत्ता' (1965) उस समय आयी, जब भारतीय जनमानस एक बार फिर से भारतीय कथासूत्रों को खंगालने में लगा था। कमला दास ने प्रेम को आधार बनाकर ऐसे कथासूत्र को प्रस्तुत करते हुए काव्य रचना की कि जिसे एक बारगी पाठकों ने संदेह की दृष्टि से देखा, किंतु अनदेखा नहीं किया। कवयित्री तो वे थी हीं, ऐसी कि कविता में दृश्य, बिंब, मिथक, शब्द, ड्रामा, लय, ताल और गति सभी उत्तम होता है। प्रारंभ में तो उनकी छंद एवं मात्रा की गणना भी पूर्णतः साधी हुई सी लगती थी। जहां तक कविता के विषयों के प्रश्न हैं, वे अपनी आत्मकथा में बताती ही हैं कि उन्हें ऐसा पति मिला था, जो उन्हें पूर्ण आजादी प्रदान करने को आतुर प्रतीत होता था। अपने समकालीनों की तरह वे भी बचपन की स्मृतियों को कविता में परिवर्तित करती हैं। रामानुजन, पार्थासारथी, मीना अलेक्जेंडर और शरतचंद्र की कविताओं में भी बचपन के चित्र हैं, यहां भी बचपन जीवन का आदर्श समय है। यह समय प्रेम, स्वतंत्रता और सहजता का है। 'माई ग्रांड मदर्स हाउस' कविता में यह समय मानो कैद हो गया है -

'तुम्हें विश्वास न होगा डार्लिंग
क्या तुम्हें होगा? कि मैं ऐसे घर में रहती थी
और गर्वित थी, सबकी प्यारी थी...
मैं जिसने खो दिया है अपना मार्ग
और अब अजनबियों के बीच मांगती फिरती हूं
प्रेम की भिक्षा, भिक्षा के टुकड़े'?

एक घर का सपना और यथार्थ यही बार-बार आता है और साथ ही एक अनजानी-सी तड़प उस मातृसत्तात्मक परिवार की, दक्षिण भारत के जीवन की और विवाह पूर्व जीवन की। पति ने विवाह पश्चात उसे स्वतंत्रता प्रदान कर दी, किंतु शायद यह स्वतंत्रता काम संबंधों की विफलता का मूल्य ही था। 'कंपोजिशन' कवितांश का अनुवाद देखें-

जब मैं ब्याही गयी/मेरे पति ने कहा
तुम स्वतंत्र रह सकती हो
मेरी आत्मा तृप्त हो गयी इस बात पर
स्वतंत्रता मेरे लिए नृत्य-पादुका बन गई
कितना नाची मैं, अनथक नाची मैं
जब तक कि पादुका मेरे पैरों के लिए भारी न हो गई।

कमला दास की कविता में विवाहेतर काम संबंधों की व्याख्या कई को रुचती है, किंतु यह रुचि तभी कायम रह पाई है, जब वे इसमें नवीनता, सुघड़ता और अनजापन बनाए रखती हैं।

विवाह ने उसके अहं को ठेस पहुंचाई थी, उन्हें प्यासा छोड़ा था, किंतु इससे उनकी कल्पनाशीलता को पंख लगे थे। एक कविता जिसमें स्त्री का मांसल सौंदर्य व पिपासा झलकी है, उसे दर्पण के माध्यम से रखते हुए कवयित्री ने एक अनोखा संसार ही रच डाला है।

दर्पण (द लुकिंग ग्लास)
आसान है तुम्हारे लिए किसी
आदमी को प्यार के लिए पाना
केवल अपनी औरतपन की
चाहत के प्रति रहना ईमानदार
उसके साथ शीशे के सामने
नग्न हो जिससे वह देख
और उसे इसका विश्वास हो
और तुम्हारी कमनीयता, यौवन,सुकुमारता...
स्वीकारो अपनी प्रेमासक्ति।
ध्यान दो उसके अंगों की पूर्णता पर, उसकी आंखों की लाली,
तेज बौछार से जल क्रीड़ा में,
स्नानागार के फर्श पर शर्मीली चाल
तौलिए का सरक जाना और देखना सिधाई में मूत्र त्याग।
वे ये सारे विवरण जो उसे मर्द बनाते हैं
और केवल तुम्हारा मर्द बनाते हैं।
उसे सब कुछ भेंट दो,भेंट में दो वह सब कुछ
जो तुम्हें औरत बनाता है
लंबे बालों की खुशबू, स्तनों के बीच छिपा जाफरानी स्वेद,
मासिक रक्त की गर्माहट का झटका, और तुम्हारी सारी अंतहीन स्त्री भूख
ओह! हां, आसान है तुम्हारे लिए किसी आदमी के प्यार को पाना,
किंतु बाद में उसके लिए रहना भी होगा जीना बिना जिंदगी के,
जब घूमते हो तुम, अजनबियों से मिलते, उन आंखों में जिन्होंने ढूंढ़ना
छोड़ दिया है कान जो आखिरी बार तुम्हारा नाम पुकारने की गूंज से
भरे है और तुम्हारी यह जिस्म जो कभी उसके स्पर्श से चमकते पीतल सा दमकता था,
अब बेकार और व्यर्थ है।

यह जो दर्पण के बरक्स गर्मी है, वासना है वह उनकी एक नई कविता तक आते-आते उस व्यर्थता को भी शब्दबद्ध कर देती है। 'एक विधवा की पुकार' कविता में स्वयं की स्थिति यह है-

मेरा आदमी, मेरे बेटे धुरी सी बनाते हैं
जबकि मैं, पत्नी और मां
मक्खी सी महत्वहीन
उनकी आंखों की खिड़कियों के शीशे पर बैठी...'

इसलिए कमला दास को काम और विवाहेतर संबंधों का जिक्र करने वाली कवयित्री के साथ-साथ ही स्त्री की दशा-दिशा को रेखांकित करनेवाली रचनाकार भी कहना होगा। वे बूढ़ी स्त्रियों, नौकरानियों और विधवाओं आदि हाशिए पर पड़ी स्त्रियों को कविता में विषय बनाकर लाती हैं।

ममता कालिया

कमला दास की चर्चा करते हुए हमें ममता कालिया (1940-) का ख्याल कई बार अनायास ही आ जाता है। वे भी द्विभाषी हैं- हिंदी में ममता कालिया को कथाकार के रूप में किसी परिचय की आवश्यकता अब नहीं है। हिंदी ने उन्हें सम्मान और पहचान दोनों दी हैं। "प्यार शब्द घिसते घिसते चपटा हो गया है अब हमारी समझ में सहवास आता है" जैसी दो-टूक कविताओं से लेखन आरंभ कर ममता ने अपनी कलम के कमाल से परिचित कराया किन्तु वे हिन्दी कथा-साहित्य की ओर चलती चली गईं। कथाकार रवीन्द्र कालिया से विवाह हुआ और उनका प्रेरक व्यक्तित्व भी काम आया।उनके पिता और चाचा भी हिन्दी अंग्रेजी के प्रमुख विद्वानों में थे।"I am no longer Mamta Kaliya."जैसी पंक्तियों से इनका परिचय देना शायद ठीक रहेगा। क्योंकि ममता कालिया की अंग्रेजी रचनाओं पर हिंदी के पाठकों का ध्यान जाता ही नहीं है। यह भी कम लोग जानते हैं कि वे प्रो.बी. राजन की शिष्या रही हैं, जिन्होंने मिल्टन पर विशेषज्ञता हासिल की और 'टू लोंग इन द वैस्ट' उपन्यास लिखकर भारतीय अंग्रेजो लेखन में प्रवेश करना चाहा। यह भी कम ही रेखांकित हो पाया है कि ममता कालिया ने कविता-आंदोलन के साथ भी कदम बढ़ाया था और उनके हिंदी पाठकों ने कभी उनकी अंग्रेजी रचनाओं को ढंग से देखा ही नहीं, जिन्होंने देखा उन्होंने परखा नहीं। हमारे यहां तुलनात्मक अध्ययन की कोई पुख्ता परंपरा है नहीं। खैर उनकी प्रथम पुस्तक 'ट्रिब्यूट टू पापा एंड अदर पोएम्स'(1970) का कुरकुरापन और आत्मीयतापूर्ण लहजा हमें मोहित करने के लिए बहुत है। इस रचना में कवयित्री पितृसत्तात्मकता और मध्यवर्गीय मानसिकता को ललकारते हुए स्वच्छता व शुचिता के तथाकथित मानदंडों को चुनौती देती हैं-

'तुम्हें शक है कि आजकल मेरा कोई चक्कर चल रहा है
किंतु तुम शर्म के मारे इसे पक्का नहीं करते। क्या हो यदि मेरा पेट फूलकर दिखने लगे
और मैं इसे साफ करने से इंकार कर दूं?

लेकिन पापा मैं सावधान रहूंगी
नहीं तो आप एकदम आत्महत्या की सोचेंगे।'

यही हाल एक अन्य कविता में भी है, जहां ममता कालिया एक सामान्य गृहिणी के अस्तित्व एवं उसके व्यक्तित्व की व्यर्थता को रेखांकित करती हैं-

'मुझे अब ऐसा नहीं लगता कि मैं ममता कालिया हूँ
मैं कमला हूं या विमला या कान्ता या शांता
मैं पकाती हूं, मैं मांजती हूं, मैं धारण करती हूँ ,
मैंरखती हूं,मैं झुंझलाती हूं, मैं टहलती हूँ ,
मैं ढल जाती हूं, मैं ढह जाती हूँ ।'

ममता कालिया की कुछेक अंग्रेजी कविताओं को कैलाश वाजपेयी ने हिंदी में प्रस्तुत किया है, सुरेश दलाल ने 'ट्रिब्यूट टू पापा' को गुजराती में पेश किया है। 'बेघर', 'नरक दर नरक', और 'एक पत्नी के नोट्स' इत्यादि की रचनाकार ने पुरुष वर्चस्व के खिलाफ स्वर बुलंद किया है। कविता के माध्यम से बड़ी बेबाकी और हिम्मत से ममता कालिया ने भारतीय अंग्रेजी कविता लेखन के आंदोलन में उल्लेखनीय योगदान भी दिया है।स्त्री के प्रश्न को निम्नलिखित पंक्तियाँ बड़ी सरलता से रखती हैं।

Oh! I'm fed up being a woman.
This all time bewareness of my body.

ममता कालिया का दूसरा काव्य संग्रह "पोएम्स"(1978)है जिसमें वे अपनी रचना प्रक्रिया पर प्रकाश डालती है- In my hour of discontent/I neither shout nor rant/I simply fill ink in my pen/And spill it with intent.

कमला दास और ममता कालिया, मलयालम और हिंदी की ऐसी दो महत्वपूर्ण लेखिकाएं हैं, जिनके भारतीय अंग्रेजी कविता के क्षेत्र में प्रतिबद्ध लेखन को पहले से ही मान्यता मिली हुई है। ऐसी रचनाकार अपने भाषा-पाठकों के लिए अतिरिक्त गर्व का कारण भी बन जाया करती हैं।

अनामिका

अनामिका (1961-) का उल्लेख करने का लोभ संवरण नहीं कर पा रहा हूँ। हिन्दी वाले इन्हे हिन्दी के खाते में यह कहकर डालते हैं कि अंग्रेज़ी की प्राध्यापिका होने के बावजूद अनामिका ने हिन्दी कविता कोश को समृद्ध करने में कोई कसर बाकी नहीं छोड़ी है। अंग्रेजी से हिन्दी में अनुवाद (नागमंडल (गिरीश कर्नाड), रिल्के की कवितायें, एफ्रो- इंग्लिश पोएम्स, अटलांट के आर-पार (समकालीन अंग्रेजी कविता), कहती हैं औरतें (विश्व साहित्य की स्त्रीवादी कविताएँ) और आलोचनात्मक लेखन (पोस्ट-ईलियट पोइट्रि) तथा अमेरिकन कवयित्रियों आदि के गहन

अनुसंधान से आपने जो इस मुहल्ले में भी अपना स्थान बनाया है, उसका संज्ञान लेना होगा। अनुवाद और आलोचना को 'फ्लाइंग आर्केड गेम्स' मानते हुए एक साक्षात्कार में अनामिका अपनी अनुवाद प्रक्रिया पर टिप्पणी करते हुए कहती हैं- अंग्रेजी से हिन्दी में अनुवाद करना किसी सखी के साथ खेलने के समान है और हिन्दी से अंग्रेजी में अनुवाद करने का अर्थ है किसी क्रोस-वर्ड पहेली को हल करना।

Translating from English into Hindi is fun. It's like playing hopscotch with an old firend, a sakhi. Translating from Hindi into English is also fun but that fun is more akin to the pleasures of playing a crossword puzzle which teases, irritates, challenges, and finally boils down to an issue of prestige.(PIW,2006)

अंग्रेजी के साथ 'प्रेस्टीज़ के इशू' को लगाते ही कवयित्री अपने ही वक्तव्य का विखंडन करते हुए दिखाई देती हैं। एक ही कवितांश के दो रूप प्रस्तुत हैं , एक अनुवाद है और दूसरा मूल । दोनों अनामिका रचित हैं ।

We were read
like the torn pages of children's notebooks
made into cones to hold warm chanajorgaram
पढ़ा गया हमको
जैसे पढ़ा जाता है कागज
बच्चों की फटी कॉपियों का
चनाजोरगरम के लिफाफे बनाने के पहले!

कमला दास के पश्चात् कविता लेखन क्षेत्र में महिलाओं ने और अधिक आत्मविश्वास से प्रवेश किया, अपने परिवेश तथा अनुभव के लाभ को अभिव्यक्ति के निमित्त ढाला।हाँ, यहां ऐसा तो नहीं दिखाई देता कि एक कवयित्री ने दूसरी को अपने आभामंडल में लिया हो या सीधे प्रभावित ही किया हो, फिर भी डिसूजा और सिलगारडो से प्रारंभ होकर एक अच्छी संख्या में कवयित्रियों ने अपनी उपस्थिति दर्ज करायी है।

यूनिस डिसूजा

ममता कालिया की बात तो कर चुके हैं, उनके प्रथम काव्य संग्रह 'ट्रिब्यूट टू पापा' की ओजस्वी समीक्षा करने वाली यूनिस डिसूजा (1940-2017) स्वयं भी काव्य प्रतिभा संपन्न थीं। उनकी एक पुस्तक 'टाकिंग पोइम्स' (1999) में उनके द्वारा लिए गए दस प्रतिष्ठित अंग्रेजी कवियों के साक्षात्कार हैं। जिस प्रकार कमला दास ने अपनी दादी के घर केरल में बिताते समय

को कविता के शिल्प में ढाला है, वैसे ही डिसूजा की कविता में उनके बचपन की गोवा की स्मृतियां, पूना में गोवा निवासियों की जद्दोजहद आ ही गए हैं। डिसूजा की कविता में चर्च, विवाह, कैथोलिक-मातृत्व, भारतीयों की रंगभेद नीति, गोवा वासियों का फूहड़पन, कामुकता और गोवा वासियों के द्वारा यदा-कदा अनुभव की जाती रही अलगाव की भावना, जो उन्हें भारत से अलग-थलग करती है आदि विषय आए हैं। 'कन्वेरसेशन पीस' कविता की कुछ पंक्तियां दृष्टव्य हैं-मेरी पुर्तगाली मौसी ने/एक मिट्टी का शिवलिंग उठाया एक दिन और कहा:/ क्या यह एश ट्रे है?/नहीं, सेल्समैन ने कहा, 'यह हमारा भगवान है।/

ऐसी परिस्थितियों एवं परिवेश में पली-बढ़ी लड़की अपने बारे में ही तो लिखेगी। वस्तुतः जैसा अरविंद कृष्ण महरोत्रा ने लिखा है कि गोवावासियों का अपना एक अलग व्यक्तित्व है और जिनकी अंग्रेजी में भी अपना अलग मुहावरा है, जो अन्यों की 'चित्रात्मक' या 'बाबू' अंग्रेजी से भिन्न है। डिसूजा ने इसी मुहावरे को पकड़ा है। उनका बंबई एवं अमेरिका-इंग्लैंड प्रवास भी काम आया और इसलिए वे एक तरह से अन्य अनेक भारतीय अंग्रेजी कवियों से संपर्क भी कर सकीं, उन पर लिख भी सकीं और उनकी कविताओं को एकाधिक संग्रह में प्रकाशित भी कर सकीं। गोवावासियों की व्यंग्य की मीठी मार उनकी प्रारंभिक रचनाओं से ही चली आती है। उदाहरण के लिए 'मेरे विद्यार्थी' (माई स्टूडेंट्स) कविता को लें। यह कविता उन पर व्यंग्य है, जो समझते हैं कि अंग्रेजी कविता केवल विदेशियों द्वारा ही लिखी जा सकती है और केवल पुरुष ही काम संबंधों के बारे में अधिकारपूर्वक लिख सकते हैं-

मेरे विद्यार्थी इसे बेहूदा मजाक समझते हैं
कि दारूवाला और डिसूजा कविताएं लिखें
कविता तो विजन विपन और
परियों के देश की होती है।
स्त्री तो मिस आस्टिन सा लिखती हैं।
केवल विदेशी पुरुष ही अपने को उघाड़ते हैं।

जैसा ममता कालिया अपने पिता से अपने पारिवारिक द्वंद्व को बताती हैं, वैसे ही डिसूजा अपने माता-पिता को अपनी वेदना सुनाते हुए कहती हैं- 'मां मुझे माफ करना/सपने में/मैं तुम्हें रोंद डालती हूं।

एक अन्य स्थान पर वे लिखती हैं-'मैंने अपने बाप को मार डाला जब मैं तीन बरस की थी मैंने कितने ही चक्करों को चलाए रखा है और सभी में बुरी तरफ फंसकर निकली हूं। मैंने शायद ही अनुभव से कुछ सीखा है।'

आत्मकथात्मक कविताओं में वे स्पष्ट करती जाती हैं कि दुनिया वाले उन्हें काटकर फेंक देना चाहते हैं, इसलिए वे अपनी रक्षा में खुद को बेबाकी से प्रस्तुत करने के सिवा कुछ और नहीं

कर सकती। डिसूजा की कविता राजनीति, समाज, मानवीय आदर्शों या धर्म के स्थान पर स्त्री को और उसकी अस्मिता को बयान करती चलती हैं। वे जानती हैं कि स्त्री को पुरुष वर्चस्ववादी समाज में जमकर लड़ना होगा, इसलिए 'स्त्री को सलाह' उनकी यही है कि वे बिल्ली पालकर उससे पुरुषों की आंख बदलने की आदत के विषय में जान लें। वे आंखें बहुत कुछ सिखा देंगी।

Keep cats
if you want to learn to cope with
the otherness of lovers.
Otherness is not always neglect -
Cats return to their litter trays
when they need to.

इसका तात्पर्य यह नहीं है कि डिसूजा की कविता में स्त्री मात्र संघर्ष ही करती हैं, वह जैसा कि 'विमिन इन डच पेंटिंग' (1988) में दिखाती हैं 'शांत होती हैं, किंतु मूर्ख नहीं।' उसकी वाणी में भी शहद की मिठास होती है और जीवन में चित्ताकर्षकता। कई आलोचकों ने डिसूजा को यह कहकर समझाया है कि उनकी कविता में स्वयं के विषय में नकारात्मकता अधिक है, किंतु ऐसा लगता है कि इनकी कविता में अपना जो स्वर है, वह ओज का है,प्रतिबद्धता का है, दया और दासता का नहीं।

मेलानी सिलगारडो

मेलानी सिलगारडो (1956-) कवि ही नहीं, कवि कर्म प्रणेता भी हैं। कई लेखकों की रचनाओं को संवारकर प्रस्तुत करके अपने नाम और दाम कमाएं। 'डेबोनेयर' और 'फेमिना' की कविता-संपादक रहते हुए तथा देश-विदेश प्रवास में आपने अनुभव प्राप्त किया। अरुण कोलाटकर और डाम मारेस से प्रभावित भी हुई। अरब लेखिकाओं का संकलन तैयार करना भी एक उपलब्धि इनके खाते में है ही। बचपन से ही काव्य संस्कार मिले। अपने परिवार में विश्वविद्यालय में पहली बार जाकर पढ़ने वाली सिलगारडो ने बड़ी मेहनत और तंगी से पढ़ाई की। यह भी उल्लेखनीय है कि डिसूजा इनकी सेंट जेवियर में अध्यानिका रहीं और होपकिंस, इलियट, येट्स, ऑडन, प्लाथ आदि प्रेरक कविगण। वे उस जमाने में लिख रही हैं, जब बंबई में यह कहा जाता था 'बिल्ली को यूं मत उछालो, यह किसी कवि को जा टकराएगी।' इस प्रकार इस गोवावासी रोमन कैथोलिक ने प्रकाशक, कविता प्रचार के साथ लेखन-कर्म भी किया है। इनकी कविताओं में गोवा का बचपन आ जाता है। सिलगारडो कि कविता 'दि अर्थ वर्मस् स्टोरी' उनकी गुरु डिसूजा को समर्पित है- तुम नहीं जानती मैं अपनी तकिया अधिक भिगोती हूं/ उससे भी अधिक जितना बचपन में बिस्तर गीला करती थी/ मैंने जो कहा उसके लिए मुझे

क्षमा करें/ पंद्रह की होने पर मैंने सोचा/ कि बुद्धिमानी चमत्कृत करने वाले शब्दजाल में है/अभद्र और हरामजादा जैसे शब्दों को /मन में पचासों बार दुहराना/ और पाना अपनी आंखों में संतोष की झलक /यह झूठ था।

डिसूजा की तरह सिलगारडो की कविता में स्त्री अपना भार खुद उठाती है। 'डू नोट टैल द चिल्डरन', '1956-76', 'डोरिस' और 'द लेंग्थ ऑफ एन आर्म' इनकी प्रतिनिधि कविताएं हैं। सिलगारडो की एक कविता में हम पढ़ते हैं, 'पिता जिस वर्ष तुम मरे / मुझे बुद्धि आयी।' 'तुमने जो पत्र मुझे लिखें...वे मेरे लिए पथप्रदर्शक बने।' 'फोर फादर आन द शैल्फ' कविता में पिता का नायक और खलनायक रूप देखते ही बनता है। कहना न होगा कि सिलगारडो की रचनाओं में भाषा की सहजता, सरलता एवं अभिव्यक्ति में निश्छलता पाठक को पसंद आती है।

गौरी देशपांडे, मेना शिवदासानी, मुक्ता संबरानी, इम्तियाज धारकर, चित्रा बनर्जी दिवाकरुनी, सुजाता भट्ट और ऐसी ही कई अन्य कवयित्रियों ने भी भारतीय अंग्रेजी लेखन को सरोजिनी नायडू और तोरु दत्त की परंपरा से हटाकर नई भंगिमा प्रदान की है। इनके लेखन में अभिव्यक्ति कुशलता का नया पैमाना बना है। सपाट बयानी के स्थान पर व्यंग्योक्ति की प्रधानता यहां अनायास ही आयी है। उदाहरण के लिए हम शरमायने डिसूजा की 'ए स्पेलिंग गाइड टू वूमैन' (1990) कविता संग्रह की कुछ पंक्तियां लें-आज/मैं ईश्वर था/मैंने एक मानव को/उसकी इच्छा का प्रयोग करते हुए/मुझे नहीं कहने की अनुमति दी। (गॉड फोर ए डे)।

"Woo men/womb men/ woe men/whim men/warm men/ who, men ?/ no women." सात पंक्तियों और 14 शब्दों वाली इस कविता से 'ए स्पेलिंग गाइड टू वुमेन' कविता संग्रह का आगाज होता है। और 'Me?' में है –

I have been too long in search
Of someone who will turn around
And say: you, I presume, are me.
How do you do ? Stay.

इम्तियाज धारकर

इम्तियाज धारकर (वर्ष 2005 का साहित्य अकादमी पुरस्कार मिलते-मिलते रह गया) का जन्म 1954 में लाहोर में हुआ, बचपन ब्रिटेन में बीता और डेबोनेयर के पूर्व संपादक अनिल धारकर से विवाह के पश्चात ये यहीं रह गयीं। इनकी पहली पुस्तक 'पर्दा एंड अदर पोइम्स' (1989) और 'पोस्टकार्ड फ्रोम गोड' (1997) चर्चित रहीं। पाकिस्तान की इस बेटी ने ग्लासगो में पढ़ाई की इससे सामाजिक दबाव भी रहा ही होगा। बड़ी बहन के अंग्रेज से विवाह करने और इनका विवाह भारतीय होने के कारण वस्तुतः ये अपने अतीत को पोंछकर आई हैं। यहां इनकी

कविताओं को केवल मुस्लिम महिलाओं पर लिखी कविताओं की दृष्टि से ही नहीं, अपितु स्त्री अस्मिता की खोज की व्यापक दृष्टि से देखा जाना आवश्यक है। ये कविताएं स्त्री होने का दर्द या अनुभव बयान करती हैं, मात्र मुस्लिम औरत होने का नहीं। एक साक्षात्कार में स्वयं कवयित्री ने कहा था कि स्त्रियाँ सदैव घुटती रहती हैं। किसी ने कहा था, 'मुझे एक औरत दिखाओ जो अपराधी महसूस न करती हो और मैं तुम्हें एक आदमी दिखाऊंगा।' 'वास्तव में इस महाद्वीप के पुरुष अपनी मां के फरमाबरदार होते हैं। वे चालीस साल तक मां के पल्लू से बंधे रहते हैं और उसके बाद तो बचपन में ही चले जाते हैं।'

इम्तियाज की कविता में एक फिल्मकार और चित्रकार की बारीकी भी है। सभी कविताओं के रेखाचित्र वे खुद बनाती हैं। पर्दा और बुर्का के वे सख्त विरोधी हैं और कमला दास के विपरीत इसे मजबूरी का परिधान मानती हैं-'पर्दा' क्या है? एक दिन उन्होंने कहा : अब यह इतनी बड़ी हो गयी है कि कुछ शर्मोहया भी जान ले। / उसे यह बात बिल्कुल सामान्य सी लगी।/पर्दा एक प्रकार की सुरक्षा है/ शरीर को छिपने का स्थान मिल जाता है/ कपड़ा चमड़ी को हवा करता है/ वैसे ही जैसे मिट्टी गिरती है कफन पर जब मुर्दा आदमी को वे जमीदोज करते हैं।

कवयित्री ने 'पर्दा' को स्त्री की लज्जा से जोड़ा है, जिसकी रक्षा का पाठ वे सुनती चली जाती हैं। सरोजिनी नायडू की 'पर्दा नशीन' कविता से कितना भिन्न है यह स्वर? मुस्लिम समाज में स्त्री की दशा पर टिप्पणी भी है और चेतावनी भी। 'पर्दा -2' में कवयित्री इस्लामी समाज में पर्दा या नकाब को विभाजन और दमन का प्रतीक मानते हुए लिखती हैं-उन्होंने इनकी आंखों पर बड़े पर्दे डाल दिए हैं वे इनके स्तनों को ढंकते हैं, किंतु नहीं ढंक पाते इनके होठों की पूर्णता को/ ए औरत, ओ औरतों तुमने सीख लिया है/ कि जब वह आता है तुम अपना सिर छिपाती हो।यहां बच्ची भी कुछ नहीं बस एक ऐसी दरार है, जहां रोशनी चमकना भूल गयी है (शी एज नथिंग, बट ए क्रैक व्हेयर द लाइट फोरगोट टू शाइन)।

अधिक चर्चा अब इनकी 'पोस्टकार्ड फ्रोम गॉड' (1994) की हुई क्योंकि इसमें बाबरी ढांचा गिराए जाने के बाद की अल्पसंख्यक मनस्थिति का वर्णन है। 'लिविरा स्पेस' कविता में अंडों की टोकरी का बिंब और उनका टूटना पाठक वर्षों तक नहीं भूल पाएगा। वैसे ही 'द लिस्ट' में बेकरी में डबलरोटियों का फटना, 'सागर में मछलियों का तड़पना' आदि बस के धमाकों की याद दिलाते हैं। कहना न होगा कि कवयित्री ने अपनी बहुमुखी प्रतिभा से एक ओर तो इस्लामी संस्कृति को विषय बनया है, दूसरी ओर प्रेम, विवाह, मातृत्व और अन्य संबंधों को भी स्वर दिया है। सामाजिक सरोकार तो हैं ही-

यह बोम्बे नहीं जो जलता है/ बल्कि यह विशिष्ट बालक/ बोल्ट किए दरवाजे के पीछे चीखता,/ वह आग से झुलसता आदमी /जो अपनी कार में फंसकर रह गया है।

उन्हीं के शब्दों में-मैं एक पैदाइशी विदेशी थी ,मैंने वहीं से शुरू किया था, सर्वत्र विदेशी बने

रहना / जहां भी मैं गई, उन जगहों में भी जो मेरे संबंधियों ने बसाए थे।

जैसे इम्तियाज धारकर स्कॉटलैंड में रहीं, वैसे ही मीना एलेक्जेंडर सूडान में, सुजाता भट्ट अमेरिका में, तारा पटेल मलेशिया में, मेनका शिवदासानी हांगकांग में, और सी.डिसूजा अमेरिका में पलीं या रहीं। इस विदेश प्रवास ने इन पर खासा प्रभाव भी डाला। 'नाइन इंडियन विमिन पोइट्स' में संपादिका इ. डिसूजा ने उत्तर उपनिवेशवादी और प्रवासी भारतीय मानसिकता का इन कवयित्रियों के लेखन पर प्रभाव का आकलन सांस्कृतिक द्वंद्व के रूप में किया है। यदि सुजाता भट्ट की एक कविता की कुछ पंक्तियां लें तो तथ्य को प्रमाण मिलेगा - 'कभी मुझसे पूछा जाता है कि/ यदि मैं किसी ऐसे स्थान को खोजती होऊँ/ जो मेरी आत्मा को भटकने से बचाए/ एक ऐसा स्थान जहां मैं रह सकूं /स्थान को छोड़ने की चाहत के बगैर...

ऐसे कवियों के सरोकार बहुत हैं। हाँ, अब न सीता और न सावित्री का आदर्श है। मेनका शिवादासानी 'दस रुपये में निर्वाण' (1990) की चर्चा करती हैं । एक बात और है। पहले कवयित्रियों की चर्चा स्त्रीवादी आंदोलन के संदर्भ में अवश्य की जाती थी जैसे कि सभी लेखिकाएं इस आंदोलन की झंडाबरदार हैं। अब ऐसा नहीं है। स्वतंत्रता के इतने वर्षों बाद की नारी शिक्षित है और अपने व्यापक परिवेश में अभिव्यक्ति के समस्त खतरे उठाते हुए कविता को आधुनिकीकरण तथा वैश्वीकरण का माध्यम भी बना रही है। शहरी मध्यवर्गीय नारी ने पत्नी, मां और अन्य भारतीय रिश्तों नातों के साथ अन्य मानवीय संबंधों को भी सहेजना सीख लिया है। आज की परिस्थितियों में 'कोई कवि बन जाए सहज संभाव्य' है। संवेदनशील एवं भावुक स्त्री की तो बात ही क्या है?

ए. के. रामानुजन

ए. के. रामानुजन (1929-1993) को देखना एक साथ ही कई कवियों को देखना है। रामानुजन का जन्म मैसूर के एक श्री वैष्णव तमिल ब्राह्मण परिवार में हुआ था। उनके पिता गणित के प्रोफेसर थे और घर में उन्हें जो वातावरण मिला, वह सही अर्थों में बहुभाषी था। वे तमिल, कन्नड और अंग्रेजी तीन-तीन भाषाओं को मातृभाषावत प्रयोग में लाते रहे। मैसूर और पूना में पढ़ने के पश्चात बेलगाम आदि कई दक्षिण भारतीय नगरों में पढ़ाया और सन् 1958 में भाषा विज्ञान में पी.एच.डी. करने के लिए इंडियाना विश्वविद्यालय में विलियम ई कोलविन प्रोफेसर के पद पर नियुक्त हुए। वे वहीं लगभग तीन वर्ष तक रहे। अमेरिका में भी रामानुजन को कवि के रूप में शायद कम ही लोग पहचानते थे, वे भारतीय भाषाविद् के रूप में पहचाने जाते थे। यह भी एक विडंबना ही है कि उन्हें कविता के लिए साहित्य अकादमी पुरस्कार मरणोपरांत दिया गया। अनुवादक के रूप में उन्हें प्राचीन तमिल और मध्यकालीन कन्नड का सहज अनुवादक माना जा सकता है। उन्होंने कुछ प्रयोगात्मक कवितायें कन्नड में जैसे 'होक्कुलाली हुविता कुंतोबिल्ले'

और 'मत्तु इत्तारा पदयागलु' लिखीं। उनके अतिरिक्त कुछ कथाएं अंग्रेजी से कन्नड़ (हल्दी मीनू) कन्नड़ से अंग्रेजी अनुवाद (संस्कार) और कन्नड़ मूल से एक उपन्यास 'मत्तोबना अटमाकाटे' आदि की रचना की। सन् 1976 में पद्मश्री और 1983 में मैकार्थर फाउंडेशन की फैलोशिप के साथ ही अमेरिकन अकादमी ऑफ औथर्स की सदस्यता भी 1990 में प्राप्त हुई। जहां तक उनके भारतीय अंग्रेजी कविता लेखन का सवाल है, वे तब सैंतीस वर्ष के ही थे, जब उनकी कविता संग्रह 'द स्ट्राइटर्स' (1966) प्रकाशित हुआ और जैसा अंग्रेजी कवि फिलिप लारकिन ने किया था, वैसा ही रामानुजन ने प्रति शताब्दी एक काव्य संग्रह प्रकाशित करके दिखाया। मृत्यु के कुछ दिन पूर्व तक वे लिखते रहे और निम्नलिखित काव्य पंक्तियां तो मानो मृत्यु का पूर्वाभास ही हैं-

जन्म अधिक समय लेता है/ चाहे मृत्यु अचानक हो सकती है
और बढ़ती है, जैसे गर्भवती हिरनी / दौड़ती-फलांगती भून डाली जाए।
(बर्थ टेक्स ए लॉन्ग टाइम/ दो डैथ कैन बी सडन
ऐंड मल्टिपल, लाइक प्रिगनेंट डीअर/ शोट डान ओन द रन। (बर्थ डेज-16-3-1992)

ए. के. रामानुजन के व्यक्तित्व और कृतित्व पर गहन शोध और लेखन करने वाले विद्वान यह मानते हैं कि शिकागो विश्वविद्यालय के पुस्तकालय में सन् 1962 में उन्होने दो तमिल पुस्तकें 'कुरंतोकाई' और 'तोलकाप्पियम्' देखीं। इन पुस्तकों ने कवि का जीवन-दर्शन ही बदल दिया। इन पुस्तकों के काव्यात्मक अनुवाद के दौरान उनकी सुप्त काव्य-प्रतिभा भी प्रस्फुटित हुई। उन्होंने देखा कि जैसी कविताएं वह स्वयं लिखना चाह रहे थे, वैसी कविताएं दो हजार वर्ष पूर्व संगम कवियों ने तमिल में लिखीं थीं और इसी दौरान वह कविता प्रस्फुटित इुई, जो उनकी स्वतंत्रा पहचान बनी।

कीट (द स्ट्राइडर्स)
और खोजो / कुछ पतले-धड़ वाले बुलबुलों-सी आंखों वाले
देखो उन्हें फैलाते पसरते सूखे डंठल से पैरों को
भारहीन/ झरने की लहरीली त्वचा पर।
नहीं, केवल अवतार ही नहीं/ जल पर चला करते। यह कीट भी
प्रकाश के प्रवाह पर बैठता है/ और नयन तक गहरे में डूबता है
अपनी छोटी-छोटी पंखुड़ियों को / आकाश तक ले जाता-सा।

इन पंक्तियों में कवि ने अवतार की- एक तरह से भगवान की तुलना एक तुच्छ कीड़े से करके निश्चित रूप से 'विरुद्धों का सामंजस्य' करके दिखाया है। यही रामानुजन की कविता की पहचान भी है। जैसा अरविंद कृष्णा महरोत्रा ने पूछा है कि पाठक जो ए.के. रामानुजन को खोजता है, वह कहां खोजे? उनकी कविताओं में, अनुवादों में या उनके सारगर्भित निबंधों में? वस्तुतः वे ऐसे जादूगर हैं - कलम के जादूगर - कि वे सब जगह हैं भी और नहीं भी। थोड़ा-थोड़ा

सब कुछ रामानुजन को बनाता है। उनके द्वारा अनूदित कविता 'वचन- 133' (मूल कवि - संत दासीमैया) देखें-

यदि वे देखते हैं / स्तन-युगल और प्रखर केश-राशि
वे उसे स्त्री कहते हैं।/ यदि दाढ़ी और मूछे हैं
वे उसे पुरुष बताते हैं।/ लेकिन देखो, आत्म जो विचरण करता है
इन दोनों में/ वह न पुरुष है
और न स्त्री / ओ! रामनाथ?

कवयित्री महादेवयक्का कहा जाता है नग्न विचरण किया करती थीं और लोग जब उनसे उनकी इस अभद्रता के विषय में पूछते थे तो कहती थीं, 'मेरे प्रभु ने मुझे पहले ही देख लिया है और उन्हें अब इस बात की परवाह नहीं कि और कौन देखता है।' ठीक मीरा सी भक्ति उनकी भी है, जिसे रामानुजन ने इस प्रकार अपनी कविता में प्रस्तुत किया है-

'दूर रहो जब मैं शिवाराधना करती हूं।
तीन बार मुझे छू कर देखो, और फिर तुम/ मुझे कभी न देख पाओगे, अक्का ने अपने
पति से कहा जो अपने कानों पर विश्वास न कर सका। ओम! ओम!
पलंग पर पड़ी वह हर स्वास में यही उचारती और उसका वह वर केवल
पत्नी को गोलाकार छातियों को सोचता/ उसकी गंध, उसकी गहरी नाभि और यही सब कुछ, इसलिए उसने यकायक छू ही लिया उसे।/ शरीर का मृत स्पर्श मौत सा ठंडा, किंतु ईश्वर के
पहले चरण सा दहकता, एक आलिंगन पृथ्वी में अकल्पित
वधू ने वर का हाथ ऐसे हटाया जैसे मकड़ी हटाते हैं...'

अनुवादक के अनुवाद का अनुवाद मैंने किया। अब हम 'द ब्लेक हैन' को देखें। यह काव्य संग्रह उनका अंतिम है और मानो जीवन का निचोड़ ही है। एक कविता में वे अपने 'दर्द' को ही काव्यानुभूति में तब्दील कर देते हैं और हमें वाल्मीकि से लेकर मुक्तिबोध तक स्मरण आ जाते हैं। मुक्तिबोध की कविता 'लोहे का स्वाद' याद करके हम निम्नलिखित पंक्तियां पढ़ें -

'जब कोई आदमी 'दर्द' के बारे में बोलता है
उसे तभी वाहवाही मिलती है, जब वह स्वयं व्यंग्य में
बोलता है और वैसे नहीं आगे बढ़ता जैसे कवि करते हैं, यानि कि कविता रचते हैं।'

वस्तुतः एक अन्य कविता, 'एक सही रूपक की तलाश में मौत' और उस जैसी अन्य कविताएं कवि जीवन के अंतिम वर्ष में लिख रहा था, जहां वह मृत्यु को 'बिच्छू' कहता है या ऐसी कविताएं, जहां 'भक्षण करना' या 'खा लिया जाना' जैसे विचार बार-बार आते हैं और वह रूपक जिसमें हाथियों का अपने झुंड को इसलिए छोड़ जाना, जिससे 'महान एकान्तिक मृत्यु' का वरण किया जा सके-

'किंतु कब गजराज / यम के लिए पीछे छोड़े गए रव को / सान्त्वना देते हैं?'

मृत्यु की पूर्वाभासी कविताओं के लिए नहीं अपितु जीवन और सुख की तलाश में पाठक रामानुजन की कविताओं और अनुवादों की ओर दौड़ते हैं। आइए पारिवारिक पसंग की एक ऐसी कविता जिसमें बचपन की मधुर स्मृतियाँ झूल रही हैं, देखें -

'लुकिंग फॉर ए कजिन ओन ए स्विंग'

जब वह चार-पाँच साल की थी / वह गाँव में झूले पर झूलती थी
अपने भैया के साथ, छह-सात बरस का / आमने-सामने बैठे हुए,
हर बढ़ाई पेंग पर / वह उसका स्पर्श महसूसती थी
अपने मन की अतल गइराइयों में/ और बाद में,
हम पेड़ों पर चढ़ा करते थे, उसने बताया
पेड़ ऊंचे तो न थे, पर थे खूब पत्तीदार
जैसे अंजीर के पेड़ होते हैं / और हम बड़े मासूम थे तब
अब वह पंद्रह बस्तियों वाले शहर में / झूला खोजती है
पेड़ की हर चोटी पर नहीं / हर पत्ती ने नीचे किसी रुपहली जंजीर सा
क्या हो यदि कोई अचानक छींक दे?

कहना न होगा कि रामानुजन ने दक्षिणात्य संस्कृति, भाषा और समाज विशेष रूप से तमिल और कन्नड़ कविता के प्रस्तोता के रूप में ही अपनी पहचान और उपस्थिति दर्ज नहीं की है, बल्कि अपनी मौलिक अंग्रेजी कविता के द्वारा भी अंग्रेजी में लिखी जा रही भारतीय कविता को एक नयी भंगिमा, स्वर एवं आकार दिया है। रामानुजन ने चाहे येट्स, ईलियट और अन्य आधुनिक कवियों को भले ही पढ़ा हो, उनकी संवेदना रही मूलतः भारतीय ही। यह भी उल्लेखनीय है कि एक सामान्य पाठक को जो विशेषताएँ इनकी रचनाओं में दिखाई देती हैं उनका उपजीव्य और उस कहीं न कहीं भारतीय काव्य शास्त्रीय परंपरा में अवश्य होता है। कविता में स्वयं को केंद्र में रखकर व्यंग्य और विचार प्रस्तुत करने कि कला उन्होंने सीखी भी और सिखाई भी।

ए.के. रामानुजन का विपुल लेखन जैसे 'दि ऑक्सफोर्ड इंडिया रामानुजन' (2004) नाम से मोली डेनियल्स रामानुजन ने पेश किया है । रामानुजन एक ऐसे व्यक्तित्व की तरह नजर आते हैं जो सब जैसा है बस अपने जैसा नहीं (आई रिजेंबल एवरी वन बट माइसेल्फ) वह उस परंपरा से सीधे अपने आपको जोड़ते हैं, जो संस्कृत के कालिदास से आयी हैं। कालिदास भी घर पर अनेक बोली भाषाएँ बोलते होंगे, निश्चित ही वह आलंकारिक 'उच्च' संस्कृत नहीं जो वे रघुवंश से लेकर मेघदूतम् तक प्रस्तुत करते हैं। मुगलकाल में गजलें और मसनवी लिखने वाले भी फारसी मे लिखते थे पर बोलते थे ब्रज ,अवधी या उर्दू। आज भी अंग्रेजी का प्रयोग इसी तरह

हमारे लिए विद्वत्ता की भाषा है जिसे हमने अपना लिया है।रामानुजन का मानना है कि हमार अधिकांश अंग्रेजी लेखन ऐसा ही है जिसमें अंग्रेजी का प्रयोग समझ बूझकर किया जाता है। यह भाषा हमारे प्रयास का परिणाम होती है,अनायास यह कभी आती नहीं। यही नहीं अंग्रेजी लेखन से हम भारत की बहुसंख्या से भी कट जाते हैं।फिर भी हम अंग्रेजी में लिखते हैं, क्योंकि जैसा पी. लाल कहते हैं, "हमें इस भाषा से इश्क सा हो गया है।"

'रामानुजन का लेखन एक ऐसी भूल भुलैया है जिसमें हर रास्ता जो हम अख्तियार करते हैं वह हमें फिर वहीं ले आता है जहां से हम चले थे, चाहे कहीं से भी हम शुरू करें, ऐसा एक आलोचक ने कहा है और कहा भी ठीक ही है क्योंकि रामानुजन की कविताई और उनके लेखन को आत्मसात करना पंरपरागत मापदंडों से कठिन होता है और अभी भारतीय अंग्रेजी में ऐसी आलोचनात्मक दृष्टि विकसित हो नहीं पाई है जिसके आधार पर उन्हें समझा जा सके। (रामानुजन'स पोइट्री इज लाइक ए सरकुलर लेबरिंथ, इन व्हिच ऑल पाट्स लीड बैक टू द पोइंट फ्रोम व्हेअर वी स्टार्ट, नो मैटर व्हेअर वी बिगिन - विनय धारवाड़कर)

दारूवाला

जब हम वी. के गोकाक द्वारा संपादित 'भारतीय अंग्रेजी कविता संकलन' 'गोल्डेन ट्रेजरी' को देखते हैं वहां मुख्यतः स्वतंत्रता पूर्व के कवियों का जमावड़ा अधिक पाते हैं। स्वतंत्रता के पश्चात हुए परिवर्तन का आभास भी ठीक से नहीं मिल पाता, किंतु साठोत्तरी कविता में जिस प्रकार के बदलाव आए उनको यदि किसी एक कवि में ही देखना हो तो केकी नसीरवारजी दारूवाला (1937-) की रचनाओं में देखा जा सकता है। आज भी लोग चकित हो जाते हैं कि केकी दारुवाला पेशे से भारतीय पुलिस सेवा में रहे, पर संस्कार से वे कवि रहे। ये संस्कार उनके लेखक पिता और भारतीय नारी की प्रतीक माता ने प्रदान किए। अंग्रेजी साहित्य में एम.ए. करने के बावजूद साधारण स्तर की शिक्षा-दीक्षा और क्रिकेट, नाटक, टेबल टेनिस तथा वादविवाद प्रतियोगिताओं में लगे युवा केकी ने कभी सोचा भी न था कि वे आई.पी.एस. में चुन लिए जाएंगे।सन् 1995 तक वे पुलिस वाले रहे। इसका परिणाम यह हुआ कि जीवन के विविध रूपों को विशेष रूप से उत्तर भारत को वे करीब से देख सके। अंग्रेजी के साथ उर्दू-हिंदी का ज्ञान था ही। कई घटनाओं ने उनसे कालजयी कविताएं लिखवा लीं। दारुवाला की प्रथम काव्य पुस्तक 'अंडर आरियन' (1970) से लेकर 'द कीपर ऑफ द डैड' (1982) (साहित्य अकादमी द्वारा पुरस्कृत) तक और उसके बाद आज तक उनके लेखन में जीवन का जो प्रत्यक्ष दर्शन है वह काबिल-गौर है। मूलतः कवि होन के बावजूद कभी-कभार कहानियां भी लिखीं हैं, किंतु भारतीय अंग्रेजी साहित्य में इनकी ख्याति कवि के रूप में ही अधिक है।

दारुवाला की कविताओं में उनके देखे-भले स्थानों का सहज चित्रण सर्वप्रथम हमें आकृष्ट

करता है। वे स्वयं भी कहते रहे हैं कि कविता में भी वे रूप की अपेक्षा तथ्य को प्रधानता देना बेहतर समझते हैं। 'मेरे लिए कविता स्वयं का अनुसंधान तो है ही, कई बार अपने अंतरतम में फैले संसार को समझने का साधन भी है। साथ ही कविता मेरे लिए सामाजिक भंगिमा भी है, क्योंकि मैं समझता हूँ कि बाहरी वास्तविकताओं से भी चारों तरफ से किसी रचनाकार पर इतना दबाव पड़ता है कि वह अभिव्यक्ति के लिए तड़प उठता है।' फिर भी वे यह स्वीकार करना ही उपयुक्त समझते हैं कि उनकी कविताओं में विचार को इस प्रकार प्रस्तुत करते हैं कि इतनी सपाट बयानी से काम लेते हैं कि पंक्तियों को कई बार पढ़ना होता है-

इट इज ईक्वल टु लिविंग इन ए ट्रेजिक लैंड टु लिव इन ए ट्रेजिक टाइम

(यहां किसी त्रासदी पूर्ण जगह पर रहना बराबर है किसी त्रासदी पूर्ण समय में रहने के)

त्रासदी की पुन: व्याख्या 'द प्रोफेसर कंडोल्स' की भावना भी है, जहां कवि व्यंग्य का सहारा लेता है। दूसरी तरफ इमामबाड़ा समूह की कविताएं हैं, जो 'द कीपर ऑफ द डैड' में है, जहां चरित्र चित्रण, भावना और संवेदना देखते ही बनती है।

ऐसे भावनात्मक विश्वास के समक्ष
आप केवल विनम्र ही हो सकते हैं
उन्होंने मुहर्रम की प्रतीक्षा की है
जैसे वृक्ष पत्तियों के लिए तड़पता है
ए हुसैन! वे तुम्हारे नाम से अपने लबों को भिगोते हैं।

चाहे आप कुछ भी कहें, पारसी होते हुए भी दारुवाला एक संकीर्ण दायरे में अपने को कैद करके रखने में यकीन नहीं रखते। अल्पसंख्यक की पीड़ा वाली बात नहीं है, वे तो हिंदू धर्म की ओर भी पैनी दृष्टि रखते हैं और वाराणसी, मेरठ, गढ़मुक्तेश्वर, हरिद्वार आदि स्थानों को भी आप देख सकते हैं। बनारस पर लिखी कविताओं की श्रृंखता में से दो पंक्तियां हैं -

किस भाग्य नगरी में आ गया हूँ
जहां मरघट और चूल्हे की आग
साथ-साथ जलती है?

रात को बनारस मुर्दों का शहर है,सुबह पूजा-पाठ शिवालों का। इसलिए यह शहर 'रांड, सांड, सीढ़ी, संन्यासी' का ही है, जहां गंगा 'भक्तों के पाप धोने के लिए नहीं, उन्हें उजागर करने को बहती है।' आत्म-पीड़ा को आत्मसंयम से दबाने के बावजूद कवि जब कहता है,सच कहता है, सच के सिवा कुछ नहीं कहता-

माता-पिता बेसमेंट में पीते हैं
जबकि बालक पांचवी मंजिल पर गर्मी में भुनते हैं।

शेख-मुजीब और उनके परिवार पर हुए जानलेवा हमले को बयान करते हुए कवि ने कहा

था-

कहीं एक खूनी झंडा
षड्यंत्र में दबी राजधानी पर फहराता है
सफेद ध्वज-आधा झुके हैं
लगता है जीवन की धड़कन खिड़की से झूलती है।

समय के साथ उनकी लेखन-शैली में आधुनिकता के बावजूद फिर-फिर लौटकर देखने की इच्छा की झलक मिलती है। वे झपट्टामार कविता लिखने की अपेक्षा असरदार कविता लिखते रहे । कभी उन्हें 'उत्तर भारत का कवि' कहा जाता था, किंतु बाद में दारुवाला के कामू और मार्खेज पर किए गए लेखन तथा अनेक पुस्तकों के संपादन, कहानी लेखन व निरंतर कविता संग्रह और प्रकाशन के कारण उनके व्यक्तित्व में निखार आया है।

जीव पटेल

पारसी पृष्ठभूमि होने के कारण जीव पटेल (1940 -) दारुवाला से जुडते हैं । ये ताउम्र बंबई में रहे हैं, जहां वे पेशे से डॉक्टर रहे हैं। पहली किताब कविताएं (1966) से लेकर जीव पटेल ने कवियों की संगत से खूब सीखा। रामानुजन, निसिम इजेकिएल, केसी कार्तक आदि से इनकी खूब जमती रही । गुजराती से अंग्रेजी में अनुवाद करते-करते नहीं, बल्कि वे सहज लेखन करते हुए प्रसिद्ध हुए हैं। नीरद सी चौधरी ने केकी दारुवाला पर एक बार व्यंग्य करते हुए कहा था कि बारह सौ वर्षों के भारत प्रवास के बावजूद कोई पारसी भारतीय नहीं हो जाता, किंतु जीव पटेल ने ऐसे किसी भी सरसरी तौर पर दिए गए बयान को एक प्रशंसा पत्र की तरह लिया तथा अपनी स्थापनाओं को स्वतः स्पष्ट भी किया।

जीव पटेल ने पारसी परिवार में रहने के साथ-साथ ही पारिवारिक रीति-रिवाजों और आसपास के गुजराती समाज से सीखा है, अंग्रेजी साहित्य से भी बहुत कुछ प्राप्त किया। डाकटरी के पेशे ने शरीर को शरीर विज्ञान सिखाया और एक तरह से धर्मविहीनता या नास्तिकता के बीज भी बोए। आज इनकी कविताओं में मानव शरीर के सरोकार महत्वपूर्ण हैं। शरीर ही धर्म साधन की समग्र मार्ग है यह सीखा। 'हाउ डू यू विदस्टेंड बॉडी' (1976) की 'यातना' कविताओं से उदाहरण के लिए 'सर्वेंट्स' कविता का अनुवाद प्रस्तुत है -वे किसान हैं/आते भागकर/खेत के छोटे मोटे टुकड़ों से/भोजन के बाद/बत्तियां बुझ जाती हैं/पर शहर की परछाई/वहां होती है/ चमड़ी पर अनगिनत चित्र /बनाती-बिगाड़ती/चारों तरफ अंधेरा/देह को देह से जोड़ता/सख्त हुई उंगलियां/तम्बाकू का सुट्टा लगातीं/विचार मुक्त बैठे ये/ मुख थोड़े खुला/दिन की थकान से/ खुले, टिमटिमाती आंखों में/अनजानी सी जान पहचान/वे असीम शांति में/ जानवरों की मानिंद/ बैठे हैं।

कविता में मजदूर नौकरों का जानवरों की तरह बैठकर रात के पहले पहर में सामाजिक प्राणी बनने को रेखांकित करते हुए कवि ने 'उनकी आंखों की तैलीय लप्टों' को देखा है और देखा है जबड़ों को भींचते हुए बैठे रहना। क्रांति की सुगबुगाहट भी शायद कवि ने सुन ली है। कवि की पैनी दृष्टि से कुछ भी नहीं छूटता और उनकी व्यक्तिगत-ईमानदारी के आगे कोई सिक्का नहीं चल पाता-

मैं मित्रवत हूं, मैं मुस्कराता हूँ
मैं कोई नकचढ़ा नहीं हूँ
कोढ़ियों से मुझे होती नहीं ऊब
किंतु मैं उन्हें देता कुछ नहीं
पैसा ही नहीं होता पास

इस तथाकथित धर्मनिरपेक्ष देश में न हिंदू होना और न मुसलमान होना कई बार अटपटा हो जाता है। कवि के शब्दों में -मैं एक गिरगिट हूँ /विक्षिप्त तितली को खाने को तैयार/देखो, मैं हरा हो रहा हूँ। और भगवान के प्रति व्यंग्य-/ईमानदार बादल/ सिवाय ईश्वर के।

कवि के लिए कविता लिखना जीवन संघर्ष से स्वयं को बिखरने से बचाने की युक्ति है। कवि जीव पटेल की सामान्य सी प्रतीत होने वाली कविता भी पाठक को कई स्तरों पर पढ़ने के लिए मजबूर करती है, तभी कविता में छिपा व्यंग्य, हास्य विनोद और संवेदन सहज हो पाता है। चूंकि वे पेशे से डॉक्टर हैं, इसलिए शरीर के अवयव उनके लिए प्रतीक बन जाते हैं। उनकी काव्य पुस्तक 'मिरर्रड मिररिंग'(1991) में ईश्वर की तलाश एक नई भंगिमा के साथ है, जहां ईश्वर के अस्तित्व की चर्चा में अनेक अनुभवों को हास्य की चाशनी लगातार प्रस्तुत किया गया है।

गुजराती कवि 'अको' की कविता का अंग्रेजी अनुवाद ही नहीं जीव पटेल ने ऋषि वेली स्कूल में 2006 से निरंतर पोइट्रि वर्क शॉप चलाए हैं। पेंटिंग उनका शौक है और 'ग्रीन' पैशन। पर्यावरण चिंता और चिंतन पर कविता है -

It takes much time to kill a tree,
Not a simple jab of the knife
Will do it.

आदिल जस्सावाला

एक अन्य पारसी भाई आदिल जस्सावाला (1940-) की चर्चा भी करें। उन्होंने लिखा कम है और बंबई तथा ऑक्सफोर्ड में पढ़ने पर तेरह वर्ष विदेश प्रवास के पश्चात् 1970 में भारत आ बसने के बाद वे कम से कम पिछले तीन दशकों से मुंबई के साहित्यिक जगत में अपनी पहचान बनाए हुए हैं। वे 'लैंड्स ऐंड' (1962) और 'मिसिंग पर्सन' (1936) कविता संग्रहों के रचनाकार

हैं, तो आलोचक, समीक्षक, संपादक और कॉलम लेखक भी हैं। आदिल के प्रथम कविता संग्रह की प्रथम कविता 'सेवनटीन' वर्डसवर्थ की तर्ज पर बालक और बचपन को उकेरती है, देखें -समय कम था/कम समय/जब एक लड़का/जीता था प्रत्येक क्षण/ फिर फिर नया नया।

जस्सावाला की कविताओं में अतीत के स्वप्न, विश्वास, ताजगी और अचरज से भरे होते हैं, जबकि वर्तमान और आधुनिक जीवन बदसूरत व सड़ा-सा दिखता है। जिस प्रकार टी.एस. ईलियट की कविता 'द वेस्ट लैंड' के प्रतीक हैं और जैसे प्रथम विश्वयुद्ध के पश्चात के इंग्लैंड की चर्चा है, वैसे ही आदिल जस्सावाला की रचनाओं में संस्कृति के विघटन को रेखांकित किय गया है। आदमी का अकेलापन, असुरक्षा की भावना, उद्देश्यहीनता, लक्ष्य भ्रांति और मूल्यों का विघटन न जाने कितने रंग हैं, इनकी कविता में-

कौन जीत रहा है आज?(क्या हम जर्मनों के साथ हैं)
मेरे शत्रु जबान शांति से मौका देखती हैं/
जबकि बाकी लोग षड्यंत्र बोलते हैं।

कवि की कविताएं, जिसमें तेरह-चौदह वर्ष के वनवास के पश्चात दो घर आते हैं, मानों विश्व की आर्थिक एवं राजनीतिक अवसरवादिता और अवस्था का दस्तावेज ही हैं। इनमें आत्मकथ्य ऐसा है, जिसे कुछ आप बीती, कुछ जग बीती कहना उपयुक्त होगा। एक और तो उच्च मध्यवर्गीय भारतीय पारसी समाज की पृष्ठभूमि दूसरी ओर पूर्व के यूरोपियन कैथोलिक समाज में रहना और उसके पश्चात फिर से भारत में आकर अपनी अस्मिता की तलाश करना कवि के लेखन को तीसरे विश्व के नए समाज का लेखन बनाता है।

विश्वास करो, यह मैं ही हूँ , पर्दे पर-
धूल भरे माहौल से, दरवाजे के बाहर
दौड़ता कुत्ता दौड़ता है,
पर उन्होंने इसकी आंखें निकाल ली हैं
कभी मैं पूर्ण था, मैं था संपूर्ण सब
विश्वास करो, तुम क्यों विश्वास नहीं करते?

आर.पार्थसारथी

जिस प्रकार आदिल जस्सावाला ने ऐतिहासिक विकास की प्रगतिशील ताकतों के योगदान को आधार मानते हुए लेखन किया और अपनी विशिष्ट पहचान बनायी, वैसा ही प्रयत्न आर.पार्थसारथी (1934-) का भी प्रतीत होता है, जो अपने तमिल हिंदू अतीत को लेकर खासे चिंतित रहे हैं। इनकी संपादित पुस्तक 'टैन इंडियन पोएट्स इन इंग्लिश' तो प्रसिद्ध है ही, इनके कविता-संग्रह 'फ़र्स्ट स्टेप्स' (1967) और 'रफ पैसेज' (1977) भी खासे चर्चित रहे हैं।

'रफ पैसेज' में कवि ने ब्रिटिश संवेदना के साथ जुड़ाव को उखाड़ फेंकने का उपक्रम किया है। 'स्पून फुल्स ऑफ इंग्लिश/ब्रिड नैवर क्लाइड स्लेक्ड योर थ्रिस्ट (ट्रायल-2) और वे कह उठते हैं-गलियां भरी हुई/धुएं व गंदगी से/अंग्रेजी बच्चे/वेस्ट मिनिस्टर पुल पर खड़ा/देखता हूं टेम्स जैसे थम गयी हो।

कभी-कभी ऐसा प्रतीत होता है कि पार्थसारथी अंग्रेजी में लिखने की दुविधा से पीड़ित हैं। वे भारतीय अंग्रेजी से बिफर जाते हैं और कह उठते हैं कि उनकी जुबान दोहरी हो गयी है, कुबड़ी हो गयी है - माई टंग हंचबैक्ड विद वर्डस'। लेकिन पार्थसारथी तमिल से भी संतुष्ट नहीं होते हैं और खुद को यह कहकर संतुष्ट करते हैं कि –

मैंने संसार को एक कुर्सी-मेज से बदल लिया है।

मुझे कोई शिकायत नहीं होनी चाहिए।

लेकिन शिकायत तो है जो वाजिब भी है, पाठकों को भी शिकायत है कि अब पार्थ सारथी की लेखनी मंद पड़ गयी है। पार्थ सारथी ने दो बातें हमारे सम्मुख विचारार्थ रखी है कि एक तो हमारे पास 'भारतीय अंग्रेजी' की कमी है और दूसरे उस परंपरा की भी कमी है, जिसमें इसे लिखा जा सके। जड़ से कटे हुए महसूस करते हुए लिखना पीड़ादायक है और यह भारतीय अंग्रेजी लेखकों की त्रासदी भी है। पार्थ सारथी ने तमिल में लिखा, पर सफल नहीं हो पाए। इस तरह तमिल मानसिकता को अंग्रेजी के शिल्प में ढालते हुए पार्थ सारथी ने लिखा पर वे क्षेत्रीयता से आगे जाकर राष्ट्रीयता के सागर में न मिल पाए।

अरविंद कृष्ण महरोत्रा

Arvind Krishna Mehrotra's poetry has long been known for its mixing of the commonplace and the strange, the autobiographical and the fabulous, in which the insignificant details of everyday life—whether contemporary or historical—bring larger patterns into focus. – NYRB Poets,2019

भारत को स्वाधीनता मिली सन् 1947 में। स्वाधीनता के वर्ष पैदा हुए पात्रों को लेकर सलमान रुश्दी ने एक उपन्यास ही लिख दिया था - मिडनाइट्स चिल्डरन। देश का विभाजन हुआ और विभाजन के वर्ष ही सन् 1947 में लाहौर में अरविंद कृष्ण महरोत्रा का जन्म हुआ। शिक्षा इलाहाबाद और बंबई में हुई। 1960 में चार कवियों ने मिलकर भारत में अंग्रेजी कविता का एक माहौल बनाया, जो इससे पहले नहीं था। इसमें मल्होत्रा के अतिरिक्त अरुण कोल्हटकर, जीव पटेल और आदिल जस्सावाला थे। उसी दौरान इन युवा कवियों का ध्यान देश में विभिन्न समय में और विभिन्न भाषाओं में लिखी गई कविताओं पर गया। अरुण कोल्हटकर ने मल्होत्रा को प्राकृत कविताओं से परिचित कराया और मल्होत्रा ने प्राकृत कविताओं का अनुवाद करना

शुरू किया। ये अनुवाद और भारत की अनेक भाषाओं की रचनाओं के अनुवाद 'इंडिया'स लिटरेचर' नाम से कई खंडों में ऑक्सफोर्ड यूनिवर्सिटी प्रेस से प्रकाशित हुए, जिसके बाद भारतीय कविताओं के प्रति पश्चिम का ध्यान आकृष्ट हुआ।

अरविंद कृष्ण महरोत्रा की काव्य भाषा चाहे अंग्रेजी हो उनके काव्य संस्कार मुख्यतः हिंदी हैं। सामान्य मध्यवर्गीय पारिवारिक जीवन, इलाहाबाद, देहरादून, भिलाई में प्रवास, इतिहास, भूगोल और अर्थशास्त्र की पढ़ाई, बी.ए. करते हुए सन् 1984 में ही पहली कविता लिखी। फिर कविताएं लिखीं, जिन्हें पी.लाल ने इसलिए प्रकाशन योग्य नहीं पाया, क्योंकि वे टी.एस. ईलियट की नकल या अनुकृति प्रतीत होती थीं। प्रेमचंद के नाती पोतों के साथ भी लेखन कार्य किया। आलोक राय और अमित राय के साथ मिलकर एक पत्रिका निकाली - डैम यू - तभी गिस्बर्ग, फिलिगेंटी, कोर्सो, ग्राहम ह्यू, मोरिस बॉवरा की कविताओं से साक्षात्कार हुआ विदेश प्रवास - इवोवा सिटी - में यह पता चला कि विदेश में रहना इनके बस का रोग नहीं। विदेसा प्रवास ही नहीं, हैदराबाद के भी अट्ठारह महीने उन्हें रास न आए। ले देकर वे देहरादून को ही पसंद करते हैं -इलाहाबाद को छोड़कर। महरोत्रा ने हिंदी और प्राकृत से भी कुछ अनुवाद किए हैं। संपादक के रूप में 'ए हिस्ट्री ऑफ इंडियन लिटरेचर इन इंग्लिश' (2003) ने उन्हें गोकाक, आयंगार और नाईक की बिरादरी में खड़ा किया है। 'दि ऑक्सफोर्ड इंडिया एनथोलोजी ऑफ ट्वेल्व मोर्डन इंडियन पोइटस' (1992) ने काव्य संकलनों के संपादकों की कतार में। 'भारत माता: ए प्रेयर' (1960), 'वुड कट्स ऑन पेपर' (1967), 'पोइम्स पोइम्स, पोइम्स' (1971), 'नाइन एनकाउन्टर्स' (1976), 'डिस्टेंस इन स्टेटयूट माइन्स' (1982), 'मिडिल अर्थ' (1984) प्रमुख काव्य संकलन हैं।

कवि अपनी कविता 'द सेल' (1969) को अपनी पहली प्रभावी एवं परिपक्व समझी जा सकने वाली रचना मानते हैं। ब्रूस किंग महरोत्रा की कविताओं को तीन भागों में बाँटकर देखते हैं। पहला काल वे उन कविताओं को मानते हैं, जिनमें आधुनिक, उत्तर आधुनिक और ऐसी ही कविताएं आयीं, जैसे 'भारत माता' और 'वुड कट्स ऑन पेपर'। दूसरे काल में ऐसी उत्तर आधुनिक क्रम की कविताएं हैं, जिसमें वास्तविकता एवं यथार्थ के स्थान पर कला की प्रधानता है। महरोत्रा की कुछ कविताओं के हिंदी भावानुवाद को मैंने बड़े ध्यान से किया है, क्योंकि उन्होंने अपने एक साक्षात्कार में इसको भी एक बड़ी समस्या माना है। 'भारत माता: एक प्रार्थना' की कुछ पंक्तियां कवि के कौमार्य और खिलंदडेपन का बयान लगती हैं-

मैं सर्वत्र हूं क्योंकि
मैं सब महसूसता हूं क्योंकि
मैं ईश्वर की नब्ज पकड़ लेता हूं कुटनी के गर्भ में
क्योंकि मेरा दिल शिश्न सा है

आकार में।
क्योंकि राहगीर-बटरोही बांधते हैं अधिक
मुझे रामायण की कथा से
क्योंकि जब मैं हस्तमैथुन करता हूं
कायनात धड़कती है- और महाद्वीप करते हैं
करतल ध्वनि।

महरोत्रा मानते हैं - एक कविता में 'खेल पहेलियां और घटनाएं शामिल होती हैं और कवि उनमें जितनी घटनाएं शामिल कर सकता है वह करता है।' (ए पोइम कम्प्राइजिज गेम्स, रिडल्स ऐंड एक्सीडेंट ऐंड द पोइट क्रिएट्स एज मैनी एक्सिडेंट्स एज ही कैन)। 'द सेल' कविता बरबस ही याद आ जाती है, जिसमें कवि कह उठता है - तुम्हें याद है मैंने अपने पत्र में जंगलात के बारे में लिखा था - उन्हें पत्तियों में लपेटा गया है और उन्हें ले जाने में कोई कठिनाई न होगी। मैं तुम्हें शेर की वह खाल भी दिखाना चाहूंगा, जिसने कभी एक महल भी छिपा लिया था।' - कविता के शिल्प में ही कुछ और पंक्तियां पेश करना चाहूंगा -क्या आप पसंद करेंगे?यदि मैं आपको दिखाऊ?कुछ और चीजें जो अब आपकी हैं।ध्यान रहे,एक नदी अब भी गीली और फिसलन भरी है।इसका पानी पदचिन्हों सा चलता है निरंतर ठीक है, यह एक ईंट है इसे हम तार कहते हैं इस सूक्ष्मदर्शी में कविता का एक हाशिया है। मेरे नाम पड़ा है एक नक्शा भी खींचा है जिसे प्रवासी चिड़ियों ने...'

इस कविता को पढ़कर हिंदी के एक प्राध्यापक को भवानी भाई की गीत फरोश याद आ गयी थी। बचपन को केन्द्र में रखकर भी कई कविताएं हैं, जो भुलाए नहीं भूलती। महरोत्रा को पढ़ने के बाद पाठक को लगता है कि जो भाषा पहले कुछ धीर -गम्भीर लगती थी, उसके पीछे जो भावधारा की भागीरथी का प्रवाह है, उसमें डूबने के बाद उबरने का मन नहीं होता। 'ज्यों ज्यों डूबे स्याम रंग' वाली गति होती है कहें तो अतिश्योक्ति न होगी। आत्मचिंतन या आत्मंथन के लिए नहीं, बल्कि आत्मानंद के लिए महरोत्रा को पढ़ना भारतीय पाठक को अधिक अच्छा लग सकता है।

जयंत महापात्र

जयंत महापात्र (1928) एक विलक्षण कवि हैं, जो उड़िया भाषी होने के साथ-साथ ही भौतिकी के प्राध्यापक भी रहे हैं। इसकी कविताओं में पुरी की धार्मिकता और कोणार्क की शक्ति ऐसी घुल मिल गयी है कि समुद्र के किनारे बसे इस कवि के रचना कर्म पर नाज हो जाता है। भारतीय अंग्रेजी के पहले कवि जिन्हे साहित्य अकादमी(1981) पुरस्कार मिला और अकादमी की फ़ेलोशिप(2019) भी मिली। उड़िया में पांच कविता संग्रह, बंगाली तथा उड़िया से अंग्रेजी

में अनुवाद और अनेक कविता संग्रहों के साथ-साथ प्रसिद्धि पुरस्कार आदि प्राप्त करते हुए जयंत महापात्र ने एक लंबा सफर तय किया है। इनकी कई कवितायें अनुवाद न होकर भी एक ही भाव को उड़िया और अंग्रेजी में अलग अलग व्यक्त करते हुए एक नयी परिपाटी विकसित करती हैं। ये कवितायें एक दूसरे की पूरक भी हैं और अनुवाद भी। पटना विश्वविद्यालय के छात्र के रूप में जयंत महापात्र ने गांधी जी का भाषण सुना तो लगा था कि भारत अपनी संपूर्ण एकबद्धता के साथ उनके अंतरमन में आ बिराजा है। इस भाषण ने कवि को साहस और संवेदना दी और तभी से वह क्षेत्रवादी समाज में भी राष्ट्रीयता का स्वर मुखर कर पाया।

जयंत महापात्र ने कहानी लेखन से शुरू किया और कविता लेखन 40 वर्ष की परिपक्व आयु में प्रारंभ किया। जब वे लिख रहे थे उस समय बॉम्बे-कवि अपनी तर्ज में लिखकर प्रसिद्ध हो रहे थे। उनके समक्ष महापात्र प्रकृति के सुकुमार कवि सरीखे रहे। उन्होने कहा कि कविता उस क्षेत्र से उपजती है जिसमें वह रहता है। कविता लेखन में वे सब कुछ अभिव्यक्त कर सकते थे, इसलिए लेखन के अन्य विधागत रास्ते वे छोड़ते चले गए। भौतिकी के अध्ययन अध्यापन ने उन्हें सिखाया कि समय आपको बांधता भी है और खुला भी छोड़ता है। अपने तमाम क्षेत्रीय अनुभवों के बावजूद जयंत महापात्र ने अंग्रेजी में लिखा, क्योंकि जो वे अपनी भाषा में नहीं दे पाते वह अंग्रेजी माध्यम से पढ़ाई करने के कारण अभिव्यक्ति के लिए सहज होन के कारण कर पाए। दोनों के पाठकों ने महापात्र को पढ़ा है औरा सराहा है। उड़िया की तमाम श्रृंगारिक परंपराओं के बावजूद करुणा,भयानक और वीभत्स रसों का भी अस्तित्व है। महापात्र की रचनाओं में आनंद के साथ करुणा का अनोखा मेल है। साहित्य अकादमी (1981) पुरस्कार से सम्मानित जयंत महापात्र के बचपन को केन्द्र में रखकर लिखी गयी एक कविता का अंश है- 'चीख कभी खत्म नहीं होती/मधु मरियम! अपनी चीख छिपा लो/अपनी सप्तवर्षीय जांघों से/बहते रक्त के साथ ही'

महापात्र की सबसे पहली पुस्तक 'क्लोज द स्काई, टैन बाई टैन' (1971) आयी, एक बात स्पष्ट हो गयी है कि इनकी कविताएं एक बयान की तरह होती हैं, ऐसा बयान जिसके मायने पाठक को भी लगाने होते हैं। जिस प्रकार की ये कविताएं हैं, उनमें कथा सूत्र अतीत का है। अतीत का गौरवगान ही नहीं, अतीत के प्रति ललक व तड़प भी-

आज की रात मैं जानता हूं/ मैंने पिता का जीवन जिया है/कौन मुझे स्वतंत्र करेगा/उस मेरे अतीत से।

और वे पुनः पुनः उद्धृत की जाने वाली पंक्तियां-

आई एम ए वाटर/ आई एम द स्लो फ्लो/ इन माई फादर्स आईज।

इससे जो बाहर आता है वह इतिहास में जीता है, जो कवि के रक्त में प्रवाहित है, एक ऐसा अतीत जो बहुआयामी और मिथकों-कथाओं का महासागर ही समेटे है। इसलिए 'द बर्थ ऑफ जुलाई' जैसी कविताओं में वर्तमान से अतीत व भविष्य ऐसे मिल जाता है कि कवि के गहन

अनुभव की दाद देनी होती है। कभी दिलीप चित्रे ने उनके बारे में लिखा था कि महापात्र की कविता ऐसी है, जैसे भारतीय अंग्रेजी कवि की होनी चाहिए और जो उस अनोखी, जटिल और पुरातन संस्कृति को उसके परिवेश तथा प्रतिनिधियों के मंतव्यों को अभिव्यक्त करने में सक्षम है। यह वैसा ही है, जैसा सत्यजीत रे की फिल्में अंतर्राष्ट्रीय जगत में कर रही हैं। (महापात्रा इज व्हाट दि इंडियन पोइट राइटिंग इन इंग्लिश इज सपोज्ड टू बी, एन इंटर प्रेटर ऑफ ए यूनीक, कोम्पलैक्स, ऐंड एग्जोटिक कल्चर थ्रू इट्स लैंगुएज ऐंड पिपल)

मेरे देश में क्या गड़बड़ है?जंगल विनम्र हैं/औरतें किन्तु बेचैन/और कवि की व्यथा-कथा

कवि देश को ठीक करना चाहता है, ठीक देखना चाहता है। वह कविता के सहारे ऐसा करना चाहता है। यदि कोई पाठक एक ही भारतीय अंग्रेजी कवि में भौतिकता, वैज्ञानिकता, आध्यात्मिकता और सांसारिकता देखना चाहता है, तो जयंत महापात्र को पढ़ना चाहिए। कवि के साथ 'रिलेशनशिप' घाटे का सौदा नहीं रहेगा। यही नहीं, अनुवादक के रूप में उनकी देन 'रुद्र सुधानिधि'(मूल : नारायण अवधूत स्वामी) को पढना अखंडानन्द से कम नहीं।

शिव के. कुमार

भारतीय सांस्कृतिक मानसिकता जिनमें कूट-कूटकर भरी है और जो हिंदी-उर्दू के भी लब्ध प्रतिष्ठित साहित्यकार हो सकते थे, उन्हें भारतीय अंग्रेजी कविता के दस प्रतिनिधि कवियों में होने के बावजूद 'और अन्य' की तरह समेटा जाता रहा है। यह भी कहा जाता है कि शिव के. कुमार (1921-217) भारतीय व पाश्चात्य दोनों संस्कृतियों को एक ऐसे बाहरी व्यक्ति की निगाह से ही देखते हैं, जो अनासक्त है। यह अनासक्ति भाव ही शायद पाठकों तक भी जा पहुंचा है। इनकी 'ट्रेपफ़ॉल्स इन द स्काई' (1987) पर साहित्य अकादेमी पुरस्कार मिला। उनकी कामातिरेक से प्रभावित कविताओं को छोड़कर कवि की दो कविताएं 'काली' और 'इंडियन विमिन' यहां दी जा सकती हैं, किंतु दी जाएगी एक ही- काली/बौखलाए गली के कुत्ते की पथरीली आंखें/ मुझे घूरती हैं बेसाख्ता/ लपलपाती जीभ कोबरा सांप की/ हर बार बाहर जब आती है/ मैं तुम्हारे जगमगाते लबादे की परिक्रमा करते/तुम्हारे श्रद्धालुओं को देखता हूं।/ पुजारी के एकालाप से परे/ चाकू की धार तले मेमना मिमियाता है/ मां के सूखे स्तनों से चिपटा बालक/ मर ही जाएगा/ किंतु तुम्हारे लिए तो यह खून जो ताजा धमनियों के फौवारे से निकला है/ अमृत है।/ यदि सृष्टिकर्ता का रास्ता/ मृत्यु से होकर ही गुजरता है/ तो- मैंने भी अपने कंठ में काफी रक्त/ जमा किया है।/ उन सभी छोनों द्वारा पान करने के लिए।

शरतचंद्र

शरतचंद्र (1935-2000) का उल्लेख करते हुए एक नई दिशा की ओर संकेत करके आगे बढ़ना ठीक रहेगा। शरतचंद्र ने भारत से बाहर रहकर भारत की मूल्याधारित सांस्कृतिक छवि

में आयी गिरावट को केन्द्र मानक लिखा है। उन्होंने भारत छोड़ा भी इस कारण से, क्योंकि यहां सामाजिक एवं राजनीतिक दमन होता है। इनकी कविता 'भरत नाट्यम डांसर' में ऐसी एक नृत्यांगना का ही जिक्र है, जो हथिनी सदृश होने के बावजूद नेताओं और मंत्रियों की चहेती हैं। अमेरिका में भी वे स्वयं को जड़विहीन पाते हैं, इसलिए यहां भी यही हालत है - धोबी का कुत्ता न घर का रहा न घाट का।-

मेरी हथेली में हस्तरेखाओं की जगह दाग-धब्बे हैं
मेरी कोई आत्मकथा नहीं केवल यादें हैं
मैं इनका आदमी नहीं मैं विश्वास दिलाता हूं
मेरे हाथ मेरी जेबों में मछलियों की तरह
हवा फांकते को तड़पते हैं।

इस प्रकार कवि शरतचंद्र अपनी व्यथा कथा को कभी अतीत के बालपन में जाकर कभी वर्तमान से टकराकर और कभी भविष्य से घबराकर कविता के शिल्प में प्रस्तुत करते रहे हैं। विदेश प्रवास में लगातार-निरंतर उपेक्षित महसूस किए जाने से अच्छा अपने देश में अपने लिए संघर्ष करना है-

गुलाब वहां हैं क्योंकि मैं ऐसा कहता हूं
किचिन भी है वहां मैं उन्हें लाल पसंद हूं
पानी की भी कीमत देता हूं मैं वहां

मनोहर शेट्टी

मनोहर शेट्टी की कविताएं पढ़ते हुए भी ऐसा ही लगता है कि आज भारतीयों का विदेश प्रवास में व्यक्तिगत जीवन जिस अकथनीय पीड़ा से भरा है, उसका क्या हो? वस्तुतः दुनियाभर में आम आदमी का व्यक्तित्व जीवन एक जैसा है, व्यक्तियों के नाम बदल दो, बात नहीं है। जीवन का समय, दर्द और स्मृति से नाता वहीं हैं-

हां, यह सुंदर दृश्य है/ गर्म इस्तरी से दबाया गया है इसे/ फूल सुन्न हैं।/ नहीं, ये पेड़ों के तनों के/ छल्ले नहीं हैं/ मेरे पगचिन्ह हैं ये।

कवि, अनुवादक और साहित्यकार, संपादक 'इंडियन लिटरेचर' ए. जे. थॉमस बहुमुखी प्रतिभा सम्पन्न हैं। ए. जे. थॉमस की एक अंग्रेजी कविता का अंश (अनुवाद देवेन्द्र कुमार देवेश) है-

हम ऐसे ही हैं / एक ऐसी दुनिया में रहने वाले / जहां रोशनी आँखों से बेंधती है/ आवाज फाड़ती है कानों को / त्वचा को जलाता है स्पर्श और / जीभ कट जाती है बोलते हुए / खरा –खरा सच ।

अभय कुमार (1980-) भारतीय राजनयिक और कवि हैं । इनका 'पृथ्वी गान' (अर्थ एंथम) विश्व प्रसिद्ध है। कुछ पंक्तियाँ हैं -

All for one and one for all'/united we sail,/ united we unfurl/ the blue marble flag,/ our cosmic oasis, cosmic blue pearl/ the most beautiful planet in the universe.

हिन्दी अनुवाद है-

आओ सब मिलकर नीला झण्डा फहराएँ / आओ सब मिलकर पृथ्वी गान गायें/ काले, सफ़ेद, भूरे, पीले, अलग-अलग रंग/ इंसान हैं हम, धरती हमारा घर /

कुमार लव हिन्दी और अंग्रेजी दोनों में लिखते हैं । इनका हिन्दी में काव्य संग्रह ' गर्भ में' उत्तरआधुनिकता की काव्यात्मक प्रस्तुति है। 'चींटी' के माध्यम से कवि 'आँख की किरकिरी' को नई परिभाषा देते हैं।

An ant/ fire red/ crawled into her eye/ It lives inside her/ Sometimes when her head hurts/ And the pipes burst/ A lone rebel strays into her eye/...

हमने जहां से बात शुरू की थी, वहीं आ जाते हैं। अरविंद कृष्ण महरोत्रा ने एक कविता लिखी थी 'एप्रोचिंग फिफ़्टी' शायद यही भारतीय अंग्रेजी कविता की परिपक्वता की घोषणा भी है। संपूर्ण कविता है - 'कभी कभी / मट मैले बाथरूम-शीशे में/ वह देखता है / अपने तीनों चेहरे / मुखातिब खुद से/ सफेद बालों वाला / जिसकी जीवन बीमा पॉलिसी / परिपक्व हो गयी है / और हंसी उड़ाते उस युवक का भी जिसने पहला प्रीमियम भरा था।' (द ट्रांसफीगरिंग प्लेसिज- 1998)

अंग्रेजी के विलियम शेक्सपीयर ने परिपक्वता को संपूर्णता कहते हुए अपने एक नाटक का समापन किया है। श्वेत वसान और केश अनुभव और परिपक्वता के परिचायक हैं । भारतीय अंग्रेजी कविता भी अब पक कर फलदायिनी हो गई है।

33

नाटक - कहानी और अनुवाद

नाटक

नाटक अपनी प्रकृति से संश्लिष्ट विद्या है भरत मुनि ने जो कहा था, 'न ऐसा कोई ज्ञान है, न शिल्प है, न विद्या है, न ऐसी कोई कला है न कोई योग है और न कोई कार्य ही है जो इस नाट्य में प्रदर्शित न किया जाता हो। (1 - 116)।' आज तक यह कथन अपनी जगह बरकरार है। भारतीय अंग्रेजी में नाटकों के लिए अभी यौवनारंभ भी नहीं हुआ है। टी.एस. ईलियट के शब्दों में कहना पड़ेगा -

व्हाट आर द रूट्स दैट क्लच,व्हाट ब्रान्चेज ग्रो/ आउट ऑफ दिस स्टोनी रबिश/सून ऑफ मैन/यू कैन नोट से, ओर गैस/ फोर यू नो ओनली/ ए हीप ऑफ ब्रोकन इमेजिज।

जिस देश में भरत मुनि ने 'नाट्य शास्त्र' का प्रवर्तन किया, उस देश में नाटकों के क्षेत्र में उतनी उन्नति नहीं हुई यह अचरज की बात है। मराठी, बंगाली, असामी, उड़िया, कन्नड़, तेलुगु में नाटकों ने रंगमंच को जैसा संवारा वैसा हिंदी में प्रायः नहीं हुआ। यह विलक्षण की बात है कि हिंदी साहित्य के इतिहास में आधुनिक गद्य साहित्य का प्रवर्तन नाटकों से हुआ जबकि उससे पूर्व प्रायः पाँच सौ वर्षों तक इस क्षेत्रा में नाटकों और रंगमंच की परंपरा गायब सी ही रही, उन्नीसवीं शताब्दी के मध्य में आधुनिक गद्य की परंपरा की शुरूआत नाटक से एक बार तब फिर से हुई जब भारतेंदु के पिता गिरिधर दास का 'नहुष' नाटक ब्रजभाषा में आया और खड़ी बोली में राजा लक्ष्मणसिंह ने शंकुतला नाटक (1862) को लाने का उपक्रम किया। यहाँ यह जोड़ देना होगा कि 1765 में एक रूसी कंपनी ने आकर कुछ अंग्रेजी नाटक कलकत्ता में खेले थे और 1852- 1853 में बंबई का पारसी थिएटर भारत में मशहूर हो चुका था। 1851 में प्रसन्न कुमार ठाकुर ने 'हिन्दू रंगमंच' की स्थापना की और उसके तत्वावधान में भवभूति के 'उत्तर रामचरित' का विल्सन द्वारा किया गया नाटक का अंग्रेजी अनुवाद खेला गया। इस पुनर्जागरण

के काल में कृष्ण मोहन बैनर्जी ने पहला अंग्रेजी नाटक लिखा 'द परसिक्यूटिड ओर ड्रामेटिक सिन्स इल्लस्ट्रटिव ऑफ द प्रजेंट स्टेट ऑफ हिंदू सोसाइटी इन कलकत्ता' (1837)।

एक उल्लेखनीय द्विभाषी नाटककार के रूप में हम त्यागराज परमशिवा कैलाशम (1885-1946) को देखते हैं जिन्होंने कुछ नाटक अंग्रेजी में भी लिखे। एस. कृष्ण भट्ट ने अंग्रेजी में लिखे भारतीय नाटकों की संख्या 'इंडियन इंगलिश ड्रामाः ए क्रिटिकल स्टडी' (1987) में लगभग 200 बताई है। स्वतंत्रता से पूर्व अरविंद घोष, हरीन्द्रनाथ चट्टोपाध्याय और रवीन्द्र नाथ टैगोर ने भी इस क्षेत्र में उल्लेखनीय कार्य किया। टैगोर ने अपनी मातृभाषा में लिखा और नाटकों के अंग्रेजी में अनुवाद हुए। श्री अरविंद के पाँच नाटक अपनी काव्यात्मकता और रोमांस के लिए जय शंकर प्रसाद के नाटकों से तुलनीय हैं। हरीन्द्र नाथ चट्टोपाध्याय का नाटक 'अबु हसन' (1918) और उनकी भारतीय संतों के जीवन पर आधारित पाँच काव्य नाटिकाओं पर भी हमारी दृष्टि जाती है।

गांधी-युग में गांधी के विचारों से प्रभावित होकर ए.एस.पी. अय्यर, एस. फयाजी रहमान। पी.ए. कृष्णास्वामी और जे.एम. लोबो- प्रभु आदि ने नाटक लिखे। अय्यर के नाटक संग्रह 'द स्लेव ऑफ आइडियाज ऐंड अदर प्लेज' (1935) और 'सीजा ज्वायस' (1935) को ही देखें तो हमें तत्कालीन जगत की समस्याओं से रू-ब-रू होना होगा। मंगला, अपनी पुत्री के वैधव्य से चिंतित हो अपने पति से प्रश्न करती है- 'क्यों बूढ़े विधुरों को तो चार पाँच बार पुनर्विवाह की इजाजत है और एक अक्षत यौवना विधवा बालिका को कदापि नहीं?'

टी. पी . कैलाशम को कन्नड नाटक का जनक कहा जाता है किन्तु इनके अंग्रेजी नाटक भी हैं जैसे द बर्डन , फुलफिलमेंट, कर्ण, कीचक आदि। भारती साराभाई ने भी दो नाटक लिखे – 'द वेल ऑफ द पीपल' और ' टू वुमेन' । प्रेमचंद की कहानी 'ठाकुर का कुंवा'से यह संवाद नाटक तुलनीय है। - All men/ and all women alike can come/ drink and drink/ Here at my well with Harijans.

स्वतन्त्रता से पूर्व के नाटककारों में लोबो प्रभु बहुत महत्वपूर्ण हैं । इनके कम से कम दर्जन नाटक तो हैं ही। इनकी संवाद योजना और रंगमंच निर्देश पर गहरी पकड़ है किन्तु पात्र वास्तविक प्रतीत नहीं होते।

यह यहाँ कहना होगा कि रंगमंच प्रस्तुति के लिए लेखन भारतीय अंग्रेजी में भी खुलकर अभी तक नहीं हो सका है। कई नाम जो लिए गए हैं जैसे दिलीप कुमार राय, स्वामी अव्यक्त नाथ, इंदिरा देवी, सुधीन्द्र नाथ घोष और अन्य नाटककारों ने स्वतंत्रता के पश्चात कमान संभाली किंतु ये रंगमंचीय प्रयास न थे। टैगोर- अरविंद और कैलाशम त्रयी ने स्वतन्त्रता के पश्चात भी अपना प्रभाव कायम रखा किन्तु मंजरी ईश्वरन, जी वी देसानी, लखन देव और प्रितिश नंदी ने इसे एक नई ऊंचाई दी।

हाँ एक नाम इन सबमें आगे बढ़ा है वह है आसिफ करीम भाई का।आसिफ करीम भाई (1924-94) ने द टूरिस्ट मम्मा (1954), द डोलड् मर्स (1960), द डंब डांसर (1961), गोवा (1964), द हंग्री वन्स (1965) आदि नाटक लिखकर रंगमंच के प्रथम विश्वसनीय नाटककार का खिताब पाया। उसने पहली बार ड्रामा लिखा स्टेज के लिए। उसने जीवन का चित्रण ऐसे किया जैसे वह है, न कि जैसा उसे होना चाहिए। उनके नाटकों को सरकार ने बाधित करना चाहा, किया भी किंतु उन्हें जनता ने सराहा और यह बंबई का छोरा छा गया। इनका नाटक 'गोवा' तो मानो अपने काव्य का दस्तावेज ही है। करीम भाई के द्वारा लिखित संवाद पिंटर के संवादों की तरह शब्दों के साथ-साथ सटीक और सधी हुई मुद्राओं का भी इस्तेमाल करते दिखाई देते हैं इसलिए इन्हें सुनने के साथ ही देखा जाना भी जरूरी होता है।करीम भाई को तभी पहचान मिली जब अमेरिका में उनकी प्रसिद्धि हुई 'गोवा' नाटक मिशिगन विश्वविद्यालय में मंचित हुआ फिर अन्य नाटक भी आए। उनके नाटकों की ख्याति ने उन्हें भारत में भी पहचान दिलाई।प्रताप शर्मा (1939) में 'ए टच ऑफ ब्राइटनेस (1968) ने भी एक बारगी तहलका मचाया किन्तु विशेष ख्याति गुरु चरण दास के लारिन्स साहब (1970) को मिली जिसने 1968 में सुल्तान पद्मसी पुरस्कार जीता। आर 1969 में इसके रंगमंच पर आने से लोग मस्त हो गए।

गुरचरण दास (1943) ने महाराजा रणजीत सिंह के निधन के सात वर्षों बाद आई उन समस्याओं को प्रस्तुत किया है जिन्हें तत्कालीन समय के पंजाब में देखा गया था। हेवरी लारेंस और रानी जिंदन कौर की प्रेमगाथा और हेनरी का दूसरा रणजीत सिंह बनने का स्वप्न कमाल की कथा है। इस नाटक को पढ़ने से पूर्व यदि पाठक इसमें दी गई लेखक की टिप्पणी (आफ्टर वर्ड) पढ़ ले तो वह इस नाटक की तह तक अच्छी तरह जा सकता है। यहाँ कुछ संवाद दे रहा हूं।

रानी: हाँ, लारेंस। हम दोनों मिलकर पंजाब को महान बना देंगे। तुम मेरे रेजिडेंट की तरह और मैं यहाँ की रानी। हम इसे मजबूत और समृद्ध बनाएंगे - जैसा रणजीत सिंह के जमाने में था।

लारेंस: (आवेश में): हाँ, हाँ, जैसा शेर के जमाने में था। हम इसे धनी और सुखी बनाएंगे। हम निर्माण करेंगे - सड़कों का, नहरों का, पुलों का। धरती खुशी के गीत गाएगी।

रानी: ओह! लारेंस, यह बढ़िया रहेगा, मुझे मालूम है तुम ऐसा करोगे। तब वे समझ पाएंगे कि शेर लौट आया है।

लारेंस: हाँ वे कहेंगे शेर लौट आया है। शेर लौट आया है।

कहना न होगा कि यह नाटक उन सभी तत्वों को समाहित किए है जिन्हें सफलता के लिए जरूरी माना जाता रहा है। भारतीय अंग्रेजी नाटकों के इतिहास में यह मील का पत्थर है, इसमें संदेह नहीं। गुर शरण दास के लिखे तीनों नाटकों 'लारेंस साहब', मीरा और जैखू हिल अब समग्र रूप से कलक्टिड प्लेज (2001) के रूप में उपलब्ध हैं। निसिम इजेकिएल और अब्राहम अलकाजी ने भी अंग्रेजी रंगमंच को बहुत कुछ दिया। निसिम इजेकिएल के तीन नाटक नलिनी,

मैरिज-पोइम और स्लीप वाकर मंचित हुए तथा जीव पटेल के कुछ नाटक जैसे-प्रिसेंज (1970), सवकसा और मिस्टर बेहरम का उल्लेख करना होगा। साइरस मिस्त्री का डूंगाजी हाउस (1991) भी पुरस्कृत हुआ तथा चर्चित भी। एक अन्य पारसी पेसी खंडालावाला ने 'आह नोरमन' को प्रस्तुत किया। दीना मेहता (1928) का नाटक 'ब्राइड्स आर नोट फोर बर्निंग' (1993) को भी ख्याति मिली। बादल सरकार और विजय तेंदुलकर का भी महत्व है। अंग्रेजी में अनूदित नाटकों की टैगोर से लेकर आज तक एक लंबी शृंखला बनती है।

गिरीश करनाड

गिरीश करनाड ने लिखा तो मूल कन्नड़ में हैं और ज्ञानपीठ भी पाया है किंतु इनके नाटकों के अनुवाद भी खासे चर्चित रहे हैं। इनका एक नाटक 'ए हीप ऑफ ब्रोकन इमेजिज' है यह नाटक भारतीय लेखक की आत्मा को तलाशता है। ऐसा लेखक जो अपने आपको मीडिया, प्रेज थ्री, टीवी और सब जगह पाता है। चर्चाओं में उसको मिली अग्रिम राशि रहती है और उसकी रचना प्रक्रिया पर विचार विमर्श होता है। ऐसे सेलिब्रेटी लेखक की जिसे अंतर-राष्ट्रीय ख्याति भी मिल गई है मनःस्थिति कैसी होगी? आज जब भाषा-लेखकों एवं अंग्रेजी लेखकों में एक तरह की तनातनी हो गई है। भाषा लेखक जहाँ अंग्रेजी लेखकों को वेश्यावृत्ति करने वाले और विदेशियों को देश की दुर्दशा की कथा बेचने वाले कहता है वहीं अंग्रेजी का भारतीय लेखक भाषा लेखकों को कमजोर और कूप-मंडूक मानता है। इसलिए गिरीश करनाड अपने नए नाटक में प्रमुख पात्रा मंजुला के बहाने ऐसे लेखकों की मनःस्थिति बयान करे हैं जो अपनी भाषा को छोड़कर अंग्रेजी में चले गए हैं। एक दशक पूर्व आर.राज राव (1955) ने 'द वाइजैस्ट फूल ऑन अर्थ ऐंड अदर प्लेज' (1996) लिखकर मुंबई की एक गगनचुंबी इमारत के मूत्रीघर को रंगमंच बनाया था, करनाड ने अपने नाटक को टी.वी स्टूडियो में लाकर रखा है।

महेश दत्तानी

वर्तमान में भारतीय अंग्रेजी नाटकारों में महेश दत्तानी (1958) काफी प्रसिद्धि पा गए हैं – 'व्हेयर देयर इज ए विल', 'डांस लाइक ए मैन', 'तारा', 'फाइनल सोल्यूशन' आदि नाटकों ने बंगलौर में से इस गुजराती को मुंबई तक प्रसिद्धि दिलाई है। उनका भविष्य वर्तमान से भी अधिक उज्जवल है।साहित्य अकादमी ने इनको पुरस्कृत करते हुए लिखा था-

Dattani............probes tangled attitudes in contemporary India towards communal differences, consumerism and gender...a brilliant contribution to Indian English drama।

भारतीय अंग्रेजी नाटक में सांप्रदायिकता, बाजारवाद, जेंडर आदि के भेद को सहज

अभिव्यक्ति देते हुए नाटकीय चरित्रों के माध्यम से महेश ने एक ऐसा ताना बाना प्रस्तुत किया कि दुनिया देखती रह गयी। लेखक और नाटककार दत्तानी , कलाकार और निर्देशक भी हैं। फिल्मों की पटकथा और निर्देशन भी करते रहें हैं और नाट्यकला के शिक्षक भी हैं। उनकी 'प्लेपेन' कंपनी ने गुजराती नाटक भी किए किन्तु वे अंग्रेजी को अपनी अभिव्यक्ति की भाषा मानते हैं (You've got to be true to your expressions. English is for me a sort of given. It's my language as it is to a lot of Indians here and abroad.)।

अंतिम हल (फाइनल सोल्यूशंस) नाटक जिस पर नाटककार को साहित्य अकादमी पुरस्कार मिला वह गुजरात के एक परिवार की कथा है और समय है – बाबरी की घटना के बाद के सांप्रदायिक दंगों का। रमणीक गांधी, अपनी बूढ़ी माता, पत्नी और बेटी के साथ घर में हैं और दो मुस्लिम युवक आ जाते हैं। रमणीक भाई आम भारतीय व्यापारी हैं किन्तु वे इतिहास का हिस्सा बनने के लिए मजबूर हैं। आम आदमी की कशमकश की अभिव्यक्ति है यह नाटक और साथ ही यह हल भी –

यदि हम एक दूसरे पर विश्वास करें और समझें तो कुछ भी बर्बाद नहीं होगा। और यदि तुम भूलने के लिए तैयार हो, तो मैं भी सहने को तत्पर हूँ।

आपसी विश्वास और भाईचारा ही अंतिम हल है।

तनवीर, करनाड, अलकाजी, दुबे, दत्तानी और तेन्दुलकर आदि के द्वारा पुष्ट हुए रंगमंच के भविष्य के प्रति शंकालू होने की जरूरत नहीं। जरूरत इतनी भर है कि लोग नाटकों को पढ़े भी, और देखे भी।

कहानी

कहानी हर रूप में उपन्यास से पुरानी विधा है, हाँ नाटकों और कविता ने अपनी पहल का दावा कभी छोड़ा नहीं है। हमारे देश में वाचिक परंपरा से कहानियाँ कही जाती रही हैं किंतु कहानी का नया रूप बीसवीं शताब्दी की ही देन है। कहानी कहने की चीज जरूर है किंतु अंग्रेजी में यह कही नहीं, पहले मुद्रित रूप में ही आई यही माना जाता है। हिंदी में भी अंग्रेजी ढंग से लिखने की चेष्टा की गई, यह सर्वज्ञात है। पं. गौरीदत्त, लाला श्रीनिवासन, रत्नचंद्र प्लीडर, पं. बालकृष्ण भट्ट तथा ठाकुर जगमोहन सिंह को अंग्रेजी व अंग्रेजी कथा साहित्य का ज्ञान था।

उन्होंने अपनी हिन्दी कथाओं-उपन्यासों के रफ-प्लॉट अंग्रेजी में लिखे। प्रेमचंद कभी अपने उपन्यास कहानी और लेख को लिखने से पूर्व अपने मानस में जन्मी रूप देखकर अंग्रेजी भाषा में लिखने के अभ्यासी थे। अंग्रेजी भाषा में रचना के बीज तत्व को ग्रहण करने की भारतीयों की आदत ने पहले बंगाल में और बाद में अन्यत्रा कथा लेखन को आगे बढ़ाया। कैलाश चंद्र दत्त और शशि चंद्र दत्त भी कहानी जैसा ही कुछ लिख रहे थे। लाल बिहारी डे, बंकिम चंद्र,

कृपाबाई सत्ति आनंदन आदि भी प्रारंभिक कथाकार हैं। रवीन्द्र नाथ ठाकुर की बँगला कहानियों के अंग्रेजी अनुवाद संग्रहों में 'काबुली वाल' जैसी कहानियाँ अनेक हैं। एस.बी. बैनर्जी के कथा संग्रह 'टेल्स ऑफ बंगाल' की कहानियाँ 'ए फाडल कांपपिरेसी' 'द प्राइड ऑफ कदमपुर' मार्मिक हैं। मिस कोरेलिया सोराबजी ने पर्दानशी भारतीय बालाओं के प्रेम तथा स्वतंत्रता की चाह को केन्द्र में रखकर कहानियाँ लिखीं और किपलिंग ने भारतीय जीवन की विविधता को आधार बनाया। उन्होंने एक अनोखी दुनिया के दरवाजे विश्व के सामने कथाओं के माध्यम से ही खोले।

शंकर राम के कहानी संग्रह 'द चिल्डरन ऑफ कावेरी' (1928) में दक्षिण की झांकी है तो चेत्तुर की कहानियों 'घोस्ट सिटीज एंड अदर स्टोरीज' (1932) में हास्य मिश्रित भय है। के.एस. वेंकटरमणि ने जटाधरण नामक अध्यापक की दयनीय दशा को कथाओं के माध्यम से प्रस्तुत किया तो मोहम्मद हबीब ने मध्ययुगीन न्यास की चर्चा अपन कहानियों में की। ए.एस. पी. अयर ने जातक, पंचतंत्रा और हितोपदेश की शैली में समकालीन जीवन 'सेंस इन सेम्स ऐंड अदर स्टोरीज' (1924) लिखी। बाद में इसी शैली को आर. के. नारायण ने 'गोड्स, डीमन्स ऐंड अदर्स' में अपनाया। मंजरी एस. ईश्वरन ने भारतीय मिथकों की कहानियाँ लिखीं और एस नागराजन ने 'कोल्ड राइस' में दक्षिण का जीवन दिखाया।हुमायूँ कबीर, राजा राव, मुल्कराज आनंद, आर.के. नारायण, रूथ प्रवर झाबवाला, खुशवंत सिंह, भवानी भट्टाचार्य आदि बड़े कथाकारों की कहानियों के बारे में कितना कुछ कहा जा सकता है। राजा राव की 'काउ ऑफ दे वैरिकेड्स' (1947) मिथक नहीं तो और क्या है? एल. आर. देव शंकर ने विधवा जीवन पर 'हेम कुमारी ऐंड अदर स्टोरीज'लिखी और खुशवंत सिंह ने 'द मार्क ऑफ विष्णु' जैसी अनेक कहानियों से पाठकों को मर्माहत किया है। 'ए ब्राइड फॉर द साहिब' (1967) में व्यंग्य, काम और देश प्रेम का मसाला है। वे भद्दी स्थितियों को भी सफलता पूर्वक प्रस्तुत कर देते हैं। यह कमाल की बात है। मुल्क राज आनंद ने 'लाजवंती' (1966) कहानी में सभी की व्यथा प्रस्तुत की है। पंजाब के जीवन पर उनकी अनेक कहानियाँ है हीं। इसी प्रकार आर. के. नारायण की मालगुडी श्रृंखला 'लाले रोड' (1956) की बत्तीस कहानियाँ न ता कटुतापूर्ण हैं, न छल हिंसा, और अशान्ति से भरी हैं यहां तो बचपन की हास्य परक निश्छलता है बस। खवाजा अहमद अब्बास अल्प चर्चित किंतु महत्वपूर्ण कथाकार है। इसी प्रकार रूथ प्रवर झाबवाला, मनोहर मलगाँवकर, अनीता देसाई, मनोज दास, गोरावाला, कमलादास, शिव के कुमार, सावित्री खन्ना, शशि देशपांडे आदि अनेक कथाकार हैं जो प्रचुर मात्रा में उत्तम लेखन कर चुके हैं। जिस प्रकार की भाषा और भारतीयता युक्त संवाद राजा राव और नारायण तथा मुल्क राज आनद के पात्र प्रयोग में लाते हैं, वैसा 80 के दशक के बाद के कथाकार नहीं कर पाते। उन्हे भारतीय भाषाओं के उस लालित्य को अंग्रेजी मुहावरे में ढालने की कला आती ही नहीं। भारत की जमीन

से कटे प्रवासी या डायस्पोरा लेखकों से इसकी उम्मीद भी क्या की जाए?

यहाँ एक लेखिका झुम्पा लहरी का जिक्र करना सामयिक होगा। उनके कथा संग्रह 'इंटरप्रेटर ऑफ मेलडीज' ने एक बारगी पाठकों का ध्यान खींचा था। इसके पश्चात एक उपन्यास भी आया 'द नेमसेक' किंतु कथाकार के रूप में पहले कहानी संग्रह ने जिस प्रकार से प्रवासी भारतीयों के रहन-सहन के प्रति पाठक को संवेदनशील बनाया वैसा इस उपन्यास में नहीं हुआ। कथा कहने की अपनी अलग पद्धति से लहरी के पाठक मंत्र मुग्ध हुए हैं। जिस प्रकार महेश दत्तानी (1948) को समकालीन अंग्रेजी भारतीय नाटक का चेहरा माना जा रहा है उसी प्रकार झुम्पा लहरी को अरुंधति राय जैसा कथाकार माना जाता है। भला पुल्तजिर पुरस्कार मिलना वह भी पहले कथा संग्रह पर कोई कम बड़ी बात है?

कथा लेखन के क्षेत्र में प्रोत्साहन के रूप में 'कथा प्राइज स्टोरोज' (1990) के द्वारा कई नए और कई लब्ध प्रतिष्ठित लेखकों की अंग्रेजी पाठकों तक लाया गया है। कथा पुरस्कार, कथावाचक पुरस्कार, ए. के. रामानुजन स्मृति, अनुवाद पुरस्कार आदि के माध्यम से साहित्य को जोड़ने की कोशिश की जाती है और इसका सफल आयोजकों को मिला है। कथा-मित्रों की संख्या लाखों में होगी। कथा पुरस्कार (11) में 15 भारतीय भाषाओं से चुनी कथाएं हैं और इसमें मैत्रेयी पुष्पा, राजेन्द्र यादव, सुरेन्द्र प्रकाश आदि को पढ़ना मंत्रमुग्ध कारी है। इस खंड के संपादकीय में गीता धर्मराजन ने लिखा है कि भाषाएं सब्जी-तरकारी नहीं होती जिन्हें संभाला जाता है और जो लोग यह मान बैठे हैं कि भारत की सभी भाषाएं एक दिन मर जाएंगी तथा अंग्रेजी ही सर्वोच्च पद पर रहेगी तथा अपनी भाषाओं को कृत्रिम तरीके से अचार की तरह सहेज कर रखना होगा, वे यह भूल जाते हैं कि भारतीय कथाओं की तरह भारतीय भाषाओं की भी अपनी ताकत है। इनमें हमारे चिंतन, विचार और संप्रेषण को ढोने की अपार शक्ति है। इस इक्कीसवीं शताब्दी में भारत के पास बाईस भाषाओं का तो संवैधानिक जखीरा है ही, अन्य कितनी बोलियों का कोश हमारे पास है जिसको हमें सहेजे रखना होगा।

भारतीय अंग्रेजी लेखन की भूमिका की कहानी को इस युग में कुछ पाठक-श्रोता भी मिल गए, प्रशंसक भी और प्रकाशक भी। सन् 1794 में उत्तर भारत के किसी दीन मुहम्मद ने अपने यात्रा-वृत्तांत को कथा के शिल्प में सजाकर अंग्रेजी पाठकों के लिए प्रस्तुत किया था। पढ़ने वाले इतने आतुर थे कि 320 लोगों ने प्रकाशन-पूर्व ही नकद धन जमा करा दिया था। अंग्रेजी लेखन-भारतीय अंग्रेजी लेखन से जुड़ने का सिलसिला तबसे अब तक कायम है।आज अंग्रेजी 'अंग्रेजी हटाओ' के नारों से निकलती हुई 'अंग्रेजी पढ़ाओ' की ओर चली गई है। अंग्रेजी पठन पाठन का व्यवसाय तस्करी के पश्चात सबसे ज्यादा लाभ का है। 'अंग्रेजी क्यों'? या 'अंग्रेजी ही क्यों?' के स्थान पर लोग कहते हैं- 'अंग्रेजी क्यों नहीं?' आज भारत में अंग्रेजी भाषा देश के सामाजिक एवं सांस्कृतिक ढांचे में इस प्रकार फिट हो गई प्रतीत होती है कि इसे मध्य और

उच्च वर्ग के 'बौद्धिक विमर्श' की भाषा मानना पड़ेगा। यह शायद अकेली ऐसी भाषा है; संस्कृत को छोड़कर, जिसे भारतीय बुद्धि जीवियों के राजनीतिक दबाव और प्रादेशिक भाषा निष्ठा के बावजूद साथ में रखा है। कई मामलों में अंग्रेजी को जोड़ भाषा या संपर्क भाषा बनाने से एक अखिल भारतीय साहित्य की संकल्पना भी साकार होती दिखती है। अंग्रेजी ने भी पिछले दो सौ वर्षों में भारतीय भाषाओं के साथ कभी टकराकर और कभी संभलकर अपना स्थान इस प्रकार बनाया है कि इसके द्वारा अब भारतीय संवेदना की चर्चा सहज होकर की जा सकती है।अंग्रेजी ने लचक दिखाई है और चाहे इसे कुछ भी नाम दें विश्व में 'भारतीय अंग्रेजी' का एक अलग स्पष्ट स्थान भी बनाकर दिखाया है।भारतीय लेखकों ने अंग्रेजी की मिट्टी से जो साहित्य रचा है वह आकार प्रकार में सोलह आने भारतीय है। भाषा भी अपनी हुई भाव भी पराए नहीं तो अभिव्यक्ति के सारे खतरे उठाते हुए पाठकों तक संप्रेषण क्यों सहज न होगा भला? यहाँ यह भी उल्लेखनीय हैं कि भारतीय भाषाओं के उत्थान के साथ-साथ ही अंग्रेजी भी उठी। एक ओर राष्ट्रभाषा के रूप में हिंदी को आगे बढ़ाया गया तो दूसरी ओर उन तमाम पढ़े लिखे वकीलों और अध्यापकों की भाषा अंग्रेजी थी जिन्होंने मिल, बेंथम और कालाईल को पढ़कर स्वतंत्रता के प्रथम पाठ पढ़े और पढ़ाए। अंग्रेजी जानने वालों ने पिछले दो सौ वर्षों में अपने लिए एक स्थान बनाया है, इसमें संदेह नहीं। यह बात भी उल्लेखनीय है कि भाषा, लेखकों से उनकी लाग-डाट बनी रही है और मातृभाषा या प्रान्तीय भाषाओं में न लिखने के कारण भारतीय अंग्रेजी लेखकों को फटकारने का काम भी किया जाता रहा है- कभी ईर्ष्यावश तो कभी बाकायदा व्यंग्य की पैनी धार से भी।

अनुवाद साहित्य

If you look at the diversity of Indian literature you come to see its unity, and if you look for unity, you are struck with its diversity. U R Annantmurthy

कहा जाता है कि अंग्रेजी में कविता लिख लिख कर थक गए एक हिन्दी के कवि को जब सभी प्रकाशकों ने प्रकाशन से मना कर दिया तो उस कवि ने एक योजना बनाई। अपनी कविताओं के अंत में लिखा – हिन्दी से अंग्रेजी में स्वयं कवि द्वारा अनूदित कविता। फिर क्या था कवितायें खूब छपीं। भारतीय अंग्रेजी लेखन को साहित्य का दरजा प्राप्त करने में कितने पापड़ बेलने पड़ते हैं , यह कलमकार ही जानते हैं।

भारतीय भाषाओं से अंग्रेजी में अनुवाद से भी अंग्रेजी लेखन के कोश में वृद्धि हुई और जिसकी तरफ अब अधिक ध्यान जाने लगा है। पहले तो यह अनुवाद केवल संस्कृत ग्रन्थों और उपनिषदों, वेदों तथा अन्य भारतीय सांस्कृतिक ग्रंथों से आरंभ हुआ। बाद में रामायण, महाभारत, हितोपदेश, पंचतंत्र आदि लौकिक पुस्तकों की तरफ अनुवादक मुडे। ग्रिफिथ की

'रामायण' और मोहिनी चटर्जी की 'भगवद्गीता' सन् 1887 में प्रकाशित हुई। राम मोहन राय जैसे भारतीय और मैक्स मूलर जैसे भारतीयविद् विदेशी लगे। डब्ल्यू फ्रेंकलिन ने 1793 में 'द लव्ज ऑफ कामरूप ऐंड कामाख्या' के नाम से एक ब्रजभाषा के ग्रंथ का अनुवाद किया था। स्वतंत्रता से पूर्व की अनेक रचनाओं के उद्देश्यों को छोड़कर यदि हम स्वतंत्राता के बाद के अनुवाद को देखें तो ए. के. रामानुजन (1929-93) ने तमिल और कन्नड़ से अनुवाद किये और इस प्रकार माइकेल मधुसूदन दत्त (1825-73) की परम्परा को आगे बढ़ाया। बाद में तो रवीन्द्रनाथ ठाकुर ने गीतांजलि का बंगला से अंग्रेजी में अनुवाद करके नोबेल पुरस्कार लिया है। इसके बाद भी द्विभाषी कवियों ने अपनी रचनाओं को स्वयं अनूदित करके प्रस्तुत किया। ओ.वि. विजयन के मलयालम से, अरुण कोलाटकर और विलास सारंग ने मराठी से, अज्ञेय और कृष्ण बलदेव वैद्य ने हिंदी से, कुर्तुलन हैदर ने उर्दू से और गिरीश कर्नाड ने कन्नड से अंग्रेजी में अनुवाद किए। नए प्रकाशकों के आने से अनुवादों की धूम मच गई। यहाँ तक कि अमेरिका में महाश्वेता देवी की रचनाओं को गायत्री चक्रवर्ती स्पीवाक के अनुवादों ने खूब प्रसिद्धि दिलाई। हिंदी में प्रेमचंद, निराला, रेणु और अनेक लेखकों की प्रमुख कृतियाँ आज अंग्रेजी में उपलब्ध हैं। हाँ, यह बात अवश्य हैं कि अच्छे अनुवादों की कमी सदा रही है क्योंकि विजातीय भाषा में मूल की शैली व शिल्प तथा मुहावरे को प्रस्तुत करना आम अनुवादक के बस की बात नहीं। साहित्य अकादमी के समान अनुवाद अकादमी की भी इस देश को जरूरत है।

इन अनुवादों का भी अपना महत्व होता है क्योंकि एक तो यह लेखकों को अधिक पाठक उपलब्ध कराता है दूसरे इससे अंग्रेजी और अन्य भारतीय भाषाओं के बीच सहयोग व सामंजस्य का वातावरण तैयार होता है। हिंदी एवं अन्य भारतीय भाषाओं के प्रति समर्पित एवं कट्टर समर्थक भी यह मानेंगे यदि वे इन भारतीय अंग्रेजी लेखकों को पढ़ें कि इन अंग्रेजी लेखकों ने भी स्वाभाविक एवं सहज रूप से अपनी भाषा के मुहावरे को अंग्रेजी में रचा पचा कर प्रस्तुत किया है। मुल्कराज आनंद और खुशवंत सिंह की अंग्रेजी से आप पंजाबी, द्राशय छवियां, मुहावरे, कहन शैली और बेलौसपन को अलग नहीं कर सकते। शिव के. कुमार, ख्वाजा अहमद अब्बास, आगा शाहिद अली को उर्दू नफासत, ममता कालिया - अरविंद कृष्ण महरोत्रा और हरीश त्रिवेदी की हिंदी शैली, आर. के. नारायण की अंग्रेजी में टहलती तमिल भाषा और तमिल जीवन की छवियाँ, राजा राव की अंग्रेजी में या गिरीश करनाड की अनूदित रचनाओं में कन्नड की छाप, सुजाता भट्ठ, दिलीप चित्रे, अरुण कोलाटकार और ऐसे ही अनेक रचनाकारों के रचनाओं में से गुजराती, मराठी, कोंकणी, बम्बईयाँ हिंदी की चटक को कहाँ परे सरकाकर देखा जा सकता है? देश से बाहर जो बैठे साहित्यकार भी भारतीय अंग्रेजी में जब लिखते हैं तो उनकी अपनी भाषा के संस्कार, परिवेश भाषा का प्रभाव और उनकी स्वयं की रचनात्मक ऊर्जा से एक नया तेज प्रकट होता है। अब तो प्रवासी भारतीयों के द्वारा लिखित अंग्रेजी को भी हम भारतीय अंग्रेजी लेखन से मिलाकर देखते हैं। नायपाल वी.एस. ही नहीं शिवा नायपाल को भी हम अपना

सा मानते हैं।उनकी रचना भारतीय संवेदना का अंग्रेजी अनुवाद भी है।

यू आर अनंतमूर्ति के कन्नड उपन्यास 'संस्कार'(1967) का अंग्रेजी में अनुवाद ए के रामानुजन ने किया था। अरुंधति राय के अंग्रेजी उपन्यास ' द गॉड ऑफ स्नाल थिंग्स' का हिन्दी में अनुवाद उपन्यासकार उपेंद्र नाथ अश्क के पुत्र नीलाभ ने किया था। ये दोनों अनुवाद भारतीय अंग्रेजी में एक नए अनुवाद-युग के विस्मयकारी संकेत हैं।

गिरमिटिया लोगों ने हिंदी को तो आगे बढ़ाया ही उन्होंने अंग्रेजी में भी प्रभूत मात्रा में लेखन किया है। प्रवासी भारतीयों में बालचंद्र राजन और शान्ता रामा राव तो माने माने नाम हैं ही वेद मेहता, जी. वासानजी, अहमद ईसोप, भारती मुखर्जी, फारुक ढोंढी,रोहिन्टन मिस्त्री और शरत चन्द्र खासे चर्चित हुए हैं। अपनी जड़ों को रचनाधर्मिता के सहारे तलाशते इन लेखकों का रचना कर्म अस्मिता एवं पहचान के प्रश्न को समझने में सहायक होता है। अमेरिका में पढ़ी और जर्मनी में रहने वाली सुजाता भट्ट की कविता का एक अंश हैं- मैं वह हूं जो चला जाता है/ क्योंकि मुझे चाहिए था/ अपने घर को सुरक्षित रखना / किंतु हमेशा बदलते रहना पड़ा / इसलिए खिड़कियों से अब/ दरवाजे नहीं मिलते/ बगिया में रंग एक दूसरे से/ बिगड़ते हैं, और/ महासागर आ गया है शयक कक्ष में।(दि वन हू गोज अवे)

भाषा का प्रश्न और हिंदी अंग्रेजी का द्वंद्व राजनीति की देन है। भाषा को थोपने की बात करने वाले भाषा की मूल प्रकृति से ही वाकिफ नहीं होते कि भाषा बहता नीर होती है। कहना न होगा कि भारत मं स्वतंत्राता के पश्चाते जो भाषाई राजनीति हुई और होती आई है उससे अलग भाषाएं आगे बढ़ती हैं अपने प्रयोक्ताओं के सहारे। हिंदी कवि 'धूमिल' ने एक कविता में भाषाई स्थिति बयान की थी - हाथ! जो असली कसाई है। उसकी निगाह में। तुम्हारा यह तमिल - दुख। मेरी इस भोजपुरी-पीड़ा का भाई है। भाषा उस तिकड़मी दरिन्दे का कौर है। जो सड़क पर और हैं। संसद में और है। इसलिए बाहर आ/संसद के अंधेरे से निकलकर। सड़क पर आ/भाषा ठीक करने से पहले आदमी को ठीक कर/ आ! अपने चौदहों मुखों से बोलता हुआ आ।!' यह भी विडम्बना है कि ये चौदह मुख अब बाईस हो गए हैं। लेकिन यह भी संतोष की बात है भाषाओं में जो सह अस्तित्व व सामंजस्य का भाव स्वाभाविक रूप से पाया जाता है उससे नए रिश्ते बने हैं पर पुराने टूटे कभी नहीं। हिंदी ने अंग्रेजी से जुड़ 'इंग्लिश' बनाई तो यह सब किसी घुसपैठिये की शरारत न थी, यह भाषा का सहज विकास ही है।

आज प्रश्न यह नहीं हैं कि लोग अंग्रेजी में क्यों लिखते हैं? कुछ लोग मानते रहेंगे कि उन्हें ऐसा नहीं करना चाहिए। किंतु जो लोग अंग्रेजी में लिख सकते हैं वे लिखेंगे जरूर। कोई उन्हें नहीं रोक पाएगा। पाठकों की कमी न थी और न होगी। भारतीय अंग्रेजी लेखन का कोई क्रमागत इतिहास बना हो या न बन पाया हो लेकिन इसका कारवाँ अवश्य बना है, बढ़ा है और अब इसके प्रति कौतूहल मिश्रित आश्चर्य नहीं स्वाभाविक अपनत्व का भाव हो। एक बात और है कि भारतीय अंग्रेजी लेखकों की कई रचनाएँ देश के प्रमुख प्रकाशकों के द्वारा अनुवाद के माध्यम

से हिंदी में आने लगी हैं। अंग्रेजी से नितांत अपरिचित यह मार्ग अपना सकता है, देश के अनेक विश्व विद्यालयों में तुलनात्मक साहित्य के कोर्सों में इन लेखकों को शामिल किया जाने लगा है। भारतीय साहित्य की जिस संकल्पना को कभी डॉक्टर नगेन्द्र आदि ने बड़े चाव से पुनः रेखांकित किया था उसी का पुनर्जन्म हो तो कोई आश्चर्य नहीं। भारतीय साहित्य की कोई चर्चा बिना भारतीय अंग्रेजी लेखन की चर्चा किए हो जाए ऐसा संभव नहीं है। इस चर्चा को आप तक पहुंचाने के प्रेरक, शुभचिंतक, स्नेही और मार्गदर्शकों को सादर प्रणाम करते हुए मुझे विक्रम सेठ का वह छायाचित्र स्मरण आ रहा है जिसमें वे अपने उपन्यास 'टू लाइव्ज' (2006) की प्रथम प्रति न्यूयॉर्क की एशिया सोसायटी के कार्यक्रम में विद्या बुद्धि के दाता गजानन गणेश की प्रतिमा को समर्पित करते हैं। हमारी भाषाओं और संस्कृति ने हमें यही सिखाया है कि यदि भाव साँचा है तो भाषा की सभी दीवारें स्वयं रास्ता दे देती हैं।

संदर्भ ग्रंथ सूची

हिन्दी साहित्य के प्रमुख इतिहास

गार्सा द तासी : इस्तवार द ल लिटरेत्यूर ऐंदुई ऐ ऐन्दुस्तानी (मूल फ्रेंच में लिखित): दो भाग : 1839-47 (हिन्दी साहित्य का प्रथम इतिहास)

शिव सिंह सेंगर : शिव सिंह सरोज :1878, द्वितीय संस्करण :1883

जॉर्ज ए. ग्रियर्सन : द माडर्न वर्णाक्यूलर लिटरेचर ऑफ हिंदुस्तान :1886

मिश्र बंधु : मिश्र बंधु विनोद : तीन भाग :1913

रामचन्द्र शुक्ल : हिन्दी साहित्य का इतिहास ('हिन्दी शब्द सागर' की भूमिका में 'हिन्दी साहित्य का विकास' शीर्षक से प्रकाशित : 1929) : संवर्धित-संशोधित रूप : 1940

एफ. ई. के. : ए हिस्ट्री ऑफ हिन्दी लिटरेचर :1933

हजारी प्रसाद द्विवेदी : हिन्दी साहित्य की भूमिका :1940

राम स्वरूप चतुर्वेदी : हिन्दी साहित्य और संवेदना का विकास : 1986

भारतीय अंग्रेजी साहित्य के प्रमुख इतिहास

लतिका बसु : इंडियन राइटर्स ऑफ इंग्लिश वर्स , 1933

इंडियन मास्टर्स ऑफ इंग्लिश : ई . ई . स्पेट (संपादक) , 1934

ए . आर.चिड़ा : एन एन्थोलोजी ऑफ इंडो-ऐंगलियन वर्स , 1935

के. आर. श्रीनिवास आयंगार : इंडो-ऐंगलियन लिटरेचर , 1943

के. आर. श्रीनिवास आयंगार : इंडियन राइटिंग इन इंग्लिश : 1958

एम.के.नाइक : ए हिस्ट्री ऑफ इंडियन इंग्लिश लिटरेचर: 1982

अरविंद कृष्ण मल्होत्रा (संपादित) : ए हिस्ट्री ऑफ इंडियन राइटिंग इन इंग्लिश :2003

www.ingramcontent.com/pod-product-compliance
Lightning Source LLC
LaVergne TN
LVHW100637051026
849519LV00001B/250
9789374768556